열정의 비전

에스겔 강해집
열정의 비전

초판 2쇄 발행 2012년 10월 31일

지은이	김서택
펴낸이	박영호
펴낸곳	도서출판 솔로몬
주 소	서울시 동작구 사당 3동 207-3, 신주빌딩 1F
전 화	02) 599-1482
팩 스	02) 592-2104
등록일	1990년 7월 31일
등록번호	제16-24호

ISBN 978-89-8255-408-7   03230

값 27,000원
ⓒ 2008 도서출판 솔로몬
이 출판물은 저작권법에 의해 보호를 받는 저작물이므로 무단 전제와 무단 복제를 할 수 없습니다.

에스겔
강해집

열정의 비전

Passion's Vision

김서택 지음

솔로몬

차례

서문 • 6

chapter 01   겔 1:1-28   에스겔이 본 환상 • 9
chapter 02   겔 2:1-3:11   에스겔의 소명 • 27
chapter 03   겔 3:12-27   파수꾼의 책임 • 46
chapter 04   겔 4:1-5:17   예루살렘의 허상 • 64
chapter 05   겔 6:1-14   이스라엘의 병 • 83
chapter 06   겔 7:1-27   교만을 치는 몽둥이 • 100
chapter 07   겔 8:1-9:11   예루살렘의 치부 • 117
chapter 08   겔 10:1-22   하나님의 영광의 가치 • 135
chapter 09   겔 11:1-25   가마솥의 고기 • 152
chapter 10   겔 12:1-28   이사하는 에스겔 • 169

chapter 11   겔 13:1-23   회칠한 담 • 187
chapter 12   겔 14:1-15:8 포도나무의 가치 • 205
chapter 13   겔 16:1-63   버려진 사생아 • 223
chapter 14   겔 17:1-24   두 독수리와 포도나무 • 240
chapter 15   겔 18:1-32   신 포도를 먹음 • 255
chapter 16   겔 19:1-14   사자와 포도나무 • 272
chapter 17   겔 20:1-32   우상 숭배의 역사 • 289
chapter 18   겔 20:33-49 제2의 출애굽 • 304
chapter 19   겔 21:1-32   칼의 노래 • 320
chapter 20   겔 22:1-31   회칠한 성벽 • 337

chapter 21	겔 23:1-35	음란한 두 자매 • 354
chapter 22	겔 24:1-27	진노의 가마 • 373
chapter 23	겔 25:1-17	유다의 이웃들 • 390
chapter 24	겔 26:1-21	두로의 운명 • 406
chapter 25	겔 27:1-36	두로호의 침몰 • 424
chapter 26	겔 28:1-26	두로의 헛된 영광 • 440
chapter 27	겔 29:1-21	애굽의 장래 • 455
chapter 28	겔 30:1-26	애굽의 운명 • 469
chapter 29	겔 31:1-18	앗수르 나무 • 485
chapter 30	겔 32:1-32	악어 사냥 • 501

chapter 31	겔 33:1-33	파수꾼의 원리 • 520
chapter 32	겔 34:1-31	이스라엘의 목자 • 537
chapter 33	겔 35:1-36:38	하나님의 치료 과정 • 555
chapter 34	겔 37:1-28	마른 뼈가 살아나리라 • 574
chapter 35	겔 38:1-23	최후의 전쟁 • 594
chapter 36	겔 39:1-29	마지막 악의 심판 • 610
chapter 37	겔 40:1-49	성전 측량 • 629
chapter 38	겔 47:1-12	성전의 생수 • 649
chapter 39	겔 48:1-48:35	여호와 삼마의 땅 • 668

서문

　　요즘 우리 나라에 경제가 무척이나 어려워서 많은 젊은이들이 노력함에도 불구하고 직장을 얻지 못하고 있습니다. 더욱이 우리 나라의 정체성 자체가 흔들리고 있기에 주위의 강대국 사이에서 우리의 미래를 예측하기 어려운 실정입니다. 그러나 성경은 우리가 어떤 경우에도 믿음으로 승리할 수 있도록 수많은 예언과 믿음의 실증으로 우리를 축복하고 있습니다.

　　에스겔은 젊은 시절에 바벨론에 포로로 붙들려 가는 바람에 제사장이 되어야 할 나이가 되었음에도 불구하고 제사장이 될 수가 없었습니다. 그 대신 먼 이국 땅에서 매일 절망적인 나날을 보내야만 했습니다.

　　그러나 그 먼 이국 땅에도 하나님의 말씀이 찾아왔습니다. 그리고 하나님은 그 포로된 곳에 있는 유다 백성들을 향한 하나님의 놀라운 뜻을 보여주셨습니다. 그것은 그들이 멍청하게 오지도 않을 예루살렘의 도움을 고대하는 것이 아니라 포로된 그곳에서 말씀의 부흥을 일으키는 것이었습니다.

하나님의 백성들은 어느 곳에서나 하나님의 말씀을 붙들면 부흥이 일어나게 되어 있습니다. 이것이 바로 우리가 사는 길인 것입니다.

에스겔의 가장 유명한 두 환상은 골짜기의 뼈들이 하나님의 말씀과 성령의 능력으로 살아나서 하나님의 군대가 되는 것입니다. 그리고 또 하나의 환상은 성전 문지방에서 흘러나온 생수가 온 세상을 살리고 죽음의 바다 사해까지 살리는 것입니다.

에스겔이 보았던 이 환상은 오늘 이 시대를 살아가는 크리스천 젊은 이들과 믿는 자들에게 힘을 주고 축복을 주시는 말씀입니다. 이 동일한 기적이 오늘 이 시대 우리 나라의 많은 젊은이들과 성도들에게도 나타나기를 소망합니다.

특히 이 설교집을 책으로 출판하여 많은 성도들과 나눌 수 있는 기회를 주신 솔로몬 출판사의 박영호 집사님에게도 감사드리며 수고하신 편집부 직원들에게도 감사를 드립니다. 특히 매주 금요일마다 하나님의 성전에 모여서 이 말씀으로 은혜받으며 뜨거운 기도로 부흥의 횃불이 되어주신 대구동부교회 모든 성도님들에게도 깊은 감사를 드립니다.

대구수성교 옆에서
김서택 목사

01

|겔 1:1-28|

에스겔이 본 환상

우리 예수 믿는 사람들에게 가장 든든한 사실은 하나님이 우리의 산성이 되어주시고 피난처가 되어주신다는 사실입니다. 찬송가 중에 '만세 반석 열리니 내가 들어갑니다' 라는 찬송이 있습니다. 어떤 사람이 들판에서 무시무시한 폭풍우를 만나게 되었을 때 마침 아주 오래된 큰 바위가 가까운데 있었고 그 안에 또 굴이 있어서 그 안에 들어갈 수 있게 되었다면 아무리 심한 비바람이 불고 폭풍우가 몰아쳐도 그 바위 굴 속에 있는 사람은 안전할 것입니다. 저는 가끔씩 비바람이 몰아치고 폭풍우가 몰아칠 때 일부러 창가에 서서 밖을 바라볼 때가 있습니다. 그러면 바깥은 온 세상이 캄캄하고 비바람이 내려쳐도 집안은 아늑하고 전혀 비에 젖거나 바람에 떨 필요가 없기 때문에 따뜻한 커피 한 잔을 마시면서 '아, 예수 안에 있는 것이 이렇게 아늑하고 좋은 것이구나!' 하고 감사드리며 즐기게 되는 것입니다.

지난번에 북한에서 핵 실험을 했을 때 정말 우리나라 사람들은 마치 북쪽에서 시커먼 먹구름이 밀려오는 것을 느꼈을 것입니다. 지금 우리나라 사람들이 가장 불안해하는 것은 우리의 미래입니다.

에스겔서는 구약 성경 중에서 가장 난해하고 어려운 내용으로 되어 있습니다. 에스겔선지자는 제사장의 아들로서 여호야긴 왕 때 바벨론으로 포로로 끌려간 사람이었습니다. 만일 그가 포로로 붙들려가지 않았더라면 예루살렘에서 제사장이 되었을 사람인데 포로로 잡혀 갔기 때문에 제사장이 될 수 없었습니다. 아마도 이 사실이 에스겔을 굉장히 절망하게 만들었던 것 같습니다.

또한 이 당시 바벨론에 포로로 끌려간 사람들은 모두 다 유다가 빨리 힘을 내어서 자기들을 바벨론에서 다시 예루살렘으로 데리고 갈 수 있기를 기대하고 있었습니다. 그래서 바벨론의 포로 생활에 잘 적응도 하지 못하고 어떻게 해서든지 예루살렘 쪽에서 무슨 좋은 소식이 오지 않을까 하고 매일 기다리고 있는 실정이었습니다. 하나님께서 에스겔에게 주신 사명은 바로 이 사람들, 즉 바벨론에 포로 되어 온 사람들에게 하나님의 말씀을 전하는 것이었습니다. 그것은 유다와 예루살렘은 다시 힘을 내지 못하고 결국 망하고 만다는 사실입니다. 즉 하나님이 주신 말씀은 예루살렘은 망할 것이기 때문에 더 이상 예루살렘을 기대하지 말고 오직 자기 스스로 하나님의 말씀으로 홀로 서기를 하라는 것이었습니다. 그 대신 하나님께서는 그들에게 주신 이 말씀을 가지고 온 세상에 하나님의 복음을 전하는 일을 하겠다고 하시는 것입니다. 에스겔이 포로 되어온 사람들에게 유일한 소망인 예루살렘의 회복에 대하여 예언하지 못하고 예루살렘이 결국 망해야 한다는 것을 예언하는 것은 죽어도 하기가 싫은 것이었습니다. 그러나 에스겔은 그 예언을 해야만 했고 그 말씀대로 얼마 있지 않아서 예루살렘에서 온 사람에 의하여 예루살렘은 멸망했다는 비참한 소식을 듣게 됩니다.

에스겔은 원래 제사장의 아들로서 제사장의 일을 해야 하는데 바벨론에 붙들려오는 바람에 제사장의 일을 하지 못했습니다. 그 대신에 환상을 통해서 여러 차례 하나님의 성전을 보게 되고 나중에는 완전히 새로 지어지는 성전을 보게 되는데 그 성전 문지방에서 나오는 생수가 죽음의 바다 사해를 살리게 되는 것입니다.

오늘 본문 말씀은 에스겔이 바벨론에 포로로 끌려가서 자기 스스로도 무엇을 해야 할지 모르는 불안한 상황에서 하나님의 놀라운 환상을 보게 되는 것입니다.

에스겔의 배경

"제 삼십년 사월 오일에 내가 그발강 가 사로잡힌 자 중에 있더니 하늘이 열리며 하나님의 이상을 내게 보이시니 여호야긴왕의 사로잡힌 지 오년 그 달 오일이라 갈대아 땅 그발강 가에서 여호와의 말씀이 부시의 아들 제사장 나 에스겔에게 특별히 임하고 여호와의 권능이 내 위에 있으니라"(1-3절).

에스겔은 가장 먼저 자신이 언제 어떤 배경에서 이런 묵시를 받게 되었는지 서론 부분에서 밝히고 있습니다. 그런데 처음부터 해결이 잘 되지 않는 것이 '제 삼십년 사월 오일'이라고 할 때 무엇을 기준으로 한 삼십년이냐 하는 것입니다. 대개 몇 가지로 생각하고 있는데 하나는 에스겔의 생일을 기준으로 했다고 보는 것입니다. 즉 제사장은 삼십 세가 되면 성전 봉사를 시작하게 됩니다. 그러나 에스겔은 바벨론에 포로로 붙들려 왔기 때문에 성전 봉사를 할 수가 없었습니다. 그때 하나님께서는 눈에 보이는 성전 대신에 눈에 보이지 않는 하늘의 성전으로 에스겔을 인도해 가셨는데 그것이 바로 이 묵시를 보는 것이었습니다. 그리고 또 다른 것으로는 요시야가 성전에서 두루마리 책을 찾고 성전 개혁을 일으킨 지 삼십년이 되는 해라는 해석도 있습니다. 요시야가 성전에서 두루마리 성경을 찾고 개혁을 일으켰을 때 무엇인가 좋은 일이 일어날 것 같았는데 결국 그 후에 계속 나라가 쇠퇴하더니 드디어 여호야긴 왕과 백성들은 바벨론에 포로로 붙들려오고 그 후에 새로운 하나님의 말씀이 임했다고 보는 것입니다. 그러나 가장 설득력 있는 해석은 이삼십년을 에스겔의 나이로 보는 것입니다. 아마도 에스겔은 다른 어느 누구보다도 성전 봉사에 많은 기대와 소망을 가지고 있었던 것 같습니다. 그러나 그는 제사장이 되기도 전에 바벨론에 붙들려오게 되었습니다. 그리고 이제는 바벨론에 붙들려온 지도 이미 5년이 지났습니다. 이때 에스겔이 할 수 있는 것은 아무 것도 없었습니다. 성전이 없는 이방 땅에서 에스겔이 할 수 있는 일이 무엇이 있겠습니까? 그럼에도 불구하고 하늘이 열리면서 하나님께서는 에스겔에게 이 땅에 있는 성전 봉사보다 더 높은 일을 에스겔에게 맡겨주셨습니다.

　에스겔이 이 하나님의 환상을 본 장소는 바벨론의 그발강가였습니다. 이 그발강이라고 하는 것은 바벨론 사람들이 유대인들에게 운하 공사를 하게 한 운하였습니다. 그곳의 텔아비브에 유다 백성들이 모여 있었는데 그 강가에서 에스겔은 하나님의 말씀을 받게 되었습니다.

에스겔은 하나님의 말씀이 그에게 임한 것을 가리켜 '하늘이 내게 열렸고' 그리고 '여호와의 권능이 내 위에 있었다' 고 말하고 있습니다. 우리가 하나님의 말씀을 듣는 것은 내 위에 하늘이 열렸기 때문입니다. 그리고 돌과 같이 단단하던 우리의 마음이 하나님의 은혜로 뜨거워지고 녹게 되는 것은 하나님의 강한 권능이 내게 임하였기 때문입니다.

지금 바벨론의 온 땅은 두꺼운 얼음이 덮여 있는 동토의 땅이었습니다. 마치 일 년 내내 한 번도 따뜻한 봄이 오지 않고 차가운 겨울만 계속되는 동토의 땅과 같은 곳이었습니다. 에스겔과 유다 백성들은 바벨론에 포로 되어온 지 5년 동안 단 한 번도 따뜻한 봄기운을 느껴 본 적이 없었던 것입니다. 그런데 드디어 하늘이 열리면서 빛이 임하기 시작했습니다. 그리고 에스겔의 마음이 은혜를 받아서 뜨거워지기 시작했습니다. 이것이 바로 새로운 시대가 임하고 있는 증거인 것입니다.

우리는 봄이 어디에서부터 온다고 생각을 하십니까? 어떤 분들은 시냇가의 얼음 밑으로 시냇물이 흐르는 소리나 버들강아지가 생기는 것을 보면 봄이 오는 것을 안다고 합니다. 패션에 민감한 어떤 분들은 여성들의 치마가 짧아지는 것을 보면 봄이 오는 것을 안다고 합니다. 그러나 가장 중요한 것은 우리 마음에 봄이 오는 것입니다. 하나님의 말씀으로 돌같이 굳어 있던 내 마음 속에 훈훈한 하나님의 사랑이 전해오고 성령의 감동이 임할 때 이미 하나님의 봄은 오고 있는 것입니다.

바벨론에 포로 되어온 에스겔이나 유다 백성들에게 하나님의 말씀의 감동이 임하는데 오년이 걸렸습니다. 이 오년은 무엇 하는 시간이었을까요? 아마도 유다 백성들이 포로로 붙들려오고 난 후에 하나님에 대하여 분노하고 다른 사람들에 대하여 원망하며 자기 힘으로 살아보려고 온갖 생각을 다 하던 기간이었습니다. 그러다가 오년이라는 시간이 지나면서 어느 정도 분노와 실망도 가라앉고 어느 정도 자기 자신에 대하여 정신을 차리게 된 것 같습니다. 우리는 우리의 생각이 살아있고 우리의 고집이 살아있는 동안 하나님은 침묵을 지키시면서 가만히 계신다는 것을 알아야 합니다.

예를 들어서 김치를 담글 때 가장 먼저 하는 것이 배추에 소금을 뿌려서 숨을 죽이는 것입니다. 왜냐하면 배추가 숨이 죽지 않으면 양념이 들어가지 않기 때문입니다. 마찬가지로 하나님께서 붙들려온 유다 백성들에게 바벨론의 소금을 치셔서 숨이 완전히 죽는데 오년이 걸렸던 것입니다.

네 생물의 환상

에스겔이 하나님이 주신 환상에서 가장 먼저 본 것은 북쪽에서 밀려오는 캄캄한 먹구름이었습니다.

> "내가 보니 북방에서부터 폭풍과 큰 구름이 오는데 그 속에서 불이 번쩍번쩍하여 빛이 그 사면에 비취며 그 불 가운데 단쇠 같은 것이 나타나 보이고"(4절).

우리는 가끔 한 여름에 시커먼 먹구름이 북쪽이나 남쪽에서 밀려오는 것을 경험할 때가 있습니다. 한 대낮인데도 마치 저녁처럼 날씨가 어둑어둑해지더니 잠시 후에 '쫘르릉' 하고 천둥이 치면서 굵은 빗방울이 쏟아지기 시작하는 것입니다. 최근에 우리나라에서는 폭우가 얼마나 많이 쏟아지는지 비가 한번 쏟아지면 강이 넘치고 도로가 유실이 되어서 사람들이 떠내려가서 죽기도 하고 집이나 논밭을 망치는 일도 많이 있습니다.

에스겔이 본 환상은 북쪽에서 무시무시한 환란의 먹구름이 몰려오고 있는 모습이었습니다. 이 먹구름은 어마어마한 환난의 먹구름이었습니다.

지금 많은 유다 백성들이 생각하고 있는 것은 예루살렘에서 만 명이 넘는 사람들이 포로로 붙들려오고 여호야긴 왕까지 붙들려옴으로 예루살렘의 환란은 끝날 것이라는 것입니다. 이제 후로는 유다와 바벨론 왕과의 협상이 잘 진행이 되어서 포로 되었던 자들도 예루살렘으로 돌아가고 나라가 다시 정상화될 것으로 기대를 하고 있었던 것입니다. 그러나 하나님의 묵시를 보았을 때 지금보다 훨씬 더 무시무시한 환란의 먹구름이 유다 백성들을 향하여 몰려오고 있는 것이었습니다. 그것은 보기만 해도 소름이 끼칠 정도였는데 그 먹구름 속에서 빛이 번쩍 번쩍하면서 접근을 하고 있는데 그냥 보기에도 쉽게 넘어갈 수 있는 그런 먹구름은 아니었습니다. 이 먹구름이 보여주는 것은 결국 예루살렘에 더 큰 전쟁이 일어나게 되고 예루살렘은 끝내 멸망하면서 모든 유다 백성들이 죽든지 노예로 흩어지든지 아니면 포로로 붙들려오게 되는 것입니다.

오늘날도 우리나라에 가장 걱정되는 것은 이 무시무시한 먹구름이 한반도 전체를 덮고 있는 것입니다. 북한에서 시작된 먹구름은 점점 커져서 지금은 남한도 어느 정도 다 덮게 되었습니다. 그리고 한 번씩 크게 '우르르 쾅쾅' 하는 소리가 들리는데 그것은 북한이 핵실험을 하는 소리이기도 하고 또 다른 여러 가지 우리의 안전을 위협하는 소리이기도 한 것입니다.

그런데 에스겔은 그 시커먼 먹구름 가운데 무엇인가 특별한 것을 보게 되었습니다. 그것은 빨간 빛이 나는 쇠였습니다.

'그 불 가운데 단쇠같은 것이 나타나 보이고'

시커먼 먹구름 가운데 나타난 '빨간 쇠'는 먹구름과는 전혀 다른 성격의 것이었습니다. 예를 들어서 칠흑같이 어두운 밤에 비가 억수같이 쏟아지는데 길 앞에 경광등을 번쩍거리는 경찰차와 앰뷸런스차가 있으면 큰 교통사고가 난 것입니다. 불이 번쩍거리는 동안 우리는 앞으로 갈 수가 없습니다. 그런데 그런 중에 교통경찰이 막대기 신호등으로 표시를 하면 어느 정도 사고가 수습이 되었기 때문에 앞으로 갈 수 있다는 표시인 것입니다.

우리가 한 밤중에 사고가 나거나 길이 막혔을 때에 이 빨간 신호등의 표시를 보면 얼마나 반가운지 모릅니다.

마찬가지로 에스겔은 전혀 앞을 볼 수 없는 칠흑 같은 어두움 속에서 앞으로 가라고 표시를 하는 하나님의 신호등을 볼 수 있게 되었습니다. 이것이 바로 하나님의 말씀이 하는 역할인 것입니다.

"주의 말씀은 내 발의 등이요 내 길의 빛이니이다"(시 119:105).

우리가 캄캄한 밤에는 길이 없는 곳에서 함부로 앞으로 나아갈 수 없습니다. 더욱이 억수같이 폭우가 쏟아지고 비바람이 부는 밤에는 전혀 앞으로 나아갈 수가 없습니다. 천둥이 치고 번개가 치는데도 불도 없이 나갔다가는 절벽에 떨어지거나 구렁텅이에 빠지게 될 것입니다. 그런데 그곳을 지키는 사람이 빨간 신호등으로 오라고 신호를 할 때에는 얼마든지 안심하고 갈 수 있는 것입니다. 결국 사람들은 평소에는 자기 능력을 의지하고 자기 학벌이나 인간관계를 의지해서 얼마든지 잘 달릴 수 있지만 환란의 때가 되었을 때에는 하나님의 말씀 없이는 한 걸음도 앞으로 나아갈 수가 없습니다. 하지만 이때 믿는 자들에게는 하나님의 신호등이 나타나서 기가 막힌 길을 가르쳐주시는 것입니다. 이것을 믿으시기 바랍니다.

에스겔은 이 심한 환란의 먹구름 가운데서 아주 특이한 것을 보게 되었습니다. 그것은 특이한 모습을 하고 있는 천사의 모습이었습니다.

"그 속에서 네 생물의 형상이 나타나는데 그 모양이 이러하니 사람의 형상이라. 각각 네 얼굴과 네 날개가 있고 그 다리는 곧고 그 발바닥은 송아지 발바닥 같고 마광한 구리 같이 빛나며"(5-7절).

이 특이하게 생긴 생물은 이스라엘을 지키는 천사들의 모습입니다. 그러나 천사들이 이런 모습으로 보이는 것은 실제로 천사들이 이렇게 생겼다는 뜻이 아닙니다. 이런 모습을 통해서 이스라엘 백성들에게 힘을 주고 위로를 주려고 하는 것입니다.

아침 텔레비전에 보면 어린이 프로에 진행하는 분들이 여러 가지 인형의 모습을 쓰고 나옵니다(예를 들면 어린이 텔레비전 프로에 나오는 파파와 노노 같은 것입니다). 이것이 어른들이 보기에는 이상하게 보일지 몰라도 아이들에게는 아주 친근감을 주고 내용을 쉽게 이해하게 만듭니다.

마찬가지로 이상한 모습을 가지고 나타나는 천사들은 포로 생활에 지친 하나님의 백성들에게 힘을 주고 기운을 돋구어주기 위해서 이런 모습으로 나타나는 것입니다.

결국 시커먼 먹구름은 너무나도 싫지만 그 속에 여전히 하나님의 활동이나 역사는 살아있습니다. 실제로 아무리 시커먼 먹구름이 온 세상을 덮고 비바람이 몰아친다 하여도 그 구름 위에는 여전히 태양은 빛나고 있는 것입니다.

우선 중요한 것은 이 생물들이 네 얼굴이 있고 네 날개가 있는 것이 특징입니다. 네 얼굴은 10절에 나옵니다.

"그 얼굴들의 모양은 넷의 앞은 사람의 얼굴이요 넷의 우편은 사자의 얼굴이요 넷의 좌편은 소의 얼굴이요 넷의 뒤는 독수리의 얼굴이니"(10절).

이 네 얼굴은 환란 가운데 이스라엘 백성들이 어떤 얼굴을 해야 이 환란을 통과할 수 있을지 가르쳐주는 것입니다. 우선 사람의 얼굴은 지혜요 상식입니다. 우리는 어려움이 닥쳤을 때 상식을 사용해야 하고 지혜를 사용해야 합니다. 믿음이라고 해서 무조건 자기 생각을 가지고 밀어 붙이면 고생만 더 실컷 하게 될 것입니다. 우리가 하나님의 뜻을 찾는데 있어서 가장 중요한 것은 상식과 믿음입니다. 우선 가장 중요한 것이 상식적으로 한번 생각해 보는 것입니다. 왜냐하면 우리는 믿음으로 한다고 하면서 너무나도 말도 되지도 않는 것을 밀어 붙일 때가 많이 있기 때문입니다. 그러나 상식이 모두 하나님의 뜻은 아닙니다. 어느 순간부터는 도저히 상식이 따라올 수 없는 믿음의 영역이 나타나게 되는 것입니다. 우리는 어려움이 오기 전에 하나님의 말씀으로 무지무지하게 고민을 함으로 머리를 터트려버려야 합니다. 그러면 훨씬 더 환란을 새로운 눈으로 볼 수 있게 되고 여유를 가질 수가 있습니다.

그리고 두 번째는 사자입니다. 사자라고 하는 것은 그야말로 용기가 있는 짐승입니다. 사자가 소리를 지를 때에는 다른 모든 짐승들은 벌벌 떨게 되어 있습니다. 하나님의 백성들이 침체 되어 있는 것은 마치 병든 사자가 되는 것과 같습니다. 병들어 죽어가는 사자는 아무도 두려워하지 않습니다. 우리가 살아 있는 사자되는 것은 기도 시간에 하나님 앞에서 부르짖는 것입니다. 그래서 모든 불안과 두려움을 떨쳐 버려야 합니다. 그리고 세 번째가 소입니다. 소는 그야말로 인내의 짐승입니다. 소는 말처럼 빨리 달리지는 못하지만 한걸음씩 뚜벅뚜벅 걸어서 결국 목표한 곳에 도달하고야 맙니다. 우리는 하나님의 일을 성급하게 하려고 하면 자기 스스로 지치게 됩니다. 하나님의 일은 모두 장기전이고 마라톤 경기와 같습니다. 마라톤 경기는 처음에 빨리 뛴다고 해서 완주할 수 있는 것이 아닙니다. 마라톤에서 완주를 하려면 자기 컨디션을 잘 조절하면서 오래 인내를 해야 다 달려갈 수가 있습니다.

저는 서울과 지방의 차이를 보니까 서울은 주로 단거리의 전력 질주였습니다. 한순간에 순발력을 발휘해서 한숨에 모든 것을 다 해치워버리는 것입니다. 그러나 지방은 장거리 마라톤입니다. 그러나 잘못하면 장거리도 아니고 그냥 놀고먹는 것이 될 수 있습니다. 바른 목표를 가지고 서두르지도 말고 그렇다고 주저앉지도 말고 누가 뭐라고 해도 기죽지 말고 끝까지 달려야 하는 것입니다. 그리고 독수리는 가장 높이 올라가는 새이고 가장 멀리 볼 수 있는 새입니다. 우리는 가장 높은 곳까지 올라가야 합니다. 시시하게 계단 한두 칸 정도 올라갔다가 다 되었다고 포기해서는 안 되고 저 하나님이 계신 보좌 앞까지 줄기차게 올라가서 거기서 감히 다른 사람들은 먹지도 못하는 생명의 양식을 먹어야 하고 감히 다른 사람들은 드릴 수 없는 기도를 드려야 하고 감히 다른 사람들은 가질 수 없는 비전을 가져야 하는 것입니다.

여기에 중요한 몇 가지가 나오는데 그것은 발입니다. 다리는 곧고 발바닥이 송아지 같다고 했습니다. 이것이 바로 말씀의 길을 꿋꿋하게 가는 것입니다. 왜 이 말씀의 길을 가는 것이 어려울까요? 사람들의 눈에 보기에 시시하기 때문입니다. 그러나 사람들의 재주가 어려운 환란이 오면 하나도 먹혀들지 않습니다. 오직 이 곧은 다리만이 끝까지 갈 수 있는 것입니다. 이 발은 마광한 주석과 같아서 독사도 밟아버리고 못이 있어도 찔리지 않고 모든 장애물을 넘어가는 발입니다. 그리고 중요한 것은 날개입니다. 이 날개는 두개씩 연결되어 있는데 이것으로 모든 세상적인 어려움을 이기고 독수리같이 날아갈 수 있는 것입니다. 우리에게는 말씀과 기도 이 두 가지가 바로 이 날개입니다. 우리는 아무리 답답하고 힘든 일을 만난다 하더라도 말씀과 기도의 날개로 하나님 앞으로 날아갈 수 있습니다. 거기서는 아무도 우리를 해칠 수 없고 아무도 우리를 땅에 떨어트릴 수가 없습니다.

특히 이 짐승 안에는 불이 있었습니다.

"또 생물의 모양은 숯불과 횃불 모양 같은데 그 불이 그 생물 사이에서 오르락내리락 하며 그 불은 광채가 있고 그 가운데서는 번개가 나며"(13절).

하나님의 천사는 그 자체 안에 불이 있어서 에너지가 공급이 되고 있었습니다. 즉 하나님의 백성들은 어느 곳에 있든지 바른 믿음만 가지고 있으면 이스라엘이 되고 축복의 백성 노릇을 할 수가 있는 것입니다.

요즘 우리나라 사람들은 너무 정치권에 기대를 많이 거는 것 같습니다. 그러나 정치권은 사태를 더 악화만 시키지 않으면 잘 하는 것입니다. 지금 우리나라 위정자들은 자신들의 무엇인가 이상적인 나라를 만들려고 하고 무엇인가 엄청난 일을 하려고 하니까 자꾸 모든 것을 더 꼬이게 하고 힘들게 하고 있습니다. 축복은 하나님으로부터 와야 하는 것입니다.

그런데 이 생물들은 굉장히 빨리 움직이고 있었습니다.

"그 생물의 왕래가 번개같이 빠르더라"(14절).

하나님의 백성들이 어려울 때에 천사들은 더 빨리 움직여야 합니다. 왜냐하면 어려움 가운데 그냥 내버려두면 죽어버리기 때문입니다. 병원에서도 환자가 위독하면 간호사나 의사들은 달리기를 하듯이 뛰어다니면서 환자를 돌보게 됩니다. 마찬가지로 우리가 어려울 때 하나님은 번개같이 빨리 움직이시는 것입니다.

바퀴가 달린 보좌

이스라엘 백성들이 출애굽 했을 때 하나님께서는 이스라엘 백성들에게 법궤를 만들라고 하셨습니다. 이 법궤는 제사장들이 작대기를 매어서 어깨에 메고 이동시킬 수 있는 것이었습니다. 바로 이 하나님의 법궤는 하나님의 보좌였습니다. 하나님은 원자력과 같은 분이십니다. 이스라엘 백성들이 하나님께 합당한 모습을 하고 있을 때에는 하나님께서 원자력 에너지가 되어주시지만 이스라엘 백성들이 합당하지 못하면 하나님은 원자탄으로 변하시는 것입니다. 그런데 에스겔이 그발강가에서 본 하나님의 보좌는 어깨에 메고 이동하는 것이 아니라 바퀴가 달려있고 움직일 수도 있고 공중을 날 수도 있는 것이었습니다.

"내가 그 생물을 본즉 그 생물 곁 땅 위에 바퀴가 있는데 그 네 얼굴을 따라 하나씩 있고 그 바퀴의 형상과 그 구조는 넷이 한결 같은데 황옥 같고 그 형상과 구조는 바퀴 안에 바퀴가 있는 것 같으며"(15-16절).

원래 하나님의 법궤에는 뚜껑이 시은소라고 해서 그룹 천사가 날개를 펴고 있는 모습이 새겨져 있었습니다. 그리고 법궤 안에는 두 돌비가 들어 있었습니다. 그런데 이제는 두 천사가 아니고 네 명의 천사이며 법궤는 바퀴가 달려서 스스로 움직이는 구조로 되어 있었습니다.

그리고 이 안에 '황옥'은 아주 오래 된 느낌을 주는 보석인 것입니다. 하나님의 말씀은 아주 오래 된 보석입니다. 색깔로 치면 누런색인 셈입니다. 그러나 이 말씀 안에 하나님의 생명이 있고 능력이 있습니다. 바퀴 안에 바퀴가 있어서 외부에서 동력이 전달되는 것이 아니라 그 안에 자체에 힘이 있어서 바퀴를 돌리게 되어 있었습니다.

이제 하나님께서는 더 이상 이스라엘 백성들에게 의존하지 아니하십니다. 이제부터는 하나님께서 전 세계를 다니시면서 온 세상에 하나님이 하시고 싶은 일을 다 하실 것입니다. 그럼에도 불구하고 하나님은 또 새로운 이스라엘을 만드십니다. 바로 이 새 이스라엘이 교회인 것입니다.

"행할 때에는 사방으로 향한 대로 돌이키지 않고 행하며 그 둘레는 높고 무서우며 그 네 둘레로 돌아가면서 눈이 가득하며 생물이 행할 때에 바퀴도 그 곁에서 행하고 생물이 땅에서 들릴 때에 바퀴도 들려서 어디든지 신이 가려 하면 생물도 신의 가려하는 곳으로 가고 바퀴도 그 곁에서 들리니 이는 생물의 신이 그 바퀴 가운데 있음이라. 저들이 행하면 이들도 행하고 저들이 그치면 이들도 그치고 저들이 땅에서 들릴 때에는 이들도 그 곁에서 들리니 이는 생물의 신이 그 바퀴 가운데 있음이더라"(17-21절).

결국 예루살렘이 무너지고 성전이 파괴됨으로 하나님의 보좌는 없어지게 됩니다. 그 없어진 하나님의 보좌가 어디에 나타나게 됩니까? 바로 포로 되어 있는 이 백성들 가운데 하나님께서 오셔서 그들 가운데 임재하시는 것입니다. 예수님이 십자가 위에서 못 박혀 죽으신 후에는 이 하나님의 보좌는 우리 예수 믿는 사람들이 모여서 예배드리는 곳에 이루어지게 됩니다. 우리들의 모임 가운데 하나님은 임하셔서 우리의 기도를 들으시며 우리를 위기에서 건지시고 우리를 통하여 온 세상을 축복하시는 것입니다.

결국 하나님의 보좌는 예루살렘에서는 없어지지만 바벨론의 심장에서 하나님의 능력은 나타나게 됩니다. 그래서 갑자기 칠십 년 만에 바벨론은 망하고 유다 백성들은 예루살렘으로 돌아가게 되는 것입니다.

이스라엘 백성들이 망하기 전에는 눈에 보이는 성전 건물을 붙잡았지만 망하고 난 후에는 실제적인 하나님을 붙잡게 되는 것입니다. 안타까운 것은 이스라엘 백성들이 미리 하나님을 붙잡았더라면 망할 필요가 없었는데 그들은 교만해서 하나님이 속아주실 줄로 생각했던 것입니다. 오늘 이것은 우리나라 교회와 성도들도 마찬가지입니다. 눈에 보이는 건물을 잡으면 결국 껍데기만 쥐게 되는 것입니다. 우리는 속 알맹이를 잡아야 합니다. 누런빛이 나는 황옥 같은 하나님의 말씀을 잡아야 하는 것입니다.

그렇게 될 때 하나님의 눈이 나타나게 됩니다. 바퀴는 온통 하나님의 눈인데 모든 것을 다 꿰뚫어보고 있습니다. 그리고 그 둘레가 얼마나 두려운지 아무도 함부로 대할 수가 없었습니다. 이것이 오늘날 바른 성전의 모습입니다.

> "그 생물의 머리 위에는 수정 같은 궁창의 형상이 펴 있어 보기에 심히 두려우며 그 궁창 밑에 생물들의 날개가 서로 향하여 펴 있는데 이 생물은 두 날개로 몸을 가리웠고 저 생물도 두 날개로 몸을 가리웠으며 생물들이 행할 때에 내가 그 날개 소리를 들은즉 많은 물소리와도 같으며 전능자의 음성과도 같으며 떠드는 소리 곧 군대의 소리와도 같더니 그 생물이 설 때에 그 날개를 드리우더라"(22-24절).

이 생물과 바퀴가 있는 위에는 수정같이 맑은 하늘이었습니다. 즉 아무리 이 세상에 캄캄한 먹구름이 몰려와서 비바람과 눈보라를 뿌린다 하더라도 하나님의 말씀이 있고 기도가 있는 곳에는 언제나 맑은 푸른 하늘인 것입니다. 그곳에는 세상의 소리는 일체 들릴 수가 없습니다. 왜냐하면 이 생물들의 소리가 많은 물소리와 같아서 다른 세상의 소리를 다 이기기 때문입니다.

큰 폭포가 파도가 치는 바닷가에 가면 다른 소리는 다 없어지고 맙니다. 왜냐하면 많은 물소리가 다른 소리들을 다 이겨버리기 때문입니다.

이 소리는 바로 하나님의 소리이며 전능자의 소리입니다. 사람들이 평안할 때에는 자기 멋대로 소리를 질러대기 시작합니다. 그러나 진짜 어려운 일을 당하면 하나님의 말씀 외에는 다른 것으로는 위로를 받지도 못하고 다른 소리는 낼 수도 없는 것입니다.

그러나 이 움직이는 생물이라고 해서 자기 멋대로 행동할 수 있는 것이 아닙니다. 이들의 두 날개는 몸을 가리우는 데 썼습니다. 즉 모든 날개로 다 날아다닌 것이 아니라 자기를 지키는데 두 날개를 사용했던 것입니다. 우리는 젊었을 때에는 많은 일을 하는 것이 똑똑하고 잘 하는 줄 아는데 나중에 가보면 하나님 앞에서 자기를 지키는 것이 얼마나 중요한지 알게 됩니다. 왜냐하면 아무리 많은 일을 한다고 해도 자기를 지키지 못하면 아무 소용이 없기 때문입니다.

"그 머리 위에 있는 궁창 위에 보좌의 형상이 있는데 그 모양이 남보석 같고 그 보좌의 형상 위에 한 형상이 있어 사람의 모양 같더라. 내가 본즉 그 허리 이상의 모양은 단쇠 같아서 그 속과 주위가 불같고 그 허리 이하의 모양도 불같아서 사면으로 광채가 나며 그 사면 광채의 모양은 비 오는날 구름에 있는 무지개 같으니 이는 여호와의 영광의 형상의 모양이라. 내가 보고 곧 엎드리어 그 말씀하시는 자의 음성을 들으니라"(26-28절).

하나님은 불이십니다. 이 세상의 재앙은 마귀가 일으키는 것 같고 악한 자들이 만드는 것 같지만 결국 모든 것이 인간의 교만과 죄에 대한 하나님의 진노의 심판인 것입니다. 그러나 하나님의 백성들은 그 진노를 축복으로 바꿀 수 있습니다. 하나님은 한편으로는 불이시지만 다른 한편으로는 무지개이시기 때문에 노아에게 세상을 멸망시키지 않겠다고 약속하셨던 것처럼 오늘 우리들도 망하지 않도록 지켜주실 것입니다.

오늘 우리들은 우리 자신의 역할에 대하여 회의를 가지고 있지는 않습니까? 오늘 이곳에서 하나님을 만나시기를 바랍니다. 우리의 미래에 대하여 검은 먹구름을 보고 불안해하십니까? 하나님의 말씀이 우리에게 단쇠가 됩니다. 오늘 우리에게 하나님은 푸른 하늘이 되어주실 것입니다. 오늘 우리는 말씀과 기도로 살아계신 하나님의 보좌 앞에 나아가야 할 것입니다. 그러면 하나님은 우리에게 모든 마귀의 시험을 이기고 재앙을 축복으로 바꾸는 은혜를 베풀어 주실 것입니다.

02

|겔 2:1-3:11|

에스겔의 소명

우리 젊은이들은 모두 앞으로 어떤 사람과 결혼하며 어떤 직업을 가지고 행복하게 살 것인가 하는 소박한 꿈들을 다 가지고 있을 것입니다. 그러나 개인적으로 어떤 불행한 일을 당해서 신체의 손상을 입는 바람에 결혼을 하거나 아니면 사회생활을 하는 것이 불가능하게 되었다면 굉장히 절망을 할 것입니다. 그뿐 아니라 거기서 한 걸음 더 나아가서 나라 자체가 망해버려서 많은 사람들이 집단 수용소에 수용되어 있거나 노예 같은 생활을 하고 있다면 더 많이 절망하게 될 것입니다.

얼마 전에 어떤 여대생이 작은 책을 하나 내었습니다. 그 책에는 자동차 화재로 예쁜 얼굴을 다 망쳐버린 한 여대생이 하나님의 사랑으로 다시 용기를 내어서 자신 있게 다시 재기해서 사는 감동적인 글이 들어 있었습니다. 오늘 남녀노소를 불문하고 외모가 차지하는 비중은 너무나도 큰 것 같습니다. 모두가 다 조금이라도 더 날씬해지기를 원하고 조금 더 오뚝한 코를 가지려고 온갖 노력을 다하는 때에 얼굴이 심한 화상으로 다 망가져버렸는데도 감사하면서 사는 모습은 너무나도 위대한 모습인 것입니다.

지금은 사람들이 온갖 자유를 다 누리면서도 불만을 쏟아내고 있지만 과거 군사 정권 하에서는 많은 젊은이들과 지식인들이 나라의 미래에 대하여 절망을 했습니다. 어떤 한 여학생은 광주의 시위대 옆에 있었다는 이유로 끌려가서 엄청나게 두들겨 맞고 풀려 난후 너무나도 나라에 대하여 좌절하고 절망한 나머지 외국에 이민을 가서 외국인과 결혼을 하고 한국말도 쓰지 않고 자기가 한국인이라는 것을 절대로 말도 하지 않고 살다가 그래도 조국이라고 한국을 찾았던 여성의 기사를 신문에서 본 적이 있습니다. 그런데 그 여성이 말을 하기를 자기가 끌려가서 조사받고 두들겨 맞는 중에도 자기를 돌보아주고 자기 먹을 것을 먹지 않고 자기에게 준 어떤 언니가 있었는데 그 사람이 잊혀지지 않아서 보고 싶어서 왔다고 말을 했습니다.

지금 우리나라의 상황은 대단히 미래가 불안하고 불투명하지만 아직 에스겔 시대처럼 바닥까지 내려간 것은 아닙니다. 지금 우리나라의 미래를 어둡게 만드는 것은 현재 우리나라 사람들이 하나님께 감사할 것이 너무나도 많은데도 전혀 감사할 생각은 하지 않고 불만을 터트리고 더 자기 탐욕을 채우기 위해서 계속 집단적으로 소리를 지르고 있는 것입니다. 너무 뻔뻔스럽고 마음이 비양심적인 것입니다. 여기에는 어른들이나 청소년들이나 심지어는 어린이들까지도 아무 것도 다른 점이 없습니다. 무엇이든지 옳을 것을 가르쳐주면 반발하고 집단의 힘을 가지고 자신들의 생각을 밀어붙이고 모든 가치관을 뒤집어야 직성이 풀리는 것입니다. 저는 북한의 핵무기 보다 더 위험한 것은 전반적으로 우리 사회를 지배하고 있는 반항적인 성향이라고 생각합니다.

사실 그 반발은 하나님께 대한 반발이고 성경은 '패역한 족속'이라고 말씀하고 있습니다.

에스겔은 아마도 어려서부터 제사장이 되는 것이 꿈이었던 것 같습니다. 그러나 자기 자신과 많은 사람들이 포로가 되어서 바벨론에 끌려오는 바람에 어렸을 때부터 가졌던 꿈은 이룰 수가 없게 되었습니다. 그리고 에스겔 자신이나 끌려온 모든 사람들은 다른 사람들처럼 예루살렘에 그대로 남아 있어야 하는데 자기 자신들만 끌려 왔다는 것 때문에 굉장히 반항적이고 비관적인 상태에 있었던 것 같습니다. 에스겔과 그의 동료들은 '이 보다 더 나쁠 수 없다'고 말할 정도로 모든 점이 최악의 상태였습니다. 즉 그들의 환경은 바벨론에 포로 되어 와서 집단 수용소에서 강제 노동을 하고 있는 실정이었습니다. 거기에다가 끌려온 사람들의 마음 자체도 희망이라고는 찾아 볼 수 없고 모두 반항적이고 비양심적인 상태에 있었습니다. 이때 하나님께서는 에스겔에게 포로된 사람들에게 하나님의 말씀을 전할 수 있는 사명을 주셨습니다. 하나님께서는 포로로 붙들려온 사람들의 마음이 너무나도 거칠고 반항적이어서 결코 에스겔의 말을 잘 받아들이지 않고 오히려 욕을 하고 반격할 것이라고 말씀하셨습니다. 그러나 하나님께서는 에스겔에게 그 사람들이 받아들이든지 받아들이지 않든지 하나님의 말씀을 전하기만 하라고 하셨습니다. 이것은 하나님의 말씀의 능력만 믿으라는 뜻이었습니다. 지금 유다 백성들에게 희망이라고는 전혀 찾아 볼 수 없는 형편이었습니다. 그러나 그들에게 있는 유일한 희망은 에스겔선지자의 믿음과 하나님의 말씀이었습니다. 이 두 가지만 있다면 하나님의 백성들은 최악의 상태에서도 얼마든지 다시 일어설 수 있고 아름답게 꽃피울 수가 있는 것입니다. 이것은 바로 하나님께서 오늘 우리들에게 주시는 말씀입니다. 하나님께서는 오늘 우리가 누구와 결혼해서 행복하게 살며 혹은 어떤 직업을 가지고 어떤 직장에 취직할 것인가 하는 단꿈에 빠져 있지 말고 나의 믿음과 하나님의 말씀으로 다시 이 민족에게 생명을 불어 넣는 일을 하기를 원하십니다.

일어서라는 말씀

하나님께서 에스겔에게 첫 번째로 하신 말씀은 '인자야 일어서라'는 말씀이었습니다.

"그가 내게 이르시되 인자야 일어서라. 내가 네게 말하리라 하시며"(2장 1절).

여기서 '인자'라고 하는 것은 물론 나중에는 신약 성경에서 예수님께서 자신을 지칭하는 칭호로 사용하셨지만 여기서는 그야말로 연약한 인생을 말하는 것입니다. '인자'라고 하는 것은 결코 슈퍼맨이 아닙니다. 공중을 날아다닐 수도 없고 삼손같이 괴력이 있어서 천명이나 되는 사람을 혼자 힘으로 무찌를 수도 없는 그야말로 평범한 한 인간을 말씀하시는 것입니다.

우리 인간의 힘은 어떤 의미에서 '권력'에서 나온다고 말할 수 있을 것입니다. '권력'이란 인간들이 모여서 어떤 조직을 만든 후 일정한 어떤 룰을 적용하여 그 룰에 상대방 모두 복종하도록 강제한 사회적 약속 개념이라고 할 수 있습니다. 예를 들어서 군대 조직 같은 경우에는 최고 사령관의 말 한마디로 수십만 명의 군인들이 전쟁터에 투입이 되어서 사람을 죽이고 죽는 일을 하게 됩니다. 그러나 아무리 권력이 있는 자라 하더라도 그 자리에서 물러나서 한 개인이 되어버렸을 때에는 그야말로 '인자'가 되는 것입니다. 그 자리에서 물러나버리면 아무 힘도 없고 어느 누구도 그의 말을 들어주지도 않습니다. 더욱이 에스겔처럼 강대국에 붙들려서 포로가 된 사람은 완전히 바벨론 군인들의 말 한 마디에 죽기도 하고 살기도 하는 파리 목숨 같은 존재입니다. 에스겔은 결코 슈퍼맨이 아니었습니다. 오늘 우리들은 때로 슈퍼맨이 되고 싶을 때가 있을 것입니다. 어떤 어려움도 자신의 천재적인 능력으로 해결해버리고 국민들의 어려움도 단 한 번의 지혜로 한꺼번에 해결해버리는 슈퍼맨이 되기를 바랄 때가 있을 것입니다. 대개 현실이 절망적이면 절망적일수록 또 자신의 힘이 보잘것없으면 없을수록 사람들은 더 많이 이런 말도 되지도 않는 슈퍼맨의 공상에 빠지게 되는 것입니다. 그러나 하나님이 말씀하시는 대상은 그런 초자연적인 능력을 가진 슈퍼맨 에스겔이 아니라 포로 되어온 곳에서 아무 것도 할 수 없는 그야말로 '인자'에게 말씀하시는 것입니다.

하나님께서 에스겔에게 하신 첫 번째 말씀은 '일어서라'는 것이었습니다. 여기에서 '일어서라'고 하는 것은 물론 에스겔이 앞에 나타난 환상을 보고 압도가 되어서 엎드려 있는 상황에서 말씀하는 경우라 할 수 있겠지만 전반적인 에스겔의 마음 자세를 두고 하시는 말씀으로 생각이 됩니다. 즉 에스겔도 바벨론에 포로 되어 와서 좌절과 절망에 빠져서 침체되어 있는 것은 다른 사람들과 다를 바가 없었던 것입니다. 에스겔 자신도 다른 사람들과 똑같이 하나님에 대하여 분노하고 있었고 주위에 있는 모든 것을 부정하고 싶었고 될 대로 되라는 식으로 자포자기하고 있었던 것입니다. 그때 하나님께서 에스겔에게 '일어서라'고 말씀하신 것은 너는 너 자신이 얼마나 중요한 사람인지 알아야 하며 다른 사람들의 태도와 상관없이 너는 하나님 앞에서 마음을 열어야 하고 믿음을 붙잡아야 한다는 뜻입니다.

예를 들어서 집이나 회사에 좋지 않은 일이 생겨서 모두 아무 것도 하지 않고 누워서 뒹굴고 있을 때 하나님께서 우리 한 사람을 지목하시면서 '너는 일어서라'고 말씀하시는 것과 같은 것입니다. 어려울 때 왜 모든 사람들이 다 드러누워서 욕이나 하면서 아무 것도 하지 않으려고 합니까? 나 한 사람이 설쳐봐야 아무 것도 되지 않기 때문입니다. 그러나 이러한 절망적인 상황에서 일어서라고 하시는 분은 다름아닌 하나님이시라는 사실입니다.

하나님은 아무 권력도 없고 지혜도 없는 인자 같은 우리들에게 일어서서 하나님의 말씀을 받으라고 말씀하십니다.

여기서 에스겔을 일으킨 것은 자신의 의지가 아니라 하나님의 신이었습니다. 하나님의 성령의 능력이 에스겔에게 임하자 그 자신의 의지와는 달리 하나님 앞에서 일어설 수 있게 되었습니다.

여기서 우리가 우리 자신에 대하여 생기는 의문은 왜 우리는 다른 사람들과 달라야 하느냐 하는 것입니다. 물론 우리도 다른 사람들처럼 평범하게 살고 싶은 꿈들을 가지고 있을 것입니다. 그러나 우리가 하나님의 손에 붙잡힌 후부터는 평범한 삶은 불가능하게 되어버렸습니다. 그래서 여러분들의 삶이 다른 사람들처럼 평탄하지 않다고 해서 비관하지 마시기 바랍니다. 오히려 기대를 하시기를 바랍니다. 하나님은 어중간한 많은 사람들보다는 바로 된 한 사람을 더 원하십니다. 왜냐하면 그 한 사람을 통해서 하나님의 은혜와 능력이 제대로 공급되기만 하면 다른 사람들을 다 살릴 수 있기 때문입니다. 그래서 우리의 인생은 마치 로데오 말을 올라타고 있는 사람과 같습니다. 로데오 말은 길길이 날뛰면서 우리를 떨어트리려고 할 것입니다. 우리는 언제 어떻게 떨어질지 모르는 아슬아슬한 사람들입니다. 이렇게 길길이 날뛰는 것은 하나님의 말씀에 순종하지 않으려고 몸부림을 치는 우리 자신인 것입니다. 그러다가 어느 순간 이 로데오 말이 길이 들면서 우리는 잘 달리게 되는 것입니다.

"내게 이르시되 인자야 내가 너를 이스라엘 자손 곧 패역한 백성, 나를 배반하는 자에게 보내노라. 그들과 그 열조가 내게 범죄하여 오늘날까지 이르렀나니 이 자손은 얼굴이 뻔뻔하고 마음이 강퍅한 자라. 내가 너를 그들에게 보내노니 너는 그들에게 이르기를 주 여호와의 말씀이 이러하시다 하라. 그들은 패역한 족속이라. 듣든지 아니 듣든지 그들 가운데 선지자 있는 줄은 알찌니라"(2장 3-5절).

유다가 망한 이유는 바벨론이 너무 강해서 그런 것보다는 유다 백성들의 성향 자체가 너무 강하고 반항적이었기 때문입니다. 그래서 하나님께서는 열조 때부터 그렇게 하더니 지금까지 이르렀다고 말씀하고 있습니다. 사실 유다 백성들이 다른 모든 것에 반발한 것은 아니었습니다. 오히려 유다 백성들은 외국의 문화나 종교에 대해서는 아주 긍정적이었습니다. 오직 유다 백성들은 하나님의 말씀에 대해서만은 케케묵었느니 독선적이라니 하면서 지독하게 반발했던 것입니다.

그런데 유다 백성들 중 일부가 바벨론에 포로 되어 온 후에 이것이 더 심해졌습니다. 즉 우리만 포로로 잡혀온 것은 하나님께서 우리를 버리신 것이고 능력이 없는 증거라는 식으로 반발했던 것입니다. 사실 유다 백성들이 하나님께 지은 죄에 비교하면 바벨론에 포로로 붙들려온 것은 엄청난 은혜라고 보아야 할 것입니다. 오히려 포로로 붙들려 왔지만 감사하려고 하면 감사할 것도 많이 있었습니다. 왜냐하면 아직 포로로 붙들려오지 않은 사람들도 많이 있고 자기들도 건강하게 잘 있으며 비록 포로 되어왔지만 하나님을 제대로 믿으려고 하면 얼마든지 믿을 수 있었기 때문입니다. 그러나 이들은 마음 자세가 워낙 부정적으로 굳어 있어서 무조건 화가 나고 무조건 기분이 나쁘고 무조건 미치려고 했던 것입니다.

아마 중·고등학교 선생님들 중에서 아주 반발심이 심한 아이는 서로 맡으려고 하지 않을 것이며 맡아놓으면 너무나도 골치가 아플 것입니다. 지금 에스겔이 원하는 것은 빨리 예루살렘에 돌아가서 멋진 제사장 옷을 입고 성전에서 제사를 드리는 일인데 하나님께서는 포로 중에 남아서 이 죄수들에게 하나님의 말씀을 전하는 일을 하라는 것이었습니다. 가장 거칠고 가장 부정적인 사람들과 한평생 씨름하면서 하나님의 말씀을 전하라고 하신 것입니다.

그러면서 이런 말씀을 하셨습니다. '그들이 듣든지 듣지 않든지 그들 가운데 선지자가 있은 줄 알찌니라' 고 하셨습니다.

우선 '듣든지 아니 듣든지' 라는 말은 듣든지 안 듣든지 혼자서 떠들고 치우라는 뜻이 아닙니다. 겉으로 나타나는 그들의 반응에 너무 좌우되지 말고 하나님의 말씀 자체의 능력을 믿으라는 것입니다. 하나님의 말씀이 떨어지면 어떻게 해서든지 능력은 나타나게 되니까 너무 조급하게 생각하지 말고 또 자신의 기교나 재주를 의지하지 말고 말씀 자체의 능력을 믿으라는 뜻입니다. 우리에게 감사한 것은 우리 자신에게는 사람을 설득시킬 능력이나 재주가 없어도 된다는 것입니다. 단지 우리가 신실하게 하나님의 말씀을 전하고 가르치면 하나님의 말씀이 사람을 변화시키고 부흥을 일으키는 것입니다.

여기에 보면 '그들 중에 선지자가 있었다' 고 말씀하고 있습니다. 여기서 '선지자' 라고 하는 것은 하나님의 말씀을 전하고 그 말씀의 능력으로 모든 어려움을 이기게 하는 사람을 말합니다. 하나님께서 우리에게 주시는 선물 중에서 최고의 선물이 선지자입니다. 옛날 이스라엘 백성들이 출애굽할 때의 선지자는 모세를 두고 말을 했습니다. 모세는 수많은 기적과 능력으로 이스라엘 백성들을 애굽에서 인도하여 내었습니다. 이들에게 하나님의 선지자가 함께 있다는 것은 하나님께서 그들을 버리지 아니하신 것이며 하나님이 함께 하시는 증거인 것입니다.

"인자야 너는 비록 가시와 찔레와 함께 처하며 전갈 가운데 거할지라도 그들을 두려워 말고 그 말을 두려워 말지어다. 그들은 패역한 족속이라도 그 말을 두려워 말며 그 얼굴을 무서워 말지어다. 그들은 심히 패역한 자라. 듣든지 아니 듣든지 너는 내 말로 고할지어다"(2장 6-7절).

하나님의 말씀을 거부하는 자들과 함께 있는 것은 가시와 찔레 가운데 있는 것과 같다고 하셨습니다. 왜냐하면 모든 것을 가지고 반발하고 비난하기 때문입니다. 심지어는 전갈 가운데 있는 것과 같다고 하셨습니다. 전갈에 한번 쏘이면 얼마나 고통스러운지 모릅니다. 그럴 정도로 에스겔을 미워하며 분노를 퍼붓습니다. 그럼에도 불구하고 그들이나 그 말을 두려워하지 말라고 하셨습니다. 그 이유는 우리가 붙들고 있는 말씀에 어마어마한 능력이 있기 때문입니다. 우리가 붙들고 있는 이 말씀은 핵무기와 같은 말씀입니다. 하나님의 말씀이 선포되기만 하면 공중 권세 잡은 자가 두려워 떨게 되고 우리에게는 하나님의 불이 우리를 보호해 주기 때문에 털 하나도 건드리지 못하게 됩니다. 그것을 우리는 어느 순간에 느끼게 될 것입니다. 악한 자들이 공격하기는 하는데 이상하게 자신이 없고 비실비실 도망치면서 공격하는 것 같을 때 이미 그들은 하나님의 말씀의 능력에 패하고 있는 것입니다.

하나님의 말씀을 먹으라

에스겔이 포로로 붙들려 간 자들을 이길 수 있는 방법은 먼저 자기 자신이 하나님의 말씀을 먹는 것입니다.

> "인자야 내가 네비 이르는 말을 듣고 그 패역한 족속 같이 패역하지 말고 네 입을 벌리고 내가 네비 주는 것을 먹으라 하시기로 내가 보니 한 손이 나를 향하여 펴지고 그 손에 두루마리 책이 있더라 그가 그것을 내 앞에 펴시니 그 안팎에 글이 있는데 애가와 애곡과 재앙의 말이 기록되었더라"(2장 8-10절).

우리는 먼저 무엇보다 이 세상에서 가장 보배로운 것이 무엇인지 알아야 합니다. 우리 생각에는 이 세상에 좋은 것들이 너무나도 많기 때문에 이 세상에 있는 것들을 많이 가지는 것이 복이라고 생각합니다. 그러나 이 세상에 있는 복들은 진짜 복이 아니고 찌꺼기 복인 것을 알아야 합니다. 진짜 복은 하나님 자신이시며 하나님의 아름다운 성품입니다. 그래서 우리가 하나님을 알고 하나님을 닮아가는 것이 진짜 복이고 진짜 아름다운 것입니다.

하나님께서 이 세상에서 가장 귀하게 보시는 것은 세상의 좋은 것을 다 가지고 어려움 없이 사는 것이 아니고 우리가 하나님의 말씀을 먹음으로 이리 같은 본성을 버리고 하나님 앞에서 양처럼 변하는 것입니다. 하나님은 이 세상에서 최고로 가치 있게 생각하시는 것이 바로 이리가 양으로 변하는 것입니다. 왜 이스라엘 자손들이 이렇게 패역한 자들이 되어버렸을까요? 그것은 하나님의 말씀을 제대로 먹지 못했기 때문입니다. 하나님의 말씀이 아니라 세상의 양식을 잔뜩 먹었을 때 겉으로는 양 같았지만 실제로는 양 가죽을 뒤집어 쓴 이리였습니다. 실제로 이리보다 더 사나운 것이 겉으로는 양 같은데 실제로는 양으로 덜 변한 이리 떼들입니다.

지금 하나님께서 에스겔을 통해서 이 포로 된 곳에서 하시려고 하는 것은 예루살렘보다 훨씬 열악한 곳에서도 바른 말씀을 먹으면 믿음의 기적이 일어난다는 것을 보여주시려고 하는 것입니다. 즉 예루살렘에서 엉터리 말씀을 아무리 먹어도 안 되던 일이 이 바벨론 땅에서 바른 말씀을 먹으니까 부흥이 일어나더라는 것을 보여주시려고 하시는 것입니다.

사실 하나님께 더 중요한 사람들은 포로 되어온 사람들이었습니다. 왜냐하면 하나님의 계획에 의하면 예루살렘은 철거가 되게 되어 있고 바벨론에 온 사람들을 중심으로 다시 예루살렘으로 귀환하게 되어 있기 때문입니다.

우리는 도시 계획을 잘 알아야 합니다. 하나님께서 버리시기로 하신 곳을 아무리 붙들고 있고 거기서 아무리 집을 잘 꾸며놓고 잘 살아도 아무 소용이 없습니다. 결국 중요한 것은 하나님의 말씀이 선포되고 성도들이 기도로 반응하는 곳입니다.

이것을 위해서 하나님께서는 에스겔에게 먼저 두루마리 책을 먹으라고 말씀하셨습니다. 왜 에스겔은 하나님의 말씀을 듣고 그대로 전달만 해서는 안 되고 자기 자신이 먹어야만 할까요? 이것이 바로 하나님의 말씀이 가지는 특징입니다. 설교라고 하는 것은 설교자의 인격을 관통한 하나님의 말씀입니다. 설교라고 하는 것은 먼저 설교자가 자신이 먹고 자기가 소화를 한 말씀이어야 합니다. 남을 때리기 전에 자기를 먼저 때려야 하고 남을 울게 하기 전에 자기가 먼저 울어야 하는 말씀입니다.

하나님의 말씀은 먹지 않으면 아무 소용이 없습니다. 하나님의 말씀을 하나의 연구의 대상이나 밥벌이의 대상으로 생각하면 아무 소용이 없습니다. 우리는 이 말씀을 먹어야 합니다. 이 말씀을 먹는다는 것은 여기에 모든 생명을 다 거는 것입니다. 이상하게도 하나님의 말씀은 먹지 않으면 나와는 아무 상관이 없는 말씀으로 남아 있습니다. 그러나 이 말씀을 먹으면 그때부터는 이 말씀이 살아있는 말씀이 되기 시작합니다. 하나님의 말씀이 꿈틀 꿈틀거리면서 움직이기 시작하면서 매일매일 주님과의 살아있는 관계가 이루어지게 됩니다. 물론 말씀을 먹어도 우리의 형편은 조금도 나아지지 않고 더 어려워질 수도 있고 더 가난해질 수도 있고 더 세상적으로 힘들어 질 수도 있습니다. 그러나 주님이 나와 함께 계신 것을 매일 매순간 느끼게 되고 그리고 기도가 응답이 되기 시작합니다. 그리고 어려운 위기를 당하게 되었을 때 주님이 반드시 피하게 하시거나 이기게 하시는 것을 체험하게 될 것입니다.

여기에 보면 두루마리 책이 있는데 거기에는 애가와 애곡과 재앙의 말이 앞뒤로 가득 적혀 있었다고 말씀하고 있습니다. 왜 이런 재앙의 말을 먹어야 합니까? 그 이유는 이 말들이 겉으로만 재앙의 말이지 그 안에는 생명이 들어 있기 때문입니다. 그래서 하나님의 말씀은 아무리 먹어도 독이 되지 않고 중독도 되지 않고 부작용도 없습니다. 처음에는 너무 하나님의 말씀이 나의 아픈 부분을 찔러 아프지만 결국 회개함으로 내 영혼이 온전히 되기 때문에 그 다음부터는 아프지 않게 됩니다.

"그가 또 내게 이르시되 인자야 너는 받는 것을 먹으라. 너는 이 두루마리를 먹고 가서 이스라엘 족속에게 고하라 하시기로 내가 입을 벌리니 그가 그 두루마리를 내게 먹이시며 내게 이르시되 인자야 내가 네게 주는 이 두루마리로 네 배에 넣으며 네 창자에 채우라 하시기에 내가 먹으니 그것이 내 입에서 달기가 꿀 같더라"(3장 1-3절).

우리가 하나님의 말씀을 먹고 소화를 하면 그 말씀이 약이 되어버리고 축복이 되어버립니다. 이것은 마치 주사 백신과 같습니다. 우리 몸에 병균이 침투해 들어오면 우리가 병들어 죽게 되지만 이것이 일단 사람이나 다른 가축의 몸에서 항체가 되면 우리 몸에 주사를 해도 병이 들지 않고 그 다음에는 병을 이기게 됩니다. 그래서 말씀을 전하는 자는 반드시 하나님의 말씀을 자기가 먼저 먹어야 합니다. 자기가 먼저 먹고 부르짖는 말씀은 이미 그 안에 병균의 독은 약화가 되고 항체가 생겨 있기 때문에 그것을 먹어야 죄를 이기고 마귀의 시험을 이길 수가 있습니다. 물론 우리가 독감 주사를 맞거나 전염병 예방 주사를 맞으면 약간 아픈 것처럼 하나님의 말씀을 먹으면 약간 아플 수 있습니다. 그러나 그 말씀이 내 안에서 소화가 되고 난 후에 죄를 이기는 항체가 우리에게도 생기게 되는데 이것이 하나님이 주시려고 하는 축복인 것입니다.

그래서 에스겔이 하나님의 말씀대로 그 두루마리를 먹으니까 뱃속에서 꿀같이 달더라고 했습니다. 이것은 하나님의 말씀만이 가지는 특별한 맛입니다. 이것은 먹어보지 않은 사람은 알 수가 없고 한번 먹어본 사람은 다른 것은 먹지 못합니다. 하나님의 말씀을 먹었을 때 저 영혼 깊은 곳에서 만족감이 있고 분노의 불이 완전히 꺼져서 완전한 성령의 샘이 내 뱃속에서 생기는 것을 깨닫게 됩니다.

예수님께서 말씀하시기를 "나를 믿는 자는 성경에 이름과 같이 그 배에서 생수의 강이 흘러나리라"(요 7:38)고 하셨습니다.

여름에 너무 더운 상태에서 아무리 얼음과자를 먹어도 입만 시원하지 뱃속까지는 시원해지지 않습니다. 그런데도 자꾸 찬 얼음과자를 먹으면 나중에는 배탈이 나서 장염이 생기든지 설사를 하게 됩니다. 그런데 오히려 따뜻한 차 같은 것을 먹어서 '이열치열'로 배가 시원해지게 되면 더 이상 그런 갈증은 필요치 않는 것입니다. 오늘 우리가 살고 있는 이 세상은 갈증으로 가득 차 있습니다. 공부를 해도 갈증이고 연애를 해도 갈증이고 텔레비전을 봐도 갈증입니다. 술을 마시면 더 갈증이 생기고 도대체 이 세상에서 만족스러운 것이 없으니까 사람들이 더 사나워지고 더 미치려고 하고 있습니다. 결국 마음속에 성령이 오시지 않으면 인간들은 잘 살면 잘 살수록 더 미치게 되어 있습니다. 아마 에스겔도 포로로 붙들려 오고 난 후에 굉장한 분노와 불만이 마음속에 꽉 차 있었던 것 같습니다. 그런데 하나님의 두루마리를 먹고 난 후에는 그런 갈증이 싹없어졌던 것입니다. 우리에게 성령이 충만히 임하시면 너무나도 모든 것이 만족스러워서 더 원하는 것이 없습니다.

'세상과 나는 간 곳없고 구속한 주만 보이도다' 라는 찬송이 나오게 될 것입니다. 사람들은 어리석게도 세상의 행복으로 영혼의 갈증을 꺼보려고 하지만 이 불은 지옥불이기 때문에 성령의 불이 아니면 절대로 없어지지 않을 것입니다. 영원히 탐욕을 부리면서 영원히 서로 미워하고 욕하면서 살다가 죽을 것입니다.

에스겔의 준비

하나님께서는 에스겔에게 사명을 주시기 전에 먼저 그의 마음을 준비시켜주셨습니다. 에스겔이 자신에게 주어진 사명을 끝까지 감당하기 위하여 필요한 것은 언어적인 능력이나 재정적인 문제가 아니었습니다. 담대한 마음과 끝까지 하나님의 말씀에 대해 헌신하는 것이었습니다.

> "그가 또 내게 이르시되 인자야 이스라엘 족속에게 가서 내 말로 그들에게 고하라. 너를 방언이 다르거나 말이 어려운 백성에게 보내는 것이 아니요, 이스라엘 족속에게 보내는 것이라. 너를 방언이 다르거나 말이 어려워 네가 알아듣지 못할 열국에 보내는 것이 아니니라. 내가 너를 그들에게 보내었더면 그들은 정녕 네 말을 들었으리라"(3장 4-6절).

하나님께서는 에스겔선지자를 언어가 다른 이방인들에게 보내는 것이 아니라 같은 민족 이스라엘 족속에게 보낸다라고 말씀하셨습니다. 이것을 통해서 우리가 알 수 있는 것은 우리가 보냄을 받을 때 그 대상은 우리가 결정하는 것이 아니라 하나님께서 결정하신다는 것입니다.

그런데 하나님께서는 같은 민족인 이스라엘 백성들에게 보내는 것이 이방인들에게 가는 것보다 훨씬 더 어려울 것이라고 말씀하셨습니다. 우리가 생각하기에 하나님을 전혀 모르는 사람들에게 하나님을 전하는 것이 훨씬 더 어려울 것 같습니다. 또 그들의 언어를 배워야 하고 그들의 문화를 배워야 하니까 훨씬 더 어려울 것 같습니다. 그러나 같은 민족이거나 다른 민족이거나 결국 그들을 믿게 하고 은혜 받게 하는 것은 우리가 하는 것이 아니라 하나님이 하시는 것입니다. 특히 이방인들은 하나님의 말씀이 선포되고 기적이 일어나면 쉽게 믿는 경우가 많이 있는데 이스라엘 자손들은 오랫동안 하나님의 사랑을 받으면서 길이 들어서 길가와 같이 단단한 마음이 되어버린 것입니다. 예수님께서도 말씀하시기를 '선지자가 자기 고향에서는 대접을 받지 못한다' 고 말씀하셨습니다. 왜냐하면 하나님의 은혜에 너무 길들여 있어서 아주 교만하고 냉소적인 마음이 되어버리기 때문입니다. 오늘 우리나라 신자들 중에 퍼져 있는 가장 무서운 병이 바로 냉소주의입니다.

이런 냉소주의적인 경향이 있는 분들이 처음부터 냉소적이었던 것은 결코 아닙니다. 처음에는 교회에도 열심히 봉사하고 또 모든 것을 믿음으로 다 받아들였습니다. 그런데 교회에서 자기를 알아주지 않거나 혹은 목사님이나 다른 먼저 믿는 성도들에게 실망을 하게 되거나 혹은 기도하고 어떤 일을 했는데도 하나님께서 들어주시지 않을 때 그만 믿음이 식어져버려서 그 뒤에는 차갑고 비판적인 신앙이 되어버리는 것입니다. 특히 이 세상에 많은 기적들이 있지만 기적 중에서 가장 어려운 기적이 이런 냉소적인 신앙이 다시 은혜를 받아서 눈물을 흘리면서 감격하게 되고 다시 뜨거운 신앙을 되찾는 것입니다. 이렇게 되려면 평소보다 칠 배나 강한 말씀과 성령의 능력이 필요합니다. 지금 하나님께서 에스겔을 통해서 하려고 하시는 것은 바로 이 포로 되어온 자들의 마음 속에 들어 있는 얼음을 녹여서 바벨론에서 부흥의 불길이 타오르게 하는 것입니다.

모세는 애굽에서 사백년 동안 종살이 하던 이스라엘 백성들에게 이런 부흥의 불길을 붙이는데 먼저 자기 자신이 사십 년 동안 방황하다가 떨기나무에서 은혜를 체험했습니다. 특히 뱀이 지팡이가 되는 기적과 손에 나병이 걸려 치료되는 체험을 했습니다. 하지만 그의 놀라운 능력을 이스라엘 백성들에게 보여주어도 이스라엘 백성들의 마음에는 좀처럼 부흥이 일어나지 않았습니다. 결국 열 가지의 기적이 애굽에 퍼부어지고 홍해가 갈라지는 기적이 일어나고 시내산에서 불 가운데 율법의 말씀을 받았을 때 비로소 부흥이 일어났습니다. 그러나 모세가 산에서 조금 오래 있으니까 다시 금송아지를 섬기는 우상 숭배로 되돌아가고 말았습니다. 그래서 무려 사십년 동안 광야를 뺑뺑 돈 후에 다시 믿음으로 가나안 땅을 정복하게 되는 것입니다. 이제 하나님께서는 에스겔에게 유다 백성들이 포로 된지 오년 만에 다시 부흥의 불길을 일으키시려고 하십니다.

에스겔에게 필요한 자세가 무엇입니까?

"그러나 이스라엘 족속은 이마가 굳고 마음이 강퍅하여 네 말을 듣고자 아니하리니 이는 내 말을 듣고자 아니함이니라. 내가 그들의 얼굴을 대하도록 네 얼굴을 굳게 하였고 그들의 이마를 대하도록 네 이마를 굳게 하였으되 네 이마로 화석보다 굳은 금강석 같이 하였으니 그들이 비록 패역한 족속이라도 두려워 말며 그 얼굴을 무서워 말라 하시고 또 내게 이르시되 인자야 내가 네게 이를 모든 말을 너는 마음으로 받으며 귀로 듣고 사로잡힌 네 민족에게로 가서 그들이 듣든지 아니 듣든지 그들에게 고하여 이르기를 주 여호와의 말씀이 이러하시다 하라 하시더라"(3장 7-11절).

에스겔에게 가장 필요한 것은 담대한 마음이었습니다. 그는 하나님을 믿지 않는 자들을 결코 두려워해서는 안 됩니다. 왜냐하면 그 사람들을 두려워하면 그 사람들은 영원히 어두운 죄 가운데 살 수 밖에 없기 때문입니다. 의사가 환자나 피를 두려워하면 안 되는 것처럼 하나님의 사람들은 죄인이나 나쁜 사람들을 무서워해서는 안 됩니다. 하나님은 그 이마로 금강석같이 만들어주겠다고 하셨습니다. 아무리 때리고 돌로 쳐도 깨어지지 않도록 단단하게 하시는 것입니다. 사실 우리가 영혼을 사랑하면 그 영혼들이 무섭지 않습니다. 무서운 것은 사랑하지 않기 때문에 무서운 것입니다. 아무리 청소년들이 키가 크고 우락부락해도 잘 아는 사람은 두려워하지 않습니다. 왜냐하면 내 동생이기 때문입니다. 사랑은 모든 두려움을 내어 쫓습니다. 우리가 사실 믿지 않는 사람들을 두려워 할 필요가 없습니다. 오히려 믿지 않는 사람들이 우리를 두려워합니다. 왜냐하면 예수 믿는 사람들은 지독하기 때문입니다. 또 그들은 우리를 이해하려고 해도 도저히 이해가 되지 않기 때문입니다. 우리는 알지만 그들은 우리를 모릅니다. 에스겔이 깨달아야 할 것은 자기 열정과 자기 재주로 하나님의 일을 할 수 없다는 것입니다. 그렇게 하면 얼마가지 않아서 탈진이 되고 말 것입니다. 하나님의 말씀의 능력을 믿고 순종하기만 하면 하나님이 알아서 모든 것을 해결해주시고 인도해주시는 것입니다. 우리가 하나님의 말씀만 잡으면 하나님이 우리를 섬겨주십니다. 단지 처음에 모든 것이 늦은 것 같아서 걱정이 되는데 나중에 보면 그렇게 늦지도 않게 모든 것을 다 해주시는 것을 알게 될 것입니다. 우리는 지금 단지 하나님의 말씀만 먹고 있습니다. 두루마리의 말씀으로 우리의 창자를 채우는 일만 하고 있습니다. 하지만 우리 주위에는 패역의 소리들이 더 커지고 있습니다. 우리나라 전체를 패역의 영들이 다 채우고 있는 것 같습니다. 그러나 결국은 성전에서 시작된 성령의 바람이 모든 악한 영들을 몰아내고 다시 한 번 큰 부흥의 불길을 일으켜 주실 것을 믿습니다.

03

| 겔 3:12-27 |

파수꾼의 책임

　　지금까지 우리는 오직 하나님의 은혜 하나 바라보고 달려왔습니다. 그동안 하나님께서는 엄청난 은혜를 부어주셔서 우리의 영혼을 살리셨고 우리를 치료하셨으며 우리의 영혼을 생기 차게 하셨습니다. 그러나 우리에게 걱정되는 것이 없는 것이 아닙니다. 그 하나는 우리가 오직 하나님의 말씀 하나만 붙들고 달려 오다보니까 점점 세상에 대하여 무력해지게 되는 것입니다. 이 세상은 눈을 크게 부릅뜨고 죽자 살자 몸부림을 쳐도 무엇인가 될까 말까 하는데 우리같이 하나님의 은혜만 붙잡으니까 세상은 점점 더 멀어지기만 하는 것입니다. 그리고 더 심각한 것은 우리가 보기에 이 세상은 점점 망하는 쪽을 향하여 흘러가고 있는데 우리 힘으로는 그 흐름을 돌이킬 수가 없는 것입니다. 세상의 물줄기가 얼마나 거세고 얼마나 난폭한지 우리가 가지고 떠드는 소리를 가지고는 이 세상의 흐름을 바꿀 수가 없는 것입니다.

 그런데 오늘 말씀은 이런 현실에서 살아가고 있는 우리들에게 아주 중요한 약속을 주시고 있습니다. 그것은 결국 우리가 이 세상 모든 일을 다 잘하거나 유능해야 하는 것은 아니고 우리에게 주어진 사명만 잘 감당하면 된다고 말씀하고 있습니다. 즉 그것은 우리가 영적인 보초를 잘 서서 영적인 파수꾼의 사명만 잘 감당하기만 하면 다른 것은 하나님께서 모두 책임지시겠다고 약속하신 것입니다.

 오늘 본문은 하나님께서는 에스겔에게 아주 중요한 사명을 주시는 것입니다. 그 사명은 바로 이스라엘 족속을 지키는 영적인 파수꾼의 사명인 것입니다. 군대에서는 밤에 보초의 사명이 아주 중요합니다. 왜냐하면 군대 안에서는 많은 무기와 탄약과 장비와 군인들이 있기 때문에 적들이 밤에 군부대 안을 침입할 수가 있습니다. 그러나 모든 군인들이 다 스물 네 시간 잠을 자지 않을 수는 없기 때문에 보초를 세워놓고 부대는 잠을 잡니다. 그러니까 모든 부대원들은 자신들의 무기와 생명을 보초서는 사람에게 맡겨놓고 자는 것입니다. 보초가 밤에 망을 보는데 적들이 쳐들어오는 것을 알게 되었으면 자기 혼자 그 적들을 다 물리칠 수는 없습니다. 그 자리에서 비상을 걸고 상부에 보고를 하면 됩니다. 이것만 하면 보초는 보초로서의 사명을 다 한 것이고 부대원들도 얼마든지 자신들의 생명을 지킬 수 있습니다. 그리고 밤에 쳐들어 온 적을 어떻게 물리치느냐 하는 것은 최고 책임자가 결정을 내릴 문제인 것입니다. 그런데 만일 보초가 게을러서 망을 제대로 보지 않고 잠을 자고 있다가 부대가 뚫려버렸다면 그 부대는 한 순간에 손을 쓸 틈도 없이 쑥대밭이 되어버릴 것이고 동료들은 전혀 대비하지 않고 잠을 자다가 한 순간에 개죽음을 당하고 말 것입니다. 그런데 하나님께서는 적의 침략을 막는 파수꾼의 역할은 바로 하나님의 말씀을 바로 전하고 듣는 것이라고 말씀하고 있습니다. 결국 에스겔이 할 일은 영적으로 잠들지 않고 깨어서 하나님의 말씀으로 사람들을 깨우는 일만 잘 감당하면 되는 것입니다. 그러면 그 말씀을 듣고 순종하는 사람은 살게 될 것이고 말씀을 듣고도 순종치 않는 자는 망하게 되는 것입니다. 그러나 적어도 하나님의 말씀의 파수꾼 사명을 잘 한 에스겔은 죽지 않는다고 약속을 하셨습니다.

에스겔은 약 만 명의 사람들과 함께 바벨론에 포로로 붙들려가 있는데 거기서 자신들의 힘으로 살아나올 가능성은 제로였습니다. 거기에다가 유일하게 남아있는 예루살렘도 점점 멸망을 향하여 달음질치고 있었습니다. 그때 에스겔은 한편으로는 하나님의 은혜를 받고 좋았지만 다른 한편으로는 무척이나 심한 무기력감에 빠져 있었습니다. 그때 하나님께서는 에스겔에게 말씀하시기를 너는 다른 걱정은 하지 말고 오직 파수꾼의 사명만 다하면 된다고 하셨습니다.

하나님의 은혜의 체험

"때에 주의 신이 나를 들어 올리시는데 내 뒤에 크게 울리는 소리가 들려 이르기를 '여호와의 처소에서 나는 영광을 찬송할지어다' 하니 이는 생물들의 날개가 서로 부딪히는 소리와 생물 곁에 바퀴 소리라. 크게 울리는 소리더라"(12-13절).

하나님께서는 에스겔에게 파수꾼의 사명을 주시기 전에 먼저 성령의 능력으로 이끌려 가는 체험을 하게 하셨습니다. '때에 주의 신이 나를 들어 올리시는데', 여기서 '주의 신이 나를 들어 올린다'는 것은 실제로 에스겔의 몸이 공중으로 떠 올라갔다는 뜻이 아닙니다. 에스겔의 마음 속에 하나님의 성령이 충만하게 부어져서 마치 그의 몸이 공중으로 떠 오르는 느낌을 받은 것입니다. 우리 인간의 마음은 마치 그릇과 같습니다. 우리의 마음이 하나님을 향하여 충만한 은혜를 받을 때 우리는 이 세상에서 사람들 사이에 가지고 있던 감정이나 생각들을 다 끊어버리고 하나님 앞에 나아가게 되는 것입니다. 이런 것이 바로 성령으로 기름 부음을 받는 것입니다.

이때 우리의 몸은 이 세상에 있지만 우리 안에 있는 모든 생각과 감정들은 모두 살아서 하나님을 향하여 반응을 하게 되어 있습니다. 곧 우리의 생각이나 감정이나 의지는 사람들 사이의 오해나 욕심이나 복잡한 관계를 다 끊어버리고 하나님 앞에서 완전히 자유로운 상태가 됩니다. 이때 우리는 하나님의 은혜 안에서 능히 헤엄을 치게 되는 것입니다.

그러나 만일 우리가 하나님을 향한 우리 마음을 닫아버리면 아무리 하나님께서 은혜를 부어주셔도 우리 마음에는 아무 것도 채워지지 않을 것입니다. 오히려 더 많은 불만과 불평이 우리 마음을 가득 채우게 될 것입니다.

지금 에스겔은 나이가 30이 되었지만 포로로 붙들려 왔기 때문에 그의 소명인 제사장 일을 할 수가 없었습니다. 이 포로 되어온 곳에는 청년 에스겔에게는 아무런 비전이 없었습니다. 그러나 하나님께서는 이 포로 되어온 곳에 찾아오셔서 먼저 에스겔을 성령으로 충만하게 채워 주셨습니다. 이것이 바로 에스겔이 들려 올리어지는 느낌이었던 것입니다. 지금까지 에스겔은 땅에 엎드려서 땅만 바라보고 살았습니다. 그러나 한 순간 그의 마음이 하나님을 향하여 열려지면서 하나님의 은혜가 에스겔의 마음속에 충만하게, 충만하게 쏟아 부어졌던 것입니다.

예수님께서는 높은 산에서 변화되시면서 이런 체험을 하셨습니다. 예수님은 십자가를 앞두고 걱정하고 계셨고 두려워하고 계셨습니다. 그리고 사람들의 악함과 패역함에 대하여 실망하고 계셨습니다. 예수님에게 가장 위험한 것은 우리 인간들을 보시고 실망하시는 것입니다. '과연 내가 이런 인간들을 위하여 죽을 필요가 있을까?' 라고 생각하시면 큰 일이 나는 것입니다. 그러나 예수님은 오직 하나님만 바라보시면서 기도했을 때 하나님께서는 예수님을 성령으로 끌어 올리셨습니다. 그 삭막하던 산에서 모든 것은 다 사라지고 하나님의 영광만 충만했습니다. 심지어는 예수님의 얼굴만이 아니고 몸과 옷까지도 광채가 났고 모세와 엘리야까지 그곳에 나타났던 것입니다. 그곳은 바로 천국이었고 하나님의 나라였습니다.

에스겔이 성령의 능력에 이끌려 올라가고 있을 때 그는 큰 울리는 소리를 듣게 되었습니다. 그것은 바로 '여호와의 처소에서 나는 영광을 찬송할지어다.' 라는 소리였습니다.

지금까지 에스겔은 하나님의 영광의 위대함을 보지 못했습니다. 오직 세상 권력의 영광과 사람의 영광만 눈에 보였을 뿐입니다. 그 대신에 하나님의 처소의 영광은 아무 힘이 없는 것 같았습니다. 예루살렘은 세상의 힘 앞에서 무기력한 것 같았습니다. 그러나 예루살렘이 무기력하게 보였던 것은 하나님의 백성들이 하나님의 영광을 막아놓았기 때문이었습니다. 그들이 하나님의 말씀의 능력을 믿지 못해서 세상의 영광으로 하나님의 영광을 막아 놓았던 것입니다. 그러나 이제 하나님께서는 아무 것도 없는 바벨론 들판에서 하나님의 영광을 나타내려고 하시는 것입니다. 눈에 보이는 예루살렘 성전 없이도 오직 에스겔의 말씀만으로 하나님의 영광을 나타내려고 하시는 것입니다.

'하나님의 영광을 찬송한다' 는 말은 하나님의 영광이 힘이 있다는 뜻입니다. 그리고 하나님의 영광이 실세라는 뜻입니다. 반대로 이 세상의 영광은 허수아비 영광인 것입니다. 하나님 앞에서 중요한 것은 다른 나라를 두들겨 부수고 빼앗는 힘이 아니라 한 사람이라도 살리고 바르게 살도록 하는 것입니다. 강도가 칼을 가지고 사람들을 닥치는 대로 찔러 죽이는 것이 대단한 것이 아니라 의사가 환자를 치료하고 수술해서 살려내는 것이 정말 위대한 것이고 그보다 더 위대한 것이 있다면 영혼을 치료해서 죄를 버리고 새로운 삶을 살게 하는 것이 가장 위대한 것입니다. 만일 하나님께서 이 세상을 멸망시키려고 마음만 먹으셨다면 얼마든지 쉽게 망하게 하실 수 있었을 것입니다. 마치 노아 때 온 세상을 멸망시키거나 소돔과 고모라 때 네 개의 성을 멸망시키는 것 같은 너무나도 쉬운 일입니다. 그러나 하나님께서 오래 오래 참으시는 것은 사람들을 살리시고 변화시키는 일을 하려고 그렇게 하시는 것입니다.

이때 에스겔은 하나님의 천사의 소리를 듣습니다.

"이는 생물들의 날개가 서로 부딪히는 소리와 생물 곁에 바퀴 소리라 크게 울리는 소리더라"(13절).

이제 하나님의 보좌의 천사들이 활동을 시작하고 있습니다. 그래서 천사들의 날개가 움직이는데 날개가 부딪치는 소리들이 크게 들리고 천사 옆에 있는 바퀴가 움직이는 소리가 나기 시작하는데 아주 큰 엔진 소리 같은 소리가 났던 것입니다. 공사하는데 아주 큰 기계에 시동을 걸면 아주 큰 엔진 소리가 들릴 것입니다. 마찬가지로 에스겔은 성령에 충만해서 들으니까 하나님의 엔진소리를 들을 수 있었습니다. 이것은 이 세상에 죽은 영혼들을 살리는 하나님의 능력을 공급하는 장치가 가동이 되고 있는 것입니다.

그런데도 에스겔의 마음은 전혀 기쁘지가 않고 오히려 답답하고 힘이 들었다고 말씀하고 있습니다.

"주의 신이 나를 들어올려 데리고 가시는데 내가 근심하고 분한 마음으로 행하니 여호와의 권능이 힘있게 나를 감동하시더라. 이에 내가 델아빕에 이르러 그 사로잡힌 백성 곧 그발강 가에 거하는 자들에게 나아가 그 중에서 민답히 칠일을 지내니라"(14-15절).

우리가 성령에 충만하면 기쁨이 충만한 것이 사실입니다. 때로 우리는 너무 좋아서 울기도 하고 심지어는 까무러칠 때도 있습니다. 전에는 걱정이 많았는데 이제는 걱정이 하나도 되지 않고 모든 것을 믿음으로 하나님께 다 맡기게 됩니다. 그러나 우리 인간의 약점은 이 상태가 계속 지속되지 않는다는 것입니다. 어떤 때 찬송을 부를 때에는 공중에 끌려 올라가는 것 같았는데 예배당 계단을 내려갈 때에는 마음이 답답해지고 근심과 분한 마음이 가득하게 되는 것입니다. 그 이유가 무엇입니까? 우리가 은혜를 충만하게 받았다고 해서 바로 현실 문제가 해결되는 것은 아니기 때문입니다. 오히려 현실 문제는 그대로 남아 있기 때문에 우리는 더 답답하고 힘들 수밖에 없는 것입니다. 소리를 지르면서 기도할 때에는 모든 문제를 하나님께 다 맡겼는데 집에 와보면 그 문제를 고

스란히 다 안고 집에 돌아와 있는 자신을 발견하게 되는 것입니다. 그래서 은혜를 받았기 때문에 더 속이 상하고 성령으로 충만했기 때문에 더 현실에 실망을 할 때가 있습니다. 그러나 한번 은혜를 받은 것과 은혜를 받지 않은 것 사이에는 큰 차이가 있습니다. 전혀 은혜 받지 않은 상태에서 걱정하는 것은 그야말로 걱정 그 자체입니다. 그러나 한번 성령의 큰 기름부음을 받고 성령의 들림을 받은 후에는 '하나님의 권능이 계속 우리를 힘 있게 감동하시는 것'입니다. 즉 비록 현실 앞에서는 실망도 하지만 하나님의 은혜가 계속 우리 속에 공급이 되면서 근심과 낙심 때문에 넘어지지 않도록 자꾸 붙들어주시는 것입니다.

에스겔은 그발강 가에서 엄청난 하나님의 은혜를 받고 기뻐했습니다. 자기가 과연 몸 안에 있는지 몸 밖에 있는지 분간을 못할 정도로 성령에 충만했습니다. 그러나 다시 포로들이 있는 곳에 와 보니까 모두 침체되고 있고 자포자기하고 있고 하나님을 붙들려는 마음은 전혀 없는 것을 보니 너무나도 마음이 답답하고 분했던 것입니다. 그리고 에스겔의 마음속에는 '나 혼자 은혜 받는다고 해서 뭐가 달라지느냐 말이야' 하는 의심도 생기려고 했을 것입니다. 그래서 은혜를 받고 난 후에 오히려 현실 문제에 부딪쳐서 칠일을 답답한 가운데서 있었습니다. 하나님의 엔진 소리는 듣고 자기 자신이 한번 성령으로 충만해지는 체험을 했지만 여전히 현실의 벽은 너무나도 높았던 것입니다.

파수꾼의 사명

하나님께서는 에스겔에게 이스라엘 자손들의 모든 어려움을 다 책임지라고 말씀하시지 않으셨습니다. 하나님께서 에스겔에게 명하신 것은 에스겔이 오직 파수꾼의 사명만 다 하면 된다는 것입니다.

"칠일 후에 여호와의 말씀이 내게 임하여 가라사대 인자야 내가 너를 이스라엘 족속의 파수꾼으로 세웠으니 너는 내 입의 말을 듣고 나를 대신하여 그들을 깨우치라"(16-17절).

우리 민족이 나아가야 하는 현실 앞에 큰 문이 장애물로 잠겨 있다고 합시다. 이때 중요한 것은 열쇠를 찾아서 이 문을 여는 것입니다. 그러면 이 문을 열 수 있는 열쇠가 무엇입니까? 그것은 바로 하나님의 말씀입니다. 그런데 하나님의 말씀은 그냥 돌린다고 해서 되는 것이 아니고 에스겔처럼 하나님의 신이 감동을 받아야 하며 위로 들리우는 체험을 해야 합니다. 즉 하나님의 말씀에 나의 모든 생명을 다 걸어야 하나님의 말씀은 살아있는 말씀이 되어서 현실의 장애를 열게 되는 것입니다.

아마도 에스겔이 은혜를 받고 생각했던 것은 현실적인 여건들이었을 것입니다. 즉 이스라엘 백성들이 바벨론을 물리치려면 군사력이나 군자금을 모아서 군부대를 조직하여 다른 나라들과 어떤 식으로 연결을 해야만 유다를 지킬 수 있다고 생각을 했을 것입니다. 그러나 에스겔은 제사장 지망생이지 군인 지망생이 아니었기 때문에 이런 일에 대해서는 답답해 할 수밖에 없었습니다. 이때 하나님께서는 에스겔에게 그가 해야 할 일을 분명하게 지시해주셨습니다. 그것은 하나님의 말씀의 파수꾼 역할을 잘 감당하는 것이었습니다. 에스겔이 이 사명만 잘 감당하면 나머지는 하나님께서 알아서 하실 것이라고 약속하신 것입니다.

'내가 너를 이스라엘 족속의 파수꾼으로 세웠으니 너는 내 입의 말

을 듣고 나를 대신하여 그들을 깨우치라'

　이스라엘 족속의 파수꾼이라는 말은 모든 이스라엘 영혼을 지키는 파수꾼이라는 뜻입니다. 에스겔은 모든 이스라엘 족속들의 영혼을 지키는 파수꾼 노릇만 잘 하면 되는 것입니다. 에스겔이 할 것은 적이 오는 것도 지켜야 하지만 가장 중요한 것은 하나님의 말씀을 가장 먼저 듣고 가장 빨리 듣는 것입니다. 왜냐하면 하나님의 말씀만 제대로 들으면 다른 것은 다 지킬 수 있기 때문입니다. 하나님의 말씀에 깨어 있기만 하면 죄가 틈타는 것이 보이고 사단이 접근하는 것을 알 수가 있습니다. 특히 하나님의 말씀에 깨어 있기만 하면 무한정으로 하나님의 능력을 공급받을 수 있습니다. 그러기에 에스겔이 해야 할 것은 하나님의 말씀만 예민하게 잘 듣고 있다가 이것을 이스라엘 백성들에게 전하기만 하면 되는 것입니다. 이것이 닫혀 있는 문을 여는 비결입니다. 그러면 그 뒤에는 하나님의 천사들이 역사할 것입니다. 그러나 우리가 이렇게 하지 못하고 자꾸 사람을 모으려고 하고 자금을 비축하려고 하는 이유가 무엇일까요? 하나님의 역사는 늦게 움직인다고 생각하기 때문입니다.

　사실 어떤 의미에서 이것은 사실입니다. 하나님의 역사는 생각보다 늦게 움직일 때가 많습니다. 그러나 하나님의 때가 되기 전에는 아무리 인간들이 군인을 모으고 자금을 모아도 일은 되지 않습니다. 결국 가장 빠른 방법이 영적인 부흥을 일으키는 방법입니다. 영적인 부흥이 일어나게 되면 전에는 전혀 생각지도 못했던 하나님의 계획들이 터져 나오기 시작하면서 놀랍게 일이 되어버리는 것입니다.

　그래서 하나님의 백성들에게 가장 중요한 것은 하나님의 말씀을 가장 먼저 듣는 것입니다. 가장 깊은 하나님의 말씀 속에 들어가서 그 축복과 비밀을 캐내어오는 것입니다. 그것이 현재의 불행을 해결하는 열쇠인 것입니다.

요즘 우리 사회의 파수꾼이라고 하면 신문이나 텔레비전 방송을 생각할 것입니다. 우리 사회에 어떤 좋지 않은 일이 있으면 가장 먼저 신문사 편집국이나 텔레비전 방송보도 본부에서 알고 보도를 합니다. 또 어떤 의미에서는 오늘 우리나라의 열쇠를 가진 사람은 정치인들인 것 같습니다. 특히 대통령이 우리나라의 모든 열쇠를 가진 사람인 것 같습니다. 그러나 결코 그렇지 않습니다. 역사의 모든 열쇠는 하나님의 손에 있습니다. 우리가 해야 할 것은 하나님의 말씀의 파수꾼 사명을 다하는 것입니다. 가장 먼저 하나님의 말씀을 깨닫고 그것을 선포하기만 하면 되는 것입니다. 그러면 먼저 우리 자신이 살게 되어 있습니다.

오늘 본문에서 하나님께서는 파수꾼의 사명을 아주 구체적으로 예를 들어서 설명을 하십니다.

> "가령 내가 악인에게 말하기를 너는 꼭 죽으리라 할 때에 네가 깨우치지 아니하거나 말로 악인에게 일러서 그 악한 길을 떠나 생명을 구원케 하지 아니하면 그 악인은 그 죄악 중에서 죽으려니와 내가 그 피 값을 네 손에서 찾을 것이고, 네가 악인을 깨우치되 그가 그 악한 마음과 악한 행위에서 돌이키지 아니하면 그는 그 죄악 중에서 죽으려니와 너는 네 생명을 보존하리라"(18-19절).

보초는 적이 쳐들어오는 것을 지키라고 서 있는 것입니다. 그래서 적이 오는 것을 보았을 때 비상을 걸고 상부에 보고하면 그 보초는 전혀 책임이 없습니다. 오히려 그는 근무를 잘 했다고 포상을 받을 것입니다. 그러나 만일 보초가 적이 오는 것을 보고도 가만히 내버려 두었다든지 잠을 자고 있어서 몰랐다면 그는 군법 회의에 넘어가게 되는 것입니다.

결국 하나님께서 우리에게 약속하시는 것은 모든 것을 결정내리는 분은 하나님이시니까 우리는 이런 것 저런 것 다 걱정하지 말고 오직 하나님의 말씀에만 예민하게 반응하고 하나님의 말씀대로만 행하라는 것입니다. 그러면 나머지는 하나님께서 다 알아서 하시겠다는 것입니다.

그런데 아무리 악인이라 하더라도 하나님이 말씀하라고 하시면 해야 합니다. 왜냐하면 악인도 가능성이 있기 때문입니다. 아무리 악인이라 하더라도 하나님의 말씀을 듣고 깨우치고 회개하기만 하면 얼마든지 살 수 있는 길이 있기 때문에 우리가 미리 판단을 해서 입을 다물면 안 되는 것입니다. 그러면 그 사람에 대한 책임이 우리에게 있습니다.

이것을 보면 하나님의 말씀이 얼마나 중요한지 알 수 있습니다. 아무리 악인이라 하더라도 하나님의 말씀을 듣고 회개하면 다 살게 되어 있는 것입니다. 그러나 불행하게도 말해주는 사람이 없거나 자신이 듣지 않으면 결국 죄로 인하여 망하는 것입니다.

결국 하나님께서는 인간을 망하게 하는 가장 위험한 것은 죄라고 말씀하십니다. 그런데 인간의 힘으로는 도저히 죄를 끊을 수가 없는 것입니다. 죄를 끊을 수 있는 것은 오직 하나님의 말씀 밖에 없습니다. 이것은 우리 자신이 자주 경험하고 있는 것입니다. 우리가 아무리 믿는다고 하지만 죄가 꼬리를 치면 이것을 이겨낼 수가 없습니다. 그런데 하나님의 강한 말씀의 세례를 받고 은혜를 받으면 죄의 세력이 현저하게 약해지면서 결국 죄가 떨어져 나가버리게 되는 것입니다. 이것이 우리가 사는 길이고 우리가 끝까지 복 받는 유일한 길입니다.

그러나 파수꾼도 자기가 살려고 하면 다른데 도망을 간다고 해서 되는 것이 아닙니다. 파수꾼이 살 수 있는 길은 자꾸 하나님의 말씀을 가지고 외치는 수밖에 없습니다. 그러면 일단 자기가 살 수 있습니다. 파수꾼에게 중요한 것은 남도 살리는 것이지만 자기가 죽지 않는 것도 중요합니다. 어떤 사람은 어리석게도 다른 사람은 많이 살리지만 정작 자기 자신은 말씀대로 순종하지 않아서 망하는 사람들도 있습니다. 이런 사람들은 남의 인기를 지나치게 의식을 해서 사람의 인정을 잃지 않으려고 해서 그런 것입니다. 우리가 하나님의 말씀대로 살려고 하면 과감하게 다른 사람의 인정이나 인기를 포기해야 합니다. 그러면 사람은 실망시킬지 몰라도 자기 자신은 건질 수가 있습니다.

여기에 보면 아주 심각한 예가 나옵니다.

> "또 의인이 그 의에서 돌이켜 악을 행할 때에는 이미 행한 그 의는 기억할 바 아니라. 내가 그 앞에 거치는 것을 두면 그가 죽을지니 이는 네가 그를 깨우치지 않음이라. 그가 그 죄 중에서 죽으려니와 그 피 값은 내가 네 손에서 찾으리라. 그러나 네가 그 의인을 깨우쳐 범죄치 않게 하므로 그가 범죄치 아니하면 정녕 살리니 이는 깨우침을 받음이며 너도 네 영혼을 보존하리라" (20-21절).

여기에 보면 어떤 사람이 의인인데 과거에는 하나님의 말씀대로 살다가 이제는 죄의 유혹에 넘어간 사람입니다. 이런 사람은 과거에 잘 믿은 것이 소용이 없다고 했습니다. 왜냐하면 과거에 잘 믿은 것도 하나님의 은혜의 결과이지 자기 공로가 아니기 때문입니다. 그래서 옛날에 잘 믿었다고 교만해서 죄에 빠지면 죄가 없는 것이 아니고 그는 그 죄로 인하여 죽는 것입니다.

결국 하나님께서는 믿음만이 미래를 바꾸는 능력이 있다고 말씀하고 있습니다. 어차피 죄인이 죽는 것은 이미 정해진 미래입니다. 그러나 그가 죄를 버리고 하나님께 돌아오면 미래의 심판이 은혜로 바뀌게 됩니다. 반대로 어떤 사람이 율법의 말씀대로 잘 살았다면 미래에 하나님의 축복이 있을 것입니다. 그러나 그가 지금 하나님을 버리면 미래에 아무리 축복이 약속되어 있다 하더라도 그 축복은 저주로 변하고 마는 것입니다.

그래서 우리가 알아야 할 것은 우리의 미래는 고정적인 것이 아니라는 것입니다. 그러기에 가장 어리석은 사람들이 미래를 알아내려고 하는 것입니다. 미래는 지금 우리의 믿음이나 결단에 따라서 얼마든지 변할 수가 있습니다.

우리의 미래에 아무리 저주나 재앙이 정해져 있다 하더라도 지금 우리가 하나님 앞에서 마음을 낮추고 믿음으로 나아가면 그 재앙과 심판은 축복으로 변하게 됩니다. 그러나 아무리 미래에 축복이 확정되어 있다 하더라도 지금 우리가 교만하고 하나님을 떠난다면 그 축복은 저주와 심판으로 변할 것입니다. 그래서 우리의 미래는 지금 우리의 믿음에 달려 있고 하나님의 말씀을 받아들이는 것에 달려 있습니다. 지금 우리는 얼마든지 우리의 운명을 바꿀 수가 있습니다.

에스겔의 침묵

하나님께서는 에스겔에게 파수꾼의 사명을 주신 후 바로 말씀하게 하시지 않으셨습니다. 에스겔은 이유를 알 수 없는 상당한 기간의 침묵의 기간을 가져야만 했습니다.

"여호와께서 권능으로 거기서 내게 임하시고 또 내게 이르시되 일어나 들로 나아가라. 내가 거기서 너와 말하리라 하시기로 내가 일어나 들로 나아가니 여호와의 영광이 거기 머물렀는데 내가 전에 그발강 가에서 보던 영광과 같은지라. 내가 곧 엎드리니"(22-23절).

에스겔이 처음 하나님의 강한 영광을 체험한 것은 그발강 가였습니다. 그러나 그 후에는 굳이 그발강 가가 아니라 하더라도 집에서 가까운 들판이면 얼마든지 하나님의 영광을 만날 수가 있었습니다. 이제는 에스겔에게 이상한 버릇이 하나 생기게 되었습니다. 그것은 자꾸 혼자 있는 시간을 좋아하게 된 것입니다. 그 이유가 어디에 있을까요? 그가 혼자 있는 시간에 자주 하나님의 영광을 만날 수 있었기 때문입니다.

예수님께서도 요단강에서 성령으로 세례를 받으신 후에 광야로 가셔서 사십일을 계셨습니다. 우리가 은혜 받은 후에 자주 겪는 체험이 있다면 자꾸 혼자 있으려고 하는 것입니다. 혼자 숲 속을 산책하거나 혼자 외딴 곳에서 하나님의 말씀을 묵상하는 것을 좋아합니다. 하나님의 말씀을 자기 자신에게 적용을 하면서 혼자 웃기도 하고 울기도 합니다. 이것이 바로 하나님의 말씀을 가지고 자기 자신이 깊이 소화를 시키는 시간인 것입니다. 그리고 하나님의 말씀이 내 안에서 깊이 소화가 될 수록 우리는 더 온전한 믿음을 가지게 됩니다.

"주의 신이 내게 임하사 나를 일으켜 세우시고 내게 말씀하여 가라사대 너는 가서 네 집에 들어가 문을 닫으라"(24절).

하나님의 신은 다시 에스겔을 일으켜 세웠습니다. 다시 에스겔을 감동시키더니 이번에는 집에 들어가서 문을 닫고 있으라고 했습니다. 이것이 하나님께서 에스겔에게 침묵의 시간을 명하시는 것입니다.

> "인자야 무리가 줄로 너를 동여매리니 네가 그들 가운데서 나오지 못할 것이라. 내가 네 혀로 네 입천장에 붙게 하여 너로 벙어리 되어 그들의 책망자가 되지 못하게 하리니 그들은 패역한 족속임이니라"(25-26절).

에스겔은 집에 가서 사람들에게 묶이게 됩니다. 우리가 다른 사람에게 묶이면 '당장 풀어 달라'고 소리를 지를 것입니다. 그러나 에스겔은 혀가 붙어서 소리도 지르지 못하고 얌전하게 묶여 있게 됩니다. 하나님께서 이렇게 하시는 이유가 무엇입니까? 포로된 자들은 강퍅한 자들이어서 에스겔이 감정적으로 야단을 치고 책망을 한다고 해서 듣지 않는 것입니다. 우리는 다른 사람에게 하나님의 말씀을 전하면서 사랑 없이 전할 때가 많습니다. 어떤 때에는 정의감 때문에 분노에 차서 정죄하듯이 말씀을 할 때도 있습니다. 그러나 그런 식으로 말해가지고는 한 사람도 바꾸지 못합니다. 우리는 하나님의 말씀을 반드시 자신의 삶 속에 녹여서 사랑의 감정으로 전해야만 듣는 사람들의 마음을 열 수 있다는 사실을 알아야 합니다. 그래서 하나님의 말씀을 사랑으로 전하기 위해서는 먼저 자기 자신이 침묵의 시간을 가져야 합니다. 즉 하나님의 말씀으로 먼저 자기 자신이 녹아지는 시간을 가져야 합니다.

사람이라고 하는 것은 아무리 옳은 말이라 하더라도 자기를 치는 말은 듣기 싫어합니다. 그러나 사랑의 감정을 가지고 말을 할 때는 듣기 시작합니다. 에스겔은 처음 하나님의 은혜를 받고 당장 이스라엘 백성들을 고치려고 이것도 틀렸고 저것도 틀렸다고 소리를 질렀지만 사람들은 오히려 에스겔을 묶어버렸습니다.

　우리가 하나님의 말씀을 가지고 아무리 다른 사람들에게 소리를 쳐도 사람들은 듣지 않습니다. 그러나 그 말씀이 우리 인격 속에 녹아서 완전히 살이 되고 피가 되었을 때 하나님의 말씀은 상식적으로도 통하는 말씀이 되고 현실적으로 사람들의 마음을 움직일 수 있는 말씀이 되는 것입니다.

　　　"그러나 내가 너와 말할 때에 네 입을 열리니 너는 그들에게 이르기를 주 여호와의 말씀이 이러하시다 하라 들을 자는 들을 것이요 듣기 싫은 자는 듣지 아니하리니 그들은 패역한 족속임이니라"(27절).

　다시 하나님께서 에스겔의 입을 열어주실 때 그때 비로서 에스겔은 사람들의 처지와 형편을 이해하면서 하나님의 말씀을 전하게 됩니다. 그때 들을 자는 듣고 그래도 듣기 싫은 자는 듣지 않는 것입니다.
　요셉은 처음에 하나님의 놀라운 말씀을 꿈으로 들었습니다. 형들의 곡식 단이 자기에게 절하며 하늘의 해와 달과 열한별이 자기에게 절을 하는 꿈을 꾸었습니다. 그러나 그 꿈을 너무 쉽게 형들에게 말함으로 인해 형들의 시기를 받아 애굽의 노예로도 팔려야 했고 누명을 쓰고 감옥에도 들어가야만 했습니다. 그 결과 하나님의 말씀은 요셉의 삶 속에 녹아서 결국 상식이 통하는 말씀이 되었고 애굽의 왕을 감동시키는 지혜가 되었던 것입니다.
　오늘 하나님께서 우리에게 어렵고 답답한 시간을 주시는 것은 하나님의 말씀을 가지고 남에게 떠들기 전에 먼저 네 자신에게 적용을 해라는 것입니다. 우리가 하나님의 말씀을 갖고 무조건 사람들에게 적용시키려고 하면 안 되게 되어 있습니다. 우리는 그것을 가지고 몸부림을 치고 울고 고민하면서 기도해야 합니다. 그러면 하나님의 말씀이 서서히 살아 움직이는 말씀으로 변하게 되는 것입니다.

오늘 우리는 우리의 미래에 무엇이 있는지 너무 두려워 할 필요는 없습니다. 중요한 것은 오늘 우리의 믿음입니다. 우리가 지금 믿음으로 나가면 미래의 모든 재앙들이 축복으로 변할 것입니다. 그리고 우리는 우리 민족의 현실의 장벽을 풀 수 있는 열쇠를 가지고 있습니다. 단지 우리는 결박당해 있고 혀가 입천장에 달라붙어 있는 형편입니다. 우리는 결박당한 채로 혀가 붙은 채로 더 깊이 하나님의 말씀을 우리 자신에게 적용을 하면서 하나님의 때를 기다리십시다. 그리고 악한 자나 의로운 자나 모두 똑같이 사랑하면서 누구나 다 차별 없이 하나님의 형제로 끌어안으면서 말씀으로 깨울 수 있는 파수꾼들이 다 됩시다

04

| 겔 4:1-5:17 |

예루살렘의 허상

요즘 우리나라에서 돈을 좀 가진 자들이 주로 하는 일은 서울 부근의 지도를 펴 놓고 거기에 세워질 신도시를 구상하는 것입니다. 지금 우리나라에서 가장 심각한 문제가 부동산 문제이고, 우리나라 위정자들도 부동산 문제는 완전히 실패했다는 것을 솔직히 인정하고 있는 실정입니다. 아직도 우리나라 경제 정책을 세우는 사람들은 날마다 서울, 경기도 지도를 펴놓고 어느 산을 깎고 어느 논밭을 메워서 아파트 단지로 만들까 하는 것만 연구를 하고 있을 것입니다. 왜 그렇게 서울의 부동산 문제는 온 나라가 다 덤벼들어도 풀리지 않는 것일까요? 그것은 우리나라 사람들에게 있어서 서울에 대한 기대치가 너무나도 높기 때문입니다. 사실 직장이라는 직장은 서울에 다 있고 내놓으라하는 대학도 다 서울에 있고 똑똑한 사람이나 잘 생긴 사람들도 다 서울에 있으니까 사람들이 보기에는 서울이 아니면 지방에 있어가지고는 도무지 미래가 보이지 않는 것입니다.

그러나 서울의 미래가 반드시 밝은 것만은 아닙니다. 일단 서울은 공기가 너무나도 나빠서 서울 사람들은 피부색 자체가 지방 사람들과는 다릅니다. 그리고 집값이 너무 비싸서 서울에서 자기 집을 가지고 살기는 아마 한 평생을 가도 어려울 것입니다. 그러나 더 심각한 문제는 만일 한반도에 전쟁이라도 터지는 유사시에는 서울 사람들은 도망갈 곳이 없다는 것입니다.

평소에도 휴일이 되면 서울 사람들은 자동차로 서울을 빠져 나가는데 오랜 시간이 걸립니다. 그러나 전쟁이라도 터지면 어디로 도망을 치겠으며 어디로 빠져 나가겠으며 그 많은 사람들의 먹을 양식이나 물을 어떻게 공급을 하겠습니까? 그럼에도 불구하고 죽자 살자 서울에 매달려야 하는 것은 그렇게 하지 않으면 살 길이 없기 때문입니다.

에스겔 당시 유다 백성들의 유일한 희망은 예루살렘이었습니다. 예루살렘은 바다 쪽에서 내륙으로 깊숙이 들어와 있는 곳인데 유다 백성들에게 있어서는 예루살렘만 살면 희망을 갖고 살 수가 있었습니다. 왜냐하면 유다 백성들의 모든 중요한 것이 예루살렘 안에 다 들어 있었기 때문입니다. 그래서 유대인들은 아마 매일 하는 것이 예루살렘 지도를 펴 놓고 어디를 개발하며 어디를 보수하며 어디에 무엇을 비축할 것인지 연구하고 있었을 것입니다.

그리고 더 많은 사람들이 예루살렘 안으로 들어가서 살려고 했고 에스겔과 함께 바벨론에 포로 되어온 사람들의 꿈은 오직 예루살렘으로 다시 돌아가는 것이었습니다. 그리고 예루살렘은 다윗이 수도로 삼은 후 아직까지 한번도 멸망한 적이 없는 성이었습니다.

그런데 하나님께서는 에스겔에게 전혀 상반된 행동을 하라고 지시를 하셨습니다. 그 지시는 넓은 벽돌판 위에 예루살렘의 지도를 그려놓고 예루살렘이 바벨론에 의해서 포위되는 그림을 그리는 것입니다. 그리고 나서는 예루살렘이 유대인들의 그 간절한 기대에도 불구하고 가장 비참한 방식으로 멸망할 것이라고 말씀하셨습니다. 여기서 놀라운 것은 예루살렘에 대한 일을 포로 되어온 바벨론에 있는 에스겔이 더 먼저 아는 것이었습니다. 그 이유는 하나님의 뜻이 예루살렘에 있지 않고 바벨론에 포로 되어온 사람들에게 있었기 때문입니다. 즉 모든 유대인들은 예루살렘이 망하지 않고 어려운 일 당하지 않고 잘 되는 것이 하나님의 뜻이라고 생각했지만 이미 하나님의 계획에는 예루살렘은 존재해야 할 아무런 가치가 없는 도시였고 멸망이 예정되어 있는 도시였던 것입니다.

오늘 우리나라에서도 가장 중요한 도시는 서울입니다. 서울에 우리나라 인구의 사분의 일이 모여 살고 있고 모든 경제나 모든 기업의 활동은 서울에 의하여 이루어지고 있습니다. 그러나 하나님이 보시기에 서울의 가치는 거기에 있는 것이 아닙니다. 과연 하나님 앞에서 가치 있는 사람들이 얼마나 있느냐 하는 것입니다.

저는 서울에서 30년 이상을 살다가 지방으로 내려왔습니다. 저는 서울을 떠나오면서 30년 서울생활을 정리를 해보았습니다. 과연 서울생활 30년 동안 정말 진정으로 가치 있는 것은 무엇이었던가? 그것은 하나님의 말씀으로 변화되었던 교인들이었습니다. 이들이야말로 회색빛 도시가운데서 빛나는 보석이었습니다.

하나님께서는 예루살렘이 겉으로는 화려하고 찬란하지만 그 안에 진정한 보석이 없는 것을 알고 계셨습니다. 그래서 예루살렘을 완전히 밀어버려서 폐허로 만들 계획을 가지고 계셨습니다. 이제 하나님의 유일한 소망은 바벨론에 포로 되어온 자들이 정신을 차려서 은혜를 받고 하나님 앞에서 진정한 보석으로 변하는 것이었습니다. 만일 이들이 여기까지 와서도 정신을 차리지 못하고 어리석게도 예루살렘의 허영만 잡으려고 한다면 이제 유다 백성들은 완전히 이 세상에서 씨도 찾지 못할 정도로 멸망하게 될 것입니다. 그 이유가 어디에 있습니까? 하나님의 은혜를 받았지만 그 은혜대로 살지 못했기 때문입니다. 우리에게 중요한 것은 하나님으로부터 은혜 받고 축복받은 것도 중요하지만 은혜를 받았으면 은혜 받은 사람답게, 축복을 받았으면 축복을 받은 사람답게 사는 것입니다. 그것을 깨닫지 못하고 오히려 더 세상의 허영에 빠져서 세상을 따라가려고 할 때에 하나님은 그 모든 축복이 욕이 되게 하시며 그 모든 은혜가 저주가 되게 하시는 것입니다.

예루살렘의 모형

유대인들에게 가장 소중한 도시는 역시 예루살렘이었습니다. 그래서 유대의 지도자들이나 부자들은 모이기만 하면 예루살렘의 지도를 그려 놓고 어디가 부자 동네이고 어디를 더 개발할 것인지만 생각을 하면서 미래를 열심히 계획하고 있었습니다. 그러나 하나님께서는 예루살렘에서 멀리 떨어진 바벨론 그발강 가에 있는 에스겔에게 예루살렘의 미래를 보여주셨습니다.

"너 인자야 박석을 가져다가 네 앞에 놓고 한 성읍 곧 예루살렘을 그 위에 그리고 그 성읍을 에워싸되 운제를 세우고 토둔을 쌓고 진을 치고 공성퇴를 둘러 세우고"(4장 1-2절).

참으로 놀라운 것은 예루살렘에 일어날 일을 하나님께서는 예루살렘에 살지도 않고 오히려 바벨론에 포로 되어간 사람 중에 있는 에스겔에게 보여주신 것입니다. 이것은 하나님의 비중이 예루살렘에서 바벨론 그발강 가로 옮겨진 것을 보여주는 것입니다.

하나님께서 에스겔에서 보여주신 것은 경제가 부흥되고 군사적으로 더 강대국이 되는 희망찬 예루살렘의 모습이 아니었습니다. 하나님께서 에스겔에게 보여주신 것은 놀랍게도 예루살렘에 전쟁이 일어나서 적에 의해서 포위되는 모습이었습니다.

하나님께서는 에스겔에게 '박석'을 구해서 예루살렘의 지도를 그 위에 그리라고 말씀하셨습니다. 여기서 '박석'은 벽돌로 만든 넓은 돌판을 말합니다. 우리나라로 치면 칠판이나 화이트보드 같은 것이지요. 그리고는 예루살렘 성을 에워싸서 운제를 그리라고 했습니다. 운제는 나무로 만든 높은 틀인데 사람들이 그 위에 올라가서 활을 쏘거나 무기를 던질 수 있게 만든 것입니다. 그리고 토둔을 쌓는데 이 토둔은 흙으로 만든 토성입니다. 토성을 쌓으면 성을 완전히 봉쇄할 수 있고 성을 공격하기가 더 쉬워집니다. 그리고 공성퇴를 둘러 세우라고 했는데 이 공성퇴가 돌을 발사하는 기계였습니다. 큰 돌을 넣고 발사를 하면 성도 부서지고 사람들도 맞아서 죽고 무기들도 부서지게 됩니다. 예루살렘은 모든 유대인들이 바라던 것처럼 평화의 도시가 아니라 전쟁의 도시가 되며 무시무시한 무기에 의하여 에워싸이게 되고 공격당하게 되는 것입니다.

> "또 전철을 가져다가 너와 성읍 사이에 두어 철성을 삼고 성을 향하여 에워싸는 것처럼 에워싸라. 이것이 이스라엘 족속에게 징조가 되리라"(4장 3절).

전철이라고 하는 것은 고기를 굽는 철판을 말합니다. 예루살렘 전체를 고기 굽는 철판으로 둘러싸면 이제 예루살렘 전체는 불고기나 삼겹살이 되는 수밖에 없는 것입니다.

하나님께서는 이것을 에스겔에게 말로만 하게 하신 것이 아니라 실제로 그림을 그리고 철판을 가지고 성을 에워싸게 하셨습니다. 이것은 얼마 있지 않아서 예루살렘이 꼭 이렇게 된다는 뜻이었습니다.

우리가 알아야 할 것은 사람들이 미래에 대하여 아무리 좋은 계획을 세워도 아무 소용이 없다는 것입니다. 중요한 것은 하나님의 계획입니다. 우리는 하나님의 계획을 알아야 진정으로 가치 있는 삶을 살 수 있고 진정으로 가치 있는 미래를 건설할 수 있지, 다른 사람의 말을 듣고 아무리 계획을 세워도 하나님께서 다른 계획을 가지고 계시면 아무 소용이 없게 되는 것입니다.

우리 믿는 형제자매들의 가장 어려운 점은 나에 대한 이런 하나님의 계획을 알지 못하는 것입니다. 그러나 하나님은 이런 계획보다 더 중요하게 생각하시는 것이 있다면 그것은 우리 한 사람 한 사람이 하나님 앞에서 보배 같은 신앙의 사람이 되는 것입니다. 우리의 믿음이 보배 같은 믿음이 되기만 하면 하나님은 얼마든지 좋은 계획을 보여주시고 우리를 그 계획의 가장 중요한 주인공으로 삼아주십니다. 그러나 우리의 중심이 하나님의 말씀으로 변화되어 있지 않으면 쓰임을 받을 수가 없습니다. 우리는 예수님이 하신 말씀이 얼마나 중요한 말씀인지 다시 한번 깨달아야 합니다. 즉 '좋은 나무에 좋은 열매가 맺고 나쁜 열매에 나쁜 열매가 맺느니라' 는 말씀입니다. 하나님 앞에서 좋은 열매로 사용이 되려면 우리 자신이 좋은 나무로 변해야 하는 것입니다.

욥기에 보면 욥은 이 세상에 좋은 것이 아주 많지만 진정으로 변하지 않고 영원한 가치를 가진 것은 모두 땅 속에 있다고 말을 하고 있습니다. 이 세상에 좋은 옷도 있고 음식도 있고 명예도 있지만 이런 것들은 모두 다 금방 변해버립니다. 변하지 않는 것들은 모두 금이나 보석 같은 것들인데 그 있는 곳을 독수리도 모르고 사자도 모른다고 했습니다. 이런 것들은 모두 깊은 땅 속의 바위 속에 있는데 이런 것을 캐내려면 땅 속 깊은 곳에 밧줄을 타고 들어가야 하는 것입니다. 그런데 이런 보석보다 더 가치 있고 귀한 것이 믿음이고 하나님의 지혜라고 했습니다. 이것은 우리가 하나님의 말씀을 가지고 고도의 고난을 받을 때 우리 안에서 만들어지게 되는 것입니다. 이것이 없으면 아무리 예루살렘이고 뉴욕이며 파리며 동경이라 하더라도 하나님 앞에서는 쓰레기 더미밖에 안 되기에 아무런 소용이 없는 것입니다. 우리 성도들은 믿음을 가지고 고난당하는 것을 피하려고 해서는 안 됩니다. 우리는 용광로 같은 믿음의 시험을 통해서만 하나님 나라의 귀중한 보석이 될 수 있습니다.

에스겔의 고통

하나님께서는 예루살렘이 포위될 것이라고 하셨는데 그 포위되는 동안의 고통을 에스겔이 감당을 하게 하셨습니다.

"너는 또 좌편으로 누워 이스라엘 족속의 죄악을 당하되 네 눕는 날수대로 그 죄악을 담당할지니라. 내가 그들의 범죄한 햇수대로 네게 날수를 정하였나니 곧 삼백 구십 일이니라. 너는 이렇게 이스라엘 족속의 죄악을 담당하고 그 수가 차거든 너는 우편으로 누워 유다 족속의 죄악을 담당하라. 내가 네게 사십일로 정하였나니 일일이 일년이니라."(4장 4-6절).

그리고 8절에는 '내가 줄로 너를 동이리니 네가 에워싸는 날이 맞도록 몸을 이리 저리 돌리지 못하리라' 고 하셨습니다.

하나님께서는 망하기는 예루살렘이 망하는데 고통을 당하기는 이미 포로 되어 와서 나름대로 고생을 많이 한 에스겔에게 고통을 당하라고 말씀을 하십니다. 그 이유는 모든 하나님의 백성들의 고통은 우리들의 고통이기 때문입니다. 우리는 다른 주의 백성들이 고통을 당한다는 말을 들을 때 '너는 고통을 당해라. 나는 멀리 떨어져 있으니까 상관이 없다' 라고 말해서는 안 되는 것입니다.

에스겔이 당해야 하는 고통은 편히 누워서 자지 못하고 몸을 한편으로 세워서 자야 하는 것이었습니다. 즉 이스라엘 백성을 위해서 390일 동안을 왼쪽으로 몸을 세워서 꼼짝도 하지 못하고 있어야 하는 것입니다. 이것을 밤에만 했는지 아니면 밤낮 구분 없이 일년 내내 한쪽으로 누워 있었는지 알 수 없습니다. 지난번에 우리 교인 중에 어떤 분이 중환자실에 한달이 넘도록 꼼짝을 못하고 누워 계시니까 등창이 생기기도 하고 몸의 근육이 마비가 되어서 큰 고통을 경험하는 것을 보았습니다. 이제는 에스겔의 연단이 다 끝나서 다시 교회에 나오시지만 그때에는 정말 살 소망이 보이지 않을 정도로 심각했습니다. 그런데 에스겔은 중환자도 아니고 아주 건강하고 멀쩡한 사람인데 중환자같이 한쪽으로

만 누워서 390일, 그리고 다른 쪽으로 누워서 40일을 꼼짝 못하고 있어야만 했습니다. 하나님께서는 이 하루가 일년이라고 말씀하셨습니다. 즉 예루살렘이 이렇게 포위당하고 유대인들이 성안에 갇혀서 꼼짝 못하고 있어야 하는 것은 지금까지 이스라엘이 지은 죄가 다 누적이 되어서 그렇다고 말씀을 하시는 것입니다.

이 본문을 보면 우리가 해석하기 어려운 것이 있습니다. 그것은 도대체 390일이 무엇을 의미하고 40일이 무엇을 의미하느냐 하는 것입니다. 어떤 학자들은 이스라엘의 죄 390일은 여로보암이 다윗의 집을 거역하고 이스라엘을 떼어나간 날부터라고 해석을 하기도 합니다. 그리고 유다 40일은 최근에 유다 백성들이 우상 숭배를 한 기간이라고 해석을 합니다. 그러나 유다 백성들이 예루살렘에서 우상 숭배를 한 것이 40년 밖에 안 되는 것이 아닙니다. 그 보다 훨씬 더 오래되었습니다.

이스라엘 백성들이 하나님을 떠나기 시작한 것은 이미 솔로몬 때부터였습니다. 물론 중간에 여러 차례 개혁이나 부흥이 있기는 했지만 완전한 회복은 되지 못하였던 것 같습니다. 북쪽 이스라엘은 여로보암이 나라를 쪼갤 때부터 아예 인본적으로 나가려고 작정을 했었습니다. 그리고 유다도 중간에 여러 차례 인본적인 왕들의 통치로 성전이 더럽혀 졌습니다.

적어도 히스기야의 아들 므낫세 때에 성전은 우상으로 완전히 더럽혀져 있었습니다. 어떤 사람들은 390일과 40일이 각 나라가 망하고 회복될 때까지 기간이라고 해석을 하기도 합니다.

그러나 중요한 것은 유다의 40일은 이스라엘 백성들이 애굽에서 나와서 광야에서 훈련받던 기간과 동일한 것입니다. 그리고 390일은 이스라엘 백성들이 애굽으로 내려가서 있은 기간과 비슷합니다. 하나님께서는 이스라엘 백성 전체를 처음부터 완전히 다시 시작하려고 하시는 것입니다. 즉 가나안 땅에 들어가는 것이 처음부터 다시 필요한 것입니다. 특히 이스라엘 백성들 안에 하나님에 대한 신앙은 전혀 없었습니다. 그들의 머리와 가슴을 채우고 있는 것은 철저한 가나안의 사고방식이었습니다. 그들은 철저하게 우상 숭배자들이었고 뼈 속까지 가나안의 음란한 문화에 젖어 있는 자들이었습니다. 그런 사람들은 다시 하나님의 백성으로 만들려면 처음부터 다시 해산하는 수고를 해야 하는 것입니다.

그래서 에스겔이 왼쪽으로 390일 오른 쪽으로 40일을 누워 있어야 했던 것은 다시 한번 영적 이스라엘을 임신하는 기간으로 보아야 하는 것입니다.

하나님께서는 예루살렘 안에 진정한 이스라엘의 신앙은 완전히 끝났다고 판단하시는 것입니다. 이제 그들은 처음 야곱이 70명의 가족들을 데리고 애굽으로 내려갔듯이 이스라엘의 역사는 처음부터 다시 시작해야 하는 것입니다. 그래서 하나님께서는 7절에서 에스겔에게 예루살렘을 향하여 예언을 할 때 '팔을 벗고 예언을 하라' 고 하셨습니다.

아마도 선지자는 예언을 할 때 팔을 벗지 않았던 것 같습니다. 그러나 거의 웃통을 다 벗다시피 하고 에스겔이 예언하는 것은 더 이상 예루살렘을 거룩한 곳으로 생각하지 않겠다는 뜻인 것입니다. 마치 요나가 니느웨성을 쳐서 예언을 했듯이 무지막지하게 심판을 예언하겠다는 뜻인 것입니다.

그러나 에스겔의 고통은 한 쪽으로 누워 있는 것으로 끝나지 않았습니다. 그는 그 누워있는 동안 지독한 음식을 먹어야만 했습니다.

"너는 밀과 보리와 콩과 팥과 조와 귀리를 가져다가 한 그릇에 담고 떡을 만들어 네 모로 눕는 날수 곧 삼백 구십일에 먹되 너는 식물을 달아서 하루 이십 세겔 중씩 때를 따라 먹고 물도 힌 육분 일씩 되어서 때를 따라 마시라. 너는 그것을 보리 떡처럼 만들어 먹되 그들의 목전에서 인분 불을 피워 구울 찌니라"(4장 9-12절).

에스겔은 예루살렘 사람들 때문에 모로 누워서 생활 하는 동안에는 마치 전쟁이 났을 때 사람들이 배급을 받아 먹는 상황과 유사했습니다. 떡은 맛있는 밀로만 만든 것이 아니고 밀과 보리와 콩과 팥과 조와 귀리를 다 섞어서 만든 형편없는 떡이었는데 그것도 많이 먹지 못하고 저울로 달아서 약 200그램정도씩만 먹어야 했습니다. 그리고 물도 많이 마시지 못하고 약 반병 정도씩만 마셔야 했습니다. 그런데 가장 끔찍한 것은 이 떡을 구울 때 나무나 숯을 쓰지 못하고 인분을 말려서 연료로 쓰라고 하신 것입니다.

이것이 결정적인 것이었습니다. 옛날에 전시에는 연료가 다 떨어지면 짐승들의 똥을 말려서 연료로 썼습니다. 유대인들에게 가장 종교적으로 부정한 상태는 인분에 접촉하는 것이었습니다. 예루살렘 사람들이 장차 얼마나 비참한 상황에 처하게 되는가 하면 연료를 구하지 못해서 소똥 대신에 인분을 말려서 연료로 쓰게 되는 것입니다. 이것은 육체적인 가난과 고생을 넘어서서 그들의 정신적인 상태가 인간으로서 생각할 수 있는 가장 비참한 상태에 떨어지게 되는 것을 말해줍니다.

"여호와께서 또 가라사대 내가 열국으로 쫓아 흩을 이스라엘 자손이 거기서 이와 같이 부정한 떡을 먹으리라"(4장 13절).

이스라엘 백성들이 얼마나 천덕꾸러기가 되는지 아십니까? 예루살렘이 포위되었을 때만이 아니고 다른 나라에 가서도 인분을 연료로 삼아서 밥을 할 정도로 비참한 취급을 당하게 되는 것입니다. 그 이유가 어디에 있습니까? 자기 자신의 존귀함을 스스로 지키지 않아서 그렇게 된 것입니다.

하나님의 백성들은 천사보다 더 존귀한 사람들입니다. 그렇다면 그들은 이 세상의 다른 것들은 다 내려놓고 오직 하나님 한분만 기쁘시게 하는 일을 했어야 하는 것입니다. 그러나 그들이 하나님과 맺은 언약을 저버리고 우상을 숭배하고 세상을 사랑했을 때 하나님께서는 그들을 버리시는데 인간 이하 짐승 같은 수준으로 떨어트려버리시는 것입니다.

그래서 에스겔이 하나님께 항의를 합니다. 즉 에스겔은 다른 것은 할 수 있을지 몰라도 인분으로 떡을 만들어먹는 것만큼은 도저히 못하겠다고 합니다.

"내가 가로되 오호라 주 여호와여 나는 영혼을 더럽힌 일이 없었나이다. 어려서부터 지금까지 스스로 죽은 것이나 짐승에게 찢긴 것을 먹지 아니하였고 가증한 고기를 입에 넣지 아니하였나이다."(4장 14절)

에스겔은 나름대로 자신의 깨끗한 양심을 지키고 행실을 지키려고 애를 써왔던 사람입니다. 그래서 도저히 인분으로 떡을 만들어 먹는 것은 못하겠다고 합니다. 그래서 하나님께서는 에스겔을 특별히 이해하셔서 쇠똥으로 떡을 구워먹도록 하셨습니다.

이것이 이 세상을 사랑한 이스라엘의 말로였습니다. 하나님께서는 이스라엘 자손들이 그렇게 잘살려고 했고 또 거의 그렇게 잘 살게 된 것 같은데 어느 한 순간 정책에 실패하면서 완전히 예루살렘이 포위되고 망하는 길로 가게 됩니다. 그 이유가 어디에 있습니까? 하나님이 주신 은혜를 지키지 못했기 때문입니다. 하나님의 축복 받은 사람들답게 살지 못했기 때문입니다. 그래서 하나님은 그들을 버리시는데 인생 밑바닥 즉 인분으로 떡을 구워야 하는 상태까지 가게 되는 것입니다. 사람이 짐승같이 되면 인분이 있는 곳에도 드러누워 자고 다른 사람이 토한 곳에도 갇혀 있어야 하는 것입니다. 사실 인간으로서 가장 비참한 상태가 인분 냄새가 진동하는 곳에서 살아야 하는 것입니다. 이것은 도저히 인간의 삶이라고 볼 수가 없는 개나 돼지의 삶밖에 되지 않습니다. 그렇습니다. 하나님의 은혜를 업신여기고 자기 정욕을 향하여 달려간 자는 개나 돼지 같은 삶을 살 수 밖에 없는 것입니다.

우리가 그렇게 되지 않으려면 지금 미리 에스겔같이 모로 눕는 훈련부터 해야 합니다. 즉 모든 편한 생활을 거부하고 음식도 너무 맛있게 많이 먹는 것을 포기하고 거의 죽지 않을 정도로 절제하면서 살아야 하는 것입니다. 그러면 적어도 포로 되어온 자들에게는 이런 일은 생기지 않을 것입니다.

왜냐하면 그들은 이미 한번 철저하게 낮아지는 경험을 했기 때문입니다. 포로 되어 온 자들은 예루살렘 사람들이 평안히 지내는 동안 인간 이하의 생활을 한번 경험해 보았습니다. 이스라엘 백성들이 미리 고생을 하였지만 하나님만을 붙잡아야 하는 이유는 가장 비참해지는 길을 피할 수 있기 때문입니다.

하나님이 원하시는 것은 이 포로 된 자들이 예루살렘 생활을 포기하고 이 바벨론 땅에서 영적인 부흥을 일으키는 것입니다. 그 이유는 이미 하나님의 마음은 이 포로 되어온 자들 가운데 있기 때문입니다.

에스겔의 머리털과 수염을 깎음

옛날에 우리나라 사람들에게도 머리털과 수염은 부모로부터 받은 신체의 한 부분으로 중요하게 생각을 했지만 중동 사람들에게서 머리털과 수염은 그들의 인격이고 자존심 그 자체였습니다. 그런데 하나님께서는 에스겔에게 날카로운 칼을 가지고 머리털과 수염을 다 밀어버리게 하셨습니다.

그리고 하나님께서는 에스겔이 밀어버린 머리털과 수염을 저울에 달아서 무게를 재어본 후에 삼분의 일씩 나누게 하셨습니다.

"인자야 너는 날카로운 칼을 취하여 삭도를 삼아 네 머리털과 수염을 깎아서 저울에 달아 나누었다가 그 성읍을 에워싸는 날이 차거든 너는 터럭 삼분지 일은 성읍 안에서 불사르고 삼분지 일은 가지고 성읍 사방에서 칼로 치고 또 삼분지 일은 바람에 흩으라. 내가 그 뒤를 따라 칼을 빼리라"(5장 1-2절).

우리나라에서도 사람이 머리를 빡빡 깎는 것은 군대나 교도소에서 죄수들에게 하는 일입니다. 하물며 하나님 앞에서 가장 신성한 선지자나 제사장이 머리를 빡빡 깎는다고 하는 것은 이것은 그 당시 사람들의 사고방식으로 볼 때에는 엄청난 일이 아닐 수 없었습니다.

요즘 우리나라에서는 사회적으로 어떤 심각한 문제가 터졌을 때 항의하는 뜻으로 삭발을 하는 경우가 있습니다. 이것은 내 모든 명예나 인격을 걸고 이 문제와 싸우겠다는 뜻입니다. 그런데 얼마 전에는 우리나라에서 아주 큰 교회 목사님들이 사학법 개정 문제 때문에 머리를 깎았습니다. 교회에서 담임 목사님이 머리를 깎은 채 설교하시는 것을 본 교인들은 아주 충격을 받았다고 합니다.

그러나 저는 사실 어떤 의미에서 목사님들이 머리를 깎는 비장한 결의를 보여야 할 때라고 생각합니다. 그 이유는 교회가 하나님의 진리에서 많이 벗어났기 때문입니다. 이것은 모든 명예를 버리고 자신의 전 인격을 걸고 심지어는 목숨까지 내어놓고 지켜야 하는 것입니다.

하나님께서는 에스겔의 인격이 중요하다는 것을 모르시지 않으십니다. 예수님께서는 제자들에게 '천부께서는 너희 머리털까지 다 헤아리셨다' 고 말씀하셨습니다. 하나님께서 우리의 머리털까지 다 헤아리셨다고 하는 것은 그만큼 우리의 인격을 중요하게 생각하시며 우리의 생각과 우리의 삶을 소중하게 생각하신다는 뜻입니다. 그런데 하나님께서 에스겔에게 머리와 수염을 다 깎으라고 하신 이유가 무엇일까요? 이스라엘 자손들이 하나님의 뜻을 그만큼 무시하고 업신여겼기 때문입니다.

하나님께서는 에스겔에게 머리털과 수염을 삼등분해서 예루살렘이 에워싸였다고 하는 날, 삼분의 일을 에스겔이 그려놓은 예루살렘 성 안에서 태우라고 하셨습니다. 그리고 삼분의 일은 성 밖에서 칼로 치라고 하셨습니다. 마지막으로 삼분의 일은 바람에 흩으라고 하셨습니다. 이 것은 예루살렘 사람들이 공격을 당했을 때 삼분의 일은 성 안에서 굶어 죽거나 병들어 죽고 삼분의 일은 전쟁하다가 칼에 죽고 삼분의 일은 도망을 치다가 죽는 것입니다.

"너는 터럭 중에서 조금을 가져 네 옷자락에 싸고 또 그 가운데서 얼마를 가져 불에 던져 사르라. 그 속에서 불이 이스라엘 온 족속에게로 나오리라"(5장 3-4절).

에스겔이 자기 머리털 중에서 일부를 옷에 싸는데 그 사람들은 목숨을 유지하는 사람들이었습니다. 그리고 일부는 불에 던지는데 거기서 불이 온 이스라엘에 나와서 다 태우게 됩니다. 바로 이 사람들이 정치하는 사람들이었고 강한 민족주의자였습니다. 끝까지 바벨론에 항복해서는 안 된다고 주장을 하다가 결국은 살 수 있는 길까지 다 막아버리고 예루살렘을 완전한 폐허가 되게 한 사람들입니다.

이상하게 나라가 망할 때 보면 민족주의자들이 그렇게 극성을 부립니다. 그래서 모든 대화를 거부하고 끝까지 극단적으로 자기주장을 내세우는데 결국은 너도 망하고 나도 망하자는 것입니다. 지금도 노조 중에는 노동자의 이해와는 상관없이 극단적으로 투쟁자체를 목적으로 하는 사람들이 많이 있습니다. 결국 이 사람들은 불과 같습니다. 이 불을 잘 조절하지 못하면 나라 전체가 다 타버리게 되는 것입니다. 불장난이 별 것 아닌 것 같아도 결국 통제하지 못하면 대형 화제가 되어버리는 것입니다. 지금 우리나라에서는 이미 이 불이 여기저기에 붙어 있습니다. 서울에는 부동산의 불이 붙어 있고 북한에는 핵 실험의 불이 붙어 있습니다. 그리고 노조의 불이 붙어 있고 전교조의 불이 붙어 있고 386의 불이 붙어 있습니다. 이 불은 적어도 성령의 불은 아닙니다. 그리고 이 불들이 통제되지 않으면 나라 전체를 불 태워버릴 수도 있습니다. 결국 이런 불이 나오게 된 이유는 하나님의 백성들의 위선 때문입니다. 겉으로는 화려하고 부흥되는 것처럼 보이지만 진정한 성령의 불이 붙지 않을 때에는 다른 불이 붙게 되는 것입니다. 지금 우리나라는 치열한 영적인 전쟁 가운데 있습니다. 결국 이런 이상한 불들을 끌 수 있는 방법은 오직 맞불 밖에 없습니다. 즉 기도와 말씀으로 더 뜨거운 성령의 불길이 일어나야 이런 이상한 불들을 끌 수가 있는 것입니다. 그렇게 하기 위해서는 우리가 하나님의 말씀을 붙들고 은혜를 붙드는데 목숨을 걸어야 합니다.

> "그가 내 규례를 거스려서 이방인보다 악을 더 행하며 내 율례도 그리함이 그 둘러 있는 열방보다 더하니 이는 그들이 내 규례를 버리고 내 율례를 행치 아니하였음이니라. 그러므로 나 주 여호와가 말하노라. 너희 요란함이 너희를 둘러 있는 이방인 보다 더하여 내 율례를 행치 아니하며 내 규례를 지키지 아니하고 너희를 둘러 있는 이방인의 규례대로도 행치 아니하였느니라"(5장 6-7절).

하나님께서 이스라엘 백성들과 언약을 맺으시고 사랑하시고 축복하신 것은 무조건 잘살라고 그렇게 하신 것이 아니었습니다. 하나님의 언약 백성답게 하나님의 말씀을 더 잘 지키고 더 거룩한 삶을 살도록 하기 위해서였던 것입니다.

하나님께서 그렇게 긴 시간을 통해서 이스라엘 백성들을 애굽에서 훈련시키시고 인도하신 것은 세상에 잘 살고 똑똑한 사람들이 없어서 그렇게 하신 것이 아니었습니다. 하나님께서 가장 중요하게 생각하시는 것은 다른 사람에게 강요되지 않고 자기 스스로 하나님을 사랑해서 욕심을 버리고 죄를 저리고 정욕을 버리고 사는 사람들을 원하셨던 것입니다.

그러나 하나님께서 이스라엘 자손들을 보니까 겉으로는 잘 믿는 것 같은데 실제로는 하나님의 말씀대로 사는 것이 하나도 없고 심지어는 주위에 있는 이방인들이 지키는 것도 지키지 않았던 것입니다.

하나님께서 예루살렘 사람들을 이렇게 철저하게 심판하시는 이유는 그동안 하나님의 마음이 너무나도 답답하셨기 때문입니다.

"이와 같이 내 노가 다한즉 그들에게 향한 분이 풀려서 내 마음이 시원하리라. 내 분이 그들에게 다한즉 나 여호와가 열심으로 말한 줄을 그들이 알리라"(5장 13절).

하나님께서 이스라엘 자손들에 대하여 그렇게 마음이 답답하셨던 이유가 무엇입니까? 그들이 사람들을 속이고 하나님을 속였기 때문입니다.

하나님께서 가장 원하시는 것은 일단 하나님의 말씀을 막지 않는 것입니다. 하나님의 말씀이 충분히 선포되면 말씀을 싫어하는 사람들은 거부하겠지만 그럼에도 불구하고 부흥은 일어나게 되어 있습니다. 그러나 이들은 아예 하나님의 말씀 자체를 변질시켜버렸습니다. 이것이 하나님의 마음을 너무나도 답답하게 만들었습니다. 그리고 그들은 하나님의 성전을 오염시켰습니다.

"그러므로 나 주 여호와가 말하노라. 내가 나의 삶을 두고 맹세하노니 네가 모든 미운 물건과 모든 가증한 일로 내 성소를 더럽혔은즉 나도 너를 아껴 보지 아니하며 긍휼을 베풀지 아니하고 미약하게 하리니"(5장 11절).

이스라엘 백성들이 존재하는 목적이 단지 하나님께 '축복'만 받는 것이 그들의 목적이 아니었습니다. 축복은 저절로 따라오는 것이며 하나님을 온전히 섬기는 것이 이스라엘이 존재하는 목적이었습니다. 그러나 이스라엘 백성들은 자기 복을 위해서 하나님을 희생시켜버렸습니다. 왜냐하면 도저히 하나님의 말씀대로 하면 잘 살 수가 없을 것 같았기 때문입니다. 이 세상에는 도적질을 해야 잘 살고 남의 것을 빼앗아야 잘 사는데 이스라엘 백성들의 마음속에도 그런 욕심이 있었던 것입니다. 그래서 말씀을 전하는 선지자들을 죽여 버리고 성전도 제사만 지내니까 냄새가 나고 재미도 없으니까 여러 가지 세상의 우상들을 들여놓아서 재미있게 만들었습니다. 이것이 하나님의 성령을 막았고 하나님의 은혜를 막았습니다. 이 세상에서 가장 큰 죄는 하나님의 성령을 막고 은혜를 막는 것입니다. 그리고 이것들을 거짓 것으로 바꾸어버리기만 하면 하나님은 아무 것도 하실 수가 없게 되는 것입니다.

하나님은 이스라엘 백성들이 정신을 차리고 돌아오기를 오래 오래 기다리셨습니다. 무려 사백년이 넘도록 기다리셨습니다. 그러나 끝내 돌아오지 않으니까 이제 하나님은 정말 무섭게 이스라엘 자손들을 심판하셨습니다.

하나님은 이스라엘 자손들이 이 세상에서 정말 아무것도 아닌 상태인 인생 밑바닥까지 떨어트리신 후에 마음이 시원했다고 말씀하십니다. 우리는 지금 하나님의 마음을 시원하게 해 드려야 하겠습니다. 우리도 인간인 이상 정말 죄를 하나도 짓지 않는 완전히 거룩한 삶을 살지는 못합니다. 또 세상 것을 모두 다 버리려고 해도 완전히 포기하지 못합니다. 그러나 우리는 적어도 하나님의 말씀대로 살려고 부단히 노력해야 하며, 회개하지 못한 죄를 버리고 거룩한 삶을 살려고 몸부림쳐야 합니다. 그렇게 할 때 하나님은 우리가 죄가 있음에도 불구하고 우리를 불쌍히 여겨주셔서 지금 이 나라를 태우고 있는 불을 꺼주시고 한없이 낮아지고 있는 이 나라를 다시한번 붙들어 주실 줄 믿습니다.

05

| 겔 6:1-14 |

이스라엘의 병

　요즘 중국에서는 중국인들 안에 기독교 신앙에 대한 놀라운 부흥의 역사가 나타나고 있다고 합니다. 중국인들은 예배 시간 몇 시간 전부터 모여서 뜨겁게 찬송을 부르고 또 설교를 너무 사모하여 몇 시간씩 하는 설교도 간절한 마음으로 열렬하게 듣는데 도저히 이들을 가르칠 목사가 모자라서 감당을 못한다고 합니다.

　근세 중국의 사회 모습을 잘 보여주고 있는 소설이 펄벅 여사가 쓴 '대지'였습니다. 거기에 보면 왕릉이라는 가난한 사람이 있었는데 부잣집 종으로 있던 여자를 부인으로 얻어서 그야말로 뼈 빠지게 일을 해서 땅을 사 모으기 시작합니다. 거기에 보면 왕릉이 동네에 있는 성황당 같은 데 동네 신을 모시는 것이라든지 부자가 첩을 얻고 아편을 하는 내용들이 다 나옵니다. 중국은 공산주의 혁명이 일어나기 전까지 공자나 맹자 같은 유교 사상이나 미신이나 신분의 차이 같은 데 깊이 병들어 있었습니다. 아마 그 상태 그대로는 중국의 병은 절대로 고쳐지지 않았을 것입니다. 그러나 중국의 공산주의 혁명은 과거 중국의 모든 전통과 습관을 다 두들겨 부수어버렸습니다. 특히 문화 혁명은 모든 과거의 문화유산을 다 파괴시켜서 중국을 문화적인 폐허로 만들어버렸습니다. 그 결과 수천 년간 중국 사람들의 의식 가운데 뿌리내리고 있던 유교나 미신이나 신분의 차이 같은 것이 끊어지게 된 것입니다. 그러다가 공산주의 지배 하에서 고난을 당할 대로 당한 중국인들은 이제 하나님의 말씀을 듣고 미친 듯이 복음을 받아들이고 있는 것입니다.

중국에 펄벅이 쓴 '대지'가 있다면 우리나라에는 박경리씨가 쓴 '토지'가 있습니다. 거기에 보면 조선시대 말과 일제시대 우리나라 서민들의 비참한 삶이 잘 묘사되고 있습니다. 일제 치하 때 우리나라 사람들은 가난과 억압 하에 정말 비참한 삶을 살았습니다. 그러나 그런 가운데 우리 민족의 의식 깊이 뿌리내리고 있었던 양반과 상놈의 차이라든지 백정에 대한 멸시라든지 아들에 대한 우대사상이나 첩이나 기생제도나 죽은 조상숭배나 귀신에 대한 자연숭배 같은 것들이 어느 정도는 끊어지게 되었던 것을 알 수 있습니다.

저는 결코 중국의 문화혁명이나 일제지배가 옳다는 말이 아닙니다. 그러나 우리가 이것을 통해서 알 수 있는 것은 어떤 민족의 잘못된 가치관이나 전통의 병을 치료한다는 것은 그냥 생각을 한다거나 애만 쓴다고 해서 되는 것이 아니라 한번 거의 죽었다 살아날 정도의 엄청난 희생과 비싼 대가가 있어야 한다는 것입니다.

유다 백성들에게는 그것이 우상숭배였습니다. 사실 유다 백성들에게 있어서 우상숭배는 우습게 시작이 되었습니다. 어떤 의미에서 그들은 다른 민족들이 하는 것을 흉내내어보기 위해서 혹은 너무나도 오랫동안 요구되어 왔던 하나님의 신앙에 대한 반발에서 우상숭배라는 것을 해보기 시작했습니다. 그러나 이것은 금방 유다 백성 가운데 뿌리를 내리기 시작해서 나중에는 아무리 노력을 해도 뿌리가 뽑히지 않게 되었습니다. 유다 백성들은 이 우상숭배라는 병에 걸려서 나라 전체가 망하게 되고 거의 모든 백성들은 죽거나 포로가 되어서 잡혀가게 되는 것입니다. 우리는 가끔 '한국병'이라는 말을 합니다. 우리는 지금 우리나라의 병이 무엇인지도 알 수 없게 되어버렸습니다. 전에는 군사 독재가 한국병이었던 것 같았는데 지금은 그것도 아니고 한때는 부패가 한국병인 것 같았는데 지금은 그것도 아닌 것 같고 좌우간 무엇인가 엄청난 병에 걸린 것은 사실인데 그 병이 무엇인지도 알 수 없는 가운데 처해 있는 것입니다. 이것은 아무래도 신종 바이러스인 것 같습니다. 그러나 우리는 하나님의 말씀으로 이 병을 진단할 수 있고 또 이 병을 치료할 수 있다고 믿습니다. 그러나 우리가 알아야 할 것은 그렇게 하기 위해서 이것이 쉽게는 되지 않기 때문에 대단한 결단이 필요하다는 것을 알아야 합니다.

유다의 병

우리는 흔히 남의 일에 대해서는 문제점이나 해결방법이 잘 보이지만 막상 자기 자신이 그런 일을 당하면 무엇을 어떻게 해야 할지 몰라서 쩔쩔 맬 때가 많습니다. 또 우리는 어떤 일을 당하게 되면 그 즉시는 도대체 무엇이 어떻게 된 것인지 아무 것도 생각이 나지 않지만 시간이 좀 지나고 나서 냉정을 되찾은 후에는 그때 자기가 잘못한 것이 하나씩 생각이 나기 시작합니다. 왜냐하면 인간은 자기 문제에 빠져버리면 객관적으로 자기 자신을 볼 수 있는 능력을 잃어버리기 때문입니다.

이와 같이 지금 본토에 남아 있는 유다 백성들은 자신의 문제를 전혀 보지 못하고 있습니다. 하지만 하나님께서는 바벨론에 먼저 포로로 붙들려 온 에스겔에게 유다의 병을 보여주고 계십니다. 왜냐하면 이들은 이미 본토에서 상당히 멀리 붙들려 와 있기 때문에 과거 자신들의 문제를 객관적으로 볼 수 있게 되었기 때문입니다.

"여호와의 말씀이 내게 임하여 가라사대 인자야 너는 이스라엘 산을 향하여 그들에게 예언하여"(1-2절).

하나님께서는 에스겔에게 말씀을 주시면서 이스라엘의 산들을 향하여 예언을 하라고 말씀을 하셨습니다. 왜 하나님께서는 굳이 이스라엘의 산들을 향하여 예언을 하라고 말씀하셨을까요? 그 이유는 이스라엘의 모든 산들이 유다 백성들의 우상 숭배의 현장이었기 때문입니다. 우리나라도 산골짜기나 바위가 있는 곳 밑에는 으레 무당들이 초를 켜놓고 굿을 한 흔적을 찾을 수가 있습니다. 유다 백성들의 우상 숭배는 거의 우리나라의 굿 하는 것과 비슷했습니다. 그러나 이스라엘의 우상 숭배는 우리나라의 굿보다 더 저질이었습니다. 바알 우상숭배를 하고 난 후에 거기서 성 행위까지 했기 때문입니다. 특히 유다 백성들의 타락은 너무나 심각했습니다. 유다의 산이나 골짜기 중에서 웬만한 곳은 우상 숭배를 하지 않는 곳이 없었습니다. 그래서 하나님께서는 이스라엘의 모든 산을 향하여 이 말씀을 하라고 하시는 것입니다.

"이르기를 이스라엘 산들아 주 여호와의 말씀을 들으라. 주 여호와께서 산과 작은 산과 시내와 골짜기를 대하여 말씀하시기를 나 곧 내가 칼로 너희에게 임하게 하여 너희 산당을 멸하리니 너희 제단이 황무하고 태양상이 훼파될 것이며 내가 또 너희 중에서 살륙을 당하여 너희 우상 앞에 엎드러지게 할 것이라. 이스라엘 자손의 시체를 그 우상 앞에 두며 너희 해골을 너희 제단 사방에 흩으리라"(3-5절).

여기서 하나님께서 유다 사람들의 우상 숭배 때문에 칼로 이들을 치겠다고 말씀하시는 것은 유다 백성들의 죄가 우상 숭배 밖에 없다는 뜻이 아닙니다. 오히려 수많은 죄들 중에서 이것이 가장 대표적인 것이고 이것이 다른 모든 죄의 뿌리가 되는 죄였다는 뜻입니다.

하나님께서 처음 이스라엘 백성들을 가나안 땅에 들어가게 하셨을 때 그 곳의 우상을 부수게 하기 위해서였습니다. 하나님께서는 우상을 없애기 위해서는 모든 가나안 족속들을 몰아내는 대가까지도 지불하라고 명령하셨습니다. 그러나 이스라엘 백성들은 하나님이 왜 그렇게 우상을 싫어하시는지 이해를 하지 못했습니다. 아니, 우상이 싫으면 안 믿으면 되는 것이지 굳이 사람들을 다 몰아내면서 다른 사람들과 치고 박고 싸워가면서 우상을 몰아내어야 하는가? 너무 안이하게 생각한 것입니다. 더욱이 이스라엘 백성들이 알지 못하고 있었던 것은 우리 인간들이 얼마나 죄와 친화성이 있고 우상 숭배와 친화성이 강한지 몰랐던 것입니다. 친화성이라고 하는 것은 서로가 끌어당기는 힘을 가지고 있는 것을 말합니다. 우리가 생각하기에 죄라고 하는 것은 나쁜 것이기 때문에 제 정신을 가지고는 절대로 죄를 짓지 않을 것 같습니다. 그러나 친화성이 강한 죄는 사람을 미치게 만들어버립니다. 죄에 인이 박이게 하고 죄가 습관성이 되게 해서 죄를 짓지 않고는 견딜 수 없도록 만들어버리는 것입니다.

아마도 이스라엘 백성들이 처음에는 거의 호기심이나 장난삼아 우상 숭배를 시작했을 것입니다. 그리고 처음에는 우상 숭배를 하면서 남이 볼까봐 두렵기도 하고 하나님이 당장 천벌을 내리실까 벌벌 떨면서 거의 구경하다시피 했을 것입니다. 그러나 일단 한번 하고 난 후에는 자기도 모르는 사이에 양심이 상당히 무디어지게 되었습니다. 그래서 그 다음에 할 때에는 죄책감이 적어졌습니다. 그리고 그 다음부터는 자꾸 하고 싶어졌습니다. 그 후에는 우상숭배를 하지 않으면 바알 신이 진노할 것 같고 당장 무슨 좋지 않은 일이 생길 것 같아서 하지 않을 수가 없게 되는 것입니다. 그래서 처음에는 아무도 보지 않는 골짜기 같은데서 우상 숭배를 하다가 나중에는 나무 밑에서 하다가 그 다음에는 아예 대담하게 산꼭대기 같은 데까지 올라가서 했던 것입니다. 이것이 바로 이스라엘의 병이었습니다.

우리 인간의 가장 심각한 문제는 죄에 대한 친화성이 강하다는 것입니다. 즉 죄가 우리에게 습관성이 되고 죄가 우리의 의식 속에 인이 박여버리는 것입니다. 그러면 그 뒤에는 자기 혼자 아무리 결심하고 아무리 울고불고 해도 자기 힘으로는 그 죄의 사슬에서 벗어날 수가 없게 되는 것입니다. 마치 거미줄에 매달려 있는 나비가 아무리 몸부림을 친다 해도 한번 걸려든 이상 거미줄에서 벗어나지 못하고 점점 지쳐서 자포자기하게 되는 것과 같습니다.

저는 어렸을 때 '데미안'이라는 책을 읽은 적이 있었습니다. 거기에 보면 싱클레어라는 성격이 아주 내성적인 아이가 동네의 나쁜 아이들에게 걸려서 자꾸 집에서 돈을 훔쳐오게 됩니다. 처음에는 돈을 가져오지 않으면 때린다고 했다가 나중에는 돈을 훔쳐온 것을 알리겠다고 위협하니까 점점 더 깊이 걸려들게 됩니다. 그러다가 나중에는 누나를 불러내어오라고 합니다. 이것은 정말 그 소년에게는 엄청난 일이 아닐 수 없었습니다. 그래서 부모에게 말도 못하고 엄청나게 고민을 하고 있는데 데미안이 와서 그 못된 아이들을 다 쫓아 줍니다. 아마 이런 문제로 고민을 해보지 않은 사람들이 아무도 없을 것이며 자기에게도 이런 구원자가 있었으면 하는 사람들이 얼마나 많겠습니까? 그런데 헷세는 이 데미안을 이상한 종교로 끌고 가버립니다.

저는 어렸을 때부터 교회를 다녔습니다. 그러면서도 역시 세상에서 출세하는 것을 원했고 그것이 제가 진정으로 나아가야 할 길이라고 생각했습니다. 그러나 저는 대학생 때 제 속에 있는 탐욕과 죄 문제를 보게 되었고 그것 때문에 엄청나게 고민을 하게 하셨습니다. 저는 어렸을 때 제가 부족한 것은 수양이 덜 되었기 때문이라고 생각했습니다. 그러나 이것은 수양의 문제가 아니고 본질의 문제였습니다. 그래서 결국 도저히 해결할 수 없는 죄 때문에 어느 날 예수님 앞에 거꾸러지고 주님을 나의 주로 영접하게 되었습니다. 그리고 저는 완전히 새 사람이 되었습니다. 그러나 그것으로 주님의 훈련은 끝난 것이 아니었습니다. 주님은 저를 거의 인생 밑바닥으로 끌고 가셔서 절망적인 상태에서 오직 주님만 바라보게 하셨습니다. 저는 그때 그 이유를 알 수가 없었습니다. 주님은 내가 얼마든지 이 세상에서 능력 있게 살 수가 있는데 왜 이런 식으로 인생 밑바닥에서 아무 것도 하지 못하게 하시는 것일까라고 생각을 했습니다. 그런데 그 이유를 알게 되었습니다. 비록 제가 예수를 믿고 크리스천이 되었지만 많은 죄들은 거머리처럼 저에게 달라붙고 있었습니다. 즉 죄의 친화성이 작용을 하게 되었던 것입니다. 이것은 목사가 된 후에도 마찬가지였습니다. 오히려 목사가 된 후에는 이 죄들이 더 고상한 모습으로 그리고 더 거룩한 모습으로 달려들어서 저를 옭아매려고 했습니다. 저는 여기서 자유를 얻기 위하여 하나님 앞에 부르짖으면서 기도를 했습니다. 주님 앞에 고상하고 거룩한 방식으로 나를 잡아매는 죄들을 다 끊어달라고 부르짖으면서 기도를 드렸습니다. 그랬더니 주님은 그렇게 할 수 있는 길을 인도해주셨습니다. 그러나 그 길은 모든 명예와 욕심을 버리고 말씀에만 헌신할 수 있는 길이었습니다. 이것이 제가 살 수 있는 길이었습니다. 저는 제 자신을 하나님의 말씀 안에 가두어버렸습니다. 이것이 얼마나 힘들었는지 모릅니다. 그러나 끝까지 그렇게 했을 때 모든 죄의 사슬들이 끊어지고 더 큰 하나님의 축복이 임하기 시작했습니다.

하나님께서 이스라엘 자손에게 요구하신 것은 '오직 마음을 다 하고 뜻을 다하고 성품을 다하여 하나님을 사랑하라' 고 하셨습니다. 이것은 다른 모든 명예나 이익이나 좋은 것들을 다 포기하고 미친 사람처럼 하나님의 말씀만 잡으라는 뜻입니다. 그러나 이스라엘 자손들은 그렇게 하기에는 너무 머리가 좋았습니다. 그들은 오직 하나님의 말씀만 잡으면 세상에서 누릴 수 있는 모든 좋은 것들을 다 버려야 한다고 생각했습니다. 그래서 하나님을 사랑하기는 하지만 세상의 좋은 것들도 적극적으로 많이 받아들이고 유익한 것도 많이 활용을 하는 쪽으로 나갔습니다. 그렇게 했을 때 이스라엘과 유다는 어마어마하게 성공적인 삶을 살았고 세상에서 유명하게 되었고 많은 축복을 받았습니다. 그러나 그들에게는 하나의 병이 생기게 되었습니다. 그것은 그들의 양심을 조금씩 굳어가게 만드는 '양심 경화증' 이라는 것이었습니다. 오늘 많은 사람들이 '지방간' 이라는 말을 들어보고 '간 경화증' 이라는 말은 들어 봤을 것입니다. 그러나 '지방양심' 이라는 것과 '양심 경화증' 이라는 것은 들어보지 못했을 것입니다. 지방양심이라는 것은 양심에 지방이 많이 끼어 있어서 양심에 문제가 생기고 있는 것입니다. 거기에다가 '양심 경화증' 이 되면 이제는 양심이 굳어져서 부끄러움도 없어지고 수치심도 없어지고 하나님의 말씀을 들어도 행복하지도 않고 기쁘지도 않게 되는 것입니다. 성경에는 '화인 맞은 양심' 이라는 것이 나오는데 이것은 '양심 경화증' 보다 더 심하게 된 것입니다. 이때는 매를 맞고 욕을 얻어 먹어도 깨닫지 못하는 단계인 것입니다.

대표적인 사람이 솔로몬이었습니다. 솔로몬은 성전을 지어서 하나님으로부터 복이란 복은 다 받았던 사람이었습니다. 그러나 그는 하나님의 말씀에만 모든 것을 걸지 않고 세상의 좋은 것들과 함께 취하기 시작했습니다. 왜냐하면 죄에 빠지지 않을 자신이 있었기 때문입니다. 그러나 그는 결국 이방 공주들을 천명이나 구했고 자기 자신이 이방신을 섬겼습니다. 그 결과 나중에는 양심이 마비되어 버렸습니다.

우리가 솔로몬처럼 되지 않으려면 하나님의 말씀에 모든 것을 다 걸어야 하며 세상이 주는 많은 좋은 것들을 포기해야 합니다. 우리 중에 자기 힘으로 하나님이 기뻐하시는 길을 걸어갈 사람이 아무도 없습니다. 우리는 다 돈을 좋아하고 우리는 모두 쾌락을 좋아하고 타락한 것을 보면 정도의 차이지 다 따라가게 되어 있습니다. 그런데 하나님의 말씀에 모든 것을 다 걸어버리면 하나님의 능력이 죄들을 차단하며 우리의 욕망의 끈들을 다 끊어버리고 우리의 양심을 깨끗하게 하는 것입니다.

지금 우리나라는 그동안 경제 성장도 이루었고 군사 독재도 몰아내었고 교육 수준도 엄청나게 높아졌습니다. 그리고 이제는 부정부패도 많이 없어지게 되었습니다. 그러나 우리나라의 병은 더 깊어졌습니다. 이제는 우리나라의 병이 '이것이다' 라고 꼬집을 수가 없게 되었습니다. 우리 한국 사람들의 병은 '양심이 경화된 것' 입니다. 오직 이것을 고칠 수 있는 것은 하나님의 말씀 밖에 없습니다. 그리고 그냥 좋은 설교를 듣는다고 해서 되는 것이 아니라 거기에 우리의 모든 것을 다 걸어야 합니다. 그러면 하나님께서 우리 마음에 성령을 부어 주실 것이며 죽은 양심이 다시 살아나게 하실 것입니다. 이것이 바로 그 지긋지긋한 한국병을 치료하는 방법인 것입니다. 그러나 그렇게 하려면 우리는 다른 모든 욕심을 버려야 합니다.

유다의 병의 결과

하나님께서는 이스라엘 백성들의 우상 숭배를 한 결과가 어떤 것인지 보여주셨습니다.

> "이스라엘 자손의 시체를 그 우상 앞에 두며 너희 해골을 너희 제단 사방에 흩으리라. 내가 너희 거하는 모든 성읍으로 사막이 되며 산당으로 황무하게 하리니 이는 너희 제단이 깨어지고 황폐하며 너희 우상들이 깨어져 없어지며 너희 태양상들이 찍히며 너희 만든 것이 다 폐하며 또 너희 중에서 살륙을 당하여 엎드러지게 하여 너희로 나를 여호와인줄 알게 하려 함이니라"(5-7절).

이스라엘 백성들은 우상 옆에서 죽으며 제단 옆에서 시체가 되어 버려지게 됩니다. 그 이유는 끝까지 우상을 버리지 못했기 때문입니다. 모든 성읍이 파괴되어 사막이 되고 산당이 다 부서져도 그들은 끝까지 우상을 버리지 못했습니다. 그 이유가 어디에 있습니까? 바로 죄가 양심을 무디어지게 했기 때문입니다.

처음 죄를 지을 때에는 그 죄가 너무나도 환상적이고 너무나도 우리를 행복하게 할 것처럼 속입니다. 그러나 한번 죄를 짓고 난 후에는 양심을 마비시켜서 하나님 앞에 나가지 못하게 하고 결국 자포자기하게 만들어버립니다. 그래서 끝까지 우상을 버리지 못하는 것입니다.

불륜에 빠진 사람들을 보면 다른 사람들이 보기에는 자기 가족을 버리고 그런 죄에 빠지는 것이 이해가 되지 않을 것입니다. 그러나 한번 사람이 미치면 죽어도 좋은데 어떻게 합니까? 그리고 도저히 안 되면 죽는 길을 택합니다. 이것이 바로 마귀가 제일 좋아하는 방법입니다. 사람들로 하여금 자포자기하게해서 결국은 하나님 앞에 돌아와서 치료받지 못하게 하는 것입니다. 오죽했으면 다윗 같은 사람도 밧세바와 죄에 빠졌을 때 하나님께 돌아오지 못하고 나단 선지자가 와서 죄를 폭로시킬 때까지 자포자기하고 있었던 것입니다. 그래서 우리가 알아야 할 가장 중요한 것은 모든 죄의 사슬을 끊어버리고 하나님 앞에서 바른 양심을 가지는 것입니다.

우리 몸에 암세포는 우리 몸의 일부이지만 우리말을 듣지 않습니다. 어떤 때에는 의사나 우리 자신보다도 암 세포가 더 머리가 뛰어날 때가 많습니다. 이것은 암세포만이 아니라 우리 몸도 우리 보다 훨씬 더 머리가 좋습니다. 예를 들어서 우리 몸이 체중을 줄이기 위해서 다이어트를 하면 몸은 이미 비축을 해 놓습니다. 결국 암은 우리가 죽을 때까지 말을 듣지 않다가 결국 죽어야 암도 끝나는 것입니다.

요즘 우리나라에 과격한 노동 운동이 많은데 많은 경우에는 회사도 같이 망해버립니다. 우리 생각으로는 회사가 망하면 노동자들도 직장을 잃을 것이 뻔하기 때문에 노동운동을 중단할 것 같은데 그 정도가 심하면 노조 자신도 통제가 안 되는 것입니다. 결국은 망할 때까지 끝까지 투쟁하고 부수고 하다가 같이 망하는 것입니다.

우리에게 중요한 것은 이렇게 끝장을 보기 전에 치료를 받을 수 있어야 하는데 그것은 쉽지 않다는 것입니다. 이것은 '사람의 힘으로도 되지 않고 재주로도 되지 않고 오직 하나님의 신으로만 되는 것' 입니다 (슥 4:6).

"주 여호와께서 가라사대 너는 손뼉을 치고 발을 구르며 말할지어다. 오호라 이스라엘 족속이 모든 가증한 악을 행하므로 필경 칼과 기근과 온역에 망하되"(11절).

여기에 보면 이스라엘 백성들에게 '손뼉을 치고 발을 구르면서' 말하라고 하고 있습니다. 그 이유는 상태가 너무 심각하기 때문입니다. 우리는 다른 사람에게 무슨 심각한 이야기를 하는데 상대방이 믿으려고 하지 않으면 가슴을 치면서 발을 굴려가면서 말을 할 것입니다. 이스라엘의 병은 눈에 보이는 병이 아니기 때문에 이스라엘 백성들은 아무리 말을 해도 믿으려고 하지 않을 것입니다. 그래서 수단과 방법을 가리지 말고 어떻게 해서든지 그 심각성을 알리라는 것입니다. 왜냐하면 결국 이스라엘은 이 병으로 다 죽기 때문입니다.

"먼데 있는 자는 온역에 죽고 가까운데 있는 자는 칼에 엎드러지고 남아 있어 에워싸인 자는 기근에 죽으리라"(12절).

하나님의 백성들에게 가장 무서운 병은 '양심 경화증' 입니다. 이것은 암보다 더 무섭고 에이즈보다 더 무섭습니다. 왜냐하면 하나님의 백성들의 양심이 죽으면 하나님의 은혜를 전혀 받지 못하기 때문입니다. 하나님의 백성들이 은혜를 받지 못하면 재앙이라는 재앙은 다 오게 되어있습니다. 먼 곳은 염병이요 가까이는 칼이요 안에 있는 자는 굶어서 죽는 병입니다.

그래서 우리는 세상적으로 조금 돈을 더 받고 성공하는 것에 마음이 빼앗겨서는 안 됩니다. 우리는 세상 모든 자랑이나 돈이나 성공을 버리고 바른 양심을 되찾아야 합니다. 우리에게 가장 중요한 것은 우리의 무딘 양심을 깨닫고 회개하여 하나님 앞에서 부르짖는 것입니다. 그러면 참으로 놀라운 새로운 하나님의 은혜가 공급이 되어 망하지 않고 새 축복을 받으며 행복하게 살게 해 주실 것입니다.

유다의 병에서 살아남는 자들

하나님께서는 이 우상의 죄가 거의 모든 이스라엘 자손들을 다 죽이지만 그 중에서도 살 사람들이 있을 것이라고 했습니다. 이들이 바로 하나님의 은혜를 받은 자요 축복받은 자인 것입니다.

"그러나 너희가 열방에 흩어질 때에 내가 너희 중에서 칼을 피하여 이방 중에 남아 있는 자가 있게 할찌라. 너희 중 피한 자가 사로잡혀 이방인 중에 있어서 나를 기억하되 그들이 음란한 마음으로 나를 떠나고 음란한 눈으로 우상을 섬겨 나로 근심케 한 것을 기억하고 스스로 한탄하리니"(8-9절).

하나님께서는 모든 것을 다 잃고 이방에 포로로 붙들려 간사람 중에서 살아서 이 일을 생각하는 사람이 있게 될 것이라고 했습니다. 참으로 이해가 되지 않는 것은 망하기 전에 이것을 생각하면 될 텐데 사람은 미련해서 이것이 안 되는 것입니다. 아직 쫓겨 가기 전에 잘라버릴 것을 잘라버리면 되는데 사람은 그 상황 중에 있으면 자기 자신을 객관적으로 볼 수가 없습니다.

그리고 '아직은 괜찮은데' 라고 하면서 미련을 부리거나 혹은 그동안 투자한 것이 아까워서 결단을 내리지 못하는 것입니다.

예를 들어서 선지자가 '우상이 병이다' 라고 선포할 때 우상을 당장 버리고 싶은 마음도 있지만 우상에 대한 미련 때문에 쉽게 버리지 못하는 것입니다. 특히 우상이 금으로 만들었고 은으로 만들었다면 버리기가 쉽지 않습니다. 그래서 숭배는 하지 말고 기념으로 가지고 있자 라고 하면서 미련을 부리게 됩니다. 혹은 선지자가 '망한다' 라고 설교를 해도 '아직은 망하지 않았다' 라고 생각하든지 '저것은 어디까지나 엄포용이고 하나님은 그렇게 심하게 우리를 버리시지는 않으실거다' 라는 식으로 스스로 자꾸 마음에 타협을 하게 되는 것입니다. 또한 좋지 않은 이성과 사귈 때에도 가장 심각한 것이 '정' 인 것입니다. '정' 때문에 헤어지지 못하고 수없이 헤어지자고 해 놓고도 또 만나게 되는 것입니다.

그러나 하나님이 심판하시면 우상도 부서져버릴 것이고, 정들었던 사람들도 죽거나 다른데 붙들려가 버릴 것입니다. 결국은 아무 것도 남은 것이 없는 상태에 놓이게 될 것입니다. 그제서야 조금씩 정신이 들면서 '아, 왜 내가 그때에 깨닫지 못했던가?' 하는 후회를 하게 되는 것입니다.

그런데 그때 살아남은 자들이 몇 가지를 생각하게 됩니다. 그 하나가 자신들이 얼마나 음란한 마음과 음란한 눈으로 하나님을 떠나고 우상을 섬겼던가 하는 것입니다. 분명히 그때 그들은 진정으로 하나님을 사랑한 것이 아니었습니다. 추잡하고 더러운 마음으로 하나님을 찾았던 것입니다. 믿는 것은 어디까지나 형식이었고 마음은 정욕에 다 쏠려 있었습니다. 그리고 나중에 생각을 해 보니까 그런 신앙이 얼마나 하나님의 마음을 아프게 했는지 깨닫게 되는 것입니다. 하나님은 결코 바보가 아니시며 우리에게 이용당하는 분이 아니십니다. 단지 우리가 스스로 깨닫기를 기다리고 계시는데 우리는 하나님을 속이고 더 죄를 향하여 달려가고 있는 것입니다. 그때에 하나님의 마음은 너무나도 아프셨던 것입니다. 하나님은 그런 우리를 보시고 정말, 정말 마음 아파하셨습니다. 그것을 깨닫게 되니까 저절로 한탄하게 되는 것입니다. 이것이 아주 중요한 것입니다. 우리가 자신의 잘못된 모습을 보고 한탄을 해야 합니다. 여기에 조금이라도 변명을 하려고 하거나 위선이 들어가면 또 망하는 것입니다.

"그 때에야 그들이 나를 여호와인줄 알리라. 내가 이런 재앙을 그들에게 내리겠다 한 말이 헛되지 아니하니라"(10절).

포로 되었던 자들은 모든 것을 다 잃고 난 후에야 하나님을 다시 생각하게 되고 하나님의 말씀이 옳았다는 것을 깨닫게 됩니다. 그러나 하하나님은 이 정도라도 정신을 차린 사람은 엄청나게 행복한 사람이라고 말씀하셨습니다. 우리에게 중요한 것은 그렇게 망하지 않고, 끊을 것은 끊고 바로 잡을 것은 바로 잡을 수가 없겠느냐는 것입니다. 그것은 사람의 힘으로 되지 않습니다. 오직 하나님의 은혜로만 가능한 것입니다.

지금 이 에스겔의 말씀을 가장 잘 이해할 수 있는 사람들은 에스겔과 함께 바벨론에 포로가 되어온 사람들이었습니다. 즉 바벨론 포로는 그들에게서 우상을 벗기는 하나님의 방법이었던 것입니다. 그들은 예루살렘에 그대로 있는 상태에서는 절대로 이 우상의 굴레에서 벗어날 수 없었기 때문에 하나님은 모든 것을 다 빼앗고 그들을 바벨론으로 데리고 오셔서 자신들의 모습을 객관적으로 보게 하신 것입니다.

지금 이 상태에서 이스라엘 백성들이 모든 정욕과 탐욕의 우상을 끊고 축복을 받을 수 있는 방법은 하나 밖에 없습니다. 그것은 죽을 각오를 하고 말씀만 붙드는 것입니다.

우리가 어떤 심각한 문제에 빠져 있거나 죄에 빠져 있을 때 가벼운 생각이나 마음으로는 절대로 거기서 벗어나지 못합니다. 오직 우리가 이 죄의 사슬에서 벗어나려면 체면이나 돈 같은 것은 다 버리고 죽을 각오를 해야 벗어날 수 있습니다. 사람이 죽으려 하는데 누가 막을 수 있겠습니까? 마찬가지로 지금은 죄가 사람들의 머리끝까지 가득 찬 상태이고 가장 무서운 이 양심 경화증이 전염병처럼 퍼져 있는 이때에 내가 바른 하나님의 은혜를 붙들고 죄에 빠지지 않으려면 일단 체면이나 돈을 포기해야 합니다. 그리고 죽을 각오를 하고 예수를 믿고 죄를 회개해야 합니다. 그리고 하나님의 은혜를 구해야 합니다. 온 힘을 다하여 예수님께 나를 살려 달라고 해야 합니다. 그러면 이상하게 죄를 버릴 수 있는 길을 열어주시고 말씀의 보호를 받을 수 있는 길을 열어주십니다.

그때 결단을 해야 합니다. 이 세상에서 누릴 것은 다 누리고 인정받을 것은 다 인정받고 남들이 하는 것을 다 하고 믿는다면 그는 결코 이 양심을 치료받지 못할 것입니다. '저 사람은 믿어도 참으로 구질구질하게 믿는다' 라는 욕쯤은 아무 것도 아닙니다. 다 죽고 성은 사막이 되고 먼 데 포로로 붙들려가서 깨닫는 것보다는 지금 아무 것도 잃지 않고 욕만 얻어먹고 돈 좀 덜 벌고 사는 것이 얼마나 낳습니까? 우리 인간의 문제는 우리 스스로는 해결할 수 없다는 것입니다. 노조 문제나 사상적인 대립이나 대통령을 뽑는 문제나 모든 것이 우리의 힘으로는 되지 않습니다. 안되는 줄 알면서 나중에 보면 또 속는 길로 가고야 마는 것은 죄의 친화성 때문입니다. 이러한 죄에서 벗어날 수 있는 길은 오직 하나님의 말씀밖에 없고 오직 하나님의 성령이 폭포수처럼 부어지는 것 밖에 없습니다. 오늘도 우리는 하나님 앞에서 부르짖으면서 하나님의 도우심을 간구하는 성도들이 되어야 할 것입니다.

06

| 겔 7:1-27 |

교만을 치는 몽둥이

　병원에서 어떤 환자가 위독하게 되었을 때 의사는 환자를 살릴 수 있는 여러 가지 방법은 다 강구하게 됩니다. 그러나 환자가 너무 쇠약해서 도무지 약도 듣지도 않고 병이 너무 깊어서 도저히 손을 대어도 안 될 경우에는 가족들에게 환자의 생명이 얼마 남지 않았다고 알려주게 됩니다.

　그러면 환자가 더 살 수 있을 줄 알았던 가족들은 충격을 받으면서 가까운 친지들에게도 알리게 될 것입니다. 그러나 돌아가시는 분이 사람이 아니고 나라일 때에는 그 비극이라고 하는 것은 말로 표현할 수 없을 것입니다. 우리가 나라가 망하는 것을 본 것은 월남의 패망이었습니다. 월남의 마지막 장면은 미국 대사관 위로 헬기가 마지막 남은 사람들을 태우고 떠남으로 월남의 역사는 끝이 나고 말았습니다. 미군이 그렇게 많이 죽고 원조를 물 붓듯이 했지만 월남의 멸망을 막지 못했습니다. 결국 나라는 망하고 남아 있던 자들은 모두 공산 치하에서 수용소에 갇히거나 처형을 당했으며, 보트를 타고 탈출을 했던 사람들은 해적들에 의해서 많이 죽고, 살아남은 자들은 이 나라 저 나라를 전전하다가 미국이나 호주로 망명을 해야 했습니다.

남의 나라를 볼 것도 없이 우리나라만 해도 딱 백 년 전에 무능한 왕과 관리들은 전쟁도 해 보지 못하고 우리나라를 그대로 일본에 넘기고 말았습니다. 나라를 잃은 국민들은 조국을 떠나서 만주나 중국에서 방황해야 했고 떠나지 못한 자들은 가난과 압제 하에 엄청난 고통을 겪어야만 했습니다.

우리가 이 세상에서 어떤 대가를 지불하고서라도 꼭 지켜야할 두 가지가 있다면 하나는 조국이고 다른 하나는 신앙입니다. 그러나 우리는 오늘 이 두 가지가 서로 연관성이 있다는 것을 발견하게 될 것입니다.

오늘 말씀은 하나님께서 에스겔을 통해서 이제 유다의 멸망의 때가 다 되었다는 것을 선포하시는 말씀입니다. 이제 유다는 하나님의 계획에 의하면 완전히 망해서 이 지구상에서 없어질 때가 다 된 것입니다. 만일 유다가 없어지면 예루살렘이나 그 안에 있는 성전이나 집들이나 사람들은 어떻게 되는 것입니까? 그 어느 것도 하나도 남지 않고 다 파괴되고 없어지게 될 것이라고 말씀하십니다. 그리고 사람들도 아무도 남지 않고 모두 다 쇠사슬에 매여서 다른 나라로 끌려가게 되고 이제 구약 이스라엘과 유다의 역사는 완전히 끝이 나게 된다고 선언을 하십니다. 이제는 더 이상 돌이킬 수도 없고 더 이상 봐줄 수도 없다고 말씀하십니다. 이제 유다는 모두 다 끝이 나고 만 것입니다. 그런데 우리가 이미 끝장난 유다의 멸망을 배워야 할 이유가 어디에 있을까요? 그것은 신약 시대의 이스라엘이 바로 우리들이기 때문입니다. 그래서 우리도 잘못하면 구약 이스라엘 같이 멸망할 수도 있기 때문입니다. 그러나 아직 우리에게는 시간이 있습니다. 오늘 본문에 보면 유다가 망하는데 그 망하는 핵심적인 이유가 있습니다. 우리는 유다가 망한 이유를 냉철하게 분석한 후 우리 자신의 죄를 버려야 합니다. 그러면 하나님의 은혜가 임하여 죄를 이기고 교만을 이김으로 다시 살아날 수가 있는 것입니다.

하나님의 선언

하나님께서는 에스겔에게 무시무시한 선언을 하십니다. 그것은 이제 유다가 멸망할 시간이 다 되었다는 것입니다.

> "여호와의 말씀이 또 내게 임하여 가라사대 너 인자야 주 여호와 내가 이스라엘 땅에 대하여 말하노라. 끝났도다. 이 땅 사방의 일이 끝났도다. 이제는 네게 끝이 이르렀나니 내가 내 진노를 네게 발하여 네 행위를 국문하고 너의 모든 가증한 일을 보응하리라"(1-3절).

하나님께서는 바벨론에 포로로 잡혀 와 있는 에스겔에게 유다가 망할 날이 다 되었다는 것을 선포를 하십니다. 왜 하나님께서는 예루살렘에 있는 사람들에게 이 사실을 알리지 않으시고 멀리 포로 되어 와 있는 에스겔에게 알리시는 것일까요? 그 이유는 하나님은 자신의 계획을 아무에게나 알려주시지 않기 때문입니다. 오직 하나님의 말씀을 붙잡는 그 사람에게 말씀하시는 것입니다. 신문사 편집 보도국이나 텔레비전 방송국의 보도 본부는 세상에 일어나는 모든 일들을 가장 먼저 알게 됩니다. 그래서 어떤 분은 아침에 일어나자 말자 텔레비전부터 트는 사람이 있는가 하면 잠옷 바람으로 밖에 나가서 신문을 찾는 사람들도 있습니다. 왜냐하면 밤새 세상이 어떻게 변했는지 알고 싶은 것입니다.

그러면 하나님의 계획을 가장 먼저 알 수 있는 사람들은 누구입니까? 그들은 바로 하나님의 말씀을 붙들고 기도하며 깨어있는 자들일 것입니다. 하나님께서는 그들에게 이 세상에 되어질 하나님의 놀라운 일들을 제일 먼저 알려주십니다.

특히 하나님께서 에스겔에게 알려주신 말씀은 '뉴스 속보 중의 속보'요 '특종 중의 특종'인데 결코 좋은 내용이 아니었습니다. 이제 불과 얼마 있지 않으면 유다와 예루살렘은 이 지구상에서 영원히 없어진다는 뉴스였습니다.

'너 인자야 주 여호와 내가 이스라엘 땅에 대하여 말하노라. 끝났도다. 이 땅 사방의 일이 끝났도다'

이스라엘 땅이 도대체 어떤 땅입니까? 믿음의 조상 아브라함과 이삭과 야곱이 믿음으로 살았던 무대였고 하나님의 말씀이 임했던 현장이었습니다. 그래서 하나님께서는 이스라엘 백성들에게 이 땅을 모세의 율법의 보증으로 주셨습니다. 즉 이스라엘 백성들이 하나님의 율법을 지키는 이상 절대로 이 땅에서 쫓겨나지 않는다는 증거로 이 땅을 주셨습니다. 그러나 이제 하나님께서는 이스라엘 땅에서 모세의 율법의 시대는 끝이 났다는 것을 선언하십니다. 왜냐하면 이스라엘 자손들이 하나님과 맺은 언약법을 버리고 우상을 택했기 때문입니다. 이제 율법의 시대는 끝나게 됩니다. 율법의 시대가 끝남과 아울러 가나안 시대도 끝나게 되는 것입니다. 이제 이스라엘 땅은 하나님의 계획에서는 더 이상 의미가 없는 곳이 되어버리고 맙니다.

이제 하나님은 이스라엘 백성들의 하나님도 아니고 이스라엘 백성들은 하나님의 백성도 아닌 것입니다. 그러면 이것으로 모든 것이 다 끝나는 것일까요? 그렇지 않습니다. 하나님께서는 모든 이스라엘 백성들이 하나님의 백성답게 살지 못한 것에 대하여 무서운 심판이 임하게 될 것이라고 말씀하고 있는 것입니다. 결국 하나님의 백성들이 하나님의 말씀대로 살지 못하면 철저하게 망하는 것입니다.

"내가 너를 아껴 보지 아니하며 긍휼히 여기지도 아니하고 네 행위대로 너를 벌하여 너의 가증한 일이 너희 중에 나타나게 하리니 너희가 나를 여호와인 줄 알리라"(4절).

이스라엘 백성들이 하나님의 축복을 받고 잘 살았던 것은 그들이 잘해서가 아니라 하나님의 은혜가 함께 있었기 때문이었습니다. 우리 인간이 무슨 재주로 한번도 죄짓지 않고 악한 생각도 하지 않고 거룩하게 살 수 있겠습니까? 그것은 불가능한 일입니다. 혹시 믿지 않는 사람들이 우리 믿는 사람들은 조금도 죄짓지 않는 사람이라고 생각한다면 그것은 큰 오해입니다. 우리도 다른 사람들처럼 죄짓고 싶어 합니다. 그러나 하나님의 은혜가 죄짓는 것을 막습니다. 그리고 혹시 죄를 지었을 때에는 하나님의 은혜가 죄를 씻어줍니다. 그 엄청난 축복이 바로 성전의 축복이었던 것입니다. 사람이 하나님의 축복을 받고 새로운 삶을 살아가려면 죄를 씻음 받아야 하는데 성전은 하나님의 은혜가 넘쳐나는 곳이었습니다. 거기서 한번 예배를 드리면 어떤 죄라도 깨끗이 씻음을 받을 수 있었습니다. 이 세상에 죄 용서 받는 것보다 더 큰 축복이 어디에 있습니까? 그런데 이스라엘 자손들이 성전의 은혜를 우상으로 막아버렸습니다. 그러나 그 기간이 너무 오래 되었을 때 이제는 우상의 독이 온 이스라엘 백성들의 마음과 몸과 생활에 다 퍼져서 더 이상 고칠 수가 없게 되어버렸습니다. 이제는 너무 시간이 많이 흘러버려서 도저히 고칠 수 없게 되어버렸습니다. 그래서 하나님께서는 이제 모세의 율법과 예루살렘 성전 시대는 끝났다고 선언을 하시는 것입니다.

이것은 예루살렘 사람들에게는 엄청난 충격적인 뉴스가 아닐 수 없었습니다.

> "주 여호와께서 가라사대 재앙이로다, 비상한 재앙이로다. 볼지어다. 임박하도다. 끝이 났도다, 끝이 났도다, 끝이 너를 치러 일어났나니 볼지어다. 임박하도다. 이 땅 거민아 정한 재앙이 네게 임하도다. 때가 이르렀고 날이 가까왔으니 요란한 날이요 산에서 즐거이 부르는 날이 아니로다"(5-7절).

하나님께서 예루살렘에 대한 비상벨을 울리십니다. '재앙이로다 비상한 재앙이로다' 라고 선포하십니다. 하나님께서는 끝이 났다는 말을 세 번이나 반복해서 하십니다. 그리고 끝에 가서는 '끝이 너를 치러 일어났다' 고 말씀하고 있습니다. 이것은 모든 것이 다 끝장이 났다는 뜻입니다. 하나님은 더 이상 예루살렘에 대하여 어떤 기대도 하지 않고 있습니다. 그러므로 예루살렘을 구하려고 하는 어떤 노력도 실패할 것입니다. 그러면서 끝에 하시는 말씀의 뉘앙스가 의미가 있습니다. '산에서 즐거이 부르는 날이 아니로다' 라고 했습니다. '산에서 부르는 소리' 무엇입니까? 이것은 바로 우상 숭배를 하고 떠드는 소리였습니다. 즉 하나님의 말씀이 아니고 자기 멋대로 기대에 차서 마음대로 희망을 가지고 떠들어대는 소리는 아무런 의미가 없는 것입니다. 역시 유다의 멸망의 원인은 우상 숭배에 있었습니다. 모세의 율법에서 시작된 이스라엘은 우상 숭배로 끝이 나고 말았습니다.

심판의 성격

한 나라나 민족이 지구 위에서 없어진다면 반드시 무슨 이유가 있을 것입니다. 도대체 하나님으로부터 선택받았고 한 때에는 전 세계에 빛을 던졌던 유다가 멸망하는 이유가 어디에 있습니까? 그것이 부정과 부패 때문입니까? 아니면 지나친 쇄국 정책 때문입니까? 이것도 아니면 이웃 나라와의 외교에 실패했기 때문입니까? 결론은 그 모든 것도 아니었습니다. 유다가 멸망하는 이유는 하나님의 백성답게 살지 못했기 때문이었습니다.

"볼찌어다 그 날이로다, 볼찌어다 임박하도다. 정한 재앙이 이르렀으니 몽둥이가 꽃 피며 교만이 싹났도다"(10절).

몽둥이가 꽃이 피면 어떻게 되겠습니까? 아마 몽둥이 열매가 맺히게 될 것입니다. 결국 '몽둥이가 꽃피며 교만이 싹이 났다' 는 말은 유다 백성들의 교만이 싹이 나고 꽃이 피니까 결국 몽둥이의 열매를 맺었다는 뜻입니다.

신약에서는 이것을 '욕심이 잉태한 즉 죄를 낳고 죄가 장성한즉 사망을 낳느니라'(약 1:15)라는 말씀으로 표현했습니다. 사람이 욕심을 품으면 반드시 죄를 짓게 되어 있습니다. 그 결과 죄를 짓고 나면 그 죄가 자기도 죽이고 다른 사람도 죽이게 되어 있습니다.

하나님의 백성들에게는 이율배반적인 특성이 있습니다. 그것은 하나님의 백성들은 존귀하다는 것입니다. 왜냐하면 하나님의 백성들은 모든 죄를 다 용서 받은 자이며 옛날의 마귀에 속한 노예신분에서 천사보다 더 높은 하나님의 아들들이 되었습니다. 하나님의 백성들은 오직 하나님 한 분께만 머리를 숙이면 됩니다. 믿는 자들은 하나님 외에는 그 어떤 것에도 절을 하지 않습니다. 돈에도 절하지 않고 권력에도 아부하지 않습니다. 오직 하나님만 상대해서 응답받으면 모든 것들이 다 이루어지게 되어 있습니다. 그러나 하나님의 백성들에게 또 다른 중요한 특성은 그들이 겸손해야 한다는 것입니다. 왜냐하면 이 모든 축복과 존귀함은 하나님께서 우리에게 거저 주신 것이기 때문입니다. 여기에 우리의 공로라고는 1퍼센트도 없습니다. 그리고 우리는 하나님의 도움 없이는 일분일초도 살 수가 없게 되어 있습니다. 그래서 우리가 살 수 있는 길은 지속적으로 겸손한 것 밖에 없습니다. 그런데 우리에게서 교만의 싹이 나서 하나님의 은혜를 무시할 때가 있습니다.

왜 하나님의 백성들에게 교만의 싹이 납니까? 이것은 언제부터인가 하나님의 바른 말씀의 공급이 중단되었기 때문입니다. 우리에게는 항상 하나님의 말씀과 성령의 은혜가 공급이 되어야 합니다. 조금이라도 하나님의 말씀의 공급이 끊어지고 성령의 역사가 중단되면 우리 안에서는 부글부글거리면서 교만이 올라오기 시작합니다. 즉 '내가 얼마나 잘났고 내가 얼마나 똑똑한데, 그리고 내가 이 세상에서 얼마나 성공했는데' 라는 마음이 퍼지기 시작하는 것입니다. 더욱이 지금까지 하나님께서 주신 은혜에 감사하는 마음은 싹없어지고 더 부자가 되고 싶고 더 유명해지고 싶고 더 크게 되고 싶은 마음이 부글거리면서 일어나게 되는 것입니다. 결국 다른 사람에게 정신적, 물질적 피해를 주며 심각한 죄를 짓게 됩니다. 이것이 바로 교만이 싹이 난 것입니다. 교만이 싹이 난 것은 몸에 뽀루지가 하나 생긴 것과는 다른 것입니다. 우리는 이것을 심각하게 생각을 해야 합니다. 그럼에도 불구하고 그냥 내버려두면 어떻게 됩니까? 이 교만의 싹이 자라기 시작하여 나중에는 교만의 꽃이 피게 됩니다. 이때는 정말 자기만 잘난 줄 알고 얼마나 큰 소리를 치면서 뻔뻔스럽게 행동을 하는지 모릅니다. 그때 바로 날아 오는 것이 하나님의 심판의 쇠몽둥이인 것입니다. 교만이 싹이 나면 쇠몽둥이를 맞고 박살이 나고 맙니다.

"포학이 일어나서 죄악의 몽둥이가 되었은즉 그들도, 그 무리도, 그 재물도 하나도 남지 아니하고 그 중의 아름다운 것도 없어지리로다"(11절).

하나님의 몽둥이는 바벨론 군대였습니다. 바벨론 군대는 인정사정이 없는 사람들이었고 말도 통하지 않았기 때문에 예루살렘에 좋은 것을 하나도 남겨두지 아니하고 모두 죽이고 부수고 약탈했습니다. 결국 바벨론의 몽둥이를 끌어들인 것이 예루살렘의 교만이었습니다. 그들이 하나님 앞에 엎드려서 약한 채로 살고 부족한대로 살면 이런 쇠몽둥이로 맞지는 않았을 것입니다. 아마 파리채 같은 매로 몇 대 맞고 끝났을 것입니다. 그러나 그들은 하나님을 믿고 약하게 살고 싶지가 않았습니다. 자기들의 신화를 창조하고 싶었고 이 세상에서 무조건 최고가 되고 싶어 했습니다. 그러다 보니까 하나님 앞에서 자기 교만의 싹은 보지 못하고 자꾸 높아지고 자꾸 유명해지고 자꾸 탐욕을 키우다가 교만의 꽃이 피는 순간에 쇠몽둥이가 날라 오니까 다 부서져버렸습니다. 이것이 세상 이야기가 아니고 예루살렘 이야기였습니다. 유다와 예루살렘은 구약시대의 교회였습니다.

오늘 우리 사회에서 가장 큰 병폐는 사람들이 하나님 앞에서 만족을 모른다는 것입니다. 어쩌면 인간으로서는 이것이 어쩔 수 없는 일일 것입니다. 그러나 이것을 해결하지 않으면 쇠몽둥이가 날라 옵니다. 무엇보다 우리는 결사적으로 하나님의 말씀을 붙잡아야 합니다. 하나님의 말씀이 우리의 영혼을 지배하지 않으면 우리는 교만하게 되어 있습니다. 따라서 우리는 주님의 말씀을 항상 묵상해야 합니다. 그러면 언제나 하나님 앞에서 겸손한 모습을 유지할 수 있습니다.

여기에 보면 예루살렘 사람들이 욕심을 내었던 것 몇 가지를 보게 됩니다.

그 첫째가 땅 욕심이었습니다.

> "때가 이르렀고 날이 가까왔으니 사는 자도 기뻐하지 말고 파는 자도 근심하지 말 것은 진노가 그 모든 무리에게 임함이로다. 판 자가 살아 있다 할지라도 다시 돌아가서 그 판 것을 얻지 못하리니 이는 묵시로 그 모든 무리를 가리켜 말하기를 하나도 돌아갈 자가 없겠고 악한 생활로 스스로 강하게 할 자도 없으리라 하였음이로다"(12-13절).

특히 이스라엘 백성들이 부자가 되는 방법은 다른 사람의 땅을 차지하는 것이었습니다. 다른 사람의 땅을 차지하면 재산이 배가 되고 세 배가 되어서 농사도 그만큼 많이 지을 수 있고 집도 크게 지을 수가 있었습니다. 그러면 남의 땅을 빼앗는 가장 좋은 방법은 결국 '이자' 였습니다. 흉년 때 곡식을 빌리고 이자를 갚지 못하면 땅을 팔고 다른 곳으로 가야 하는 것입니다. 결국 이자라고 하는 것이 부자는 더 부자 되게 하고 가난한 자는 더 가난하게 만드는 것이었습니다. 이스라엘 백성들이 욕심을 버렸더라면 그냥 더 부자가 되지 않고도 살 수 있었는데 더 부자가 되려고 하니까 가난한 자의 재산을 빼앗게 되는 것입니다. 그러나 하나님께서는 땅을 산 자나 판 자나 이제 땅 가지고 근심하지 말라고 하셨습니다. 왜냐하면 어차피 다 망해서 붙들려가기 때문에 이제 땅 매매는 더 이상 의미가 없기 때문입니다.

두 번째는 돈이었습니다.

"그들이 그 은을 거리에 던지며 그 금을 오예물 같이 여기리니 이는 여호와 내가 진노를 베푸는 날에 그 은과 금이 능히 그들을 건지지 못하며 능히 그 심령을 족하게 하거나 그 창자를 채우지 못하고 오직 죄악에 빠치는 것이 됨이로다"(19절).

하나님의 백성들에게 가장 중요한 것은 하나님으로부터 오는 은혜입니다. 그러나 우리가 하나님의 은혜로 산다고 할 때 이것은 너무나도 우리의 생활을 불안정하게 합니다. 예를 들어서 이스라엘 백성들이 광야에서 만나로 살았는데 만나라고 하는 것은 하늘에서 내리지 않으면 당장 이스라엘 백성들은 굶어 죽을 수밖에 없었습니다. 하지만 가나안 땅의 농사는 언제든지 자기들이 노력만 하면 많은 결실을 거둘 수 있었기 때문에 생활이 안정될 수 있었습니다. 만약 누가 우리에게 오직 하나님만 붙잡고 불안정하게 하루하루 살아가는 것이 좋겠느냐 하나님을 좀 멀리하더라도 생활이 안정되고 여유가 있는 것이 좋겠느냐고 묻는다면 우리는 아마 신앙은 좀 부족하더라도 생활부터 안정되는 것을 택할 것입니다. 사람들에게는 그만큼 미래의 불안정은 견디기 어려운 것입니다. 이스라엘 백성들어 사무엘 때 왕을 요구했던 것도 왕이 없으니까 모든 것이 너무나도 불안정했습니다. 물론 이론적으로는 이스라엘 백성들이 하나님의 말씀에 순종하기만 하면 하나님께서 이스라엘을 지켜주시게 되어 있지만 인간이 한번도 죄짓지 않고 완전하게 믿는다는 것은 불가능했습니다. 그러니까 늘 시련이 있고 늘 어려움이 오는데 왕이 없으니까 그것을 미리 해결할 수가 없었습니다. 그래서 이스라엘 백성들이 택한 것은 신앙이 좋고 불안정한 생활보다는 신앙은 좀 부족하더라도 생활의 안정을 선택했습니다. 그러나 우리가 알아야 할 것은 우리의 불안정한 생활이 하나님의 훈련이라는 것을 알아야 합니다. 불안정한 생활에서 하나님을 의지하는 훈련을 받아야 안정되었을 때 죄를 덜 짓게 됩니다. 불안정한 상태에서 하나님을 의지하는 훈련을 받지 않은 사람은 나중에 잘 되거나 성공하면 거의 백퍼센트 교만해지게 될 것입니다.

오늘 우리나라 사람들의 가장 강한 욕구가 생활의 안정일 것입니다. 예를 들어 집의 안정, 직장의 안정, 미래의 안정보다 더 원하는 것은 아무것도 없을 것입니다. 이것이 우리의 삶에 필요하지만 이것보다 더 중요한 것은 하나님을 의지하는 것입니다. 우리가 하나님을 의지하기 보다 이것부터 먼저 잡으면 반드시 타락하게 됩니다.

유다 백성들이 금을 많이 가지거나 은을 많이 가진 것 자체가 나쁘다는 뜻은 아닙니다. 중요한 것은 그들이 하나님을 믿지 못해서 은이나 금을 절대적으로 믿었던 것입니다. 돈을 가진 사람의 특징을 살펴보면 어떤 어려움이 생겼을 때 기도로 해결하려고 하지 않고 돈으로 해결하려고 하는 것입니다. 그러면 하나님께서 그런 사람을 도우실 필요가 없는 것입니다.

하나님께서는 은이나 금이 그들을 지켜주지 못할 것이라고 하십니다. 그것은 마음을 채워주지도 못하고 배도 채워주지도 못합니다. 결국 그들은 그 아까운 은이나 금도 오예물처럼 버리게 될 것입니다. 여기서 '오예물'이라는 것은 부정한 물건을 말합니다.

세 번째가 역시 우상이었습니다.

"그들이 그 화려한 장식으로 인하여 교만을 품었고 또 그것으로 가증한 우상과 미운 물건을 지었은즉 내가 그것으로 그들에게 오예물이 되게 하여"(20절).

왜 유다 백성들이 우상을 숭배했을까요? 주위 모든 나라들이 우상을 섬기고 있고 우상을 섬겨야 따돌림을 당하지 않고 정상적인 나라로 인정을 받고 대접을 받으니까 우상을 받아들인 것입니다. 결국 남에게 빠지기 싫고 다른 나라에 인정을 받으려고 하다 보니까 하나님이 그렇게 싫어하시는 우상을 끌어들인 것입니다. 그러나 그 근본적인 이유는 하나님만으로는 부족하다고 생각했던 것입니다. 곧 하나님만 온전히 잘 섬기면 우리가 행복하게 살 수 있음에도 불구하고 이스라엘은 그 사실을 믿지 못했습니다. 우리가 눈에 보이지 않는 하나님만 믿으면 꼭 굶어 죽을 것 같고 이 세상에서 망할 것 같고 비참하게 될 것 같은 생각이 들 때가 있습니다. 하지만 우리가 온전히 하나님만 믿으면 얼마든지 성공할 수 있고 놀라운 축복의 삶을 살 수 있습니다. 그런 까닭에 우리는 하나님의 말씀 외에 세상에 유행하는 성공 케이스를 끌어들이면 안 됩니다. 이스라엘 백성들은 하나님을 전적으로 신뢰하지 못했습니다. 그래서 우상을 끌어들이니까 다른 사람들과 교류는 잘되어서 수입도 올라가고 인기도 올라가고 유명해지게 되었습니다. 그리고 성전도 제단만 있으니까 천하에 썰렁해서 보기가 싫었습니다. 그래서 다른 나라의 유명한 제단들을 가지고 와서 세워놓으니까 아주 좋아보였습니다. 하지만 그 과정에서 자기들도 알지 못하는 사이에 하나님의 은혜가 중단되기 시작했습니다. 그 결과 온 유다 백성들의 마음속에 교만과 포악의 암이 퍼지기 시작했습니다. 그러다가 결국 우상의 정체를 깨닫게 된 것은 멸망하고 붙들려 갈 때였습니다.

그러나 이 우상이 그들의 온 양심과 마음을 뒤덮고 있었기 때문에 하나님의 은혜가 들어갈 수가 없었습니다.

결국 22절의 문제입니다.

"내가 또 내 얼굴을 그들에게서 돌이키리니 그들이 내 은밀한 처소를 더럽히고 강포한 자도 거기 들어와서 더럽히리라"(22절).

하나님의 '은밀한 처소'는 지성소를 말합니다. 하나님의 지성소가 깨끗해야 말씀과 성령의 역사가 흘러나와서 병든 이스라엘을 치료할 텐데 지성소를 막아놓았기 때문에 예루살렘과 유다가 치료가 되지 않아서 결국 망하고 말았습니다.

나타난 결과

하나님께서 유다를 버리시는 날 가장 중요한 인간적인 방법은 아무 소용이 없게 되었습니다.

> "그들이 나팔을 불어 온갖 것을 예비하였을지라도 전쟁에 나갈 사람이 없나니 이는 내 진노가 그 모든 무리에게 미쳤음이라"(14절).

유다는 살아남기 위해서 여러 가지 많은 방법을 썼습니다. 특히 주위 나라들과 반 바벨론 동맹을 맺기도 하고 애굽으로부터 군사적인 지원의 약속을 받기도 했습니다. 그리고 예루살렘 성벽도 수리를 하고 무기도 많이 사 모았습니다. 돈도 많이 비축했습니다. 그러나 하나님이 심판하시는 날에는 그런 것이 아무 소용이 없었습니다. 왜냐하면 하나님의 백성들의 문제는 인간의 방법으로 풀 수 없기 때문입니다.

하나님의 백성들이 연단을 받을 때 주위 사람들이 해 줄 수 있는 것은 겨우 굶어죽지 않을 정도 밖에 되지 못합니다. 어디서부터 어디까지 도와야 할지 알 수가 없기 때문입니다. 그러나 하나님의 때가 되면 주위 사람들의 도움 하나 없이 얼마든지 성공하고 축복받을 수 있습니다. 왜냐하면 우리의 복은 하늘에서 오기 때문입니다.

결국 하나님을 버리고 세상을 의지해서 살려고 했던 유다는 철저하게 망합니다.

> "밖에는 칼이 있고 안에는 온역과 기근이 있어서 밭에 있는 자는 칼에 죽을 것이요 성읍에 있는 자는 기근과 온역에 망할 것이며 도망하는 자는 산 위로

피하여 다 각기 자기 죄악 까닭에 골짜기 비둘기처럼 슬피 울 것이며 모든 손은 피곤하고 모든 무릎은 물과 같이 약할 것이라"(15-17절).

하나님을 떠난 이스라엘 자손들은 도망칠 곳이 없었습니다. 어느 곳으로 가든지 철벽이었고 사망이었습니다. 그 이유는 이스라엘 자손들은 하나님을 떠나서는 어디서도 살 수가 없게 되어 있기 때문입니다. 반대로 우리가 하나님만 의지한다면 언제 어디서든지 살 수 있습니다.

두 번째는 쇠사슬을 만들 것이라고 했습니다.

"너는 쇠사슬을 만들라 이는 피 흘리는 죄가 그 땅에 가득하고 강포가 그 성읍에 찼음이라 내가 극히 악한 이방인으로 이르러 그 집들을 점령하게 하고 악한 자의 교만을 그치게 하리니 그 성소가 더럽힘을 당하리라"(23-24절).

하나님의 백성들이 악하게 되면 인정사정이 없어지게 됩니다. 왜냐하면 하나님께서 은혜만 거두어 가시는 것이 아니라 일반 상식도 거두어 가시기 때문입니다. 그래서 믿는 자들이 싸우면 용서라는 것이 없습니다. 법정 투쟁을 해도 끝까지 가는 것을 보게 됩니다. 그런 사람은 세상에서 가장 악질이기 때문에 요즘은 법정에서도 법정 최고형으로 다스리는 것을 볼 수 있습니다.

하나님께서도 유다 백성들 중에서 폭력을 쓴 사람들 때문에 최고의 악질을 불러 들여서 쇠사슬로 다 끌어가게 하겠다고 하셨습니다.

세 번째는 이제 더 이상 평강이 없게 됩니다.

"패망이 이르리니 그들이 평강을 구하여도 없을 것이라 환난에 환난이 더하고 소문에 소문이 더할 때에 그들이 선지자에게 묵시를 구하나 헛될 것이며 제사장에게는 율법이 없어질 것이요 장로에게는 모략이 없어질 것이며"(25-26절).

하나님께서 버리실 때에는 하나님의 말씀을 빼앗아 가십니다. 하나님의 백성들은 하나님의 말씀이 있어야 치료를 받을 수 있고 하나님의 은혜를 회복할 수 있는데 말씀이 없으니까 끝없이 환난을 당하고 끝없이 정신적인 고통을 당하는 것입니다. 그들이 평강을 구하지만 그들에게 돌아갈 평강은 없습니다. 왜냐하면 하나님의 말씀을 버렸기 때문입니다.

오늘 다행스러운 것은 우리에게는 성전이 오염되지 않고 기능을 발휘하고 있습니다. 우리는 성전을 지켜야 합니다. 목숨을 걸고 우리는 말씀과 예배를 지켜야 합니다. 오늘 우리 사회에는 돈과 집과 명예와 권력의 우상에 빠져 있습니다. 그러나 우리는 이런 것들을 부정 타는 물건으로 생각해서 아예 교회에 접근을 하지 못하게 해야 합니다. 우리는 하나님으로 만족해야 합니다. 우리는 돈이나 생활의 안정을 믿지 말아야 합니다. 우리는 오늘도 하나님의 은혜 없이는 살 수 없습니다. 그러기에 하나님의 은혜를 구하는 가난한 심령이 사라지지 않도록 노력해야 할 것입니다. 여러분 모두 심령이 가난한 자가 되기를 바랍니다. 그래서 오늘 이곳에서 하나님의 성령이 쏟아져서 에스겔의 성전이 되고 골짜기의 뼈 같은 인생들이 다 살아나는 기적이 일어나기를 바랍니다.

07

| 겔 8:1-9:11 |

예루살렘의 치부

최근에 우리나라에 웰빙붐이 일어나면서 거의 모든 사람들이 자신들의 외모나 건강에 관심을 많이 가지게 되었습니다. 그래서 많은 사람들이 보다 날씬해지기 위해서 여러 가지 운동이나 다이어트를 하고 또 얼굴을 멋있게 하기 위해서 성형 수술을 하는 경우도 많다고 합니다. 그 결과 어느 정도 우리나라 사람들의 외모는 과거에 비해서 더 멋있어지고 아름다워졌다고 말할 수 있을 것입니다. 그러나 그렇다고 해서 결코 우리나라 사람들의 속사람이 더 아름다워지거나 멋있어졌다고는 말할 수 없을 것입니다. 오히려 내면적으로는 더 사나워지고 더 음란해지고 더 비참해졌다고 말할 수 있을 것입니다. 예수님은 나무가 좋으면 좋은 열매는 맺는다고 말씀하셨습니다. 그러나 사람들은 나무에는 관심이 없고 겉으로 나타나는 모습만 보고 모든 것을 판단하고 평가를 합니다. 요즘은 이미지 시대라고 말할 수 있습니다. 그래서 이 세상에서 성공하기 위해서 중요한 것은 다른 사람에게 어떤 이미지를 주느냐 하는 것이 아주 중요합니다. 그러나 문제는 이미지라고 하는 것은 어디까지나 이미지이지 그것이 실체와 반드시 일치하는 것만은 아니라는 것입니다.

어떤 경우에 이미지는 아주 깨끗하고 좋은데 실체는 아주 지저분하고 흉측한 경우도 많이 있습니다. 이럴 때 사람들은 속았다는 기분이 들 것입니다. 그리고 실제로 그렇게 하는 것은 사람을 속이는 것입니다.

만약 하나님께서 오늘 모든 사람들의 꺼풀을 하나씩 다 벗겨서 모든 사람들의 진정한 실체를 보게 하신다면 이 세상은 어떻게 되겠습니까? 아마 거의 대부분의 사람들은 자신의 치부가 드러나는 것에 부끄러워서 이불 밑에 숨고 의자 밑에 숨고 아무리 앞으로 나오라고 해도 절대로 나오려고 하지 않을 것입니다. 아마도 모든 사람들이 다 충격을 받을 것입니다. 왜냐하면 이 세상에서 깨끗하다고 존경하던 사람들 모두 한 꺼풀씩 벗겨보니까 더럽고 추악한 죄가 없는 사람들이 아무도 없기 때문입니다.

요한계시록에 보면 나중에 어린양의 진노가 임할 때 세상의 왕들과 귀족들과 장군들은 모두 산이나 바위 밑에 숨어서 산보고 자기 위에 무너지라고 할 것이라고 했습니다(계 6:16). 왜냐하면 자신의 모든 비리나 부정이 온 천하에 드러나는 것이 부끄러워 견딜 수가 없기 때문입니다.

에스겔 당시에 세상에 가장 깨끗한 이미지를 던지는 도시가 있었다면 그 도시는 예루살렘이었습니다. 그리고 예루살렘을 유명하게 하는 핵심은 바로 예루살렘 성전이었습니다. 그러나 하나님께서 예루살렘 성전의 꺼풀을 하나씩 벗겼을 때 엄청난 치부가 드러나기 시작했습니다. 예루살렘 성전은 하나님을 섬기는 거룩한 곳이 아니라 완전히 이방신에게 점령을 당해 있었고 예루살렘은 세상에서 가장 추악하고 더러운 곳이 되어 있었던 것입니다.

오늘 본문 말씀은 에스겔서 8장과 9장을 같이 보는 것이 좋습니다. 여기에 보면 세 장소가 나오는데 하나는 바벨론에 포로 되어 가 있는 에스겔과 그곳의 사람들의 모습이 나오고 다른 하나는 꺼풀이 드디어 벗겨지고 있는 예루살렘 성전의 모습이 나옵니다. 그리고 세 번째는 이 위선적이며 추악한 예루살렘을 하나님이 심판하시는데, 그 중에서도 우상 숭배에 참여하지 않는 사람들을 미리 이마에 표시를 하라고 하시는 내용입니다.

에스겔에게 임한 하나님의 감동

"제 육년 유월 오일에 나는 집에 앉았고 유다 장로들은 내 앞에 앉았는데 주 여호와의 권능이 거기서 내게 임하기로 내가 보니 불같은 형상이 있어 그 허리 이하 모양은 불같고 허리 이상은 광채가 나서 단 쇠 같은데"(8장 1-2절).

바벨론에 포로로 잡혀가 있는 에스겔에게 하나님의 말씀이 임하기 시작하니까 그곳에 붙들려온 장로들이 에스겔을 찾아와서 하나님의 말씀을 듣기를 원해서 그 집에 앉았습니다. 하나님의 백성들에게 가장 중요한 것은 하나님의 말씀을 듣기 위하여 모이는 것입니다. 하나님의 백성들에게 이것보다 더 중요한 것은 없습니다. 우리가 하나님의 말씀을 듣지 않고 아무리 계획을 세우고 아무리 많은 일을 해도 그것은 전혀 하나님을 기쁘시게 할 수가 없습니다. 왜냐하면 그것은 모두 다 자기를 기쁘게 하는 것이지 하나님을 기쁘게 하는 것이 아니기 때문입니다.

에스겔의 집에 장로들이 모여서 앉으니까 하나님의 권능이 임하기 시작했습니다. 즉 하나님의 말씀이 권세 있게 임하는데 에스겔은 그것을 느낄 수 있었습니다.

그런데 에스겔에게 가장 먼저 보인 환상은 불같은 형상의 환상이었습니다. 즉 사람의 모양인데 허리 밑은 그냥 불이고 허리 위는 광채가 나는 단쇠 같은 모양이었습니다. 단쇠라고 하는 것은 철공소에서 어떤 물건을 만들기 위해서 불에 넣어서 달군 쇠를 말합니다. 그것을 모루 위에 두고 망치로 치면서 물에 식히면 그 단쇠는 강철이 되게 되는 것입니다. 그러니까 에스겔이 본 것은 밑은 불이고 위에는 단쇠니까 그야말로 쇠를 불에 넣어서 달구는 모양이었습니다. 그러면 쇠를 달구면 쇠에 붙어 있던 모든 녹이나 찌꺼기는 다 제거되고 나중에 다른 어느 것과 부딪쳐도 부러지지 않는 강한 칼이나 무기가 될 수 있는 것입니다.

하나님의 사자가 이런 모습으로 나타난 것은 지금 포로 되어 있는 자들을 하나님께서 어떻게 다루시는지를 보여주시는 것입니다. 하나님께서는 그들을 지금 화로에 넣어서 쇠를 달구고 계십니다. 그들은 지금 당장은 고통스럽고 당장은 소망이 없는 것 같지만 얼마 지나지 않아서 아주 견고한 하나님의 검이 될 것입니다. 그러기에 우리 성도들은 지금 하나님의 불에 제련되어 믿어도 결코 시시하게 믿지 말고 철저하게 훈련받고 연단을 받아서 어떤 쇠와 부딪치더라도 부러지지 않는 하나님의 칼이 되어야 합니다.

그런데 여기서 에스겔에게 갑자기 이상한 일이 일어났습니다.

"그가 손 같은 것을 펴서 내 머리털 한 모숨을 잡으며 주의 신이 나를 들어 천지 사이로 올리시고 하나님의 이상 가운데 나를 이끌어 예루살렘으로 가서 안뜰로 들어가는 북향한 문에 이르시니 거기는 투기의 우상 곧 투기를 격발케 하는 우상의 자리가 있는 곳이라"(8장 3절).

불같은 형상이 손 비슷한 것이 있었는데 에스겔의 머리채를 잡고 공중으로 끌어 올려 예루살렘으로 데려가신 것입니다. 물론 이때 예루살렘은 망하기 전이었습니다. 왜 하나님께서는 다른 곳도 아니고 하필이면 에스겔의 머리털을 한 숨 잡아서 공중으로 끌고 가셨을까요?

아마 자세한 것은 알 수 없지만 에스겔로 하여금 손으로 하나님의 사자를 잡지 못하게 하기 위한 것 같습니다. 아마 에스겔이 여호와의 사자를 손으로 잡으면 죽을 수밖에 없었던 것 같습니다. 그의 몸이 다 타버리든지 아니면 터져버리든지 아니면 즉사해 버릴지도 모릅니다. 그래서 하나님의 사자는 에스겔이 손을 대지 못하도록 머리털을 잡고 위로 당겼던 것 같습니다.

사람들은 물에 빠졌을 때 누군가가 건져주려고 하면 자기가 그 사람을 손으로 꽉 잡으려고 합니다. 그래서 물에 빠진 사람들을 건져내려고 하다가 잘못하면 자기가 도로 붙잡혀서 같이 물에 빠지기 쉽습니다. 그래서 이럴 때는 대개 긴 작대기를 사용하든지 아니면 줄을 던지든지 혹은 헤엄을 쳐서 갔을 때에는 머리털을 잡고 당기는 것이 가장 안전한 것입니다.

하나님의 천사가 도저히 에스겔의 몸은 손을 댈 수가 없고 또 지금 성전에서 되어지는 일을 보여주어야 하겠으니까 머리털을 잡고 위로 당긴 것같습니다. 천사가 에스겔의 머리털을 잡고 위로 당기니까 에스겔의 몸은 아주 가볍게 공중으로 올라가면서 금방 예루살렘에 도착하게 되었습니다. 이것은 에스겔의 몸이 실제로 예루살렘으로 갔다는 뜻이 아닙니다. 이것은 이제부터 하나님께서 예루살렘 성전의 실체를 하나씩, 하나씩 그 꺼풀을 벗겨서 실체를 드러내시겠다는 뜻입니다.

예루살렘 성전의 치부

이 당시 예루살렘은 겉으로는 참으로 아름다운 성이었습니다. 집들도 모두 고급 재료로 지어져 있었고 거리는 모두 돌로 포장이 되어 있었고 성벽도 아주 좋은 재료로 지어져 있었습니다. 이때 예루살렘 사람들은 경제적으로도 풍족해서 자녀들도 다 외국에 유학을 보냈습니다. 특히 예루살렘 여자들은 아주 사치스럽게 잘 살고 있었습니다. 무엇보다 예루살렘 성전은 솔로몬 이후로 변함없이 하나님을 섬기며 많은 사람들이 모여서 예배를 드리는 종교적인 호황을 누리고 있었습니다. 그러나 이것은 어디까지나 예루살렘의 겉모습일 뿐이지 그 속 내막은 철저하게 더럽혀져 있었고 오염되어 있었으며 하나님의 이름은 완전히 껍데기만 남은 이방의 신전과 다를 바가 없었습니다.

오늘 본문을 보면 하나님께서는 예루살렘 성전에서만 일어나는 네 가지 우상 숭배를 보여주셨습니다. 사람들은 산이나 골짜기에서 우상 숭배를 하는 것은 알았지만 예루살렘 성전 안에서 지도자들에 의하여 이렇게 공공연하게 우상 숭배가 일어나는 것은 전혀 알지 못했습니다. 그러나 그 실체를 보니 너무나도 충격적인 상황이었습니다.

"그가 내게 이르시되 인자야 이제 너는 눈을 들어 북편을 바라보라 하시기로 내가 눈을 들어 북편을 바라보니 제단문 어귀 북편에 그 투기의 우상이 있더라"(8장 5절).

하나님의 성전에 많은 시설들이 있고 기구들이 있지만 가장 중요한 것은 뜰에 있는 놋으로 된 단이었습니다. 이스라엘 백성들은 이 단에서 짐승을 죽여서 피를 뿌리고 죽은 짐승을 태움으로 죄 용서받을 수 있었습니다. 그러나 이 제단은 웅장하지도 않았고 적었습니다. 솔로몬 때부터 계속 썼으니까 얼마나 낡았는지 우리는 짐작할 수 있습니다. 그리고 이 제단에는 언제나 짐승을 죽여서 피를 흘려야 했기 때문에 피 비린내가 진동을 했고 또 짐승을 죽여서 태워야 했기 때문에 늘 고기 타는 냄새가 진동을 했습니다. 성전에는 늘 죽는 짐승들의 울음소리가 있었고 또 죽일 때 짐승들이 버둥거리는 비참한 모습들을 보아야 했습니다. 유다의 지도자들이 외국을 다녀보니까 이런 식으로 끔찍하게 제사를 드리는 나라나 민족은 아무도 없었습니다. 모두들 노래가 있었고 춤이 있었고 즐거움이 있었습니다. 그래서 유다 백성들은 이 끔찍한 제단을 치워버리고 그곳에 외국의 멋진 제단을 세우고 멋진 우상을 세웠습니다. 그 우상의 이름이 '투기의 우상'이었습니다. 이 '투기의 우상'이라는 이름은 누가 지었는지 알 수 없습니다. 하나님께서 이것을 '투기의 우상'이라고 부르셨다면 이 우상이 결국 하나님의 진노와 심판을 불러일으키는 우상이라는 뜻일 것입니다. 그러나 만일 유다 백성들이 지었다면 한편으로는 '이제부터 우리는 아예 내어놓고 우상을 섬길 테니까 하나님께서는 투기하시든지 말든지 알아서 하세요'라는 의미가 있을 것입니다. 또한 이제부터는 하나님의 말씀에 따라 모든 것을 삼가지 않고 세상에서 하고 싶은 대로 마음껏 욕망을 향하여 달려가겠다는 뜻으로 볼 수 있을 것입니다. 좌우간 성전 북편에 있는 이 투기의 우상은 하나님의 마음을 너무나도 불편하게 하는 우상이었고 성전의 은혜를 완전히 차단시키는 것이었습니다. 이제 유다 백성들은 더 이상 하나님을 생각하지 않고 마음껏 세상을 향하여 달려갈 수 있었습니다. 왜냐하면 더 이상 죄 같은 것은 신경을 쓰지 않아도 되었기 때문입니다.

하나님의 백성들에게서 가장 중요한 것은 눈물의 기도이고 죄 씻음 받는 것입니다. 그러나 사람들이 죄 씻음을 받으려면 자기 죄를 다 내어 놓아야 하기 때문에 이것이 너무나도 싫은 것입니다. 오늘 사람들이 원하는 것은 죄를 지적당하는 것이 아니라 오히려 자신의 존재를 인정받고 삶을 격려받기를 원하는 것입니다. 그래서 이제는 교회에서 죄를 가지고 설교를 하면 사람들이 들으려고 하지 않기 때문에 어떻게 해서든지 축복의 설교를 해야 좋아합니다. 그러면 그 교회 강대상은 투기의 우상으로 변하는 것입니다.

유다 지도자들은 날마다 '죄, 죄' 하는 것이 듣기 싫고 짐승의 피나 태우는 냄새가 싫어서 투기의 우상을 갖다 놓았습니다. 그러니까 자기들이 보기에는 죄가 전혀 없는 것 같았고 너무나도 거룩한 것 같이 생각이 되었습니다. 하지만 자기들도 모르는 사이에 성전과 그들의 삶 전체가 죄로 뒤덮여버리게 되었습니다. 도대체 우리 사회에 병원과 의사가 이렇게 많은 이유가 어디에 있습니까? 사람의 힘으로는 병을 고칠 수 없으니까 병원이 이렇게 많은 것입니다. 병원에는 늘 피 냄새가 있고 소독약 냄새가 진동을 하고 중환자나 죽어가는 사람들을 많이 보아야 합니다. 또 본인 자신도 고통스러운 수술이나 치료나 검사를 받아야 합니다. 그러나 이것이 싫어서 병원을 모두 영화관이나 오락실이나 백화점으로 만들어버린다면 나중에 병에 걸렸을 때에는 모두 다 죽어야 하는 것입니다.

여기 이 '투기의 우상'이라고 하는 것은 이스라엘 백성들이 하나님을 향하여 선포하는 것입니다. '우리는 죄라는 것을 믿지 않습니다. 이제는 짐승들을 끔찍이 죽이지 않고 고상하고 행복하게 살겠습니다' 라는 소리였습니다. 그런데 그 결과는 자기 자신들이 죄에 빠져서 망하는 것이었습니다.

교회가 사람을 살리려면 고상해지거나 세상의 좋은 것을 따라가면 안 됩니다. 오직 예배드리는 시간이 번제단이 되어야 합니다. 여기에 우리의 모든 죄를 다 내어 놓고 부르짖고 치료받을 때 우리는 다시 새로운 삶을 살 수 있게 됩니다. 오늘 교회는 사람들을 너무 안심시켜주고 만족시켜주려고 강단을 투기의 우상으로 만들어버렸습니다. 언제나 고상하고 아름다운 것만 추구하는 것 같습니다. 그러나 그 속에서 양심은 썩어가고 있고 하나님의 심판은 더 커지고 있는 것입니다.

"그가 또 내게 이르시되 인자야 이스라엘 족속의 행하는 일을 보느냐? 그들이 여기서 크게 가증한 일을 행하여 나로 내 성소를 멀리 떠나게 하느니라. 너는 다시 다른 큰 가증한 일을 보리라 하시더라"(8장 6절).

투기의 우상은 하나님의 영광을 성전에서 몰아내고 있었습니다. 하나님의 은혜는 너무나도 예민하기 때문에 우리가 죄를 숨기거나 세상을 사랑하고 위선적인 예배를 드리면 바로 막혀버립니다. 그러나 아직 세상의 직위나 수입은 남아 있기 때문에 사람들은 이것을 심각하게 생각하지 않습니다. 이것이 바로 가장 심각한 것입니다. 하나님의 백성들이 하나님의 영광을 잃어버리면 모든 것을 다 잃은 것입니다.

그래서 다른 것은 제쳐놓고서라도 하나님의 백성들이 목숨을 걸고 성전을 지키면 삽니다. 성전에 일체 우상이나 세상적인 것이 들어오지 못하도록 특히 신약 시대에는 강대상이 오염되지 못하도록 지키면 희망이 있습니다. 그리고 오직 성경에 목숨을 다 걸어야 합니다. 그러면 다시 부흥이 일어납니다. 그러나 세상의 것들로는 부흥을 일으킬 수가 없습니다.

> "그가 나를 이끌고 뜰 문에 이르시기로 내가 본즉 담에 구멍이 있더라. 그가 내게 이르시되 인자야 너는 이 담을 헐라 하시기로 내가 그 담을 허니 한 문이 있더라. 또 내게 이르시되 들어가서 그들이 거기서 행하는 가증하고 악한 일을 보라 하시기로 내가 들어가 보니 각양 곤충과 가증한 짐승과 이스라엘 족속의 모든 우상을 그 사면 벽에 그렸고 이스라엘 족속의 장로 중 칠십 인이 그 앞에 섰으며 사반의 아들 야아사냐도 그 가운데 섰고 각기 손에 향로를 들었는데 향연이 구름 같이 오르더라"(8장 7-11절).

예루살렘 성전 안에는 '투기의 우상'만 있는 것이 아니었습니다. 성전 안에 밀실이 있었습니다. 이 밀실은 그냥 밖에서는 전혀 볼 수 없었고 그저 담에 작은 구멍 같은 것이 있었을 뿐입니다. 그러나 담을 헐고 보니 그 안에 방이 있는데 그 벽에 온갖 벌레와 짐승들의 우상이 다 그려져 있었는데 이스라엘 장로들 대표 칠십 명이 그 밀실에서 우상을 향하여 분향을 하고 있었습니다. 그런데 그 분향하는 연기는 구름같이 신나게 올라갔다고 했습니다.

이스라엘 백성들에게 분향이라고 하는 것은 하나님께 드리는 기도를 말합니다. 이스라엘 백성들은 반드시 하나님의 지성소 앞에 제사장이 분향하고 백성들은 뜰에서 기도하게 되어 있었습니다. 그러나 이스라엘 장로들이 자기 멋대로 밀실을 만들어 놓고 우상 앞에 분향을 하고 있는데 얼마나 신이 나는지 지독한 연기를 피워놓고 있었습니다.

오늘날도 모든 일에 중요한 것은 겉으로 드러나는 것이 아닙니다. 겉으로 드러나는 것은 그야말로 빙산일각에 불과하고 정말 중요한 것은 밀실에서 이루어지는 대화나 행동이나 결정들인데 이것은 사람들이 전혀 알지 못하는 것입니다. 오늘 하나님께서 보고 계신 것은 사람들의 겉으로 나타난 행동이 아니라 밀실에서 숨어 있는 전혀 다른 모습의 얼굴입니다. 많은 사람들 앞에서는 거룩한 얼굴을 하고 있지만 밀실에서는 가장 음탕하고 더러운 모습을 하고 있는 사람들도 많이 있을 것입니다. 하나님께서는 에스겔에게 그 담을 허물어버리라고 하셨습니다. 오늘 모든 사람들이 하나님의 긍휼과 용서를 받으려면 남들이 모르는 이 밀실 벽을 다 부수어야 합니다. 밀실 벽에 그려져 있는 벌레나 짐승이나 사람의 그림이 대단할지 몰라도 담을 부수고 환한 대낮에 보면 아무 것도 아닌 것입니다. 오늘 우리나라가 하나님 앞에서 살기를 원한다면 모든 사람들이 다 죄의 밀실을 부수어야 합니다.

그 벽을 부수는 가장 좋은 방법은 하나님의 말씀을 듣는 것입니다. 하나님의 말씀 앞에 나오면 죄의 그 지저분하고 더러운 모든 모습이 다 드러납니다. 그때 우리는 그것을 가지고 하나님 앞에서 부르짖으면서 고쳐달라고 기도를 해야 합니다. 그러면 죄가 떨어져 나갑니다. 그리고 난 후에는 명성이나 돈보다는 죄를 짓지 않고 사는 길을 택해야 합니다. 이 세상에서 조금 못나고 무능하지만 죄를 짓지 않는 것이 돈 많이 벌고 유명하고 죄짓는 것보다 훨씬 낫습니다.

여기에 보면 밀실에서 분향하는 칠십 인이 모두 유명한 사람들인데 그 중에 한 사람은 이름까지 나오고 있습니다. '사반의 아들 야아사냐'였습니다.

하나님께 부르짖어야 하는데 숨어서 죄짓는데 정력을 다 쓰고 있었습니다. 그러니까 이들의 양심이 얼마나 무디어졌겠으며 얼마나 더러워졌겠습니까?

우리는 오늘 하나님 앞에서 우리의 얼굴 꺼풀을 하나 벗겨야 합니다. 아마 죄의 밀실이 생기려고 하거나 혹은 있는 분도 있을 것입니다. 이러한 사람이 있다면, 오늘 하나님 앞에서 다 부수어서 벌거벗겨 버리고 깨끗한 새 양심을 얻으시기 바랍니다.

> "또 내게 이르시되 인자야 이스라엘 족속의 장로들이 각각 그 우상의 방안 어두운 가운데서 행하는 것을 네가 보았느냐? 그들이 이르기를 여호와께서 우리를 보지 아니하시며 이 땅을 버리셨다 하느니라"(8장 12절).

이것은 다른 말로 표현을 하면 우리가 우상을 섬기면 하나님도 우리를 버리시기 때문에 하나님에 대해서는 신경 쓸 필요가 없다는 뜻입니다. 즉 우리는 하나님의 언약법의 멍에를 훨훨 벗어버리고 우리가 하고 싶은 대로 한번 살아보자는 뜻입니다. 그러나 하나님은 결코 이스라엘을 버리지 아니하십니다.

> "그가 또 나를 데리고 여호와의 전으로 들어가는 북문에 이르시기로 보니 거기 여인들이 앉아 담무스를 위하여 애곡하더라"(8장 14절).

담무스라고 하는 것은 바벨론의 바알입니다. 담무스는 일년에 한번씩 땅 속에 들어가서 죽기 때문에 여자들이 많이 울어주어야 힘을 내어서 다시 살아나서 풍년이 오게 한다고 합니다. 그런데 이스라엘 여자들이 담무스를 위하여 우는 것입니다. 물론 제대로 우는 것이 아니고 엉터리로 우는데 성전으로 들어가는 문에서 우는 것입니다. 원래 이스라엘의 신앙을 끝까지 지키는 사람들은 여성들이었습니다. 때로 남자들이 세상으로 갈 때에도 끝까지 하나님께 대한 신앙을 지키던 사람들이 이스라엘의 여성들이었는데 여성들이 모두 담무스를 위하여 울면서 '담무스여, 살아나서 우리에게 풍년을 달라' 고 애곡을 하는 것입니다. 하나님의 말씀이 없으면 사람들이 믿어도 얼마나 미신적으로 믿는지 모릅니다. 그래서 말도 되지도 않는 꿈이나 다른 사람의 말에 매여서 아무 것도 하지 못하는 경우가 많이 있습니다.

이것을 보면 하나님의 성전이 우상들에게 철저히 점령을 당한 것을 볼 수 있습니다. 이렇게 한 장본인들이 누구입니까? 왕이고 귀족들이고 제사장들이었습니다.

> "그가 또 내게 이르시되 인자야 네가 그것을 보았느냐? 너는 또 이보다 더 큰 가증한 일을 보리라 하시더라. 그가 또 나를 데리고 여호와의 전 안뜰에 들어가시기로 보니 여호와의 전 문 앞 현관과 제단 사이에서 약 이십 오인이 여호와의 전을 등지고 낯을 동으로 향하여 동방 태양에 경배하더라"(8장 16-17절).

여기 태양신을 숭배하는 이십오 인이 나오는데 이 이십오 인은 제사장 스물네 반열의 대표와 대제사장이라고 합니다. 이 사람들은 아예 하나님의 전을 등지고 동방 태양을 향하여 절을 하고 있었습니다. 그러니까 성전이 말로만 성전이지 실제로는 완전히 이교도의 신전이었고 그 안에서 되어지는 모든 일들도 이교도의 방식으로 이루어지고 있었던 것입니다.

하나님은 예루살렘의 죄에 대해서 할 수만 있으면 참고 기다리려고 하셨습니다. 그러나 이들은 하나님의 코에 연기라는 나뭇가지를 두어서 도저히 견딜 수 없게 했습니다. 즉 자기들이 불안하니까 자꾸 자꾸 우상으로 더 기울어졌던 것입니다. 그러니까 하나님 앞에서 그들의 진노는 더 빨리 그리고 더 많이 쌓이고 있었습니다.

성전은 이스라엘의 심장입니다. 그런데 심장이 완전히 병들어버렸습니다.

겉으로는 예루살렘이 도덕적으로 보이고 아름다운 성인 것 같았는데 한 꺼풀을 벗기고 보니까 가장 추악한 도시였고 성전에서부터 악취가 나서 썩은 물이 흘러나오는 상태였습니다. 하나님께서는 도저히 예루살렘과 성전을 그냥 둘 수 없어서 철저하게 파괴하겠다고 선언을 하십니다. 결국 예루살렘이 망하는 것은 바벨론 때문이 아니라 자기 자신의 탐욕과 위선 때문이었던 것입니다.

먹 그릇을 가진 천사

하나님께서는 에스겔에게 예루살렘의 실상을 보여주신 후 지체 없이 심판을 준비하라고 하십니다.

"그가 또 큰 소리로 내 귀에 외쳐 가라사대 이 성읍을 관할하는 자들로 각기 살육하는 기계를 손에 들고 나아오게 하라 하시더라. 내가 본즉 여섯 사람이 북향한 윗 문 길로 좇아오는데 각 사람의 손에 살육하는 기계를 잡았고 그 중에 한 사람은 가는 베옷을 입고 허리에 서기관의 먹 그릇을 찼더라. 그들이 들어와서 놋 제단 곁에 서더라"(9장 1-2절).

하나님께서는 예루살렘 성을 관할하는 자들을 불렀습니다. 이 자들은 모두 예루살렘을 지키는 천사들이었습니다. 그러나 예루살렘이 예루살렘답지 못하고 성전이 성전답지 못할 때 하나님께서는 이 천사들에게 예루살렘을 치라고 하셨습니다. 그런데 그들이 집합한 장소가 어디인가 하면 성전 제단이 있는 곳이었습니다. 바로 하나님께 제사 드리던 그곳에서부터 하나님의 심판이 시작되는 것입니다. 왜냐하면 하나님의 진노를 해결할 수 있는 제사가 없어졌기 때문입니다. 여섯 명의 천사가 모두 살육하는 기계들을 가지고 집합을 했는데 이 기계들은 결국 모든 예루살렘 사람들을 죽이는 무기였습니다.

그런데 여기에 특이한 것은 가는 베옷을 입고 먹 그릇을 찬 사람이었습니다.

하나님께서는 무조건 모든 예루살렘 사람들을 다 죽이시는 것이 아니라 먼저 먹 그릇을 찬 사람에게 진정으로 예루살렘의 이런 죄에 대하여 애통하는 자는 이마에 먼저 표시를 하라고 하셨습니다. 즉 우상 숭배에 동참하지 않고 진정으로 바른 신앙을 가지고 있는 사람을 먼저 표시를 하라고 하시는 것입니다. 그리고 난 후에 이 여섯 명의 천사들이 무기를 들고 따라가면서 어른이나 아이나 처녀나 노인이나 상관없이 한 사람도 남기지 말고 다 쳐서 죽이라고 명령을 하셨습니다.

"그룹에 머물러 있던 이스라엘 하나님의 영광이 올라 성전 문지방에 이르더니 여호와께서 그 가는 베옷을 입고 서기관의 먹 그릇을 찬 사람을 불러 이르시되 너는 예루살렘 성읍 중에 순행하여 그 가운데서 행하는 모든 가증한 일로 인하여 탄식하며 우는 자의 이마에 표하라 하시고 나의 듣는데 또 그 남은 자에게 이르시되 너희는 그 뒤를 좇아 성읍 중에 순행하며 아껴 보지도 말며 긍휼을 베풀지도 말고 쳐서 늙은 자와 젊은 자와 처녀와 어린 아이와 부녀를 다 죽이되 이마에 표 있는 자에게는 가까이 말라 내 성소에서 시작할지니라 하시매 그들이 성전 앞에 있는 늙은 자들로부터 시작하더라"(9장 3-6절).

하나님께서는 심판하시는 중에도 진정으로 죄를 싫어하며 하나님 앞에서 바로 살기를 원하는 자들을 알고 계셨습니다. 그래서 가는 베옷을 입은 사람으로 하여금 그런 사람들은 먼저 이마에 표시를 하라고 하셨습니다. 여기서 '가는 베옷'이라고 하는 것은 제사장의 옷을 말합니다. 이 베옷을 입은 천사는 하나님 앞에서 진정으로 자기 죄를 인정하고 죄 씻음을 받은 자들을 먼저 알고 찾아가는 것입니다.

이스라엘 백성들이 출애굽할 때 모세의 말을 듣고 집 문설주에 어린 양의 피를 바른 집은 죽음의 천사가 넘어가는 바람에 아무도 죽임을 당하지 않았습니다. 이제는 이런 우상을 인하여 탄식하며 우는 자의 이마에 먹물로 표시를 하라고 하셨습니다.

우리는 이 세상의 많은 죄와 거짓을 보고 탄식하며 울어야 합니다. 우리의 감정을 나타내어야 하며 하나님 앞에서 부르짖으면서 애통해야 합니다. 그렇지 않고 가만히 있으면 이마에 먹줄이 없게 되는 것입니다. 즉 우리의 사상이 철저하게 하나님의 사상이 되어서 아무리 다른 사람들이 욕을 하고 저주를 퍼부어도 아닌 것은 아니라고 해야 내가 하나님의 표시를 받을 수 있는 것입니다. 이 말이 있자 말자 성전의 늙은 이부터 심판이 시작되었습니다. 즉 성전의 늙은이부터 죽은 것입니다. 그러면서 우상으로 더럽힌 이 성전을 시체로 가득 채우라고 말씀하셨습니다.

이것을 보고 에스겔은 하나님께 부르짖었습니다.

"그들이 칠 때에 내가 홀로 있는지라, 엎드리어 부르짖어 가로되 오호라 주 여호와여 예루살렘을 향하여 분노를 쏟으시오니 이스라엘 남은 자를 모두 멸하려 하시나이까?"(9장 8절).

여기서 아마도 에스겔은 하나님의 사자에게 매달리려고 한 것 같습니다. 즉 제발 예루살렘 사람들을 죽이지 말아달라는 것입니다. 그러나 하나님은 성전을 더럽힌 죄는 용서가 되지 않는다고 하셨습니다.

"그가 내게 이르시되 이스라엘과 유다 족속의 죄악이 심히 중하여 그 땅에 피가 가득하며 그 성읍에 불법이 찼나니 이는 그들이 이르기를 여호와께서 이 땅을 버리셨으며 보지 아니하신다 함이라. 그러므로 내가 그들을 아껴 보지 아니하며 긍휼을 베풀지 아니하고 그 행위대로 그 머리에 갚으리라 하시더라"(9장 9-10절).

우리가 이 세상에서 하나님의 백성이 되는 것은 엄청난 축복입니다. 그러나 우리가 하나님의 말씀을 버리고 교회를 세상 것으로 가득 채울 때 우리만 망하는 것이 아니라 이 나라 전체가 망하게 되는 것입니다.

왜냐하면 하나님의 찬송이 울려 퍼지고 예배가 드려진 곳은 모두 하나님의 거룩한 땅이기 때문입니다.

예루살렘 제사장들의 가장 큰 죄는 성전을 우상으로부터 지키지 못한 것입니다. 특히 성전에서 그 놋 제단을 지켰어야 했습니다. 왜냐하면 모든 죄의 용서와 심판은 놋 제단에서부터 시작되기 때문입니다. 거기에 어린양의 피가 흘려야 심판이 막히는 것입니다. 그곳을 지저분하다고 해서 다른 것으로 바꾸어버렸을 때 심판의 천사를 막을 수가 없었습니다.

다행스럽게도 하나님은 우리에게 이 제단을 회복시켜주시고 성전을 회복시켜주셨습니다. 우리는 이것을 잘 지켜야 합니다. 그리고 죄를 지으면서도 성공하는 세상 사람들을 절대로 부러워하지 마시기 바랍니다. 또한 오늘 우리 중 하나님 앞에서 숨은 밀실의 죄가 있다면 모두 그 벽을 다 쳐서 깨어버립시다. 그러면 하나님이 우리 이마에 거룩한 표시를 하셔서 재앙이 일체 틈타지 못하도록 지켜주실 것입니다.

08

| 겔 10:1-22 |

하나님의 영광의 가치

　우리는 눈에 보이는 가치와 눈에 보이지 않는 가치에는 상당한 차이가 있다는 것을 인정해야 합니다. 어떤 사람은 눈앞에 보이는 작은 이익에 집착을 하다가 신용을 잃어버리는 경우가 있는데 그 사람은 작은 것은 얻었지만 큰 것은 잃어버린 것입니다.

　우리나라 최남단에 가면 이어도라는 섬이 있습니다. 사실 이 이어도라는 섬은 눈에는 보이지 않는 섬입니다. 바다 속에 있는 일종의 암초인 셈인데 우리나라는 그 암초 위에 철근 작업을 해서 해양 기지를 세워놓았습니다. 이 인공 섬은 태풍이 오는 것이나 기온의 변화를 측정하기 위한 것이지만 실제로는 우리나라의 영토를 지키는 엄청난 가치를 가지고 있는 눈에 보이지 않는 섬인 것입니다. 최근에는 중국에서 그 섬을 철거하라고 요구하고 나왔습니다. 동쪽에 있는 독도라든지 북쪽에 있는 백두산은 모두 우리나라의 영토를 나타내는 아주 중요한 경계선입니다. 이 경계선들이 무너지면 더 이상 우리나라는 지킬 수가 없는 것입니다. 그러나 이 경계선을 지키는 것은 단순히 그 곳만 지킨다고 해서 되는 것이 아닙니다. 우리나라를 지키는 가장 중요한 것은 우리나라의 정신이 살아있어야 하고 우리나라를 이끌고 갈 수 있는 힘이 가동되고 있어야 하는 것입니다.

옛날 우리나라의 무능한 왕과 관리들은 을사보호조약이라고 해서 우리나라를 몽땅 일본에 팔아넘기는 조약에 서명을 하고 말았습니다. 그 때 관리들은 일제로부터 관직이나 금전적인 작은 이익은 얻었는지 모르겠지만 결국 나라 전체와 국민들의 희망을 다 팔아먹어버린 것입니다. 그렇게 될 수밖에 없었던 이유는 우리나라 지도부에 우리나라를 이끌고 갈 수 있는 정신이 없었기 때문입니다.

자동차에 있어서 가장 중요한 것은 엔진입니다. 엔진이 고장 난 상태에서 아무리 좋은 오디오를 부착을 하고 내부 장식을 한다고 해도 차는 앞으로 나가지 않습니다. 배에도 가장 중요한 것은 엔진입니다. 내부 장식은 좀 초라하다 하더라도 엔진이 튼튼하면 어떤 풍랑이나 바람도 이기고 태평양도 건너가고 대서양도 건너갈 수 있는 것입니다.

그런데 지금 우리나라의 현실을 보면 우리나라를 앞으로 끌고 갈 수 있는 엔진이 꺼져가고 있습니다. 많은 사람들이 자기 이익을 위해서 이 나라를 뜯어 먹으려고 하고 있지 진정으로 이 나라를 살리고 이 나라를 앞으로 나아가게 할 수 있는 엔진의 불을 붙이려고 하지 않는 것입니다.

이스라엘 백성들의 엔진은 성전이었습니다. 성전 안에 말씀의 불이 타오르고 있고 기도의 불이 타오르고 있을 때에는 어느 누구도 이스라엘을 침략할 수가 없었습니다. 그러나 이스라엘 성전에서 말씀의 불이 꺼지고 기도의 불이 꺼졌을 때에는 이스라엘이라는 배는 표류하기 시작했습니다. 그러다가 결정적으로 하나님의 영광이 예루살렘을 떠나는 그 순간 유다라는 배는 침몰을 하고 말았습니다. 이스라엘 백성들이 알지 못했던 것은 눈에 보이지 않는 성전의 불의 가치가 이스라엘 땅 전체와 이스라엘 백성의 생명 전체와 이스라엘의 군대 전체를 다 합친 것보다 더 가치가 있었다는 것입니다.

유다 백성들이 아무래도 하나님만 믿는 것으로는 좀 부족하다고 생각을 해서 성전 안에 많은 우상을 끌어다 놓았습니다. 그래서 결국 하나님은 이 우상들과 유다의 불신앙을 견디지 못하셔서 하나님의 영광이 이스라엘 성전을 떠나게 됩니다. 오늘 말씀은 하나님의 영광이 예루살렘 성전을 떠나시는 것입니다. 그러면 하나님의 영광이 예루살렘 성전을 떠나시게 되면 어떻게 되는 것일까요? 바로 그 순간 예루살렘은 불더미가 되어서 영원히 멸망을 하게 되는 것입니다. 물론 이스라엘 자손들은 하나님의 영광이 성전을 떠나고 있는 것을 볼 수는 없었습니다. 왜냐하면 이것은 오직 믿음의 눈으로 보아야 보여지는 것이기 때문입니다. 하나님의 영광의 가치는 돈 수천억 원이나 수만 명의 군대와 비교되지 않는 것이었습니다.

오늘 우리나라는 많은 어려움에 처해 있습니다. 안보도 불안하고 경제도 침체되고 나라의 미래 자체가 안전하지 못한 가운데 있습니다. 이때 우리가 확실하게 붙들어야 하는 가장 가치 있는 것이 무엇이라고 생각하십니까? 그것은 다른 것이 아니라 우리 안에 있는 신앙의 불입니다. 우리 안에 부흥의 불을 꺼트리지 말아야 하고 우리 안에 있는 말씀과 기도의 열정을 잃지 말아야 합니다. 이 부흥의 불이 꺼지고 이 말씀과 기도의 열정이 꺼지면 그때는 우리나라는 완전히 캄캄한 세상이 되고 맙니다. 지금 사람들은 아파트를 붙잡으려고 하고 안정된 직장을 잡으려고 하고 돈을 잡으려고 하는데 그것으로는 우리의 미래를 지키지 못합니다. 교회들도 얼마나 교회 건물에 집착을 하고 자신들의 명예나 감투에 집착을 하는지 모릅니다. 그러나 그것으로는 하나님의 능력을 우리에게 끌고 올 수가 없습니다. 오직 우리 안에 있는 부흥의 불과 성령의 불만이 우리를 지킬 수 있고 축복의 미래를 가져올 수 있습니다. 우리 성도들 중에서는 그 불을 위해서 모든 것을 버리고 예배와 기도에 헌신하는 분들이 많이 있습니다. 이것이 우리에게 가장 소중한 축복입니다.

유다 백성들이 보지 못한 영광

유다 백성들은 성전의 진정한 가치를 보지 못하고 있었습니다. 그 이유는 진정으로 가치 있는 하나님의 영광은 사람의 눈에 보이지 않기 때문이었습니다. 그래서 유다 백성들은 성전을 그저 하나의 상징적인 가치 정도로 생각했습니다. 즉 하나님 앞에서 한번 제사 드리고 정신적인 위안을 주는 정도의 건물로 생각을 했습니다. 그러니까 그들의 눈에는 세상의 힘이 더 크게 보일 수밖에 없었고 세상 나라와의 관계가 중요할 수밖에 없었습니다. 그래서 유다 지도자들이 한 것은 강대국에 붙어서 군사적인 도움을 받으려고 했고, 무역을 해서 돈을 더 많이 벌려고만 했습니다. 유다 백성들이 보기에 성전은 그저 하나의 큰 집이고 그 안에서는 끊임없이 짐승만 잡아서 태우고 기도만 하는 종교 의식의 장소로 생각이 되었던 것입니다. 그러나 에스겔이 믿음의 눈으로 성전을 보았을 때 성전은 완전히 다른 모습으로 나타났습니다.

"이에 내가 보니 그룹들 머리 위 궁창에 남보석 같은 것이 나타나는데 보좌 형상 같더라. 하나님이 가는 베옷 입은 사람에게 일러 가라사대 너는 그룹 밑 바퀴 사이로 들어가서 그 속에서 숯불을 두 손에 가득히 움켜 가지고 성읍 위에 흩으라 하시매 그가 내 목전에 들어가더라. 그 사람이 들어갈 때에 그룹들은 성전 우편에 섰고 구름은 안 뜰에 가득하며 여호와의 영광이 그룹에서 올라 성전 문지방에 임하니 구름이 성전에 가득하며 여호와의 영화로운 광채가 뜰에 가득하였고"(1-4절).

중요한 것은 눈에 보이는 성전의 모습이 아니라 눈에 보이지 않는 모습이었습니다. 사람들의 눈으로 보기에 성전은 대단히 정적인 것 같았습니다. 특히 성전 안쪽으로 들어갈수록 더 정적이었습니다.

가장 안에 있는 지성소에는 언약궤가 있고 그 언약궤 뚜껑에 그룹 천사가 금으로 새겨져 있었습니다. 그러나 믿음의 눈으로 보니까 그룹 천사는 움직이고 있었습니다. 아예 날개를 달고 날아다니고 있었고 또 바퀴가 있어서 온 세상에 굴러다니고 있었습니다. 또 그룹 천사 위에는 하나님의 보석이 나타났는데 그 보석 색깔은 남보석이었고 보좌의 모습이라고 했습니다. 믿음의 눈으로 성전을 보니까 오히려 인간의 활동은 거의 미미하고 하나님의 천사들이 가장 활발하게 움직이고 있었습니다.

오늘 여기서 우리가 본문을 제대로 이해하려면 두 불을 알아야 합니다. 하나가 성전 뜰에 있는 제단 불이었습니다. 이 불은 이스라엘의 모든 허물과 죄를 태우는 불이었습니다. 그리고 또 다른 한 불은 지성소의 그룹 천사의 발아래에 있는 불이었습니다. 이 불은 온 세상을 심판하는 심판의 불이요 재앙의 불이었습니다.

성전에서 가장 중요한 것은 제단의 불이었습니다. 제단의 불이라고 하는 것은 하나님 앞에서 이스라엘의 죄를 자백하면서 짐승을 태우는 불이었습니다. 물론 인간이 생각하기에는 그 제사가 시간 낭비이고 돈 낭비일 수 있었습니다. 제사가 인간의 눈으로 보기에는 그저 멀쩡한 소나 양을 한 마리 잡아서 죽이는 것에 불과했습니다. 그러나 이스라엘 백성들이 믿음으로 바른 제사를 드릴 때 그룹 밑에 있는 숯불이 안전할 수 있었습니다. 즉 이스라엘 백성들이 하나님 앞에 바른 말씀과 기도로 부흥의 불길을 일으키고 있을 때 하나님의 심판의 숯불은 안전하게 지켜지고 있었습니다. 그 대신에 온 성전 안에 하나님의 영광이 충만했습니다. 이것은 온 이스라엘 백성들의 마음속에 믿음이 있었고 하나님의 은혜로 충만한 것을 의미합니다. 그때 놀랍게도 이스라엘은 가장 강했고 유다는 가장 부강할 수 있었습니다. 그런데 유다 백성들이 믿음이 사라지자 도저히 하나님만 믿어서는 살 자신이 없게 되었습니다. 그래서 그들은 하나님의 성전 안에 세상의 많은 우상들을 가지고 와서 성전을 가득 채우기 시작했습니다. 물론 그렇게 하니까 재미도 있는 것 같고 좀 덜 불안해지는 것 같기도 했습니다. 하지만 유다 백성들이 성전 안에 우상을 가지고 들어옴으로 제단의 불을 꺼트려 버렸습니다. 물론 겉으로 눈에 보이는 제단의 불은 더 활활 타오르고 있었습니다. 왜냐하면 세상적인 방법으로 성공을 해서 돈을 많이 벌었기 때문에 성전에 더 좋은 제물을 바칠 수 있었기 때문입니다. 그러나 그들의 거짓된 신앙은 성전 안에서 진정한 제사를 죽였고 진정한 말씀과 기도를 죽였습니다. 성전 안에서 진정한 부흥의 불길을 꺼트려 버렸던 것입니다.

이제 하나님께서는 가는 베옷을 입은 사람에게 그룹 밑에 있는 바퀴 사이에서 숯불을 끄집어내라고 명령을 하셨습니다. 그 숯불은 바로 예루살렘을 태우고 주위의 모든 나라들을 다 불 태우는 하나님의 심판의 숯불이었던 것입니다.

유다 백성들은 놋으로 된 제단을 업신여겼습니다. 왜냐하면 이 놋 제단은 너무 오래 되어서 찌그러져 있었고 또한 무식하게 짐승을 잡아서 죽이는 것이었기 때문입니다. 그러나 이 무식한 제사가 이스라엘의 불이었고 그들을 지키는 생명이었습니다. 유다 백성들의 제사가 죽었을 때 그들은 더 이상 다른 나라의 공격을 막을 수가 없었습니다.

우리가 알아야 할 것은 이 세상의 모든 재앙들은 하나님의 그룹의 바퀴 아래서 나온다는 것을 알아야 합니다. 지진도 전쟁도 전염병도 모두 다 하나님의 그룹 천사 바퀴 사이에서 나옵니다. 이것을 막을 수 있는 것은 진정한 영적인 부흥밖에 없습니다. 우리에게 진정한 영적인 부흥이 일어나려면 인간의 최면이나 열정으로는 안 되고 오직 하나님의 말씀에 우리의 생명을 다 걸어야 하는 것입니다.

모세는 애굽에 열 가지 재앙을 일으켰습니다. 그 열 가지 재앙이 모두 다 하나님의 그룹 천사의 바퀴 아래서 나온 것입니다. 그 중에서 독종의 재앙은 아주 비슷합니다. 하나님께서 모세에게 재를 한 움큼 취해서 공중에 뿌리라고 하는데 그것이 독종이 되어서 애굽의 모든 육축과 사람에게 생겼던 것입니다. 그러나 모세는 하나님의 말씀으로 이 모든 재앙이 복이 되게 했습니다. 모세는 직접 하나님이 산에 올라가서 불로 된 하나님의 말씀을 받아가지고 내려왔습니다. 이것이 바로 성전의 언약궤 안에 있는 것이었습니다. 즉 하나님의 말씀이 모든 재앙을 막고 있는 것입니다. 그런데 하나님의 백성들이 하나님의 말씀을 업신여기고 성전 제단의 불을 꺼버렸을 때 가장 먼저 자기들부터 이 재앙의 재를 뒤집어 써야 하는 것입니다.

저는 목회자로서 가장 붙이기 어려운 것이 바로 교회 안에 말씀의 불이고 기도의 불이라는 것을 체험적으로 잘 알고 있습니다. 교회 안에 말씀의 불이 붙으려면 얼마나 오랫동안 냉소주의나 비판주의의 영을 이겨야 하는지 모릅니다. 또 교회 안에서 기도의 불이 붙으려면 얼마나 많이 미신적이고 이기적이며 사탄적인 모든 시험들을 이겨야 하는지 모릅니다. 목사와 온 교인이 하나님의 말씀에 모든 생명을 다 걸었을 때 아주 조금씩, 조금씩 부흥의 불길이 피어오르기 시작합니다. 그리고 성도들이 말씀을 들을 때 죄에 대한 애통으로 울기도 하고 병이 치료되기도 하고 성령의 말씀을 듣기도 합니다. 이것이 우리나라를 지키는 힘이요, 능력인 것입니다.

그러나 오늘 얼마나 많은 목회자들이나 교인들이 그 뜨거운 말씀과 기도를 수천억의 헌금이나 우리나라의 안보보다 더 중요하다고 생각을 하고 있겠습니까? 오늘 우리가 이 사실을 안다는 것이 얼마나 감사한지 모릅니다.

우리는 지금 우리가 망하지 않고 우리가 앞으로도 복을 계속 받을 수 있는 비결을 알고 있는 것입니다. 그것은 우리 안에 있는 제단의 불을 꺼트리지 않는 것입니다. 유다 백성들이 우상으로 성전의 제단 불을 꺼트렸을 때 하나님의 영광은 성전을 떠나시면서 그룹 밑에 있는 숯불을 꺼내라고 말씀하셨습니다. 이것이 바로 유다를 멸망시키는 심판의 숯불이었던 것입니다.

우리가 이사야서를 보면 이사야가 성전에서 하나님의 영광을 보았는데 자기가 하나님 앞에서 엄청난 죄인인 것을 깨닫고 '화로다 나여 망하게 되었도다' 라고 부르짖었을 때 하나님의 천사는 성전 제단의 숯불로 이사야의 입에 갖다 대어서 깨끗케 했습니다. 그 숯불은 그룹 발아래에 있는 숯불이 아니고 제단의 숯불인 것입니다. 우리가 하나님의 말씀을 붙잡고 기도할 때에는 제단의 숯불이 우리를 정결케 합니다. 우리의 입과 우리의 마음과 우리의 손과 발과 우리의 모든 것을 다 정결케 해서 하나님의 심판이 오지 못하게 막습니다.

하나님의 영광의 가치

유다 백성들의 대 실패는 진정한 하나님의 영광을 버리고 인간의 영광을 택한 것입니다. 그러면 인간의 영광의 가치는 무엇일까요? 유다가 이웃 나라들과 군사적인 동맹을 맺고 무역이 더 활발하게 되며 예루살렘 성이나 집들이 더 화려하게 되는 것이었습니다. 그 대신 유다 백성들은 하나님의 영광은 잃어버렸습니다. 오늘 본문을 보면 하나님의 영광의 가치가 얼마나 되는지 보여주고 있습니다.

"그룹들의 날개 소리는 바깥뜰까지 들리는데 전능하신 하나님의 말씀하시는 음성 같더라. 하나님이 가는 베옷 입은 자에게 명하시기를 바퀴 사이 곧 그룹들 사이에서 불을 취하라 하셨으므로 그가 들어가 바퀴 옆에 서매 한 그룹이 그룹들 사이에서 손을 내밀어 그 그룹들 사이에 있는 불을 취하여 가는 베옷 입은 자의 손에 주매 그가 받아 가지고 나가는데 그룹들의 날개 밑에 사람의 손 같은 것이 나타났더라"(5-8절).

최근에 미군은 우리나라에서 스텔스 전투기 한 대를 배치하겠다고 발표를 했습니다. 스텔스 전투기는 커다란 박쥐같이 생긴 시커먼 비행기인데 레이더에 잡히지 않는 폭격기입니다. 이 한 대만 우리나라에 있어도 공군력은 어마어마하게 달라지게 되는 것입니다.

그런데 이스라엘 백성들이 성전을 가짐으로 그룹 천사를 가지게 되었습니다. 원래 그룹이라고 하는 것은 하나님을 지키는 수호천사를 말합니다. 그런데 이 그룹 천사 하나의 위력이 어느 정도 되는가 하면 예루살렘을 에워쌌던 앗수르 군대 십팔만 오천 명을 하루 밤 사이에 다 죽였던 것입니다.

이것이 이스라엘의 재산이었습니다. 즉 이스라엘의 군사력은 군인의 숫자나 칼이나 말의 숫자로 평가되는 것이 아니라 그룹 천사 하나의 위력으로 모든 것이 끝나버리는 것입니다. 여기에 보면 그룹 천사는 날개를 가지고 있었고 바퀴를 가지고 있었습니다. 사람의 눈에는 그룹 천사는 언약궤 위에 고정된 장식이었지만 실제로는 날개를 퍼덕이고 있었고 바퀴가 있어서 자유자재로 굴러다닐 수가 있었습니다.

하나님의 백성들에게 중요한 것은 날개입니다. 우리의 이 날개는 세상을 향하여 멀리 날아가는 날개가 아니고 하나님을 향하여 위로 올라갈 수 있는 날개입니다. 우리가 땅에 붙어 있을 때에는 눈앞에 있는 것밖에 보이지 않지만 위로 높이 올라가면 올라갈수록 더 먼 곳까지 바라볼 수가 있습니다. 독수리의 장점이 바로 여기에 있습니다. 곧 독수리는 가장 높이 올라가서 가장 먼 곳까지 볼 수 있는 날개와 눈을 가진 것입니다.

에스겔은 날개 소리가 하나님의 음성 소리와 같더라고 했습니다. 우리가 하나님의 말씀을 들으면 독수리 같은 두 날개를 달게 되는 것입니다. 하나님의 말씀을 듣기 전까지는 우리가 여러 가지 복잡한 세상 생각으로 침체되어 있고 낙심해 있을지라도 하나님의 말씀을 들으면 우리는 하나님 앞으로 날라 가게 되는 것입니다.

원래 성전의 언약궤는 제사장이 반드시 어깨에 매어서 이동시키게 되어 있었습니다. 다윗은 언약궤를 제사장의 어깨에 메우지 않고 수레에 실어서 이동하다가 소가 뛰는 바람에 언약궤를 붙잡았던 웃사라는 청년이 즉사를 당한 적이 있었습니다. 언약궤가 바퀴가 없고 사람들이 어깨에 메고 옮기려고 하니까 얼마나 속도가 느리겠습니까? 요즘 같은 세상에 어디로 갈 때 차를 타고 달리면 금방 갈 수 있는데 조선 시대에 하던 것처럼 교자를 내어서 사람이 어깨에 메고 간다면 얼마나 오래 걸리겠습니까? 그러나 하나님 앞에서는 결코 그룹이 느리지 않았습니다. 오히려 바퀴를 달고 사방팔방으로 질주할 뿐 아니라 하늘로도 올라갈 수 있었습니다. 그래서 우리는 하나님이 하시는 일이 느리다고 생각해서는 안 됩니다. 하나님께서 느리게 일하시는 것 같은 것은 우리를 다치지 않게 하시려고 하시는 것이지 하나님이 느리신 것은 아닌 것입니다.

여기에 보면 그룹 날개 밑에 손이 있더라고 했습니다. 이 손은 재앙의 숯불을 덮는 손입니다. 즉 우리가 하나님 앞에서 잘못한 것이 있어도 하나님께서는 그 손으로 덮으셔서 우리의 죄와 허물이 보이지 않게 하십니다.

모세가 높은 산에서 하나님의 영광을 보려고 했을 때 하나님께서는 손으로 모세를 덮으셔서 죽지 않게 하셨습니다. 그리고 손을 잠시 떼셨을 때 모세는 하나님의 등을 보았는데 그것을 보고서도 모세의 얼굴에서는 광채가 났습니다.

이스라엘 백성들이 하나님 앞에서 제대로 신앙생활을 하고 부흥의 불을 꺼트리지 않았을 때 그들에게 주어지는 축복은 그룹의 온전한 능력이었습니다. 그룹의 날개와 바퀴와 손의 축복이었습니다. 그런데 이스라엘은 하나님에 대한 열정을 잃어버림으로 그룹을 잃어버리게 되었습니다. 그랬더니 이스라엘의 모든 복이 다 폭격 맞은 것처럼 사라지고 말았습니다. 이것을 보면 우리에게 아직 신앙의 열정과 불이 살아있는 것이 얼마나 큰 복인지 알 수 있을 것입니다. 하나님의 그룹은 핵무기나 수많은 폭격기로 이기지 못합니다.

그 영광 앞에 이 모든 전투 기계들은 저절로 작동 불능이 되어버릴 것입니다.

"그룹들이 행할 때에는 사방으로 향한대로 돌이키지 않고 행하되 돌이키지 않고 그 머리 향한 곳으로 행하며 그 온 몸과 등과 손과 날개와 바퀴 곧 네 그룹의 바퀴의 둘레에 다 눈이 가득하더라"(11-12절).

여기 그룹이 움직이는 특징이 나오는데 하나는 돌아가지 않는 것입니다.

이것은 하나님의 특징이기도 합니다. 하나님께서는 결코 과거로 돌아가시지 않으십니다. 왜냐하면 아무리 현재가 절망적이고 엉망이라 하더라도 그것을 가지고 얼마든지 합력하여 최고의 축복을 만들어낼 능력이 있으시기 때문입니다. 그래서 우리는 결코 과거에 매여서도 안 되고 과거로 돌아갈 필요도 없습니다. 그러나 사람에게 있어서 과거를 떨쳐버리는 것이 얼마나 어려운 일인지 모릅니다. 나이가 들면 들수록 과거는 더 무서운 거머리처럼 우리의 마음과 기억 속을 파고 들어와서 우리의 생명력을 파먹습니다.

젊은 청소년들은 사춘기를 맞이하지만 나이가 드신 분들은 또 사추기라는 것을 맞이하게 됩니다. 즉 갱년기의 우울증이 오는 것입니다. 그때는 오직 과거 밖에 없습니다. 과거가 전부 다 살아나서 우리는 과거에 집착을 하게 됩니다. 그러나 하나님의 은혜는 과거의 올무를 다 끊어버리게 하고 앞으로 나갈 수 있게 합니다. 우리는 과거를 완전케 하려고 해서는 안 됩니다.

옛날에 학생들 중에서는 시험을 친 후에 답안을 고치기 위해서 교무실에 밤에 들어갔다가 붙들리는 학생도 있었습니다. 우리는 과거를 잘 했든지 못했든지 하나님께 맡겨야 하고 지금 주어진 일에 최선을 다해야 합니다. 그러면 하나님께서 실패했던 과거도 백점으로 만들어주십니다.

그리고 이 그룹에는 온 천지가 눈이었습니다. 온 몸과 등과 손과 날개와 바퀴 전체에 눈으로 가득했습니다.

처음 초보운전을 할 때 가장 큰 걱정이 차선 변경이 안 된다는 것입니다. 왜냐하면 거울을 볼 줄 모르기 때문입니다. 그래서 어떤 분은 차선을 변경하지 못해서 집에 오지 못하고 고속도로를 타고 다른데 까지 가는 분도 있습니다. 또 후진할 때 감이 오지 않는 것입니다. 그래서 후진을 하다가 사고를 내는 분들이 있습니다. 전봇대를 받는 것은 기본이고 다른 차들도 많이 접촉을 하게 됩니다. 그러나 운전이 익숙해지면 온 천지에 거울이 있고 또 감이 생기기 때문에 거의 접촉 사고를 내지 않게 됩니다. 이 그룹은 전체가 눈이기 때문에 사고가 날 수가 없습니다. 등에도 눈이 있기 때문에 뒤에서도 사고를 내지 못하고 바퀴에도 눈이 있기 때문에 위험하면 바퀴가 저절로 서 버리게 됩니다.

오늘 사람들의 문제는 달리기는 달리는데 정지가 되지 않는 것입니다. 욕망의 절제가 되지 않습니다. 무엇인가 하다가 하지 않으면 너무나도 불안하기 때문에 가만히 있을 수가 없습니다. 그래서 안개가 낀 고속도로를 달리다가 십중 추돌사고를 일으키기도 합니다. 하나님의 바퀴는 브레이크가 잘 듣습니다. 그래서 달리다가 죄나 시험이 있으면 바로 급정거가 되기 때문에 일단 죄나 유혹에 있어서 안전합니다. 그러면 우리는 아무리 달려도 사고가 나지 않습니다.

떠나는 하나님의 영광

이스라엘의 가장 큰 손실은 하나님의 영광을 잃어버린 것입니다. 유다 왕들은 너무나도 손익 계산을 잘못했습니다. 그들은 눈에 보이는 이익에 급급해서 세상의 영광은 많이 구하고 세상적인 이익은 많이 챙겼지만 정작 이스라엘의 생사에 직결되는 하나님의 영광과 축복을 잃어버린 것입니다.

> "여호와의 영광이 성전 문지방을 떠나서 그룹들 위에 머무르니 그룹들이 날개를 들고 내 목전에 땅에서 올라가는데 그들이 나갈 때에 바퀴도 그 곁에서 함께 하더라. 그들이 여호와의 전으로 들어가는 동문에 머물고 이스라엘 하나님의 영광이 그 위에 덮였더라"(18-19절).

대개 어느 나라의 왕이 억지로 왕궁에서 쫓겨날 때에는 그 모습이 참 초라하기 짝이 없습니다. 신하들도 다 떠나고 군대도 없고 겨우 내시나 궁녀 몇 명이 뒤에서 소리 내어 울면서 따라올 뿐입니다. 이것이 몰락한 왕조의 비참한 최후인 것입니다.

그런데 하나님의 영광은 성전을 떠나는데도 조금도 초라하거나 비참한 모습이 아니었습니다. 왜냐하면 하나님의 영광은 사람에 의하여 영향을 받지 않기 때문입니다.

미국은 월남에서 패전한 후에 상당한 기간 후유증으로 시달렸습니다. 그래서 미국 사람들은 자기들이 모든 것을 다 해낼 수 있다는 것을 보여주기 위해서 람보라든지 로키 같은 영화를 만들기 시작했습니다. 람보는 아예 혼자서 월남에 가서 포로를 구출하는 영웅심을 보여주기도 했습니다. 그것도 모자라니까 아예 맥가이버 같은 만능인을 만들어내기도 했습니다. 그러나 하나님은 그렇게 하실 필요가 없으셨습니다. 예루살렘의 멸망이 하나님의 실패가 아니었기 때문입니다. 하나님은 믿는 자를 한 사람도 잃어버리지 아니하십니다. 그리고 하나님은 어떤 일을 통해서도 영광을 받으시기 때문에 하나님은 실패하시지 않으십니다. 오히려 실패한 것은 이스라엘 백성들이었습니다. 그들은 자신들의 욕심을 이기지 못하고 자신들의 불신앙을 이기지 못해서 어마어마한 복의 근원이신 하나님을 놓쳐버린 것입니다. 우리가 하나님을 놓치지 않으려면 자기 욕심을 이기고 자기 불신앙을 이겨야 합니다. 결국 우리의 싸움은 자기 자신과의 싸움입니다. 자기를 부인하고 자기 십자가를 지기만 하면 우리는 하나님을 놓치지 않습니다.

그런데 여기 몇 가지 주목해야 할 것이 있습니다. 그것은 그룹 천사의 얼굴 중 하나가 바뀐 것입니다.

"그룹들은 각기 네 면이 있는데 첫 면은 그룹의 얼굴이요, 둘째 면은 사람의 얼굴이요, 세째는 사자의 얼굴이요, 네째는 독수리의 얼굴이더라"(14절).

에스겔서 1장에 보면 그룹의 얼굴이 나옵니다. 모두 네 개씩으로 되어 있는데 하나의 얼굴이 소의 얼굴입니다. 그런데 이번에는 소가 없어지고 그냥 '그룹의 얼굴이요'라고 되어 있습니다. 이것은 이제 소는 안 된다는 뜻입니다.

지금까지 '소'는 희생을 나타내고 인내를 나타내었는데 소의 얼굴이 없어져버렸습니다. 이것은 앞으로는 소의 제사로는 하나님 앞에 나아갈 수가 없는 것입니다. 이스라엘은 소의 암호가 맞지 않아서 당분간 하나님의 영광을 되찾을 수가 없습니다. 그러나 나중에 이것이 그리스도의 보혈로 열리게 됩니다. 우리가 하나님의 영광 안으로 들어가는 암호를 잘 알아야 합니다. 이제는 소의 제사로는 들어갈 수가 없습니다. 우리는 자기 열심이나 노력으로 들어갈 수가 없습니다. 이제는 오직 하나님을 믿어야 합니다. 여러분은 여러분의 노력이나 살고자 하는 의지를 내려놓으시고 하나님을 믿으시기 바랍니다. 그러면 구원의 문이 열리고 축복의 문이 열릴 것입니다. 우리는 오직 하나님 앞에서 마른 막대기만 되면 됩니다. 우리는 하나님이 하라고 하시면 하기 싫은 것도 해야 합니다. 또한 내가 아무리 좋아하고 하고 싶은 것도 하나님이 하지 말라고 하시면 포기해야 합니다. 그래야 하나님의 영광 가운데로 들어갈 수 있습니다.

그리고 또 하나는 생물의 신이 바퀴에 있는 것입니다.

"그들이 서면 이들도 서고 그들이 올라가면 이들도 함께 올라가니 이는 생물의 신이 바퀴 가운데 있음이더라"(17절).

그룹과 바퀴는 같이 움직였습니다. 그룹이 서면 바퀴도 서고 그룹이 올라가면 바퀴도 위로 올라갔습니다. 그런데 생물의 신은 바퀴 가운데 있었습니다.

물론 우리는 이것이 정확하게 무엇을 의미하는지 알 수는 없습니다. 그러나 중요한 것은 생물과 바퀴 안에 신이 있었다는 것입니다. 이 신은 하나님의 백성들을 살리고 그들을 충만하게 채울 수 있는 신이었습니다. 그들이 어느 곳에 있든지 달려가서 위기에서 건지고 그들의 모든 필요한 것을 채워줄 수 있는 신이었습니다. 그 신의 이름은 '여호와'였습니다.

여호와 하나님은 바퀴 가운데 계셔서 이스라엘 백성들이 어디서 부르든지 간에 달려가셔서 구원하셨습니다. 마치 여호와의 이름은 119 전화번호와 같았습니다. 요즘 사람들은 어려움에 빠지면 119 번호를 누르기만 하면 됩니다. 그러면 가장 빠른 시간 안에 구급대원들이 차를 타고 와서 어려움에서 건져줍니다. 그런데 이스라엘의 우상이 여호와로 하여금 철수하게 하셨습니다. 이제부터는 그들이 아무리 부르짖어도 하나님의 응답이 없을 것이며 아무도 와서 도와주지 않을 것입니다. 왜냐하면 생물의 신이 철수를 해버렸기 때문입니다. 그래서 성경은 하나님을 가까이 계실 때 찾으라고 했고 만날만 할 때에 부르짖으라고 말씀하셨습니다. 아직 하나님은 우리 가까이에 계십니다. 그리고 우리에는 아직 제단의 불이 훨훨 타오르고 있습니다. 우리는 목숨을 걸고 제단 불을 지켜야 합니다. 우리에게 부흥의 불길만 지속적으로 붙든다면 모든 사단의 시험을 물리치고 우리나라가 가장 복된 나라가 될 수 있을 것입니다. 그때까지 우리는 잠잠하지 말아야 합니다. 소리를 높여서 우리 주님의 이름을 부르며 그분을 송축해야 할 것입니다.

09

|겔 11:1-25|

가마솥의 고기

요즘 서울 같은 대도시에는 자기 소유의 집이나 아파트를 가진 것과 가지지 않은 것 사이에는 그야말로 엄청난 차이가 있습니다. 자기 소유의 아파트를 가진 사람들은 아무리 집값이 오르고 아파트 값이 뛰어도 자기 집이기 때문에 두려울 것이 없습니다. 오히려 자기 집을 가진 사람들은 집값이 오르면 오를수록 좋아할 것입니다. 왜냐하면 그만큼 자기 재산이 많아지기 때문입니다. 그러나 자기 집이 없는 사람은 집값이 오르면 오를수록 불안합니다. 틀림없이 주인이 집값을 올려달라고 하든지 집을 팔든지 할 것이기 때문에 반드시 어디론가 또 이사를 해야 합니다. 대도시에서 집을 구하거나 오른 전세금을 마련하는 것이 얼마나 어려운 일인지 모릅니다. 물론 서울 같은 대도시에서 자기 아파트를 가진 것은 큰 축복이지만 사람의 마음은 그것으로 만족하지 못하고 집값이 많이 올라가기를 원합니다. 집이 없는 사람들의 사정이야 어떻게 되든지 말든지 나만 돈을 더 많이 벌면 된다는 생각을 가지게 되는데 그것은 큰 죄인 것입니다.

또한 젊은이들에게 있어서 안정된 직장을 가진 것과 가지지 못한 것 사이에는 엄청난 차이가 있습니다. 안정되고 좋은 직장을 가진 젊은이들은 미래를 설계를 할 수 있고 그 직장을 기초로 해서 외국에 출장을 다니면서 분주하게 살아가고 있습니다. 그러나 안정된 직장을 가지지 못한 사람들은 거기서 미래를 향하여 한 걸음도 더 나아갈 수가 없습니다. 완전히 거기서 스톱 상태에 있게 되는 것입니다. 그러나 지방에서는 젊은이들에게 안정되고 좋은 직장은 너무나도 제한되어 있기 때문에 도저히 미래를 설계하기는 어려운 처지인 것입니다. 그래서 저는 지방에 있는 우리 청년들을 바벨론에 포로된 유다 백성에 비유할 때가 있습니다. 그러나 오늘 말씀은 과연 하나님 앞에서 축복받은 사람이 누구인지 보여주고 있습니다.

옛날에는 먹는 음식 중에서 가장 중요한 것이 고기였습니다. 그런데 옛날 집들은 모두 부엌이 제대로 되어 있지 않아서 고기를 그릇 안에 넣어서 두면 반드시 고양이나 개나 들짐승들이 와서 그릇을 넘어뜨리고 그 안에 있는 고기를 물고 가든지 먹어버렸습니다. 그래서 과거에는 고기를 가장 안전하게 보관하는 방법이 가마솥 안에 넣어서 보관하는 것이었습니다.

예루살렘은 하나님의 징계를 받아서 에스겔이나 다니엘같이 먼저 바벨론에 포로로 붙들려 가는 사람이 있었는가 하면 예루살렘에 남아 있는 사람들도 있었습니다. 예루살렘에 남아 있는 자들은 자기들을 가마

솥에 들어 있는 고기라고 하면서 절대적으로 안전하다고 했습니다. 요즘으로 치면 철밥통을 차고 있는 사람들처럼 수입이 보장된 사람들이라는 뜻이었습니다. 그러나 하나님은 결코 이 세상에서 자기 집이 있거나 혹은 안정된 직장을 소유했다고 해서 가마솥의 고기가 될 수 없다고 말씀하셨습니다. 하나님은 반드시 그 고기를 꺼내어서 들짐승들이 먹게 하겠다고 말씀하셨습니다. 그러나 어디로 끌려가든지 강팍하게 하나님을 대적하지 아니하고 겸손한 마음으로 하나님의 말씀을 받아들이는 사람들은 이 세상에서 가장 안전하게 살 수 있도록 지켜주시겠다고 약속하셨습니다. 오늘 여기에 오신 분들은 거의 가마솥의 고기가 되지 못하신 분들입니다. 그러나 하나님의 말씀에 순종하여 살기만 하면 하나님께서는 여러분의 삶을 축복해 주실 것입니다.

예루살렘 지도자들의 생각

"때에 주의 신이 나를 들어 데리고 여호와의 전 동문 곧 동향한 문에 이르시기로 본즉 그 문에 이십 오인이 있는데 내가 그 중에서 앗술의 아들 야아사냐와 브나야의 아들 블라댜를 보았으니 그들은 백성의 방백이라. 그가 내게 이르시되 인자야 이 사람들은 불의를 품고 이 성중에서 악한 꾀를 베푸는 자니라. 그들의 말이 집 건축할 때가 가깝지 아니한즉 이 성읍은 가마가 되고 우리는 고기가 된다 하나니"(1-3절).

그 때 유다 백성들은 두 편으로 나누어져 있었습니다. 한 편은 바벨론왕 느부갓네살이 쳐들어오는 바람에 집도 직장도 다 잃어버리고 멀리 바벨론 땅에 포로로 붙들려온 사람들이었습니다. 이 사람들은 너무나도 불행한 사람들이었습니다. 그리고 또 한 부류의 사람들은 여전히 예루살렘에 남아서 자기 집을 지키고 자기 재산을 지키고 자기 직장을 가지고 있는 사람들이었습니다. 처음 바벨론에 포로로 붙들려간 사람들의 수가 일만 명 정도 되었는데 이 숫자는 옛날의 기준으로 보면 한 도시에서 결코 적은 숫자가 아니었습니다. 갑자기 사람들이 많이 몰려 살다가 만 명이나 되는 사람들이 빠져 나가버리니까 남은 사람들은 집이나 식량이나 모든 부분에 있어서 여유가 있었습니다. 오히려 예루살렘에 남은 자들은 바벨론에 붙들려 간 사람들 때문에 상당한 호황을 누리고 있는 형편이었습니다.

이때 하나님께서는 에스겔로 하여금 성전 동문에서 유다의 지도자 이십오 인을 보게 하십니다. 이 이십오 인은 당시 유다의 정책을 결정하는 아주 중요한 사람들이었습니다. 요즘 우리로 치면 장관들이나 아니면 여당의 간부에 해당하는 사람들이었습니다. 그런데 하나님께서는 이들이 불의를 품고 악한 꾀를 꾀하고 있다고 말씀하고 있습니다.

여기서 '불의를 품고 악한 꾀를 베푼다' 는 것이 무슨 뜻이겠습니까? 이 사람들이 진정한 유다의 영적인 지도자라고 한다면 만 명이나 되는 사람들이 포로로 붙들려 간 이 사건을 굉장히 심각한 것으로 받아들여야 했던 것입니다. 물론 자기 자신들이 붙들려 간 것은 아니지만 마치 자기 자신들이 붙들려간 것처럼 하나님 앞에서 깊이 반성하고 하나님 앞에서 무엇인가 결단하는 자세를 취해야 했던 것입니다. 무엇보다 하나님께서 다시 한번 유다와 예루살렘을 용서해주시고 이 포로들이 돌아올 수 있도록 우상을 버리고 금식을 했다면 희망이 남아 있었을 것입니다. 그러나 이 이십오 인의 지도자들이 한 것은 '이 사람들이 포로로 잡혀 가서 참 잘 되었다'는 것입니다. 즉 이 사람들 때문에 집도 많이 생기고 직장도 더 안정이 되었으니까 더 잘 되었다고 생각한 것입니다. 그래서 이들이 모여서 생각한 것은 포로로 붙들려 간 사람들의 집이나 재산을 자기들이 더 차지해야 한다고 생각했을 뿐 아니라 사람들로 하여금 더 이기적이 되도록 충동질을 했던 것입니다.

이 이십오인 중에서 두 사람은 에스겔이 아는 사람들이었습니다. 앗술의 아들 야아사냐와 브나야의 아들 블라댜는 에스겔이 포로로 붙들려가기 전부터 알던 사람들이었습니다. 그런데 에스겔은 그 사람들이 하는 말을 들었습니다. 이들은 '집이 건축할 때가 가깝지 아니하였으니'라는 말을 했습니다.

이 말은 두 가지 의미로 해석할 수 있습니다. 하나는 포로로 붙들려 간 사람들의 집이 새 집이기 때문에 새로 지을 필요 없이 그대로 자기들이 차지하면 된다는 뜻일 수 있습니다. 그리고 또 하나는 예레미야가 바벨론에서 집을 짓고 살라고 충고를 했기 때문에 이 사람들은 '우리는 바벨론에서는 집을 짓지 않을 것이다. 즉 우리는 끝까지 예루살렘에서 살 것이다'라는 뜻으로 집을 건축할 때가 가깝지 않았다는 말을 했다고 생각합니다. 어느 뜻이 옳든지 간에 그들의 생각은 분명합니다. 즉 자기들은 더 이상 바벨론에 포로로 잡혀가지 않을 것이기 때문에 예루살렘에서 살던 그대로 살면 된다는 것이었습니다. 즉 이 사람들은 무려 만 명이나 되는 사람들이 바벨론에 붙들려갔는데도 조금도 충격을 받으려고 하지 않았습니다. 단지 자신들만 붙들려가지 않고 자신들만 망하지 않았으면 된다고 생각하고 있었던 것입니다.

그러면서 그들이 하는 말은 '이 성은 가마가 되고 우리는 고기가 된다'고 했습니다. 즉 이 당시에 가장 안전한 고기가 가마 속에 넣어둔 고기였습니다. 고기를 가마 솥 안에 넣어두면 뚜껑이 무겁기 때문에 고양이나 개나 들짐승들이 와서 고기를 훔쳐 갈 수 없었습니다.

그러나 한번 생각해 보시기 바랍니다. 가마솥에 있는 고기라고 해서 절대로 안전한 것이 아닙니다. 왜냐하면 고기를 가마솥에 넣어둔다고 해서 썩지 않는 것은 아니기 때문입니다. 고기를 가장 안전하게 오래 보관을 하는 방법은 냉동시키거나 소금을 치거나 해서 보관을 해야지 가마솥에 넣어둔다고 해서 썩지 않는 것은 아닌 것입니다. 여기서 우리가 알 수 있는 것은 예루살렘 사람들이 자기의 것을 남에게 빼앗기지 않는 것에는 신경을 썼지만 이것이 부패하리라고는 생각지 못했던 것입니다.

여기서 유다의 지도자 이십 오인이 진정으로 하나님 앞에서 살기를 원했다면 그들이 가장 먼저 했어야 하는 것은 양심을 살리는 것이었습니다. 그러면 그들은 바로 그들의 양심을 죽이는 것이 우상이었다는 것을 알게 되었을 것입니다. 우리 인간들에게 가장 무서운 것은 양심이 죽는 것입니다. 이 죽은 양심을 살리는 방법은 하나님의 말씀 앞에 돌아오는 방법 밖에 없습니다.

그러나 이 이십 오인은 아직도 예루살렘의 안정된 삶에 만족을 하고 있었습니다. 아무도 그들의 직책을 빼앗거나 그들을 대적할 자가 없었습니다. 특히 재산도 충분하니까 이것만 지키면 얼마든지 행복할 수 있다고 생각했던 것입니다.

"그러므로 인자야 너는 그들을 쳐서 예언하고 예언할지니라"(4절).

하나님께서는 예루살렘에서 가장 안정된 생활을 하고 있는 이 지도

자들을 쳐서 예언을 하라고 말씀하셨습니다. 왜냐하면 곧 그들의 안정된 삶이 끝장이 날 것이기 때문입니다. 하나님께서 그들의 모든 안정된 삶을 내리치셔서 부수어버리실 것이기 때문입니다.

"여호와의 신이 내게 임하여 가라사대 너는 말하기를 여호와의 말씀에 이스라엘 족속아 너희가 이렇게 말하였도다. 너희 마음에서 일어나는 것을 내가 다 아노라. 너희가 이 성읍에서 많이 살육하여 그 시체로 거리에 채웠도다. 그러므로 나 주 여호와가 말하노라. 이 성읍 중에서 너희가 살육한 시체는 그 고기요 이 성읍은 그 가마려니와 너희는 그 가운데서 끌려 나오리라"(5-7절).

하나님께서 가장 문제를 삼으시는 것은 마음의 생각입니다. 곧 하나님은 우리가 과연 무슨 생각을 하면서 사는지 알고 싶어합니다. 하나님은 우리의 마음의 생각을 가장 중요하게 생각하십니다. 여기서 우리는 우리의 마음이 시궁창과 같다는 것을 인정해야 합니다. 우리 인간의 마음은 아무리 선하거나 선하지 않건 간에 차이가 없습니다. 우리 인간의 생각은 구정물통과 같아서 쉴 새 없이 추악하고 더럽고 악한 생각이 흘러나와서 우리 마음과 생각을 채웁니다. 하나님의 백성들은 세상의 안정된 삶보다는 이것 때문에 고민을 하고 몸부림을 쳐야 합니다. 우리가 어떻게 하면 악하고 추악한 생각을 하지 않을 수가 있습니까? 어떤 사람은 머리를 깎고 중이 되고 어떤 사람은 배낭을 메고 무엇인가 나은 진리를 찾기 위해서 방랑을 떠납니다. 그래도 결코 우리 마음은 깨끗해질 수가 없습니다. 왜냐하면 우리의 마음 자체가 오염이 되어 있기 때문입니다. 우리의 마음이 깨끗해질 수 있는 유일한 방법은 우리 마음속에 하나님의 말씀을 담는 것입니다. 하나님의 말씀은 우리의 마음을 깨끗하게 하고 하나님을 생각하게 합니다. 아무리 우리의 마음이 오염되어 있고 더럽혀져 있어도 하나님의 말씀은 우리의 마음을 능히 깨끗케 합니다. 우리가 진정으로 하나님을 생각할 때 우리는 하나님을 소유하게 됩니다.

본문을 보면 이들은 마음의 악한 생각은 신문지 같은 것으로 덮어놓고 겉으로 거룩한 체 했습니다. 그리고 실제로는 많은 사람들을 살육했다고 말씀하고 있습니다. 물론 여기서 말하는 살육이 실제로 사람들을 살인한 것은 아니었을지도 모릅니다. 그러나 진정한 믿음을 가지려고 하는 자에게 하나님의 말씀을 듣지 못하게 하는 것은 그들을 죽이는 것입니다. 오늘 가장 무서운 살인은 진리를 거짓으로 바꾸어버리는 것입니다. 그러면 그 사람들을 정신적으로 죽이는 것입니다.

예수님은 소자들을 실족케 하지 말라고 하시면서 소자 한 사람을 실족케 하기보다는 차라리 연자 맷돌을 목에 매달아서 죽이는 것이 더 낫다고 말씀하셨습니다. 연자 맷돌은 나귀들이 돌리는 아주 큰 맷돌인데 그것을 사람의 목에 매달아서 바다에 빠트리면 절대로 살 수 없습니다. 그러나 이것보다 더 무서운 것이 영적인 살인입니다. 즉 하나님의 말씀을 듣지 못하게 해서 죽이는 것입니다. 이것은 히틀러가 가스실에서 유대인들을 집단 학살한 것보다 더 무서운 살인인 것입니다.

유대 지도자들은 일반 백성들이 바른 하나님의 말씀을 듣지 못하도록 막았습니다. 그 이유는 그렇게 해야 자기들이 오래 오래 기득권을 누릴 수 있기 때문입니다. 그러나 그것은 가장 무서운 죄였습니다. 하나님께서는 차라리 살육당한 자들은 고기라고 했습니다. 왜냐하면 이 사람들은 바벨론에 붙들려가서 우상을 버리고 하나님을 도로 찾기 때문입니다. 그러나 그들은 가마에서 끌려 나와서 죽을 것이라고 했습니다.

하나님의 심판

하나님께서 예루살렘 지도자들과 남은 백성들에게 안정된 삶을 주신 것은 그들의 믿음을 달아보시는 것이었습니다. 그들이 진정으로 하나님을 두려워했다면 결코 안정된 삶으로 만족할 수가 없었습니다.

> "나 주 여호와가 말하노라. 너희가 칼을 두려워하니 내가 칼로 너희에게 임하게 하고 너희를 그 성읍 가운데서 끌어내어 타국인의 손에 붙여 너희에게 벌을 내리리니 너희가 칼에 엎드러질 것이라. 내가 이스라엘 변경에서 너희를 국문하리니 너희가 나를 여호와인줄 알리라"(8-10절).

하나님은 지금 가장 안정된 생활을 하고 있다고 생각하는 예루살렘 지도자들과 백성들을 향하여 세 가지 말씀을 하십니다. 그 첫째는 그들이 가장 싫어하고 두려워하는 칼이 올 것이라는 것입니다. 예루살렘 사람들이 가장 무서워하는 것은 전쟁이었습니다. 그러나 그들에게 꼭 전쟁이 오게 될 것입니다. 그리고 두 번째는 예루살렘 성에서 끌려 나온다는 것입니다. 지금까지 예루살렘 자체가 망한 것은 한번도 없었습니다. 그러나 이제는 이야기가 달라질 것이라고 했습니다. 그리고 세 번째는 이방인들이 그들을 끌고 가다가 국경에서 재판을 해서 다 죽이는 것입니다. 왜 하필이면 이방인들이 예루살렘 사람들을 국경까지 끌고 가다가 국경에서 죽일까요? 그것은 그들의 마음이 변했기 때문입니다. 즉 이들을 포로로 잡아가면 도움이 될까하고 끌고 갔는데 너무 고집스럽고 너무 잘 난체 하니까 데리고 가 봐야 골치만 아플 것 같아서 가다가 다 죽여 버리는 것입니다.

그러니까 예루살렘의 남은 사람들은 포로로서도 가치가 없었습니다. 인간으로서의 최저의 가치는 노예였는데 예루살렘 사람들은 노예로도 쓸 수가 없었습니다. 왜냐하면 일은 할 줄 모르면서 너무 고집은 강하고 원망과 불평만 가득 찼기 때문입니다.

우리 하나님의 백성들은 하나님께서 써 주시지 않으시면 도무지 쓸모가 없는 사람들입니다. 하나님의 백성들이 일을 잘 할 줄 아는 것도 아니고 그렇다고 해서 고분고분한 것도 아니고 눈치가 빠른 것도 아니고 서로 싸우기나 잘 하고 고집만 세기 때문에 이 세상 어느 곳에서도 쓸모가 없는 것입니다.

그 이유가 어디에 있습니까? 하나님의 백성이긴 하지만 하나님의 말씀대로 살지 않는 백성이기 때문입니다.

"너희가 나를 여호와인줄 알리라. 너희가 내 율례를 행치 아니하며 규례를 지키지 아니하고 너희 사면에 있는 이방인의 규례대로 행하였느니라 하셨다 하라"(12절).

여러분들이 갈비를 다져보셨으면 잘 아실 것입니다. 맛있는 갈비를 만들려고 하면 미리부터 재어 놓아야 합니다. 칼질도 하고 거기에 양파즙이나 배즙이나 다른 양념들을 넣어서 하루 저녁 푹 재어놓으면 그 다음 날 아주 맛있는 갈비가 될 수 있습니다. 그러나 그렇게 하지 않고 그냥 마구잡이로 잘라놓으면 고기가 너무 질겨서 먹기가 어렵습니다. 마찬가지로 하나님의 백성들은 하나님의 말씀으로 잘 다져놓아야 속에 깊이 깊이까지 말씀이 들어가서 너무나도 맛이 있는 하나님의 백성들이 될 수 있습니다. 그러나 하나님의 백성들에게 세상의 가르침이 들어가면 그때부터는 질겨지기 시작합니다. 얼마나 교만해지게 되고 얼마나 잘 난체 하게 되는지 그때부터는 어느 누구의 말도 들으려고 하지 않게 되는 것입니다. 그래서 은혜를 받으려면 제대로 받아야지 엉터리로 받으면 안 됩니다. 그러면 제대로 은혜를 받은 표시가 무엇입니까? 그것은 바로 겸손입니다. 특히 하나님의 은혜에 더 주리고 목말라하면서 결코 자기 자랑을 하려고 하지 않습니다. 결국 예루살렘 사람들이 하나님으로부터도 버림을 당하고 이방인들로부터도 버림을 당하는 것은 고기가 너무 질겼기 때문입니다.

하나님이 이 말씀을 하시는 순간 그 이십 오인의 지도자 중에서 한 사람이 즉시 죽었습니다.

"이에 내가 예언할 때에 브나야의 아들 블라댜가 죽기로 내가 엎드리어 큰 소리로 부르짖어 가로되 오호라 주 여호와여 이스라엘의 남은 자를 다 멸절하고자 하시나이까? 하니라"(13절).

에스겔이 예언을 한다고 할 때 이것은 환상 중에 하는 것이기 때문에 예루살렘 이십 오인이 들을 수 없었을 것입니다. 그러나 그 말씀을 할 때 에스겔이 알고 있던 두 사람 중의 한 명 블라댜라는 사람이 그 자리에서 죽어버렸습니다. 이것은 실제로 죽은 것입니다. 이것은 하나님의 진노가 얼마나 크시며 급하신지 보여주는 것입니다. 우리는 모르고 있지만 하나님은 정말 우리 인간들에 대하여 참고 계십니다. 하나님이 참으셨기 때문에 우리가 지금 이렇게 살아서 은혜를 받고 있는 것입니다. 사실은 그 이십오 인이 다 죽어야 하는데 하나님은 하나만 죽게 하셨습니다. 아마도 심장마비로 죽었을 것입니다. 그러나 다른 이십사인은 이 한 사람이 왜 죽었는지 알지 못하고 있었습니다.

하나님 앞에서 진정으로 안정된 자

지금 에스겔과 함께 바벨론에 포로로 잡혀온 자들은 아무 것도 가진 것이 없는 사람들이었습니다. 그들은 바벨론에서 말도 통하지 않았고 집도 없었고 농사도 지을 땅도 없었고 장사를 할 밑천도 없었습니다. 거기에 비하여 예루살렘에 있는 자들은 모든 안정된 삶을 다 누리고 있었습니다.

이것에 대하여 하나님은 이렇게 말씀하셨습니다.

> "여호와의 말씀이 내게 임하여 가라사대 인자야 예루살렘 거민이 너의 형제 곧 너의 형제와 친속과 이스라엘 온 족속을 향하여 이르기를 너희는 여호와에게서 멀리 떠나라. 이 땅은 우리에게 주어 기업이 되게 하신 것이라 하였나니"(14-15절).

에스겔과 그의 일행들이 바벨론에 붙들려올 때 예루살렘에 남아 있는 형제와 친척과 다른 예루살렘 사람들은 이들에게 말하기를 '여호와를 멀리 떠나라'고 소리를 질렀습니다. 왜냐하면 아무리 하나님을 믿어 봐야 소용이 없고 하나님께서 너희들을 버리셨기 때문에 아예 이제는 완전히 하나님을 버리라고 소리를 질렀습니다. 그리고 다시는 돌아올 생각을 하지 말라고 했습니다. 그들이 돌아오지 않아야 그들의 집이나 땅이 영구적으로 자기의 것이 되기 때문입니다.

그런데 여기서 포로로 붙들려간 사람들에게 하나님의 놀라운 축복이 나타나게 됩니다.

첫째는 포로가 그들에게서 우상을 버리는 하나님의 치료 과정이었습니다.

"그들이 그리로 가서 그 가운데 모든 미운 물건과 가증한 것을 제하여 버릴 찌라"(18절).

이스라엘 자손들에게 있어서 우상이 얼마나 뿌리가 깊었는가 하면 그들이 가지고 있는 모든 재산과 명예와 성전과 젊음을 다 잃고 바벨론 포로 70년을 했을 때 비로소 우상이 그들의 머리에서 빠지게 되었습니다. 우상이라고 하는 것이 그만큼 그들에게 깊이 인이 박힌 것입니다. 우리는 이 세상에서 하나님이 기뻐하시지 않는 것들을 겁도 없이 가까이 할 때가 많이 있습니다. 하나님께서 기뻐하시지 않는 이성 교제나 하나님이 기뻐하시지 않는 술 습관이나 하나님이 기뻐하시지 않는 죄스러운 관계나 직업들을 가집니다. 그러면서 언젠가는 마음만 먹으면 정리가 될 것이라고 생각합니다. 그러나 무서운 것은 아무리 마음을 먹어도 이런 것들은 떨어져 나가지 않습니다. 오히려 더 맹렬한 기세로 우리들에게 덤벼들어서 우리 안에 있는 선한 의지를 꺾어버리고 죄의 종으로 만들어버리는 것입니다. 우리 안에 있는 죄의 뿌리를 캐내려면 돈 손해보고 명예 손해보고 주위에 있는 사람들로부터 무시나 불신을 당하는 것은 무시해야 합니다. 오직 하나님의 말씀에 모든 것을 다 걸어버릴 때 가능하게 됩니다. 그러면 우리의 영혼은 다시 회복 될 수 있습니다. 우리는 이 세상에서 성공하는 것에 집착할 것이 아니라 죄를 끊어내는 일을 해야 진정으로 성공할 수 있습니다. 성경은 죄는 모든 모양이라도 버리라고 했습니다. 우리는 자기가 누리고 있는 것을 다 유지하면서 절대로 우상을 버릴 수 없습니다. 예수님께서는 오른 눈이 범죄케 하거든 오른 눈을 뽑아버리라고 하셨고 오른 손이 범죄케 하거든 오른손을 잘라버리라고 말씀하셨습니다. 우리에게 있어서 하나님께서 기뻐하시지 않는 것이 있으면 오른 눈을 파내어야 하고 오른 손을 스스로 잘라버려야 합니다. 이것은 하나님 앞에서 무서울 정도로 가감한 결단을 내리는 것입니다.

그러면 하나님께서 어떻게 하여 주십니까?

"그런즉 너는 말하기를 주 여호와의 말씀에 내가 비록 그들을 멀리 이방인 가운데로 쫓고 열방에 흩었으나 그들이 이른 열방에서 내가 잠간 그들에게 성소가 되리라 하셨다 하고"(16절).

하나님께서는 이스라엘 자손들이 포로로 붙들려간 그곳에서 성소가 되어주시겠다고 말씀하셨습니다. 어떻게 성전도 없는데 성소가 되어주실 수 있겠습니까? 눈에 보이는 제사만 없지 하나님의 말씀과 기도 응답과 기적적인 보호가 있게 되는 것입니다. 이스라엘 백성들은 바벨론에 포로 되어간 곳에서 하나님을 다시 찾게 됩니다. 어떤 사람은 아무리 집에서는 교회를 가라고 해도 가지 않다가 군대가서 하나님을 만나는 사람도 있고 어떤 사람은 외국에 공부하러 가서 하나님을 만나는 사람들도 있습니다. 그 이유가 무엇입니까? 인간들은 너무나도 미련하여서 절박하지 않으면 하나님을 찾지 않기 때문입니다. 오로지 어려움을 당해서 마음이 곤고해져야 비로소 하나님을 찾게 됩니다.

　세 번째는 그때 하나님은 우리에게 진정으로 안정된 삶을 주시는 것입니다.

　　　"너는 또 말하기를 주 여호와의 말씀에 내가 너희를 만민 가운데서 모으며 너희를 흩은 열방 가운데서 모아 내고 이스라엘 땅으로 너희에게 주리라 하셨다 하라"(17절).

　하나님은 흩어진 자들을 모으시고 그들에게 진정한 이스라엘 땅을 주시는 것입니다. 이제는 어느 누구도 이들을 흩을 수 없고 사로잡아 갈 수 없는 완전한 하나님의 땅을 주십니다. 그 이유가 어디에 있습니까? 그들의 마음이 진정으로 믿음으로 변했기 때문입니다.

　하나님께서 바벨론에 포로 된 자들에게 행하실 놀라운 일들은 눈에 보이는 것이 아닙니다. 모두 눈에 보이지 않지만 복을 받는데 진정으로 중요한 것들입니다.

　　　"내가 그들에게 일치한 마음을 주고 그 속에 새 신을 주며 그 몸에서 굳은 마음을 제하고 부드러운 마음을 주어서 내 율례를 좇으며 내 규례를 지켜 행하게 하리니 그들은 내 백성이 되고 나는 그들의 하나님이 되리라"(19-20절).

　우리에게 가장 중요한 하나님의 은혜가 있다면 그것은 돌같이 딱딱한 마음을 없애고 아주 살같이 부드러운 마음을 주셔서 마음이 하나님 앞에서 굳어지지 않게 하시는 것입니다. 예수님은 이것을 옥토와 같은 마음이라고 하셨습니다. 하나님께서 우리를 강제로 믿게 하시려고 하셨으면 얼마든지 그렇게 하실 수 있으셨을 것입니다. 그러나 하나님은 강제로 믿는 것을 원치 않으십니다. 우리에게 말씀으로 찾아오실 때 우리가 스펀지가 물을 빨아들이듯이 그 말씀을 받아들여야 합니다.

그러나 길가 같은 마음이나 돌짝밭 같은 마음이나 가시덤불 같은 마음은 하나님의 말씀을 전적으로 받아들이지 않습니다. 반만 받아들이든지 아니면 아예 거부해버리기 때문에 우리 마음에 하나님의 능력이 들어올 수가 없는 것입니다. 그러나 바벨론에 포로 된 자들은 모든 것을 다 잃어버렸을 때 하나님의 말씀을 잡으니까 양심이 살아나게 된 것입니다. 눈에서 눈물이 살아나게 되었고 하나님의 말씀에 '아멘'으로 화답할 수 있게 되었습니다.

이것이 돈 수천억을 버는 것보다 얼마나 더 큰 복인지 아셔야 합니다. 이제는 일치된 마음을 주셔서 다시는 두 가지를 좇지 않습니다. 오직 하나님이 주시는 것만으로 만족하는 것입니다. 우리는 두 마리 토끼를 좇으면 안 됩니다. 오직 하나님만 좇아가야 합니다. 그러면 복도 받고 죄에도 빠지지 않을 수 있습니다.

그러나 이런 훈련을 받기 싫어서 그대로 예루살렘에 남아서 돈도 움켜쥐고 땅도 움켜쥐고 있는 사람들은 하나님께서 철저하게 그 죄를 갚을 것이라고 말씀하셨습니다.

"그러나 미운 것과 가증한 것을 마음으로 좇는 자는 내가 그 행위대로 그 머리에 갚으리라 나 주 여호와의 말이니라"(21절).

이 사람들은 이 세상에서 안정된 삶을 포기하기 싫어서 바벨론 포로 생활을 저주하고 오직 예루살렘의 부와 땅에 집착하던 사람들을 말합니다. 그 사람들은 모두 예루살렘에서 끌려 나와서 국경에서 죽었습니다.

오늘 우리들은 이 세상을 바벨론 포로 생활하듯이 사셔야 합니다. 안정된 집이 있고 수입이 있고 직장이 있는 분들은 그것을 믿지 마시기 바랍니다. 왜냐하면 그것이 우리를 교만하게 만들고 자만하게 만들기 때문입니다. 우리는 그저 매일매일 하나님이 주시는 만나로 살아야 합니다. 그렇다면 우리는 다 똑같은 것입니다. 우리는 더 잘난 사람도 없고 더 못난 사람도 없습니다. 우리의 미래는 현재 우리가 가진 것이나 미래에 대한 우리의 생각에 달려 있지 않고 하나님께 달려 있습니다. 우리가 세상에서 우상을 버리고 죄를 버리며 하나님께서 기뻐하시지 않는 것들을 버릴 때 하나님은 우리의 가마솥이 되어주셔서 절대로 안전할 수 있습니다. 성도 여러분 대도시의 아파트나 우리의 직장이나 수입이 우리의 안전을 영원히 지켜주지 못합니다. 그러므로 우리는 하나님만 의지하고 거룩하게 살아야 합니다. 우리가 행복하게 사는 법은 많은 것을 손해 보더라도 우리 몸에서 굳은 마음을 제하고 부드러운 마음을 가지는 것입니다. 하나님 앞에서 정결한 마음을 되찾을 때 하나님이 우리의 가마가 되어주시고 솥뚜껑이 되어주셔서 우리를 끝까지 지켜주실 것입니다.

10

|겔 12:1-28|

이사하는 에스겔

어렸을 때에는 이사하는 것이 친구들 앞에서 큰 자랑거리였습니다. 왜냐하면 맨날 똑같은 집에서 지겹게 살다가 다른 곳으로 이사를 한다는 것은 너무나도 기대가 되고 신이 나는 일이었기 때문입니다. 그러나 부모들의 입장에서는 성공해서 더 크고 좋은 집으로 이사를 가는 거야 얼마든지 좋은 일이지만 사업에 망해서 살림을 줄여야 하거나 혹은 더 형편없는 곳으로 도망을 치듯 이사를 해야 할 때에는 너무나도 절망적일 것입니다.

저는 어렸을 때 부모님이 한번씩 이사를 할 때마다 집이 형편없어지는 것을 보았습니다. 처음에는 도심지의 우리 집에서 살았는데 나중에는 아주 변두리의 우리 집에서 살았고 그 다음에는 많은 사람들이 같이 사는 집에 세 들어 살았고 그 다음에는 땅보다 더 낮은 움막 같은 집에서 살았고 그 다음에 서울에 올라올 때에는 손에 든 가방이 가진 것 전부였습니다.

오늘 말씀은 에스겔이 바벨론에 포로 된 곳에서 어떤 연기를 하는 것을 보여주고 있습니다. 에스겔의 연기는 누군가가 이사를 하는 장면이었습니다. 그런데 그것도 정상적인 이사가 아니고 밤에 성벽에 구멍을 뚫고 몰래 도망을 치는 야반도주의 장면이었습니다. 포로 된 사람들은 도대체 에스겔이 하는 짓이 무엇인지 물끄러미 구경만 하고 있었습니다. 그리고 구경하는 사람들 중에 어떤 사람은 에스겔에게 '당신이 하는 짓이 무엇이오?' 라고 묻는 자도 있었습니다. 그것에 대한 에스겔의 대답은 'I don't know' 였습니다. 왜냐하면 하나님께서는 이러이런 연기만 하라고 하셨지 그것이 무슨 뜻인지 설명을 해주시지 않으셨기 때문입니다. 포로로 잡혀온 자들은 밤에 생각을 해 보게 되었습니다. '도대체 에스겔이 하는 짓이 무슨 뜻일까? 우리더러 또 다른 곳에 이사하게 될 테니까 이삿짐을 꾸려놓으라는 뜻일까? 아니면 자기 혼자 우리를 버려두고 어디론가 다른 곳으로 간다는 뜻일까? 그런데 그 다음날 하나님의 말씀이 임했습니다. 에스겔의 연기에서 이사하는 사람들은 다른 사람이 아니라 지금 예루살렘 왕이었습니다. 결국 이사하는 사람은 유다 백성들이 그렇게 믿었던 시드기야 왕이었고 그는 결국 바벨론에 망해서 몰래 도망을 치다가 붙들리는 신세가 되고 맙니다. 왜 하나님께서는 시드기야의 야반도주를 이렇게 중요하게 취급하시는 것일까요? 그 이유는 시드기야는 유다의 마지막 왕이었고 가장 중요한 시기에 백성들을 바른 길로 인도해야 할 책임이 있는 사람이었기 때문입니다. 나라는 어떤 정파나 어떤 개인적인 신념을 떠나서 누구든지 지켜야 하고 국민들을 살릴 수 있는 길로 인도를 해야 합니다. 그러나 시드기야는 이 중요한 시기에 예루살렘의 유력한 사람들의 말만 듣고 자기 자리를 유지하기 위해서 하나님의 말씀대로 나아가지 않았습니다. 결국 이것은 모든 국민을 망하게 하는 것이었고 국민들을 속인 것이었습니다. 유다의 왕은 다른 사람이 뭐라고 말해도 국민들이 살 수 있는 결단을 내려야만 했습니다. 즉 아무리 권력 있는 자들이 뭐라고 해도 아닌 것은 아니라고 하고 옳은 것은 옳다고 했어야 하는 것입니다. 시드기야는 예루살렘의 강경파들의 눈치만 보고 그들의 입장만 대변했습니다. 그 결과 나라가 망하니까 벽을 뚫고 도망을 치다가 붙들려서 바벨론 왕 앞에서 눈알이 다 뽑히고 쇠사슬에 묶여서 바벨론으로 끌려오게 되고 말았습니다.

　이것은 지금 우리나라의 상황과 아주 비슷합니다. 지금 우리나라의 처지는 정파나 개인적인 신념을 떠나서 온 국민의 마음이 하나가 되어서 나라를 지켜야 하고 이 위기를 극복을 해야 합니다. 그러나 지도자들은 자기 정파의 이익에 따라서 온갖 소리를 다하고 온갖 짓을 다 하다가 나중에 나라가 위기에 빠지게 되면 나 몰라라 하고 도망치게 될 것입니다. 그래서 우리는 사람을 믿는 것이 얼마나 어리석은지 알아야 합니다. 지금이라도 살려고 하면 하나님의 말씀을 잡아야 하는 것입니다.

에스겔에게 임한 하나님의 말씀

1절에 "여호와의 말씀이 또 내게 임하여 가라사대"라고 했습니다. 여기에 보면 선지자들은 '하나님의 말씀이 자기에게 임하는 것'을 느낄 수가 있었다는 것을 알 수 있습니다. 우리에게 하나님의 말씀이 임하는 것을 느끼는 것이 아주 중요합니다. 왜냐하면 우리도 하나님의 말씀을 듣기 전에는 다른 사람들과 별로 다를 바가 없기 때문입니다. 우리도 다른 사람들과 마찬가지로 고민하고 불안해하고 두려워하고 인간적인 생각에 빠질 때가 많은 것입니다. 하지만 강력한 하나님의 말씀을 들으면 우리는 갑자기 하나님의 말씀 속으로 빨려 들어가 버립니다. 즉 말씀을 듣기 전의 그 불 신앙적이고 복잡하고 인간적인 생각들은 갑자기 차단되면서 하나님의 말씀이 우리를 붙잡아서 은혜 안으로 끌고 들어가기 시작합니다. 그때 우리는 마음에 두려움과 불안이 사라지면서 하나님의 새로운 계획에 신뢰를 가지게 되고 믿음으로 기뻐하게 됩니다. 결국 우리는 하나님의 말씀을 들으면서 완전히 다른 사람으로 변해버리게 됩니다. 이것은 하나님의 말씀 속에 힘이 있고 생명이 있기 때문입니다.

하나님께서는 에스겔에게 '너는 패역한 족속 중에 있다' 고 말씀하셨습니다.

"인자야 네가 패역한 족속 중에 거하도다. 그들은 볼 눈이 있어도 보지 아니하고 들을 귀가 있어도 듣지 아니하나니 그들은 패역한 족속임이니라"(2절).

여기서 '패역하다' 는 것은 말을 전혀 듣지 않고 너무나도 고집불통이라는 뜻입니다. 하기야 많은 젊은 사람들이 포로로 붙들려 왔기 때문에 기분이 좋을 리도 없고 또 무슨 교양 있는 행동을 해야 할 이유도 없을 것입니다.

전쟁이 터지거나 혹은 사회적인 큰 사건이 터지면 사람들은 자기 안에 억제하고 있던 야수 같은 본성을 터트려버립니다. 그래서 소리를 지르지 않던 사람들도 소리를 지르고 남의 물건을 약탈하기도 하고 공공건물을 부수기도 하면서 무엇인가 그동안 자기 안에 억눌려 있던 불만을 폭발시키는 것입니다. 그런 사람들은 아무리 질서를 지키라고 말을 해도 듣지 않고 오히려 더 소리를 지르면서 난폭하게 날뛰게 되는 것입니다. 요즘도 미국에서 큰 사고가 일어나서 치안의 공백이 생기면 살인하고 약탈하고 방화하는 무리들이 날뛰는 것을 볼 수 있습니다.

지금 에스겔과 함께 있는 사람들은 포로로 붙들려 와 있는 사람들이었습니다. 포로로 붙들려 와 있기 때문에 불만이 많이 있을 수도 있고 또 멋대로 행동하고 싶고 자포자기하는 마음도 있을 수 있을 것입니다. 그럼에도 불구하고 그들은 최소한도 신앙을 가진 자들이었습니다. 그들이 아무리 포로로 붙들려 와서 억지로 노동을 하고 있다 하더라도 적어도 신앙인이라면 무엇인가 달라야 하는 것입니다. 하나님의 백성들은 아무리 절망적인 상황에 처한다 하더라도 멋대로 행동을 하거나 어린 아이들처럼 자기 고집만 내세워서는 안 되는 것입니다.

아이들은 집을 떠나서 다른 데로 가면 잘 있다가도 갑자기 '집으로 가자' 고 합니다. 한번 '집으로 가자' 고 떼를 쓰기 시작하면 누가 뭐라고 말을 해도 듣지 않고 고집을 부리면서 울기 시작하는데 결국 집으로 데려가야 울음을 그치는 것입니다. 이런 것이 패역한 것입니다.

물론 하나님께서는 바벨론에 포로로 붙들려 온 유다 백성들이 어렵지 않다고 생각하시는 것은 아니었습니다. 그러나 그들이 기왕 이곳에 포로로 붙들려 왔다면 이곳에서 필사적으로 생각을 해 보아야 했던 것입니다. 즉 우리가 여기에 온 이유가 무엇이었으며 하나님께서 우리에게 원하시는 것이 무엇이냐 하는 것입니다. '눈이 있으면 보아야 하고 귀가 있으면 들어야 하는 것' 입니다. 그들이 여기에 옮겨옴으로 잃어버린 것이 무엇이었습니까? 아마 모든 것이었을 것입니다. 그들은 가장 중요한 자유를 잃었고 가족을 잃었고 직업과 재산을 잃었고 안정되고 행복한 생활 등 모든 것을 다 잃어버렸습니다. 그러면 그들이 과연 바벨론에 붙들려오면서 전혀 유익이 없었을까요? 있었습니다. 그것은 그들에게서 우상이 끊어지게 된 것이었습니다. 그렇다면 그들은 당연이 이렇게 논리적으로 생각을 해 보았어야 합니다. 즉 우리가 가진 모든 자유와 행복을 잃어버리고 이곳까지 와서 우상을 끊어버리게 되었다면 과연 우상을 버리는 것이 이만한 가치가 있는 것일까? 그리고 하나님께서 우리로 하여금 이 정도로 희생을 치르게 하시면서 우상을 끊게 하셨다면 특히 이제 하나님은 우리에게 무엇을 주시려고 하시는 것일까라는 생각을 해 보아야 하는 것입니다. 이제 유다 백성들은 바벨론에서 무조건 고향으로 돌아가겠다고 할 것이 아니라 '영적인 대차대조표'를 만들어 보아야 합니다. 특히 아무것도 가진 것 없는 이 바벨론 땅에서 하나님께서는 우리에게 무엇을 주시려고 하시는 것일까라는 것을 생각을 깊이 해 보아야 하는 것입니다. 그러나 유다 백성들은 완전히 고집불통의 어린 아이들과 같았습니다. 그들은 모두 무조건 고향으로 보내어 달라고 떼를 쓰고 있었고 집으로 가는 것 외에는 아무 것도 생각을 하려고 하지 않았습니다. 그러니까 패역한 백성인 것입니다.

우리는 어떤 상황에 처해 있든지 영적인 대자대조표를 만들어보아야 합니다. 즉 분명히 우리에게 손해를 본 것이 있다면 영적으로 유익을 본 것이 있습니다. 그렇다면 우리가 금전적으로나 시간적으로 손해를 본 것은 영적인 유익을 위해서 그만큼 치를만한 가치가 있는 것입니다. 우리는 분명히 더 이익을 보고 있는 것이며 하나님은 우리를 분명히 더 나은 길로 인도하실 것이라는 것을 믿어야 합니다.

이사하는 에스겔

결국 고집부리면서 떼를 쓰는 아이들의 관심을 돌리려면 무엇인가 새로운 행동을 보여주는 수밖에 없습니다. 하나님께서는 에스겔에게 이삿짐을 싸서 이사하는 모습을 유다 사람들에게 보여주라고 했습니다.

> "인자야 너는 행구를 준비하고 낮에 그들의 목전에서 이사하라. 네가 네 처소를 다른 곳으로 옮기는 것을 그들이 보면 비록 패역한 족속이라도 혹 생각이 있으리라"(3절).

최근에 유다 백성들은 에스겔에게서 이상한 점을 많이 발견하게 되었습니다. 그것은 그에게 하나님의 신이 임하시는데 환상 가운데 예루살렘의 일을 정확하게 보는 것이었습니다. 에스겔은 전혀 예루살렘에 가지 않았는데도 예루살렘 성전에서 되어지는 것을 정확하게 알고 있었습니다. 심지어는 누가 죽었다고 하는데 보니까 진짜 그 사람이 그 시간에 죽은 것을 알 수 있었습니다. 또 하나는 에스겔이 이상한 행동을 하고 비유를 말하는데 그것이 다 하나님의 뜻이 들어 있는 것이었습니다. 그래서 포로 되어온 유다 백성들에게 유일하게 재미있는 것은 에스겔이 하는 말이고 행동이었습니다. 그것 외에는 아무 것도 재미있거나 새로운 것이 없었습니다. 적어도 그들이 에스겔의 말을 듣거나 그가 하는 연기를 볼 때에는 포로 생활의 따분함을 잊을 수 있었습니다. 그런데 이번에 하나님이 하라고 하신 것은 이삿짐을 싸서 이사를 하라는 것이었습니다. 지금 포로 된 자들에게 가장 관심거리는 이사하는 것이었습니다. 아마도 누군가가 '당장 보따리를 싸서 예루살렘으로 돌아가자' 라고 하기만 하면 당장이라도 소리를 지르면서 보따리를 싸 가지고 나왔을 것입니다. 그렇게 하지 못하는 것은 바벨론 왕이 겁이 나서 못할 뿐이었습니다. 그럼에도 불구하고 에스겔은 겁도 없이 이삿짐을 싸가지고 이사를 합니다. 이것은 포로로 잡힌 사람들의 관심을 충분히 끌만한 것이었습니다.

하지만 에스겔의 이사는 이상한 이사였습니다.

> "너는 낮에 그 목전에서 네 행구를 밖으로 내기를 이사하는 행구 같이 하고 저물 때에 너는 그 목전에서 밖으로 나가기를 포로되어 가는 자 같이 하라. 너는 그 목전에서 성벽을 뚫고 그리로 좇아 옮기되 캄캄할 때에 그 목전에서 어깨에 메고 나가며 얼굴을 가리우고 땅을 보지 말찌어다. 이는 내가 너를 세워 이스라엘 족속에게 징조가 되게 함이니라 하시기로"(4-6절).

에스겔의 이사는 정상적인 이사가 아니라 야반도주였습니다. 즉 낮에 몰래 이삿짐을 꾸려 놓았다가 밤에 성벽을 뚫고 또 얼굴도 가리운 채로 남모르게 도망을 치는 이사였습니다.

이것을 이스라엘 백성들은 이해할 수가 없었습니다. 왜냐하면 자기들은 이미 모든 것을 다 잃고 붙들려 왔기 때문에 더 이상 야반도주할 필요가 없었습니다. 그리고 이미 얼굴도 다 팔려버렸고 볼장도 다 봐버렸기 때문에 얼굴을 가리고 변장할 필요가 없었습니다. 그러면 도대체 지금 이 에스겔이 이사를 하는 것은 누구를 말하는 것일까요? 이것을 알 수가 없었습니다. 그래서 어떤 사람들은 에스겔에게 물어보았습니다. '도대체 지금 이사하는 것이 무엇을 말하는 것이냐?'고. 그러니까 에스겔은 자기도 모른다고 대답을 했습니다. 왜냐하면 하나님께서는 이렇게 하라고 하기만 하셨지 그 이유는 설명하지 않으셨기 때문입니다. 그래서 포로 된 백성들과 에스겔은 모두 밤에 생각을 하게 되었습니다. 분명히 하나님께서는 누군가가 이사하는 것을 보여주셨는데 도대체 이 이사하는 사람이 누굴까? 그리고 왜 이 사람은 밤에 변장을 하고 도망을 치듯이 이사를 하는 것일까? 모두 밤새 생각을 해 보게 되었습니다.

"이튿날 아침에 여호와의 말씀이 또 내게 임하여 가라사대 인자야 이스라엘 족속 곧 그 패역한 족속이 네게 묻기를 무엇을 하느냐 하지 아니하더냐?"(8-9절).

하나님께서 아무 말씀도 하시지 않고 에스겔에게 이사하는 일종의 퍼포먼스를 행하게 하신 것은 포로로 잡혀 온 자들로 하여금 생각하게 하시는 것이었습니다. 그들로 하여금 무조건 집으로 데려 달라고 떼를 쓸 것이 아니라 이곳에서의 하나님의 뜻이 무엇인지 생각해보라는 뜻이었습니다.

"너는 그들에게 말하기를 주 여호와의 말씀에 이것은 예루살렘 왕과 그 가운데 있는 이스라엘 온 족속에 대한 예조라 하셨다 하고 또 말하기를 나는 너희 징조라 내가 행한대로 그들이 당하여 사로잡혀 옮겨갈지라. 무리가 성벽을 뚫고 행구를 그리로 가지고 나가고 그 중에 왕은 어두울 때에 어깨에 행구를 메고 나가며 눈으로 땅을 보지 아니하려고 자기 얼굴을 가리우리라 하라. 내가 또 내 그물을 그의 위에 치고 내 올무에 걸리게 하여 그를 끌고 갈대아 땅 바벨론에 이르리니 그가 거기서 죽으려니와 그 땅을 보지 못하리라. 내가 그 호위하는 자와 부대들을 다 사방으로 흩고 또 그 뒤를 따라 칼을 빼리라"(10-14절).

밤에 몰래 이사하는 사람은 예루살렘 왕 시드기야였습니다. 백성들에게는 예루살렘은 절대로 망하지 않으며 자기는 끝까지 성을 지킨다고 큰 소리를 쳐놓고 밤에 자기는 변장을 하고 성벽 비밀 통로로 도망을 쳤던 것입니다.

그러나 시드기야는 도망치다가 붙들려옵니다. 왜냐하면 하나님께서 그물을 쳐 놓으셨고 올무를 두셨기 때문에 도저히 그 올무를 빠져나갈 수가 없는 것입니다. 그를 호위하던 자들은 모두 다 도망을 쳐버리고 결국 시드기야는 느부갓네살 앞에 끌려와서 자기 자식들이 다 죽는 것을 직접 보고 그 다음에 눈알은 빼어져서 바벨론으로 끌려갔던 것입니다.

이것을 통해서 알 수 있는 것은 우리가 사람의 말을 믿는 것이 얼마나 어리석은가 하는 것입니다. 우리를 지켜주는 것은 하나님의 말씀이지 위정자의 말이 아닙니다. 그럼에도 불구하고 예루살렘 사람들은 시드기야의 말을 철석같이 믿었습니다. 오히려 하나님의 말씀보다 더 믿었습니다. 그 결과가 무엇입니까? 다같이 함께 멸망하는 것이었습니다.

저의 경험에 의하면 과거에 마치 자신이 무엇인가 책임질 것처럼 큰 소리를 치는 사람들을 만난 적이 있었습니다. 저는 그 사람들을 믿지 않았습니다. 왜냐하면 그 사람들은 결국 다른 사람들을 이용하기만 하고 버리는 자들이기 때문입니다. 우리는 누군가 다른 사람들이 우리의 미래를 책임져줄 것처럼 큰 소리를 칠 때 그런 사람을 멀리 해야 합니다. 비록 그렇게 해서 고생을 하는 일이 있다 하더라도 그것이 미래를 위해서 훨씬 더 안전한 길입니다. 왜냐하면 그런 사람들은 다 자기가 책임지지 못할 말을 하는 사람들이기 때문입니다. 욕심을 가진 정치인들은 백성들을 지켜주지 못합니다. 결국 국민들을 지키는 것은 하나님이시지 왕이 아니었습니다. 지금도 정치인들이 아무리 떠들어대어도 그들은 국민들을 지킬 수 없습니다. 그럼에도 불구하고 사람들은 그런 사람의 말에 솔깃해하는 이유가 무엇일까요? 자기 안에 욕심이 있기 때문입니다. 욕심을 가진 사람은 결국 다른 사람에게 이용을 당할 수밖에 없습니다. 그러니까 결국 같은 한 통속이니까 그런 말에 속아 넘어가는 것입니다. 하나님께서 시드기야를 심판하신 이유가 어디에 있습니까? 그가 예루살렘 안에 강경파의 손에 붙들려서 백성들이 하나님께로 돌아올 수 있는 마지막 기회를 빼앗았기 때문입니다. 이것이 시드기야가 백성들을 속인 것입니다. 그는 백성들에게 '내가 할 수 없는 것은 할 수 없다'고 말해야 했습니다. 아무리 강경파 사람들이 싫어하고 대어들어도 하나님의 뜻대로 밀어 붙였더라면 이렇게 많은 사람들이 죽거나 자기 자신도 이렇게 비참하게 되지는 않았을 것입니다. 시드기야에 대한 하나님의 뜻은 죗값을 받는 것이었습니다. 즉 지금까지 우상 숭배를 한 죄로 바벨론에 항복하라고 했으면 항복을 하는 것입니다. 그러나 예루살렘 안의 강경파들은 항복에 대하여 절대 반대였습니다. 왜냐하면 엄청난 돈과 집이나 재산을 손해 보기가 싫었기 때문입니다.

그러면 왜 하나님께서는 이 중요한 사실을 예루살렘 사람들에게 보여주지 않고 포로 되어온 자들에게 보여주시는 것일까요? 그것은 하나님께서는 이미 예루살렘 사람들에게는 기대할 것이 없다고 판단하셨기 때문입니다. 지금 에스겔과 함께 있는 자들은 이미 보따리를 싸가지고 붙들려온 사람들입니다. 이것은 우리가 보따리 장사와 자기 점포를 가지고 장사하는 사람을 비교하면 알 것입니다. 행상하는 사람은 그야말로 하루 벌어서 하루 먹는 사람들입니다. 그들에게 있어서 먼 미래라고 하는 것은 없습니다. 만일 그 날에 물건이 팔리지 않으면 팔던 것을 먹는 수밖에 없습니다. 거기에 비해서 백화점이나 큰 빌딩에 자기 소유의 점포가 있는 사람들은 상당히 부자입니다. 물건이 잘 팔릴 때 수익은 보따리 장사에 비교가 되지 않을 것입니다.

학교에서도 시간 강사는 보따리 장사입니다. 아무리 여기저기 시간을 얻어서 돌아다녀도 별로 버는 것이 없습니다. 거기에 비해서 정교수가 되면 수입이 비교가 되지 않고 또 학교의 모든 보직을 다 차지하게 됩니다. 또 몇 년에 한번씩 외국에 연구년을 얻어서 갈 수도 있습니다. 결국 오늘 우리나라 사람들이 그렇게 붙잡으려고 하는 것은 '안정된 삶' 입니다. 그러나 우리는 이 안정된 삶 안에 얼마나 무서운 독이 들어 있는지 모르고 있습니다. 하나님께서는 과거 광야에 있는 이스라엘 백성들을 가나안 땅으로 인도하셨습니다. 과거에 보따리 장사하던 자들에게 엄청난 생활의 안정을 주신 것이었습니다. 그런데 그들은 안정된 생활 가운데 우상의 독을 마셨습니다. 그래서 하나님께서는 그들을 다시 광야로 내몰아서 우상의 독을 빼내시려고 하시는 것입니다. 그러면 그들이 이 광야에서 되찾아야 할 것이 무엇이겠습니까? 그것은 결국 하나님 자신입니다. 하나님은 유다 백성들로 하여금 진정한 하나님을 다시 만나고 되찾도록 하기 위해서 이번에는 바벨론이라는 광야로 내모신 것입니다. 그러면 어떻게 해야 하나님을 도로 찾을 수 있습니까? 이제는 예루살렘의 모든 것을 다 잊어버려야 합니다. 왜냐하면 예루살렘은 모두 우상으로 중독이 되어 있었기 때문입니다. 하나님께서 유다 백성들을 바벨론에 잡아오신 것은 예루살렘의 금단 증세를 자기 힘으로는 이길 수가 없었기 때문입니다. 그래서 하나님께서는 바벨론의 느부갓네살을 고용하셔서 유다 백성들을 강제로 수용하신 것입니다. 그들이 해야 할 것은 가만히 수용되어서 잘 있는 것입니다. 주는 밥 먹고 주는 말씀 듣고 가만히 있는 것이 가장 잘 하는 것입니다. 저는 예수 믿으면서 가장 힘든 것은 아무 것도 하지 않고 가만히 있는 것이라는 것을 알게 되었습니다. 요즘 모든 사람들은 무엇인가 하지 않으면 미쳐서 죽을 지경입니다. 이것이 모두 예루살렘의 우상에 중독이 되어서 그런 것입니다. 우리는 하나님 앞에서 가만히 있을 수 있어야 합니다. 누가 아무리 충동질을 하더라도 끝까지 주는 말씀 들으면서 가만히 기다릴 때 하나님의 뜻이 이루어지게 되는 것입니다.

너무 늦게 깨닫는 사람들

하나님께서는 예루살렘 사람들에게 무엇이라고 말씀하고 있습니까?

> "내가 그들을 이방인 가운데로 흩으며 열방 중에 헤친 후에야 그들이 나를 여호와인줄 알리라"(15절).

얼마나 이스라엘 자손들이 미련한가 하면 하나님께서 그렇게 선지자들을 보내어서 목이 터져라고 외쳐도 듣지 않다가 모두 다 망한 후에 심지어 다 죽고 포로로 붙들려 간 후에 그때서야 여호와를 알게 된다고 했습니다. 즉 그때 가서야 하나님의 말씀을 믿게 되는 것입니다. 왜 이스라엘 백성들은 이렇게 늦게 깨달을 수밖에 없을까요? 그것은 욕심과 야망이 그들의 눈을 가려서 앞을 보지 못하게 만들었기 때문입니다. 지금도 마찬가지입니다. 지금도 사람들은 아무리 하나님의 말씀을 가지고 이야기를 해도 잘 믿으려고 하지 않습니다. 왜냐하면 사람들이 알아주고 인정해주는 것은 그것이 아니기 때문입니다.

사람들은 모두 눈에 보이는 것만 가지고 사람들을 평가하고 판단을 합니다. 그러나 믿음으로 사는 사람은 겉으로 나타나는 것이 없으니까 사람들이 알아주지 않고 무시하고 때로는 짓밟힐 때도 있습니다. 그러니까 사람들이 믿음으로 살기 싫어하는 것입니다. 결국 살게 되는 사람은 아주 소수입니다.

"그러나 내가 그 중 몇 사람을 남겨 칼과 기근과 온역을 벗어나게 하여 그들로 이는 이방인 중에 자기의 모든 가증한 일을 자백하게 하리니 그들이 나를 여호와인줄 알리라"(16절).

지금 에스겔과 같이 있는 포로들은 죽으라고 예루살렘에 갈 날만 기다리고 있었습니다. 그런데 얼마 있지 않아서 에스겔이 말한 대로 예루살렘은 함락되고 시드기야는 도망을 치다가 붙들리고 남은 사람들이 거의 다 죽고 일부만 다시 그들이 있는 곳으로 붙들려오고 있다는 소식을 듣게 되는 것입니다. 그들이 오면 자기들이 행했던 모든 죄를 다 이야기를 하게 될 것입니다.

이 정도로 자기들의 죄를 이야기할 수 있는 사람은 대단한 믿음을 가진 사람들입니다. 그러나 거의 대부분의 사람들은 이 정도로 망한 후에도 자기들이 왜 망했는지 모르고 안다고 해도 인정하려고 하지 않습니다.

이것을 보면 사람들은 얼마나 헛된 것을 사모하고 기다리는지 모릅니다.

오늘 우리에게 중요한 것은 하나님의 말씀에 순종하는 공동체를 만드는 것입니다. 다른 사람들보다 좀 더 잘 살지 못하고 돈을 더 많이 벌지 못하고 덜 유명하게 되어도 철저한 말씀의 교회를 만드는 것이 사는 길인 것입니다.

하나님께서는 에스겔에게 두 가지를 요구하셨습니다.

하나는 그가 음식을 먹으면서도 놀라고 떨면서 먹으라고 하신 것입니다.

> "여호와의 말씀이 또 내게 임하여 가라사대 인자야 너는 떨면서 네 식물을 먹고 놀라고 근심하면서 네 물을 마시며 이 땅 백성에게 말하되 주 여호와께서 예루살렘 거민과 이스라엘 땅에 대하여 이르시기를 그들이 근심하면서 그 식물을 먹으며 놀라면서 그 물을 마실 것은 이 땅 모든 거민의 강포를 인하여 땅에 가득한 것이 황무하게 됨이라"(17-19절).

에스겔은 이제 물을 마시면서도 벌벌 떨고 떡을 먹으면서도 아주 고민을 하면서 먹게 될 것입니다. 왜냐하면 예루살렘 사람들이 그렇게 하지 않기 때문입니다. 지금은 그들이 떨면서 물을 마시고 한숨을 쉬면서 식사를 해야 하는데 그렇게 하지 않고 있었습니다. 그 이유는 아직까지 자신이 있었기 때문입니다. 그들은 얼마든지 싸우려면 싸울 자신이 있었습니다. 그러나 싸울 자신이 있는 것과 실제로 이기는 것은 다릅니다. 실제로 이기는 것은 자신감만으로 안 됩니다. 시합을 하기 전에 아무리 자신감이 있어도 강한 팀을 만나면 질 수 밖에 없는 것입니다. 이스라엘은 하나님이 도와주셔야 합니다. 하나님은 어떤 사람을 도와주십니까? 에스겔같이 하나님의 말씀으로 인하여 두려워 떠는 자입니다. 하나님의 말씀 때문에 물을 마실 때에도 떨고 음식을 먹을 때에도 떠는 그 사람을 하나님은 지켜주셔서 악한 자가 이기지 못하게 하십니다. 하나님은 예루살렘이 강포 때문에 황무하게 된다고 말씀하셨습니다. 예루살렘은 평화의 도성이었습니다. 여기에는 강한 자도 없고 약한 자도 없고 모두 다 서로를 지켜주어야 하는데 역시 세상의 원리가 들어와서 강한 자들이 모든 것을 다 주장하게 되었습니다. 그러면 망하는 것입니다. 세상의 원리가 교회에 들어오면 교회는 더 이상 거룩한 하나님의 도성이 되지 못하고 성공 신화가 판을 치는 우상의 도시가 됩니다.

우리는 교회가 하나님의 말씀의 공동체가 되어야지 세상의 기업체나 회사처럼 되게 해서는 안 됩니다. 예루살렘 사람들은 유다를 주식회사처럼 만들어버렸기 때문에 하나님께서 그들을 버리신 것입니다.

오늘도 많은 교회들이 '시스템'이 잘 된 것을 가지고 자랑을 많이 합니다. 그러나 교회는 회사도 아니고 학원도 아니고 어떤 운동 단체도 아닙니다. 그저 하나님의 말씀을 붙드는 공동체인 것입니다. 그렇게 할 때 하나님이 함께 하시고 지켜주시는 것입니다.

두 번째 유다 백성들은 하나님의 말씀은 효과가 더디거나 없다는 소리를 자주했습니다.

"여호와의 말씀이 또 내게 임하여 가라사대 인자야 이스라엘 땅에서 이르기를 날이 더디고 모든 묵시가 응험이 없다 하는 너희의 속담이 어찜이뇨? 그러므로 너는 그들에게 이르기를 주 여호와의 말씀에 내가 이 속담을 그치게 하리니 사람이 다시는 이스라엘 가운데서 이 속담을 못하리라 하셨다 하고 또 그들에게 이르기를 날과 모든 묵시의 응함이 가까우니"(21-23절).

이스라엘 자손들은 하나님의 말씀은 별로 효험이 없다고 아예 속담을 만들어서 무시했습니다. 그 이유는 하나님의 말씀대로 해도 결과가 빨리 나타나지 않았기 때문입니다. 그 대신에 세상적인 방법이나 미신적인 방법을 썼을 때에는 결과가 아주 빨리 나타났습니다. 왜냐하면 세상적인 방법으로 일을 하기 때문에 일시적으로는 잘 될 수밖에 없었습니다.

오늘도 우리가 신앙 생활하면서 가장 힘들 때가 어떤 경우입니까? 그것은 아무리 하나님의 말씀 붙들고 몸부림을 쳐도 좋은 결과는 잘 나타나지 않는데 세상 적으로 능력이 있거나 재능이 있는 사람들은 믿음의 방법보다는 훨씬 빨리 성공하고 유명해지는 것입니다. 그래서 오늘날도 많은 사람들의 마음속에 '하나님의 말씀대로 믿으면 소용이 없든지 효과가 늦게 나타난다' 는 생각이 지배적인 것 같습니다. 그러나 하나님은 우리의 믿음을 달아보십니다. 즉 우리가 복을 더 좋아하는지 하나님 자신을 더 좋아하는지 달아보시는 것입니다. 결국 하나님의 테스트(test)에 성공한 사람은 복을 넘치도록 받게 됩니다. 그러나 분명히 우리가 생각하는 다른 사람들보다는 늦을 때가 많습니다. 그 이유는 우리로 하여금 그 복을 감당할 수 있는 사람으로 먼저 만드시기 때문입니다. 하지만 우리가 사는 세상에서는 인간의 힘으로는 피할 수 없는 위기들이 있습니다. 그렇지만 우리가 믿음으로 나갈 때 하나님은 그런 불가

피한 위기로부터 우리를 지켜주셔서 망하지 않게 하십니다. 그러나 하나님의 말씀을 무시하고 세상적인 복술이나 아첨의 말을 좋아한 사람들은 그 위기에 다 망하고 마는 것입니다.

> "나는 여호와라. 내가 말하리니 내가 하는 말이 다시는 더디지 아니하고 응하리라. 패역한 족속아 내가 너희 생전에 말하고 이루리라. 나 주 여호와의 말이니라 하셨다 하라"(25절).

하나님의 말씀은 결코 더딘 것이 아닙니다. 때가 되면 반드시 이루어질 것입니다. 우리는 하나님을 붙잡고 있는데도 아무 결과가 없는 것에 대하여 너무 부끄러워하지 말아야 합니다. 어떤 때에는 주위 사람들의 기대나 실망이 우리를 몹시 부끄럽게 할 때가 많이 있습니다. 그러나 우리가 그것을 이기지 못하면 결국 진정한 축복을 잃어버리게 됩니다. 우리는 다시 한번 이 세상에서 부끄러움을 당할 각오를 하고 끝까지 하나님의 말씀을 믿고 그 말씀에 떨고 순종해서 하나님의 영광과 능력과 권세를 되찾는 성도들이 되어야 할 것입니다. 여러분이 그러한 주역이 되시길 바랍니다.

11

| 겔 13:1-23 |

회칠한 담

저에게 아주 가까운 한분이 계셨습니다. 이 분에게 병이 발생했을 때 우리는 병원으로 빨리 모시고 갔었는데 그때 우리는 너무나도 의학적인 지식이 무지했습니다. 만일 우리가 빨리 큰 병원으로 모시고 가서 응급 처치를 잘 했더라면 충분히 사실 수 있게 할 수 있었습니다. 그런데 불행히도 모시고 갔던 작은 병원의 의사는 정직하지도 못했고 실력 있는 의사도 아니었습니다. 소위 말하는 돌팔이 의사였습니다. 옛날에는 이런 분들이 더러 있었던 것 같습니다. 그 분은 너무나도 응급 처지가 필요했는데도 아무 조치도 하지 않고 방치해 버렸기 때문에 거기서 며칠 동안 입원해서 시간만 낭비하는 바람에 결국 돌아가시고 말았습니다. 세월이 많이 흐른 후에도 그것이 너무나도 안타깝고 마음에 큰 고통이 될 때가 많이 있습니다.

일단 사람의 병이라고 하는 것은 그냥 참고 있는다고 해서 저절로 낫지 않습니다. 그리고 병이라고 하는 것은 환자 본인이 무엇을 어떻게 한다고 해서 낳을 수 있는 성질의 것이 아닙니다. 병이라고 하는 것은 우리 자신의 힘으로는 고칠 수도 없고 그것도 의사가 반드시 정확한 지식과 진단을 가지고 치료를 해야 나을 수 있는 것이 병인 것입니다.

우리는 오늘날 다양한 질병의 위협을 받고 살아갑니다. 육체적인 병보다 더 심각한 것이 정신적인 병이고 마음의 병입니다. 이것은 눈으로 보이는 것도 아니고 사진을 찍는다고 해서 나타나는 것도 아닌 것입니다. 겉으로 보기에는 멀쩡한 것 같은데 정상적인 생각을 할 수 없게 만들고 정상적인 행복을 누리지 못하게 만드는 것입니다. 최근 의학은 이런 정신적인 병이나 마음의 병까지 치료를 해 보려고 많은 노력을 기울이고 있습니다. 그러나 사회적으로 더 심각한 것은 도덕적인 병입니다. 요즘 우리는 이런 것을 도덕적 해이(moral hazard)라고 말하는데 우리는 이것이 얼마나 심각한 것인지 느끼지 못할 때가 많습니다.

그런데 이런 도덕적인 병을 사회적인 측면에서 통쾌하게 설명한 사람이 에스겔입니다. 에스겔은 어떤 사회의 도덕을 그 사회를 지키는 성벽으로 보았습니다. 어떤 도시의 성벽에 구멍이 뚫어졌으면 그 도시 사람들은 그 구멍 뚫어진 부분을 다시 공사를 해서 완전히 보수를 해야 놓아야 할 것입니다. 왜냐하면 이미 한번 무너졌던 부분은 다시 또 무너지기 쉽기 때문입니다. 그래서 한번 무너졌던 부분은 완전히 다시 허물어서 기초부터 다시 튼튼하게 공사를 해서 완전하게 해 놓아야 합니다. 그런데 유대 사회의 지도자들은 성벽의 무너진 부분을 합판이나 종이 같은 것으로 막아놓고 그 위에다 성벽인 것처럼 회칠을 해 놓았습니다. 사람들이 보기에는 무너진 성벽이 다시 복구가 된 것 같아서 안심을 하고 살았지만 실제로 성벽은 무너진 그대로였던 것입니다. 나중에 큰 폭풍이 몰아치거나 적이 쳐들어 오면 무너진 성벽은 그대로 뚫어지게 되어서 그 성 전체가 망하게 됩니다.

황무지의 여우

하나님께서는 이 당시 유다의 지도자들을 황무지의 여우라고 말씀하셨습니다.

> "이스라엘아 너의 선지자들은 황무지에 있는 여우 같으니라"(4절).

제 생각에는 짐승들도 하나님 앞에서 불만이 많을 것 같습니다. 왜냐하면 짐승들은 모두 한 가지 특징만 가지고서 도매금으로 넘어갈 때가 많기 때문입니다. 예를 들어서 돼지 같은 경우에는 상당히 머리가 좋은 것으로 알려지고 있습니다. 특히 돼지의 심장은 사람의 심장과 가장 가깝다고 해서 심장병 치료를 위해서 많이 연구되고 있습니다. 그러나 돼지는 주둥이가 앞으로 튀어나오고 비만한 것 때문에 늘 미련하고 먹기만 하는 식용 고기로만 인식되는 것입니다. 그래서 어떤 사람에게 '돼지 같다'고 할 때에는 결코 좋은 표현이 아닌 것입니다 늑대도 마찬가지입니다. 늑대도 자기가 그렇게 생기고 싶어서 생기지는 않았을 텐데 언제나 사납고 공격적이기 때문에 '늑대 같은 남자'라는 비유로 쓰이고 있습니다. 하지만 결코 좋은 뜻은 아닌 것입니다. 그런 점에서 여우도 마찬가지입니다. 여우는 그렇게 사납지도 않고 또 꼬리를 여인들에게 선물하여 아주 따뜻한 목도리로 제공하고 있음에도 불구하고 무엇인가 간사하며 여기 붙었다가 저기 붙었다가 하는 정직하지 못한 짐승으로 인식되어지고 있습니다.

하나님께서는 이 당시 유다의 정신적인 지도자들을 '황무지의 여우' 라고 말씀하고 있습니다. 여기서 말하는 '선지자' 라고 하는 것은 요즘으로 말하면 유대 사회를 정신적으로 이끌어나가는 사람들을 말합니다. 그러면 이 사람들이 '황무지의 여우' 라는 것이 무슨 뜻입니까? 황무지는 그야말로 아무 것도 없는 빈 들판입니다. 거기서 여우 한 마리가 나타나서 놀기를 시작합니다. 빙글빙글 돌기도 하고 높이뛰기도 하고 정신없이 돌아다니면서 너무나도 멋진 쇼를 하고 있습니다. 다른 짐승들은 여우가 펼치는 그 멋진 쇼와 서커스에 정신을 다 빼놓고 구경만 하고 있다가 자기 옆에 서서히 위험이 닥쳐오는 것을 보지 못하고 있는 것입니다. 그 위험이 무엇입니까? 사자나 늑대 같은 맹수가 접근해 오는 것을 보지 못하는 것입니다. 여우는 왜 황무지에서 그렇게 뱅글뱅글 돌면서 재주를 부리고 장난을 칩니까? 자기는 동작이 빠르기 때문에 얼마든지 사자나 늑대에게 붙잡히지 않을 자신이 있기 때문입니다. 그리고 여우는 천성 자체가 꼭 남에게 자주 재주를 자랑해야 하고 인기를 끌어야 하는 무대 체질이기 때문에 그렇게 하는 것입니다. 그런데 문제는 바로 이 여우의 쇼를 구경하는 구경꾼들입니다. 여우가 쇼를 하는 황무지는 아무 것도 없는 들판입니다. 사람이나 다른 짐승들은 해야 할 일이 많이 있기에 여우의 쇼를 보는 것은 하나도 중요한 것이 아닙니다. 모두 자기 집으로 가야하고 장사를 해야 하며 다른 일들을 해야 합니다. 그런데 아무 것도 없는 황무지에서 여우의 장난에 속아서 자기 할 일은 하지 않고 자기에게 위험이 다가오는 것은 느끼지 못하다가 결국 사자나 늑대에게 잡아먹히고 마는 것입니다. 그때 여우는 가면서 무엇이라고 말을 하겠습니까? '누가 내 쇼를 보라고 했나? 이것은 절대로 내 책임이 아니야' 라고 하면서 눈을 흘기면서 갈 것입니다.

하나님은 유다의 정신적인 지도자들에 대하여 이렇게 말씀을 하십니다.

"여호와의 말씀이 내게 임하여 가라사대 인자야 너는 이스라엘의 예언하는 선지자를 쳐서 예언하되 자기 마음에서 나는대로 예언하는 자에게 말하기를 너희는 여호와의 말씀을 들으라 주 여호와의 말씀에 본 것이 없이 자기 심령을 따라 예언하는 우매한 선지자에게 화가 있을찐저 이스라엘아 너의 선지자들은 황무지에 있는 여우 같으니라"(1-4절).

어느 사회든지 공부를 많이 한 학자는 존경을 받고 또 그 시대의 여러 가지 과제나 숙제들에 대한 지혜로운 방향을 제시를 해줍니다. 사실 많은 사람들은 우매하기에 무엇을 어떻게 해결해야 할지 지혜가 없을 때가 많습니다. 그럴 때 경험이 많으신 어른이라든지 혹은 공부를 많이 한 대학자가 있으면 좋은 방향을 제시해줄 수 있을 것입니다. 그러나 아무리 어른이나 학자라 하더라도 다른 사람의 인기를 끌려고 생각나는 대로 이런 저런 이야기들을 지껄이는 자는 선생이 아니라 재주를 부리는 연예인이라고 보아야 할 것입니다. 전에 어떤 학자가 장자와 노자를 현대식으로 해석을 하는데 온갖 자신의 해박한 지식을 가지고와서 화려한 재주를 부렸습니다. 바로 이렇게 하는 것이 여우가 재주를 부리는 것입니다. 여우가 들판에서 열심히 재주를 부리는 것을 보면 너무나도 재미가 있는데 실제로 남는 것은 아무 것도 없는 것입니다. 단지 그 즉시 한번 웃고 감정을 해소하는 정도로 끝나는 것입니다.

사실 사람에게는 이런 것도 필요할 때가 있습니다. 사람들의 생각은 너무나도 복잡하기 때문에 여러 가지 불필요한 오물들이 생각이나 감정 속에 꽉 차 있을 때가 있습니다. 이럴 때에는 사람이 잡생각을 하게 되기도 하고 공상적인 생각을 하기도 하고 의미 없는 말을 하면서 떠들어대기도 합니다. 이것이 어떤 의미에서는 정신적인 배설이고 '카타르시스'인 것입니다. 여인들이 자신의 정신 건강을 위해서 필요하다고 생각하는 것은 '수다'입니다. 누군가 친한 사람을 붙들고 쓸데없는 소리를 하면서 한참 떠들고 나면 무엇인가가 배설된 것 같은데 여전히 마음은 허전한 것입니다.

사람들마다 마음속에는 그야말로 정신적인 오물통이라고 말할 수 있을 정도로 여러 가지 정리되지 않은 복잡한 생각들을 늘 가지고 살아가고 있습니다. 이것들이 마음속에서 요동을 칠 때마다 불안하기도 하고 감정이 불쾌해지기도 하는 것입니다. 그런데 유다의 정신적인 지도자들은 이런 것들을 잘 해소해주는 사람들이었습니다. 그들은 정신적인 오물들을 하나님 앞에서 근본적으로 해결하게 하는 것이 아니라 그것을 가지고 여러 가지 말장난을 하고 화려한 언어적인 유희를 하는 것입니다. 그러면 무엇인가 기분이 시원해 진 것 같고 은혜를 받은 것 같은데 실제로는 오물은 하나도 해결되지 않고 그대로 남아 있게 되는 것입니다.

우리 사회에도 신문이나 텔레비전을 보면 전혀 책임지지 않을 무수한 말들을 쏟아 내어놓는 지식인들이 있는가 하면 내일은 어떻게 되든지 간에 당장 사람들의 기분을 솔깃하게 할만한 정책을 쏟아내어 놓는 정치인들이 많이 있습니다. 이 사람들은 모두 다 황무지에서 재주를 부리는 여우들인 것입니다. 이 사람들이 화려한 언어로 오늘의 문제를 날카롭게 지적하고 또 미래를 위한 설계도를 제시하지만 실제로는 정반대로 아무 것도 해결하는 것은 없고 오히려 위기를 해결할 수 있는 시기만 놓치게 합니다.

이 세상에는 다른 사람들을 웃기거나 울리거나 하면서 정신적인 카타르시스를 해 주는 사람들이 있습니다. 그들은 대개 연예인이라고 할 수 있습니다. 하지만 사람들은 코미디언이나 개그맨이 하는 말들을 그렇게 심각하게 생각하지 않습니다. 그저 한번 웃어넘기려고 하는 줄 알고 있기 때문입니다. 그러나 정치인이나 학자나 목사나 정신적인 지도자들은 결코 이런 어설픈 개그맨을 흉내 내어서는 안 되는 것입니다.

이들은 정확한 지식을 가지고 있어야 하고 정확한 진단을 해야 하며 책임질 수 있는 말을 해야 하며 분명히 현재의 위기를 해결할 수 있는 방향으로 사람들을 인도해 가야 하는 것입니다.

무너진 성벽

유다는 성벽이 무너진 도시였습니다. 이 무너진 성벽은 다음에 큰 수해가 생기거나 혹은 전쟁이 터졌을 때 도시 전체를 망하게 할 수 있는 허점이었습니다. 그러나 유다의 지도자들은 그 무너진 곳에는 관심도 가지지 않았습니다.

"너희 선지자들이 성 무너진 곳에 올라 가지도 아니하였으며 이스라엘 족속을 위하여 여호와의 날에 전쟁을 방비하게 하려고 성벽을 수축하지도 아니하였느니라"(5절).

수년 전에 우리나라에 큰 태풍이 왔을 때 많은 제방이 무너지고 다리가 붕괴되고 도로가 끊어졌습니다. 특히 다리가 무너지거나 도로가 끊어진 곳을 사람들이 모르고 그대로 운전을 하다가는 큰 사고가 생길 수 있기 때문에 반드시 관계자가 나가서 교통을 통제해서 사람들이 가지 못하게 해야 합니다. 왜냐하면 다리가 끊어진 줄 모르고 차들이 계속 달리다가는 큰 사고가 생기기 때문입니다. 그리고 가능한 한 빨리 복구를 해서 교통이 정상적으로 소통이 되도록 해야 합니다. 이와 같이 선지자는 귀족들이 모인 장소에 나가 있을 것이 아니라 성이 무너진데 가 있어야 합니다. 그곳에서 팔을 크게 흔들면서 여기에 성이 무너졌으니 이곳을 먼저 수리를 해야 한다고 소리를 쳐야 하는 것입니다. 그런데 나라가 혼란스러울 때에는 아무도 그런 곳에 나가 있으려고 하지 않습니다. 왜냐하면 밤에 그런데 나가 있으려면 귀찮고 돈도 생기지 않기 때문입니다. 또 인기에도 별 도움이 되지 않기 때문입니다. 그리고 복구하는 문제도 예산 부족을 핑계대면서 별로 서둘러서 하려고 하지 않습니다. 왜냐하면 이런 일은 아무리 열심히 해도 욕만 얻어먹고 자기 인기에 도움이 되지 않기 때문입니다. 아마도 이런 사람들은 윗사람에게 잘 보여서 한 자리 할 생각만 할 것입니다.

지금 유다 사회는 구멍이 뚫린 사회였습니다. 이 구멍은 도덕적인 구멍이었고 영적인 구멍이었으며 정신적인 구멍이었습니다. 유다 사람들에게는 심각한 도덕적인 구멍이 뚫려 있었던 것입니다. 하지만 유다의 정신적인 지도자들에게는 이런 것은 전혀 관심이 없었습니다. 그런 것이 자기 인기나 명예에는 전혀 도움이 되지 않았기 때문입니다.

> "이렇게 칠 것은 그들이 내 백성을 유혹하여 평강이 없으나 평강이 있다 함이라. 혹이 담을 쌓을 때에 그들이 회칠을 하는도다. 그러므로 너는 회칠하는 자에게 이르기를 그것이 무너지리라. 폭우가 내리며 큰 우박덩이가 떨어지며 폭풍이 열파하리니 그 담이 무너진즉 혹이 너희에게 말하기를 그것에 칠한 회가 어디 있느뇨 하지 아니하겠느냐?"(10-12절).

어느 곳에 있는 제방이 무너졌거나 혹은 성벽이 뚫려 있으면 지금 당장은 괜찮아 보일지 몰라도 다음에 수해가 나면 바로 홍수가 나게 되어 있고 전쟁이 일어나면 적들은 바로 그 무너진 성벽으로 들어오게 되어 있습니다.

그런데 유다의 정신적인 지도자들은 그것을 근본적으로 치료하는데 관심이 없었습니다. 왜냐하면 그런 부분은 사람들의 인정을 받는 부분도 아니고 당장 자신의 인기에도 도움이 되지 않기 때문입니다. 그래서 어떻게 합니까? 그냥 쉬운 방법으로 대충 합판이나 얇은 종이 같은 것으로 막은 후에 그 위에 회칠을 해서 성벽처럼 보이게 한 것입니다. 유다의 지도자의 업적은 사람의 눈으로 보기에는 너무나도 화려한 것 같습니다. 수출도 많이 증가되었고 눈에 보이는 건물들도 많이 지었습니다. 그러나 실제로는 모든 것들이 날림공사로 이루어진 것이었고 허점투성이였으며 모든 것은 회칠한 담이었던 것입니다. 조금만 위기가 오거나 조금만 어려움이 와도 모두 와르르 무너질 수밖에 없는 눈가림만의 공사만 하고 업적을 쌓는 것뿐입니다.

그래서 이 나라에는 정직한 하나님의 종들이 필요합니다.

요셉은 이집트의 총리로 있으면서 미래 십사 년을 정확하게 내다보았습니다. 그것은 칠년 대 풍년이 오고 그 후에 칠년 대 흉년이 오는데 칠년 대 풍년이 축복이 아니라는 것이었습니다. 칠년 대 풍년을 축복이라고 생각하는 사람들은 모두 지출을 늘리고 모든 생활 지출을 방만하게 할 것입니다. 그러나 요셉은 그것이 유혹인줄 알았기 때문에 백성들로 하여금 풍년동안 지출을 늘리지 못하게 하였고 큰 창고를 지어서 흉년을 대비하게 했습니다. 우리나라 같으면 대풍년이 들면 당장 쌀 막걸리를 만들게 하고 동네마다 축제를 열게 해서 흥청망청 다 쓰게 하고 세금을 면제해준다고 큰 소리를 쳤을 것입니다. 그러나 요셉은 세금을 더 올리고 엄청난 곡식을 거두어서 칠년 흉년에 대비하게 했습니다. 풍년 동안 흥청망청 쓰던 사람들은 흉년에 다 굶어 죽었습니다. 오늘 우리 믿는 사람들은 절대로 쉽게 성공하고 쉽게 행복하려고 해서는 안 된다는 것입니다. 우리나라에서 너무 많은 사람들이 부동산으로 돈 벌려고 몸부림 치고 있습니다. 그 부동산의 거품이 빠졌을 때에는 일본처럼 십년 동안의 불경기가 오게 될 것입니다.

지금 교회도 마찬가지입니다. 지금 교회 지도자들의 생각은 교회 부흥을 아주 쉽게 생각하고 있습니다. 즉 부동산 재테크로 돈을 마련해서 일단 교회 건물을 크게 짓고 여러 가지 프로그램으로 교인들을 만족시키면 교인들은 많이 오게 되어있다는 것입니다. 이것은 오늘 말씀대로 평강이 없는데도 평강이 있다고 외치는 것과 같습니다.

우리에게 가장 어렵고 절실한 것은 죄로 인하여 파괴되고 무너진 우리의 속사람을 하나님의 말씀으로 세밀하게 치료해 나가는 것입니다. 이것은 시간이 오래 걸리는 것이고 그 결과도 금방 눈에 나타나지 않습니다. 그러나 이스라엘의 정신적인 지도자들은 인기를 끄는 사람들이 아니고 이스라엘 사회의 무너진 곳을 고치는 사람인 것입니다. 그들에게 가장 중요한 것은 바로 이 무너진 신앙과 무너진 마음을 고치는 것입니다.

그래서 유다의 정신적인 지도자들은 눈에 보이는 곳을 수리하는 것부터 해서는 안 됩니다. 눈에 보이지 않는 저 깊은 내면의 세계에서부터 이 일을 해야 합니다. 이것은 아무리 다른 사람의 욕을 얻어먹고 비난을 들어도 해야 하는 것입니다.

지금 그들에게는 위기가 닥쳐오고 있습니다. 다시 수해가 닥치려 하고 전쟁이 오려고 하고 있습니다. 그러나 그들은 평강이 없는데도 평강이 있다고 하면서 백성들을 속이고 있는 것입니다. 무엇보다 이들이 하는 말은 국민들을 불필요하게 불안하게 해서는 안 된다는 것입니다.

나중에 성이 다 무너지고 사람들이 다 망한 후에 '담에 칠한 회'가 어디에 있느냐고 묻습니다. 이것은 그때 화려하던 약속이 어디에 있느냐는 뜻입니다. 결국 이런 지도자들을 만난 것 자체가 백성들이 자초한 것입니다. 그들 자신들이 대충대충 살기를 원하고 자기들의 기분만 채워주면 좋아하니까 이런 사기꾼 같은 지도자를 좋아하게 되는 것입니다.

하나님은 무엇이라고 말씀을 하십니까?

"여호와께서 말씀하셨다고 하는 자들이 허탄한 것과 거짓된 점괘를 보며 사람으로 그 말이 굳게 이루기를 바라게 하거니와 여호와가 보낸 자가 아니라. 너희가 말하기는 여호와의 말씀이라 하여도 내가 말한 것이 아닌즉 어찌 허탄한 묵시를 보며 거짓된 점괘를 말한 것이 아니냐? 그러므로 나 주 여호와가 또 말하노라. 너희가 허탄한 것을 말하며 거짓된 것을 보았은즉 내가 너희를 치리라. 나 주 여호와의 말이니라"(6-8절).

사람들은 누구나 다 다른 사람들에게 희망을 말하고 싶어 합니다. 그러나 이 희망은 이루어질 수도 있고 이루어지지 않을 수도 있습니다. 단지 사람에게 격려를 하고 용기를 줄 뿐입니다. 그렇다고 해서 이런 희망을 하나님의 말씀이라고 해서는 안 되는 것입니다. 왜냐하면 하나님의 말씀은 희망이 아니기 때문입니다. 또한 하나님의 말씀은 우리를 근본부터 치료하고 회복시키는 말씀이기 때문입니다.

이스라엘에 가장 큰 기적은 그곳에 하나님의 말씀이 있다는 것입니다. 하나님의 말씀의 특징이 무엇입니까? 말씀을 전하는 자에게 자유가 없다는 것입니다. 어느 정도 깊이 있게 전하느냐 아니면 조금 부족하게 전하느냐의 차이는 선지자 사이에 있을 수 있습니다. 그러나 선지자의 책임은 하나님의 말씀만 가지고 전해야 하는 것입니다. 하나님의 말씀이 아닌 것은 일체 전할 수가 없습니다. 그러면 하나님의 말씀이 그 사람들을 한 사람씩 한 사람씩 치료해서 축복의 사람으로 만들어놓는 것입니다.

하나님의 백성이나 선지자들에게는 말씀 외에 다른 것을 선택할 자유가 없습니다. 오직 하나님의 말씀을 붙잡았는데 복이 오면 좋은 것입니다. 그러나 복이 오지 않아도 좋은 것입니다. 왜냐하면 이것은 성을 근본부터 다시 세우고 있기 때문입니다.

그래서 하나님께서는 하나님의 말씀이 아닌 것을 전한 선지자는 영원히 천국에 들어오지 못할 것이라고 말씀하셨습니다.

"그 선지자들이 허탄한 묵시를 보며 거짓 것을 점쳤으니 내 손이 그들을 쳐서 내 백성의 공회에 들어오지 못하게 하며 이스라엘 족속의 호적에도 기록되지 못하게 하며 이스라엘 땅에도 들어가지 못하게 하리니 너희가 나를 여호와인줄 알리라"(9절).

사람들에게 만족과 기쁨을 주기 위해서 하나님의 말씀이 아닌 것을 전한 종들은 '내 백성의 공회에 들어오지' 못하게 한다고 말씀합니다. 그들에게서 이스라엘의 자격을 박탈해버리는 것입니다. 그들에게 기도할 권한도 빼앗아버리고 축복할 수 있는 특권도 박탈해 버립니다. 그러면 그런 사람의 축복 기도를 아무리 받아도 소용이 없습니다. 우리는 언제나 기초부터 쌓아야 합니다.

우리는 오래 전부터 기초를 다져왔습니다. 저는 우리가 결코 날림공사를 해 왔다고 생각하지 않습니다. 그렇다면 우리의 성은 금방 무너지지 않을 것입니다. 결국 어느 한 구석이라도 든든하게 서 있을 때 그것을 힘으로 삼아서 공사를 계속 해 나가면 가능성이 있는 것입니다.

유대 사회의 신비주의

유다가 망하기 전에 새로운 아주 이상한 미신이 예루살렘에 만연되고 있었던 것 같습니다. 그것은 여자들이 점을 치는 이상한 것이었습니다.

"너 인자야 너의 백성 중 자기 마음에서 나는 대로 예언하는 부녀들을 대면하여 쳐서 예언하여"(17절).

지금까지 말한 사람들은 그대로 유다 사회에서 공식적인 직책을 가진 자들이었습니다. 그런데 그들은 하나님의 말씀보다는 인간적인 생각을 가지고 여우같이 장난을 친 사람들이었습니다. 그런데 유다 사회에 이들과는 또 다른 아주 강력한 신비주의자들이 나타나게 되었습니다. 이 사람들은 주로 여성들을 통하여 나타나는 신비주의적인 운동인데 앞에 말한 선지자들보다 훨씬 더 미치는 결과가 파괴적이었습니다.

> "이르기를 주 여호와의 말씀에 사람의 영혼을 사냥하고자 하여 방석을 모든 팔뚝에 꿰어 매고 수건을 키가 큰 자나 작은 자의 머리를 위하여 만드는 부녀들에게 화 있을찐저 너희가 어찌하여 내 백성의 영혼을 사냥하면서 자기를 위하여 영혼을 살리려하느냐?"(18절).

새로운 신비주의자들의 특징은 팔뚝에 맨 방석과 머리에 쓴 수건이었습니다. 그러니까 이들은 방석파이고 수건파였습니다. 이들이 주장하는 것은 뻔한 것이었습니다. 즉 팔에 이 방석을 매고 있으면 어떤 병이든지 막을 수 있고 악귀의 공격을 물리 칠 수 있으며 이 수건을 쓰면 하나님의 축복이 임한다는 것입니다. 여기서 '방석'이라고 하는 것은 우리말로 표현하면 일종의 부적 같은 것이었습니다. 즉 팔에 매는 부적, 머리에 쓰는 부적이었습니다.

사람이 얼마나 약한 존재인가 하면 무슨 병이 들면 지푸라기라도 잡고 싶은 심정이 듭니다. 환자의 가족들은 자기 가족이 살지 못한다는 것을 알면서도 주사라도 하나 더 맞게 하려고 하고 누가 무엇이 좋다고 하면 돈이 아무리 들더라도 하려고 합니다. 아마도 이 방석파나 수건파는 아주 강력한 카리스마를 가지고 나타난 것 같습니다. 즉 아주 강력한 확신을 가지고 자기 말을 들으면 축복을 받고 이 방석과 수건을 쓰면 무슨 병이든지 낫고 귀신도 물리친다고 강력하게 떠들어대었던 것입니다. 아마도 그 중에는 실제로 병이 낫는 경우도 있었을 것이고 또 본인 스스로 병이 나았다고 믿는 사람도 있었을 것입니다. 이것이 유다 사회 안에서 굉장한 열풍 같은 유행으로 나타났던 것입니다. 그런데 그 핵심 되는 사람은 여자였습니다.

그런데 이들의 특징은 돈을 많이 요구한 것도 아니었습니다.

> "너희가 두어 움큼 보리와 두어 조각 떡을 위하여 나를 내 백성 가운데서 욕되게 하여 거짓말을 곧이듣는 내 백성에게 너희가 거짓말을 지어서 죽지 아니할 영혼을 죽이고 살지 못할 영혼을 살리는도다"(19절).

이 방석 파는 돈을 많이 요구하지 않았습니다. 단지 두어 움큼의 보리나 떡 두어 조각만 내어도 방석을 주고 머리에 수건을 쓰게 해 주었습니다. 그러니까 가난한 사람들 가운데 불같이 퍼져나갔던 것입니다. 아마도 이 당시 웬만한 사람들의 팔뚝에는 이런 방석같이 생긴 것을 달지 않는 사람이 없었을 정도였을 것입니다. 하나님께서는 이렇게 하는 것을 영혼을 사냥하는 것이라고 했습니다. 우리는 보통 영혼을 도둑질한다고 하는데 이것은 아예 영혼을 사냥하는 것이었습니다. 도둑질은 본인이 자고 있거나 집을 비우고 있을 때 몰래 들어가서 훔쳐가는 것입니다. 그러나 사냥이라고 하는 것은 한번 걸려들면 끝까지 따라가서 결국 활을 쏘아서 죽이는 것입니다.

왜 이런 방석파의 신비주의자들이 날뛰게 됩니까? 우선 하나님의 말씀이라고 하는 것은 알아들어야 하니까 어렵습니다. 그리고 이것을 가지고 우리가 기도를 해야 하고 하나님께서 성령으로 먼저 우리 영혼과 마음을 고치시고 습관도 고치셔야 하기 때문에 시간이 오래 거릴 수 있습니다. 사람들은 이것을 보고 효과가 없다고 생각합니다. 특히 능력 있는 주의 종이 없으면 말씀이 앞에서 말한 것처럼 여우가 재주를 부리는 것처럼 하거나 아니면 아주 무미건조한 말만 쏟아내는 것입니다. 그러니까 이런 방석파가 얼마나 좋습니까? 그저 방석만 달면 되고 돈도 보리 두어 움큼만 주면 되니까 너무나도 쉬웠습니다. 그리고 이런 사람들이 시키는 대로 똑같은 소리만 자꾸 지껄이면 되니까 나중에 영적인 흥분이 오게 되고 병이 나은 것 같은 느낌까지 오는 것입니다. 사람들이 보통 은혜 받았다고 하는 것이 엑스터시가 오는 것입니다. 이런 엑스터시는 하나님의 말씀을 듣고 은혜 받고 기도하고 찬송하는 가운데 와야 합니다. 그러나 어떤 때에는 군중들이 모여서 같은 소리를 반복해서 내면 엑스터시가 오게 됩니다. 일종의 자기 최면도 엑스터시의 일종인 것입니다.

그러나 하나님께서는 이것이 무서운 영혼을 사냥하는 것이라고 하셨습니다. 왜냐하면 이것이 일시적인 흥분으로 끝나는 것이 아니라 사람들은 이것을 믿음이라고 생각하기 때문입니다. 그래서 바른 신앙을 가질 수 있는 기회를 놓쳐버릴 뿐 아니라 바로 믿으려고 하는 사람들까지 끌어들이거나 아니면 저주를 해서 넘어지게 한다고 했습니다.

"내가 슬프게 하지 아니한 의인의 마음을 너희가 거짓말로 근심하게 하며 너희가 또 악인의 손을 굳게 하여 그 악한 길에서 돌이켜 떠나 삶을 얻지 못하게 하였은즉 너희가 다시는 허탄한 묵시를 보지 못하고 점복도 못할찌라. 내가 내 백성을 너희 손에서 건져 내리니 너희가 나를 여호와인줄 알리라"(22-23절).

이런 거짓된 예언은 바른 하나님의 백성들을 굉장히 근심하게 만듭니다. 왜냐하면 다른 사람들은 너무 쉽게 은혜 받고 너무 쉽게 축복을 받는데 자기는 은혜도 잘 오지 않는 것 같고 축복도 빨리 오지 않는 것 같기 때문입니다. 결국 예루살렘의 이런 신비주의 열풍은 예루살렘의 정신적인 세계를 완전히 뒤흔들어 놓아버렸습니다. 성벽이 무너져 회칠만 해 놓았는데 내면적으로는 이상한 방석파가 나타나서 그나마 정신을 차리지 못하는 자들을 완전히 다 넘어가게 만들었습니다. 그나마 '이것이 아닌데' 하면서 근심하는 자들은 바른 신앙을 가졌던 자들인데 이 사람들도 분별력이 하나도 없었습니다. 그래서 무너진 성벽을 고치지도 못하고 지금 맹렬하게 불고 있는 사단의 바람도 끄지 못하고 있는 형편이었습니다. 그 대신에 멸망으로 가는 자들만 신이 났습니다. 왜냐하면 바른 말씀은 맥도 추지 못하고 신비주의의 열풍이 맹렬하게 불고 있었기 때문에 괜히 신이 났던 것입니다.

결국 하나님은 이런 방석파들로부터 방석을 다 빼앗으십니다. 수건파들로부터 수건도 빼앗아서 하나님의 백성들을 건져내십니다. 어떻게 건져내십니까? 비참하게도 바벨론에 망하는 것을 통해서였습니다. 그러니까 하나님의 백성들이 여우의 재주에 놀아나고 방석과 수건을 물리치지 않은 죗값 때문에 완전히 망하고 자기 영혼 하나 겨우 건지는 것이었습니다.

여기서 우리는 우리 영혼의 가치가 얼마나 엄청나게 비싼지 알아야 합니다. 세상의 시시한 아파트 하나나 일시적인 출세를 위해서 영혼을 흥정하지 마시기 바랍니다. 그렇게 해서 팔린 영혼을 도로 찾으려면 바벨론에 포로 되어가야 합니다. 완전히 망해야 하는 것입니다. 결국 옳다고 인정받는 것은 바른 말씀밖에 없습니다. 하나님께서는 허탄한 묵시를 보던 예언자들을 묵시를 보지 못하게 하실 것입니다. 그것은 앞으로 바보가 되어버리는 것입니다. 바벨론에 망하면서 이 방석파나 수건파는 모두 바보가 되어버렸습니다.

오늘 우리는 얼마나 신앙의 기초가 중요한지 알아야 합니다. 오늘 우리 사람들은 모든 것을 빨리 빨리 하더니 신앙까지도 빨리 빨리 하게 되었습니다. 우리는 차분하게 하나님의 말씀으로 하나씩 기초를 다져나가야 합니다. 아무리 결과가 더디고 사람들이 알아주지 않아도 우리에게는 말씀 외에는 아무 것도 없어야 합니다. 그 말씀이 우리를 치료하며 말씀이 우리를 회복하며 말씀이 우리를 이끌어가게 해야 합니다. 그렇게 할 때 우리는 바벨론을 이길 것이며 영적인 수해를 이길 것이며 우리의 성은 결코 무너지지 아니할 것입니다.

12

| 겔 14:1-15:8 |

포도나무의 가치

　우리는 예수 믿는 것이 참 쉽다고 생각하기 쉽습니다. 하기야 예수 믿는 데는 도를 닦는 것처럼 많은 고생이나 훈련이 필요한 것도 아니고 또 오랜 시간 어려운 경전을 공부해서 도를 통하는 것도 아닙니다. 우리는 단지 예수님을 믿고 하나님을 믿기만 하면 됩니다. 그러면 하나님은 우리를 사랑하시고 많은 복을 내려주시니까 얼마나 예수 믿는 것이 쉽고 가치가 있습니까? 그러나 우리가 조금 더 신앙생활을 제대로 해 보면 예수 믿는 것이 결코 쉬운 것이 아니라는 것을 알게 됩니다. 즉 우리가 예수를 믿고 하나님을 믿으면 하나님께서 우리를 사랑하시고 많은 복을 내려주시는 것은 사실입니다. 그러나 우리에게도 책임이 있습니다. 그것은 오직 하나님이 주시는 것만으로 만족해야 하고 결코 세상의 죄를 사랑해서는 안 되는 책임이 있는 것입니다. 이것은 마치 어떤 처녀가 어떤 남자를 만나서 결혼하는 것과 같습니다.

    예전에 한 좋은 대학교를 졸업하고 좋은 직장에서 근무하던 자매가 교회 청년을 소개받아서 결혼을 하게 되었습니다. 이 자매는 결혼하기 전에 그림도 그리고 직장 생활도 활발하게 하면서 살았는데 결혼을 하는 바람에 모든 것을 다 그만두고 집에서 하루 종일 집안일만 하고 저녁에 남편이 돌아오는 것만을 기다리게 되었습니다. 남편은 직장에 일이 많아서 매일 저녁 늦게 들어왔는데 들어오면 바로 쓰러져 자기 바빴습니다. 그리고 아침에 일어나면 부리나케 직장으로 출근을 했습니다. 이 자매는 결혼하고 난 후에 자신의 생활에 큰 실망을 하게 되었습니다. 결혼만 하면 더 멋있고 행복할 줄 알았는데 막상 결혼하고 나니까 직장도 그만두고 사회생활도 못하고 하루 종일 집에서 일만 하고 남편만 기다려야만 했습니다. 그래서 유일한 낙이 부인들 성경 공부하는 시간이었습니다. 이 자매는 성경 공부에 나오기만 하면 얼마나 울었는지 모릅니다. 그러나 얼마 후 이 자매는 결혼 생활에 잘 적응을 해서 아이도 잘 키우고 아주 행복한 결혼 생활을 할 수 있게 되었습니다. 우리가 신앙생활을 하는 것도 예수 집안에 시집오는 것과 같습니다. 그 전에는 세상 모든 것을 다 욕심낼 수 있었고 모든 쾌락을 즐길 수 있었지만 이제는 오직 예수님만 바라보아야 하고 하나님이 주시는 것만으로 만족해야 하는 것입니다. 그런데 만일 우리가 하나님이 주시는 것으로 만족하지 못하고 옛날처럼 세상을 사랑하면 어떻게 될까요? 그러면 하나님과의 관계에 큰 위기가 발생하게 됩니다. 우리가 세상을 사랑해서 세상적으로 크게 성공하고 출세를 한다 하더라도 이것은 하나님 앞에서는 변절이고 타락이며 불신앙인 것입니다.

우리는 에스겔서 14장과 15장을 함께 살펴보는 것이 좋을 것 같습니다. 14장에는 이스라엘의 어떤 장로들이 에스겔에게 하나님의 말씀을 들으러 오는데 그들의 마음속에는 우상이 있었고 세상의 죄의 올무에 매여 있었습니다. 이때 하나님께서는 그들이 하나님의 말씀을 듣는다고 해서 결코 예루살렘의 죄가 없어지지 않는다고 분명히 말씀하셨습니다. 결국 우상의 도시 예루살렘은 하나님과 사람들로부터 다 버림을 받아서 조롱거리가 되고 속담거리가 될 것입니다. 그 대신 에스겔서 15장은 아주 짧은 말씀입니다. 그런데 이 말씀처럼 하나님의 백성들의 모습을 생생하게 분명하게 보여주는 말씀은 없을 것입니다. 즉 포도나무의 용도에 대한 것인데 포도나무는 다른 과일 나무들이 다 그렇지만 나무가 목재로서는 전혀 쓸 수가 없습니다. 줄기가 비틀려 있고 튼튼하지도 않기 때문에 목재가 될 수 없습니다. 그러나 포도나무에서 맺히는 포도 열매는 세상의 어떤 열매도 따라올 수 없는 최고의 맛을 내는 열매입니다. 또 그것으로 만드는 포도주는 최고의 술이 되는 것입니다. 그래서 포도나무가 열매를 맺지 않는 것은 스스로 자신의 최고의 가치를 버리는 것과 같습니다. 포도나무는 다른 나무들이 아무리 키가 크고 잎이 울창하고 꽃이 화려해도 죽으라고 포도 열매만 맺기만 하면 되는 것입니다. 포도나무는 키가 아주 큰 재목이 아닙니다. 외모가 볼품없는 나무입니다. 그래서 외모로는 다른 나무와 경쟁이 될 수 없습니다. 그러나 최고로 맛이 있는 극상품의 포도를 만들어서 포도주로 자신의 고유한 향기를 드러내어야 합니다.

에스겔을 찾아온 장로들

"이스라엘 장로 두어사람이 나아와 내 앞에 앉으니 여호와의 말씀이 내게 임하여 가라사대 인자야 이 사람들이 자기 우상을 마음에 들이며 죄악의 거치는 것을 자기 앞에 두었으니 그들이 내게 묻기를 내가 조금인들 용납하랴?" (14장 1-3절).

여기에 보면 이스라엘 장로 두어 사람이 에스겔을 찾아와서 무엇인가를 문의하기 위하여 앉아 있었습니다. 문제가 되는 것은 에스겔을 찾아온 이 장로들이 누구냐 하는 것입니다. 어떤 사람들은 예루살렘에서 바벨론에 사신으로 온 장로들이 에스겔을 찾아왔다고 해석을 하는가 하면 어떤 사람들은 포로 된 사람들 중에 있는 장로일 것이라고 해석을 하기도 합니다.

최근에 사람들은 에스겔에게서 특이한 현상이 일어나는 것을 보게 되었습니다. 그것은 에스겔이 바벨론 땅에 있으면서 예루살렘의 일을 훤하게 아는 것이었습니다. 심지어 어떤 사람이 죽었다고 하는데 실제로 그 시간에 그 사람이 예루살렘에서 죽었던 것입니다. 그뿐만 아니라 에스겔의 말이나 행동으로 나타나는 메시지가 아주 강력한 하나님의 말씀으로 그들의 마음속에 각인되고 있었습니다. 에스겔을 통하여 하나님의 말씀이 나타나고 있다는 것은 사람들의 입에서 입을 통하여 유다 사람들 사이에 퍼지게 되었습니다.

그때 이스라엘 장로들 중에서 두어 사람이 에스겔을 찾아와서 하나님의 뜻을 구하게 된 것입니다.

이때 하나님께서는 에스겔에게 이 사람들이 어떤 사람들인지 먼저 알려주셨습니다. 겉으로 보기에 이 사람들은 하나님의 말씀을 간절히 구하고 은혜받기를 사모하는 사람들 같은데 이들의 마음속에는 우상이 있고 죄악의 거치는 것이 있는 사람들이라고 말씀하고 있습니다.

즉 이 사람들은 이미 세상적으로 성공하고 출세하는 욕심을 가지고 있는 사람들이었습니다. 이미 예루살렘 사람들 중에서 많은 사람들이 바벨론 포로가 되어 있는 이 시점에도 전혀 문제를 깨닫지 못하고 자기 야망과 욕심에만 차 있는 사람들이었던 것입니다. 특히 이들은 순수한 상태에서 하나님의 말씀을 듣고 은혜 받기 위해서 온 것이 아니라 자기들의 마음속에 있는 야망과 욕심을 지지받기 위하여 에스겔을 찾아온 것이었습니다. 이것은 번지수가 잘못 되어도 많이 잘못된 것이었습니다. 예루살렘의 병폐가 무엇입니까? 예루살렘의 병폐는 하나님의 백성들은 세상 사람들처럼 잘 살아야 한다는 것입니다. 그리고 잘 살고 성공하기 위해서는 세상 사람들이 쓰는 방법을 써야 하고 우상도 받아들여야 한다는 것이었습니다. 이런 생각을 예루살렘 장로들은 당연하게 생각했습니다. 즉 하나님의 백성들은 이 세상에서 복을 받고 잘 살아야 하고 세상 사람들처럼 다 성공해야 한다는 것입니다. 단지 하나님에 대한 신앙만 버리지 않는 이상 우상을 받아들이는 것도 상관이 없다고 생각을 했습니다. 거기에 비하여 하나님께서 요구하시는 것은 오직 하나님만 의지해야 하고 하나님이 주시는 것만으로 만족해야 한다는 것이었습니다.

에스겔을 찾아온 장로들이 예루살렘에서 온 사신이었는지 아니면 바벨론에 포로 되어온 사람들 중의 장로들인지는 알 수 없지만 이들은 옛날 예루살렘 사람들이 가지고 있던 생각을 그대로 가지고 있었습니다.

이것은 결국 오늘 크리스천들 안에서의 갈등이기도 합니다. 오늘날도 교회나 교인들이 세상적인 성공을 아주 중요하게 생각을 합니다. 그런데 거기서 한 걸음 더 나아가서 예수 믿는 신앙만 버리지 않는다면 어떤 방법을 쓰더라도 성공하기만 하면 하나님이 주시는 축복이라고 믿는 사람들이 많습니다. 거기에 비해서 아주 성경적인 사상을 가진 자들은 하나님만 믿고 거룩한 삶을 살며 끝까지 하나님의 은혜만을 기다려야 한다고 생각합니다.

여러분 하나님은 어느 편을 지지하겠습니까? 당연히 후자의 편입니다. 하나님을 믿는 것으로는 충분하지 않고 끝까지 신앙적인 방법으로 하나님의 복을 받아야 한다고 생각하는 사람들을 하나님은 축복하십니다.

그런데 이 사람들은 마음에만 우상을 둔 것이 아니라 '죄의 거치는 것'을 가지고 있었습니다. '죄의 거치는 것'이라는 것은 '죄의 올무'를 말합니다. 이 세상의 성공이나 쾌락이나 즐거움은 모두 올무를 가지고 있어서 한번 걸려들면 거기서 쉽게 빠져 나올 수가 없게 되어 있습니다.

예를 들어서 물고기들이 물속에 드리워진 낚시의 미끼를 보면 얼마나 먹고 싶겠습니까? 지렁이 같은 것이 달려서 꿈틀거릴 때 그야말로 한 입에 삼키고 싶을 것입니다. 그러나 그 지렁이 속에는 한번 삼키면 절대로 빠지지 않는 날카로운 낚시 바늘이 감추어져 있는 것입니다. 우리 인간의 몸이나 감정이라는 것은 너무나도 복잡하게 만들어져 있어서 한번 세상적인 성공이나 즐거움에 빠지면 거기서 쉽게 빠져 나오지 못하게 되어 있습니다. 그 안에 죄악의 거치는 것이 들어 있기 때문입니다. 그래서 우리가 이 세상을 살아가는 것은 마치 덫과 올무가 깔려 있는 숲 속을 걸어가는 것과 같습니다. 자칫 발을 잘못 디디면 올무에 걸려서 신세를 망치게 되어 있습니다. 그런데 우리 마음속에는 모두 다 죄를 좋아하는 마음들이 있습니다. 그래서 자기도 모르게 죄를 향하여 가게 되어 있습니다. 이때 죄에 빠지지 않는 방법은 하나님의 말씀을 듣는 것 밖에 없습니다. 그러면 눈에 보이지 않는 하나님의 은혜가 올무로 가지 못하도록 막아줍니다. 그리고 이미 붙들려 있는 올무가 있으면 끊어줍니다. 그러므로 우리는 하나님의 말씀에 목숨을 걸어야 합니다.

하나님의 응답

이스라엘 장로들이 하나님의 말씀을 들으려고 에스겔을 찾아온 것은 잘 한 것이었습니다. 그러나 하나님은 그들의 태도를 기뻐하시지 아니하셨습니다.

> "그런즉 너는 그들에게 말하여 이르라. 나 주 여호와가 말하노라. 이스라엘 족속 중에 무릇 그 우상을 마음에 들이며 죄악의 거치는 것을 자기 앞에 두고 선지자에게 나아오는 자에게는 나 여호와가 그 우상의 많은대로 응답하리니 이는 이스라엘 족속이 다 그 우상으로 인하여 나를 배반하였으므로 내가 그들의 마음에 먹은대로 그들을 잡으려 함이니라"(14장 4-5절).

지금 이 장로들이 에스겔에게 하나님의 말씀을 들으러 온 것은 진정 하나님의 은혜를 받으러 온 것이 아니었습니다. 단지 축복의 말씀을 듣기 위해서 온 것이었습니다. 즉 하나님의 이름으로 그들을 축복해주고 좋은 말씀을 주실 것을 기대하고 온 것이었습니다. 그러나 하나님께서 그들에게 원하신 것은 그런 것이 아니었습니다. 하나님께서는 그들이 진정으로 우상을 버리고 하나님만 의지하는 신앙으로 돌아오기를 원하셨던 것입니다. 이것은 세상적으로 성공할 수 있는 길을 포기하는 것과 같았습니다. 그러나 하나님은 유다 백성들이 그렇게 할 때 그들의 삶을 축복해 주시는 것입니다.

5절에 보면 '이스라엘 족속이 그 우상으로 인하여 나를 배반했다' 는 말이 나오고 있습니다. 하나님은 그들을 엄청나게 사랑하시고 축복하셨는데 그들은 세상적인 방법을 사랑하고 사람의 인기나 성공을 따라간 것입니다.

하나님께서는 그들이 묻는 것을 용납하지 않겠다고 말씀하셨습니다. 그것은 지금 이 상태에서는 도저히 축복을 할 수 없다는 것입니다. 대신에 '그 우상의 많은 대로 응답하겠다' 고 말씀하셨습니다. 이것은 그들이 우상을 완전히 버릴 때까지 죄를 책망하는 말씀을 하시겠다는 뜻입니다.

> "그런즉 너는 이스라엘 족속에게 이르기를 주 여호와의 말씀에 너희는 마음을 돌이켜 우상을 떠나고 얼굴을 돌이켜 모든 가증한 것을 떠나라"(14장 6절).

하나님이 원하시는 것은 지금 상태에서 이스라엘이 복을 받는 것이 아니라 우상을 완전히 버린 상태에서 새로 복을 받는 것이었습니다. 이렇게 하려면 걸려 있는 올무를 끊어버려야 합니다. 그러나 올무는 절대로 자기 힘으로 끊어지지 않습니다. 늑대 다리가 덫에 걸렸는데 몸부림을 친다고 해서 덫이 풀어지지 않습니다. 그러나 지독한 늑대는 자기 발을 물어서 끊고 덫에서 풀려나기도 한다고 합니다. 우리가 진정으로 하나님께 돌아가려면 세상이 주는 명성이나 이익이나 특혜를 모두 자기 입으로 물어뜯고 불구가 되어서 하나님께 돌아가야 하는 것입니다. 그래서 예수님께서는 오른 손이 너로 범죄케 하거든 잘라버리라고 하셨고 오른 눈이 너로 범죄케 하거든 뽑아버리라고 하신 것입니다.

하나님께서는 지금 예루살렘의 상태가 얼마나 심각한지 몇 가지로 말씀을 하십니다. 그 하나는 지금 그들이 아무리 하나님의 말씀을 들어도 예루살렘은 수치를 당하게 된다는 것입니다.

> "이스라엘 족속과 이스라엘 가운데 우거하는 외인 중에 무릇 나를 떠나고 자기 우상을 마음에 들이며 죄악의 거치는 것을 자기 앞에 두고 자기를 위하여 내게 묻고자 하여 선지자에게 나아오는 자에게는 나 여호와가 친히 응답하여 그 사람을 대적하여 그들로 놀라움과 감계와 속담거리가 되게 하여 내 백성 가운데서 끊으리니 너희가 나를 여호와인줄 알리라"(14장 7-8절).

많은 이스라엘 자손들이 하나님을 버리지 않는 이상 세상적인 방법으로 성공하는 것은 옳다고 생각하지만 하나님은 그런 신앙을 인정하지 않는다고 말씀하십니다. 당장은 성공하는 것 같지만 결국은 망해서 수치거리가 될 것이라고 말씀하셨습니다. '감계'라고 하는 것은 이렇게 믿어서는 안 된다는 시범 케이스가 되는 것입니다.

또한 그들에게는 하나님의 말씀대로 가르치지 못한 선지자들이 있었습니다. 즉 '오직 하나님의 말씀 아니면 안 된다'라고 분명하게 가르치지 못하고 비즈니스맨처럼 사람들을 축복했던 선지자들은 모두 그 책임을 지게 될 것입니다.

"만일 선지자가 유혹을 받고 말을 하면 나 여호와가 그 선지자로 유혹을 받게 하였음이어니와 내가 손을 펴서 내 백성 이스라엘 가운데서 그를 멸할 것이라. 선지자의 죄악과 그에게 묻는 자의 죄악이 같은즉 각각 자기의 죄악을 담당하리니 이는 이스라엘 족속으로 다시는 미혹하여 나를 떠나지 않게 하며 다시는 모든 범죄함으로 스스로 더럽히지 않게 하여 그들로 내 백성을 삼고 나는 그들의 하나님이 되려 함이니라. 나 주 여호와의 말이니라 하셨다 하라"(14장 9-11절).

머리가 좋은 사람들은 이 세상에서 성공하는 길이 눈에 보이게 되어 있습니다. 특히 선지자들은 하나님의 지혜를 가지고 있는 사람들이기 때문에 세상에서 더 성공하는 길이 눈에 보일 수 있습니다. 그래서 어떤 선지자는 세상적인 방식으로 자신도 엄청나게 성공하고 교인들도 그런 길로 이끌고 가는 사람들이 있었습니다. 믿음의 길이라는 것은 하나님을 믿고 '아무것도 안하고 가만히 있는 것' 일 때가 많습니다. 하나님이 하라고 하시기 전까지는 가만히 있어야 하는 것입니다. 이것을 머리 좋은 사람들은 견디지 못합니다. 그래서 자기도 성공하고 다른 사람들도 성공하라고 축복을 합니다. 물론 이렇게 하는 것도 하나님이 허락하셔서 가능한 것입니다. 왜냐하면 나타나는 결과가 굉장히 좋기 때문입니다. 그러나 이것은 축복의 길이 아닙니다. 결국 그 길을 인도하는 사람과 그 길을 믿고 따라간 모든 사람들이 다 망하게 되는 것입니다.

하나님이 원하는 것은 우리가 예수님 가정에 시집가는 것과 같습니다. 곧 내가 과거에 세상에서 좋아했던 것 다 끊어버리고 순수하게 하나님의 것을 가지고 축복을 만들어내는 것입니다.

또한 마음속에 우상이 있는 이상 아무리 신앙이 좋은 사람이 예루살렘에 있어도 예루살렘의 재앙을 돌이키지 못할 것이라고 말씀하십니다.

"여호와의 말씀이 또 내게 임하여 가라사대 인자야 가령 어느 나라가 불법하여 내게 범죄하므로 내가 손을 그 위에 펴서 그 의뢰하는 양식을 끊어 기근을 내려서 사람과 짐승을 그 나라에서 끊는다 하자. 비록 노아, 다니엘, 욥, 이 세 사람이 거기 있을찌라도 그들은 자기의 의로 자기의 생명만 건지리라. 나 주 여호와의 말이니라"(14장 12-14절).

여기서 '어느 나라'라고 하는 것은 바로 이스라엘을 말합니다. 이스라엘이 불법하여 '내게 범죄한다'고 하는 것은 세상적인 방법으로 성공하는 것을 말합니다. 왜 세상적인 방법으로 성공하고 출세하는 것이 하나님께 범죄하는 것이 될까요? 그것은 이런 세상적인 방법은 진정한 영적인 부흥을 막아버리기 때문입니다. 이스라엘의 죄는 영적인 부흥을 막는 것입니다. 이스라엘의 가장 중요한 사명은 세상적으로 성공해서 유명하게 되는 것이 아니라 하나님의 말씀과 성령으로 영적인 부흥을 일으키는 것입니다. 그러나 세상적인 요소들이 교회 안에 들어오게 되면 부흥의 불씨는 꺼져버리게 됩니다. 이것이 이스라엘의 가장 큰 불법이요 가장 큰 죄인 것입니다.

하나님께서는 부흥의 불씨를 꺼트린 예루살렘에 대하여 네 가지 재앙을 준비하고 있다고 말씀하고 있습니다. 그 첫 번째는 그들이 의지하고 있는 양식을 끊어서 굶주리게 되는 것입니다. 그리고 두 번째는 맹수가 나타나서 사람들을 물어서 죽임으로 사람들이 출입을 하지 못해서 땅이 황폐해지게 됩니다. 세 번째는 전쟁이 일어나서 사람들이 칼에 죽는 것이고 네 번째는 온역이 퍼져서 많은 사람들이 병들어 죽는 것입니다. 이 네 가지는 옛날 사람들이 가장 무서워하던 것이었습니다. 그런데 하나님이 이런 재앙을 내리실 때 그들 가운데 노아, 다니엘, 욥 이 세 사람이 거기에 있어도 자기 의로 자기 생명만 구하고 자녀들도 건지지 못할 것이라고 말씀하고 있습니다.

여기서 노아, 다니엘, 욥은 하나님 앞에서 그 믿음을 인정받은 사람들입니다. 노아는 하나님이 홍수로 세상을 심판하실 때 믿음으로 홍수의 재앙에서 살아남은 사람입니다. 노아의 믿음은 어떻게 나타났습니까? 비가 전혀 오지 않는데도 불구하고 120년 동안 배를 만든 것으로 나타났습니다. 이것은 그 당시 사람들이 보기에는 완전히 정신 나간 짓이었고 시간 낭비였습니다. 그러나 노아는 당장 행복하게 사는 것보다 하나님의 심판의 말씀을 믿었기 때문에 미친 사람 소리를 들어가면서도 배를 만들어 살았습니다. 욥은 이유를 알 수 없는 엄청난 재앙 가운데서도 하나님을 원망하지 않고 하나님을 믿었습니다. 특히 그의 부인이 하나님을 저주하고 죽으라고 하는데도 하나님을 저주하지 않았습니다. 결국 그는 차라리 죽었으면 훨씬 좋았을 비극 가운데서도 살아서 하나님께 영광을 돌림으로 축복을 받았습니다. 그런데 다니엘은 그 당시 사람이었고 에스겔과 같이 포로된 사람 중에 있는 사람이었습니다. 아마 이때 다니엘은 젊었을 것입니다. 그래서 어떤 학자들은 이 다니엘이 사자 굴에 들어간 다니엘은 아니고 다른 다니엘일 것이라고 주장을 합니다. 그러나 바로 여기에 하나님의 말씀의 묘미가 있는 것입니다. 하나님은 아주 고대의 의인들의 믿음만 인정해주시는 것이 아니라 당시 그들과 고난 받고 있는 사람 중의 한 사람의 신앙도 인정해주시는 것입니다.

그런데 하나님께서는 이 사람들도 예루살렘의 재앙을 돌이키지는 못한다는 것입니다. 그 말의 뜻은 예루살렘은 분명히 망한다는 것입니다. 그만큼 예루살렘의 우상은 치명적인 것이었습니다. 하나님께서 예루살렘에 원하신 것은 다른 복잡한 많은 것도 아니고 아주 단순한 신앙이었습니다. 그것은 우상만 버리면 되는 것입니다. 그런데 왜 그렇게 우상을 버리기가 어려웠을까요? 그만큼 인간의 야망과 욕심은 강했기 때문입니다. 결국 그들이 우상을 버리려고 하면 죽어야만 했습니다. 죽는 방법은 둘 중의 하나였습니다. 하나는 하나님의 말씀에 큰 은혜를 받고 스스로 세상의 모든 자랑이나 성공을 포기하든지 아니면 바벨론의 포로가 되어서 타의에 의해서 우상을 버리든지 둘 중의 하나였습니다. 우리는 하나님의 말씀으로 은혜 받고 스스로 세상의 욕심을 포기하는 것이 얼마나 큰 축복인지 알아야 합니다.

예루살렘 사람들이 세상의 욕심에 이끌려서 부흥의 불을 꺼버린 대가는 엄청난 것이었습니다. 하나님께서 예루살렘에 준비하고 계신 재앙의 카드는 네 가지였습니다. 하나는 기근으로 굶는 것입니다. 경제적으로 폭삭 망하는 것입니다. 그리고 맹수들이 날뛰는 바람에 농사나 장사를 제대로 하지 못하게 하십니다. 그 다음에는 전쟁이고 그 다음에는 전염병인 것입니다. 그러고도 망해야만 했습니다. 이것이 이스라엘이 하나님만 믿지 못하고 세상을 사랑한 대가였습니다. 완전한 멸망이었고 완전한 수치였습니다.

그러나 여기에 희망이 없는 것은 아닙니다. 적어도 노아나 욥이나 다니엘 같은 신앙은 하나님이 인정을 하고 계시기 때문입니다. 그리고 우상을 완전히 부수고 버리기만 하면 예루살렘은 사는 것입니다. 또한 오직 하나님의 말씀만 붙들고 죽겠다는 각오만 있으면 살 수 있는 것입니다. 하나님의 말씀으로 사생결단을 하면 덫의 갈고리가 벗겨집니다. 그리고 하나님의 말씀 속에서 능력이 전달되게 됩니다. 무엇보다 노아나 욥이나 다니엘도 자기 힘으로 그런 믿음을 가졌던 것이 아닙니다. 하나님의 말씀을 잡으니까 노아도 되고 욥도 되고 다니엘도 될 수 있었던 것입니다.

하나님의 백성의 가치

그러면 진정한 하나님의 백성의 가치는 어디에 있습니까? 하나님의 백성들의 가치는 세상적인 열매를 가득 맺는 것이 아니라 신앙의 열매를 많이 맺는 것입니다. 이것을 하나님께서는 포도나무의 예를 들어서 설명해주셨습니다.

> "여호와의 말씀이 내게 임하여 가라사대 인자야 포도나무가 모든 나무보다 나은 것이 무엇이랴? 삼림 중 여러 나무 가운데 있는 그 포도나무 가지가 나은 것이 무엇이랴? 그 나무를 가지고 무엇을 제조할 수 있겠느냐? 그것으로 무슨 그릇을 걸 못을 만들 수 있겠느냐? 불에 던질 화목이 될 뿐이라. 불이 그 두 끝을 사르고 그 가운데도 태웠으면 제조에 무슨 소용이 있겠느냐?"(15장 1-4절).

하나님은 참으로 공평하신 하나님이십니다. 대개 나무들 중에서 과일 나무들은 외모가 볼품이 없습니다. 사과나무라든지 배나무라든지 복숭아나무라든지 모든 과일 나무들은 모두 키가 작고 울퉁불퉁해서 외모가 볼품이 없고 재목으로 쓸 수가 없습니다. 그 대신 이런 과일 나무들은 기가 막히게 맛있는 열매를 맺습니다. 거기에 비해서 목재로 쓰이는 나무들은 키도 크고 나무 결도 곧게 자라지만 열매가 맺히지 않습니다. 열매가 맺힌다고 해 봐야 솔방울 같은 것에 불과합니다. 그러니까 나무들도 이미 용도가 다 다르다는 것을 알아야 합니다. 과일나무들은 외모에 너무 신경 쓰지 말고 열매나 많이 맺으면 그 사명을 다한 것입니다. 사람들이 과일나무에게 멋있게 자랄 것을 요구한다면 너무 무리한 것을 요구하는 것입니다. 거기에 비해서 목재로 쓰일 나무들은 열매는 없지만 곧게 똑 바로 자라기만 하면 자기 사명은 다하는 것입니다. 그런데 과일 나무 중에서도 가장 외모가 볼품이 없는 것이 포도나무입니다. 포도나무는 얼마나 힘이 없든지 혼자 힘으로 제대로 서 있을 수도 없어서 기둥과 철사로 받쳐주어야 합니다. 그래서 외모만 가지고 판단할 때에 포도나무는 나무 중에서는 가장 볼품없는 실패작인 것입니다. 그러나 포도나무에서 만들어내는 포도 열매는 이 세상 어떤 열매도 흉내 낼 수 없는 최고로 달콤하고 새콤하고 물기가 많은 그러면서도 아주 많은 열매를 맺게 되는 것입니다. 그리고 포도로 만드는 술은 술중에서는 최고의 술이 됩니다. 서양 사람들은 모든 잔치에 이 와인을 준비합니다. 특히 당도가 높은 포도열매로 만든 와인은 최고의 가치를 가지게 되는 것입니다.

그래서 포도나무는 다른 것은 신경 쓸 필요가 없습니다. 외모가 구부러지든지 굵기가 가늘든지 제대로 서 있지 못하든지 전혀 신경 쓸 것이 없습니다. 오직 포도나무는 달고 맛있는 포도송이만 주렁주렁 만들어 내기만 하면 어떤 멋있는 나무보다 가치 있는 일을 해 낸 것입니다.

그런데 포도나무가 열매로 승부를 내려고 하지 않고 가지나 줄기를 가지고 승부를 내려고 하면 어떤 나무도 이기지 못하고 오직 불에 집어 넣는 땔감밖에 되지 않는 것입니다. 여기에 보면 포도 줄기는 그릇을 달 수 있는 못으로도 만들지 못한다고 말씀하고 있습니다. 집을 만드는 재목은 물론이고 작대기나 지팡이로도 쓸 수 없고 포도나무 자체는 아무 쓸모가 없는 것입니다. 오직 포도나무는 열매로 승부를 걸어야 합니다. 그런데 지금은 나무 양쪽이 다 불에 탔고 중간도 불에 탔다고 말씀하고 있습니다. 유다나 이스라엘이 모두 다 불에 탔고 지금 중요한 사람들은 포로로 잡혀와 있어서 자력으로는 살 수가 없는 나무인 것입니다.

"그것이 온전할 때에도 아무 제조에 합당치 않았거든 하물며 불에 살라지고 탄 후에 어찌 제조에 합당하겠느냐? 그러므로 주 여호와 내가 말하노라. 내가 수풀 가운데 포도나무를 불에 던질 화목이 되게 한 것 같이 내가 예루살렘 거민도 그같이 할찌라"(15장 5-6절).

하나님께서는 예루살렘 사람들이 못생겼기 때문에 태우는 것이 아니라 열매를 맺지 못하기 때문에 태우는 것입니다. 이스라엘 사람들은 아무리 잘 생겨도 포도나무이기 때문에 세상적인 가치로는 인정받을 수가 없습니다. 오직 이스라엘이 인정받을 수 있는 것은 포도 열매를 맺는 것 밖에 없습니다. 결국 이 포도 열매가 무엇입니까? 하나님의 말씀을 믿음으로 붙잡을 때 성령께서 역사하심으로 부흥이 일어나서 사람들이 변화되는 것입니다. 사람들이 말씀으로 은혜 받지 못하고 변화가 일어나지 못한 상태에서 성공하면 불에 넣을 땔감만 많이 만드는 것 밖에 되지 못합니다.

여기서 우리에게 갈등이 생기는 것은 하나님의 말씀에 비추어 보지 않으면 잘 생긴 포도나무의 성공이 옳은 것입니다. 포도나무가 잣나무나 소나무 흉내를 내어서 멋있게 자라는 것이 얼마나 좋습니까? 그러나 하나님의 말씀만 보면 우리는 그것이 잘못되었다는 것을 깨닫게 됩니다. 그래서 우리는 잠시라도 하나님의 말씀을 듣지 않으면 모양만 멋있는 포도나무가 될 수밖에 없는 것입니다.

이것은 노아나 욥이나 다니엘도 다 마찬가지입니다. 그들도 하나님의 말씀만 죽으라고 잡았기 때문에 노아가 될 수 있었고 욥이 될 수 있었고 다니엘이 될 수 있었던 것입니다. 오늘 우리가 알 수 있는 것은 우리의 성공은 포도 열매에 있고 포도 열매나 와인으로 승부를 내어야 한다는 것입니다.

오늘 우리가 진정으로 말씀으로 열매를 맺으면 우리 포도나무는 결코 찍히지 않을 것입니다. 우리로 인하여 다른 포도나무들도 살게 될 것입니다.

이제 여러분은 세상에서 다른 사람들이 성공하고 잘 되는 것을 보지 마시기 바랍니다. 그것을 보고 자신의 신세를 한탄하지도 마시기 바랍니다. 우리가 해야 할 것은 오직 신앙의 열매를 맺는 것입니다. 오직 우리가 하나님의 말씀만 붙잡으면 성령의 큰 부흥의 역사를 경험하게 될 것입니다. 그것만 제대로 하기만 하면 우리는 우리 할 일을 너무 잘한 것입니다. 우리는 이 세상에서 충분히 존재의 가치가 있는 것입니다. 그러면 하나님은 다른 복도 많이 주실 것입니다. 그러나 하나님이 아무리 다른 복을 많이 주신다 해도 우리는 포도나무입니다. 우리는 세상 사람들처럼 배우나 가수들처럼 잘 생기지 못해도 성령으로 충만하고 말씀으로 열매를 맺으면 이 세상에서 가장 맛있는 열매로 나타나게 될 것입니다. 이 세상에서 가장 가치 있는 나무가 될 것입니다. 우리는 절대로 세상 나무를 부러워해서는 안 될 것입니다. 그러면 궁극적으로 우리는 하나님의 심판의 땔감만 될 것입니다. 우리가 하나님의 말씀으로 만족하고 하나님이 주시는 은혜로 만족하고 감사할 때 이 세상에서 가장 존귀한 자로 만들어지게 될 것입니다.

13

| 겔 16:1-63 |

버려진 사생아

　우리나라에서는 어려서 부모로부터 버림을 받고 입양 기관을 통해서 외국에 입양이 된 사람들이 많이 있습니다. 물론 그런 입양아 중에서는 생활에 실패한 사람도 많이 있겠지만 그 중에는 좋은 양부모를 만나서 열심히 노력한 결과 사회적으로 성공해서 조국을 찾아와서 부모를 찾는 사람들도 많이 있습니다. 얼마 전에 미국에 입양이 되었다가 훌륭한 스키 선수가 되어서 돌아온 한 청년이 어렸을 때 잃어버렸던 부모를 되찾는 모습을 보았습니다. 신문 사진이나 텔레비전 화면에 보인 아버지와 아들의 모습은 누가 보든지 친부모와 자식이라는 것을 알 수 있을 정도로 닮아 있었습니다. 아버지는 자식을 시장에서 잃어버렸는데 결국 이 아들은 입양 기관을 통해서 미국의 한 스키 강사 부부에게 입양이 되어서 그 양부모로부터 스키를 배워서 세계적인 스키 선수가 된 것입니다. 아버지는 아들을 만났을 때 '잘 자라주어서 고맙다' 는 말을 했습니다. 이런 사람들은 인생의 첫출발은 너무 비참했지만 하나님의 인도하심과 본인의 노력으로 그 모든 어려움을 이기고 승리한 것입니다.

부모님들은 누구나 다 자기 자녀들이 육체적으로나 정신적으로 건강하게 자라기를 원합니다. 그래서 자녀들이 몸이 허약하다고 생각되면 보약도 달여서 먹이기도 하고 또 공부를 위해서라면 거금을 들여서 과외나 학원 같은데도 보내기도 하고 심지어는 조기 유학도 보내고 기러기부모까지도 됩니다. 그런데 만약 어느 날 부모가 그렇게 믿었던 자기 딸이나 아들이 그동안 부모의 눈을 속이고 음란한 생활을 해서 사생아까지 임신하게 되었다면 그 사실을 아는 순간 아마 부모는 기절을 하고 말 것입니다.

하나님께서는 이스라엘 백성들에 대하여 이런 비유로 말씀을 하십니다. 이스라엘 백성들은 하나님의 눈으로 볼 때 불륜의 관계로 아이를 낳아서 버려진 사생아와 같았습니다. 어떤 못된 부모는 자식을 낳고는 키울 생각도 하지 않고 피투성이인 채로 아이를 빈들에 버렸습니다. 이 아이를 하나님은 보시고 소중하게 키우신 것입니다. 그런데 이 아이가 아름다운 처녀가 되고 난 후에는 하나님의 가르침을 저버리고 옛날 부모의 행실을 따라서 음탕한 짓을 하는 바람에 결국 비참하게 망하게 되는 것입니다.

오늘 읽은 에스겔서 16장은 성경 전체에서 가장 외설스러운 느낌을 주는 내용이 들어 있습니다. 영화로 치면 '미성년자 관람불가' 에 해당되는 곳입니다. 그런데 우리는 이런 외설적인 표현만 보고 오늘 본문의 가치를 무시해서는 안 됩니다. 왜냐하면 오늘 본문이 강조하려고 하는 것은 하나님의 백성들의 영적인 순결이 그만큼 중요하다는 것을 보여주시려고 하는 것입니다. 우리는 하나님 앞에서 처음부터 대단한 가치를 가지고 타고난 자이기 때문에 하나님의 백성이 되거나 축복을 받은 것이 아닙니다. 우리는 하나님 앞에서 그야말로 버려진 피투성이 아이와 다를 바가 없었습니다. 그러나 하나님이 우리를 사랑하셔서 살게 하시고 축복하셨는데 이제는 자기가 잘나서 그렇게 된 줄 알고 하나님의 말씀을 버리고 자기 명성과 자기 인기를 좇아간다면 이것은 영적인 간음이 되는 것입니다.

요즘 우리 사회에서 청소년들이나 청년들이 성에 대하여 많은 유혹을 느끼는 것은 어쩌면 당연한 일이라고 볼 수 있습니다. 그러나 그가 진정으로 존귀하고 가치 있는 삶을 살려고 한다면 한 순간의 호기심이나 성적인 충동을 극복하고 순결을 지켜야 하는 것입니다. 하지만 이것보다 더 어려운 것이 있는데 그것은 신앙적인 순결을 지키는 것입니다. 우리는 이 세상에서 너무나도 성공하고 출세하고 싶지만 하나님 앞에서 믿음의 순결을 지켜야하는 것입니다.

버려진 한 사생아

"너의 난 것을 말하건대 네가 날 때에 네 배꼽줄을 자르지 아니하였고 너를 물로 씻어 정결케 하지 아니하였고 네게 소금을 뿌리지 아니하였고 너를 강보로 싸지도 아니하였나니 너를 돌아보아 이 중에 한 가지라도 네게 행하여 너를 긍휼히 여긴 자가 없었으므로 네가 나던 날에 네 몸이 꺼린바 되어 네가 들에 버리웠었느니라. 내가 네 곁으로 지나갈 때에 네가 피투성이가 되어

발짓하는 것을 보고 네게 이르기를 너는 피투성이라도 살라 다시 이르기를 너는 피투성이라도 살라 하고"(4-6절).

하나님께서는 길에 가시다가 태어나자마자 버리운 한 여자 아이를 보게 되었습니다. 이 여자 아이는 태어나자마자 들에 버려지게 되었는데 아이 엄마가 일부러 이 아이를 죽게 하려고 탯줄도 자르지 아니하였고 피를 씻지도 않았고 강보에 싸지도 않고 그냥 들판에 버리고 가버렸습니다. 그런데 아이의 생명이 얼마나 질긴지 그런 상태에서도 이 여자 아이는 살아서 발길질을 하면서 울고 있었습니다. 물론 입은 다 말라서 타가고 뜨거운 태양에 아이는 곧 죽을 것이 분명하지만 아직까지는 용하게 이 아이가 살아 있었습니다.

이 아이는 어떻게 해서 태어나게 된 아이입니까? 부모가 없는 자식이었습니다. 즉 어떤 남자 아이와 여자 아이가 서로 못된 짓을 하다가 아이가 생겨나게 되었기 때문에 아이를 책임지기 싫어서 몰래 낳아서 버린 것이었습니다. 이 아이의 부모는 아이를 낳기만 했지 전혀 이 아이를 책임질 생각을 하지 않았습니다.

하나님께서는 이 여자 아이가 피투성이가 되어서 발길질을 하는 것을 보시고 어떻게 해서 이 아이가 생겼고 버림을 당하게 되었는지 다 아셨습니다.

그리고 이 아이를 그대로 두면 얼마 있지 않아서 곧 죽게 된다는 것도 아셨습니다. 그런데 하나님은 이 사생아가 되어서 버림을 당한 여자 아이를 불쌍히 여기셨습니다. 그래서 이 여자 아이에게 하나님은 혼자서 말씀하셨습니다. '너는 피투성이라도 살라. 다시 이르기를 너는 피투성이라도 살라.' 네가 이렇게 태어난 것은 네 부모의 몹쓸 짓 때문이지만 이렇게라도 태어났으면 한번 살아보라는 것입니다. 곧 이 아이가 이런 식으로 태어났고 이런 식으로 버림을 받은 것은 인간으로서는 최악의 경우입니다. 그러나 '네가 잘 하기만 하면 얼마든지 훌륭한 사람이 될 수도 있으니까 이를 악물고 한번 살아봐라' 는 식으로 살 수 있는 기회를 주신 것입니다.

결국 사생아로 태어나서 피투성이로 버림을 받았지만 하나님의 손에 건짐을 받은 사람들이 이스라엘 백성들이고 예루살렘 사람들이었습니다. 즉 하나님을 만나기 전의 이스라엘 사람들은 하나님의 눈에 버림받아서 발길질하는 피투성이 아기들이었던 것입니다. 이것은 곧 우리 자신들의 모습이기도 했습니다. 우리가 하나님을 만나기 전의 상태가 어떠하였습니까? 그야말로 영적인 사생아였고 피투성이 인생이었습니다. 이 세상에 태어나기는 태어났지만 도대체 왜 태어났으며 무엇을 위해서 살아야 하는지도 모르는 채 그냥 들판에 버려져서 발길질하던 아기였던 것입니다. 우리는 하나님 앞에서 아무런 가치나 은혜 받을 자격도 없는 자들이었습니다. 이때 하나님이 그냥 못 본 체 하시고 지나가셨으면 우리는 죽는 것입니다. 그러나 하나님은 우리를 불쌍히 여기셨습니다. 오직 우리의 신세가 변하고 우리의 처지가 달라지게 된 것은 하나님께서 우리를 불쌍히 여기셨기 때문입니다.

우리가 이 세상에 태어났을 때 모두 영적인 사생아로 태어났습니다. 그러나 하나님은 우리를 보시고 우리에게 반복해서 말씀하셨습니다. '너는 피투성이라도 살라' '너는 피투성이라도 살라' 곧 '너나 네 부모는 네가 어떻게 해서 태어났는지도 모르지만 일단 이 세상에 한번 태어난 이상 한번 살아봐라. 내가 지켜주겠다' 고 약속하신 것입니다.

하나님의 두 가지 축복

하나님은 이스라엘 백성들을 두 가지 단계로 축복하셨습니다. 하나는 그들의 생명을 지켜주신 것이고 두 번째는 세상의 좋은 많은 것으로 채워주신 것입니다. 이것은 우리가 광야에서의 이스라엘 백성과 가나안 땅에서의 이스라엘 백성들로 비교해보면 쉽게 이해가 될 것입니다.

첫 단계는 하나님께서 그들의 생명을 지켜주셔서 살게 하셨습니다.

"내가 너로 들의 풀 같이 많게 하였더니 네가 크게 자라고 심히 아름다우며 유방이 뚜렷하고 네 머리털이 자랐으나 네가 오히려 벌거벗은 적신이더라"
(7절).

문자적인 표현은 상당히 선정적이고 좀 민망하지만 내용은 결코 그렇지가 않습니다. 하나님께서는 이스라엘 백성들이 광야에 있을 때 세상의 좋은 것으로 입혀주시지 않으셨습니다. 그래서 어떤 의미에서 이스라엘 백성들은 이 세상에 대해서는 벌거숭이였습니다. 이들은 우선 문화라는 것을 몰랐습니다. 그리고 학교를 다닌 적이 없었습니다. 이들이 배운 것은 오직 하나님의 말씀밖에 없었습니다. 그러니까 광야의 이스라엘 백성들은 그야말로 무공해 인간들이었고 머리털은 무성하고 옷은 거의 벌거벗다시피 했지만 그래도 그들은 정신적으로나 육체적으로 아주 건강했던 것입니다. 이것을 '유방이 뚜렷했다'고 표현을 하고 있습니다. 별로 좋은 표현은 아니지만 처음 하나님을 만난 이스라엘 백성들은 세상적으로는 그야말로 원시인 같은 자들이었지만 건강하고 순결했던 것입니다. 사실은 죽을 수밖에 없었던 인생을 살게 하신 것만 해도 우리는 얼마나 하나님께 감사를 드려야 하는지 모릅니다. 그런데 하나님은 그것으로 그치지 아니하시고 이스라엘 자손들을 가나안 땅으로 인도하셔서 세상적인 복과 물질적인 복을 주시며 이 세상에서도 아주 유명한 사람이 되게 하셨습니다.

> "내가 네 곁으로 지나며 보니 네 때가 사랑스러운 때라. 내 옷으로 너를 덮어 벌거벗은 것을 가리우고 네게 맹세하고 언약하여 너로 내게 속하게 하였었느니라. 나 주 여호와의 말이니라. 내가 물로 너를 씻겨서 네 피를 없이 하며 네게 기름을 바르고 수 놓은 옷을 입히고 물돼지 가죽신을 신기고 가는 베로 띠우고 명주로 덧입히고 패물을 채우고 팔고리를 손목에 끼우고 사슬을 목에 드리우고 코고리를 코에 달고 귀고리를 귀에 달고 화려한 면류관을 머리에 씌웠나니 이와 같이 네가 금, 은으로 장식하고 가는 베와 명주와 수놓은 것을 입으며 또 고운 밀가루와 꿀과 기름을 먹음으로 극히 곱고 형통하여 왕후의 지위에 나아갔느니라"(8-13절).

하나님은 이 사생아가 건강하게 잘 자랐을 때 가나안으로 데리고 가셔서 온갖 세상의 복으로 꾸며주셨습니다. 그들의 더러운 몸은 물로 씻겨 기름을 발라서 매끈하게 하고 수놓은 옷을 입히며 물돼지 가죽신을 신겼습니다. 그리고 팔이나 코나 목에 온갖 패물을 다 걸어주고 온갖 맛있는 음식을 다 먹이고 지위까지도 왕후의 지위를 얻도록 축복을 주셨습니다.

이스라엘 백성들은 가나안 땅에 들어갔을 때 생활의 안정을 얻었고 물질의복을 얻었으며 세상적인 명예와 지식과 권력까지 누리게 되었던 것입니다.

"네 화려함을 인하여 네 명성이 이방인 중에 퍼졌음은 내가 네게 입힌 영화로 네 화려함이 온전함이니라. 나 주 여호와의 말이니라"(14절).

하나님께서는 잠시 이스라엘 백성들로 하여금 가난하게 하시고 무식하게 하시고 세상적으로 인정받지 못하게 하셨지만 어느 정도 훈련이 되고 난 후에는 세상의 모든 복을 다 부어주셨던 것입니다. 그 결과 이들은 하나님의 복을 받고 갑자기 유명하게 되었습니다. 하나님께서 이스라엘을 이 정도로 축복하면 이들이 목숨을 걸고 하나님을 사랑하고 진리에 충성할 줄 아셨습니다. 그러나 인간이라고 하는 존재는 일단 성공하고 출세하고 난 후에는 마음이 달라지게 되는 것입니다.

이스라엘 백성들이 하나님의 놀라운 복을 받았을 때 두 가지 특징이 나타나게 되었습니다. 그 하나는 하나님을 더 이상 사랑하지 않게 된 것입니다. 그 대신에 세상을 무지무지하게 좋아하게 되었습니다. 그리고 두 번째는 지금까지 하나님이 주신 복으로 만족하지 못하고 세상적으로 더 많은 복을 받으려고 몸부림을 치게 된 것입니다.

우리가 이스라엘 백성들이 하나님의 복을 받고 난 후에 하나님을 덜 사랑하게 된 것은 이해는 됩니다. 예를 들어서 어떤 아이가 입양이 되어서 가난하게 자랄 때에는 양부모에게 감사하고 애정을 가지지만 어느 정도 자라고 난 후에는 역시 자기에게 맞는 젊은 남성을 찾게 되는 것입니다. 그래서 여자 아이들은 청년이 된 후에 부모냐 사랑하는 남자냐 사이에 갈등을 느낄 때가 종종 있습니다. 정신적으로는 지금까지 키워주시고 사랑해주신 부모님을 택해야 하겠지만 감정적으로는 지금 만나고 있는 남자를 포기할 수가 없는 것입니다. 그러나 부모님이 원하는 것은 자식을 영구적으로 차지하겠다는 것이 아니라 좋은 사람과 만나는 것입니다. 그럼에도 불구하고 양딸이나 친딸이 깡패 같은 건달을 좋아해서 사랑에 빠지면 부모의 사랑을 배신하는 것이 됩니다. 이스라엘은 하나님을 싫어하게 되고 세상을 좋아하게 되었습니다. 그리고 이스라엘은 지금까지 받은 복으로 만족하지 못하고 세상 사람들과 똑같이 복을 받으려 할 뿐 아니라 세상 사람들보다 더 많은 복을 받으려고 몸부림을 치는 사람들이 되었습니다. 또한 그렇게 복을 받기 위해서 무슨 짓이든지 다 하려고 했습니다. 예를 들어서 누가 어떻게 해서 돈을 많이 벌었다고 하면 그들도 그런 짓을 하는 것입니다. 곧 이스라엘 백성들은 하나님에 대한 신앙만 버리지 않으면 신앙생활을 잘 하는 것이라고 생각해서 '죄가 안 되면 무슨 짓이든지 다 할 수 있다'고 공언을 했습니다. 그러니까 우상 숭배하는 것은 아무 문제가 되지 않았습니다. 왜냐하면 우상 숭배는 사람을 죽이는 것도 아니고 남의 물건을 빼앗는 것도 아니었기 때문입니다. 원래 하나님을 믿는 것은 나의 모든 삶을 하나님께 다 맡기는 것이고 하나님이 인도해주시는 대로 살아야 하는 것입니다. 그러므로 우리는 아무리 세상에서 돈을 벌고 성공하는 길이라 하더라도 하나님이 주시지 않는 것은 해서는 안 되는 것이며 하나님의 말씀을 벗어나서는 아무 것도 하지 않아야 하는 것입니다. 그러나 이스라엘은 한 번 복을 받고 나니까 더 복에 주리고 목마르게 되어서 하나님의 신앙만 버리지 않았지 세상과 모든 것이 똑같아지게 되었습니다.

"그러나 네가 네 화려함을 믿고 네 명성을 인하여 행음하되 무릇 지나가는 자면 더불어 음란을 많이 행하므로 네 몸이 그들의 것이 되도다. 네가 네 의복을 취하여 색스러운 산당을 너를 위하여 만들고 거기서 행음하였나니 이런 일은 전무후무하니라. 네가 또 나의 준 금, 은 장식품으로 너를 위하여 남자 우상을 만들어 행음하며 또 네 수놓은 옷으로 그 우상에게 입히고 나의 기름과 향으로 그 앞에 베풀며 또 내가 네게 주어 먹게 한 내 식물 곧 고운 밀가루와 기름과 꿀을 네가 그 앞에 베풀어 향기를 삼았나니 과연 그렇게 하였느니라. 나 주 여호와의 말이니라"(15-19절).

일단 이스라엘 백성들에게 돈이 많이 생긴 것이 문제였습니다. 그들이 가난했을 때에는 죄를 짓고 싶어도 돈이 없어서 지을 수가 없었습니다. 그러나 돈이 생기니까 점점 죄를 짓는 쪽으로 돈을 쓰게 되었던 것입니다. 여기서 알아야 할 것은 하나님의 백성들의 모든 돈과 시간은 하나님이 우리에게 주신 것입니다. 우리는 시간이나 돈도 마음대로 쓸 수는 있지만 죄를 짓기 위해서 써서는 안 됩니다. 사실 우리가 하나님을 믿는 데는 돈이 많이 들지 않습니다. 그런데 돈이 많이 있으면 쓰고 싶은데 돈을 쓰는 일들은 거의 대개 세상적인 일들이고 돈을 자꾸 쓰다보면 점점 더 강한 만족을 주는 쪽으로 흘러가게 되는 것입니다.

이스라엘 자손들은 자신들의 명성을 믿고 지나가는 모든 자와 다 행음했다고 했습니다. 그리고 이스라엘 안에 그것들을 끌어들여서 지속적으로 죄를 지었던 것입니다. 그 이유가 어디에 있습니까? 일단 잘 살고 난 후에는 더 이상 자기 자신을 옛날의 광야에서 벌거벗었던 때처럼 생활하기 싫었기 때문입니다. 그런데 하나님의 은혜는 어디에 흐릅니까? 광야의 그 벌거벗었던 그 곳에 하나님의 은혜가 임하는 것입니다. 그래서 이스라엘 백성들이 지속적으로 하나님의 은혜를 받으려면 가나안의 모든 화려한 옷들을 다 벗어버려야 합니다. 귀고리도 떼고 물돼지 가죽신도 벗고 모든 명성도 다 집어치워버리고 광야에서 벌거벗은 채 발길질하던 그 심정으로 돌아가면 틀림없이 하나님의 은혜를 받을 수가 있는 것입니다. 하지만 그들이 세상의 명예나 출세의 옷을 한번 입고 나니까 너무나도 좋아서 절대로 이 옷을 벗기가 싫었습니다. 그 결과 자꾸 하나님을 속이면서 세상을 따라가니까 신앙은 변질되게 되었습니다.

이것이 오늘 교회나 우리 크리스천들의 모습을 그대로 보여주고 있습니다.

옛날에는 교회는 정말 가난했습니다. 그리고 작았습니다. 또 믿는 자들도 모두 가난하면서도 열심이 있었습니다. 이것이 우리가 광야에서 벌거벗고 지내던 시절이었습니다. 그런데 어느 한 순간부터 하나님께서 교회와 우리 믿는 자들에게 세상적인 복을 쏟아부어주시기 시작하였습니다. 교회도 교인들이 많이 모이니까 헌금의 규모가 커지게 되었습니다. 그래서 화려한 예배당도 지을 수 있게 되었고 교인들도 돈을 많이 벌게 되니까 집도 화려하게 꾸미고 자녀들도 좋은 학교에 보내고 유학도 보내고 세상에서 높은 지위도 차지하게 되었습니다. 그러면서 교회나 교인들은 하나님의 말씀에 답답해하게 되었고 눈물의 기도가 없어지게 되었습니다. 그리고 세상의 유행하는 많은 사조들을 교회 안에 끌어들여서 잔치를 하고 더 유명해지기 위해서 몸부림을 치게 되었습니다. 이것이 교회의 변질이요 타락인 것입니다.

"네 어렸을 때에 벌거벗어 적신이었으며 피투성이가 되어서 발짓하던 것을 기억지 아니하고 네가 모든 가증한 일과 음란을 행하였느니라"(22절).

옛날에 그 가난하고 어려운 가운데서 하나님만 붙들던 그때를 기억해야 하는데 오히려 세상에서 자기보다 더 잘 살고 유명한 사람들과 비교하면서 더 유명해지려고 하니까 결국 하나님의 말씀만으로 만족을 못하는 것입니다.

우리가 진정으로 하나님의 복을 붙잡으려고 하면 다른 사람들로부터 무능하다는 욕을 먹어야 합니다. 그런데 그렇게 하기가 너무나도 어려운 것입니다. 왜냐하면 조금만 더 세상을 따라가면 훨씬 더 좋은 환경에서 훨씬 더 좋게 믿을 수 있기 때문입니다. 그러나 세상적으로 유명해지고 다른 많은 사람들로부터 인정받고 싶은 것은 무서운 우상입니다. 우리가 정말 순수한 믿음의 순결을 지키려면 다른 사람의 인정을 받고 빨리 안정되고 싶은 욕심을 버려야 합니다.

이스라엘의 타락과 하나님의 심판

이스라엘 자손들이 한번 타락하기 시작하니까 도저히 걷잡을 수 없을 정도로 타락하게 되었습니다.

> "네가 높은 대를 모든 길 머리에 쌓고 네 아름다움을 가증하게 하여 모든 지나가는 자에게 다리를 벌려 심히 행음하고 하체가 큰 네 이웃나라 애굽 사람과도 행음하되 심히 음란히 하여 내 노를 격동하였도다"(25-26절).

이 구절도 미성년자 관람불가의 딱지가 붙은 구절입니다. 하나님께서는 이스라엘 백성들의 사상적인 변절을 생생하게 표현을 하십니다. 즉 이스라엘 자손들은 아예 영적인 간음을 위하여 집까지 지었다는 뜻입니다. 이것은 결국 그들의 성전이 하나님 앞에 순수한 성전이 되지 못하고 모든 이방 사상들로 오염된 것을 나타내는 것입니다. 온갖 세상의 사상이라는 사상은 다 끌어 들여서 믿었습니다. 그 중에서도 특히 애굽의 사상을 좋아했는데 하나님께서는 애굽 사람들은 하체가 큰 사람들이라고 했습니다. 굉장히 선정적인 표현입니다. 하나님은 이스라엘 백성들로 하여금 자신들의 지저분하고 추한 모습을 실컷 보라고 이런 표현을 일부러 쓰고 있는 것입니다. 다시 말해서 이스라엘 백성들을 향하여 하나님이 욕을 퍼부으시는 것입니다.

'엉, 너희들이 지금까지 어떤 짓을 했는지 똑똑히 봐라'고 하시면서 몰아세우시는 것입니다.

그러나 이스라엘 백성들은 이것을 문화적인 교류라고 생각했지 영적인 간음이라고 생각하지는 않았던 것입니다. 하나님께서는 초반에 블레셋 사람들을 보내서 많이 압제하게 하셨습니다. 그러나 이스라엘 백성들은 이것은 어디까지나 문화적인 교류이지 우상 숭배가 아니라는 것입니다. 어떤 때에는 예술과 외설이 잘 구별되지 않을 때가 있습니다. 그러나 하나님은 이 모든 것을 영적인 간음으로 판단하셨습니다. 우리는 신앙적인 부분에 있어서는 보수성을 띨 수밖에 없습니다. 왜냐하면 옛날에는 철자 하나를 가지고도 이단이 갈라지기도 했기 때문입니다. 우리는 문화적인 교류라는 미명으로 교회의 문을 다른데 열어서는 안 됩니다. 결국 이스라엘은 애굽으로 채워지지 않으니까 앗수르에 손을 벌리고 나중에는 갈대아 사람 즉 바벨론까지 손을 내밀었던 것입니다.

그런데 하나님은 이렇게 말씀하십니다. 다른 사람들이 이런 창기 짓을 할 때에는 돈이라도 받고 창기 짓을 하는데 이스라엘 백성들은 몸만 내어주고 돈을 하나도 못 받았다고 말씀을 하십니다.

"사람들은 모든 창기에게 선물을 주거늘 오직 너는 네 모든 정든 자에게 선물을 주며 값을 주어서 사방에서 와서 너와 행음하게 하니 너의 음란함이 다른 여인과 같지 아니함은 행음하려고 너를 따르는 자가 없음이며 또 네가 값을 받지 아니하고 도리어 줌이라. 그런즉 다른 여인과 같지 아니하니라"(33-34절).

다른 여인들은 아예 내어 놓고 매춘을 하니까 인생은 더럽히더라도 돈은 받는데 이스라엘은 실제로는 매춘을 하면서도 돈을 받지 않고 도로 자기가 돈을 주는 것입니다. 그 이유는 그것이 바로 자기 사랑의 표현에 불과하다고 생각하는 것입니다. 그들이 하는 짓은 매춘인데 마음으로는 사랑이라고 생각하니까 얼마나 웃기는 일입니까?

결국 이스라엘은 모든 사람들로부터 미움을 받고 모든 사람들로부터 버림을 받게 됩니다. 왜냐하면 너무나도 자기 스스로를 더럽고 비천하게 만들었기 때문입니다. 결국 하나님의 백성의 가치는 돈에 있지도 않고 명성에 있지도 않고 신앙적인 순결에 있는 것입니다. 하나님의 백성들이 세상을 흉내 내면 돈은 돈대로 들고 그것으로부터 얻는 것은 아무 것도 없습니다. 요즘 교회에서는 조금이라도 유명한 사람이 있으면 불러서 강연을 시키거나 공연을 시킵니다. 그러면 전부 돈이 듭니다. 또 그렇게 했을 때 자신들의 마음이 상당히 열린 것 같고 초청한 다른 사람들의 마음속에도 만족감을 준 것 같습니다. 그러나 그러는 중에 가장 중요한 하나님의 은혜가 메말라가고 하나님의 축복이 없어지고 있는 것입니다.

결국 나중에 보면 본전도 찾지 못할 정도로 망해버리게 됩니다. 왜냐하면 영적인 순결을 지키지 못한 이스라엘 백성들은 아무 가치가 없기 때문입니다. 하나님은 드디어 이스라엘의 가족 관계를 폭로를 하십니다.

> "무릇 속담하는 자가 네비 대하여 속담하기를 어미가 어떠하면 딸도 그렇다 하리라. 너는 그 남편과 자녀를 싫어한 어미의 딸이요 너는 그 남편과 자녀를 싫어한 형의 동생이로다. 네 어미는 헷 사람이요 네 아비는 아모리 사람이며"(44-45절).

하나님은 이스라엘의 가족 관계를 다섯 사람으로 소개하고 있습니다. 즉 예루살렘의 어미는 헷 사람이고 아비는 아모리 사람이라고 했습니다. 그리고 언니는 사마리아이고 동생은 소돔이라고 했습니다. 이스라엘의 가족 관계를 분석해 보면 완전히 세속화 된 것을 알 수 있습니다. 이스라엘이 철저하게 속사람까지 하나님을 닮지 않으면 결국 세상의 풍조를 따라가게 되어 있습니다. 외형적으로는 이스라엘이 하나님을 믿는다고 하지만 실제로는 가나안 족속들이나 소돔과 고모라 사람들과 다를 것이 아무 것도 없었습니다. 이미 이스라엘의 피 안에는 소돔의 피가 흐르고 있고 그들의 뇌는 고모라의 생각으로 가득차 있었습니다. 우리도 그냥 가만히 두면 저절로 가나안 사람들이 되게 되어 있고 소돔과 고모라 사람들을 따라가게 되어 있습니다. 왜냐하면 우리 안에 있는 육체의 정욕이 소돔을 향하고 있기 때문입니다. 오늘 본문 말씀을 보면 사마리아나 소돔의 죄가 예루살렘의 죄를 절반도 따라가지 못한다고 말씀하고 있습니다. 그것은 겉으로는 가장 거룩한 체 하지만 속으로는 썩을 대로 썩은 모습을 보여주는 것입니다.

우리는 예수 믿기 전에 아모리 혈통이었다는 것을 알아야 합니다. 우리의 형은 사마리아고 우리 동생은 소돔이라는 것을 알아야 합니다. 그러나 일단 우리가 하나님을 믿은 후에는 과거의 혈연관계는 완전히 끊어버리는 것이 좋습니다. 이제는 철저하게 하나님의 사랑 안에서 다시 태어나야 하고 광야에서 철저하게 하나님의 자녀로 만들어져야 합니다. 하나님께서 아무리 나를 사랑하셔서 가나안의 의복과 패물로 입혀 주신다 하더라도 언제나 나의 마음은 광야의 마음이 되어야 하는 것입니다.

결코 우리 혼자만의 생각이나 결심만으로는 용광로처럼 타오르는 이 세상의 음란과 허영의 죄악을 이길 수 없다는 것을 알아야 합니다. 우리는 하나님의 말씀에 모든 것을 다 걸어야 성령의 역사로 새 사람이 될 수 있습니다.

그러면 우리가 신앙의 순결을 지키면 과연 이 세상을 이길 수 있을까요? 그렇습니다. 신앙의 순결을 지키면 하나님과 우리를 가로막는 담이 없어지게 됩니다. 그래서 하나님의 말씀이 나의 말씀이 되고 하나님의 축복이 나의 축복이 되며 하나님의 능력이 나의 능력이 됩니다. 그렇기 때문에 우리는 더 강한 능력으로 이 세상을 이길 수 있게 됩니다.

하지만 우리는 하나님께서 축복하실 때가 더 무섭다는 것을 알아야 합니다. 다른 사람들이 알아주고 유명해졌을 때가 옛날에 아무도 알아주지 않고 피투성이 모습으로 발길질 하던 때보다 더 무섭다는 것을 알아야 합니다. 우리가 이런 세상의 풍조에서 신앙의 순결을 지키기 위해서는 오직 하나님의 말씀에 우리의 모든 것을 잡아매는 수밖에 없습니다. 그러면 아무리 이 세상이 죄악의 용광로같이 끓는다 하더라도 우리는 사드락과 메삭과 아벳느고와 같이 살 수 있습니다. 또 신앙 때문에 광야의 벌거숭이같이 사는 형제나 자매들을 절대로 무시해서는 안 됩니다. 우리는 그것이 귀한 줄 알아야 합니다. 또한 우리 자신들도 가나안의 옷들을 벗어버리고 하나님의 은혜를 부르짖으면서 간구해야 합니다. 이럴 때에는 점잖게 기도해서는 안 됩니다. 내 속에 있는 모든 가나안의 사상과 소돔의 피를 뽑아주시도록 간절히 부르짖으면서 기도해야 하는 것입니다. 그러면 하나님께서는 옛날 언약을 기억하셔서 우리를 버리지 아니하시며 지켜주실 것입니다. 여러분은 모두 이 무서운 세상에서 영적인 순결을 지키는 성도들이 되시기를 바랍니다.

14

|겔 17:1-24|

두 독수리와 포도나무

사람들은 누구나 다 꿈과 야망의 날개를 달고 높은 곳을 훨훨 날라다니고 싶은 욕망을 가지고 있습니다. 전에 어떤 아이는 아주 어린 꼬마인데도 하늘을 나는 비행기만 보면 아예 넋을 잃고 정신없이 쳐다보는 아이가 있었습니다. 아마 어린아이들의 눈에도 날개를 달고 하늘을 나는 비행기가 신기하게 보였던 것 같습니다. 사람들은 모두 다 야망의 날개를 달고 높은 곳에 올라가서 유명해지고 싶은 욕망을 가지고 있습니다. 그러나 사람들은 아무리 높은 곳에 올라간다 하더라도 이 세상에 있는 것을 가지고 살 수 밖에 없습니다. 이 세상에서 나는 것을 먹어야 하고 이 세상에 있는 것들을 긁어모아야 부자가 될 수 있는 것입니다. 이것이 바로 우리 인간이 가지고 있는 한계입니다. 우리 인간들이 아무리 야망이 크고 아무리 유능하다 하더라도 이 세상에 있는 것을 가지고 살 수 밖에 없는 것입니다.

　새들 중에서 가장 크고 가장 높은 곳에 올라갈 수 있는 새가 독수리입니다. 그래서 독수리는 하늘의 제왕으로서 새들의 왕자입니다. 미국은 국가를 상징하는 동물로 독수리를 택했습니다. 독수리는 가장 높은 곳까지 올라갈 수 있는 강한 새이기 때문입니다.

　오늘 본문 말씀을 보면 두 독수리가 나옵니다. 이 독수리는 모두 인간의 능력으로 가장 높은 곳까지 올라갈 수 있는 인간의 것을 보여주는 것입니다.

　두 독수리 중에서 한 독수리는 아주 색깔도 화려하고 멋이 있는 독수리이고 다른 한 독수리는 색깔은 이 처음 독수리보다는 못하지만 마찬가지로 크고 털이 많은 독수리였습니다. 여기에 나오는 두 독수리는 유다가 망하려고 할 때 세상의 모든 힘과 권세를 쥐고 있는 두 강대국을 나타내는 것이었습니다.

　그런데 두 독수리 중에서 화려한 독수리는 바벨론이었습니다. 그 이유는 바벨론이 더 장사나 전쟁으로 돈을 많이 벌었기 때문입니다. 다른 한 독수리는 애굽을 나타내는데 이 독수리는 역사와 전통으로 힘이 강한 나라였습니다. 그래서 별로 색깔이 화려하고 아름다운 것은 아니었습니다. 옛날에 우리나라에도 보면 아주 오래된 권세 있는 집은 집 색깔을 별로 화려하게 하지 않지만 오히려 그 바랜 색깔이 자신들의 권위를 나타내는 때가 많이 있었습니다. 거기에 비해서 갑자기 돈을 많이 벌어서 졸부가 된 사람들은 어떻게 해서든지 자신의 집이나 차를 화려하게 만들어서 자신들의 부를 과시하려고 하는 것입니다.

　그런데 중요한 것은 하나님의 백성들도 과연 이런 독수리처럼 될 수 있느냐 하는 것입니다. 물론 하나님의 백성들도 높은 이상을 가지고 현실의 벽을 뛰어 넘어서 높은 미래를 향하여 훨훨 날아갈 수 있습니다. 그러나 하나님의 백성들은 결코 이런 세상적인 욕망의 독수리가 되어서는 안 됩니다. 오히려 우리는 하나님의 말씀에 깊이 뿌리를 내려서 하나님의 말씀이 주는 진액으로 살아야 이 세상을 이길 수 있는 것이지 세상 사람들이 하듯이 자신의 모든 욕망을 다 쏟아내어서 세상의 모든 좋은 것을 다 차지하는 욕망의 독수리가 되어서는 안 되는 것입니다.

오늘 본문 말씀은 두 독수리 사이에 끼어 있는 한 포도나무의 비유가 나옵니다. 여기서 두 독수리는 세상적인 모든 힘과 능력을 가지고 있는 바벨론과 애굽을 나타냅니다. 이 두 독수리 사이에 나오는 포도나무는 하나님의 백성으로서 유다를 나타냅니다. 그러나 보통 성경에서 포도나무라고 하면 겉으로 보기에는 보잘것없지만 맛있는 열매를 맺는 이스라엘 백성들을 상징합니다. 그래서 하나님의 백성들은 이 세상에 대하여 포도 열매로 승부를 걸어야지 화려한 외모를 가지고 승부를 걸어서는 절대로 이기지 못하게 됩니다.

그러나 에스겔 17장에 나오는 포도나무는 그런 귀한 신앙의 열매를 맺는 포도나무가 아니었습니다. 오히려 이 세상을 따라가려고 몸부림치는 포도나무였습니다. 여기 포도나무는 결코 독수리가 될 수 없는데 독수리처럼 되고 싶어서 세상을 따라가는 변질된 하나님의 백성을 말합니다. 하나님의 백성들은 땅에 뿌리를 내려야 하는데 이 포도나무는 독수리의 물을 받아먹고 삽니다. 결국 이 포도나무는 화려한 독수리의 지배를 받는 것으로 만족하지 못하고 다른 독수리의 도움을 받으려고 하다가 처음 독수리에 의해서 뿌리가 뽑혀버리게 됩니다. 하나님의 백성들이 하나님의 백성답게 살지 아니하고 세상의 사상을 따라가면 세상에 의해서 심판 당하게 되는 것입니다. 하나님의 백성들에게 중요한 것은 자신의 분수를 아는 것이 대단히 중요합니다. 아무리 커지고 싶고 아무리 유명해지고 싶어도 절대로 세상적으로 성공한 케이스를 따라가서는 안 되는 것입니다.

크고 화려한 독수리

"여호와의 말씀이 내게 임하여 가라사대 인자야 너는 수수께끼와 비유를 이스라엘 족속에게 베풀어 이르기를 주 여호와의 말씀에 채색이 구비하고 날개가 크고 깃이 길고 털이 숱한 큰 독수리가 레바논에 이르러 백향목 높은 가지를 취하되"(1-3절).

하나님께서는 에스겔로 하여금 이스라엘 백성들에게 수수께끼와 비유를 이야기하라고 말씀하십니다. 사람들은 누가 뭐라고 직설적으로 이야기를 하면 잘 듣지 않지만 수수께끼로 말하면 수수께끼를 푸는 재미에 호기심을 가지고 관심을 가지는 때가 많이 있습니다. 어렸을 때 심심하면 누가 '스무고개'를 하자고 합니다. 그러면 별 것 아니지만 수수께끼를 푸는 맛에 답을 풀어보려고 애를 쓰는 것입니다.

에스겔의 첫 번째 수수께끼는 독수리였습니다. 그런데 이 독수리는 채색이 다양하고 날개가 크고 깃이 아주 긴 독수리였습니다. 이 독수리가 보여주는 것이 무엇입니까? 바로 인간의 욕망이 올라갈 수 있는 한계인 것입니다.

바벨론이라는 독수리는 인간의 모든 욕망을 다 집결시켜서 커질 수 있는 한 최고로 커지고 높아질 수 있는 한 최고로 높아진 나라였습니다. 즉 바벨론은 인간의 무력을 사용해서 주위에 있는 모든 나라를 정복하고 모든 부귀와 영화를 다 긁어모은 세계 최대의 강대국이었습니다. 물론 그 후에는 바벨론의 느부갓네살을 흉내 낸 많은 사람들이 등장하게 되었습니다. 마케도니아의 알렉산더 대왕이나 몽고의 징기스칸이나 프랑스의 나폴레옹 같은 사람들도 다 이런 독수리에 해당되는 사람인 것입니다. 이들은 인간의 야망과 능력을 최고도로 응집시켜서 남들은 꿈도 꿀 수 없는 거대한 나라나 세력을 만들어낸 영웅들인 것입니다. 결국 역사에 나타나는 영웅이라는 사람들은 인간의 야심과 능력을 결집시킨 거대한 독수리들인 것입니다.

요즘은 자본주의라는 거대한 독수리가 있습니다. 이 자본주의라고 하는 것은 인간의 욕망을 최대한도로 발휘를 시켜서 최고로 풍족하고 잘 사는 사회를 만들어내는 것입니다. 미국은 자본주의의 가장 거대한 독수리 국가입니다. 아예 나라의 심벌 자체도 흰 머리 독수리입니다. 일본도 독수리입니다. 우리나라 남한도 작은 독수리입니다. 중국은 곰이었다가 독수리로 변하는 바람에 엄청나게 나라가 커지고 있습니다. 그리고 공산주의라는 독수리도 있었습니다. 이 독수리는 한때 전 세계의 반을 차지할 정도로 세력을 펼쳤는데 굶어서 죽었고 일부만 남아 있습니다. 공산주의의 독수리는 인간 욕망의 극대화가 아니라 인간의 욕망을 죽이는 독수리였습니다. 결국 이 독수리는 굶어서 망했습니다. 공산주의 독수리는 자본주의 독수리만큼 강하지 못했습니다.

그러나 독수리의 모순이 어디에 있습니까? 아무리 높이 날아 다녀도 결국 땅에서 먹이를 구해야 한다는 사실입니다. 독수리는 이 세상에 죽은 시체를 뜯어 먹고 삽니다. 독수리가 높이높이 날아오르는 것을 보면 너무나도 고상한 것을 먹을 것 같은데 소나 들짐승이 한 마리 죽어 있으면 독수리들이 새카맣게 몰려들어서 그것을 서로 뜯어 먹으려고 싸우고 있는 것입니다. 이와 같이 인간의 욕망은 무한한 것 같지만 결국 이 세상에 있는 것을 가지고 살 수 밖에 없습니다. 여기에 바로 인간의 욕망의 한계가 있는 것입니다. 독수리가 아무리 높이 날아올라도 이 세상에서 썩은 고기가 없으면 결국 굶어 죽는 것입니다. 그러나 더 무서운 것은 이 독수리는 언젠가는 하나님의 사냥을 당하게 되는 것입니다. 독수리는 자기가 최고인 줄 알고 하늘 높은 줄 모르고 날아다니지만 어느 날 하나님의 심판 때가 되면 하나님의 화살이 독수리의 심장을 꿰뚫게 되는 것입니다.

우리나라에도 기업들이 하늘 높은지 모르고 올라가다가 결국 IMF 위기가 터지니까 자기 자본이 없는 많은 개인이나 기업들이 망하고 말았습니다. 이 세상에서 가장 행복한 사람은 하나님이 주시는 능력 안에서 만족하면서 사는 사람입니다. 우리가 생각하기에 사람이 너무 자기 자신에게 만족을 하면 아무런 발전이 없을 것 같습니다. 그러나 결코 그렇지 않습니다. 오히려 하나님께서 주신 범위 안에 만족하고 최선을 다하는 것이 더 발전할 수 있습니다.

두 독수리 사이의 포도나무

"그 연한 가지 끝을 꺾어 가지고 장사하는 땅에 이르러 상고의 성읍에 두고 또 그 땅의 종자를 취하여 옥토에 심되 수양버들 가지처럼 큰 물 가에 심더니 그것이 자라며 퍼져서 높지 아니한 포도나무 곧 굵은 가지와 가는 가지가

난 포도나무가 되어 그 가지는 독수리를 향하였고 그 뿌리는 독수리의 아래 있었더라"(4-6절).

독수리는 두 가지 일을 합니다. 하나는 연한 가지 하나를 꺾어서 먼 곳 장사하는 땅에 가서 심는 것입니다. 그리고 또 하나는 백향목의 종자를 취하여 옥토에 심는 것입니다. 그런데 이 종자가 자라서 백향목이 되지 않고 포도나무가 되어서 자라는 것입니다.

우리가 성경에서 흔히 볼 때 포도나무는 이스라엘 백성들을 상징하는 것이 맞습니다. 이스라엘 백성들은 외모는 볼품없지만 열매로 승부를 맺는 나무인 것입니다. 그러나 여기에 나오는 포도나무는 변질된 하나님의 백성을 나타냅니다. 곧 독수리가 되고 싶은데 독수리가 되지 못한 실패한 하나님의 백성인 것입니다.

바벨론 왕 느부갓네살은 여호야긴을 바벨론에 붙들어 가서 거기서 죄수 생활을 하게 합니다. 그 대신에 그의 삼촌 시드기야를 유다의 왕으로 세워서 예루살렘을 다스리게 했습니다. 그런데 이 시드기야는 껍데기만 다윗의 종자이지 속에 든 것은 완전히 세상의 욕심 그대로였습니다. 결국 형식적으로만 하나님의 백성이지 실제로는 바벨론 왕이 꿈꾸는 것이나 시드기야가 꿈꾸는 것이나 전혀 차이가 없었습니다. 즉 이 세상에서 크게 성공해서 최고가 되어야 하겠다는 독수리의 꿈을 가지고 있었던 것입니다. 그래서 시드기야는 이 세상에서 최고로 높아지고 최고로 강해지기 위해서 세상적인 방법을 모두 다 사용했습니다.

오늘날 우리 한국 교회 안에서 일어나는 참 두려운 현상은 목회자들이나 교회가 어떻게 해서든지 큰 자금을 마련해서 최고로 큰 교회를 짓고 그리고 최고로 유명한 목사님이 되려고 하는 독수리의 꿈을 가지고 있는 것입니다. 하나님께서 우리에게 보내신 성령은 비둘기의 성령이고 하나님께서 우리에게 주신 축복은 내가 있는 그곳에서 하나님의 말씀대로 살아 성령의 능력이 나타나 세상을 살리고 축복하는 것입니다. 그런데 시드기야는 그 물을 하나님의 말씀에서 얻는 것이 아니라 바벨론에서 얻었습니다. 이것은 바벨론의 사상이나 바벨론의 성공주의의 물을 마셨다는 뜻입니다.

그러나 시드기야는 바벨론의 물로 만족할 수가 없었습니다. 왜냐하면 바벨론은 유다에 대한 간섭이 너무 심해서 도저히 큰 독수리가 될 수 없었기 때문입니다. 그래서 시드기야가 생각한 것은 다른 독수리와 손을 잡자는 것이었습니다. 바로 그 다른 독수리는 애굽이었습니다.

> "또 날개가 크고 털이 많은 큰 독수리 하나가 있었는데 그 포도나무가 이 독수리에게 물을 받으려고 그 심긴 두둑에서 그를 향하여 뿌리가 발하고 가지가 퍼졌도다. 그 포도나무를 큰 물 가 옥토에 심은 것은 가지를 내고 열매를 맺어서 아름다운 포도나무를 이루게 하려 하였음이니라"(7-8절).

하나님께서 시드기야를 옥토에 심으신 것은 독수리가 되게 하기 위해서가 아니었습니다. 오직 하나님의 말씀의 진액을 빨아 먹어서 신앙의 열매를 맺으라는 뜻이었습니다. 그러나 이 포도나무는 독수리의 진액을 빨아 먹었는데 이 독수리의 진액에 성에 차지 않으니까 다른 독수리의 진액으로 바꾸었던 것입니다. 이 다른 독수리는 처음 독수리처럼 색깔이 화려하지는 않지만 날개가 크고 털이 많은 독수리였습니다. 즉 애굽은 바벨론같이 신흥 제국이 아니라 아주 오래된 권위 있는 독수리였습니다. 시드기야는 이 독수리가 더 자기 이상에 맞을 것이라고 생각을 했습니다. 왜냐하면 바벨론 독수리는 너무 천박하고 또 너무 자기를 옭아매고 있어서 이 독수리 밑에 있다가는 도저히 큰 독수리가 될 수 없다고 생각했기 때문입니다. 오히려 오래된 나라 애굽 독수리의 도움을 받는 것이 바벨론의 간섭을 물리치고 더 큰 독수리가 될 수 있다고 판단을 한 것입니다. 그러나 이것이 판단 착오였습니다. 왜냐하면 바벨론 독수리가 애굽 독수리에게 밀리지 않고 오히려 예루살렘을 다 뽑아버려서 멸망시켜버렸기 때문입니다.

> "너는 이르기를 주 여호와의 말씀에 그 나무가 능히 번성하겠느냐? 이 독수리가 어찌 그 뿌리를 빼고 실과를 따며 그 나무로 시들게 하지 아니하겠으며 그 연한 잎사귀로 마르게 하지 아니하겠느냐. 많은 백성이나 강한 팔이 아니라도 그 뿌리를 뽑으리라"(9절).

여기서 우리가 알아야 할 것은 하나님의 백성들이 세상의 모델을 따라가며 세상의 성공 신화나 야망을 따라가는 것이 얼마나 위험한 일인지 알아야 합니다. 하나님의 백성들은 어디에 심기우든지 간에 하나님의 말씀에 뿌리를 내리고 하나님의 말씀의 진액을 먹어야 살 수 있습니다. 그렇게 하기만 하면 백향목이든 포도나무든 무화과나무이든지 열매를 맺게 되어 있습니다. 그러나 포도나무가 독수리가 주는 물을 마시려고 한 것 자체가 잘못인 것입니다. 포도나무와 독수리는 먹는 것이 서로 다릅니다. 동물과 식물은 그 먹는 원리가 다르고 사는 원리가 다릅니다. 식물들이 사는 원리는 뿌리에서 수분을 흡수하고 잎에서 광 에너지를 흡수해서 당분을 만들어 내어야 하는 것입니다.

그런데 포도나무나 백향목이 독수리를 따라가려고 하고 독수리가 주는 물을 먹는 자체가 스스로 망하는 길을 택한 것입니다.

이스라엘을 연단하시는 하나님

하나님께서는 유다로 하여금 바벨론의 지배를 당하게 하신 이유가 있었습니다. 그것은 바벨론의 물을 먹으라는 것이 아니라 신앙적으로 연단을 받게 하기 위한 것이었습니다.

> "여호와의 말씀이 또 내게 임하여 가라사대 너는 패역한 족속에게 묻기를 너희가 이 비유를 깨닫지 못하겠느냐 하고 그들에게 고하기를 바벨론 왕이 예루살렘에 이르러 왕과 방백을 사로잡아 바벨론 자기에게로 끌어가고 그 왕족 중에 하나를 택하여 언약을 세우고 그로 맹세케 하고 또 그 땅의 능한 자들을 옮겨 갔나니 이는 나라를 낮추어 스스로 서지 못하고 그 언약을 지켜야 능히 서게 하려 하였음이어늘"(11-14절).

하나님께서는 유다 백성들의 마음속에 세상의 독수리가 되려고 하는 야망을 알고 계셨습니다. 그래서 절대로 스스로 강한 나라가 되지 못하도록 나라를 쪼개어서 일부는 바벨론에 붙들려 가게하고 약한 자들을 남겨놓아서 겨우 바벨론의 지배를 받아야 살 수 있도록 만들어 놓으신 것입니다. 이것은 하나님께서 당신의 백성들을 약하게 만드시는 것이고 연단하시는 것입니다. 우리는 너무나도 이상하게 세상적으로 성공하고 잘 나가면 절대로 열매 맺는 하나님의 백성으로 돌아오지 않는 것입니다. 포도를 맺었다고 자랑하는데 가보면 독수리 털만 잔뜩 달아 놓은 것입니다. 그래서 우리가 진정으로 열매 맺는 자가 되려고 하면 하나님께서 우리를 치셔서 맨 바닥에서 내동댕이를 치셔야 합니다. 우리를 완전히 불구자로 만드셔서 세상적으로 독수리가 될 가능성이 완전히 없게 하셔야 겨우 하나님께로 돌아오게 되는 것입니다.

저는 제 자신을 생각해 보아도 만일 하나님께서 저를 세상적으로 크게 성공할 수 있는 가능성을 남겨두셨더라면 절대로 하나님의 말씀을 붙잡지 않았을 것입니다. 더욱이 저는 어떻게 해서든지 이 세상의 독수리가 되고 싶었지, 하나님의 백향목이나 포도나무는 되고 싶지 않았을 것입니다. 그러나 세상적으로 완전히 다리가 부러져서 불구가 되게 하시고 세상적으로는 절대로 성공할 수 있는 가능성이 없게 하셨을 때 목숨을 걸고 하나님의 말씀을 붙잡았습니다. 이제는 누가 뭐라고 해도 하나님의 말씀만 붙잡는 사람이 되었습니다. 오늘 우리 성도들도 마찬가지입니다. 우리들도 모두 다 옛날에는 세상의 독수리가 되는 것이 꿈이었을 것입니다. 어떤 사람은 투자를 잘 해서 아주 비싼 아파트에 둥지를 트는 것이 꿈이었을 것입니다.

그러나 하나님께서 우리의 날개를 꺾으시고 다리를 부러트리셔서 세상의 독수리가 되는 꿈을 버리게 하시고 단 하루라도 하나님의 도움 없이는 살 수 없게 만드셨기 때문에 여기에 있는 것입니다.

특히 하나님께서 유다 백성들에게 하시는 말씀은 하나님께서 날개를 꺾으시고 다리를 부러트리셨는데도 왜 하나님께 돌아오지 않고 아직도 인간적인 방법으로 성공하려고 하느냐 하는 것입니다.

"그가 사자를 애굽에 보내어 말과 군대를 구함으로 바벨론 왕을 배반하였으니 형통하겠느냐? 이런 일을 행한 자가 피하겠느냐? 언약을 배반하고야 피

하겠느냐?"(15절).

하나님께서는 유다 백성들에게 바벨론 왕이 그들을 그렇게 짓밟아서 날개를 꺾고 다리를 부러트리고 머리를 깨고 똑똑한 기술자를 다 빼앗아 갔으면 이제는 세상적으로 성공할 생각은 완전히 버리고 오직 하나님의 말씀으로만 부흥을 일으키라는 뜻인데 왜 아직도 세상적으로 성공하려고 애굽의 도움을 받으려고 모략을 꾸미느냐는 것입니다.

유다왕 시드기야는 바벨론 왕에게 이미 언약을 세웠습니다. 그 언약은 이제 죽을 때까지 바벨론 왕의 말에만 복종하겠다는 것이었습니다. 그러나 사람은 모르지만 바벨론 왕이 하나님과 세운 계약이 있었습니다. 그것은 끝까지 유다 백성들을 붙잡고 놓아주지 말라는 계약이었습니다. 즉 유다 백성들이 하나님의 말씀으로 부흥을 일으킬 때까지 바벨론 왕은 유다를 절대로 포기하지 않기로 약속을 한 것입니다. 유다왕이나 백성들이 또 세상의 독수리가 되려고 할 때에는 그들을 뿌리 뽑아서 멸망시키기로 하나님과 이면 계약이 되어 있었던 것입니다. 따라서 유다 백성들이 살 수 있는 길은 바벨론의 지배 아래 오직 '죽었다'고 생각하고 다른 나라들이야 어떻게 하든지 간에 오직 하나님의 말씀만 붙들고 밑바닥에서부터 시작하는 것이었습니다. 이것이 유다 백성들이 사는 유일한 길이었습니다.

이것은 오늘 우리들에게도 마찬가지입니다. 오늘 우리들은 세상적으로 너무나도 어려운 여건 가운데 있습니다. 청년들이 직장을 얻는 것이 너무나도 어려운 가운데 있습니다. 이것은 하나님께서 이미 대기업들과 이면 계약을 맺어 놓으신 것입니다. 예를 들어 오직 하나님의 말씀으로만 부흥이 일어나게 하며 오직 성령의 능력으로 축복받을 때까지 뽑아주지 말라는 이면 계약이 있는 것입니다. 그것은 결코 하나님께서 우리를 축복하시기 싫어서 그렇게 하시는 것이 아닙니다. 우리는 이 세상의 축복이 너무나도 어렵다고 생각하지만 실제로 하나님은 우리에게 더 큰 축복을 주시려고 세상에서 크게 성공하지 못하게 하시는 것입니다. 이때 우리는 스스로 '죽었다' 고 생각하고 오직 하나님의 말씀에 모든 승부를 다 걸어야 하는 것입니다.

하나님께서 이미 우리의 날개를 꺾으셨는데도 우리가 또 세상을 따라가려고 하면 그때는 더 큰 하나님의 올무에 빠지게 됩니다.

"그러므로 나 주 여호와가 말하노라. 내가 나의 삶을 두고 맹세하노니 그가 내 맹세를 업신여기고 내 언약을 배반하였은즉 내가 그 죄를 그 머리에 돌리되 내 그물을 그 위에 베풀며 내 올무에 걸리게 하여 끌고 바벨론으로 가서 나를 반역한 그 반역을 거기서 국문할찌며"(19-20절).

아마 우리 성도님들 중에서 하나님의 올무에 걸렸다가 나온 분들이 계실 것입니다. 그 올무에서 나올 수 있었던 비결이 무엇입니까? 특히 살려고 몸부림치면 올무는 더 심하게 조여들게 되어 있습니다. 올무에 묶인 채로 반항하지 않고 하나님의 수렁 밑바닥으로 내려갔을 때 거기서 오직 하나님의 말씀 붙들고 겨우 살아나게 된 것입니다. 그러면 지금은 올무가 없습니까? 지금도 여전히 올무가 남아 있습니다. 이것은 절대로 세상으로 나가지 못하게 잡아매는 올무입니다.

그리고 나서 하나님께서는 다시 백향목을 심으십니다.

"나 주 여호와가 말하노라. 내가 또 백향목 꼭대기에서 높은 가지를 취하여 심으리라. 내가 그 높은 새 가지 끝에서 연한 가지를 꺾어 높고 빼어난 산에 심되 이스라엘 높은 산에 심으리니 그 가지가 무성하고 열매를 맺어서 아름다운 백향목을 이룰 것이요. 각양 새가 그 아래 깃들이며 그 가지 그늘에 거할찌라. 들의 모든 나무가 나 여호와는 높은 나무를 낮추고 낮은 나무를 높이며 푸른 나무를 말리우고 마른 나무를 무성케 하는 줄 알리라 나 여호와는 말하고 이루느니라 하라"(22-24절).

하나님께서는 다시 새로운 가지를 예루살렘에 심으실 것입니다. 하나님께서는 겸손히 하나님의 손에서 연단 받은 가지를 높고 빼어난 산에 심으실 것입니다. 이 높고 빼어난 산이 바로 예루살렘입니다. 하나님의 백성들의 놀라운 특징은 바른 믿음을 가지고 하나님께 나아갈 때 언제든지 부흥의 불길이 타오를 수 있다는 사실입니다. 하나님의 백성들에게 부흥의 불길이 솟아오르는 것은 가장 큰 축복입니다. 그때 우리 자신들이 하나님 앞에서 귀한 보석으로 변하게 됩니다. 그리고 하나님께서 가장 좋은 것을 최우선적으로 우리 믿는 자들에게 먼저 채워주십니다. 하나님께서는 이 세상을 그냥 그대로 가만히 두시는 분이 아니시고 한번씩 뒤집어엎으십니다. 곧 높은 나무는 낮아지게 하시고 낮은 나무는 높아지게 하십니다. 푸른 나무는 마르게 하시고 마른 나무는 무성하게 하십니다. 이것은 결국 모두 하나님의 섭리에 따라 이루어지는 것입니다. 우리는 하나님의 이 놀라운 약속을 믿어야 합니다. 우리가 참으로 복을 받고 성공하는 비결은 이 세상의 독수리가 되는 것이 아니라는 것입니다. 오직 하나님의 능력을 믿고 믿음의 사람으로 만들어지는 것이 복을 받는 비결인 것입니다.

하나님의 백성의 놀라운 특징은 이 세상 어느 곳에서나 오직 하나님의 말씀만 붙잡으면 다시 부흥과 기적이 일어나게 되는 것입니다. 왜냐하면 우리가 하나님의 말씀대로 살면 하나님께서 우리의 삶을 축복해 주시기 때문입니다.

오늘 우리들은 모두 세상적으로 다 크게 성공하고 싶은 욕망이 있습니다. 모두 독수리가 되고 싶은 것입니다. 색채가 아름다운 바벨론의 독수리가 되든지 아니면 색깔은 덜 아름답지만 역사와 전통을 자랑하는 애굽의 독수리가 되고 싶은 것입니다. 그러나 하나님께서는 우리가 오직 하나님의 말씀에 뿌리를 내리는 연한 싹이 되기를 원하십니다. 우리는 이미 세상적으로 날갯죽지도 부러지고 다리도 부러진 상태입니다. 이것은 오직 하나님의 말씀에 뿌리를 내림으로 성령의 능력으로 살아야 한다는 것을 말씀하시는 것입니다. 우리 모두 이 하나님의 약속을 믿어야 합니다. 이렇게 어려울 때 인간적으로 살려고 하면 그야말로 하나님의 올무에 걸리게 되는데 그렇게 되면 더욱 우리는 비참하게 될 것입니다. 이제 우리 모두는 하나님의 말씀의 진액으로 부흥의 열매를 맺는 성도들이 다 되어야 할 것입니다.

15

| 겔 18:1-32 |

신 포도를 먹음

　어렸을 때 우리는 주위 친구들의 영향을 많이 받습니다. 예를 들어서 반에서 친구 중에 말을 더듬는 아이가 있으면 그것이 멋있게 보여서 말을 더듬는 것을 배우게 됩니다. 또 반에서 친구 중에서 눈을 깜짝깜짝하는 아이가 있으면 그것이 또 멋이 있는 줄 알고 그 뒤에는 눈을 깜짝깜짝하는 습관이 생기게 됩니다. 또 친구 중에 하나가 몸을 이상하게 앞뒤로 흔들면서 걸으면 그것이 멋있는 줄 알고 자기도 그것을 흉내를 내어서 그런 식으로 걷게 됩니다. 그러나 대개는 그렇게 하면 부모가 야단을 치기 때문에 금방 이런 습관을 버리게 되지만 그 중에는 이것이 고착이 되어서 쉽게 고치지 못하는 경우도 있습니다.
　또 우리는 감정적으로도 주위 사람들의 영향을 많이 받습니다. 특히 여자 아이들 경우에는 누가 별 것 아닌 것을 가지고 웃기 시작하면 친구들이 다 따라서 웃게 됩니다. 또 누군가가 울기 시작하면 거기에 있는 사람들도 다 따라서 우는 경우가 많이 있습니다. 어린 아이들 같은 경우에는 누군가가 하나가 울면 다른 아이들도 다 울게 되어있습니다. 심지어 맛도 전염이 되는 경우가 있습니다. 예를 들어서 옆에 있는 어떤 사람이 아주 신 포도를 먹고 눈을 다 감으면서 치를 떨면 옆에 있는 사람 입에도 침이 고이면서 눈이 감기고 치를 떨게 됩니다.

그런데 오늘 하나님께서는 에스겔 선지자를 통해서 이 모든 것이 잘못되었다고 말씀하십니다. 즉 옆에 있는 다른 사람이 신 포도를 먹고 이가 시다고 해서 옆에 있는 사람의 이가 신 것은 아니라고 말씀하십니다. 물론 옆에 있는 사람이 신 포도를 먹고 이가 시릴 때 감정적으로는 나도 이가 신 것처럼 느낄 수 있지만 실제로 이가 신 것은 아니라고 말씀하고 있습니다.

오늘 본문 말씀은 하나님께서 에스겔 당시에 유다 백성들 가운데 유행하고 있던 속담이 틀렸다고 지적하시는 말씀인데 이것은 아주 중요한 말씀입니다. 왜냐하면 이 말씀은 모든 유대인들의 사느냐 죽느냐를 결정하는 아주 중요한 말씀이기 때문입니다. 즉 에스겔 당시 유대인들의 속담 중에는 '아버지가 신 포도를 먹으면 아들의 이가 시다' 는 말이 있었습니다. 어떻게 생각하면 이것은 말도 되지도 않는 소리인데 실제로 많은 유대인들은 이 속담을 믿으려고 하고 있었습니다. 이 속담의 의미는 아버지가 죄를 지었으면 아들이 그 죄를 책임져야 한다는 뜻이었습니다. 하나님께서 말씀하시는 것은 아버지가 죄를 지었다고 해서 아들이 반드시 아버지 죄를 책임질 필요는 없다는 것입니다. 즉 아버지의 죄가 물론 아들의 생각과 습성에 영향을 미칠 수는 있지만 영향을 미칠 수 있다고 해서 반드시 그대로 따라서 해야 한다는 뜻은 아닌 것입니다. 아들이 정신을 차려서 아버지의 모든 죄스러운 행동을 물리치고 자기만이라도 말씀대로 살면 얼마든지 살 수 있는 것입니다. 하나님께서는 오늘 이 말씀을 통해서 어느 누구든지 너무 늦었다고 결코 자포자기해서는 안 된다는 것입니다. 하나님 앞에서는 너무 늦은 것이라고는 없습니다. 누구든지 하나님의 뜻을 깨닫고 하나님 앞에 돌아서기만 하면 살 수 있는 것입니다.

유대인의 잘못된 속담

"여호와의 말씀이 또 내게 임하여 가라사대 너희가 이스라엘 땅에 대한 속담에 이르기를 아비가 신 포도를 먹었으므로 아들의 이가 시다고 함은 어찜이뇨?"(1-2절).

에스겔 당시에 유대인들 가운데 '아버지가 신 포도를 먹었는데 이가 시리기는 아들의 이가 시리다'는 속담이 유행을 하고 있었습니다. 어떻게 생각해 보면 이 말이 맞는 것 같기도 하고 어떻게 생각해보면 이 말이 틀린 것 같기도 합니다. 예를 들어서 옆에서 누군가가 아주 신 포도를 먹으면 우리 입에서 침이 고이면서 눈이 찌푸려지기 때문입니다. 그러나 그렇다고 해서 진짜 우리의 이가 신 것은 아니고 그렇게 공감을 하는 것뿐입니다. 하나님께서 지적하시는 것은 바로 이것입니다. 어떤 문제에 대하여 공감을 하는 것과 그것 때문에 똑같이 행동해야 하는 것과는 다르다는 뜻입니다.

지금 유대인들이 주장하고 있는 것은 죄를 짓기는 우리 조상들이 죄를 지었는데 지금 벌을 받기는 우리가 벌을 받고 있다는 것입니다. 그래서 우리는 잘하든지 못하든지 간에 조상을 잘못 둔 탓으로 벌을 받을 수밖에 없다는 뜻입니다. 마치 우리나라 사람들이 무엇인가 잘못되면 조상의 묘 자리를 탓하듯이 유대인들 사이에는 이러한 운명적이고 패배주의적인 사고방식이 팽배해 있었던 것입니다.

여기서 우리가 알아야 할 것은 부모의 죄가 자식에게 영향을 미치는 것은 사실입니다. 즉 부모의 기질이 자식들에게 그대로 유전이 될 수 있습니다. 부모가 성격이 급하거나 화를 잘 내는 기질을 가지고 있다면 자식들도 그런 기질을 물려받을 수 있습니다. 또 자식들은 어려서부터 부모가 하는 것을 눈으로 보면서 자랐기 때문에 부모의 좋지 않은 본을 보면서 성장할 수가 있습니다. 그러나 그렇다고 해서 자식이 부모에 대한 의리를 지키느라고 부모가 한 것을 그대로 답습해서 따라 할 필요는 없는 것입니다. 물론 부모의 영향력에서 벗어난다는 것이 결코 쉬운 일은 아니지만 결심하고 부모가 물려준 모든 정신적인 유산을 끊어버리면 얼마든지 새사람이 될 수가 있는 것입니다. 물론 하나님께서 이 말씀을 하시는 것은 자식이 부모의 잘못된 영향력을 끊는 것이 결코 쉽다는 뜻으로 말씀하시는 것은 아닙니다. 이것은 엄청나게 어려운 것입니다. 그럼에도 불구하고 이것은 결코 불가능한 일은 아닌 것입니다. 자식이 부모의 삶이 하나님 앞에서 죄라는 것을 발견했을 때 그 관계를 철저하게 단절하고 철저하게 하나님 앞에서 거듭나서 새사람이 된다면 얼마든지 부모의 잘못된 죄악의 삶에서 벗어날 수가 있는 것입니다.

여기서 우리가 알아야 하는 것은 죄가 가지고 있는 무서운 자포자기의 세력입니다. 사람들은 죄를 저지르지만 그 결과는 자기 자신이 수습을 하거나 책임을 질 수가 없습니다. 그러니까 결국 할 수 있는 것은 죄를 은폐하거나 아니면 다른 사람의 책임으로 돌리는 것입니다.

지금도 사람들이 죄를 지으면 기를 쓰고 그 죄를 은폐하려고 합니다. 왜냐하면 자기가 저지른 죄가 들통이 날 때에는 지금 자기가 누리고 있는 명예나 신분이나 지위나 모든 것이 한 순간이 다 날라가버리기 때문입니다. 죄라고 하는 것은 아주 무서운 폭발물입니다. 이것이 들통 나는 순간에는 지금까지 누리고 있던 모든 좋은 것들은 한 순간에 없어져버리고 그 대신에 멸시와 천대와 철저한 수욕만이 돌아오게 되는 것입니다. 그래서 사람들은 모두 죄를 짓기는 짓지만 그것을 절대로 인정하려고 하지 않습니다. 왜냐하면 죄를 지었지만 모든 존경과 지위는 그대로 누리고 싶기 때문입니다. 죄를 은폐하는 것이 불가능한 경우에는 가까운 다른 사람에게 그 책임을 전가시키려고 합니다. 이것은 인류 조상 때부터 한 것입니다. 아담은 선과 악의 열매를 먹은 책임을 자기 부인 하와에게 돌렸습니다. 그리고 하와는 그 열매를 먹은 책임을 뱀에게 돌렸습니다. 이것이 바로 범죄한 인간의 추한 모습입니다. 인간은 아무도 자기가 지은 죄의 책임을 지려고 하지 않습니다.

에스겔 당시 유대인들은 자기들에게 닥치고 있는 벌이 조상들이 지은 죄 때문이라고 생각하고 있었습니다. 그것은 사실이었습니다. 이것은 조상 때부터 내려온 죄 때문이었습니다. 그러나 그렇다고 해서 지금 유대인들이 그 죄를 끊어버리거나 그 죄에서 벗어나는 것이 불가능한 것은 아니었습니다. 물론 엄청나게 어려운 것이기는 하지만 죽음을 각오하고 덤벼들면 전혀 불가능한 것은 아니었습니다.

결국 여기서 유대인들이 살기 위해서 부르짖어야 하는 것이 무엇입니까?

'아버지는 아버지이고, 나는 나다!' 라는 생각입니다. 지금까지 계속 내려오던 잘못된 구습을 철저하게 끊어버리고 완전히 새로 태어나는 것입니다.

그런데 사람들은 그렇게 하기를 싫어합니다. 왜냐하면 옛날부터 내려오던 구습 중에서 편한 것이 많기 때문입니다. 또 구습대로 하면 이득을 보는 사람들도 있고 혼란이 적게 일어나기 때문입니다. 사람들은 대개 옛날부터 해오던 대로 하면 비난을 별로 듣지 않는데 무엇인가 새롭게 시작을 하려고 하면 '혼자 잘난 체 한다' 든지 '자기 혼자 똑똑한 것처럼 설쳐 댄다' 는 식으로 비난을 받게 되는 것입니다.

그러나 죄의 영향력에서 벗어날 수 있는 것은 오직 하나 밖에 없습니다. 그것은 자기 옛사람에 대하여 죽는 것입니다. 우리가 죽을 각오를 하고 덤벼들면 하나님 안에서 새로 거듭날 수 있습니다.

저의 아버님은 훌륭한 분이셨지만 기질적으로나 정신적으로나 좋지 않은 많은 영향을 자식들에게 끼치셨습니다. 그 영향을 그대로 물려받은 자식들은 어떤 형태로든지 간에 인생에 병이 들 수밖에 없었습니다. 그러나 저는 그리스도 안에서 철저하게 죽었습니다. 아버지의 모든 관계와 영향력도 끊어졌습니다. 그리고 다시 새사람이 되었을 때 놀랍게도 아버지의 모든 영향력은 다 끊어져 있었습니다. 저는 살아오면서 저도 모르게 조금씩 좋지 않은 죄의 영향력이 제 속에서 제 영혼을 갉아 먹어가고 있는 것을 알게 되었습니다. 저는 예수님 앞에 솔직하게 나아가서 부르짖으면서 기도를 드렸습니다. 그리고 다시 한번 다른 사람들이 저에 대하여 가지고 있는 좋은 이미지나 기대에 대하여 다시 한번 죽었습니다. 아마 많은 분들이 저에게 실망을 했을 것입니다. 그러나 한번 철저하게 죽었을 때 제 영혼을 갉아 먹던 죄는 다시 또 끊어졌습니다.

하나님께서 모든 사람들에게 하시는 말씀은 절대로 심판에 대하여 불행에 대하여 자포자기하지 말라는 것입니다. 누구든지 하나님 안에서 철저하게 죽어지기만 하면 모든 운명이나 모든 과거를 다 벗어버리고 새사람이 될 수 있는 것입니다.

"나 주 여호와가 말하노라. 내가 나의 삶을 두고 맹세하노니 너희가 이스라엘 가운데서 다시는 이 속담을 쓰지 못하게 되리라. 모든 영혼이 다 내게 속한지라. 아비의 영혼이 내게 속함 같이 아들의 영혼도 내게 속하였나니 범죄하는 그 영혼이 죽으리라"(3-4절).

인간은 다른 사람으로부터 죄의 영향을 받게 되어 있습니다. 그러나 그것이 결코 불치의 숙명은 아닌 것입니다. 모든 영혼이 하나님께 책임이 있기 때문에 다른 사람의 죄에 대하여 억지로 의리를 지킬 필요가 없는 것입니다.

우리가 알아야 할 것은 그 사람은 그 사람이고 나는 나인 것입니다. 그리고 같이 죄에 빠졌을 때 가장 중요한 것은 우선 나 한 사람이라도 철저하게 사는 것입니다. 왜냐하면 물에 빠진 사람은 다른 물에 빠진 사람을 건져줄 수가 없기 때문입니다. 우리는 나 한 사람이 사는 것을 미안해해서는 안 됩니다. 결국 사람은 자기 자신의 문제를 자기가 하나님 앞에서 책임을 져야 하기 때문입니다.

예를 들어서 같은 병실에 여러 사람들이 입원해 있는데 한 사람이 죽는다고 해서 모두 다 의리를 지켜서 같이 죽어줄 필요는 없는 것입니다. 죽는 사람은 죽는다 하더라도 살 사람은 살아야 하는 것입니다.

그런데 어떤 사람은 은혜를 받으면서도 죄책감을 느끼는 사람이 있습니다. '다른 친구들은 다 침체되어 있는데 나 혼자 은혜 받고 나 혼자 살아서 되겠는가?' 라고 생각합니다. 그러나 다 같이 죽는다고 해서 칭찬할 사람들은 아무도 없습니다. 나 혼자라도 살아야 하고 틀린 것은 틀렸다고 해야 하는 것입니다.

구체적인 실천의 문제

하나님께서 죄를 버리는 것이 어떤 것인지 구체적으로 예를 들어서 설명하셨습니다.

> "사람이 만일 의로워서 법과 의를 따라 행하며 산 위에서 제물을 먹지 아니하며 이스라엘 족속의 우상에게 눈을 들지 아니하며 이웃의 아내를 더럽히지 아니하며 월경 중에 있는 여인을 가까이 하지 아니하며 사람을 학대하지 아니하며 빚진 자의 전당물을 도로 주며 억탈하지 아니하며 주린 자에게 식물을 주며 벗은 자에게 옷을 입히며 변을 위하여 꾸이지 아니하며 이식을 받지 아니하며 스스로 손을 금하여 죄악을 짓지 아니하며 사람사람 사이에 진실히 판단하며 내 율례를 좇으며 내 규례를 지켜 진실히 행할진대 그는 의인이니 정녕 살리라. 나 주 여호와의 말이니라"(5-9절).

지금 예루살렘에 사는 유대인들에게는 하나님의 심판이 한 걸음 한 걸음 다가오고 있는 형편이었습니다. 그리고 하나님의 계획에 의하면 예루살렘 전체가 불타고 유대인들은 죽든지 포로로 끌려가든지 둘 중의 하나의 운명이 그들을 기다리고 있었습니다. 이런 절박한 불행을 눈

앞에 두고 유대인들이 해야 할 것은 군대를 더 뽑거나 무기나 양식을 더 비축하는 것이 아니었습니다. 오직 하나님 앞에서 조상 때부터 해오던 관습들 중에서 하나님이 기뻐하시지 않는 것들을 모두 과감하게 청산하는 것이었습니다. 우리가 생각하기는 전쟁을 앞두고 있는 나라가 종교적인 개혁을 한다고 해서 다시 소생할 것 같지가 않습니다. 그러나 이스라엘의 놀라운 점은 바로 여기에 있습니다. 모든 세상적인 위기 가운데서 살아날 수 있는 길은 하나님 앞에서 죄를 청산하고 영적인 부흥을 일으키는 것입니다. 이것은 새로운 지식을 배우는 것도 아니고 감정적으로 슬퍼하는 것도 아닙니다. 오직 의지적인 결단만 하면 되는 것입니다. 지금 유대인들의 생활 가운데 하나님이 기뻐하시지 않는 것들이 광범위하게 퍼져 있었습니다. 하나님께서는 유대인들이 생각하기에도 이것은 아니다 라고 생각되는 것부터 청산을 하라고 명령하십니다.

그 중에 첫번째는 산에서 우상의 제물을 먹는 것과 우상에게 눈을 들어서 바라보는 것이 있었습니다. 아마도 우상의 제물을 먹는 것은 서로가 공동체 의식을 가지는 것 같습니다. 그러나 아무리 공동체 의식이 깨어지고 단결이 깨어진다 하더라도 하나님이 아니라고 하는 것은 하지 말라는 것입니다. 그리고 우상에게 눈을 든다는 것은 우상을 상당히 존경하는 태도로 대하는 것을 말합니다. 우상을 존경하지 말고 무시하고 업신여기고 아무것도 아닌 것처럼 대하라는 뜻입니다. 즉 우리의 마음 속에서 우상에 대한 두려움이나 미신적인 생각을 철저하게 뿌리를 뽑는 것입니다.

그리고 두 번째는 성생활의 문란이 있었습니다. 이웃의 아내와 성관계를 가지고 또 성생활에 있어서 절제가 없는 것이었습니다. 세 번째는 사회적인 약자에 대한 학대와 억압이었습니다. 즉 빚을 갚지 못한 자에게 전당물을 빼앗아 가지거나, 혹은 이자를 받고 곡식이나 돈을 빌려주거나 갚지 못하면 옷이나 양식을 빼앗는 것입니다. 그리고 무슨 결정을 내릴 때 자기와 가까운 사람에게는 우호적인 판단을 내리고 자기와 관계가 먼 사람은 불리하게 판단을 하는 것입니다. 이 당시 사람들은 이 모든 것을 당연하게 생각해 왔습니다. 그러나 하나님께서는 그들이 아무리 당연하게 생각하여도 이것은 하나님이 싫어하시는 것이기 때문에 바꾸라는 것입니다.

하나님께서 유대인들에게 바꾸라고 말씀하시는 것은 욕망의 절제와 자기 이익의 희생이라고 볼 수 있습니다. 이때 많은 사람들은 사는 목적이 욕망을 채우기 위해서라고 생각하고 있는데 무엇 때문에 욕망을 포기하겠습니까? 그리고 당연한 자기 권리이고 이익인데 무엇 때문에 어렵고 가난한 사람들을 위해서 자기 이익이나 권리를 포기하겠습니까? 여기 하나님이 말씀하신 것 중에서 이방인들에게는 죄가 되는 것이 하나도 없었습니다. 이방인들에게는 전부 당연한 것들이었습니다. 그러나 하나님의 백성들에게는 다른 사람들에게는 죄가 되지 않는 것이 죄가 되고 다른 사람들은 망하지 않는 이유 때문에 망한다는 것을 알아야 합니다. 그것은 바로 영혼의 가치이고 양심의 가치입니다. 죄와 더러운 것들은 우리 양심을 갉아 먹습니다. 이것은 다른 사람의 눈에 보이는 것도 아니고 사회적으로 죄가 되는 것도 아닙니다. 그러나 죄가 양심을 갉아 먹으면 멸망이 오고 심판이 오는 것입니다. 여기서 살 수 있는 유일한 방법은 이 모든 죄를 하나님 앞에서 버려야 되는 것입니다.

우리가 생각하기에는 유대인들이 이런 죄 때문에 망했다는 것이 이해가 되지 않을 것입니다. 그러나 다른 사람들은 이해가 되지 않는 그런 더러운 죄들이 우리의 영혼을 갉아 먹고 있는 것입니다. 이 죄의 거머리는 얼마나 흡착력이 강한지 손으로 떼려고 아무리 당겨도 절대로 떨어지지 않습니다.

어렸을 때 다리에 거머리가 붙어 있으면 담뱃불로 지지면 떨어진다고 했습니다. 그래도 거머리는 손으로 열심히 당기면 떨어지게 되어 있습니다. 그러나 죄의 습관은 그냥은 떨어지지 않습니다. 일단 하나님의 말씀을 들어야 합니다. 강한 하나님의 말씀을 듣고 부르짖고 기도한 후 딱 잘라버려야 합니다.

여기서 산다고 하는 것은 예루살렘이 망하지 않고 칼이나 기근이나 온역에 죽지 않고 산다는 뜻입니다. 즉 하나님의 놀라운 구원이 임하는 것입니다.

여기에 보면 아버지, 아들, 손자 이렇게 삼대가 나옵니다.

맨 처음 나오는 아버지는 조상들의 구습을 끊는 용기가 있는 사람이었습니다. 그래서 그는 다른 사람들이 아무리 욕을 하고 빈정거려도 죄스러운 구습을 끊어버리고 새사람이 되었습니다. 아버지는 살았습니다.

그런데 아들은 아버지의 영향을 받지 않았습니다. 그래서 그는 다른 사람들이 하는 대로 행동하며 살았습니다.

"가령 그가 아들을 낳았다 하자. 그 아들이 이 모든 선은 하나도 행치 아니하고 이 악 중 하나를 범하여 강포하거나 살인하거나 산 위에서 제물을 먹거나 이웃의 아내를 더럽히거나 가난하고 궁핍한 자를 학대하거나 억탈하거나 빚진 자의 전당물을 도로 주지 아니하거나 우상에게 눈을 들거나 가증한 일을 행하거나 변을 위하여 꾸이거나 이식을 받거나 할진대 그가 살겠느냐? 살지 못하리니 이 모든 가증한 일을 행하였은즉 정녕 죽을지라. 자기의 피가 자기에게로 돌아가리라"(10-13절).

우리의 믿음은 세상의 흐름을 거슬러 올라가야 하는 것입니다. 마치 강이나 시내에서 물고기가 물을 거슬러 올라가듯이 우리는 시대의 흐름을 거슬러 올라가야 합니다. 그런데 누구든지 욕을 먹지 않고 편하게 살려고 하면 자동적으로 조상의 구습을 따라가게 되는 것입니다. 그래서 아버지는 아무리 믿음으로 살았다 하더라도 자식이 가만히 있으면 자기는 세상을 따라 흘러가고 결국 망하게 되는 것입니다.

우리가 이것을 볼 때 제대로 믿는다는 것이 결코 쉬운 것이 아니라는 것을 알게 됩니다. 우리가 바른 신앙을 온전히 유지하려면 하나님이 싫어하시는 모든 죄의 습관을 버려야 하고 철저하게 다시 시작해야 합니다. 그러면 부흥이 일어나게 되고 은혜가 임하게 됩니다. 그렇지 않으면 믿는 형식은 있지만 실제로는 은혜가 막혀서 망하는 것입니다. 따라서 지금 우리가 제대로 믿고 있는지 아니면 엉터리로 믿는지 판단하는 기준이 있다면 그것은 오직 하나님의 말씀입니다. 바른 말씀이 선포되고 기도가 뜨거워지고 죄에 대하여 예민하게 느끼고 죄를 버리고 포기하면 예배 때마다 은혜와 기적과 축복이 임하여 우리는 살게 되는 것입니다. 반대로 믿기는 하지만 열정도 전혀 없고 옛날 했던 것이나 그대로 답습하려고 하고 자기 주머니나 챙기려고 하면 결국 죽는 것입니다.

하나님의 생각과 인간의 생각의 차이

우리가 본문을 보면 죄에 빠진 우리 자신에 대하여 하나님이 생각하시는 것과 우리 인간이 생각하는 것과는 많은 차이가 있는 것을 알 수 있습니다.

우리 인간은 일단 죄를 지으면 인간의 힘으로는 어쩔 수 없고 지금 바르게 살려고 애를 써봐야 소용이 없다고 생각합니다. 즉 인간은 아무리 바로 살고 싶은 생각이 있다고 하더라도 이미 과거에 지은 죄가 있어서 지금 바로 살려고 해도 이미 늦었다는 것입니다. 우리 인간들은 '기왕 버려진 몸'이고 '망쳐진 인생'이라고 생각하고 아무렇게 살려는 습성이 있습니다.

그러나 하나님의 생각은 다릅니다. 하나님께서는 과거가 중요한 것이 아니라 지금 현재가 중요하다고 말씀하십니다. 즉 과거에 아무리 의롭게 살아왔다 하더라도 지금 죄에 빠져 있고 자포자기하고 있으면 과거에 잘 믿은 것은 아무 소용이 없고, 비록 과거에 믿음으로 잘살지 못했다 하더라도 지금이라도 정신을 차려서 제대로 믿음으로 살려고 하면 하나님께서 그 사람을 살려주신다는 것입니다. 이것에 대하여 유대인들은 말도 되지도 않고 공평하지도 않다고 생각했습니다.

"그런데 너희는 이르기를 주의 길이 공평치 않다 하는도다. 이스라엘 족속아 들을찌어다. 내 길이 어찌 공평치 아니하냐? 너희 길이 공평치 않은 것이 아니냐? 만일 의인이 그 의를 떠나 죄악을 행하고 인하여 죽으면 그 행한 죄악으로 인하여 죽는 것이요, 만일 악인이 그 행한 악을 떠나 법과 의를 행하면 그 영혼을 보전하리라"(25-27절).

우리 인간들이 죄에 대하여 생각하는 것은 평균의 원리입니다. 즉 과거에 행한 의와 현재에 짓는 죄를 평균해서 심판을 해야 한다는 것입니다. 우리 인간이 생각하기에 사람은 그 삶 전체를 두고 판단을 해야지 지금 하는 것만 보면 안 된다는 식입니다. 그러나 하나님께서는 의와 죄를 평균해서 보시는 것이 아니라 지금 순간을 보시고 판단하십니다. 다시 말하면 지금 죄를 짓고 있느냐, 지금 의를 행하고 있느냐 하는 것으로 결정하시는 것입니다. 이것에 대하여 유대인들은 하나님이 말씀하시는 것은 말도 되지도 않는다고 주장하는 것입니다. 그러나 하나님께서는 평균을 내어서는 아무도 구원받을 자가 없다는 것을 알고 계십니다. 왜냐하면 단 한번이라도 죄에 빠지면 그 모든 의는 소용이 없기 때문입니다. 그래서 하나님 앞에서는 과거가 아니라 지금 내가 하나님 앞에서 어떤 믿음을 가지고 있느냐 하는 것이 중요합니다.

우리는 일단 죄를 지으면 감정적으로 하나님과 멀어지게 됩니다. 그리고 하나님에 대하여 미안한 마음이 들어서 금방 하나님께 돌아가지 못하고 머뭇거리게 됩니다. 그 결과 정신적으로 혼미해지고 죄에 대하여 조금씩 무디어지기 시작합니다. 그래서 우리는 내 힘으로 죄를 다 청산하고 생각이나 감정이 깨끗해진 후에 하나님을 만나야 떳떳하다고 생각하는 것입니다. 그러나 이것은 마귀의 무서운 시험이고 유혹입니다.

우리가 과거에 아무리 죄를 짓고 하나님을 떠난 생활을 했다 하더라도 지금 당장의 믿음의 결단이 가장 중요한 것입니다. 내 마음이 어수선하여 감정적으로 기도하기도 싫고 절대로 은혜가 오지 않을 것 같아도 중요한 것은 내 생각이나 감정이 아닙니다. 무조건 하나님께로 오면 됩니다. 그래서 하나님께 죄를 지었다고 고백을 하고 치료를 해 달라고 소리를 지르면 되는 것입니다. 그 이유는 우리는 우리의 과거를 해결할 수가 없습니다. 또 우리는 우리 자신의 과거를 감당하지 못합니다. 왜 우리의 생각이 복잡한가 하면 자꾸 과거를 현재에서 부끄러워하고 해결하려고 하기 때문입니다. 우리는 과거에 대하여 아무리 수백 번 수천 번 생각을 한다 하더라도 우리의 과거는 바꿀 수가 없습니다. 이미 엎질러진 물인 것입니다. 중요한 것은 죄를 지으면 우리의 마음이 말가죽같이 질겨지고 하나님에 대하여 굉장히 뻣뻣해져서 절대로 고개를 숙이지 않는다는 것입니다. 그러나 우리가 죄를 지은 후에는 아무리 내 감정이 기도하고 싶지 않더라도 오직 믿음으로 하나님께 나아와야 합니다. 그러면 우리는 새 마음을 얻게 되고 새로운 힘을 공급받게 됩니다. 그렇다면 우리가 지은 과거 죄는 어떻게 되는 것입니까? 하나님께서 알아서 처리를 하실 것입니다. 더욱이 과거의 죄는 완전히 지워질 가능성이 아주 높습니다.

"그러나 악인이 만일 그 행한 모든 죄에서 돌이켜 떠나 내 모든 율례를 지키고 법과 의를 행하면 정녕 살고 죽지 아니할 것이라. 그 범죄한 것이 하나도 기억함이 되지 아니하리니 그 행한 의로 인하여 살리라"(21-22절).

우리는 모든 과거를 하나님께 맡겨드리는 수밖에 없습니다. 중요한 것은 오직 지금 현재 나의 믿음입니다.

최근에 우리가 많이 보게 되는 것은 우리나라 사람들이 자신이나 나라의 장래에 대하여 많이 자포자기하는 모습입니다. 이미 우리나라 사람들은 죄를 많이 지었고 또 지금 이 상태까지 왔기 때문에 나 한 사람이 몸부림을 친다고 해서 바로 될 리가 없다고 생각합니다. 그러나 그것은 우리가 하나님의 뜻을 몰라서 그런 것입니다. 하나님께서는 의인 열 명만 있으면 소돔과 고모라의 다섯 성을 유황불로 멸망시키지 않겠다고 약속을 하셨습니다.

"너희는 범한 모든 죄악을 버리고 마음과 영을 새롭게 할찌어다. 이스라엘 족속아 너희가 어찌하여 죽고자 하느냐? 나 주 여호와가 말하노라. 죽는 자의 죽는 것은 내가 기뻐하지 아니하노니 너희는 스스로 돌이키고 살찌니라"(31-32절).

우리는 아직 늦지 않았습니다. 오히려 우리는 지금도 얼마든지 살 수 있습니다. 그 살 수 있는 방법이 무엇입니까? 우리의 과거를 내가 책임지려고 하지 않는 것입니다. 오직 지금 이 순간 모든 과거나 다른 사람의 문제는 다 내려놓고 내가 하나님 앞에서 은혜를 구하면서 부르짖어 기도하는 것입니다.

'하나님, 내 영혼을 살려주시고 나를 치료하여 주시옵소서!'

물론 하나님께서는 우리가 사는 과정이 간단하다고 말씀하시지는 않으셨습니다. 우리 안에서 모든 죄가 다 씻겨 나가고 하나님의 은혜로 충만해지려면 우리는 몇 번씩 죽는 것 같은 하나님의 수술을 받아야 합니다. 그러면 우리는 결국 살게 되고 우리는 결코 망하지 않습니다. 하나님은 우리의 삶을 평균해서 판단하시지 않으십니다. 지금 우리의 마음과 지금 우리의 결단을 보시는 것입니다. 지금 감정이 아무리 엉망이고 기도하기 싫고 기도해도 하나님이 듣지 않으실 것 같아도 이것은 어디까지나 내 생각에 불과합니다. 우리가 지금 목숨 걸고 하나님을 잡으면 우리는 살게 됩니다.

하나님은 사람들이 멸망하는 것을 절대로 기뻐하시지 않는 분이십니다.

"나 주 여호와가 말하노라. 내가 어찌 악인의 죽는 것을 조금인들 기뻐하랴.

그가 돌이켜 그 길에서 떠나서 사는 것을 어찌 기뻐하지 아니하겠느냐"(23
절).

하나님께서 죄인들을 멸망시키시지 못하시는 것은 돌아올 가능성이 있기 때문입니다. 하나님께서는 1퍼센트라도 돌아올 가능성이 있으면 멸망시키지 않고 기다리십니다. 우리는 과거에 지은 죄로 인하여 절망할 필요가 없습니다. 지금 내가 은혜 받고 바른 신앙으로 돌아오면 모든 과거는 하나님께서 다 알아서 해결해주십니다. 그러나 돌아오려면 지금이라도 바른 신앙으로 돌아오셔야 합니다. 오늘 은혜 받고 영원한 축복을 받는 성도들이 다 되시기를 바랍니다.

16

| 겔 19:1-14 |

사자와 포도나무

사람들이 곰이나 사자 같은 맹수들을 어려서부터 키워서 자연으로 돌려보낼 때에 가장 어려운 문제가 자연에 적응하는 문제일 것입니다. 우선 사람의 손에서 자란 야생동물들은 먹이를 사람들이 챙겨주었기 때문에 사냥하는 법을 배우지 못했습니다. 사람의 손에 길이 들여진 짐승들은 사냥할 줄을 모르니까 자꾸 사람들이 있는 곳으로 내려오게 됩니다. 그래서 사람을 놀라게 하기도 하고 어떤 때에는 총에 맞거나 사냥꾼들의 올무에 걸려 죽기도 합니다. 특히 곰이나 사자 같은 경우에 자기가 힘이 있고 사납다고 해서 다른 짐승들을 다 잡아 죽여 버리면 결국 나중에는 자기가 먹을 것이 없어서 굶어 죽게 됩니다. 그래서 자연 상태의 사자는 일단 먹이를 먹은 후에는 가까운 곳에 사람이 지나가도 공격하지 않습니다. 사자나 곰 같은 짐승들이 자연 상태에서 살아남으려면 야생동물의 감각이 살아나야 하고 다른 짐승들과 공존하는 법칙을 배워야 합니다.

우리 예수 믿는 사람들이 이 세상에 사는 것은 마치 사람들의 손에서 큰 야생동물들이 자연으로 되돌아가는 것과 같습니다. 이제 우리는 옛날의 사자나 곰이 아니라 하나님의 은혜로 변화된 사자나 곰입니다. 그래서 우리는 자칫 잘못하면 영구적으로 이 세상에 적응하는데 실패하는 사회적인 부적응아가 될 가능성이 많이 있습니다. 우리가 하나님의 말씀을 배우고 은혜 받는 동안에 이 세상은 더 경쟁적이 되어버렸고 우리는 그 경쟁에서 훨씬 뒤지는 자들이 되어버린 것입니다. 오늘 성경 말씀은 그런 가운데서 이 세상에 적응하는데 실패한 자들을 먼저 말씀을 하십니다. 그 첫 번째 경우는 옛날의 야생동물로 되돌아가버리는 것입니다. 즉 그동안 하나님의 은혜 받은 것이나 믿음으로 훈련받은 것은 다 잊어버리고 오직 이 세상의 생존에 급급하여 야망과 욕심만 채우기 위해서 세상을 뛰어다니는 것입니다. 우리가 보기에 그렇게 하면 성공할 것 같은데 오히려 다른 사람들에게 사냥을 당하게 됩니다.

또 하나는 물기가 많은 곳에 심은 포도나무를 비유하고 있습니다. 그런데 이 포도나무도 너무너무 잘 자랐습니다. 어느 정도로 잘 자랐는가 하면 포도나무 가지 하나가 왕의 홀이 될 정도로 잘 자랐습니다. 그럼에도 불구하고 사람들은 그 가지를 뽑아서 메마른 땅에 심어버립니다. 또한 나무 가지에서 불이 나와서 나무를 다 태워버리는 것입니다.

여기서 우리가 알아야 할 것은 왜 하나님께서는 여기서 사자와 포도나무의 비유를 말씀하시느냐 하는 것입니다. 그 이유는 사자와 포도나무가 바로 유다 지파의 상징이기 때문입니다. 아주 옛날 야곱은 이스라엘 열두 아들을 다 불러놓고 축복할 때 유다 지파를 바로 이 사자와 포도나무의 복으로 축복을 하였던 것입니다(창 49:9-11).

하나님께서 유다 지파에게 사자의 복을 주신 것은 세상적으로 사자가 되라는 뜻이 아니었습니다. 사자라고 하는 것은 정글이나 밀림에서는 가장 강한 짐승입니다. 사자를 이길 짐승이 없고 사자의 먹이를 빼앗을 짐승이 없습니다. 사자는 지상에서 가장 강한 짐승입니다. 그러나 하나님께서 유다 지파를 축복해 주신 것은 다른 나라를 정복하며 남을 지배하라고 하지 않으셨고 하나님의 은혜에 강한 자가 되라고 하셨습니다. 즉 하나님의 은혜에 있어서는 어느 누구에게도 빼앗기지 않는 것입니다. 하나님으로부터 최고의 은혜를 독점적으로 누리는 자들이 되는 것입니다. 그렇게 되기 위해서는 두 가지가 필요합니다. 우선 자기 자신이 주님의 강한 손에 붙들려야 합니다.

하나님은 유다를 사자로 만드시기 위해서 주님의 강한 손으로 붙잡으셔서 절대로 은혜 밖으로 도망치지 못하게 하셨습니다. 그러기에 그들은 오직 하나님의 약속의 말씀만 붙들어야 했습니다. 그러면 자동적으로 포도나무의 복을 받았을 것입니다. 이것은 우리가 하나님의 말씀만을 붙잡을 때 자동적으로 이루어지게 되는 축복과 같습니다. 우리가 하나님의 말씀대로 살면 이 세상에서 살아 남을 수 없을 것 같지만 실상은 정반대입니다. 하나님은 우리를 사자같이 되게 하셔서 다른 나라가 공격하지 못하게 하십니다. 그리고 또 포도나무가 되게 하셔서 사랑받게 하시고 인정받게 하시는 것입니다. 그러나 우리가 본문에서 보게 되는 것은 이런 사자가 아니라 그야말로 세상적인 사자이며 세상적인 포도나무인 것입니다. 자기가 사자라고 해서 다른 모든 사람들을 두렵게 만들고 물어뜯고 포도나무가 열매는 맺지 않고 삐죽하게 높이 솟아오를 때 주위 사람들이 이런 사자나 포도나무는 싫어해서 사냥을 해버리고 그 가지를 뽑아버리는 것입니다.

실패한 새끼 사자 교육

"너는 이스라엘 방백들을 위하여 애가를 지어 부르기를 네 어미는 무엇이냐? 암사자라. 그가 사자들 가운데 엎드리어 젊은 사자 중에서 그 새끼를 기르는데 그 새끼 하나를 키우매 젊은 사자가 되어 식물 움키기를 배워 사람을 삼키매 이방이 듣고 함정으로 그를 잡아 갈고리로 꿰어 끌고 애굽 땅으로 간지라"(1-4절).

원래 애가라고 하는 것은 장송곡 같은 슬픈 노래의 의미도 있지만 어떤 경우에는 민간인들 사이에 많이 유행을 되는 민족적인 노래의 의미도 있습니다. 즉 앞으로 유다가 망하게 되었을 때 왜 유다가 망하게 되었는지 사람의 입에서 입으로 이런 노래가 퍼지도록 한 것입니다. 그 노래의 가사는 유다가 망한 것은 새끼 사자를 키우는데 실패했다는 것입니다.

유다 나라의 중요한 특징은 다윗의 자손들이 유다 나라를 책임지게 되어 있는 것입니다. 이것은 하나님께서 다윗의 신앙과 그 헌신의 복으로 주신 것입니다. 그러니까 유다 백성들은 하나님만 철저히 의지하고 그분의 은혜만 붙들기만 하면 언제든지 부흥을 일으킬 수 있는 나라였습니다.

그래서 유다 나라에서 가장 잘 해야 하는 것은 바로 이런 왕자 교육이었습니다. 이 사람들을 철저하게 성경적인 사람으로 키워놓기만 하면 유다는 망하지 않는 것입니다.

그래서 유다는 그 상징이 사자였습니다. 이것은 하나님의 백성들이 제대로 신앙적으로 만들어지기만 하면 이 세상 어느 누구도 그들을 멸망시키지 못하는 것을 보여주는 것입니다. 유다 나라 전체가 암사자라고 한다면 그 왕자들은 모두 사자 새끼들이었습니다.

사자 어미가 새끼 사자들을 훈련시킬 때 어떻게 훈련을 시키겠습니까? 아마 스파르타 사자 같으면 높은 절벽에서 새끼들을 떨어뜨려놓고 기어 올라오는 강한 놈만 키울 것입니다. 그러나 새끼들도 약하기 때문에 어미 사자는 새끼 사자를 그런 식으로 키우지 않습니다. 새끼들도 어렸을 때에는 다른 이리나 다른 짐승들에게 물려 죽을 수 있기 때문에 어미는 새끼들을 보호해야 합니다. 그렇지만 조금씩 자라면서 스스로 사냥하는 법을 배울 수 있어야 합니다. 우리가 생각하기에 사자가 사냥하는 것이 쉬울 것 같아도 절대로 쉽지 않습니다. 사슴이나 얼룩말들이 쉽게 잡혀서 죽는 것 같지만 이런 짐승들도 머리에 뿔이 있어서 들이받기도 하고 또 뒷발로 차기도 하기 때문에 잘못 걸려들었다가는 도리어 자기가 다치게 됩니다. 그리고 또 이런 짐승들이 사자를 보면 죽으라고 달리기 때문에 사자도 온 힘을 다하여 달리지 않으면 절대로 사냥을 하지 못합니다. 특히 사자는 오직 약한 놈 한 마리에만 집중을 해야지 이것저것을 다 잡으려고 하면 벌써 모두 다 놓치고 마는 것입니다. 무엇보다 사자는 다른 짐승들 보다 사람을 조심해야 합니다. 왜냐하면 사람 자체는 약하지만 아무리 사자라도 사람의 머리는 당할 수가 없습니다. 사람들이 파놓은 함정이나 올무에 걸리면 아무리 강한 사자라 하더라도 결국 붙잡혀서 죽을 수밖에 없기 때문입니다. 또 사자는 모든 짐승들을 다

물어 죽이면 안 됩니다. 왜냐하면 다른 짐승들이 다 없어지면 먹이가 없어지기 때문에 결국 사자들끼리 싸우게 됩니다. 아니면 저절로 병들어 죽은 짐승의 고기를 먹게 되는데 그러면 탄저병이 걸려서 사자의 살이 썩어 들어가게 됩니다.

그러나 하나님의 백성들은 사자이기는 하지만 야생의 사자가 아니고 이미 하나님의 은혜로 변화된 사자들입니다. 그래서 은혜 받은 사자들에게 가장 힘든 것은 사냥하는 법을 잊어버린 것입니다. 하나님께서 주시는 만나와 까마귀가 공급해주는 약식을 먹다가 보니까 이 세상에서 다른 사람들과 경쟁해서 그들을 물리치고 이기는 법을 잊어버렸습니다. 사자는 사자인데 사냥을 할 줄 모르는 사자가 되고 만 것입니다.

그래서 유다는 새끼 사자를 키울 때 은혜 받은 사자로 키우지 않았습니다.

그냥 겉으로는 은혜 받은 사자인 것 같은데 실제로는 전혀 은혜 받지 못한 원래 야생 그대로의 사자로 키워버린 것입니다. 왜냐하면 그렇게 해야 이 경쟁이 심한 세상에서 남에게 뒤지지 않고 겨루어서 이길 수 있다고 생각을 했기 때문입니다. 진정으로 변화되지 못하고 하나님의 은혜의 맛만 본 사람들은 하나님 앞에서도 최고가 되려고 하고 세상에서도 최고가 되려고 합니다. 그래서 오늘날에 와서 '진정한 크리스천'이라고 하면 중심으로 변화된 크리스천을 말하는 것이 아니라 세상에서 성공한 크리스천을 말하는 것입니다. 즉 세상에서도 성공하고 교회 안에서도 인정받는 사람인 것입니다. 물론 하나님께서 축복하셔서 신앙도 좋은데 세상적으로도 크게 성공하는 사람도 얼마든지 있을 수 있습니다. 그러나 잘못하면 세상적인 사자가 되게 되는 것입니다. 그래서 예수님께서는 한 부자 청년이 찾아 왔을 때 '재산을 다 팔아서 가난한 자들에게 주고 나를 좇으라' 고 말씀하셨던 것입니다.

"그 새끼 하나를 키우매 젊은 사자가 되어 식물 움키기를 배워 사람을 삼키매 이방이 듣고 함정으로 그를 잡아 갈고리로 꿰어끌고 애굽 땅으로 간지라"(3-4절).

우리에게 있어서 하나님의 은혜는 이중적으로 나타나야 합니다. 하나는 하나님의 그 높으신 사랑과 특별한 은혜로 인하여 우리의 존귀함이 높여져야 하고 지극히 높으신 하나님을 찬양하는 마음이 되어야 합니다. 그리고 다른 하나는 이 모든 것이 우리의 공로가 아니요 오직 하나님의 사랑임을 깨닫고 더 겸손한 사람이 되어야 합니다. 그러나 우리가 하나님의 사랑만 받고 하나님의 은혜 안에서 낮아지지 못한다면 세상 사람들보다 더 탐욕스럽고 세상 사람들보다 더 오만한 사람이 되기 쉽습니다. 이것이 하나님의 백성이 되는데 있어서 가장 어려운 점입니다. 즉 한 측면은 은혜 안에서 우리가 높아져야 하는 부분이고, 다른 한 측면은 우리가 은혜 안에서 낮아져야 하는 부분입니다. 하나님의 은혜를 받은 자로서 겸손하지 않으면 다른 사람들 모두 무시하고 세상에서도 좋은 것은 다 자기가 차지하려고 하게 되는 것입니다. 그래서 우리는 하나님 앞에서 한 부분은 높아져야 하고 다른 한 부분은 낮아져야 합니다. 하나님의 백성으로서 우리의 자존감은 높아져야 합니다. 그러나 우리는 여전히 하나님 앞에서 죄인이며 내 힘으로는 도저히 이 세상을 살아갈 수 없는 연약한 자인 것을 인정해야 하는 것입니다. 그러기에 우리는 아주 깨끗하면서도 겸손한 사람이 되어야 합니다. 사실 세상 사람들이 가장 좋아하는 사람은 바로 이런 사람들인 것입니다. 우리가 이 세상에서 진정으로 그리스도인의 향기를 나타내려고 하면 실력이 있으면서도 겸손한 사람이 되어야 합니다.

유다의 암사자는 새끼 사자를 은혜의 사자로 키우지 못했습니다. 왜냐하면 너무 은혜를 받으면 세상에 적응을 하지 못한다는 것을 잘 알았기 때문입니다. 지금 우리 교회에서 있는 많은 젊은이들은 모두 새끼 사자들입니다. 그러나 우리는 이들이 은혜의 사자가 되도록 키워야 합니다. 세상에 적응하는데 좀 늦다 하더라도 혹은 세상에서 바로 유명해지지 못한다 하더라도 하나님의 은혜에 붙들리는 자가 되게 해야 하는 것입니다. 그러나 하나님의 은혜에 붙들린 자가 된다는 것은 굉장히 무서운 이야기입니다. 왜냐하면 하나님의 은혜가 아니면 아무 것도 못하는 사회적인 장애인이 되는 것을 의미하기 때문입니다.

젊은 사자가 되어서 애굽으로 끌려간 사자는 여호와하스를 의미합니다. 그러나 사실은 이스라엘과 유다의 거의 대부분의 지도자들이 바로 이러한 사자들이었습니다. 아주 드물게 다윗이나 히스기야나 요시야 같은 사람들을 제외하고는 모두 세상적인 사자였습니다. 하나님의 은혜의 사자가 되어야 다른 사람들을 해치지 않는데 세상적인 사자가 되어버리니까 어느 한 순간에 사냥을 당해버리고 만 것입니다. 즉 세상에서 자기 야망대로 날뛰다가 어느 순간에 하나님께서 도와주시지 않으시니까 졸지에 망해버리는 것입니다.

이것을 보면 세상 사람들도 하나님의 백성들이 너무 세상적으로 욕심을 부리는 것을 좋아하지 않는다는 것을 알게 됩니다. 우리는 이미 하나님으로부터 어마어마한 축복을 상속받은 자들입니다. 우리들에게는 하나님의 지혜가 있고 하나님의 은혜가 있고 하나님의 죄 용서가 있습니다. 그럼에도 불구하고 세상의 좋은 것까지 모두 다 싹쓸이를 해 버리면 우리는 너무 좋은 것을 많이 가져버리는 것이 됩니다. 우리는 세상의 부, 명예, 지위를 조금 양보하고 하나님의 은혜를 확실하게 붙들 때 사자의 위치를 지킬 수 있게 되는 것입니다. 그러기에 우리는 이 세상에서 조금 부족한 것이 좋습니다. 만일 여기서 우리가 세상의 복까지 다 챙겨버린다면 도대체 세상 사람들은 무슨 재미로 이 세상을 살아가겠습니까?

두 번째 사자

"암사자가 기다리다가 소망이 끊어진 줄을 알고 그 새끼 하나를 또 취하여 젊은 사자가 되게 하니"(5절).

우리가 다른 사람을 신앙적으로 키우는 것이 쉽지 않은 것은 신앙이라고 하는 것은 사람의 힘으로 되는 것이 아니기 때문입니다. 즉 아브라함의 큰 아들 이스마엘은 아브라함의 아들이었지만 전혀 신앙이 없었습니다. 결국 하나님의 백성이 되는 것은 오직 하나님의 은혜인 것입니다. 하나님의 은혜의 말씀으로 변화된 자만이 진정한 하나님의 백성이 될 수 있습니다. 그래서 새끼 사자를 성공적으로 키우기 위해서는 먼저 가르치는 자 자신이 하나님의 말씀을 믿고 거기에 헌신해야 하고 또 오직 하나님의 말씀만 먹여야 합니다. 그러면 우리는 잘 모르는 가운데 하나님의 말씀이 그 영혼 깊은 곳에서 작용을 해서 그 죽은 영혼을 치료해서 하나님의 백성이 되게 하는 것입니다. 더욱이 하나님의 사자들이 많이 만들어지는 것이 부흥인데 이 부흥은 오직 하나님의 말씀의 능력을 백 퍼센트 믿는 것으로 이루어지게 됩니다.

그러나 유다의 암사자는 무엇인가 앞의 사자가 실패했다는 것은 알면서도 그것이 하나님의 말씀의 부족에 있다는 것을 믿지 않았습니다. 그래서 이번의 사자 새끼는 전번 보다 더 세상적으로 훌륭한 교육을 시켜서 사자로 만들었습니다. 그러나 그 결과는 더 큰 실패였습니다.

> "젊은 사자가 되매 여러 사자 가운데 왕래하며 식물 움키기를 배워 사람을 삼키며 그의 궁실들을 헐고 성읍들을 훼파하니 그 우는 소리로 인하여 땅과 그 가득한 것이 황무한지라. 이방이 둘려 있는 지방에서 그를 치러 와서 그의 위에 그물을 치고 함정에 잡아 갈고리로 꿰고 철롱에 넣어 끌고 바벨론 왕에게 이르렀나니 그를 옥에 가두어서 그 소리로 다시 이스라엘 산에 들리지 않게 하려 함이니라"(6-9절).

두 번째 키운 이 사자 새끼는 너무너무 용감한 훌륭한 사자 새끼였습니다. 식물을 움키는 것도 배우고 스스로 사냥할 줄도 알았습니다. 그런데 이 사자도 도대체 자기 밖에 몰랐습니다. 그래서 다른 사람들을 물어서 죽이고 다른 왕궁을 부수고 성읍들을 다 부수어버렸습니다. 그 이유가 어디에 있을까요? 자기중심적으로 자란 사람들은 우월감에 빠져 있어서 다른 사람들도 살아야 하며 행복할 자격이 있다는 것을 도대체 인정을 하려고 하지 않기 때문입니다. 때때로 사람들은 더러 더러 고생을 하면서 나 외에 다른 사람들도 있고 그들도 행복할 자격이 있는 자라는 것을 배워야 합니다. 그러나 이 사자 새끼는 남을 사랑하는 법을 배우지 못했습니다. 왜냐하면 언제나 자기 위주로 교육을 받았기 때문입니다. 그 결과는 이 세상 어느 누구도 좋아하지 않는 강팍한 이기주의자가 되고 만 것입니다. 결국 냉엄한 정글의 심판 원리에 따라서 사냥을 당해서 아주 먼 바벨론에 붙들려가고 마는 것입니다.

바벨론에 붙들려 간 젊은 사자가 여호야긴이라는 사람도 있고 시드기야라는 사람도 있습니다. 그러나 결국 철저하게 하나님의 말씀에 붙들리지 않은 사람들은 모두 이런 실패한 인생을 살 수 밖에 없는 것입니다. 물론 본인은 이 세상에서 성공적인 삶을 살았다고 생각할 것입니다. 왜냐하면 남들이 하지 못하는 엄청난 일들을 많이 해 내었기 때문입니다. 그러나 이것들은 모두 자기 욕망의 바벨탑을 쌓은 것뿐입니다.

오늘 우리에게 가장 어려운 문제는 은혜를 받고 난 후에 어떻게 이 세상을 살아야 하느냐 하는 것입니다. 이것이 어떤 의미에서는 처음 예수 믿는 것보다 더 어려운 것입니다. 그래서 사도 바울은 말하기를 '믿음에서 믿음에 이른다' 고 말하였습니다. 즉 처음 우리가 하나님을 믿는 것이 믿음으로 되어졌다면 이 세상을 살아가는 것도 믿음으로 되어지는 것을 믿어야 하는 것입니다. 물론 우리는 이 세상에서 많은 경쟁에서 밀리고 있고 스스로 식물을 움키는 법도 배우지 못했습니다. 그러니까 우리는 언제나 하나님을 의지할 수밖에 없는 것입니다. 우리는 이 세상에서 무조건 최고가 되려고 해서는 안 됩니다. 사람들은 하나님의 은혜를 받고 난 후에 무조건 세상에서도 최고로 자기가 성공해야 하고 잘 살아야 한다고 생각합니다. 사실 하나님을 믿는 사람들은 마음속에 전부 최고가 되고 싶은 욕망이 있습니다. 이것이 사자인데 이 사자를 하나님의 말씀과 기도하는 쪽으로 돌려야 하는 것입니다. 그리고 이 세상에 대해서는 한 마리의 양이 되어야 합니다. 예수님은 제자들에게 '너희를 세상에 보내는 것이 이리 가운데 양을 보내는 것과 같다' 고 말씀하셨습니다. 도대체 이리들 가운데서 어떻게 양이 살 수 있을까요?

바로 이것이 쉽지 않지만 하나님만 의지하면 가능합니다. 역사의 주인이신 하나님이 우리의 길을 인도해주시고 우리에게 먹을 것을 주시기 때문입니다.

포도나무 가지

이제 에스겔의 애가는 사자의 노래에서 갑자기 포도나무의 노래로 변하게 됩니다. 우리는 사자나 포도나무 모두가 유다 지파의 축복의 상징이었다는 것을 알아야 합니다. 포도 열매는 유다 지파가 하나님의 은혜의 사자가 되었을 때 저절로 맺히게 되는 것입니다. 그러나 세상의 사자가 되었을 때에는 포도 열매 대신에 몽둥이가 맺히게 되는 것입니다.

> "네 피의 어미는 물 가에 심긴 포도나무 같아서 물이 많으므로 실과가 많고 가지가 무성하며 그 가지들은 견강하여 권세 잡은 자의 홀이 될만한데 그 하나의 키가 굵은 가지 가운데서 높았으며 많은 가지 가운데서 뛰어나서 보이다가 분노 중에 뽑혀서 땅에 던짐을 당하매 그 실과는 동풍에 마르고 그 견강한 가지들은 꺾이고 말라 불에 탔더니"(10-12절).

하나님의 백성들이 세상에서 얼마든지 성공하고 출세할 수 있음에도 불구하고 그것을 포기하고 하나님의 말씀에 전적으로 헌신하면 하늘의 복이 쏟아지게 됩니다. 이것이 바로 포도 열매의 비밀인 것입니다. 하나님의 백성들이 말씀에 전적으로 헌신할 때 하나님께서는 기도의 응답을 주십니다. 우리가 지금까지는 많은 기도를 하면서도 실제로 응답을 체험하지 못하는 경우가 너무나도 많았습니다. 그러나 우리가 하나님의 은혜만을 결사적으로 붙들 때 하나님과 우리 사이에 축복의 문이 열리게 됩니다. 그 결과 그 문을 통해서 무한정의 기도 응답이 이루어지게 되는 것입니다. 우리가 이런 체험을 하려고 하면 세상 것을 포기해야 합니다. 물론 처음에 세상적인 좋은 기회들을 놓치고 인생 밑바닥에서 하나님의 말씀만 붙잡을 때 너무나도 손해를 보는 것 같지만 세상의 것 아무리 많이 가져도 하나님의 기도 응답이 없으면 그 사람들은 이미 죽은 것입니다. 특히 하나님의 백성들이 기도 응답 없이 성령의 능력 없이 세상 것만 잔뜩 가지고 있는 것은 매우 위험합니다. 바로 사냥당하는 사자와 같은 것입니다.

우리가 하나님의 말씀만을 사자같이 붙잡으면 부흥이 일어나기 시작합니다. 하나님의 교회가 뜨거워지고 기적이 일어나며 말할 수 없는 은혜의 체험들이 나타나기 시작하고 하나님께서 그들을 얼마나 높이시는지 모릅니다.

예수님께서 말씀하신 것처럼 맛을 잃은 소금은 세상에서도 발에 밟히지만 하나님의 손에 붙들린 사람들은 천사보다 더 높은 지위를 얻게 됩니다.

그리고 이 사람들의 아름다움과 이 사람들이 주는 축복을 세상 사람들까지도 좋아하게 됩니다. 왜냐하면 세상도 그 가치를 알기 때문입니다. 결국 하나님의 백성들은 둘 중의 하나를 선택해야 합니다. 하나는 하나님의 말씀에 사자가 되느냐 아니면 이 세상의 사자가 되느냐 하는 것입니다. 우리가 하나님의 말씀에 사자가 되면 포도 열매가 무성하게 맺히게 됩니다. 특히 우리들을 통하여 주위에 있는 많은 사람들까지 기뻐하고 풍성하게 됩니다.

포도나무는 아무리 가지가 훌륭해도 그 가지를 쓰지 않습니다. 포도나무는 오직 포도 열매의 맛을 가지고 이야기를 해야 하는 것입니다. 그러나 유다는 포도 열매의 맛보다는 가지의 굵기를 가지고 자랑을 하려고 했습니다.

11-12절을 다시 보면 "그 가지들은 견강하여 권세 잡은 자의 홀이 될 만한데 그 하나의 키가 굵은 가지 가운데서 높았으며 많은 가지 가운데서 뛰어나서 보이다가 분노 중에 뽑혀서 땅에 던짐을 당하매"라고 했습니다.

여기에 보면 포도나무 스스로가 생각하는 것과 다른 사람이 생각하는 것이 얼마나 다른지 알 수 있습니다. 포도나무 자신은 가지가 굵어서 왕의 홀이 될만하다고 생각을 했습니다. 곧 이 포도나무는 열매는 맺지 않고 가지만 굵게 만들어서 지배자가 되려고 한 것입니다. 그러나 포도나무 가지는 아무리 굵어도 다른 나무를 따라갈 수가 없습니다. 전나무라든지 나왕이라든지 얼마든지 좋은 나무들이 많이 있는데 무엇 때문에 포도나무 가지를 가지고 권세자의 홀을 만들겠습니까? 그러니까 포도나무는 홀이 될 생각을 하지 말고 권세자의 잔에 들어가는 포도주가 되려고 해야 하는 것입니다.

우리가 이 세상에서 아무리 성공하고 유명하게 되어도 포도주의 기가 막힌 맛을 대신할 수가 없습니다.

"이제는 광야, 메마르고 가물이 든 땅에 심긴바 되고 불이 그 가지 중 하나에서부터 나와서 그 실과를 태우니 권세 잡은 자의 홀이 될만한 견강한 가지가 없도다. 이것이 애가라 후에도 애가가 되리라"(13-14절).

여기에서 비로소 깨닫는 것은 포도나무는 무조건 거름을 많이 주고 물기가 많다고 해서 포도가 잘 열리는 것은 아니라는 것입니다. 포도가 물기가 많고 거름만 많으니까 오히려 가지만 굵어져서 제대로 포도가 열리지 않는 것입니다. 그래서 하나님은 이 포도를 다시 광야에 심으셨습니다. 이제는 굵은 가지가 하나도 없게 되었습니다. 그러나 오히려 이 광야에서 오히려 포도나무는 소망이 생기게 되는 것입니다.

사자와 포도나무 애가는 사실 오늘 이 세상을 살아가는 우리들에게 가장 절실한 문제를 제시해주고 있습니다. 그것은 바로 이 경쟁적인 시대에서 과연 우리가 한 마리의 양으로서 살아갈 수 있느냐 하는 것입니다. 취직이나 사업도 불가능한 것 같고 결혼도 어려운 것 같고 아무 것도 할 수 없는 이런 시대에서 내가 사자가 되어서 무엇인가 큰일을 하고 싶은 생각을 가질 수도 있을 것입니다.

하지만 우리는 여기서 다시 한번 하나님의 은혜에 붙들려야 합니다. 우리는 이 세상의 사자가 되어서는 안 되고 하나님의 은혜를 사자같이 붙들어야 합니다.

이렇게 되기 위해서는 자기 자신이 예수님의 발톱에 걸려들어야 합니다. 즉 하나님의 은혜 안에서 아무 것도 못하는 바보가 되어야 합니다. 이 때 우리는 많은 사람들로부터 조롱을 당하고 무시를 당할 수 있습니다. '너의 하나님 어디 있느냐 하오니 주야로 눈물이 내 음식이 되었나이다' 라는 다윗의 고백이 저절로 나오게 될 것입니다. 그렇지만 우리는 서서히 하나님의 사자로 변하게 되는 것입니다. 그 전에는 무쇠 토막이었는데 하나님의 용광로에서 강철로 변하게 되는 것입니다. 우리는 가장 중요한 것을 움켜잡아야 합니다. 그것은 바로 하나님의 말씀이고 부흥의 불길입니다. 예수님께서는 '그 나라와 그 의를 구하면 이 모든 것을 더하여 주실 것이라'고 약속하셨습니다. 우리가 주님의 은혜 안에서 강한 자가 되려고 하면 먼저 이 세상에서 약한 자가 되어야 합니다. 그러면 도무지 이 세상에서 살아남을 것 같지 않는데 살게 됩니다. 그것도 그냥 약한 토끼나 양이 아니라 당당한 사자로 살아남게 되는 것입니다. 우리는 외모로 승부를 걸어서는 안 됩니다. 우리는 오직 맛으로 승부를 걸어야 합니다. 우리는 하나님 앞에서 명품 중의 명품이 되어야 합니다. '아, 그 집 포도주!' 라고 하면 세계에서 알아주는 포도주가 되어야 하는 것입니다. '아, 그 집의 은혜' 라고 하면 아는 사람들은 다 알아주는 은혜가 되어야 합니다. '그 집의 포도나무는 몽둥이에나 쓸모 있지요' 라고 한다면 결국 그 가지를 부러트려서 깡패들을 두들겨 패는 수단이 되고 말 것입니다.

우리는 은혜를 받고 난 후에 다시 광야로 나와야 합니다. 그래서 철저하게 광야에 심긴 포도나무가 되어야 합니다. 그러면 그 어려운 현실 속에서 우리는 서서히 들 포도를 맺는 나무에서 진짜 포도나무를 맺는 나무로 만들어지게 되고 한번 첫 열매가 맺힌 후에는 어떤 상황에서도 극상품의 포도열매를 맺는 나무가 될 것입니다.

사사기 9장에 보면 나무들의 회의가 나옵니다. 하루는 나무들이 왕을 뽑으려고 하는데 감람나무에게 왕이 되라고 하니까 자기는 기름을 가지고 성전과 세상을 밝혀야 하는데 무엇 때문에 왕 같은 것이 되어서 나무들 위에서 요동질을 하겠느냐고 하면서 거절을 해버렸습니다. 무화과나무에게 왕이 되어 달라고 하니까 아름답고 맛있는 열매가 있는데 무엇 때문에 왕이 되어서 나무들 위에서 요동질을 하겠느냐고 하면서 거절을 해버렸습니다. 결국 포도나무에게 왕이 되어 달라고 하니까 포도나무는 잘생기지도 못했지만 나의 열매로 하나님과 사람을 기쁘게 하는 포도주를 만들어야 하는데 무엇 때문에 나무들 위에서 쓸데없이 요동질을 하겠느냐고 하면서 거절을 했습니다. 결국 하나님 앞에서 자신의 소중한 가치를 아는 사람은 왕도 필요 없고 대통령도 필요 없고 돈이나 명예도 필요가 없는 것입니다. 하나님 한분이면 족한 것입니다.

그런데 가시나무에게 왕이 되어달라고 하니까 자기도 가시로 담이 되고 그 가시로 고동을 파먹게 해야 한다고 하면서 거절을 해야 하는데 떡 '왕이 되겠다'고 해서 결국 가시나무에서 불이 나와서 세겜 사람들을 다 태우게 되는 것입니다. 우리가 우리의 본분을 잘 지키면 이 세상도 정상적으로 돌아가게 되어 있습니다. 우리는 지금 광야와 같은 시대를 살아가고 있습니다. 그러나 지금이야 말로 우리는 하나님의 사자로 만들어져야 할 때이며 하나님의 포도나무가 되어야 할 때입니다. 말씀을 들을 때 사자같이 들으시기 바랍니다. 기도할 때 사자같이 기도하시기 바랍니다. 하나님의 성령이 내 속에서 포도즙액같이 충만하게 흘러 넘치게 하시기 바랍니다. 그리고 세상일들은 세상 사람들이 알아서 하도록 하고 또 하나님께서 나에게 주시는 것이 있으면 감사한 마음으로 열심히 해서 온 세상에 하나님의 은혜가 충만히 임하도록 헌신하시기 바랍니다.

17

| 겔 20:1-32 |

우상 숭배의 역사

이솝의 우화에 보면 어느 개가 큰 고기 덩어리를 하나 물고 냇가에 있는 다리를 건너가고 있었습니다. 그 개가 그냥 다리를 건너가면 될 것인데 물 속을 쳐다보았습니다. 그랬더니 물 속에 아주 큰 개가 고기 덩어리를 물고 서 있었습니다. 이 개는 그 개가 물고 있는 고기 덩어리가 자기 것보다 더 크게 보여서 그것을 빼앗으려고 입을 벌리는 순간 자기 입에 있던 고기 덩어리가 냇물 속으로 풍덩 빠져 버려서 그만 고기를 잃어버리게 되었습니다. 사실은 물 속에 있는 개가 자기 자신이었는데 자기 것인지도 모르고 빼앗으려고 하다가 자기 것만 놓치게 되었던 것입니다.

사실 이스라엘 백성들의 멸망을 설명하는데 이솝의 이 비유보다 더 적합한 것은 없을 것입니다. 하나님께서는 이스라엘 백성들에게 어마어마한 보물을 맡겨주셨습니다. 그것은 하나님을 아는 비밀이었습니다. 즉 이 세상에 있는 어떤 인간들도 하나님을 바로 알지 못했습니다. 왜냐하면 인간들이 죄를 지음으로 가장 중요한 하나님을 아는 지식을 잃어버렸기 때문입니다. 하나님께서는 하나님을 알 수 있는 지식을 이스라엘 백성들에게 주셨습니다. 그러나 이스라엘 백성들은 아무리 생각해도 다른 민족들이 가지고 있는 우상이 하나님의 말씀보다 더 좋아 보였습니다. 그래서 이스라엘 백성들은 죽으라고 우상을 따라갔습니다. 그 결과 하나님께서 자기들에게 주신 엄청난 축복을 상실하게 되었습니다.

　오늘 본문 말씀은 이스라엘의 장로들이 에스겔을 찾아와서 이스라엘의 장래가 어떻게 될 것인지 상담을 하는 내용입니다. 즉 앞으로 이스라엘 자손들이 어떻게 되겠느냐는 것입니다. 이때 이스라엘은 세 부분으로 나누어져 있었습니다. 하나는 아직 예루살렘에 남아 있는 자들이 있었고, 두 번째는 바벨론에 포로된 자들이 있었고, 세 번째는 전 세계에 벌써 오래 전에 노예로 팔려간 자들이 있었습니다. 과연 세 토막 난 이스라엘의 운명은 어떻게 되겠느냐하는 것이 장로들의 질문이었습니다. 이에 하나님께서는 이스라엘이 어떻게 되느냐 하는 것이 중요한 것이 아니라고 말씀하셨습니다. 이스라엘 자손들은 자신들에게 중요한 것은 나라가 좀 더 안정되고 흩어진 백성들이 모이고 나라의 경제가 부흥되는 것이라고 생각했을 것입니다. 그러나 이스라엘이 진정으로 부흥하는 길은 하나님의 말씀을 되찾는 것이었습니다. 이스라엘의 복은 다른 데 있는 것이 아니라 하나님의 말씀의 순수성을 지키는데 있기 때문입니다. 그래서 오늘 본문에서 하나님께서는 이스라엘의 역사를 우상숭배의 역사로 설명을 하십니다. 즉 하나님께서는 이스라엘 백성들이 출애굽 했을 때로부터 시작해서 바벨론에 의하여 망하기까지 우상 숭배와 어떤 상관관계에 있었는지를 설명하십니다. 이스라엘 백성들이 애굽에서 건짐을 받은 것은 우상으로부터 벗어나기 위해서였습니다. 그러나 결국은 가나안 땅에서 이 우상을 벗어버리지 못해서 온 백성들이 비참하게 망하고 마는 것입니다. 이것이 사실이라면 이스라엘은 아무리 지금 당장 구원을 받는다 하더라도 우상을 이기지 못하는 이상 영원히 이스라엘은 부흥되지 못하는 것입니다.

이것은 오늘 우리들에게도 마찬가지입니다. 지금 우리나라에도 해결해야 하는 산적한 문제들이 많이 있습니다. 그러나 우리나라가 진정 부흥하기 위해서는 우리가 하나님의 말씀의 가치를 되찾지 않으면 불가능합니다. 왜냐하면 우리가 하나님의 말씀의 가치를 깨닫고 그 말씀대로 살기만 하면 복을 받고 부흥을 경험할 수 있기 때문입니다. 우리는 다른 사람이 물고 있는 것을 탐을 내어서는 안 됩니다. 그것을 빼앗으려고 하다가 우리가 물고 있는 복을 빼앗기게 될 것입니다.

출애굽의 능력

많은 유다 백성들이 바벨론에 포로된 지 7년 정도 지났을 때 이스라엘 장로 두어 사람이 에스겔에게 앞으로 이스라엘이 어떻게 되겠느냐고 질문을 하였습니다.

"제 칠년 오월 십일에 이스라엘 장로 두어 사람이 여호와께 물으려고 와서 내 앞에 앉으니 여호와의 말씀이 내게 임하여 가라사대 인자야 이스라엘 장로들에게 고하여 이르기를 주 여호와의 말씀에 너희가 내게 물으려고 왔느냐? 나 주 여호와가 말하노라. 내가 나의 삶을 두고 맹세하노니 너희가 내게 묻기를 내가 용납지 아니하리라"(1-3절).

많은 성도들이 하나님의 말씀을 들으려고 나아오는 것은 자신이나 자신의 가족들의 많은 문제들을 하나님의 능력으로 해결 받으려고 하는 것입니다. 어떤 분은 불치의 병에 걸려서 기도를 받으러 교회에 나온 사람도 있습니다. 전에 저희 교회에 새로 나온 성도님이 암에 걸려 오셨습니다. 그런데 이 분에게는 이 암이 다른 부분에 전이되어 있는 상태라고 했습니다. 저는 하나님께서 그 분의 병을 치료해주시도록 간절히 기도를 드렸습니다. 그런데 기도를 받은 후 그 분의 얼굴이 참으로 밝아지는 것을 보았습니다. 그리고 저에게 '자기는 믿음이 부족하지만 믿음이 성장하도록 노력하겠다' 고 말씀하셨습니다. 저는 이 세상에서 그 보다 더 아름다운 소리는 들어본 적이 없었습니다. 그 분은 겉으로 보기에는 이상이 없는 것 같았습니다. 그러나 속으로 전이되어 있다고 했습니다. 저는 '전이' 라고 하는 이 두 글자가 그렇게 무서운 것인가 생각을 많이 했습니다. 그리고 하나님께 담대하게 기도를 드렸습니다. '주여, 전이 되었어도 주님이 하시고자 하시면 얼마든지 고치십니다' 라고 하면서 기도를 드렸습니다.

예수님께서는 '수고하고 무거운 짐 진 자들아, 다 내게로 오라. 내가 너희를 쉬게 하리라' 고 말씀하셨습니다. 이 세상에서 생활고나 사업의 문제나 질병의 문제로 무거운 짐을 진 자들은 모두 다 하나님 앞으로 나오라고 말씀하셨습니다. 여기서 하나님 앞에 나오는 것이 바로, 말씀 들으러 나아오는 것이며 하나님 앞에서 내 문제를 내어놓는 것입니다.

그런데 이스라엘의 장로들이 이스라엘이 어떻게 되겠느냐고 하면서 물으러 나아왔을 때 하나님은 묻는 것을 허락지 않겠다고 말씀하셨습니다. 왜 하나님께서는 장로들이 묻는 것은 대답지 않겠다고 말씀하셨을까요? 그 이유는 이스라엘 장로는 지엽적인 문제보다는 더 근본적인 문제를 알아야 하기 때문입니다.

이때는 '제 칠년 오월 십일' 이라고 말을 했습니다. 제 칠년 오월 십일은 예루살렘의 많은 사람들이 포로로 붙잡혀 온지 칠년 오월 십일이라는 뜻입니다. 즉 이제는 포로로 붙들려온 사람들도 무려 칠년 동안이나 포로 생활을 했고 예루살렘은 예루살렘 나름대로 칠년을 버티었으니까 앞으로 유다의 운명이 어떻게 되겠느냐 하는 질문인 것입니다. 지금 유다 백성들은 두 동강이 나 있었습니다. 포로로 붙들려와 있는 유다 백성들 만 명과 아직 예루살렘에 남아 있는 사람들로 나누어져 있었습니다. 물론 숫자로 보면 남아 있는 사람들이 월등히 많았지만 붙들려온 사람들은 다 똑똑한 사람들이었고 지도자급에 있는 사람들이었습니다.

하나님께서는 이 질문에 대답을 주시지 않겠다고 말씀하셨습니다. 그 이유는 앞으로 이스라엘이 어떻게 되느냐 하는 것은 바로 그들의 태도에 달려 있기 때문입니다. 그들의 태도 중에서도 가장 중요한 것은 다른 것이 아니었습니다. 오직 하나님의 말씀에 대한 태도였습니다.

적어도 이스라엘의 장로들이라면 이스라엘이 하나님의 복을 놓치고 왜 이렇게 비참하게 살아야 하는지 그 근본적인 이유를 알아야 한다는 뜻입니다.

"인자야 네가 그들을 국문하려느냐? 네가 그들을 국문하려느냐? 너는 그들로 그 열조의 가증한 일을 알게 하여 이르기를 주 여호와의 말씀에 옛날에 내가 이스라엘을 택하고 야곱 집의 후예를 향하여 맹세하고 애굽 땅에서 그들에게 나타나서 맹세하여 이르기를 나는 여호와 너희 하나님이라 하였었노라"(4-5절).

여기서 '국문하려느냐?'는 말은 '심문하려 심판하려느냐?' 하는 뜻입니다. 지금 이스라엘 장로들이 온 것은 재판받으러 온 것이 아니고 그냥 조용하게 상담을 받으러 온 것이었습니다. 그런데 하나님은 에스겔에게 재판을 하겠느냐는 식으로 말씀을 하십니다. 예를 들어서 어떤 분이 아는 의사에게 조용하게 건강에 대하여 상담을 받으러 갔는데 그것이 상담이 아니라 판결이 되어버리는 경우가 있습니다. 즉 아는 의사와 대화를 나누는 가운데 한번 사진이나 찍어보자고 했는데 거기서 큰 병이 발견이 된 것입니다.

마찬가지로 이스라엘 장로들은 에스겔에게 가벼운 상담을 받으러 왔는데 그만 이것이 상담이 아니라 판결이 되어버렸던 것입니다. 왜냐하면 하나님께서 그들에게 가장 중요한 말씀을 다 하셨기 때문입니다. 그러나 이것은 그들에게 매우 좋은 것입니다. 우리도 어차피 하나님 앞에 나올 때는 가벼운 마음으로 나오지는 않습니다. 또한 하나님 앞에서 시시한 소리나 들으려고 나온 것도 아닙니다. 우리도 알 것은 알아야 하고 하나님 앞에서 판단 받을 것은 판단 받고 수술 받을 것은 수술 받고 사는 것이 좋기 때문입니다.

그러면서 하나님께서는 이스라엘 백성들이 출애굽할 때 하나님께서 나타나신 것부터 말씀하셨습니다. 즉 말씀의 스케일이 엄청나게 커져버리게 된 것입니다.

하나님께서 우리 인간들에게 주시는 최고의 선물이 무엇일까요? 그것은 과연 이 세상에서 오래 사는 것일까요? 아니면 돈을 많이 소유하는 것일까요? 아니면 이 세상에서 아주 유명하게 되는 것일까요? 물론 우리가 보기에는 이런 것들이 다 중요한 것은 사실이지만 하나님이 우리 인간들에게 주시는 최고의 선물은 하나님 자신을 알게 하는 것입니다.

여기서 우리는 '하나님을 안다'고 하는 것이 단순히 하나님의 존재를 아는 것이 아니라는 것을 알아야 합니다. 우리가 하나님을 안다고 하는 것은 인생의 눈이 뜨여지는 것입니다. 그동안 맹인으로 살았는데 갑자기 눈이 뜨여지는 것입니다. 우리가 하나님을 안다는 것은 하나님과 특별한 관계에 있는 것을 의미합니다. 이스라엘 백성들이 사용하는 '안다'는 말은 히브리어로 '야다'인데 이 말의 의미는 남녀 간에 특별한 관계를 가지는 것을 의미합니다. 그러나 인간은 죄로 인하여 생각과 감정과 의지가 모두 심하게 타락하고 오염되었기 때문에 하나님과의 특별한 관계를 유지하거나 그분의 계시를 가질 수가 없었습니다. 우리 인간의 생각이 얼마나 오염이 되었는가 하면 인간의 공상을 생각하면 아실 것입니다. 우리 인간들이 얼마나 많은 공상을 합니까? 그러나 그 대부분의 공상들은 근거 없는 생각의 쓰레기들에 불과합니다. 또 사람들은 인간의 감정이야말로 가장 순수하다고 말을 합니다. 그래서 자신들의 감정에 충실하려고 하고 자신의 감정을 믿으려고 합니다. 하지만 인간의 감정만큼 더 오염되고 타락한 것은 없을 것입니다. 인간의 사고와 감정이 오염되고 타락했다면 생활이나 습관이나 의지는 말할 것도 없이 심각하게 오염되었고 타락되었다고 할 수 있습니다.

그래서 하나님께서는 이스라엘 백성들을 택하셨습니다. 하나님께서 이스라엘 백성들을 택하신 이유는 그들의 오염된 생각과 감정을 깨끗케 하셔서 가장 오염이 덜된 상태에서 하나님의 말씀을 보관하도록 하기 위해서였습니다.

하나님의 계시는 천국에 이르는 보물지도입니다. 하나님은 이스라엘에게 하나님의 모든 복과 모든 능력을 다 받을 수 있고 모든 안전을 다 보장받을 수 있는 보물지도를 주셨습니다. 그런데 하나님은 그냥 이 말씀만 맡기신 것이 아니었습니다. 그들에게 진정한 말씀의 능력을 보여 주셨습니다. 그것이 바로 출애굽의 기적들이었습니다.

"또 그들에게 이르기를 너희는 눈을 드는바 가증한 것을 각기 버리고 애굽의 우상들로 스스로 더럽히지 말라. 나는 여호와 너희 하나님이니라 하였으나 그들이 내게 패역하여 내 말을 즐겨 듣지 아니하고 그 눈을 드는바 가증한 것을 각기 버리지 아니하며 애굽의 우상들을 떠나지 아니하므로 내가 말하기를 내가 애굽 땅에서 나의 분을 그들의 위에 쏟으며 노를 그들에게 이루리라 하였었노라. 그러나 내가 그들의 거하는 이방인의 목전에서 그들에게 나타나서 그들을 애굽 땅에서 인도하여 내었었나니 이는 내 이름을 위함이라. 내 이름을 그 이방인의 목전에서 더럽히지 않으려하여 행하였음이로라"(7-9절).

당시 이스라엘 백성들이 종살이 하던 애굽은 세계에서 가장 문명화된 곳이었습니다. 가장 잘 사는 나라였고 가장 학문이 발달한 나라였고 가장 우상이 심한 나라였습니다. 여기서 우리가 이해가 되지 않는 것은 사람들이 잘 살고 공부도 많이 하면 우상을 섬기지 않을 것 같은데 결코 그렇지가 않다는 것입니다. 그 이유는 하나님의 말씀이 없으면 인간은 어느 누구나 미신과 우상에 사로잡힐 수밖에 없기 때문입니다.

하나님께서는 이스라엘 백성들에게 이 애굽의 부와 권력과 우상이 하나님의 말씀 앞에서 얼마나 아무 것도 아닌지 열 가지 재앙으로 보여 주셨습니다.

모세의 말 한 마디 한 마디에 엄청난 기적과 재앙들이 일어나고 나중에는 애굽의 모든 장자들이 싹 다 죽었습니다. 그리고 이스라엘 백성들이 애굽을 떠날 때에는 홍해가 갈라지는 기적까지 일어났습니다. 이것이 하나님의 말씀의 능력이었습니다. 우상이라고 하는 것이 무엇입니까? 우상은 인간의 탐욕에다가 상상력을 추가 시킨 것입니다. 결국 인간의 탐욕에 사탕을 발라놓은 것이 우상인 것입니다. 돈을 사랑하는 사람은 돈이 우상입니다. 그래서 돈을 예찬하고 돈을 절대시합니다. 성적인 욕망을 추구하는 사람들은 자기가 좋아하는 스타들을 만들어 놓고 열렬하게 좋아합니다. 그래서 사도 바울은 골로새서에서 '탐심은 우상 숭배라' 고 말을 했습니다(골 3:5).

물론 인간의 마음속에는 무서운 탐심이 존재하는데 세상에 있는 돈이나 권력과 맞아 떨어져서 엄청난 힘을 발휘하기도 합니다. 그러나 이런 우상들이 하나님의 말씀 앞에서는 아무 것도 아니었습니다. 모세의 지팡이에서 나타나는 능력 앞에서 애굽의 우상들은 맥을 추지 못했습니다. 결국 출애굽은 신들의 전쟁이었던 것입니다. 애굽의 교만과 자랑들은 모세의 파리나 개구리나 메뚜기 앞에서 아무런 힘을 쓰지 못했습니다. 그리고 결국 바다까지도 하나님의 말씀 앞에 굴복하고 갈라졌습니다.

이 정도면 이스라엘 백성들은 깊이 생각을 해보아야 했습니다. 아무리 마음속에 강한 욕심이 있고 이런 욕심이 우상이 되어 세상에 만연되어 있어도 하나님의 말씀에 전적으로 굴복을 해야 옳았습니다. 더욱이 하나님은 여기에 추가해서 시뻘건 불 가운데서 율법의 말씀도 주셨습니다. 하나님이 이렇게 하신 것은 절대로 인간의 탐욕이나 상상의 노예가 되지 말고 오직 하나님의 말씀을 지키며 하나님의 말씀만 의지하도록 하신 것입니다.

광야에서의 이스라엘

하나님께서는 이스라엘 백성들을 출애굽 시킨 후에 바로 가나안 땅으로 데리고 가시지 않으셨습니다. 이스라엘 백성들은 아무리 많은 사람들이 걸어서 가나안 땅으로 간다 하더라도 한 달이면 충분히 갈 수 있는 거리였습니다. 그런데 이스라엘 백성들은 애굽에서 가나안 땅으로 들어가는데 40년이 걸렸습니다. 그 이유가 어디에 있었을까요? 그들의 사상이 애굽의 문화에서 벗어나지 못했고 하나님의 능력을 철저히 신뢰하지 못했기 때문입니다. 이스라엘 백성들은 열 가지 재앙을 통과하고 홍해를 통과하고 시내산에서 율법의 말씀을 받았을 때 마음속에 있는 우상을 제거하고 철저히 하나님만 의지했어야 했습니다. 그러나 애굽의 사상은 생각보다 깊이 이스라엘 백성들의 마음속에 박혀 있었습니다. 이것이 이스라엘 백성들의 광야 생활을 통해서 지속적으로 나타나게 되었습니다.

그래서 하나님은 광야에서 세대교체를 시키셨습니다. 즉 40년 동안 광야에서 이스라엘 백성들을 뺑뺑이 돌리시면서 하나님을 온전히 섬기지 않는 자들은 다 죽게 하시고 전혀 애굽의 사상이 없는 아이들을 키워서 가나안 땅에 들어가게 하신 것입니다. 그러니까 이스라엘 백성들은 왜 우리가 광야에서 사십년 동안 있어야 하는지 그것을 질문할 것이 아니라 하루라도 빨리 마음속에 들어 있는 탐욕과 불신을 버려야 하는 것입니다.

지금도 이스라엘 장로들이 칠년이 지났다고 해서 에스겔을 찾아왔지만 아직도 그들의 마음속에는 허영과 자랑과 욕심이 가득 차 있었습니다. 결국 유다 백성들은 칠년이 아니라 칠십년을 바벨론에서 보내게 되는 것입니다.

여기서 우리가 알게 되는 것은 하나님의 백성들을 죽이는 것은 탐욕과 허영이라는 것을 알아야 합니다. 헛된 상상과 거짓된 열정이 우리를 계속 하나님의 축복에서 몰아내고 있는 것입니다. 우리가 이것을 벗어버리려면 예수님의 십자가에서 완전히 죽어야 하고 그 후에도 계속 죽어야 합니다.

결국 하나님의 백성들의 과제는 어떻게 하면 순수한 상태에서 하나님의 말씀을 붙잡을 수 있느냐 하는 것입니다. 우리가 이렇게 되기만 하면 하나님의 복이 우리에게 쏟아지게 되어 있고 우리의 안전은 영원히 보장되게 됩니다. 그러나 오늘도 사단은 우리들에게 그렇게 하는 것은 바보들이 하는 짓이고 무슨 짓을 써서라도 눈에 보이는 것을 잡아야 한다고 우리를 충동질을 하고 있는 것입니다.

가나안 땅에서의 이스라엘

이스라엘 백성들의 머리와 가슴에서 애굽의 환상과 탐욕을 버리는데 광야 사십년의 세월이 걸렸습니다. 광야에서 사십년을 지난 이스라엘 백성들은 그야말로 문명의 혜택이라고는 한번도 받아 본 적이 없는 자들이었고 학교라고는 문턱에도 가 본 적이 없었습니다. 오페라나 영화관이나 극장 같은 데는 가본 적이 없는 자들이었습니다. 이 광야에서 나고 자란 아이들이 얼마나 불쌍한 아이들이었는가 하면 옷이란 옷은 전부 물려받은 것이었고 한번 입으면 사십년을 입어야 했습니다. 그러나 이들은 우상을 본 적이 없었습니다.

단 한번도 우상을 만진 것도 없었습니다. 그야말로 순수한 '무공해 인간'들이었습니다. 하나님께서는 이들을 가나안 땅에 들여보내셔서 가나안의 모든 우상 족속을 다 멸하고 하나님의 새로운 나라를 세우게 하셨습니다.

즉 하나님께서 이들에게 명령하신 것은 철저하게 가나안의 우상을 없애라는 것이었습니다. 하나님께서는 아무리 가나안의 문명이 뛰어나고 발달했다 하더라도 모든 우상을 다 물리치고 오직 하나님만 의지하는 믿음의 사회를 만들라고 하셨습니다. 그렇게 되면 가나안 땅은 어떻게 됩니까? 그야말로 '젖과 꿀이 흐르는 땅'이 되는 것입니다. 젖과 꿀이 흐르는 땅'이라고 하는 것은 목축이 너무나도 잘 되어서 그야말로 젖이 차고 넘치는 것입니다. 젖소나 암염소들이 새끼를 낳아서 주렁주렁 달고 다니는데 얼마나 젖이 많은지 흘러넘치는 것입니다. 그리고 농사를 짓는 사람들에게는 얼마나 과일나무가 잘 되는지 꽃이 온 세상을 뒤덮고 그 꽃에서 맺히는 열매의 꿀이 온 땅을 뒤덮는 것입니다.

그러나 이 젖과 꿀이 흐르는 땅의 진정한 의미는 하나님이 주시는 축복이 넘치는 땅을 말하는 것입니다. 이것은 계속적인 부흥이 일어나는 것이며 기도의 응답이 있고 기적이 일어나며 하나님이 주시는 정신적이며 물질적인 축복이 넘치는 상태를 말하는 것입니다.

그런데 가나안 땅에 있는 이스라엘 백성들에게 탐심이 들어왔습니다. 왜냐하면 하나님을 믿지 않는 이방인들이 자기들보다 더 잘 사는 것 같았기 때문입니다. 우리가 알아야 할 것은 세상의 복과 우리의 복은 근본적으로 성격이 다른 것입니다. 세상 사람들이 가지고 있는 복은 돈, 명예, 권력, 지식 등이 전부입니다. 그리고 사실 그것도 하나님이 임시로 빌려주신 것에 불과합니다. 그런데 자기 것도 아니면서 폼을 잡고 다니는 것입니다. 그러나 하나님의 백성들이 가지고 있는 복은 세상 사람들이 전부로 생각하는 것과는 차원이 다릅니다. 하나님의 백성들이 소유한 최고의 복은 하나님의 말씀입니다. 이 말씀대로 살기만 하면 이 땅에서 인간이 누릴 수 있는 복은 다 누릴 수 있습니다.

결국 우리는 하나님의 은혜로 마음속에 있는 욕망을 죽이고 하나님의 말씀대로 살면 하나님의 엄청난 복을 받으며 행복한 인생을 살 수 있는 것입니다.

"너희가 스스로 이르기를 우리가 이방인 곧 열국 족속 같이 되어서 목석을 숭배하리라 하거니와 너희 마음에 품은 것을 결코 이루지 못하리라"(32절).

우리가 이해가 되지 않는 것은 하나님께서 이스라엘 백성들에게 그렇게 우상숭배를 하지 말라고 하셨으면 안하면 되는 것이지 왜 그렇게 선지자들이 목이 터져라고 안 된다, 안 된다고 하는데도 우상 숭배를 하느냐 하는 것입니다.

그 이유는 우리 안에 있는 우상숭배에 대한 욕망이 너무 강하기 때문입니다. 우리 안에 있는 욕망과 허상은 하지 말라, 하지 말라 한다고 해서 포기되는 것이 아닙니다. 이것은 오직 하나님의 은혜로서만 버릴 수 있는 것이지 인간이 결심한다고 해서 버릴 수 있는 것이 아닙니다.

오늘날 우리 기독교의 현실을 보면 교회 안에 우상이 만연되어 있습니다. 교회 안에서 명예욕이나 지식욕이나 권력욕이 가득 차 있습니다. 그리고 이렇게 하는 것이 잘 믿는 것이고 성공하는 목회나 신앙생활로 믿어지고 있는 것입니다. 우리가 하나님을 믿는다는 것은 욕심을 죽이는 것인데 오히려 하나님 안에서 욕심을 더 충족시키려고 노력하고 있습니다.

우리는 하나님으로 만족해야 합니다. 그리고 우리는 하나님이 주시는 은혜와 축복으로 만족해야 합니다. 세상 사람들이 세상의 좋은 것을 다 가져가는 한이 있어도 우리는 그것을 부러워해서는 안 됩니다. 우리의 좋은 머리로 하나님의 말씀을 파고 들어가야 합니다. 그리고 그 말씀으로 우리의 삶 전체를 조명해서 지혜의 말씀을 만들어 내어야 합니다. 그러면 우리가 사는 이 땅이 젖과 꿀이 흐르는 땅이 될 것입니다. 과일나무가 풍성할 것이며 몸에 병이 들지 않을 것이며 결코 가난하지 않게 될 것입니다. 그리고 우리의 마음에 말할 수 없는 감사와 감격이 충만하게 될 것입니다.

오늘 우리가 살 수 있는 길은 이 자리에서 내 모든 욕심과 허영을 못 박아 죽여야 하는 것입니다. 우리의 모든 자랑과 남들보다 뛰어나려고 하는 생각들을 다 버려야 합니다. 그때 우리는 진정으로 하나님만으로 만족하게 되는 것입니다.

지금 우리 사회가 이렇게 불안한 것은 하나님의 축복을 잃고 있기 때문입니다. 먼저 목회자들이나 성도들이 세상의 욕망으로 가득 차 있습니다. 그것을 하나님의 이름으로 채우려고 하는 것입니다. 그러면 그럴수록 우리 땅은 더 황폐하게 될 것입니다. 우리는 일단 세상에 대하여 한번 죽어야 합니다. 그리고 남들이 뭐라고 하든지 간에 오직 하나님의 말씀과 기도에 온 마음을 다 기울여야 합니다. 여러분 모두 신실하신 하나님을 끝까지 붙드시기를 바랍니다. 그래서 우리가 살고 있는 이 곳과 교회를 가장 이상적이고 아름다운 곳으로 만들 수 있기를 바랍니다.

18

| 겔 20:33-49 |

제2의 출애굽

어떤 분이 깊은 병에 걸렸는데 환자를 담당하고 있는 의사가 다른 이야기 보다는 환자가 수술을 받고 난 후의 좋은 점에 대하여 자꾸 이야기를 한다고 합시다. 즉 환자가 이번에 수술만 받기만 하면 다시는 피고름도 나오지도 않고 배가 끊어질 듯이 아픈 것도 없어질 것이며 머리도 아주 맑아지고 얼마든지 정상적인 생활을 할 수 있을 것이라고 이야기를 듣는다면 환자는 이 두 가지를 생각하게 될 것입니다. 우선 첫째는 이번 수술은 꼭 해야 하는 것이구나 하는 것입니다. 그리고 두 번째는 이번 수술은 꼭 성공하겠구나 라는 것입니다. 만약 수술을 받아도 별로 좋아지지 않고 병이 더 악화될 수 있다면 그런 말은 하지 않을 것입니다. 수술을 받기만 하면 분명히 좋아지고 분명히 완치가 되기 때문에 그런 말을 하는 것입니다.

　오늘 본문 말씀의 특징은 이스라엘 역사 전체를 통해서 우상숭배의 문제에 대하여 말씀을 하십니다. 어떻게 보면 이스라엘 역사 전체는 우상숭배와의 싸움이라고 말할 수 있을 것입니다. 그런데 에스겔서 20장 후반부에 와서 갑자기 하나님께서는 유다가 망하는 것 보다는 망한 후에 있을 회복에 대하여 많은 말씀을 하고 있습니다. 그 내용을 보면 거의 출애굽 때의 표현과 비슷한 것을 보게 됩니다. 물론 그 내용은 엄청나게 다르지요. 그러나 일단 표현은 비슷하게 나타나고 있는 것을 보게 됩니다. 그래서 저는 이것을 제2의 출애굽이라고 부르고 있습니다. 하나님께서는 제2의 출애굽의 좋은 점에 대해서 많은 말씀을 하고 있습니다. 이것은 유다가 망하는 것은 완전한 멸망이 아니라 하나의 수술이며 이 수술은 반드시 성공한다는 자신감을 보여주시는 것입니다. 이스라엘 백성들이 이번에 수술을 받으면 다시는 병이 재발되지 않고 완전한 건강을 얻게 될 것입니다. 여기서 '건강'이라고 하는 것은 아무리 우상이 좋아 보이고 우상을 섬기라고 해도 절대로 그런 것에 속지 않고 바른 말씀의 신앙을 가지게 된다는 뜻입니다.

　그러면 이 두 번째 출애굽은 진짜로 있었을까요? 분명히 말할 수 있는 것은 모세와 같은 출애굽은 없었습니다. 모세가 했던 것처럼 모든 이스라엘 백성들을 다 모아놓고 깃발을 앞세우고 애굽을 떠난 출애굽은 없었습니다. 하지만 이스라엘 백성들이 강대국 바벨론의 포로에서 하나님의 주권적 은혜로 해방되어 다시 예루살렘으로 귀환케 된 것은 제2의 출애굽 사건이라고 할 수 있습니다.

하나님의 위대한 구원

"나 주 여호와가 말하노라. 내가 나의 삶을 두고 맹세하노니 내가 능한 손과 편 팔로 분노를 쏟아 너희를 단정코 다스릴찌라"(33절).

'하나님의 능한 손과 편 팔'이라고 하는 것은 하나님의 가장 강력한 손을 두고 하는 말입니다. 우리가 팔을 쓰는데도 아무래도 왼손보다는 오른 손이 더 힘이 있습니다. 그리고 손을 굽혀서 일을 하는 것보다는 손을 쭉 뻗어서 휘두르는 것이 훨씬 더 강한 힘을 나타낼 것입니다. 우리가 다른 사람을 때릴 때 팔을 움츠리고 살짝 때리는 것보다는 팔을 뻗어서 몸무게를 실어서 주먹을 날릴 때 강한 펀치가 되는 것입니다.

하나님께서는 이스라엘 백성들을 애굽에서 이끌어내실 때 그야말로 하나님의 팔에 몸무게를 실으셔서 강한 펀치를 연달아서 날리셨습니다. 그래서 그때 이스라엘 백성들을 억누르고 있었던 애굽왕과 애굽 신하들은 완전히 멸망해 버렸습니다. 그런데 이스라엘 백성들은 별로 변하지 않았습니다.

왜냐하면 사람의 마음이라고 하는 것은 무조건 두들겨 잡는다고 해서 감동을 받거나 설득되는 것이 아니기 때문입니다. 예를 들어서 우리가 맛있는 고기를 먹으려고 하면 그저 무식하게 큰 칼을 가지고 소를 잡는다고 해서 되는 것이 아닙니다. 고기에 양념을 넣어서 잘 주물러야 하는 것입니다.

하나님께서는 '내가 강한 손과 편 팔로 분노를 쏟아 너희를 단정코 다스릴찌라'고 하셨습니다. 이제 하나님께서 하시는 것은 하나님의 모든 열정과 분노를 다 쏟아서 이스라엘의 마음을 다스리는 것입니다. 이것은 그들을 설득하고 감동시켜서 진정으로 하나님을 사랑하게 만드는 것입니다.

그래서 호세아서에서는 '그들을 꾄다'는 표현을 쓰고 있습니다.

호세아 2:14은 "그러므로 내가 저를 개유하여 거친 들로 데리고 가서 말로 위로하고"라고 했습니다. 여기서 '개유한다'는 말은 속된 말로 '꼬신다'는 뜻입니다. 요즘은 남여가 사랑을 할 때 여성 쪽에서 더 적극적으로 나갈 때가 많습니다. 그래서 '너, 나 좋아?'라고 묻고 '좋다'라고 하면 '우리 결혼하자'라고 하는 것 같습니다.

그러나 옛날에는 남자가 여자의 마음을 얻으려고 하면 정말 정성을 다 해야만 했습니다. 자신의 모든 힘과 열정을 다해서 지켜주고 집에도 바래다주고 맛있는 것도 사주고 데이트도 열심히 하고 그래서 마음을 얻게 되면 청혼을 하게 되는 것입니다.

하나님께서는 아무리 개구리 재앙을 일으키고 홍해를 갈라서 이스라엘 백성들을 데리고 나와도 그들의 마음으로는 하나님의 사랑을 느끼지 못한다는 것을 아셨습니다. 그러니까 그들이 우상을 버리지 못하는 것입니다.

그래서 하나님께서 하신 방법은 두 가지였습니다. 하나는 하나님의 모든 분노는 하나님의 아들에게 다 쏟아 붓는 것이었습니다. 하나님께서는 우리에 대한 모든 분노를 사랑하시는 아들에게 다 쏟아 부으셨습니다. 그리고 우리의 삶 가운데 조용히 찾아오셔서 우리를 지켜주시고 보호해주시면서 언제나 함께 계시다가 어느 날 우리 마음이 아주 공허하고 답답할 때 말씀으로 찾아오신 것입니다. 그래서 첫 번째 출애굽과 두 번째 출애굽은 접근 방법이 완전히 다르다고 볼 수 있습니다. 첫 번째 출애굽은 강한 능력으로 애굽을 두들겨 부수고 기적을 행하시는 것이었습니다. 그러나 두 번째 출애굽은 개인적으로 우리에 대하여 오래 참으시고 기다리셨다가 결정적인 순간에 사랑으로 우리를 붙잡으셔서 믿게 하시는 방법인 것입니다.

> "능한 손과 편 팔로 분노를 쏟아 너희를 열국 중에서 나오게 하며 너희의 흩어진 열방 중에서 모아내고 너희를 인도하여 열국 광야에 이르러 거기서 너희를 대면하여 국문하되 내가 애굽 땅 광야에서 너희 열조를 국문한 것 같이 너희를 국문하리라. 나 주 여호와의 말이니라"(34-36절).

여기에 보면 '국문한다' 는 말이 나오는데 원래 '국문한다' 는 말은 재판을 해서 판정을 내린다는 뜻입니다. 하나님께서 애굽 땅에 이스라엘 백성들에게 무슨 판정을 내리셨습니까? 이스라엘 백성들에게는 아무런 유죄의 판결을 내리지 아니하셨습니다. 단지 애굽에 대하여 유죄 판결을 내리셨습니다. 애굽의 교만과 이스라엘에 대한 학대에 대하여 유죄 판결을 내리셨습니다. 그리고 이스라엘 백성들의 죄는 어린 양이 다 가져가버렸습니다. 그 대신 이스라엘 백성들에게는 약속의 땅의 판결이 주어졌습니다.

특히 이번에 제2의 출애굽의 특징은 열국 가운데 흩어졌던 이스라엘 백성들을 한 곳에 모으신다는 것입니다. 여러 나라에 흩어져 있는 이스라엘을 모를 수 있는 방법이 무엇입니까? 하나님이 일일이 찾아가는 수밖에 없습니다. 그리고 열국의 광야에서 그들을 국문하실 것이라고 했습니다. 열국의 광야는 아무 것도 없는 들판이고 황무지를 말합니다. 이 세상에서는 아무런 소망이 없는 포로 되어간 곳을 말합니다. 거기서 그들은 하나님 앞에서 의인이며 영원한 천국의 상속자라는 판결을 받게 되는 것입니다. 그래서 우리는 한번은 광야에 나와야 합니다. 아무 것도 없는 상태에서 하나님의 말씀의 판단을 받아야 하는 것입니다.

그때 하나님은 우리를 자신의 백성으로 삼아 주십니다.

"내가 너희를 막대기 아래로 지나게 하며 언약의 줄로 매려니와"(37절).

목자가 양을 헤아릴 때 막대기를 걸쳐 놓고 지나가게 하는 식으로 헤아립니다. 양들마다 이름을 다 가지고 있고 목자가 이름을 부르면 양들은 목자의 막대기 밑을 지나갑니다. 그러면 목자는 자기 목숨을 내어 놓고 양들을 지키는 것입니다.

그리고 언약의 줄로 맨다고 했는데 이것은 둘 중의 하나입니다. 하나는 신랑 신부가 결혼을 했을 때 서로가 하나가 되었다는 뜻으로 줄로 서로를 매는 풍습에서 나온 것일 수 있습니다. 아니면 어린 아이들을 걷게 할 때 줄을 손에 잡고 걷게 했는데 그 줄을 의미할 수도 있습니다. 하여튼 둘 중의 하나인 것 같습니다.

일단 양이 목자의 지팡이를 통과하면 그때부터 모든 책임은 목자가 지게 되어 있습니다. 양은 오직 목자의 음성만 듣고 따라가기만 하면 되는 것입니다. 마찬가지로 신부가 결혼을 하면 원래 먹고 입고 사는 모든 것은 남편이 다 책임을 지게 되어 있습니다. 그래서 남편은 결혼한 후에 부인이 밥을 많이 먹는다고 핀잔을 주면 안 되는 것입니다. 그리고 이마에 땀을 흘려서 자기 부인을 먹여 살려야 합니다. 자식은 또 아버지의 말씀에 순종하기만 하면 되는 것입니다. 물론 요즘은 이런 관계가 잘 성립이 되지 않지만 하나님 앞에서는 그대로 유효합니다. 우리는 오직 하나님의 말씀만 듣고 따라가기만 하면 복된 삶을 살 수 있습니다.

그럼에도 불구하고 여전히 우상 숭배의 위험은 남아 있습니다. 그러나 이것은 전적으로 그 본인의 책임입니다.

> "너희 가운데서 패역한 자와 내게 범죄한 자를 모두 제하여 버릴찌라. 그들을 그 우거하던 땅에서는 나오게 하여도 이스라엘 땅에는 들어가지 못하게 하리니 너희가 나를 여호와인줄 알리라. 나 주 여호와가 말하노라. 이스라엘 족속아 너희가 내 말을 듣지 아니하려거든 가서 각각 그 우상을 섬기고 이 후에도 그리하려무나마는 다시는 너희 예물과 너희 우상들로 내 거룩한 이름을 더럽히지 말찌니라"(38-39절).

우리가 알아야 하는 것은 우상이라는 것은 우리 안에 있는 욕망이 이 세상에 있는 성공이나 출세와 결합을 해서 위력을 나타내는 것입니다. 사실 사람의 마음속에 있는 야망이나 탐심은 어디까지나 하나의 생각일 뿐입니다. 그러나 그것이 이 세상에 있는 출세라든지 성공이라든지 권력과 결합이 될 때에는 스파크를 일으키면서 굉장한 위력을 나타내게 됩니다. 그리고 세상 사람들은 모두 이런 식으로 성공하기도 하고 실패하기도 하는 것입니다.

그러나 하나님의 백성들은 절대로 하나님과 이 세상의 욕망이나 성공의 우선순위가 바뀌어서는 안 됩니다. 그러면 그것은 우상이 되고 우리는 하나님의 은혜를 놓치게 됩니다. 그러기에 우리가 신앙 생활하면서 가장 먼저 배워야 하는 것은 이 세상의 좋은 것이 모두 다 내 것이 아니라는 것입니다. 우리가 백화점에 갔을 때 아무리 좋은 물건이 많아도 내가 돈을 주고 산 것이 아니면 내 것이 아닌 것입니다. 만약 돈을 주지 않고 그냥 가지고 나오면 도둑이 되는 것입니다. 우리는 하나님이 주시는 것만 가져야 하고 하나님이 주신 것으로 만족하고 감사하는 법을 배워야 합니다.

우리는 사도 바울이 말한 것처럼 '내게 능력주시는 자 안에서 모든 것을 해야' 합니다. 우리는 이 세상에서 최고가 되려고 하는 욕심을 버려야 합니다. 오히려 어떤 책 제목이 말하듯이 '작은 것이 아름답다' 는 것을 배워야 합니다.

오늘날 많은 사람들이 가지고 있는 성공 신화가 바로 우리 시대의 바알이요 아세라입니다. 우리는 많은 사람들에게 인정을 받고 많은 사람들로부터 칭찬받기를 원합니다. 그러나 하나님은 우리가 예수 그리스도 안에서 한번 죽었다고 말씀하십니다.

'내가 그리스도와 함께 십자가에 못 박혔나니 그런즉 이제는 내가 산 것이 아니요, 오직 내 안에 그리스도께서 사신 것이라' (갈 2:20)

우리들은 처음 예수를 믿을 때 이미 한번 다 죽은 몸들입니다. 이제 우리는 다 죽었고 오직 그리스도만 살아계십니다. 우리는 그리스도가 온 세상에 가득하게 해야 합니다. 그리스도인은 자기를 자랑하지 않습니다. 또한 그리스도인은 남을 깎아내리지도 않습니다. 우리 주님은 우리를 창조하신 만왕의 왕이시지만 이 땅에 오셔서 굳이 높은 자리에 앉으려고 하지도 않습니다. 그리스도는 온유하고 겸손하셨습니다. 그러므로 그리스도의 제자된 우리는 오직 온유하고 겸손하며 주님만 자랑하고 높이는 삶을 살아야 합니다.

하나님의 약속

하나님께서는 모세가 출애굽하기 전에 그가 출애굽에 성공하고 이 백성들을 무사히 가나안 땅까지 데리고 갈 수 있는 약속의 증표를 주셨습니다. 그것이 바로 모세가 불 가운데서 하나님을 만났던 시내 산에 이스라엘 백성들이 와서 예배를 드리는 것이었습니다. 그런데 두 번째 출애굽에도 그런 예배가 있을 것이라고 약속을 하셨습니다.

"나 주 여호와가 말하노라. 이스라엘 온 족속이 그 땅에 있어서 내 거룩한 산 곧 이스라엘의 높은 산에서 다 나를 섬기리니 거기서 내가 그들을 기쁘게 받을찌라. 거기서 너희 예물과 너희 천신하는 첫 열매와 너희 모든 성물을 요구하리라"(40절).

오늘 우리가 이 세상에서 모든 시험을 다 이기고 복을 누릴 수 있는 증표가 무엇입니까? 그것은 진정한 예배를 드리는 것입니다. 하나님은 이스라엘에게 두 가지를 약속하셨습니다.

첫째는 그들의 삶이 향기나는 제사가 되게 하겠다고 하셨습니다.

"내가 너희를 인도하여 열국 중에서 나오게 하고 너희의 흩어진 열방 중에서 모아낼 때에 내가 너희를 향기로 받고 내가 또 너희로 말미암아 내 거룩함을 열국의 목전에서 나타낼 것이며"(41절).

사람이 상대방의 냄새를 맡을 수 있을 정도라면 정말 가까운 사이일 것입니다. 사랑하는 연인들은 상대방이 쓰는 향수나 스킨의 냄새를 기억할 것입니다. 아이들은 엄마 냄새, 아빠 냄새를 아주 좋아합니다. 그래서 엄마와 아빠와 떨어지게 되면 엄마나 아빠가 쓰던 손수건 같은 것을 가지고 가서 밤에 몰래 냄새를 맡으며 잠을 자는 것입니다.

하나님께서는 이스라엘 백성들이 제사를 드릴 때 불로 태우는 것을 좋아하신 것이 아니라 그 냄새를 맡으셨습니다. 이것은 장차 우리에게 하나의 표적이 되게 하시려고 하신 것입니다. 즉 하나님은 우리의 다른 것을 보시는 것이 아니라 향기를 맡기를 원하시는 것입니다. 아마 남자나 여자나 몸에서 썩은 냄새가 난다면 아무도 가까이 하려고 하지 않을 것입니다. 그러나 스치고 지나갔는데 아주 좋아하는 냄새가 났다면 기분이 좋을 것입니다.

하나님께서는 우리 믿는 자들의 모든 것을 향기로 맡으십니다. 이것은 일단 하나님께서 우리와 아주 가까이 계신 것을 말하며 특히 다른 사람들은 도저히 알 수 없는 우리의 독특한 냄새를 알고 계신 것을 의미합니다. 그리고 또 하나는 우리의 향기는 그냥 몸에 비싼 향수를 뿌리거나 바른다고 해서 나는 것이 아니라 우리 내면에서부터 배여 나오는 고귀한 성품의 향수인 것입니다.

사람들은 모두 안에서부터 배여 나오는 냄새가 있습니다. 어떤 사람은 안에서부터 배여 나오는 냄새가 아주 고약한 사람도 있습니다. 그러나 그리스도인들은 안에서부터 향기가 배여 나와야 합니다.

우리가 아가서에서 솔로몬이 술라미여인을 처음 만났을 때 가장 인상적이었던 것이 그의 입 냄새였습니다. 술라미 여인의 입 냄새는 아주 좋은 포도주 냄새라고 했습니다. 사실 서양 사람들이 식사를 하면서 포도주를 좋아하는 것은 입 안 냄새를 향긋하게 하기 때문이라고 합니다. 어떤 사람은 입 냄새가 아주 고약한 사람이 있습니다. 입만 벌리면 남을 욕하고 입만 벌리면 자기 자랑의 썩은 냄새를 쏟아내는 사람은 아무도 좋아하지 않을 것입니다. 그러나 그리스도인들의 아름다운 입 냄새는 기도와 찬송에서 나옵니다. 하나님의 말씀이 우리의 인격 속에 깊이 용해가 되어서 이것이 땀구멍을 통해서 나올 때 그 찬송이 향기가 나고 그 기도가 향기가 나고 그 대화가 향기가 나는 것입니다. 우리가 이 세상에서 향기가 될 때 세상 사람들도 우리를 싫어하지 않게 됩니다. 오히려 우리를 좋아하게 됩니다.

물론 그리스도인들은 꽃집에 피어있는 많은 장미라기보다는 들에 피어있는 야생화일 때가 많습니다. 예수님도 샤론의 수선화라고 했는데 이것도 야생화에 속하는 것입니다. 들꽃은 아무도 봐주지 않지만 하나님 앞에서 아름답게 피어있습니다. 어떤 사람들은 이 야생화에 미쳐서 백두산이나 한라산이나 마구 돌아다니면서 사진을 찍는 사람들도 있습니다.

우리 예수 믿는 사람들은 전혀 때가 묻지 않은 야생화인 것입니다.

우리 예수 믿는 사람들은 썩은 시체 냄새가 나는 악취 풍기는 사람들이 아닙니다. 왜냐하면 하나님 앞에 바쳐진 사람들이기 때문입니다.

그리고 두 번째 약속은 이스라엘 백성들에게 맹세한 땅을 주시겠다고 하신 것입니다.

"내가 너희 열조에게 주기로 맹세한 땅 곧 이스라엘 땅으로 너희를 인도하여 들일 때에 너희가 나를 여호와인줄 알고"(42절).

하나님은 먼저 '이스라엘' 이라는 위대한 이름을 돌려주시겠다고 약속하셨습니다. 이스라엘이라는 이름은 아무나 얻는 이름이 아닙니다.

이 이름은 천사와 씨름해서 이긴 이름이고 하나님의 모든 영적인 축복을 상속받는 사람에게 주시는 이름인 것입니다. 즉 이 사람이 축복하면 축복이 임하고 저주하면 저주가 임하는 이름인 것입니다. 이 이스라엘의 복이 신약 시대에 교회로 와버립니다. 그 증거가 오순절의 성령이 예루살렘 성전에 임하지 않고 기도하는 마가의 다락방에 있던 그리스도인들에게 임했던 것입니다.

우리는 천사와 씨름해서 이긴 이름을 가지고 있습니다. 우리는 복의 근원이 되는 복을 가진 자들입니다. 우리는 죄만 짓지 않고 교만하지만 않는 이상 절대로 망하지 않습니다. 그래서 우리의 삶이 이 세상에 대하여 야망으로 돌격하지 않는 이유는 그렇게 해 봐야 죄를 지으면 복을 다 빼앗기기 때문입니다. 우리는 이미 하나님의 약속을 움켜쥔 자들이기 때문에 죄만 짓지 않으면 모든 복이 다 오게 되어 있습니다.

어차피 이 세상은 하나님이 만드신 무대입니다. 누가 이 세상을 살든지 이 세상은 무대로 만드셨기 때문에 중요한 것은 무대를 차지하는 것이 아니라 연기를 하는 것입니다. 우리는 어디에 살든지 믿음으로 멋진 삶을 연주하기만 하면 부흥이 오고 축복이 오게 되어 있습니다.

하나님은 우리를 약속의 땅으로 인도하시겠다고 하셨습니다. 그 약속의 땅이 어디입니까? 부흥이 일어나고 축복이 일어나는 땅이 약속의 땅인 것입니다.

하나님의 백성의 특징

제2의 출애굽을 경험한 하나님의 백성들의 특징이 무엇일까요? 가장 중요한 것은 자기 스스로 진리를 분별하는 것입니다. 누군가가 강요하거나 위협을 주기 때문에 마지못해서 신앙생활을 하는 것이 아니라 자기 스스로가 하나님의 뜻을 분별하고 찾습니다. 그리고 두 번째는 감정적으로 옳은 것을 좋아하고 잘못된 것은 싫어하게 됩니다.

"거기서 너희의 길과 스스로 더럽힌 모든 행위를 기억하고 이미 행한 모든 악을 인하여 스스로 미워하리라. 이스라엘 족속아 내가 너희의 악한 길과 더러운 행위대로 하지 아니하고 내 이름을 위하여 행한 후에야 너희가 나를 여호와인줄 알리라. 나 주 여호와의 말이니라 하셨다 하라"(43-44절).

하나님께서 우리 인간들을 만드신 이유는 강요되지 않고 자기 스스로 하나님의 뜻을 '찾아서 행하는 자들을 만드시기 위해서입니다. 우리가 로봇이나 기계를 보면 아무리 성능이 뛰어나다 하더라도 입력된 것 이상은 하지 못합니다. 모두 다 기계장치 안에 입력된 그대로만 할 뿐입니다. 그대로 하지 않는 것은 고장이 난 것입니다.

하나님께서 우리 인간들에게서 기대한 것은 비록 우리가 육체의 정욕을 가지고 있고 몸을 가지고 있지만 하나님을 너무 사랑해서 자기 스스로 하나님의 뜻을 찾고 자기 스스로 욕망을 죽이면서 말씀대로 사는 것이었습니다.

그래서 하나님은 인간의 타락을 허용하셨고 죄가 들어오는 것을 내버려두셨습니다. 우리는 자기가 최고가 되고 싶어 하고 세상에서 좋은 것은 다 즐기고 내 마음대로 실컷 모든 것을 하면서 살고 싶어 합니다. 이 욕망은 너무 강하기 때문에 우리 인간을 향한 하나님의 뜻은 실패한 것 같았습니다.

하나님께서 우리 인간을 살피시니까 모두 부패하고 타락해서 하나님의 뜻대로 행하는 사람이 아무도 없었습니다. 그러나 예수님은 우리를 완전히 새롭게 하셨습니다. 그래서 우리가 예수 믿고 난 후에는 아무도 알아주지 않는데 스스로 미친 듯이 하나님의 말씀을 배웁니다. 왜냐하면 이것이 우리의 진정한 생명이기 때문입니다. 그리고 자기 욕망을 억제하고 하나님의 말씀에 자기 자신을 복종시킵니다. 이것은 가장 위대한 역사인 것입니다. 이것은 마치 수십 년 동안 고장이 나서 움직이지 않던 녹슨 거대한 트럭이 움직이는 것과 같습니다.

그리고 우리는 하나님의 뜻에 맞는 것을 좋아하고 기뻐하고 사랑합니다. 그 대신 죄와 더럽고 추악한 것은 싫어하고 거부하고 혐오하게 됩니다.

물론 우리 속에도 옛날 죄의 근성들이 남아있어서 미친 듯이 죄를 짓고 싶을 때가 있습니다. 그러나 한번 죄를 지어보면 완전히 낙원에서 쫓겨난 느낌이 들 것입니다. 갑자기 마음속에 흑암이 찾아오고 천둥과 비바람이 몰아치는데 그렇게 후회될 수가 없습니다. 그래서 나중에는 죄를 짓고 싶어도 회개하는 것이 힘들어서 죄를 버리는 것입니다. 이것이 하나님이 가장 원하신 뜻이었습니다. 그리고 하나님께서도 우리의 죗값대로 갚지 아니하시고 하나님의 이름을 위해서 모두 다 탕감해버리십니다. 우리의 모든 수치와 부끄러움을 하나님께서는 다 도말해버리셨습니다.

그리고 이 뒤에 남방 나라에 대한 저주가 나옵니다.

"여호와의 말씀이 또 내게 임하여 가라사대 인자야 너는 얼굴을 남으로 향하라. 남으로 향하여 소리내어 남방들의 삼림을 쳐서 예언하라. 남방 삼림에게 이르기를 여호와의 말씀을 들을찌어다. 주 여호와의 말씀에 내가 너의 가운데 불을 일으켜 모든 푸른 나무와 모든 마른 나무를 멸하리니 맹렬한 불꽃이 꺼지지 아니하고 남에서 북까지 모든 얼굴이 그슬릴찌라"(45-47절).

우리가 생각할 때 문자적으로 '남방'은 네게브라고 해서 가나안 땅 남쪽을 말합니다. 그곳은 늘 건조한 곳이고 나무도 별로 없는 황량한 사막입니다. 그러나 여기의 남방은 그 보다 더 남쪽 애굽땅을 말하는 것입니다. 애굽은 비옥한 땅이요 세상적으로 복을 받은 곳이었습니다. 하지만 그곳에 딱 없는 것이 하나 있었는데 그것은 하나님의 말씀이었습니다. 남방 애굽은 하나님의 말씀 없이 부흥 없이 그저 세상적으로 잘사는 도시였습니다. 그들을 위해서는 불이 준비되어 있었습니다. 이 불은 푸른 나무나 마른 나무나 모두 다 태우는 강력한 여호와의 불이었습니다.

우리가 보통 푸른 나무라고 하면 의인을 말하고 마른 나무라고 하면 악인을 말합니다. 그러나 남방의 푸른 나무는 그런대로 세상적으로 도덕적으로 사는 사람들입니다. 우리가 생각하기에 마른 나무들보다는 훨씬 괜찮은 나무들인 것입니다. 그러나 하나님의 불은 푸른 나무와 마른나무를 구별하지 않습니다. 하나님은 세상적으로 성공한 푸른 나무를 원하지 않으십니다. 하나님은 세상적으로 유명해진 높은 나무도 원하지 않으십니다. 하나님은 오직 스스로 하나님의 뜻을 찾아서 순종하는 천사 같은 이스라엘을 원하셨던 것입니다. 그래서 이 불로 인해 모든 사람들의 얼굴이 그슬리게 됩니다. 이것은 그동안 빛나던 얼굴들이 그 으름으로 모두 더러워지고 비참해지게 되는 것입니다.

그 대신 하나님의 말씀에 순종해서 산 사람들의 얼굴은 태양과 같이 빛나게 될 것입니다.

마지막 48-49절을 보면 "무릇 혈기 있는 자는 나 여호와가 그 불을 일으킨 줄을 알리니 그것이 꺼지지 아니하리라 하셨다 하라 하시기로 내가 가로되 오호라 주 여호와여 그들이 나를 가리켜 말하기를 그는 비유로 말하는 자가 아니냐 하나이다 하니라"고 했습니다.

하나님의 불은 사람들의 마음속에서 일어나는 분노의 불입니다. 사람들은 이 세상을 기술 문명으로 살기 좋게 만들어 놓지만 마음속에 분노와 적개심은 영원히 해결을 하지 못하는 것입니다. 이것은 오직 예수님의 십자가만이 해결할 수 있습니다. 사람들은 에스겔을 '비유로 말하는 자'라고 조롱을 했습니다. 그 말은 도무지 알아들을 수 없는 소리만 지껄이는 자라는 뜻입니다. 그러나 그 속에 엄청난 진리가 들어 있었습니다. 예수님은 비유로 말씀하시면서 '들을 귀 있는 자는 들을찌어다'라고 말씀하셨습니다. 하나님의 말씀을 들을 수 있어야 우리는 짐승 같은 사단의 욕망을 이기고 천사와 같은 순종하는 삶을 살 수가 있습니다. 여러분의 마음속에 하나님의 말씀이 임하고 하나님의 성령이 임하여 그리스도의 향기를 나타내며 이 세상을 축복의 땅으로 만드는 자들이 다 되시길 바랍니다.

19

| 겔 21:1-32 |

칼의 노래

요즘 우리 주위에는 예기치 못한 사고나 재난으로 인하여 본인은 물론이고 가족들이나 많은 사람들을 비통한 가운데 빠트리는 일들이 자주 일어나고 있습니다. 어떤 경우에는 너무나도 어처구니없는 실수나 무관심이 많은 사람들을 죽음의 길로 몰아넣는 것을 볼 때도 있습니다. 이때 정말 우리 시대에서는 각자 자기가 맡은 일에 최선을 다하는 성실하고 정직한 사람들이 얼마나 필요한가 하는 것을 다시금 깨닫게 됩니다. 오늘날 우리 크리스천들이 해야 할 사명은 매우 크고 중요합니다.

서점에 가 보면 '칼의 노래' 라는 제목의 책이 있는데 그 책은 임진왜란 때 이 순신 장군이 왜군과 싸운 역사전기입니다. 우리는 보통 '칼의 노래' 라고 하면 둘 중 하나를 생각하게 됩니다. 하나는 이 순신 장군의 전기처럼 전쟁의 노래인 것입니다. 특히 자기를 알아주는 사람이 한 사람도 없는 가운데 외롭게 나라에 대하여 충성하는 자신의 충성심을 칼을 빌어서 노래를 하는 것입니다. 그래서 실제로 옛날에는 칼날에다가 시를 새겨 넣어서 보관하는 경우도 많이 있었습니다. 그리고 또 다른 하나는 복수의 칼일 것입니다. 억울한 일을 당한 후 오랫동안 말도 못하고 속으로만 분노를 삼키고 있었는데 드디어 때가 되어서 이 복수의 칼을 꺼내는 것입니다.

　우리가 구약 성경을 읽어보면 정말 이해가 되지 않는 것이 한 가지 있습니다. 그것은 하나님께서 이스라엘 백성들에 대하여 복수의 칼을 갈고 계셨다는 것입니다. 그 중 에스겔서 21장에 나오는 칼의 노래는 하나님께서 이스라엘 백성들에 대하여 부르는 복수의 칼의 노래인 것입니다. 하나님께서 얼마나 자기 백성들을 죽이고 싶어 하셨으면 바벨론 사람들이 예루살렘에 쳐들어와서 사람들을 닥치는 대로 죽이는데 손뼉을 치시면서 사람들을 더 많이 죽이라고 노래까지 부르겠습니까? 이것은 도무지 이해가 되지 않는 내용인 것입니다. 이것은 마치 네로가 로마 시에 불을 질러 놓고 아름다운 소리가 나는 거문고를 뜯으면서 노래를 부른 것과 다를 것이 없을 것입니다. 그러나 성경이 말하는 '칼의 노래'는 역설적인 화법이라는 것을 알아야 합니다. 하나님께서는 결코 이스라엘 백성들이 이런 식으로 칼에 맞아서 죽는 것을 기뻐하시는 분이 아니십니다. 또한 이스라엘 자녀들이 이런 식으로 비참하게 멸망하는 것도 결코 하나님의 뜻이 아닙니다. 그럼에도 불구하고 이스라엘 자손들이 칼에 맞아 죽고 전쟁으로 멸망하는 것을 어떻게 설명해야 하겠습니까? 이것은 도저히 일어날 수 없는 일이 일어나는 것과 같습니다. 예를 들어서 공군에서는 비행기가 공중에서 서로 충돌하는 것을 '기적'이라고 표현을 합니다. 왜냐하면 정상적으로는 절대로 비행기가 공중에서 충돌할 수가 없다는 뜻입니다. 하지만 비행기가 공중에서 충돌을 했다면 이것은 모든 안전장치를 무시하고, 자기 마음대로 비행기를 조종했기 때문에 일어난 것입니다. 그러나 그런 일이 일어난 결과는 너무나도 끔찍한 것입니다. 마찬가지로 하나님의 백성들은 축복의 자녀들이기 때문에 칼에 죽을 수도 없고 멸망하려고 해도 멸망할 수 없는 자녀들입니다. 그렇지만 이들이 모두 칼에 죽고 이들이 모두 전쟁으로 멸망했다는 것은 하나님의 모든 주의나 경고를 무시하고 철저하게 자기 멋대로 살아왔기 때문에 일어나는 일인 것입니다. 다른 말로 말하면 이스라엘은 칼의 노래와는 상관이 없는 나라입니다. 더욱이 칼이 결코 들어올 수 없는 나라입니다. 그럼에도 불구하고 칼이 들어왔고 많은 사람들이 칼에 죽었다는 것은 일어날 수 없는 일들이 계속 누적이 되어 온 결과인 것입니다. 지금 에스겔서 본문에서는 마치 하나님께서 잘되었다는 듯이 칼의 노래를 부르고 계시지만 실제로는 가슴을 쥐어뜯으시면서 탄식하시는 것입니다. 그 내용은 내 백성이 왜 이렇게 무지하고 고집스러우냐 하는 것입니다. 즉 조금만 주의했더라면 얼마든지 이런 재앙과 멸망은 피할 수 있었는데 왜 그렇게 억지로 멸망하려고 작정하고 덤벼들었느냐 하는 것입니다.

성전을 향한 노래

우리는 보통 복수의 노래를 부른다면 자기가 가장 미워하는 원수가 있는 쪽을 향하여 노래를 부를 것입니다. 그런데 하나님의 칼의 노래는 예루살렘 성소를 향하여 부르는 노래였습니다.

"여호와의 말씀이 또 내게 임하여 가라사대 인자야 너는 얼굴을 예루살렘으로 향하며 성소를 향하여 소리내어 이스라엘 땅을 쳐서 예언하라"(1-2절).

우리가 생각하기에 이 세상에 복을 받는 것은 너무나도 힘이 드는 것 같습니다. 즉 이 세상에는 너무나도 적은 사람들만 많은 부나 지위를 누리고 있고 거의 대부분의 사람들은 그런 복과는 상관없이 살아가는 것 같습니다.

얼마 전에 신문을 보니까 우리나라에서 재산이 3천억 원이 넘는 사람들의 이름이 있었습니다. 거기에 보니까 알만한 사람들도 있고 전혀 모르는 사람들도 있고 그랬습니다. 그렇지만 우리나라에서 3천억 이상의 재산을 가지고 있는 사람들은 그렇게 많지가 않았습니다.

사실 우리가 복을 받는 비결은 몰라서 그렇지, 알고 보면 그렇게 어려운 것도 아닙니다. 왜냐하면 복이 두 가지 종류가 있기 때문입니다. 하나의 복은 이 세상에 눈에 보이는 복입니다. 돈이나 지위나 지식 같은 것들입니다. 이 눈에 보이는 복은 희소가치가 있기 때문에 아무나 이런 복을 다 가질 수가 없고 이런 복을 차지하려면 죽도록 공부를 하든지 돈을 벌든지 해서 성공을 해야 합니다. 그러나 이 세상에는 더 중요한 복이 있습니다. 그것은 눈에 보이지 않는 복인데 하나님이 우리 믿는 자들에게 주시는 복입니다.

어떤 의미에서는 이 복이 진짜 복입니다. 하나님께서 아브라함에게 주신 복도 이 복이고 이삭이나 야곱이 받았던 복도 바로 이 복이었습니다.

하나님의 백성들은 정상적으로는 모두 이 복을 받을 수가 있습니다. 물론 이 하나님의 복이 바로 돈이 되고 지식이 되는 것은 아니지만 이 복이 우리의 진정한 가치를 찾게 만들고 이 복이 세상의 평화를 유지해 주며 이 복이 세상의 복도 진정한 가치가 있는 복이 되게 합니다.

그러니까 돈도 무조건 구두쇠처럼 많이 가진다고 해서 복이 되는 것이 아니라 진정으로 하나님의 사랑을 가진 사람이 가질 때 제대로 가치 있는 것이 되는 것입니다. 이것은 지식도 마찬가지입니다. 무조건 머리가 좋다고 해서 공부만 많이 한다고 해서 좋은 것이 아니라 하나님의 사랑을 가진 사람이 공부를 할 때 그 공부가 제대로 쓰여 질수가 있는 것입니다. 진정 하나님의 백성들은 복을 복되게 하는 복을 가진 사람들인 것입니다.

따라서 하나님의 백성들은 정상적으로는 절대로 망할래야 망할 수 없고 실패할래야 실패할 수 없는 자들인 것입니다. 어떤 의미에서 하나님의 백성들이 망하는 것은 기적이라고 말할 수 있을 것입니다. 그런데 이런 좋지 못한 기적들이 일어나는 이유가 무엇일까요? 그것은 하나님의 백성들이 하나님의 복을 버리고 세상의 복만을 추구하기 때문입니다. 그러면 우리는 모든 것을 다 잃어버리게 되는 것입니다. 즉 하나님의 복도 잃고 세상 복도 잃고 도저히 일어날 수 없는 좋지 못한 일만 기적적으로 일어나서 결국 멸망을 당하게 되는 것입니다.

그래서 하나님께서는 에스겔 선지자에게 '성소를 향하여 소리를 내어라' 고 말씀을 하십니다. 그 이유는 하나님의 백성들에게 성전만 제 기능을 발휘하고 있으면 도저히 이런 식으로 망하고 싶어도 망할 수가 없기 때문입니다. 곧 하나님의 백성들에게 바른 말씀의 선포가 있고 바른 예배가 있고 바른 눈물의 기도만 있으면 바벨론 군대가 아니라 마귀와 악한 영들이 무수히 새카맣게 몰려온다 하더라도 칼의 노래는 불러질 수가 없는 것입니다.

우리는 이 세상에서 복 받는 것이 너무나도 어렵다고 생각하고 있습니다. 우리의 평소의 생각은 복 받기는 너무 어렵고 망하기는 너무 쉽다는 것입니다. 그러나 성경은 정반대로 말씀하고 있습니다. 우리는 지금 하나님의 복 안에 들어와 있기에 도저히 망하고 싶어도 망할 수가 없는 사람들입니다. 우리가 이런 식으로 말씀과 기도의 불을 잘 지켜나가기만 하면 우리는 모두 다 눈에 보이는 복까지도 다 받을 수 있게 됩니다. 그러나 여기서 우리를 조심해야 할 것이 있습니다. 그것은 '만약' 입니다. 우리가 '만약' 하나님의 말씀의 불을 꺼트리면 어떻게 될까요? 만약 우리가 기도의 불을 꺼트리고 세상을 사랑하면 어떻게 될까요? 그때는 우리 귀에 '칼의 노래' 가 들리게 되는 것입니다.

여기서 우리는 우리도 다 몸을 가진 인간이기 때문에 세상적으로 잘 살고 싶고 유명해지고 싶고 돈도 많이 벌고 싶은 마음이 있다는 것을 인정합니다.

우리는 모두 다 세상의 복을 가지고 싶어 합니다. 그러나 우리는 성경 말씀을 믿어야 합니다. 즉 세상의 복이 전부가 아니고 우리가 하나님의 말씀을 붙들 때 하나님은 세상의 복까지 주신다는 것을 믿어야 합니다. "너희는 그의 나라와 그의 의를 구하라. 그리하면 이 모든 것을 너희에게 더하시리라"(마 6:33).

우리는 이 약속을 확고히 믿어야 합니다. 우리가 하나님의 나라를 위해 헌신하면 결코 망하지 않습니다. 그러나 교만하여져서 하나님의 나라와 그 영광을 위해 살지 않으면 그때는 어디선가 '칼의 노래' 가 들리게 되는 것입니다. 그러면 우리는 하늘의 복과 땅의 복을 다 잃어버리게 됩니다.

예루살렘의 칼의 노래

우리가 알아야 할 것은 예루살렘의 칼의 노래는 하나님이 부르시는 노래가 아니라는 사실입니다. 이것은 순전히 비유적인 표현입니다. 오히려 하나님께서는 이스라엘 백성들의 미련함에 대하여 가슴을 뜯으시며 통곡하고 계신 것입니다.

우선 이스라엘 자손들이 하나님의 말씀을 버렸을 때 망하는 대상은 누구일까요? 모든 사람입니다.

> "이스라엘 땅에게 이르기를 여호와의 말씀에 내가 너를 대적하여 내 칼을 집에서 빼어 의인과 악인을 네게서 끊을찌라. 내가 의인과 악인을 네게서 끊을 터이므로 내 칼을 집에서 빼어 무릇 혈기 있는 자를 남에서 북까지 치리니 무릇 혈기 있는 자는 나 여호와가 내 칼을 집에서 빼어낸 줄을 알찌라. 칼이 다시 꽂혀지지 아니하리라 하셨다 하라"(3-5절).

도대체 '칼의 노래' 라는 것이 무엇입니까? 마치 칼이 춤을 추듯이 전혀 제재를 받지 아니하면서 무차별적으로 사람들을 닥치는 대로 다 죽이는 것입니다. 얼마 전에 미국 대학 캠퍼스에서는 '광란의 총기' 사건이 있었습니다. 어떤 한국인 학생이 대학 캠퍼스 안에 학생들이 공부하는 교실에 총과 실탄을 들고 들어가서 쏘니까 전혀 제재를 받지 않고 총알이 떨어질 때까지 사람들을 쏘아 죽인 것입니다. 왜냐하면 어느 누구도 이런 일이 일어나리라고는 전혀 예측을 하지 못했기 때문입니다. 만일 그 대학에 있는 사람들이 전에도 그런 일이 있었고 또 이번에도 그런 일이 일어나리라는 것을 알고 있었더라면 대비를 해서 마음대로 사람들을 죽이지 못하게 했을 것입니다.

이 사건을 통해 우리나라 사람들은 확실히 미국 사람들에게서 배워야 할 것이 있다고 생각합니다. 미국 사람들은 한국 사람들에게 사과하지 말라고 하고 또 살인한 학생도 서른 세 번째 희생자라고 불렀습니다. 참으로 오랜만에 무엇인가 사람의 마음을 뭉클하게 하는 이야기를 듣는 것 같습니다. 그동안 우리는 너무 아집에 꽉 찬 고집스러운 이야기만 듣다가 전혀 다른 차원의 이야기를 들을 때 어리둥절하기도 했습니다. 그러나 이것이 미국의 힘인 것 같습니다.

이스라엘 자손들은 예루살렘에 세상에 있는 모든 좋은 것은 다 갖다 놓았습니다. 세상에 좋은 것 중에서 예루살렘에 없는 것은 아무것도 없었습니다. 그러나 예루살렘은 가장 중요한 하나님의 은혜를 막아 버렸고 가장 중요한 눈물의 기도를 막아 버렸습니다. 그리고 세상의 것들로 예루살렘을 가득 채웠습니다.

그 결과 예루살렘에 칼바람이 불게 되는데 의인이나 악인이나 모두 다 칼에 맞아 죽었습니다. 그 이유가 무엇입니까? 하나님의 은혜가 마르면 의인이나 악인이나 별 차이가 없기 때문입니다. 예를 들어서 보통 때에는 불이 붙으면 마른 나무는 빨리 타고 푸른 나무는 불이 잘 붙지 않지만, 건기가 되어 온 세상이 말라버리면 그때는 푸른 나무나 마른 나무가 차별이 없이 온 산이 다 산불에 타버리게 되는 것입니다.

하나님의 은혜가 말라버리게 되면 신앙을 가진 사람의 마음속에 분노가 더 생기게 되고 더 짜증을 부리고 더 어려움을 참지 못하는 것을 보게 됩니다. 그 이유가 무엇입니까? 온 세상에 하나님의 은혜가 말라가고 있기 때문입니다. 이럴 때에는 다른 모든 일을 다 중지하고 하나님의 은혜의 샘물을 파는 일을 해야 합니다.

하나님의 칼바람이 불면 의인이나 악인이나 차별이 없습니다. 모든 '혈기 있는 자'라고 했습니다. 여기에서 '혈기 있는 자'라고 하는 말은 살아 있는 모든 자라는 뜻입니다.

평화의 때에는 나만 죄를 짓지 않으면 아무리 경찰서 앞에 가더라도 붙들려가지 않습니다. 아니, 경찰서 안에 들어갔다 나와도 붙잡아가지 않습니다. 그러나 전쟁이 터지면 폭탄이 떨어지는 곳에 있는 사람은 다 죽거나 다치게 됩니다. 얼마나 많은 사람들이 무고하게 전쟁터에서 죽는지 모릅니다. 얼마나 많은 여성들이 과부가 되고 얼마나 많은 어린 아이들이 고아가 되어야 하는지 모릅니다.

그래서 하나님의 백성들에게 중요한 것은 평소에 영적인 축복을 잘 지키는 것입니다. '칼의 노래'가 나오기 전에 영적인 축복을 잘 지켜야지 일단 '칼의 노래'가 나오고 난 후에는 엄청난 피해를 면할 수가 없습니다.

그래서 하나님께서는 에스겔에게 이 백성들을 대신해서 탄식하라고 말씀하십니다.

"인자야 너는 탄식하되 허리가 끊어지는듯이 그들의 목전에서 슬피 탄식하라. 그들이 네게 묻기를 네가 어찌하여 탄식하느냐 하거든 대답하기를 소문을 인함이라. 재앙이 오나니 각 마음이 녹으며 모든 손이 약하여지며 각 영이 쇠하며 모든 무릎이 물과 같이 약하리라. 보라 재앙이 오나니 정녕 이루리라. 나 주 여호와의 말이니라 하라"(6-7절).

이스라엘 백성들에게 칼이 춤을 추는 이유는 전혀 재앙에 대하여 준비되어 있지 않았기 때문입니다. 그들은 언제나 복 받는 것만 생각했고 이 세상에서 잘 되는 것만 생각했기 때문에 재앙이 올 수도 있다는 것을 전혀 생각을 하지 않고 있었습니다. 그런 상태에서 재앙이 오니까 속수무책으로 완전하고 철저하게 당하고 말았던 것입니다.

이스라엘의 구조는 그들이 철저하게 하나님의 말씀만 지키면 군대가 없어도 이스라엘은 안전이 보장되었습니다. 그만큼 이스라엘은 철저한 하나님의 불말과 천사들이 지키는 나라였습니다. 그러나 그들이 하나님의 말씀을 버리면 전혀 전쟁이나 기습에 대비가 되어 있지 않는 나라였기 때문에 철저하게 유린을 당하게 되는 것입니다.

하나님의 백성들은 무력으로 자신을 지키지 않습니다. 왜냐하면 하나님의 말씀에 순종하기만 하면 하나님의 강한 능력이 지켜주시기 때문입니다. 그러나 만일 하나님의 말씀이 없어져버리면 완전히 사단에게 구멍 뚫려버리게 되는 것입니다. 예를 들어서 어떤 집이 도둑에 대하여 잘 대비되어 있으면 도둑이 들어온다 하더라도 마음대로 도둑질하지는 못할 것입니다. 그런데 전혀 도둑이 들어오지 않을 것이라고 생각하고 방심하고 있으면 도둑이 들어와 완전히 도둑이 그 집에서 잔치를 하게 되는 것입니다. 아예 냉장고 안에 있는 음식이나 술을 다 꺼내어서 먹고 마시면서 음악까지 들으면서 여유 있게 도둑질을 하고 가는 것입니다.

하나님께서는 하나님의 칼이 얼마나 강하고 무서운 칼인지 말씀하십니다.

"여호와의 말씀이 또 내게 임하여 가라사대 인자야 너는 예언하여 이르기를 여호와의 말씀에 칼이여, 칼이여 날카롭고도 마광되었도다. 그 칼이 날카로움은 살육을 위함이요, 마광됨은 번개 같이 되기 위함이니 우리가 즐거워하겠느냐? 내 아들의 홀이 모든 나무를 업신여기는도다. 그 칼이 손에 잡아 쓸 만하도록 마광되되 살육하는 자의 손에 붙이기 위하여 날카롭고도 마광되었도다 하셨다 하라"(8-11절).

칼이라고 하는 것은 무조건 무겁고 크다고 해서 다 좋은 칼이 아닙니다. 칼은 불에 여러 번 달구어서 망치로 때려야 강철이 됩니다. 그렇지 않으면 칼과 칼이 부딪칠 때 칼이 부러져버리게 됩니다. 그리고 아무리 강하고 튼튼한 칼이라 하더라도 숫돌에 잘 갈아서 날을 날카롭게 세워야 많은 사람을 칠 수 있습니다. 사실 칼을 벼르고 간다고 하는 것은 하나님의 백성들에게 사용되는 개념입니다. 하나님은 하나님의 백성들을 연단시키셔서 명검으로 만드십니다. 불에 넣어서 달구고 망치로 친 후에 물에 넣어서 식히고 하는 과정을 계속 반복하고 나중에 숫돌에 갈면 아주 날카로운 명검이 되는 것입니다. 이런 칼이 하나님의 손에 있으면 하나님께서 휘두르는 대로 능력이 나타나게 됩니다. 그런데 하나님의 백성들이 명검이 되지 못하니까 악마의 명검이 나타나게 됩니다. 이 악의 명검은 몇 백 년에 나올까 말까한 지독한 악한 사람인 것입니다.

우리가 역사적으로 보면 아주 지독한 악의 명검이 가끔씩 등장하는 것을 보게 됩니다. 나폴레옹 같은 경우에도 유명한 악의 명검입니다. 특히 20세기에 들어오면서 이런 악의 명검들이 많이 나오게 되는데 히틀러라든지 스탈린이라든지 일본 천황이라든지 하는 악의 명품이 등장하게 됩니다. 이런 사람들은 무고한 사람들을 엄청나게 지옥으로 잡아들이고 나중에는 자기 자신도 지옥행 열차를 타게 되는 것입니다. 이런 악의 세력이 등장하는 것은 하나님의 백성들이 영적인 전쟁을 소홀히 하고 너무 이기적으로 살았기 때문입니다.

그런데 10절에 보면 '내 아들의 홀이 모든 나무를 업신여기도다' 라고 말씀하고 있습니다. '내 아들의 홀' 은 유다의 지도자들을 말합니다. 이 사람들은 아직 세상을 너무 우습게 알고 있는 것입니다. 왜냐하면 지금까지 하나님 앞에서 떼를 쓰기만 하면 안 되는 것이 없었기 때문입니다. 그러나 이제 제대로 임자를 만나게 되면 전혀 힘도 써보지 못하고 완전히 망해버리는 것입니다.

"인자야 너는 부르짖어 슬피 울찌어다. 이것이 내 백성에게 임하며 이스라엘 모든 방백에게 임함이로다. 그들과 내 백성이 함께 칼에 붙인바 되었으니 너는 네 넓적다리를 칠찌어다. 이것이 시험이라 만일 업신여기는 홀이 없어지면 어찌할고? 나 주 여호와의 말이니라"(12-13절).

칼의 노래가 들리면서 이스라엘 백성들의 사정이 복잡해지기 시작합니다. 그런데 여기서 사태의 심각성을 보는 눈이 완전히 다릅니다. 하나님은 네 넓적다리를 치라고 했습니다. 넓적다리를 치는 것은 완전히 땅에 쓰러지다 시피해서 하나님 앞에 엎드리는 것입니다. 사실 지금은 많이 늦었지만 전혀 길이 없는 것은 아니었습니다. 마치 옛날 야곱이 환도뼈를 맞고 하나님 앞에 거꾸러져서 살았던 것처럼 스스로 넓적다리를 쳐서 하나님 앞에 무릎을 꿇고 사람 앞에도 무릎을 꿇으면 사는 것입니다. 그런데 이들은 '이것도 시험' 이라고 하면서 '홀이 없어지면 어떻게 하나? 하는 걱정을 하고 있는 것입니다. 즉 자기들이 업신여김 당할 것을 걱정하고 자기들의 권리를 빼앗기는 것을 걱정하고 있는 것입니다.

그러나 바벨론이라는 칼은 이스라엘이 생각하는 그런 수준이 아니었습니다. 악한 데는 전문가들이었고 인정사정이 없는 자들이었습니다.

"내가 그들로 낙담하여 많이 엎드러지게 하려고 그 모든 성문을 향하여 번쩍번쩍하는 칼을 베풀었도다. 오호라 그 칼이 번개 같고 살육을 위하여 날카로왔도다. 칼아 모이라. 우향하라. 항오를 차리라. 좌향하라. 향한대로 가라. 나도 내 손뼉을 치며 내 분을 다 하리로다. 나 여호와의 말이니라"(15-17절).

바벨론의 칼은 예루살렘 안에서 좌향좌 우향우를 자유자재로 하면서 전혀 제약을 받지 않고 사람들을 죽였습니다. 특히 여기에 보면 하나님께서도 손뼉을 치면서 마음껏 분을 다 푸셨다고 말씀하고 있습니다. 이것을 보고 어떤 사람은 하나님께 이런 질문을 할지도 모릅니다.

'하나님, 그렇게 분이 많이 나셨습니까?'

그러나 하나님은 우리처럼 분을 내시는 분이 아니십니다. 단지 말씀을 버린 이스라엘을 하나님이 돕지 아니하신 것뿐입니다. 하나님은 냉정하실 때는 아주 냉정하십니다. 하지만 하나님은 불쌍히 여길 자를 불쌍히 여기십니다. 하나님이 불쌍히 여기시는 자는 자기 죄를 정직하게 하나님 앞에 인정하고 나오는 자들입니다. 이런 사람들에 대하여 하나님은 냉정하시지 않으십니다. 오히려 하나님의 마음이 뜨거우십니다. 그러나 위선적이고 자기가 의롭다고 생각하는 자들은 아무리 하나님 앞에 부르짖어도 하나님은 응답지 아니하시고 냉정하게 대하십니다. 이것이 마치 분을 푸는 것처럼 보일 수 있을 것입니다. 그러나 결코 이것이 하나님께 기쁜 일이거나 속이 시원한 일은 아닌 것입니다.

요행은 없다

하나님의 백성들이 망할 때를 보면 이상하게 망할 길만 정확하게 찾아서 가는 것을 보게 됩니다. 그 이유는 그들 나름대로 확신을 가지고 있기 때문에 다른 사람들이 아무리 말을 해도 들으려고 하지 않기 때문입니다.

바벨론 왕이 유다를 공격하기 위해서 올 때 두 길이 있었습니다. 하나는 암몬국이 있는 랍바로 가는 길이고 다른 한 길은 예루살렘으로 가는 길이었습니다. 예루살렘 사람들은 바벨론 왕 느부갓네살이 암몬쪽으로 갈 것이라고 기대를 했습니다. 그리고 바벨론 왕을 그쪽으로 인도해 달라고 기도를 많이 했을 것입니다.

마치 필리핀 해상에서 생긴 엄청나게 큰 태풍이 우리나라를 향하여 올라오고 있을 때 중국으로 빠지는 길과 일본 쪽으로 가는 길과 우리나라를 통과하는 길이 있다면 다른 나라 쪽으로 가게 해 달라고 기도를 하는 것과 동일한 것입니다.

사실 바벨론 왕도 확신이 서지 않아서 그 갈림길에서 어느 나라로 갈 것인지 점을 쳤습니다. 점도 한번이 아니고 여러 번의 점을 쳤는데 모두 예루살렘 쪽으로 점이 나오니까 예루살렘이 공격을 당하게 되는 것입니다.

> "인자야 너는 바벨론 왕의 칼이 올 두 길을 한 땅에서 나오도록 그리되 곧 성으로 들어가는 길머리에다가 길이 나뉘는 지시표를 하여 칼이 암몬 족속의 랍바에 이르는 길과 유다 견고한 성 예루살렘에 이르는 길을 그리라. 바벨론 왕이 갈래길 곧 두 길 머리에 서서 점을 치되 살들을 흔들어 우상에게 묻고

| 19장 칼의 노래 | 333

희생의 간을 살펴서 오른손에 예루살렘으로 갈 점괘를 얻었으므로 공성퇴를 베풀며 입을 벌리고 살육하며 소리를 높여 외치며 성문을 향하여 공성퇴를 베풀고 토성을 쌓고 운제를 세우게 되었나니"(19-22절).

사실 바벨론 왕은 전 세계를 대상으로 전략을 세우는 사람이기 때문에 예루살렘이라는 도시가 결코 큰 도시가 아니었습니다. 그리고 공격하러 오는 길도 랍바로 가는 길과 예루살렘으로 가는 길이 나누어지기 때문에 반드시 예루살렘으로 와야 하는 것도 아니었습니다.

그래서 이스라엘 쪽에는 좀 안심을 하고 있었던 것 같습니다. 사실 이스라엘은 결코 큰 나라가 아니었기에 바벨론 같은 대국이 우리 같은 나라를 상대로 해서 전쟁을 일으키지는 않을 것이라는 것과 아무래도 가까운 암몬 쪽으로 가지 않겠나 하는 생각을 했던 것 같습니다. 바벨론 왕도 꼭 예루살렘으로 와야 하는 것은 아니기 때문에 점을 치는데 점을 칠 때마다 이상하게 결과는 예루살렘으로 나왔던 것입니다. 이것은 점을 치는 것이 옳다는 뜻이 아닙니다. 점이라고 하는 것은 일종의 요행인데 이스라엘 백성들에게는 요행의 도움도 없었던 것입니다. 마치 우리 속담에 '재수 없는 사람은 뒤로 넘어져도 코를 깬다' 는 말이 있듯이 얼마든지 피해갈 수 있는 일인데도 피해가지 않고 피해를 보게 되는 것입니다. 이것은 결코 우연이 아니고 하나님이 시키시는 일인 것입니다. 이제 이스라엘은 하나님의 진노를 피해 갈 길이 없는 것입니다.

우리가 이 세상에서 하나님을 피할 수 있는 곳이 어디 있겠습니까? 독수리 날개를 타고 하늘 끝까지 도망을 친다 하더라도 하나님은 거기 계실 것이며 땅 속 깊은 곳에 내려가서 숨는다 하더라도 하나님은 거기서 우리를 잡아낼 것입니다. 우리가 이 세상에서 하나님을 멀리하고 홍청망청 잘 사는 것이 좋은 것 같지만 그것이 결코 좋은 것이 아닙니다. 차라리 하나님 앞에서 두 손 두발 다 결박당하고 도저히 세상으로 달아날 길이 없는 것이 더 유익합니다. 그리고 하나님이 주시는 까마귀와 만나로 사는 것이 훨씬 더 복된 길인 것입니다.

바벨론 왕 앞에 암몬으로 가는 길과 예루살렘으로 가는 길이 있었던 것처럼 우리 앞에도 두 길이 있습니다. 하나는 하나님의 말씀에 매이는 길이 있고 다른 하나는 이 끈을 끊고 세상 쪽으로 훨훨 날아가는 길이 있습니다. 결국 예루살렘이 말씀의 끈을 끊고 세상으로 달아났다가 바벨론 군대에게 붙잡히게 된 것입니다.

하나님께서 이렇게 하시는 것은 이스라엘의 숨은 죄를 드러내시고 이스라엘을 완전히 뒤집어엎기 위해서라고 말씀하고 있습니다.

"그러므로 나 주 여호와가 말하노라. 너희의 악이 기억을 일으키며 너희의 건과가 드러나며 너희 모든 행위의 죄가 나타났도다. 너희가 기억한바 되었은즉 그 손에 잡히리라. 너 극악하여 중상을 당할 이스라엘 왕아 네 날이 이르렀나니 곧 죄악의 끝 때니라. 나 주 여호와가 말하노라 관을 제하며 면류관을 벗길찌라. 그대로 두지 못하리니 낮은 자를 높이고 높은 자를 낮출 것이니라"(24-26절).

우리가 하나님 앞에 자진해서 나아가 회개하면 하나님께서 일일이 우리를 심문하시지 않으십니다. 그리고 우리가 자백한 죄에 대해서도 하나님은 다 가리워주셔서 수치를 당하지 않게 하십니다. 그러나 이것이 나중에 들통이 나서 타의에 의하여 조사를 당하게 되면 그때는 그 죄만이 아니라 그동안 지었던 모든 죄가 다 드러나게 되는 것입니다. 유다 백성들은 죄를 회개하는 것이 창피해서 숨기려고 했지만 바벨론이 쳐들어 오자 모든 죄가 다 드러나게 되었습니다. 그때는 망하기도 하지만 수치까지 당해야 하는 이중적인 상처를 입게 되는 것입니다. 하나님은 그 관을 벗기시고 그들의 면류관도 다 빼앗으시고 이스라엘의 복은 다른 사람들에게 주시겠다고 하셨습니다. 여기에 '마땅히 얻을 자'라고 했는데 그 '마땅히 얻을 자'라고 하는 것이 누구를 말하는 것일까요? 바로 오늘 신약 시대 우리 믿는 자를 말하는 것입니다. 우리는 이스라엘이 빼앗긴 복을 받은 자들입니다. 우리는 절대로 이것을 빼앗겨서는 안 될 것입니다.

우리는 칼의 노래가 나오기 전에 은혜를 붙잡아야 하겠습니다. 우리는 이미 하나님의 손에 붙잡힌 사람들이기 때문에 나의 의지로 성공할 수는 없습니다. 우리는 마광한 칼이 나타나기 전에 우리가 하나님의 검이 되어야 하고 하나님의 손에 붙잡힌 도구가 되어야 하겠습니다. 이것이 우리가 사는 길이고 세상이 사는 길입니다.

20

|겔 22:1-31|

회칠한 성벽

오늘날 우리나라 사람들은 우리 시대의 영웅들을 많이 고대를 하고 있습니다. 사람들이 기다리는 이 영웅은 남들이 도저히 해 낼 수 없는 초인적인 기록들을 남기는 사람들을 말합니다. 예를 들어서 야구 선수라면 미국이나 일본 프로 무대에서 남들은 생각할 수도 없는 홈런을 때려내거나 혹은 축구 선수라면 영국이나 유럽 무대에서 초인적으로 골을 기록하는 사람들을 말하는 것입니다. 사람들이 이런 영웅들을 기대하고 열광하는 이유는 자기들이 할 수 없기 때문에 이런 사람들을 통해서 대리 만족을 얻으려고 하는 것입니다. 그러나 진정한 영웅은 하루하루의 삶을 통해서 자기 자신에게 주어진 임무에 충실하고 또 매일매일 하나님을 의식하며 부흥의 불길을 꺼트리지 않는 분이 가장 위대한 영웅인 것입니다.

　우리가 잘 아는 바와 같이 네덜란드는 해수면이 육지보다 높아서 언제나 바닷물이 육지로 넘어 들어오는 것을 주의해야 합니다. 한번은 바닷물을 막은 제방에서 작은 구멍이 생겨서 물이 들어오고 있는데 한 아이가 자기 주먹으로 그 구멍을 밤새 막아서 둑이 무너지는 것을 막은 유명한 이야기가 있습니다. 우리나라에도 대형 사고가 터져서 많은 사람들이 죽거나 다쳤을 때 가만히 분석해 보면 누군가가 자기 임무에 충실하고, 다른 사람을 사랑하는 마음이 있었더라면 얼마든지 사고를 막거나 피해를 줄일 수 있었다는 것을 알게 될 때가 많습니다. 예를 들어서 대형 폭발 사고가 나거나 혹은 건물 붕괴사고가 나서 많은 사람들이 죽거나 다쳤을 때에도 누군가가 빨리 대처하거나 자신의 임무를 잘 감당했더라면 막을 수도 있었던 사고들이 많은 것입니다. 댐이나 둑이라고 하는 것은 부분적으로 아무리 높게 쌓거나 아무리 튼튼하게 만들어도 소용이 없습니다. 물이라고 하는 것은 언제나 가장 낮은 쪽이나 가장 약한 쪽으로 흘러넘치기 때문에 약하고 낮은 쪽을 지켜야 하는 것입니다.

　오늘 본문 말씀은 예루살렘의 도덕적인 부패에 대하여 광범위하게 지적을 하고 있습니다. 그러면서 하나님은 끝에 가서 이런 말씀을 하십니다. 즉 이 성이 무너진 데를 누가 지키고 서서 내가 이 성을 심판하지 못하도록 막아야 하는데 그렇게 하는 사람이 아무도 없다는 것입니다. 하나님이 보시기에는 예루살렘성은 구멍이 숭숭 뚫린 허술하기 짝이 없는 성이었습니다. 도둑이나 강도들이 들어오기에 너무나도 알맞은 성이었습니다. 그런데 사람들은 성이 무너진 곳은 종이로 대충 때워놓고 전부 사람들이 알아주는 곳, 즉 자기 얼굴이 팔릴 수 있는 곳에 가 있지 성이 무너진 곳을 지키는 사람이 아무도 없다고 말씀하시는 것입니다.

오늘 사람들은 이름 없는 곳에서 자신의 사명을 지키기 보다는 어떻게 해서든지 사람들이 많이 모이고 알아주는 곳에 모이기를 원합니다. 그 동안에 성이 무너진 곳을 통해서 물이 들어오고 있고 도적이 들어오고 있으며 하나님의 심판이 들어오고 있는 것입니다. 그래서 오늘 우리 시대의 진정한 영웅은 엄청나게 많은 연봉을 받으며 수많은 사람들의 박수와 갈채를 받으면서 남들은 상상할 수 없는 신화를 남기는 사람이 아니라 하나님 앞에서 죄짓지 않으려고 몸부림치면서 깨끗한 양심을 지키려고 애를 쓰면서 하나님 앞에서 이 부흥의 불길을 꺼트리지 않는 여러분들인 것입니다.

예루살렘은 오늘날로 치면 성 전체가 날림공사로 되어 있어서 무너져 있는 도시였습니다. 사실 이런 성이라면 어느 한 두 곳을 지킨다고 해서 성을 지킬 수 있는 것은 아닙니다. 그러나 예루살렘을 지키는데 가장 중요한 곳이 있었습니다. 그곳은 바로 성전이었습니다.

예루살렘에 대한 판단

"여호와의 말씀이 또 내게 임하여 가라사대 인자야 네가 국문하려느냐? 이 피 흘린 성읍을 국문하려느냐? 그리하려거든 자기의 모든 가증한 일을 그들로 알게 하라"(1-2절).

여기서 '국문하다' 는 말이 나오는데 히브리어로는 '솨파트' 라는 어휘입니다. 이 말은 재판한다는 뜻입니다. 이스라엘 사람들에게 재판이라고 하는 것은 요즘 우리가 생각하는 그런 재판의 의미보다는 '신앙적인 상담'의 의미를 가질 때가 많았습니다. 그러나 이스라엘 백성들에게 있어서 신앙 상담의 대상이 되지 못하는 것이 있었는데 그것은 바로 다른 사람의 '피를 흘리는 것'이었습니다. 이것은 요즘도 마찬가지일 것입니다. 사람이 죄를 지어도 사소한 죄를 짓거나 초범인 경우에는 단단히 주의를 주고 얼마든지 훈방할 수도 있습니다. 학교에서는 학생들이 서로 싸우거나 사소한 잘못을 저질렀을 때에는 대개 주의를 주고나 야단을 치고 훈방합니다. 이렇게 하는 것이 원래 '국문'인 것입니다. 그러나 살인죄가 저질러지게 되면 훈방이라는 것은 불가하게 됩니다. 이러한 사건은 정식으로 검찰 수사가 이루어지고 재판이 되어야 하는 것입니다. 그런데 하나님께서는 예루살렘에 대하여 '피 흘린 성읍'이라는 말씀을 하십니다. 이것은 이 성 안에서 중요한 여러 가지 살인죄가 저질러진 사건을 암시하며 이런 경우에는 단순히 주의를 주거나 훈방할 수 있는 성질의 것이 아니라는 뜻입니다.

> "너는 이르기를 주 여호와의 말씀에 자기 가운데 피를 흘려 벌 받을 때로 이르게 하며 우상을 만들어 스스로 더럽히는 성아 네가 흘린 피로 인하여 죄가 있고 네가 만든 우상으로 인하여 스스로 더럽혔으니 네 날이 가까왔고 네 연한이 찼도다. 그러므로 내가 너로 이방의 능욕을 받으며 만국의 조롱거리가 되게 하였노라"(3-4절).

여기에 보면 '네가 흘린 피로 인하여 네 날이 가까웠다'는 말이 나오고 있습니다. 이것을 보면 마치 예루살렘 사람들이 날강도같이 되어서 사람들을 닥치는 대로 죽였기 때문에 하나님께서 예루살렘을 심판하실 수밖에 없는 때가 되었다는 뜻입니다. 그러나 사실 예루살렘 사람들이 그런 의미로 사람들의 피를 흘린 것은 아니었다고 생각됩니다. 즉 예루살렘 사람들이 살인마처럼 되어서 손에 칼이나 무기를 들고 돌아다니면서 사람들을 닥치는 대로 죽인 것을 말하는 것이 아닌 것입니다. 다시 말해서 예루살렘 사람들의 살인은 직접적인 살인이 아니라 간접적인 살인인 것입니다. 예를 들어서 어떤 일이 일어나고 있는데 그것을 그대로 내버려두면 다른 사람들이 죽을 수밖에 없는데도 나와 직접 관계되는 일이 아니기 때문에 모르는 체 해버리는 것입니다. 그래서 결국 사고가 터져서 많은 사람들이 죽게 되었을 때에는 그것이 하나님의 백성들에게는 피 흘린 것이 되는 것입니다.

또한 지금 도로에 큰 파손이 생겨서 그냥 내버려두면 다른 차들이 계속 사고가 날 수 밖에 없는데도 모르는 체 하고 그냥 가버리는 것입니다. 또 직장에서도 좀 이상한 징후가 있고 이것을 그대로 두었을 때에는 사람이 많이 다칠 수 있는데도 불구하고 내 책임이 아니기 때문에 그냥 내버려두어서 사고가 발생하게 되었을 때에도 피 흘린 죄가 있게 되는 것입니다.

하나님께서는 정상적인 하나님의 백성이라면 자기만 유명해지고 자기만 최고가 되고 자기만 돈을 많이 벌면 되는 것이 아니라 이웃을 내 몸같이 사랑하는 마음이 있어야 한다고 보시는 것입니다. 그런데 하나님의 백성들에게서 은혜가 떠나면 사람이 그렇게 냉담해질 수가 없고 그렇게 이기적이 될 수가 없습니다. 그래서 나의 이익과 상관이 없는 것이라면 일체 관심을 가지거나 희생을 하려고 하지 않는 것입니다.

하나님께서는 하나님의 백성들이 꼭 다른 사람을 직접 자기 손으로 죽였기 때문에 '살인자' 라고 말씀하시지 않으십니다. 다른 약한 사람들을 무관심한 가운데 내버려두면 죽을 수밖에 없는데도 불구하고 그냥 내버려두어서 죽게 되면 그것도 살인을 방조하는 심각한 간접살인이라는 것입니다. 예를 들어서 부모는 자식에게 마땅히 애정을 주어야 하고 관심을 보여주어야 합니다. 그럼에도 불구하고 자녀에게 전혀 애정이나 관심을 주지 않아서 결국 그 자식이 탈선해서 큰 사고를 저지르거나 사람을 죽이면 부모는 그 책임이 있는 것입니다.

하나님께서 주의 백성들에게서 기대하시는 것은 그야말로 이웃을 내 몸처럼 사랑하는 것입니다. 만일 저 사람이 나 자신이고 내 가족이라면 어떻게 하겠느냐는 생각을 해야 하는 것입니다.

그런데 하나님의 백성들이 하나님의 은혜를 잃어버리게 되면 일체 다른 사람들의 어려움에 관심을 가지려고 하지 않게 됩니다. 그야말로 최소한도의 애정이나 책임 의식도 가지려고 하지 않는 것입니다. 왜냐하면 내 문제가 너무 크고 내 이해관계가 너무 중요하기 때문에 남의 일에 일체 관심을 가지려고 하지 않게 되는 것입니다.

어떤 의미에서 도시 생활을 하는 사람들은 어느 정도 다 이런 문제에 빠져 있다고 보아야 할 것입니다. 예를 들어서 어떤 여자가 길에서 깡패에게 맞아도 아무도 나서서 여자를 도와주려고 하지 않거나 오히려 슬슬 피하게 되는 것입니다. 왜냐하면 내 일도 아닌데 괜히 걸려들었다가 나중에 경찰에서 오라 가라 하면 귀찮고 또 괜히 깡패들을 건드렸다가 보복이나 당하면 골치가 아픈 것입니다.

아마 미국에서 총기규제를 하지 않으려고 하는 것도 궁극적으로는 자기 안전은 자기가 지켜야 한다는 의식이 깔려 있는 것 같습니다. 그러니까 정신이 이상한 청년이 총을 사서 닥치는 대로 사람들을 쏘아 죽이는 것입니다.

미국에서 총기규제를 가장 반대하는 배우가 놀랍게도 벤허와 십계의 주인공을 맡았던 찰튼 헤스턴이라는 배우라는 것은 참으로 아이러니한 일입니다.

저는 한때 제가 다른 사람들에 대하여 너무 냉정해지고 애써 남의 문제에 관계하지 않으려고 하는 것을 보면서 과연 내가 이래도 바른 신앙을 가졌다고 말할 수 있을까 하는 것을 깊이 고민을 한 적이 있었습니다.

하나님께서 연단을 주시고 인생 밑바닥에서 기다보니까 다른 사람에 대하여 애정이 많아지는 것이 아니라 오히려 냉담해지고 굉장히 마음이 싸늘해지는 것을 느낄 때가 많았습니다.

요즘 우리 사회에는 일단 다른 사람에 대하여 동정적이거나 지나치게 관심이 많을 때에는 덕을 보기보다는 손해를 볼 때가 많습니다. 또 다른 사람을 도와준다고 해도 그것이 밑 빠진 독에 물을 붓는 것처럼 끝이 없을 때도 많이 있습니다. 그러니까 아예 처음부터 관심을 가지지 않으려고 하는 것입니다. 그러나 여기에는 더 중요한 이유가 있습니다.

그것은 바로 우상에 사로잡히면 그렇게 된다는 것입니다. 3절 끝에 보면 '우상을 만들어 스스로 더럽히는 성아' 라고 책망하고 있습니다.

하나님께서는 예루살렘이 이렇게 냉랭하게 되고 남에게 대하여 무관심해서 다른 사람들을 죽게 내버려두는 것은 능력이 적거나 돈이 없어서가 아니라고 말씀하고 있습니다. 그 이유는 '우상' 때문이었습니다. 여기서 우상이라고 하는 것이 무엇입니까? 여기 우상은 자기 욕망을 최고로 높이 생각하는 것입니다. 골로새서 3:5에서 사도 바울은 '탐심은 우상 숭배니라' 고 말을 했습니다. 사실 우리는 남을 돕는데도 한계가 있습니다. 또 남을 도우려고 하다가 오히려 이용을 당해서 손해를 볼 때도 있습니다. 이런 것을 조심하는 것을 하나님이 책망하시는 것이 아닌 것입니다. 사람이 욕망을 절대시하면 사람의 가치를 중요하게 생각하지 않게 됩니다. 예를 들어서 학원을 하거나 병원을 경영할 때 물론 수입도 중요하지만 그럼에도 불구하고 돈버는 것만을 목적으로 한다면 그때에는 한 사람 한 사람이 사람으로 보이지 않고 돈으로 보일 것입니다. 자칫 잘못하면 교회도 얼마든지 그렇게 될 수 있는 것입니다. 교회에 오는 한 사람 한 사람은 모두 개인적으로 병이나 어려움을 가지고 마치 지푸라기라도 잡으려는 심정으로 하나님을 붙잡으려고 교회에 나오는 것입니다. 그러나 이 사람들이 모두 헌금을 낼 사람으로 보이고 자기의 야망을 실현할 수단으로 생각된다면 그때에는 그 사람의 개인적인 어려움이나 아픔은 별로 중요하게 생각하지 않게 되는 것입니다. 왜냐하면 이 사람들에게는 사람이 목적이 아니라 수단이기 때문입니다. 그러다가 어떤 사고라도 생기면 마땅히 도와주어야 하고 지켜주어야 하는데 내팽개쳐버리니까 대형 사고가 생기게 되는 것입니다.

따라서 우리가 오늘 본문 말씀을 보면서 생각해야 할 것은 예루살렘의 이야기가 남의 이야기가 아니라는 것입니다. 이것은 오늘 우리가 조금만 돈에 욕심을 내고 야망에 욕심을 내면 얼마든지 일어날 수 있는 일인 것을 알아야 합니다. 우리는 사람이 사람으로 보여야지 돈으로 보이고 수단으로 보이면 바로 피 흘린 예루살렘이 되는 것입니다.

그래서 하나님은 이렇게 말씀하십니다.

"그러므로 내가 너로 이방의 능욕을 받으며 만국의 조롱거리가 되게 하였노라. 너 이름이 더럽고 어지러움이 많은 자여 가까운 자나 먼 자나 다 너를 조롱하리라"(4절하-5절).

하나님의 백성들이 진정으로 사람을 사랑하지 않고 자기 욕망의 수단으로 삼을 때 이때는 모든 사람들로부터 조롱을 당하게 됩니다. 왜냐하면 그들로부터 하나님의 향기는 나오지 않고 썩은 냄새만 나오기 때문입니다. 하나님의 백성들은 세상 사람들이 보기에 신선해야 하는데 그들도 모이면 세상과 똑같은 이야기이고 똑같은 자랑이고 오히려 세상 사람들보다 더 이기적이고 더 추악할 때는 사람들은 이들을 경멸하게 되는 것입니다.

세상 사람들은 하나님의 백성들이 깨끗하고 신선하기를 원합니다. 하지만 하나님의 백성들은 자신들이 화려하고 유명하고 부유해야 사람들이 좋아할 줄 착각하고 있습니다. 실제로는 정반대인 것입니다. 하나님의 백성들이 언제나 웃음을 잃지 않고 세상을 따라가지 아니하고 순결할 때 존경하고 머리 숙이게 되는 것입니다.

그리고 6절부터 12절까지는 예루살렘이 다른 사람에 대한 애정을 잃어버렸을 때 그들이 얼마나 광범위하게 도덕적으로 타락하게 되었는지 열거하고 있는 내용입니다.

여기에 보면 권력을 가진 자들은 권력을 남용했습니다. 부모를 업신여겼습니다. 물론 여기 부모는 바른 말씀을 가르치는 부모를 말합니다. 그리고 고아와 과부를 학대했습니다. 하나님의 성물을 더럽혔습니다. 안식일을 지키지 않았습니다. 우상의 제물을 먹었습니다. 그리고 말로 표현할 수 없는 성적인 범죄들이 일어나게 되었습니다. 그 중에 보면 아버지의 여자와 자는 자도 있고 이웃의 아내를 범하는 것은 예사였습니다. 심지어는 며느리나 자매들까지 성관계를 가지는 일이 있었습니다.

그러면서 끝에 12절에 보면 '나를 잊었도다' 라고 말씀하고 있습니다.

결국 이스라엘 백성들이 한번 하나님의 끈을 끊어버리니까 급격하게 죄에 휩쓸려 들어가서 도저히 빠져 나올 수가 없게 된 것입니다. 더욱이 가장 중요한 것은 하나님을 잊었다는 것입니다. 이것은 하나님의 존재를 생각지 않았다는 것입니다. 그들이 신앙의 끈을 끊어버렸을 때 도저히 걷잡을 수 없는 타락의 소용돌이로 휩쓸려 들어가고 만 것입니다. 일시적인 재미는 있었는지 모르겠지만 하나님의 축복을 잃었고 하나님의 보호하심도 잃어버렸습니다.

우리는 절대로 하나님을 놓쳐서는 안 됩니다. 우리는 돈 보다 하나님이 더 중요한 분이 되어야 하고 세상의 성공보다 하나님을 붙잡아야 합니다. 왜냐하면 하나님 안에 모든 축복이 다 있기 때문입니다. 세상에서 얻는 복도 사실은 하나님이 다 주시는 것입니다.

대개 하나님의 백성들이 실패하는 이유는 자기 자신의 생각과 능력을 믿기 때문입니다. 이것은 마치 급류가 흘러가는데 충분히 헤엄을 칠 수 있다고 믿는 것과 같습니다. 그러나 실제로 급류 속에 들어가면 헤엄을 치는 것은 불가능합니다. 오직 밧줄을 잡아야 살 수 있습니다. 우리가 하나님의 말씀을 붙잡고 가면 절대로 하나님을 놓치지 않습니다. 그리고 하나님의 말씀만이 이런 죄와 방종을 떨쳐버릴 수 있지 인간의 결심만으로는 절대로 죄를 이기지 못합니다. 결국 하나님을 믿는 자들이 신앙이라는 명목 외에는 믿지 않는 자와 다를 바가 없어지게 되는데 그 때 세상 사람들이 믿는 자들을 욕하게 되는 것입니다.

풀무의 찌꺼기가 된 예루살렘

"너의 불의를 행하여 이를 얻은 일과 네 가운데 피 흘린 일을 인하여 내가 손뼉을 쳤나니 내가 네게 보응하는 날에 네 마음이 견디겠느냐? 네 손이 힘이 있겠느냐? 나 여호와가 말하였으니 이룰찌라"(13-14절).

하나님께서는 이스라엘 백성들이 이 세상에서 돈을 많이 벌고 잘 살아서 죄를 지었다고 말씀하시는 것이 아닙니다. 중요한 것은 그들의 욕심이었습니다. 그들은 하나님이 주시는 것으로 만족할 수가 없었습니다. 그래서 세상의 길을 따라서 성공하고 출세하고 복을 많이 받으려고 한 것입니다.

하나님은 예루살렘 사람들이 불의를 행하고 돈을 번 것과 피를 흘린 것 때문에 손뼉을 쳤다고 말씀하고 있습니다. 물론 이들이 돈을 번 것은 고의로 악하게 한 것은 아니었습니다. 그러나 그들은 너무 비정했습니다. 하나님의 백성들은 너무 마음이 강퍅해서는 안 됩니다. 물론 예루살렘 사람들이 한 것이 법적으로는 모두 정당했을 것입니다. 빚을 갚지 못한 사람은 노예로 팔리는 것이 당연한 것입니다. 그러나 하나님의 백성들은 인정이 있고 사랑이 있는 사람들입니다. 그러기에 가난한 사람이 '좀 봐 달라'고 하면 못이기는 체 하고 좀 봐주기도 하고 큰 소리를 칠 때는 큰 소리를 치더라도 뒤로는 좀 도와주기도 해야 하는 것입니다.

룻기에 보면 모압 여인 룻이 베들레헴에 와서 보리 이삭을 주울 때 보아스는 일하는 사람들에게 몰래 몰래 이삭을 버려서 룻이 많이 줍게 하라고 했습니다. 겉으로는 무섭게 딱딱거리더라도 좀 봐주기도 하고 불쌍히 여기기도 하는 것이 하나님의 백성들이 해야 하는 것입니다.

우리 믿는 사람들도 세상적인 방법으로 얼마든지 돈 벌 수 있지만 하나님을 놓치지 않기 위하여 돈 버는 것을 포기하고 신앙을 지킬 때 이것이 진정으로 아름다운 것입니다.

지금 굶고 있는 사람들을 그냥 보내면 틀림없이 굶어 죽거나 아니면 도둑질 할 것이 분명하면 모르는 체 할 수가 없는 것입니다. 그래서 하나님의 백성들은 언제나 약한 자에 대하여 모질 수가 없습니다. 언제나 좀 어리숙해야 하고 언제나 좀 손해를 봐야 하는 것입니다. 그런데 예루살렘 사람들은 너무나도 비인간적이었고 너무나도 칼 같았습니다. 모든 것을 법적으로 다 재판해버리고 인정도 사정도 없었습니다. 그러니까 드디어 하나님께서 칼을 뽑고 나서신 것입니다.

여기서 하나님께서 손뼉을 치셨다고 하는 것은 드디어 손을 걷고 나섰다는 뜻입니다. 드디어 재앙을 불러 들여서 이스라엘 자손들의 손을 보시는 것입니다. 그런데 놀라운 것은 하나님이 손을 보실 때 그들의 마음이 감당하지 못하게 되는 것입니다. 손이 힘을 다 잃어버리는 것입니다. 그 이유가 무엇입니까? 이미 마음이 병들었고 손이 힘을 잃어버렸기 때문입니다. 진정한 하나님의 백성들은 어떤 경우에도 절망하지는 않습니다. 오히려 손에 더 힘이 있습니다. 그러나 세상적인 것에 취했을 때에는 오히려 마음도 비참해지고 손도 약해져버립니다. 아무 대책도 없고 할 수 있는 것도 없게 되어버립니다.

하나님께서는 예루살렘을 불태우시는 이유가 금이나 은에서 찌꺼기를 제거하는 것이라고 말씀을 하십니다.

"여호와의 말씀이 내게 임하여 가라사대 인자야 이스라엘 족속이 내게 찌끼가 되었나니 곧 풀무 가운데 있는 놋이나 상납이나 철이나 납이며 은의 찌끼로다. 그러므로 나 주 여호와가 말하노라. 너희가 다 찌끼가 되었은즉 내가 너희를 예루살렘 가운데로 모으고 사람이 은이나 놋이나 철이나 납이나 상납이나 모아서 풀무 속에 넣고 불을 불어 녹이는 것 같이 내가 노와 분으로 너희를 모아 거기 두고 녹일찌라"(17-20절).

은이나 금 원석을 땅 속에서 캐내면 순금이나 순은의 상태가 아니라 많은 불순물들이 그 안에 포함이 되어 있습니다. 그 안에 납 성분도 있고 철 성분도 있고 놋 성분도 있고 전혀 불필요한 잡석도 많이 있습니다. 이때 순금이나 순은을 얻으려면 이것을 모두 깨어서 가루로 만든 다음 풀무에 넣어서 완전히 녹여서 액체 상태로 만들어야 합니다.

하나님께서는 예루살렘에 너무 불순물이 많기 때문에 불로 태우시는 것입니다. 만일 하나님이 보시기에 예루살렘에 거주하는 사람들이 순수한 금이나 은이라면 전혀 불을 붙일 이유가 없는 것입니다. 결국 예루살렘은 스스로의 욕심이 불을 불러 왔습니다. 오늘 우리가 알아야 할 것은 신앙생활을 하려면 이것저것 섞으면 안 된다는 것입니다. 그러면 결국 하나님께서는 정금 같은 신앙으로 만드시기 위해서 불로 연단하시게 됩니다. 육안으로 보아도 백 퍼센트 순금일 때는 하나님이 굳이 돈 들여가면서 풀무불에 넣어야 할 이유가 없는 것입니다.

여기에 보면 하나님께서는 불순물이 섞여 있는 신앙은 아무리 화려하게 보여도 분노하신다고 말씀하십니다. 하나님은 합금을 별로 좋아하시지 않으십니다. 양이 적어도 좋으니까 순수해야 한다는 것입니다. 그러면 사람들은 무시하지 못합니다.

성의 무너진 부분

사람들이 살면서 성을 쌓고 담을 만드는 것은 도둑이나 강도로부터 자신의 생명과 재산을 지키기 위한 것입니다. 그러나 성이나 담에 약한 부분이 있으면 문제가 생기는 것입니다. 적이나 도둑이 뚫고 들어올 때에는 언제나 약한 곳을 치고 들어오기 때문입니다.

하나님의 눈으로 보실 때 예루살렘은 그야말로 허술하기 짝이 없는 구멍이 숭숭 뚫린 성이었습니다. 예루살렘은 전체적으로 부패해 있었고 무너져 있었으며 허점투성이였습니다. 그러나 예루살렘 지도자들 중에서 어느 누구도 이 구멍을 메우려고 희생을 하는 사람이 없었습니다.

"여호와의 말씀이 내게 임하여 가라사대 인자야 너는 그에게 이르기를 너는 정결함을 얻지 못한 땅이요, 진노의 날에 비를 얻지 못한 땅이로다 하라" (23-24절).

하나님은 예루살렘이 정결함을 받지 못한 땅이라고 말씀하고 있습니다. 즉 온 땅이 더러워져서 쓰레기 더미가 되어 있는 땅이라는 것입니다. 하나님께서는 이 땅에 비를 주셔서 아름다운 식물들이 자라게 하고 싶으신데 너무나도 많은 쓰레기와 오물들이 쌓여 있어서 도저히 비를 주실 수 없는 황폐한 땅이 되었다고 한탄하고 계십니다. 그럼에도 불구하고 희망이 있는 것입니다. 아무리 힘이 들어도 쓰레기를 치우고 오물을 치우기만 하면 하나님은 비를 주시고 은혜를 내리시겠다는 뜻입니다. 그런데 아무도 오물을 치우려고 하지 않는 것입니다. 왜냐하면 냄새가 나고 지저분하고 누가 알아주지도 않기 때문입니다.

사실 예루살렘에 중요한 것은 더 화려해지고 더 성공하고 더 유명해지는 것이 아니라 쓰레기를 치우고 오물을 치우는 것이었습니다. 이 사람들이 예루살렘을 살리는 영웅들인 것입니다. 그러나 사람들은 모두 인정을 받으려 하고 세상에서 유명해지려고 하지 이런 일에 관심조차 기울이지 않고 있었습니다. 25절부터 27절까지 유대 지도자들의 죄가 지적되고 있습니다.

"그 가운데서 선지자들의 배역함이 우는 사자가 식물을 움킴 같았도다. 그들이 사람의 영혼을 삼켰으며 전재와 보물을 탈취하며 과부로 그 가운데 많게 하였으며 그 제사장들은 내 율법을 범하였으며 나의 성물을 더럽혔으며 거룩함과 속된 것을 분변치 아니하였으며 부정함과 정한 것을 사람으로 분변하게 하지 아니하였으며 그 눈을 가리워 나의 안식일을 보지 아니하였으므로 내가 그 가운데서 더럽힘을 받았느니라. 그 가운데 그 방백들은 식물을 삼키는 이리 같아서 불의의 이를 취하려고 피를 흘려 영혼을 멸하거늘"(25-27절).

선지자는 우는 사자와 같았습니다. 얼마나 무서운 사람들입니까? 그들은 사람의 영혼을 발톱으로 할퀴고 이빨로 물어뜯었습니다. 하나님의 백성들은 마음의 상처를 참 잘 입는 사람들입니다. 누군가가 악한 말로 공격을 하면 마음에 상처가 깊이 패이면서 피가 철철 흐르게 됩니다. 선지자들은 병들고 상처 입은 영혼들을 치료해주는 사람이 되어야 합니다. 그런데 오히려 말로 공격해서 물어뜯는 사람이 되어버린 것입니다. 제사장은 거룩한 것과 썩은 것을 구별하게 해 주어야 합니다. 그러나 제사장들은 자기 이익을 위해서 싸구려 재료를 가지고 음식을 만들어서 이스라엘 백성들에게 마구 퍼 먹였습니다. 또한 방백들은 이스라엘을 지키는 목자들이었습니다. 한 영혼, 한 영혼을 중요하게 생각을 해야 하는데 이 사람들은 모두 삯군 목자들이었습니다. 양을 지키지 않았습니다.

여기서 하나님은 유다의 선지자들을 향하여 아주 중요한 말씀을 하십니다.

"그 선지자들이 그들을 위하여 회를 칠하고 스스로 허탄한 이상을 보며 거짓 복술을 행하며 여호와가 말하지 아니하였어도 주 여호와의 말씀이라 하였으며"(28절).

성이 무너지게 되었으면 다시 튼튼하게 쌓아야 적이 뚫고 들어오지 못할 것입니다. 그러나 유다의 선지자들은 회칠을 해 버렸습니다. 즉 마분지나 합판 같은 것으로 세워놓고 그 위에 성인 것처럼 회를 말라서 사람들을 안심을 시킨 것입니다.

아마 텔레비전 드라마 세트장을 가보면 이 말씀이 실감이 날 것입니다. 지방자치단체가 관광객들을 유치하기 위해서 텔레비전 방송국과 계약을 맺고 엄청난 돈을 들여서 대형 세트장을 만들었습니다. 거기에 보면 궁궐도 있고 성도 있는데 실제로는 합판으로 만들고 그 위에 칠을 하거나 플라스틱으로 만든 것입니다. 그런데 시간이 많이 지나서 이것들이 낡아버리니까 아주 골치 아픈 애물단지가 되는 것입니다. 그러나 이것이 드라마 세트장이기에 망정이지 진짜 성이 이렇게 만들어졌다면 이것은 이적 행위이고 처형을 해야 하는 것입니다.

선지자들이 사람들이 듣기 좋아하는 설교를 하는 것은 가짜 성을 만들고 회칠을 하는 것과 같습니다. 이것은 나중에 그야말로 엄청난 재앙을 불러오게 될 것입니다. 그래서 하나님은 이렇게 말씀하십니다.

"이 땅을 위하여 성을 쌓으며 성 무너진 데를 막아서서 나로 멸하지 못하게 할 사람을 내가 그 가운데서 찾다가 얻지 못한고로 내가 내 분으로 그 위에 쏟으며 내 진노의 불로 멸하여 그 행위대로 그 머리에 보응하였느니라. 나 주 여호와의 말이니라"(30-31절).

하나님께서 원하시는 것은 무너진 성을 쌓고 무너진 곳에 서서 하나님이 심판하시지 못하도록 막을 수 있는 사람을 찾았다고 말씀하십니다. 예루살렘의 무너진 성이 어디입니까? 바로 말씀이 무너졌고 기도가 무너졌고 예배가 무너졌던 것입니다. 그래서 하나님의 말씀 그대로 전해서 다시 성을 쌓고 다시 예배를 회복하는 자가 있으면 재앙을 막을 수 있을 텐데 그 사람들이 없다는 것입니다. 오늘 우리 하나님께서 찾으시는 사람은 이 세상에서 성공한 사람을 찾으시는 것이 아니라 바른 말씀을 붙잡고 무너진 곳을 메울 수 있는 사람들인 것입니다. 바른 말씀과 바른 기도와 바른 예배가 재앙을 막을 것이며 다시 이 땅에 하나님의 축복의 비가 내리게 할 것입니다.

21

| 겔 23:1-35 |

음란한 두 자매

전쟁하는 사람들에게는 적이 밖에도 있고 안에도 있을 때에 가장 전쟁하기 어려울 것입니다. 만약 적이 안에만 있다면 내부의 적을 소탕하면 될 것이고 만약 적이 밖에만 있다면 외부의 적과만 열심히 싸우면 될 것입니다. 그러나 적이 안과 밖에 모두 다 있을 때에는 전쟁을 하기가 가장 어렵게 되는 것입니다. 마찬가지로 우리 성도들에게 있어서 유혹과 죄는 우리 몸 안에도 있고 우리 주위에도 있습니다. 즉 우리의 적이 안과 밖에 모두 다 있는 것입니다. 결국 우리 믿는 자들이 믿음에 승리하기 위해서는 안팎의 죄 모두를 이겨야 하는 것입니다.

사람들은 많은 경우에 진정한 고통과 진정한 기쁨을 구별하지 못할 때가 많이 있습니다. 예를 들어서 우리가 죄를 지을 때 그 죄는 우리에게 기쁨인 것 같지만 실제로는 우리에게 엄청난 고통을 주고 있는 것입니다. 반대로 우리가 어떤 병의 치료를 받거나 수술을 받는 것은 엄청난 고통을 주는 것 같지만 실제로는 우리에게 기쁨을 주기 위한 것입니다.

어느 집에서 딸아이가 반항적이 되어서 부모님의 말씀을 듣지도 않고 가출해서 방탕하게 산다면 그것이 본인에게는 기쁨이 될지 몰라도 가족들에게나 나중에 자기 자신에게도 이것은 큰 고통이 됩니다. 전에 어떤 신문을 보니까 미국의 여자 교수인데 알코올 중독에 빠져서 나중에 직장도 그만두고 거의 노숙자가 되어서 공원 벤치에서 잠을 자고 있는 것이 발견되어 가족들에게로 인계되었다는 기사를 본 적이 있습니다. 그 여자 분에게 술을 마시는 것이 즐거움이었는지 모르지만 가족에게나 나중에 자기 자신에게도 엄청난 고통이 되었던 것입니다.

우리가 오늘 말씀을 대하면 마치 성경을 읽는 것이 아니라 한편의 포르노 영화를 보는 것 같은 느낌을 받게 됩니다. 오늘 본문은 에스겔서 16장과 거의 쌍벽을 이룰 정도로 성적인 표현이 많이 나오고 내용도 외설적인 내용으로 되어 있습니다. 사람은 이상하게 이성에 대한 타락한 성적인 호기심을 가지고 있습니다. 예를 들어서 사람이 집을 짓고 생활을 하려고 하면 반드시 상수도와 하수도 시설이 있어야 하는 것처럼 우리 인간의 본성 가운데도 거룩한 욕망과 타락한 욕망이 함께 있습니다. 그러나 대개 사람들은 아무리 타락한 하수도 같은 욕망이 있다 하더라도 자기 체면이라든지 인격 때문에 이것을 노골적으로 드러내지 못하고 참습니다. 그러나 인간이 타락하게 되면 이런 하수도적인 욕망이 관을 터트려버려서 온 집을 채우게 되고 그 사람의 인격을 다 뒤집어씌우게 됩니다. 이렇게 될 때 그 사람은 악한 사람이 되는 것입니다. 여자일 경우에는 악한 여자가 되는 것이고 남자일 경우에는 악한 남자가 되는 것입니다.

그런데 오늘 말씀을 보면 하나님의 백성들이 이런 하수도적인 욕망에 빠져서 완전히 타락한 사람이 되고 악한 사람이 되어버리는 것입니다. 이것에 대하여 오늘 말씀은 두 가지로 말씀하고 있습니다. 하나는 아무리 하나님의 백성이라 하더라도 그 속에는 타락한 죄의 본성은 있다는 것입니다. 그러나 두 번째는 하나님의 백성들이 이런 본성을 따라 세상으로 갔을 때에는 아무리 성공하고 아무리 부자가 되었어도 결국 사람들과 하나님 모두로부터 가장 비참하고 수치스럽게 버림을 당하게 된다고 말씀하고 있습니다.

오늘 본문 말씀은 공식적인 석상에서 입에 담을 수 없는 민망한 내용으로 기록되어 있습니다. 마치 그동안 거룩한 하나님의 말씀의 종이었던 에스겔 선지자가 갑자기 그 체면의 옷을 벗어던져버리고 깡패가 되어서 어느 술집에 나가는 동생과 머리카락을 잡고 싸우는 것 같습니다. 도저히 민망해서 입에 담을 수 없는 내용들입니다. 그러나 하나님께서 이렇게 하시는데도 다 이유가 있을 것입니다. 하나님께서 그렇게 하시는 이유가 무엇입니까? 예루살렘이 겉으로는 화려하고 멋있게 사람들에게 나타나는데 실제로 속은 완전히 타락한 창녀 짓을 하고 있는 것입니다. 이것이 오늘 우리들에게 얼마나 심각한 문제인지 모르는 것입니다.

사실 오늘 교회가 이 세상에서 얼마나 화려해지고 있는지 모릅니다. 일단 예배당 건물도 화려하고 또 여러 가지 행사들도 화려하게 이루어지고 있습니다. 이제는 교회라고 하면 세상 사람들도 우러러 볼 수밖에 없는 부와 명성을 함께 가진 성공한 집단이 되고 있는 것입니다. 그러나 하나님의 눈에는 교회의 이 화려한 모습이 완전히 창녀들이 하는 짓과 유사하다고 말합니다. 곧 창녀는 속으로는 썩은 짓을 하면서도 겉으로는 얼마나 화려하고 번지르르하게 치장을 해서 더 사람들을 끌어들이려고 유혹합니까? 오늘 우리는 에스겔이 말하는 노골적인 표현들에 민망해할 것이 아니라 왜 하나님께서 그렇게 말씀하실 수밖에 없는지 깊이 생각해 보아야 합니다. 그리고 지금 우리 믿는 자들이나 교회가 어떤 방향으로 나가고 있는지를 반성해 보아야 하는 것입니다.

방탕한 언니 오홀라

하나님께서는 이스라엘과 유다의 타락을 바람이 나서 방탕한 길로 빠져 버린 두 자매의 이야기로 설명을 하십니다.

> "여호와의 말씀이 또 내게 임하여 가라사대 인자야 두 여인이 있었으니 한 어미의 딸이라. 그들이 애굽에서 행음하되 어렸을 때에 행음하여 그들의 유방이 눌리며 그 처녀의 가슴이 어루만진바 되었나니 그 이름이 형은 오홀라요 아우는 오홀리바라. 그들이 내게 속하여 자녀를 낳았나니 그 이름으로 말하면 오홀라는 사마리아요 오홀리바는 예루살렘이니라"(1-4절).

어느 집에 두 자매가 있었습니다. 이 딸들은 어렸을 때 좋지 못한 경험이 있었던 것 같습니다. 그래서 '애굽에서 행음하되'라고 말씀하고 있습니다. 아주 어렸을 때 이웃에 좋지 않는 아저씨가 살았는데 그 아저씨가 이 두 아이를 모두 다 건드렸던 것입니다. 그런데 이 두 자매는 하나님을 만나서 어렸을 때 있었던 그 추한 일들은 치유를 받고 그 후에 아주 아름답고 성스러운 하나님의 딸들이 되었습니다. 얼마나 귀한 일인지 모릅니다.

여기에 보면 언니의 이름이 '오홀라' 인데 그 뜻은 '그녀의 집' 이라는 뜻입니다. 아마도 '그녀의 집' 이라는 뜻은 이 자매가 가족으로부터 독립을 해서 독자적으로 자신의 삶을 잘 꾸려나가는 사람이었다는 뜻인 것 같습니다. 즉 오홀라는 홀로서기에 성공을 해서 혼자 직장생활을 하면서 나름대로 독립적인 자기생활을 잘 꾸려 나갔다는 뜻입니다. 그런데 동생 오홀리바는 더 아름다운 이름을 가지고 있습니다. 여기서 '오홀리바' 라는 이름의 뜻은 '나의 집이 그녀 안에 있다' 는 뜻입니다. 즉 오홀리바 안에는 하나님의 집이 있는 것입니다. 즉 언니처럼 혼자 독자적으로 사는 것이 아니라 중심에 하나님을 모시고 사는 아름다운 신앙생활을 하고 있었다는 뜻입니다.

그러니까 우리가 보기에 이 두 자매는 어렸을 때에는 둘 다 좋지 못한 환경에서 좋지 못한 삶을 산 적이 있지만 하나님을 만나면서 옛날의 죄스러운 기억은 완전히 청산하고 새로운 삶을 살고 있었습니다. 언니는 별로 신앙적이지는 않고 그냥 자기 혼자 독립해서 직장생활을 하면서 살고 있었고 동생은 마음속에 하나님의 성전을 짓고 열심히 신앙생활을 하고 있었던 것입니다.

그런데 이 두 자매는 언제나 하나의 시한폭탄을 달고 살아가고 있었습니다. 그것은 언제든지 옛날의 그 타락했던 본성이 다시 폭발할 수 있는 가능성이 있는 것이었습니다. 그동안 하나님의 은혜가 이들을 지켜 주셨지만 언제든지 애굽의 옛날 그 아저씨를 만나거나 그와 비슷한 분위기와 접한다면 얼마든지 무너질 수도 있는 위기를 가지고 살아가고 있는 것이었습니다.

전에 제가 알고 있던 젊은 부인은 위 안에 종양 덩어리를 가지고 살고 있었습니다. 그래서 제가 남편에게 좀 어떠냐고 물어보니까 이것이 바로 퍼지거나 커지는 것은 아니기 때문에 늘 조심하면서 살아가면 된다고 대답을 했습니다. 우리 모든 신자들의 문제는 우리의 잠재의식 속에 애굽의 타락한 본능이 잠재되어 있다는 것입니다. 우리 속에는 멸망의 암 덩어리가 언제든지 있습니다. 우리는 항상 이것을 조심하면서 신앙생활을 해야 합니다. 우리가 조심하기만 하면 죽을 때 까지 얼마든지 안전할 수 있습니다. 그러나 만약 우리가 조심하지 않는다면 어느 한 순간에 이것이 커지게 되면 인생을 망치게 되는 것입니다.

그런데 먼저 언니가 조심을 하지 않았습니다. 그래서 언니 오홀라가 먼저 방탕의 길로 들어섰습니다.

"오홀라가 내게 속하였을 때에 행음하여 그 연애하는 자 곧 그 이웃 앗수르 사람을 사모하였나니 그들은 다 자색옷을 입은 방백과 감독이요 준수한 소년, 말 타는 자들이라 그가 앗수르 중에 잘 생긴 그 모든 자들과 행음하고 누구를 연애하든지 그들의 모든 우상으로 스스로 더럽혔으며 그가 젊었을 때에 애굽 사람과 동침하매 그 처녀의 가슴이 어루만진바 되며 그 몸에 음란을 쏟음을 당한바 되었더니 그가 그 때부터 행음함을 마지아니하였느니라"(5-8절).

여기서 언니 오홀라는 북쪽 이스라엘을 말하는데 이스라엘의 가장 치명적인 문제가 이방인을 사모한 것이었습니다. 하나님의 백성들에게 가장 중요한 것은 외적인 화려함이 아닙니다. 왜냐하면 하나님께서는 우리에게 외적인 성공이나 자랑거리들이나 화려함을 주시기 이전에 먼저 우리의 속사람을 말씀으로 아름답게 하시기 때문입니다. 그래서 하나님의 백성들이 아무리 은혜를 받았다 하더라도 여전히 겉모습은 초라하고 보잘것없을 때가 많습니다.

오홀라는 앗수르 사람들을 사모했다고 했습니다. 사실 앗수르 사람들은 아주 질이 나쁜 사람들이었고 거의 폭력집단이나 마찬가지였습니다. 그럼에도 불구하고 오홀라가 앗수르 사람들을 사모했던 이유는 자유스러움과 진취적인 기상이었습니다. 즉 하나님을 믿지 않는 사람들은 자기 하고 싶은 대로 실컷 모든 것을 다할 수 있었습니다. 방황하고 싶으면 실컷 방황도 해보고, 술 마시고 싶으면 실컷 술도 취해서 미친 짓도 해보고, 도둑질도 해 보고 싶으면 해보고, 가고 싶은 대가 있으면 말을 타고 실컷 갈 수 있었던 것입니다.

이스라엘 백성들은 자신들의 모습이 너무나도 답답하고 융통성이 없다고 생각을 했습니다. 일단 자신들의 삶에 하나님을 전제로 하고 나니까 죄가 아닌 것이 없었고 할 수 있는 것이 없었습니다. 그러니까 오홀라는 하나님을 끊고 한번 자기가 하고 싶은 대로 실컷 인생을 즐기면서 살아보고 싶었습니다. 이들이 가장 부러워했던 사람은 앗수르의 말을 탄 멋있게 생긴 소년이었습니다. 그래서 오홀라도 이들을 따라서 어디든지 따라가고 싶었던 것입니다. 아마 어느 여자 아이가 시골에서 답답하게 살고 있는데 서울에서 내려온 멋있게 생긴 대학생 오빠가 잘 대해 주면서 이런 답답한 시골 생활 팽개치고 자기와 같이 서울로 가자고 하면 따라갈 아이들이 옛날에는 제법 있었을 것입니다. 그래도 감히 못가는 이유는 엄마아빠 가슴에 못을 박는 일이라는 것을 알기 때문에 못가는 것입니다.

사실 우리 인간들은 상수도만 가지고 사는 천사들은 아닙니다. 우리에게는 누구 할 것 없이 모두 하수도적인 욕망과 죄를 가지고 살아갑니다. 하나님께서는 우리 안에 이런 성향이나 기질들이 있다고 해서 죄인이라고 몰아붙이시지 않으십니다. 하나님께서는 이스라엘이나 유다도 옛날 애굽 시절에 죄에 빠졌던 적이 있었다고 말씀하셨습니다. 그러나 오히려 옛날에 애굽 시절에 죄를 알았기 때문에 더 죄의 허무함과 가증함을 알 수 있는 것입니다.

여기서 '어렸을 때'라고 하는 것은 우리로 치면 예수 믿기 전을 말합니다. 우리가 예수 믿기 전에는 애굽에서 살았습니다. 이 애굽은 바로 우리가 사는 이 세상을 말합니다. 우리는 예수 믿기 전에 이 세상에 살면서 이 세상의 죄의 허무함을 충분히 경험을 했습니다. 만일 우리가 수도원 같은데서 전혀 이 세상의 죄에 대하여 듣지도 보지도 못했더라면 우리는 하나님의 은혜를 다 믿지 못했을지도 모릅니다. 그러나 우리는 사실 예수 믿기 전에 이 세상의 죄에 충분히 빠져 보았고 볼장을 다 본 사람들이었던 것입니다. 그래서 우리는 이미 '죄'라고 하면 겉으로 드러나는 것은 번지르르하지만 그 안에는 썩은 하수구 냄새가 가득 차 있으며 이 세상에서 가장 아름다운 것은 오직 하나님의 은혜 밖에 없다는 것을 이미 알만큼 안 사람들인 것입니다.

그럼에도 불구하고 오홀라는 말 탄 소년을 부러워하고 사모했습니다. 여기서 '사모했다'는 것은 그냥 한번쯤 생각해 본 정도가 아니라 강하게 욕망을 했다는 뜻입니다. 그리고 오홀라는 하나님을 떠나기가 너무 쉬운 상태였습니다. 왜냐하면 자기 집을 가지고 독립해 있었기 때문입니다. 이미 그 마음에 성전이 없었기 때문에 여차하면 세상을 따라갈 위험이 너무 많았던 것입니다. 오홀라가 살 수 있는 유일한 길은 자기 집을 하나님의 집으로 만드는 것입니다. 그리고 아무리 멋있는 사람들이 가자고 해도 하나님의 은혜로 만족하고 좀 바보같이 사는 것이었습니다. 그러나 오홀라는 너무 똑똑했기 때문에 하나님으로 만족할 수 없었고 앗수르 사람들을 따라갔습니다. 그러나 앗수르 사람들도 따라가 보니까 별 것이 아니었고 결국 애굽 사람을 찾다가 결국 앗수르 사람들의 손에 망하고 말았습니다.

> "그러므로 내가 그를 그 정든 자 곧 그 연애하는 앗수르 사람의 손에 붙였더니 그들이 그 하체를 드러내고 그 자녀를 빼앗으며 칼로 그를 죽여 그 누명을 여자에게 드러내었나니 이는 그들이 그에게 심문을 행함이니라"(9-10절).

여기에 보면 우상과 음행이 같이 나오는 것을 볼 수 있습니다. 결국 우상이라고 하는 것은 인간의 상상력입니다. 인간이 상상할 수 있는 무한대 끝까지 가보는 것이 우상입니다. 사람이 자기 상상으로 왕도 되었다가 장군도 되었다가 사람을 죽이기도 했다가 살리기도 했다가 모든 짓을 다하는 것은 너무나도 즐거운 일일 것입니다. 그러나 실제로 되어지는 것은 아무 것도 없습니다.

청소년들이 현실에 잘 적응하지 못할 때 공상에 빠지거나 백일몽에 빠집니다. 그러면 그 순간은 즐겁지만 실제로 아무 것도 되어지는 것은 없는 것입니다. 우상이라는 것은 바로 인간 상상의 유희인 것입니다. 그러나 실제로는 점점 더 비현실적인 사람이 되고 맙니다. 즉 머리는 우주인같이 큰데 가슴은 빈약하고 다리는 더 허약한 괴물이 되어버리는 것입니다. 그리고 음행이라는 것은 아주 짧은 순간에 사람을 행복하게 해줍니다. 사람이 가장 짧은 순간에 가장 행복할 수 있는 방법은 성적인 쾌락에 빠지는 것일 것입니다. 그러나 이것은 가장 빨리 허무감이 오게 되어 있습니다. 그래서 결국 그 허무감은 사람의 가치를 완전히 다 빼앗아 갑니다. 그 상실감과 허무감을 이기지 못해서 자살을 하려고 하는 것입니다.

방탕한 오홀리바

오홀리바는 언니에 비해서 훨씬 더 신앙적이었습니다. 왜냐하면 그 이름 자체가 '나의 집이 그녀 안에 있다'는 뜻이기 때문입니다. 즉 오홀리바는 하나님의 성전이 있는 곳이었습니다. 그럼에도 불구하고 오홀리바도 세상을 따라갔습니다.

> "그 아우 오홀리바가 이것을 보고도 그 형보다 음욕을 더하며 그 형의 간음함보다 그 간음이 더 심하므로 그 형보다 더 부패하여졌느니라. 그가 그 이웃 앗수르 사람을 연애하였나니 그들은 화려한 의복을 입은 방백과 감독이요 말 타는 자들과 준수한 소년이었느니라"(11-12절).

오홀리바도 언니와 똑같은 사람들에 의해서 유혹을 받게 되었습니다. 이 사람들은 모두 화려한 옷을 입은 사람들이었고 말 타는 사람들이었고 잘 생긴 사람들이었고 화려한 타이틀이 있는 사람들이었습니다. 즉 방백과 감독이었던 것입니다.

여기서 우리가 깊이 생각하게 되는 것은 아무리 성전이 있어도 하나님의 백성들이 하나님의 은혜로 만족하지 못하고 세상을 사모할 수 있다는 것입니다. 오히려 예루살렘은 부패해가는 것을 발견하기가 훨씬 더 어려웠습니다. 왜냐하면 성전이 있었기 때문에 신앙생활을 잘 하고 있는 줄 알았기 때문입니다. 예를 들어서 어떤 성직자가 타락한 생활을 하고 있을 때 사람들은 그것을 더 모를 수 있습니다. 왜냐하면 설마 저 거룩한 성직자가 타락한 생활을 하리라고는 아무도 생각하지 못하기 때문입니다. 그러나 예루살렘 사람들도 인간이었기 때문에 세상이 좋아보였고 결국 세상을 따라가고 말았습니다.

우리가 여기서 아무리 신앙이 순수하고 잘 믿는다 하더라도 세상이 좋게 보인다는 것은 부인할 수가 없습니다. 사람들에게 필요한 것은 모두 다 세상에 다 있고 세상에서 사람들이 알아주고 인정받으며 성공한 삶을 살 수 있기 때문입니다. 그러나 우리가 하나님 앞에서 얻을 수 있는 것은 오직 믿음이며 영적인 축복밖에 없는 것 같습니다. 그러나 사실 예루살렘 사람들이 실패한 것은 바로 이것을 이분화 시킨 것이었습니다. 영적인 복도 하나님의 것이요 세상의 복도 하나님의 것입니다. 그러나 단지 우리는 더 중요한 것을 먼저 받는 것뿐입니다. 우리는 식사를 하면서 간식대신에 주식을 먼저 먹는 것입니다. 사실 주식을 제대로 먹어야 간식이 간식이 될 수 있는 것이지 주식을 굶은 상태에서 아무리 간식을 많이 먹어도 배는 부르지 않는 것입니다. 우리는 하나님의 복과 세상의 복을 분리시키면 안 됩니다. 우리는 하나님의 복을 먼저 받는 것입니다. 그러면 세상의 복은 따라오게 되어 있습니다. 그러나 만약 우리가 이 순서를 바꾸면 오홀리바가 타락했던 것처럼 타락의 길로 갈 가능성이 많습니다.

우리가 알아야 할 것은 우리 안에는 타락한 본성이 있습니다. 우리가 처음 예수를 믿게 된 것도 바로 이러한 타락한 본성을 내가 책임질 수 없었기 때문에 내 모든 삶을 예수님께 맡긴 것입니다. 그렇다면 우리는 끝까지 말씀을 앞세우고 나가야 합니다. 여호수아가 가나안 땅을 정복할 때에 인간적인 작전이나 전술보다도 하나님의 말씀을 앞세우고 나갔던 것처럼 말씀을 먼저 앞세우고 나가야 합니다. 그러면 하나님의 말씀이 우리 안에 있는 죄의 부패한 본성을 이기시는 것입니다.

여기서 우리는 오홀라는 오홀리바의 언니라고 부르는 것을 좀 이해를 해야 할 필요가 있습니다. 오홀라는 북쪽 이스라엘인데 11개 지파가 떨어져 나가서 나라를 세운 것입니다. 그러니까 언제나 국력이 남쪽 유다의 다섯 배에서 열배 정도 컸습니다. 그리고 반대로 오홀리바는 언제나 군사력이나 국력이 이스라엘에 비하여 다섯 배에서 열배 정도 부족했습니다.

결국 이스라엘이나 유다가 모두 끝까지 믿음의 길로 가지 못하고 다시 옛날의 타락한 생활로 돌아갈 수밖에 없었던 것은 자기들 안에 있는 콤플렉스를 치료받지 못해서 그런 것이었습니다. 사마리아는 외적인 콤플렉스를 극복하지 못했습니다. 즉 앗수르 사람들이 자기들보다 훨씬 더 화려하고 멋있어 보이는 것을 이기지 못한 것입니다. 거기에 비해서 유다는 사이즈의 콤플렉스를 극복하지 못했던 것입니다. 즉 사마리아는 언제나 유다에 비하여 다섯 배에서 열배 정도 큰 나라였습니다. 그러니까 유다는 언제나 사마리아를 부러워하고 형이라고 생각하고 기를 쓰고 따라가려고 했던 것입니다. 실제로는 자기 안에 이스라엘보다 훨씬 더 엄청난 하나님의 말씀과 성전이 있었는데도 말입니다. 이것이 오늘 우리 믿는 자들에게 아주 심한 것을 볼 수 있습니다. 교회의 규모라든지 직장의 크기라든지 이런 외모의 영향을 너무나도 많이 받는 것을 볼 수 있습니다. 그러나 실제로는 그 내용을 보아야 하고 질을 보아야 하는 것입니다.

유다는 이스라엘에 비하여 엄청나게 유리한 것이 있었습니다. 그것은 유다에게는 하나님의 말씀이 있고 성전이 있었습니다. 이것은 다섯 배가 아니라 오십 배나 오백배 정도 더 강한 것입니다. 그러나 사람들은 절대로 그렇게 생각을 하지 않는 것입니다. 언제나 외형적으로 큰 곳이 성공했다고 생각하게 되는 것입니다.

유다는 이스라엘이 망하는 것을 눈으로 뻔히 보면서도 하나님의 말씀 중심으로 돌아오지 못하고 계속 세상을 따라갔습니다. 이 당시에는 세계 최강대국이 앗수르가 아니라 바벨론이었습니다. 유다는 바벨론의 힘과 진취적인 기상을 사랑했습니다.

> "그가 음행을 더하였음은 붉은 것으로 벽에 그린 사람의 형상 곧 갈대아 사람의 형상을 보았음이니 그 형상은 허리를 띠로 동이고 머리를 긴 수건으로 쌌으며 용모는 다 존귀한 자 곧 그 고토 갈대아 바벨론 사람 같은 것이라" (14-15절).

어떻게 하든지 유다 사람들은 바벨론 사람처럼 되려고 벽에다 자기 그림을 붉은 색으로 붙이는데 갈대아 사람화해서 그래서 붙였던 것입니다.

하나님의 백성들에게는 자존감이라는 것이 있습니다. 그것은 아주 중요합니다. 곧 내가 하나님의 사랑받는 모습으로 만족하는 것입니다. 우리는 아무리 세상 사람들이 화려하고 준수하다 하더라도 그 사람들을 사모하고 따라가려고 해서는 안 됩니다.

그러나 그렇게 안 되는데 어떻게 합니까? 왜냐하면 우리가 지금 하나님의 말씀만 붙들고 이 모습 이대로 사는 것이 어떤 때에는 자기 자신마저도 너무 바보처럼 보이기 때문입니다. 우리가 때로는 기도하면서 울 때 은혜에 감격해서 울 때도 있지만 어떤 때에는 자기 모습이 불쌍해서 울 때도 있는 것입니다. 우리 마음속에는 미래에 대한 불신이 있습니다. 또 현재에 만족해하지 못하는 모습이 있는 것입니다. 그럼에도 불구하고 우리가 결사적으로 하나님의 말씀을 잡아야 하는 이유가 어디에 있습니까? 그것은 바로 우리 안에 있는 암 세포 때문입니다. 우리가 세상을 따라가면 하나님의 말씀을 놓치게 됩니다. 그 순간에 이 암세포는 확 커져버리게 되고 나중에는 말할 수 없을 정도로 우리를 비참하게 추악하게 만들어버립니다.

우리가 아무리 우리 속에 죄의 유혹이 있고 타락한 본성이 있다 하더라도 말씀을 붙잡는 이상 이 암세포는 우리를 이기지 못합니다.

저는 우리가 이것을 알기 때문에 바보스럽게 하나님을 믿을 수밖에 없다고 말씀드립니다. 우리가 말씀 외에 다른 것을 잡을 때 얼마든지 화려하고 풍성하고 효과적으로 모든 것을 할 수 있다는 것을 알고 있지만 단 하나 우리 안에 있는 죄의 암세포를 이기지 못하는 것입니다. 우리가 이것을 이기지 못하면 아무리 이 세상에서 유명해지고 아무리 성공했다고 해도 사실은 망한 것입니다.

하나님의 진노의 잔

오홀리바가 한번 타락을 하니까 그야말로 실컷 타락을 하게 되었습니다. 오홀리바의 인생은 그야말로 갈 데까지 간 인생이었습니다. 그런데 이상한 것은 세상 사람들이 아무도 오홀리바를 사랑해주지 않는 것이었습니다.

"그러므로 오홀리바야 나 주 여호와가 말하노라 내가 너의 연애하다가 싫어하던 자들을 격동시켜서 그들로 사방에서 와서 너를 치게 하리니 그들은 바벨론 사람과 갈대아 모든 무리 브곳과 소아와 고아 사람과 또 그와 함께 한 모든 앗수르 사람 곧 준수한 소년이며 다 방백과 감독이며 귀인과 유명한 자, 다 말 타는 자들이라"(22-23절).

오홀리바는 자기들이 그만큼 세상에 맞추어주고 다른 사람들의 사랑을 얻기 위해서 희생했으면 다 자기를 사랑할 줄 알았습니다. 그러나 아무도 오홀리바를 사랑하는 나라나 사람들이 없었습니다. 왜냐하면 타락한 하나님의 백성들은 아무도 좋아하지 않기 때문입니다. 사람들이 타락한 여자를 좋아하는 것은 일시적으로 즐기려고 하는 것이지 진정으로 사랑해서 좋아하는 것이 아닌 것입니다. 특히 세상을 따라간 하나님의 백성들은 술 마시고 농담할 때에는 좋아하지만 실제로는 세상 사람들도 이 사람이 엉터리인 줄 알기 때문에 절대로 신뢰를 하지 않는 것입니다.

하나님의 백성들이 존경을 받으려면 끝까지 욕을 얻어먹으면서도 자기 위치를 지키고 자기 믿음을 지키는 것입니다. 그러면 끝에 가서 그 사람을 존경하고 인정을 해 주게 됩니다. 그러나 세상을 따라가는 주의 종이나 교회는 결국 업신여김을 당하고 맛을 잃은 소금처럼 버림을 당하게 됩니다.

"내가 너를 향하여 투기를 발하리니 그들이 분노로 네게 행하여 네 코와 귀를 깎아버리고 남은 자를 칼로 엎드러뜨리며 네 자녀를 빼앗고 그 남은 자를 불에 사르며"(25절).

바벨론 사람들은 와서 하나님의 백성들의 코와 귀를 잘라버린다고 했습니다. 옛날에 정복자들은 와서 정복당한 자들의 코를 납작하게 하기 위해서 코나 귀를 잘라버리는 경우들이 있었습니다. 그러면 자기가 아무리 잘났다 하더라도 코가 있어야 잘난 체를 할 텐데 코가 없으니까 무슨 잘난 체를 할 수 있겠습니까? 이와 같이 세상을 따라간 하나님의 백성들은 천하에서도 꼴불견이 되고 마는 것입니다. 그런데 요즘 우리 주위를 보면 교회나 하나님의 백성들이 세상을 따라가지 못해서 몸부림을 치는 것을 볼 수 있습니다. 지금 당장은 그것이 인정을 받고 유명해지는 것 같아보여도 실상은 자기 가치를 팔아먹고 있는 것입니다. 언젠가는 와서 우리의 코를 베어버리고 귀를 잘라가 버릴 것입니다.

그러고는 어떻게 합니까? 철저하게 옷을 벗겨버립니다.

"또 네 옷을 벗기며 네 장식품을 빼앗을찌라. 이와 같이 내가 네 음란과 애굽 땅에서부터 음행하던 것을 그치게 하여 너로 그들을 향하여 눈을 들지도 못하게 하며 다시는 애굽을 기억하지도 못하게 하리라"(26-27절).

옷을 벗기고 장식품을 빼앗는 이유는 너무나도 음란하게 이 사람 저 사람 관계를 했기 때문에 다시는 그런 짓을 못하게 하려고 하는 것입니다. 즉 세상 사람들이 보기에도 이런 하나님의 백성들은 다시는 일어서서는 안 되는 것입니다. 다시 일어서서 잘난 체 하거나 다른 사람들에게 영향을 미치지 못하게 하려고 하면 코를 베어버리고 옷을 빼앗아 벌거벗기고 장식품을 다 빼앗아버리는 것입니다. 그렇게 하니까 그 추한 창녀의 본 모습이 드러나는 것입니다. 너무나도 추하고 거짓되고 악한 본 모습이 드러나는 것입니다.

　우리가 이것을 볼 때에 세상 사람들이라 해서 다 정신없는 것은 아닌 것을 알아야 합니다. 세상 사람들도 귀한 것을 알고 존귀한 것을 다 압니다. 그런데도 이스라엘 백성들이 세상을 열심히 따라가면 그들이 좋아해줄 줄 생각하고 스스로 속았던 것입니다. 우리가 해야 할 것은 세상이 우리를 따라오도록 해야 합니다. 그렇게 하려면 더욱 더 우리의 특징과 거룩함을 높이는 것입니다.

"그들이 미워하는 마음으로 네게 행하여 네 모든 수고한 것을 빼앗고 너를 벌거벗겨 적신으로 두어서 네 음행의 벗은 몸 곧 네 음란하며 음행하던 것을 드러낼 것이라"(29절).

　결국 하나님의 백성들이 하나님의 말씀을 멀리하고 세상을 따라가면 그 때는 자기 안에 있는 죄가 살아나서 자기를 파멸시켜버리는 것입니다. 이것을 세상 사람들이 다 알게 되었을 때 모두 돌아서게 되는 것입니다. 그러나 하나님의 심판은 이것이 끝이 아닙니다. 여기서부터 진짜 오홀리바에 대한 하나님의 뜻이 나타나게 됩니다. 그것은 오홀리바가 하나님의 진노의 잔을 마시게 되는 것입니다.

"네가 네 형의 길로 행하였은즉 내가 그의 잔을 네 손에 주리라. 나 주 여호와가 말하노라. 깊고 크고 가득히 담긴 네 형의 잔을 네가 마시고 비소와 조롱을 당하리라. 네가 네 형 사마리아의 잔 곧 놀람과 패망의 잔에 넘치게 취하고 근심할찌라. 네가 그 잔을 다 기울여 마시고 그 깨어진 조각을 씹으며 네 유방을 꼬집을 것은 내가 이렇게 말하였음이니라. 나 주 여호와의 말이니라"(31-34절).

하나님께서는 세상을 따라간 오홀리바의 코를 베어버리고 옷을 다 벗겨버린 후에 고난과 패망의 쓴 잔을 마시게 합니다. 그 잔이 얼마나 크고 깊은지 모르고 특히 그 잔이 얼마나 쓴 잔인지 모릅니다. 하나님께서 이 잔을 얼마나 강제로 억지로 마시게 하는지 잔이 깨어졌는데 깨어진 조각까지 씹어서 먹어야 했습니다. 그리고 그 잔이 얼마나 쓰고 고통스러운지 자기 유방을 쥐어뜯는다고 했습니다. 이것이 실제로 하나님의 치료하는 약인 것입니다.

우리 속담에도 '좋은 약은 입에 쓰다' 는 말이 있듯이 하나님께서 치료하시는 약은 너무나도 씁니다. 그러나 그 약을 조금이라도 덜 마시면 안 됩니다.

이스라엘 백성들은 애굽에서 나온 후 광야에서 하나님을 원망했다가 40년을 광야에서 돌아야만 했습니다. 그때 그 고난의 잔이 얼마나 썼으며 얼마나 후회스러웠습니까? 그러나 그들은 40년을 꼬박 광야에서 돌아야만 했던 것입니다. 그렇게 했을 때 그들의 마음속에 있던 세상을 사랑했던 마음이 몸에서 빠져나갔던 것입니다. 지금 오홀리바는 세상을 사랑하는 마음을 버리기 위해서 70년을 꼬박 바벨론에서 포로 생활을 해야 하는 것입니다.

아주 어린 아이들이 백발노인이 되었을 때 비로소 그들은 우상의 허무함과 세상을 좋아했던 마음을 후회하면서 늙은 가슴을 꼬집는데 그렇게 해 봐야 이제 시간은 다 흘러가버리고 만 것입니다.

오늘 우리에게 중요한 것은 우리의 인생을 더 이상 망쳐서는 안 된다는 것입니다. 우리는 이제 더 이상 칠십년씩 포로생활하면서 다람쥐 쳇바퀴 돌리는 식으로 살기에는 우리의 인생이 너무나도 아깝고 귀중한 것을 알아야 합니다. 우리가 이 다람쥐 틀에서 벗어나려면 하나님의 말씀을 바보같이 잡아야 합니다. 우리는 하나님의 말씀의 잔을 마셔야 합니다. 우리가 짧은 시간에 세상을 따라가는 것이 쾌락인 것 같고 즐거움인 것 같지만 실제로는 그것이 망하는 것이고 고통의 씨를 뿌리는 것입니다. 반대로 오늘 우리가 하나님의 말씀을 듣고 뜨겁게 기도하는 것이 지금은 고통스럽고 힘들게 보일지 몰라도 이것이 축복을 심는 것이며 기쁨을 심는 것입니다.

우리는 하나님이 주신 것으로 만족하고 감사하면서 하루하루를 하나님의 인도하심을 따라서 살아야 할 것입니다. 그러면 우리 안에 있는 암세포가 살아나지 못할 것입니다. 외부에 있는 적들이 우리를 욕하기는 하지만 우리의 코를 베어가지는 못할 것입니다. 오히려 우리는 하나님의 말씀으로 여호수아 같이 가나안 땅을 정복하는 기적을 맛보게 될 것입니다. 우리는 세상의 허무함을 보아야 합니다. 좋은 옷을 입고 멋진 자가용을 타고 다니지만 얼마나 허망한 삶을 살아가고 있는지 알아야 합니다. 이제는 더 이상 세상에 속지 마시고 하나님 앞에서 거룩한 제사장으로 끝까지 충성하시기를 바랍니다.

22

| 겔 24:1-27 |

진노의 가마

오늘 우리가 건강하게 살아가려면 먹는 음식이나 물이 아주 중요합니다. 만약 우리가 아무리 건강하다 하더라도 언제나 오염된 물을 마시고 상한 음식을 먹는다면 그 사람은 곧 식중독에 걸려서 병원에 입원하거나 심하면 죽고 말 것입니다. 실제로 가까운 일본이나 우리나라에서도 지하수가 중금속으로 오염이 되었는데 그것을 모르고 계속 물을 마신 주민들이 집단적으로 팔다리가 비틀려서 죽는 병에 걸려서 죽은 사례를 보게 됩니다. 그때 환자들이 너무 아프니까 '이따이 이따이'라고 해서 그 병을 '이따이' 병이라고 부르기도 했습니다.

그러나 이것은 어디까지나 육체적인 경우에 해당이 되는 것입니다. 그런데 만일 이것이 영적인 음식일 경우에는 훨씬 더 심각해지게 됩니다. 예를 들어서 계속 오염된 설교를 듣고 거룩하지 못한 예배를 계속 드리면서도 얼마든지 느끼지 못할 수가 있는 것입니다. 그런데 이런 시간이 오래 지나면 그야말로 온 영혼과 육체가 병들어서 비참하게 죽게 되는 것입니다.

그래서 음식이나 물이 오염이 되었을 때에는 반드시 그것이 오염된 원인을 찾아야 합니다. 예를 들어서 어느 곳에서 음식을 먹은 사람들이 집단 식중독을 일으켰다면 토사물이나 남은 음식을 수거해서 조사를 해 봐야 합니다. 그리고 사용한 재료가 원래부터 좋지 않은 것이었든지 아니면 보관이나 관리가 잘못되었는지 아니면 아예 음식을 만드는 곳 자체가 너무나도 불결한지 조사를 해보아야 합니다. 만약 음식을 만드는 곳 자체가 불결해서 솥도 불결하고 그릇도 모두 녹이 슬었고 모든 환경이 청결하지 못하다면 그곳을 폐쇄해야 할 것입니다.

이것은 오늘 우리 영혼에 있어서 아주 심각한 사실을 질문하고 있습니다. 즉 지금 우리가 먹는 영혼의 음식은 깨끗하고 우리가 마시는 영혼의 물은 오염되지 않은 깨끗한 생수냐 하는 것입니다.

만일 우리가 깨끗하지 않고 불결한 말씀을 먹고 오염된 더러운 물을 마시고 있다면 벌써 우리의 대화가 더러워지게 될 것입니다. 하나님의 백성들에게서 가장 중요한 것은 언어의 거룩함입니다. 언어가 더럽고 유치하고 깨끗하지 못하다면 이미 그들은 더러운 영의 양식을 먹고 있는 것이며 그 영혼은 병들어 있는 것입니다. 그리고 그들이 그 영적인 중독으로부터 치료가 되려면 상당한 기간 입원을 하든지 오랜 기간의 치료가 필요한 것입니다.

에스겔서 24장은 마치 하나님께서 예루살렘이 큰 국밥집이나 되는 것처럼 솥에다 양 고기나 뼈를 잔뜩 넣고 삶는 모습을 보여주십니다. 그 안에는 넓적다리도 있고 어깨부위의 고기도 있고 또 뼈도 들어 있어서 푹 삶고 있습니다. 그런데 이상하게 이 고기나 국을 마시는 사람들은 모두 다 배탈이 나거나 식중독으로 죽는 일이 일어나는 것입니다. 그래서 하나님께서 조사를 해 보았더니 솥 자체가 더러운 솥이라는 것이 판명이 되었습니다. 솥 안에 녹이 잔뜩 슬어 있고 이 솥은 한번도 씻지 않는 솥이었습니다. 그래서 하나님께서는 솥 안에 들어 있는 고기나 뼈도 이미 오염이 되었기 때문에 솥과 함께 계속 불로 태워서 아예 솥 자체를 태워버리는 것이었습니다.

이것은 결국 예루살렘의 멸망으로 나타나게 됩니다. 예루살렘은 많은 사람들을 먹이는 솥이었던 것입니다. 이 솥이 오염되었을 때 이 솥에서 나오는 말씀이나 교훈을 먹는 자들은 모두 다 망하고 말았습니다.

예루살렘의 솥

"제 구년 시월 십일에 여호와의 말씀이 내게 임하여 가라사대 인자야 너는 날짜 곧 오늘날을 기록하라. 바벨론 왕이 오늘날 예루살렘에 핍근하였느니라"(1-2절).

여기서 '제 구년 시월 십일' 이라고 하는 것은 에스겔과 예루살렘 사람들이 여호야긴 왕과 함께 포로로 붙들려온 지 구년 시월 십일을 말합니다. 그러니까 이때는 그들이 포로로 붙들려 온지 거의 십년이 다 되어가는 때였습니다.

사람들은 대개 십년이면 강산도 변한다고 하면서 무슨 새로운 변화가 일어날 것을 기대하게 됩니다. 지금 바벨론에 포로로 붙들려 온 자들은 십년이 거의 다 되어가면서 이제 두 달만 좀 더 지나면 붙들려 온지 만 십년이 되는데 무슨 변화가 없을까 기대를 하고 있는 처지였습니다. 그때 하나님께서는 에스겔에게 오늘 날짜를 기록하라고 말씀하셨습니다. 그 이유는 바로 그 날이 예루살렘이 망하는 날이었기 때문입니다.

이 당시 유대인들에게 있어서 예루살렘이 차지하는 비중은 절대적이었습니다. 포로로 붙들려오지 않은 사람들에게는 예루살렘이 그들의 삶을 지켜주는 절대적인 근거였습니다. 즉 예루살렘이 있기 때문에 그 사람들은 모두 굶어죽지 않고 큰 소리를 치면서 살 수 있었던 것입니다. 요즘도 안정된 직장과 안정된 자리를 가지고 있는 사람은 아주 큰 소리를 치면서 삽니다. 그러나 임시직이라든지 직장 자체가 불안정하면 굉장히 불안하게 됩니다.

예루살렘 사람들에게 예루살렘은 철밥통이었습니다. 예루살렘이 망하지 않는 이상 예루살렘 사람들은 조금도 미래를 걱정할 필요가 없었습니다. 그리고 포로로 붙들려온 사람들도 유일한 희망은 예루살렘이 잘 되어서 자기들을 데리고가주는 것이었습니다. 그럼에도 불구하고 예루살렘은 망하고 맙니다. 하나님은 에스겔에게 그 이유를 설명해 주십니다.

"너는 이 패역한 족속에게 비유를 베풀어 이르기를 주 여호와의 말씀에 한 가마를 걸라. 건 후에 물을 붓고 양떼에서 고른 것을 가지고 각을 뜨고 그 넓적다리와 어깨고기의 모든 좋은 덩이를 그 가운데 모아 넣으며 고른 뼈를 가득히 담고 그 뼈를 위하여 가마 밑에 나무를 쌓아 넣고 잘 삶되 가마 속의 뼈가 무르도록 삶을찌어다. 그러므로 나 주 여호와가 말하노라. 피 흘린 성읍,

녹슨 가마 곧 그 속의 녹을 없이 하지 아니한 가마여 화 있을찐저 제비 뽑을 것도 없이 그 덩이를 일일이 꺼낼찌어다"(3-6절).

예루살렘은 양 고기를 삶는 아주 큰 가마솥이었습니다. 더욱이 예루살렘의 솥은 하나님께 바친 제물을 삶는 솥이었습니다. 그러니까 이 솥의 음식은 단순히 입만 즐겁게 하는 것이 아니라 영혼을 부요하게 하는 영적인 양식이었던 것입니다. 사람들은 모두 하나님 앞에 나아와서 자기 죄를 회개하고 양을 제물로 바치고 하나님의 말씀을 들을 때 바로 말할 수 없는 영의 양식을 먹을 수 있었던 것입니다. 영양가 있는 음식을 많이 먹으면 사람이 아주 튼튼하게 되어서 다른 사람과 부딪쳐도 넘어지지도 않고 어렵고 힘든 일도 잘 감당할 수 있게 되는 것입니다.

그러나 어느 순간부터 예루살렘의 국밥을 먹은 사람들이 병이 들기 시작했습니다. 이것은 단순한 식중독 정도가 아니었습니다. 사람들은 아예 고질적인 병에 들어서 이유도 모르는 채 아파서 죽어가고 있었습니다.

여기에 보면 하나님의 조사과정이 나옵니다. 즉 도대체 예루살렘 국이 무엇이 잘못되었기에 이 국을 먹은 사람들이 모두 병들어 죽게 되느냐 하는 것입니다.

"그러므로 나 주 여호와가 말하노라. 피 흘린 성읍, 녹슨 가마 곧 그 속의 녹을 없이 하지 아니한 가마여 화 있을찐저 제비 뽑을 것도 없이 그 덩이를 일일이 꺼낼찌어다. 그 피가 그 가운데 있음이여 피를 땅에 쏟아서 티끌이 덮이게 하지 않고 말간 반석 위에 두었도다"(6-7절).

처음에는 사람들이 왜 하나님을 믿는 자기들에게 복이 오지 않는지 이유를 알지 못했습니다. 왜 자기들에게 기쁨이 없고 왜 자기들에게 부흥이 오지 않고 왜 자기들에게는 기도 응답이 없는지 알지 못했습니다. 그런데 나중에 시간이 가면서 예루살렘의 고기와 국에 문제가 있다는 것을 알게 된 것입니다. 그럼에도 불구하고 이 사람들은 솥 자체에 문제가 있는지 알지 못하고 재료에 문제가 있는 줄 알고 양 고기를 꺼내어서 조사를 했던 것입니다. 그런데 양 고기에 이상이 있는 것이 아니라 솥 자체가 이상이 있었습니다. 즉 이 솥은 한번도 씻지 않은 솥이었습니다. 이 솥에는 엄청난 녹이 슬어 있었고 이 솥 안에는 썩은 피가 잔뜩 들어 있었습니다. 솥 자체가 오염되어 있으니까 어떤 재료를 넣더라도 상한 음식이 만들어질 수밖에 없었던 것입니다.

이 솥이 무엇입니까? 바로 하나님의 성전이었습니다. 하나님의 성전 자체가 하나님의 말씀으로 단 한번도 깨끗함을 받아 본 적이 없었습니다. 그러니까 그 안에서 아무리 기도를 하고 아무리 봉사를 하고 아무리 말씀을 들어도 은혜를 받을 수가 없었습니다.

병원이라는 곳은 병을 치료하는 곳이기 때문에 다른 어느 곳보다 위생에 몇 배나 신경을 써야 합니다. 그럼에도 불구하고 병원에서 사용하는 의료 기구들이 전혀 단 한번도 소독을 하지 않고 쓰인다면 어떻게 되겠습니까? 예를 들어서 주사 바늘을 요즘은 한번만 쓰고 버리게 되어 있는데 소독도 하지 않고 몇 백 명에게 주사를 놓고 수술용 칼도 전혀 소독도 하지 않고 씻지도 않고 수술하는 의사가 손도 씻지 않고 수술을 한다면 아마 그 병원 환자들은 모두 병균에 감염이 되고 말 것입니다.

그런데 예루살렘이라는 곳이 바로 그러하였습니다. 예루살렘 성전이 단 한번도 하나님 앞에서 말씀으로 소독을 받아 본 적이 없었던 것입니다.

　우리는 예루살렘이 돈이 없거나 힘이 없어서 망했다고 생각해서는 안 됩니다. 예루살렘은 화려했고 돈도 많이 있었습니다. 그러나 영적으로 병이 드니까 망해 버리는 것입니다.

　우리가 신앙생활을 하거나 하나님의 일을 하다보면 아주 조금씩 하나님의 말씀에서 벗어날 때가 있습니다. 이때 아주 '조금'이라는 것이 아주 중요합니다. 이때 우리는 이것을 아주 심각하게 받아들이고 아예 하나님 앞에서 날을 정해서 내 속의 모든 죄를 다 토하여 내고 지금 하고 있는 계획을 근본적으로 수정을 해버려야 하는 것입니다. 그러면 다른 사람들은 '왜 잘 하고 있으면서 그러느냐?' 하기도 하고 '왜 지금 잘 되고 있는데 왜 뒤로 물러서느냐?' 고 하면서 욕도 하고 난리도 칠 것입니다. 그러나 중요한 것은 다른 사람이 어떻게 보느냐 하는 것이 아니고 하나님 앞에서 내 자신의 모습인 것입니다.

　우리가 하나님과의 관계에서 조그마한 이물질이 끼어 있어도 하나님의 은혜는 오염이 되게 되어 있습니다. 기름관이나 수도관에서 조금의 이물질이 있거나 파열된 부분이 있어도 물이나 기름은 오염이 되고 또 양적으로 형편없이 줄어들게 됩니다. 이럴 때에는 모든 작업을 중단하고 하나님 앞에서 대대적으로 청소를 하는 일을 해야 하는 것입니다. 즉 아무리 양 고기를 많이 가져온다 하더라도 중단하고 솥을 철저하게 씻는 것입니다. 그 안에 있는 녹이 긁어지지 않으면 결국 완전히 없어질 때까지 수세미로 하든지 양잿물로 하든지 해서 완전히 녹을 제거하고 난 후에 다시 고기를 삶아야 하는 것입니다. 이것은 마치 우리가 하나님 앞에 우리의 모든 죄를 철저히 회개하는 것과 같습니다. 이렇게 할 때 부흥이 일어나게 됩니다.

이스라엘 역사를 보면 하나님 앞에서 온 국민들이 모여서 대대적으로 회개운동을 벌였던 적이 있습니다. 사무엘 때에는 아예 미스바라는 곳에 모여서 온 국민들이 물을 길어 와서 부으면서 자기들안에 있는 욕심과 거짓된 것과 부정한 것을 회개했습니다. 그러니까 하나님의 성령의 뜨거운 역사가 나타나고 능력이 나타났던 것입니다. 심지어 이스라엘 백성들이 모였다는 소식을 듣고 공격하려고 온 블레셋 사람들 위에 큰 돌덩이 같은 우박이 떨어지자 블레셋 사람들이 모두 다 도망을 치는 기적적인 역사도 일어났습니다.

저는 남들이 어떻게 생각하느냐 하는 것보다 제 자신이 어떻느냐 하는 것을 가장 중요하게 생각합니다. 왜냐하면 결국 제 자신이 예루살렘의 솥이기 때문입니다. 솥이 오염되거나 변질되면 이 국밥을 먹는 사람들은 모두 다 식중독에 걸릴 수밖에 없기 때문입니다. 그래서 모든 것을 영적으로 생각을 해야 하니까 결코 쉽지가 않습니다.

하나님의 조치

하나님께서는 왜 예루살렘의 고기와 국은 사람들을 살리지 못하고 병들게 하고 죽게 하는지 조사를 해 보셨습니다. 그리고 두 가지 사실을 발견하게 되었습니다. 하나는 피를 잘못 처리한다는 것이었습니다. 피라고 하는 것은 예루살렘 성전에서 아주 조심스럽게 취급을 해야 하는 것이었습니다. 왜냐하면 이것이 썩을 수 있기 때문입니다. 예루살렘 제사장들은 피를 흙에 파묻어서 위생적으로 처리를 하는 것이 아니라 아무렇게나 방치를 해 둠으로 해서 이 피가 오염의 원인이 된다는 사실을 발견을 하셨습니다.

"그 피가 그 가운데 있음이여 피를 땅에 쏟아서 티끌이 덮이게 하지 않고 말간 반석 위에 두었도다"(7절).

예루살렘은 하나님께 제사를 드려야 하기 때문에 많은 짐승을 죽여야 했습니다. 그러면 결국 많은 피를 흘리게 되는데 이 피를 위생적으로 처리를 하지 않는 것이었습니다. 그냥 이 피를 오랫동안 방치해두니까 이것이 썩으면서 예루살렘 오염의 한 원인이 되었습니다. 다른 말로 표현을 하면 죄를 빨리 빨리 회개하지 아니하고 오히려 더 그럴듯하게 미화를 시키는 바람에 실제로 사람들이 죄를 가지고 살아가고 있었던 것입니다. 겉으로는 그럴듯하게 보이고 신앙생활 잘 하고 있는 것 같았지만 속옷에서는 피비린내가 났던 것입니다. 그리고 또 하나는 솥 자체가 가지고 있는 녹이었습니다. 이 녹은 솥을 오랫동안 씻지 않아서 생긴 것이었습니다. 즉 제도적인 모순이었습니다.

하나님의 은혜는 얼마나 예민한지 조금만 죄가 들어오고 조금만 부정한 것이 들어와도 하나님의 은혜는 고갈되어 버립니다. 그러나 예루살렘 제사장들은 일단 제사 드리려는 사람들이 끊임없이 오니까 솥도 씻지도 않고 피도 땅에 묻지도 않고 계속 제사만 드렸던 것입니다. 결국 이 모든 예배가 사람을 살리는 것이 아니라 죽이는 것이 되어버렸습니다.

하나님이 내리신 결론은 계속 불을 때어서 솥과 고기를 함께 다 태워버리는 것이었습니다.

"나무를 많이 쌓고 불을 피워 그 고기를 삶아 녹이고 국물을 졸이고 그 뼈를 태우고 가마가 빈 후에는 숯불 위에 놓아 뜨겁게 하며 그 가마의 놋을 달궈서 그 속에 더러운 것을 녹게 하며 녹이 소멸하게 하라"(10-11절).

하나님이 하시는 방법은 불을 더 뜨겁게 때어서 고기도 다 태우고 녹도 다 태워서 없애는 것이었습니다. 이것이 무엇입니까? 결국 바벨론 군대가 쳐들어 와서 예루살렘을 멸망시키고 칠십년 동안 포로생활을 하게 하는 것입니다. 우리가 알아야 할 것은 우리 스스로 회개하는 것이 훨씬 낫지 나중에 하나님께서 청결케 하시면 그때는 끝장이 나는 것입니다. 오직 영혼 하나만 남겨 놓고 모든 것을 불로서 홀랑 다 태워버리십니다. 그러니까 불 시험이라고 하는 것입니다. 불 시험을 당하면 그동안 공부 했던 것도 소용이 없고 돈 벌었던 것도 소용이 없고 자랑거리들도 아무것도 없고 오직 불탄 집에서 몸 하나만 달랑 가지고 나온 것 밖에 안 되는 것입니다. 그때서야 하나님의 말씀이 제대로 귀에 들리기 시작하고 교회가 두려워지게 되는 것입니다. 그 전에는 교회가 정말 우스웠지요. 그저 내 기분대로 뒤 흔들 수 있을 것이라고 생각했는데 교회라는 데가 얼마나 두렵고 하나님의 종의 역할이 얼마나 중요한지 깨닫게 되는 것입니다. 하나님은 바벨론 왕에게 예루살렘 성 전체를 태워버리라고 명령을 하셨습니다.

하나님께서는 그 중에서 하나가 음란이라고 말씀하셨습니다.

"너의 더러운 중에 음란이 하나이라. 내가 너를 정하게 하나 네가 정하여지지 아니하니 내가 네게 향한 분노를 풀기 전에는 네 더러움이 다시 정하여지지 아니하리라"(13절).

하나님께서는 한 가지 예만 들어서 이야기를 해 보자고 말씀하십니다. 그것이 바로 음란이었습니다. 이때 이미 예루살렘 지도자들이나 잘 산다는 사람들에게 있어서 음행은 흔한 일이었던 것 같습니다. 하나님께서는 이런 상태에서 예루살렘을 그냥 내버려 둘 수가 없었습니다. 그대로 두면 둘수록 더 많은 사람들이 병 걸려 죽기 때문에 도저히 그냥 둘 수 없다고 말씀을 하십니다. 그러니까 예루살렘이 살고 포로된 자들을 돌아오게 하고 싶으면 자기들이 스스로 깨끗케 했어야 하는 것입니다. 우리가 무슨 재주로 스스로 깨끗케 할 수 있습니까? 우리는 죄를 만들어 내는 자들이고 살아있는 이상 오물을 배설하게 되어 있는데 무슨 재주로 스스로 정결케 될 수 있습니까? 방법은 단 하나 밖에 없습니다. 멋있게 믿으려고 폼을 잡아서는 안 됩니다. 하나님의 말씀에 모든 것을 다 거는 것입니다. 그리고 하나님 앞에서 지속적으로 우리를 깨끗케 해 달라고 부르짖는 것입니다.

저는 하나님의 일을 해 보니까 아무리 복음적이고 아무리 능력있게 일을 한다 하더라도 오염이 틈타는 것을 보았습니다. 사람의 생각은 겉으로 일단 모든 것을 멋있게 하면 되는 줄 생각하지만 그 안에 엄청난 죄와 유혹이 들어가는 것입니다.

결국 하나님 앞에서 스스로 정결케 되려고 하면 멋있게 믿는 것을 포기하고 진정으로 하나님 앞에서 벌거벗는 자세를 취해야 합니다. 오직 하나님의 말씀에 생명을 걸고 인기나 외적인 화려함을 다 버리고 하나님 앞에서 진실해질 때 이 멸망을 피할 수가 있는 것입니다.

하나님은 절대로 봐주시지 않겠다고 말씀하십니다.

"나 여호와가 말하였은즉 그 일이 이룰찌라. 내가 돌이키지도 아니하며 아끼지도 아니하며 뉘우치지도 아니하고 행하리니 그들이 네 모든 행위대로 너를 심문하리라. 나 주 여호와의 말이니라 하셨다 하라"(14절).

하나님은 이번에는 절대로 봐주시지 않으실 것입니다. 왜냐하면 이제는 더 이상 늦출 수가 없을 정도로 썩을 대로 썩었고 부패할 대로 부패했기 때문입니다. 이제 더 이상 봐주거나 기다릴 수가 없습니다. 하나님은 예루살렘의 죄를 바벨론이 심문할 것이라고 했습니다. 바벨론이 심문하면 모든 것을 다 묻게 되고 모든 것을 다 밝히게 될 것입니다. 예를 들어서 어떤 교인의 문제가 검찰로 넘어가게 되면 그것과 상관없는 모든 죄 까지 다 파 헤쳐서 발표를 하게 되는 것입니다. 말하지 않을 수 없는 것은 잠을 재우지 않는데 별 수가 있습니까? 결국 자기가 지은 모든 것을 다 입으로 불게 되고 그것이 다 발표가 되게 되는 것입니다. 이것이 바로 자기 스스로 회개하지 않은 결과입니다.

에스겔의 아내의 죽음

지금 예루살렘은 공격당하고 결국 멸망하지만 바벨론에 포로로 붙들려온 에스겔과 그 일행은 그 사실을 알지 못합니다. 그때 하나님께서는 에스겔에게 너무나도 고통스러운 일을 행하십니다. 그것은 그의 아내가 죽게 되는 것입니다.

"여호와의 말씀이 또 내게 임하여 가라사대 인자야 내가 네 눈에 기뻐하는 것을 한번 쳐서 빼앗으리니 너는 슬퍼하거나 울거나 눈물을 흘리거나 하지 말며 죽은 자들을 위하여 슬퍼하지 말고 조용히 탄식하며 수건으로 머리를 동이고 발에 신을 신고 입술을 가리우지 말고 사람의 부의하는 식물을 먹지 말라 하신지라. 내가 아침에 백성에게 고하였더니 저녁에 내 아내가 죽기로 아침에 내가 받은 명령대로 행하매"(15-18절).

우리에게 정말 이해가 되지 않는 부분이 바로 이 부분입니다. 하나님께서 이스라엘 백성들을 깨닫게 하시는 것까지는 좋은데 꼭 이렇게 선지자의 아내를 죽게 해야 하느냐 하는 것입니다. 아마도 에스겔은 부인을 아주 사랑했던 것 같습니다. 그리고 젊은 나이에 바벨론에 포로 되어 와서 엄청나게 방황하고 갈등하는 에스겔에게 아내는 조용히 그를 지켜주는 역할을 했을 것입니다. 그런데 하나님께서는 예루살렘이 망하는 그 날에 에스겔의 부인을 죽게 하셨던 것입니다. 저는 에스겔의 부인이 건강했는데 그날에 갑자기 이유도 모르게 죽었느냐 아니면 그 전부터 아파왔는데 결국 그날에 죽었는지는 알 수가 없습니다. 그러나 제 생각으로는 에스겔의 부인이 아파왔을 것 같습니다. 왜냐하면 아프지도 않았던 여자를 예루살렘이 망했다고 해서 갑자기 죽게 하신다는 것은 하나님의 공의에도 맞지 않기 때문입니다.

예루살렘이 망하던 날 에스겔의 부인은 포로된 곳에서 죽었습니다. 그러나 하나님은 에스겔에게 울지도 말고 머리도 풀지 말고 장례 식사도 하지 말라고 말씀하셨습니다.

포로된 사람들에게는 이것이 이상했던 것입니다. 왜 에스겔은 부인이 죽었는데 울지 않을까 하는 것입니다. 왜 에스겔은 부인이 죽었는데도 상복을 입지 않을까 하는 것입니다. 그래서 백성들이 에스겔을 찾아와서 물었습니다.

'왜 당신은 부인이 죽었는데 울지도 않는 거요? 왜 당신은 부인이 죽었는데도 상복을 입지 않는 거요?' 라고 물었습니다.

그때 하나님께서 대답을 하셨습니다.

"내가 그들에게 대답하기를 여호와의 말씀이 내게 임하여 가라사대 너는 이스라엘 족속에게 이르기를 주 여호와의 말씀에 내 성소는 너희 세력의 영광이요 너희 눈의 기쁨이요 너희 마음에 아낌이 되거늘 내가 더럽힐 것이며 너희의 버려 둔 자녀를 칼에 엎드러지게 할찌라"(20-21절).

우리는 대개 사랑하는 가족의 죽음보다 더 슬픈 일은 없을 것입니다. 사랑하는 가족이 죽으면 모두 비통하게 통곡을 합니다. 그러나 그 보다 더 엄청난 사고가 터지면 가족이 죽어도 울지 못합니다. 예를 들어서 자기 가족이 죽었는데 만약 나라가 망했다면 이런 경우에는 울지도 못하는 것입니다. 자기도 슬프지만 더 엄청나게 슬픈 일이 터지면 어떻게 울어야 할지 정신을 차리지 못하는 것입니다.

에스겔에게는 아내가 가장 소중한 사람이었듯이 하나님에게는 예루살렘이 애인이었고 부인이었고 가장 사랑하는 사람이었습니다. 이제 하나님의 애인이요 가장 사랑했던 예루살렘이 망해버렸습니다. 하나님의 아내가 죽은 것입니다. 이스라엘의 모든 소망이 끝장이 나버린 것입니다. 이때 어떻게 에스겔이 자기 부인이 죽었다고 해서 울 수가 있겠습니까? 우는 소리를 낼 수도 없었습니다.

우리가 알아야 할 것은 우리는 하나님의 애인이고 하나님이 가장 사랑하는 사람입니다. 우리가 오염이 되고 우리가 교만하여 죄에 빠지면 하나님의 부인이 죽는 것이나 마찬가지가 될 것입니다. 하나님에게도 아무런 소망이 없어지는 것입니다.

　이스라엘 백성들이 망하지 않는 방법은 있었습니다. 그것은 하나님의 말씀과 성전을 자기 애인으로 삼는 것입니다. 세상의 명예나 안정된 생활보다 하나님의 말씀을 진정으로 사랑하고 성전을 진정으로 사랑하는 것입니다. 여기서 사랑한다는 것이 무엇입니까? 내 자신의 욕심을 위해서 이용하지 않는 것입니다. 저는 교회나 말씀을 자기 출세를 위해서 이용하는 것을 많이 보게 됩니다. 그것은 진정으로 하나님의 말씀을 사랑하지 않는 것이며 성전을 사랑하지 않는 것입니다.

　하나님은 이스라엘 백성들에게 하나님의 심정을 좀 알아주기를 원하셨습니다. 즉 그들이 성전을 사랑했고 자기 자식들을 사랑하는데 하나님은 이것이 훨씬 더 하셨던 것입니다. 포로로 붙들려온 에스겔이 자기 부인을 사랑하는 것보다 하나님은 수십 배 수백 배 예루살렘과 성전을 사랑하셨습니다. 그런데 이제 그 성전이 죽은 것입니다. 그리고 드디어 예루살렘은 망해버린 것입니다. 그 이유가 어디에 있습니까? 하나님의 말씀과 성전을 진정으로 사랑하지 않고 자기 욕심을 위해서 이용만 했기 때문입니다. 그래서 그들이 자랑하던 성전이 망하고 돈을 많이 들여서 공부시킨 자식들이 죽는 것입니다. 왜냐하면 오염된 영적인 양식을 먹었기 때문입니다. 이것을 먹인 제사장들의 책임도 크지만 그것을 계속 먹으면서 세상 욕심으로 살이 찐 백성들도 책임이 있는 것입니다.

　그런데 예루살렘이 망했다는 소식이 확인이 되면서 에스겔의 입이 열리게 됩니다. 그리고 이때부터 본격적인 에스겔의 말씀의 시대가 열리게 됩니다.

"곧 그 날에 도피한 자가 네게 나아와서 네 귀에 그 일을 들리지 아니하겠느냐? 그 날에 네 입이 열려서 도피한 자에게 말하고 다시는 잠잠하지 아니하리라. 이와 같이 너는 그들에게 표징이 되고 그들은 내가 여호와인줄 알리라"(26-27절).

아마 예루살렘에서 바벨론까지는 아무리 빨리 온다고 해도 한두 달은 걸릴 것입니다. 그런데 정말 그 일이 있고 한두 달 후에 예루살렘에서 사람들이 와서 말하기를 예루살렘이 망했다는 것입니다. 그런데 그 순간부터 에스겔의 입이 열리기 시작하면서 하나님의 말씀의 능력이 나타나기 시작했습니다.

사람들이 에스겔로부터 나오는 말이 하나님의 말씀이라는 것을 믿는데 엄청난 대가를 지불해야만 했습니다. 즉 예루살렘이 망하고 그 날에 에스겔의 부인이 죽고 에스겔이 울지 않은 것을 통해서 비로소 그가 하나님의 말씀을 전하는 분 인줄 믿게 된 것입니다. 즉 하나님의 바른 말씀이 나타나는데 엄청난 희생이 있었습니다.

에스겔에게 하나님의 말씀의 능력이 나타나기 위해서는 예루살렘이 망하고 자기 아내가 죽는 고통이 있어야만 했습니다. 에스겔에게 있어서 하나님의 말씀은 자기 아내의 생명과 바꾼 것이었습니다. 어떻게 이것을 소홀하게 취급할 수 있겠습니까? 에스겔에게 있어서 하나님의 말씀은 자기 아내의 목숨과 바꾼 것이었습니다. 하나님께서는 포로 되어 온 자들에게 에스겔의 입에서 나오는 말이 진짜 하나님의 말씀이라는 것을 믿도록 하기 위해서 그 날을 기억하게 하셨습니다.

예루살렘은 썩은 물이 고였지만 새로운 말씀의 역사가 없었기 때문에 계속 썩어 있었고 결국은 망해버렸습니다. 그러나 포로된 곳에서 에스겔의 입에서 하나님의 말씀이 솟아나기 시작했습니다. 그 결과 포로

된 사람들 가운데 새 말씀의 역사가 일어나고 기도운동이 일어나고 부흥이 일어나면서 결국 이들이 다시 예루살렘으로 돌아가서 새 성전을 짓게 되는 것입니다. 놀라운 것은 아무리 웅덩이에 흙탕물이 고여 있어도 새 물이 솟아나면 웅덩이는 맑아지게 되는 것입니다. 저는 우리가 모인 이곳이 바벨론의 포로된 자들의 모임이기를 바랍니다. 우리 중에는 어차피 세상적으로 많은 어려움을 겪은 자들이 많이 있습니다. 그리고 우리는 세상의 성공이나 화려한 출세가 멀리 느껴지기도 합니다. 그러므로 우리는 우리 안에 오염된 모든 잘못된 신앙관을 버려야 할 것입니다. 그리고 진정으로 하나님 앞에서 바로 믿으려는 열정이 되살아나야 할 것입니다. 그러면 우리는 거룩한 성전이 될 것이며 하나님의 축복을 받게 될 것이며 하나님의 큰 구원을 경험할 것입니다. 하나님을 애인보다 더 사랑하시기 바랍니다. 말씀과 교회를 애인보다 더 사랑하시기 바랍니다.

23

| 겔 25:1-17 |

유다의 이웃들

우리가 다른 종교나 다른 신앙을 가진 사람들에 대하여 완전히 배타적이 되면 사회생활을 할 수가 없을 것입니다. 예를 들어서 시내에서 택시를 탈 때에도 택시가 오는 순서대로 타는 것이지 불교 계통의 운전사라고 해서 안탈 수가 없습니다. 또한 병원에서 수술을 받을 때에도 의사가 실력만 있고 수술만 잘 하면 되는 것이지 다른 종교를 가졌다고 해서 수술을 거부할 필요는 없는 것입니다.

그러나 정신과 치료를 받을 때에는 의사가 기독교인이냐 아니냐 하는 것은 상담을 하거나 치료를 하는데 상당히 많은 영향을 미치기 때문에 상당한 고려를 해야 할 것입니다. 왜냐하면 기독교인이 아닌 의사들은 도저히 기독교인들이 가지고 있는 정신적인 문제를 이해할 수가 없기 때문입니다.

　우리는 본인이 원하든지 원하지 않든지 주위에 많은 이웃들과 함께 살아가고 있습니다. 그런데 요즘은 이웃에 살기만 하지 진정한 의미에서 이웃이라고 볼 수도 없습니다. 아파트 같은 경우에는 옆집에 누가 사는지 윗집에 누가 사는지 아무도 모르고 또 알려고 하지도 않기 때문입니다.

　이것은 우리들에게 '안정 거리'의 개념이 있어서 그런 것 같습니다. 자연 상태에서는 짐승들이 서로 스트레스를 받지 않고 평화롭게 공존을 하려고 하면 상당히 넓은 면적이 필요합니다. 하지만 이런 야생동물들을 한꺼번에 좁은 우리 안에 잡아가두어 놓으면 야생동물들도 스트레스를 받아서 상당히 신경질적이 된다거나 비정상적이 된다고 합니다.

　인간은 원래 다른 사람과 만나서 서로 관계를 형성할 때에 살 의미를 찾게 되어 있습니다. 그러기에 사람들에게 가장 큰 고통은 외로움이고 소외라고 말할 수 있습니다. 사람들이 교도소에 갇혔을 때 가장 고통스러운 것이 있다면 그것은 사랑하는 사람들을 마음대로 만날 수 없고 자기가 하고 싶은 것을 할 수 없다는 것입니다. 그런데 사람들이 너무 가깝게 되어버렸을 때에는 오히려 자신의 프라이버시를 지키기 위해서 주위에 있는 사람들에게 무관심하게 되고 일부러 담을 쌓음으로 자기를 지키려고 하는데 이것이 오히려 더 자신을 상실하게 하는 것입니다.

　그런데 우리 신앙인들이 다른 사람들과 이웃해서 산다는 것은 그냥 보통 이웃과는 다른 아주 복잡한 문제를 일으키게 됩니다. 이것은 영적인 문제이고 결국 신앙의 문제인 것입니다.

　오늘 본문 말씀은 지금까지 말씀의 각도를 오직 유다와 예루살렘에 집중시키고 있었다면 이제는 유다 주위의 나라들을 향하여 시선을 돌려 본 것입니다. 이때 우리가 느끼게 되는 것은 우리 외에도 다른 사람들도 살고 있었다는 것입니다. 사람들이 자기 문제에 한참 빠져 있을 때에는 자기 주위에 아무도 없는 것 같습니다. 그런데 어느 순간 정신을 차려서 주위를 돌아보면 자기 외에도 많은 사람들이 나름대로 삶의 심각한 문제를 가지고 살아가고 있다는 사실을 발견하게 됩니다. 그래서 그동안 너무 자기 문제에만 빠졌고 다른 사람을 전혀 생각하지 못했던 자신에게 미안하게 생각할 때가 있습니다. 이런 생각이 드는 것은 그리스도인들에게는 아주 중요한 변화입니다.

우리가 가끔 텔레비전에서 동물의 왕국 같은 다큐멘터리를 보면 이 지구상에는 우리 인간 외에 너무나도 많은 동물들이 살고 있는 것을 보게 됩니다. 그 각각의 생물들이 생존이라는 엄숙한 문제를 끌어안고 자연의 재앙이나 다른 동물의 공격에서 살아남기 위해서 최선을 다하는 것을 보고 감동을 하게 됩니다. 우리는 직장이나 이성 교제 혹은 감정처리 문제로 자기 자신에게만 빠져 있는데 이 세상에는 너무나도 많은 생물체들이 존재하고 있는 것을 발견하게 되는 것입니다.

유다 주위에는 암몬이라든지 모압이라든지 에돔 같은 나라 사람들이 유다와 이웃해서 살아가고 있었습니다.

그런데 유다는 그동안 너무나도 자신들의 문제에 빠져 있어서 주위에 있는 다른 나라 사람들을 위해서 전혀 신경을 써 주지 못했습니다. 그러다가 유다가 망하게 되었을 때 그 주위에 있는 나라 사람들은 한결같이 유다가 망하는 것을 보고 좋아하고 기뻐하다가 결국 자기 자신들까지도 다 망하고 마는 것을 보여주고 있습니다. 결국 유다는 주위의 많은 믿지 않는 민족 사이에 싸여 있으면서도 전혀 그들에게 도움이 되지도 못했고 좋은 인상을 주지도 못했던 것입니다.

믿지 않는 이웃나라와의 관계

"여호와의 말씀이 또 내게 임하여 가라사대 인자야 암몬 족속을 향하여 그들을 쳐서 예언하라. 너는 암몬 족속에게 이르기를 너희는 주 여호와의 말씀을 들을찌어다. 주 여호와의 말씀에 내 성소를 더럽힐 때에 네가 그것을 대하여, 이스라엘 땅이 황무할 때에 네가 그것을 대하여, 유다 족속이 사로잡힐 때에 네가 그들을 대하여 이르기를 아하 좋다 하였도다"(1-3절).

하나님께서는 그동안 계속 예루살렘과 유다에서 바벨론으로 포로 되어간 사람들의 처지와 미래에 대하여만 말씀을 해 오셨습니다. 그리고 유다 백성들은 그것이 당연하다고 생각했습니다. 왜냐하면 자기 문제가 가장 중요하고 자기들이 가장 중요한 사람이라고 생각하고 있었기 때문입니다. 유다 백성들은 다른 나라 백성들의 문제에 대하여는 하등 생각할 가치조차 없다고 생각하고 있었습니다. 그런데 갑자기 하나님께서는 유다 주위에도 여러 나라들이 있다는 사실을 상기시켜주셨습니다. 즉 팔레스타인에는 유다 백성들만 사는 것이 아니라 암몬 족속들도 살고 모압 족속들도 살고 에돔 족속들도 살고 블레셋 족속들도 살고 있었던 것입니다. 그런데 하나님께서는 과연 유다 백성들이 이 주위에 있는 나라들에게 해 준 것이 무엇이 있느냐 하는 것을 질문하시는 것입니다. 유다 백성들은 주위에 있는 나라 사람들에게 해 준 것이 아무 것도 없었습니다. 그래서 유다 백성들은 주위에 있는 민족들로부터 아주 부정적인 평가를 받고 있었고 예루살렘이 망했을 때 주위에 있는 나라들 중에서 어느 한 나라도 유다나 예루살렘의 멸망에 대하여 안타까워하는 민족이 없었던 것입니다.

찰스 디킨즈의 '크리스마스 캐럴'이라는 책을 보면 스크루지라는 사람이 등장합니다. 그는 아주 구두쇠였는데 불 피우는 것조차도 아까워서 직원을 차가운 냉방에서 일을 시켰습니다. 그런데 크리스마스이브 날에 밤에 유령이 찾아옵니다. 처음에는 자기와 동업을 하던 친구가 죽었는데 몸에 쇠사슬을 잔뜩 감고 와서 자기가 이렇게 되었다고 말을 합니다. 그리고 세 유령이 찾아올 텐데 그 유령은 스크루지의 과거와 현재와 미래를 보여주는 유령인 것입니다. 첫 유령은 스크루지가 어렸을 때 가난해서 친구들로부터 따돌림을 당하고 고생하면서 공부하는 모습을 보여줍니다. 그리고 두 번째 유령은 현재 스크루지가 욕심스럽게 사는데 주위에 있는 사람들은 가난으로 많은 고통을 당하는 모습이었습니다. 즉 자기 직원의 아들은 병에 걸렸는데 약을 쓰지 못해서 죽었습니다. 그리고 조카의 크리스마스 파티에 가기 싫어서 빠졌는데 다른 사람들이 다 자기를 욕하고 있는 모습이었습니다. 그러나 조카는 자기가 이 파티에 오기를 바란다고 하면서 기다리는 모습이었습니다. 세 번째는 자기가 죽은 후에 비참하게 무덤에 묻혔는데 자기 물건들을 다른 가난한 사람들이 전부 다 가져가는 모습이었습니다. 그리고 모든 사람들이 자기를 욕하는 것을 보게 되었습니다. 스크루지는 그 후에 잠에서 깨어났는데 아직 자기가 죽지 않은 것을 알게 되었습니다. 그래서 얼른 조카의 집에 칠면조를 한 마리를 보내고 또 부하 직원이 늦게 왔는데도 야단을 치거나 월급을 깎지 않고 오히려 월급을 올려주는 것을 보게 됩니다.

원래 하나님의 백성들과 이웃의 관계는 물과 기름처럼 될 때가 많습니다. 우리도 하나님을 모를 때에는 주위에 있는 사람들과 똑같았습니다. 눈에 보이는 것이 전부였고 이 세상에서 출세하고 성공하는 것이 목표였기 때문에 이 세상에서 잘 살기 위하여 노력을 아끼지 않았습니다. 그런데 어느 순간 하나님을 알고 나니까 모든 것이 정반대로 바뀌고 말았습니다. 즉 이 세상이 전부가 아니고 이 세상보다 더 중요한 하나님이 계신 영원한 하나님의 나라가 현존한다는 사실을 알게 됩니다. 그래서 이 세상에서 잘 되기보다는 하나님의 나라와 그의 영광을 위하여 노력하는 것입니다. 이러한 변화를 세상 사람들은 절대로 이해하지 못하며 오히려 하나님의 백성들은 자기들을 배반했다고 생각하는 것입니다.

    이스라엘 자손들은 가나안 땅에서 주위의 다른 민족들에 에워싸여 있었습니다. 실제로 이스라엘 백성들이 차지하고 있는 그 땅은 가나안 땅의 노른자위였는데 갑자기 이스라엘 자손들이 밀고 들어와서 가나안 족속들을 몰아내고 그 좋은 땅을 차지해버렸습니다. 더욱이 그 땅은 주위에 있는 모든 민족들이 다 탐내는 땅이었는데 이스라엘 자손들이 차지해버리니까 심술이 나는 것은 당연한 것입니다. 그리고 이스라엘 민족은 다른 신들은 일체 인정하지 않고 오직 여호와 하나님만 인정을 했습니다. 옛날에는 다른 나라 신들을 인정하지 않으면 일체 교류가 되지 않았습니다. 그러니까 더욱 더 이스라엘 자손들은 주위 나라들로부터 오해 받고 미움을 받을 수밖에 없었습니다.

    더욱이 유다 백성들은 수백 년이 지나면서도 조금도 최초의 그 부정적인 이미지를 벗지 않았던 것입니다. 이것은 결국 그들이 계속 이기적이었고 계속 다른 민족과 담을 쌓았다는 것을 의미하는 것입니다.

    결국 유다와 예루살렘이 멸망하게 되었을 때 그동안 다른 민족과의 관계를 결산하게 되었을 때 그들은 주위에 있는 나라들에 대해서도 조금도 좋은 인상을 주지 못했고 이익이 되지 못했던 것이 판명났기에 그들은 미움을 받게 되는 것입니다.

이스라엘 백성들은 자기들이 존재하는 것은 오직 하나님의 복을 받기 위해서라고 생각했습니다. 그러나 이스라엘이 존재하는 것은 그들만 하나님의 복을 받는 것이 아니라 다른 민족에게도 복을 나누어주는 통로라는 것을 몰랐습니다. 사실 이스라엘이 다른 나라를 많이 복되게 하면 결국 자기들에게도 복이 많이 오게 되어 있었습니다. 그러나 자기들만 복을 다 받아서 가로채려고 하니까 주위 나라에 전혀 복을 전해주지 못했습니다.

주위 나라의 평가

본문에는 유다 주위의 네 나라에 대한 예언이 나오고 있습니다.

그 첫째가 암몬족입니다. 원래 어느 나라든지 간에 가까이 붙어있는 나라와 민족 사이에는 과거에 전쟁을 했던 경험들이 있어서 사이가 좋지 못한 법입니다. 유다와 주위에 있는 네 나라들은 모두 긴 역사를 통해서 서로 죽이고 죽는 전쟁을 했던 기억들이 있는 나라들이었습니다.

그 결과 암몬 족속들은 하나님의 성전이 더럽혀지고 유다 백성들이 사로잡힐 때에 '아하 좋다' 고 하였습니다. 우리나라 식으로 표현한다면 '얼씨구나 좋다' 라는 뜻이었습니다. 하나님께서는 예루살렘 성전이 망하고 유다 백성들이 포로로 붙들려 가는데 암몬 족속들의 입에서 '얼씨구나 좋다' 는 말이 나왔을 때 아주 심한 상처를 받으셨습니다. 그래서 하나님께서는 암몬 족속의 모든 좋은 것을 동방 족속들이 다 차지할 것이라고 말씀하셨습니다.

"그러므로 내가 너를 동방 사람에게 기업으로 붙이리니 그들이 네 가운데 진을 치며 네 가운데 그 거처를 베풀며 네 실과를 먹으며 네 젖을 마실찌라"(4절).

여기서 '동방 족속'이라고 하는 것은 아라비아 족속들을 말합니다. 아라비아 족속들이 다 몰려와서 암몬에 진을 치고 가지도 않고 그들의 모든 것을 다 가져버리는 것입니다.
왜냐하면 하나님께서 유다를 치시지만, 좋아서 신이 나서 치시는 것은 아니었습니다. 하나님께서 눈물을 머금고 너무나도 마음 아파하면서 유다를 치시는데 암몬 족속들이 '얼씨구나 좋다'라고 하니까 하나님께서 화가 나서 견딜 수가 없으셨던 것입니다.

"나 주 여호와가 말하노라. 네가 이스라엘 땅을 대하여 손뼉을 치며 발을 구르며 마음을 다하여 멸시하며 즐거워하였나니"(6절).

암몬 족속들이 유다 사람들을 얼마나 미워하였든지 유다와 예루살렘이 망하는 것을 보고 손뼉을 치고 발을 굴리면서 좋아하였던 것입니다.
이것이 암몬 사람들이 생각한 유대인들의 모습이었습니다. 이것은 유대인들에게도 결코 기분 좋은 일은 아니었습니다. 자기들이 못되는 것을 보고 그렇게 좋아하는 사람들이 있을 때 우리는 도대체 내가 저 사람에게 어떻게 했기에 저렇게 반응하는가 하는 생각을 하게 되는 것입니다.

암몬 족속들이 유다의 멸망을 그렇게 기뻐하고 좋아하는 이유가 무엇입니까? 유대인들은 언제나 자기 문제에 빠져 있었고 언제나 자기 행복만 생각했기에 어려울 때나 잘살 때나 남에게 베푼다는 생각이 전혀 없었기 때문입니다. 그러니까 주위에 있는 이웃들이 뼈에 사무칠 정도로 미워했던 것입니다.

그 다음에는 모압 족속이 나옵니다.

"나 주 여호와가 말하노라. 모압과 세일이 이르기를 유다 족속은 모든 이방과 일반이라 하도다. 그러므로 내가 모압의 한편 곧 그 나라 변경에 있는 영화로운 성읍들 벧여시못과 바알므온과 기랴다임을 열고 암몬 족속 일반으로 동방 사람에게 붙여 기업을 삼베 할 것이라"(8-10절상).

모압 사람들의 유다에 대한 평가는 매우 날카로왔습니다. 그것은 하나님을 믿는 자들이 하나님을 믿지 않는 자들과 다를 바가 하나도 없다는 것이었습니다. 즉 유다 백성들도 실제로 겪어보니까 세상 사람들과 하나도 다를 바가 없는데 우리가 무엇 때문에 그 사람의 문제에 관심을 가지겠느냐 하는 것이었습니다. 암몬 족속들은 유다에 대하여 너무 관심이 많았습니다. 그러나 모압 족속들은 아예 유다나 예루살렘에 관심도 없었고 기대도 아예 하지 않았습니다. 그래서 모압도 동방 사람들이 들어와서 성을 차지해버리는 것입니다.

모압의 평가는 참으로 하나님의 백성들에게는 심각한 것입니다.

'하나님을 믿는다고 해서 무엇인가 좀 다를 줄 알았더니 조금도 다른 것이 없네.' 라는 것입니다.

사실 믿지 않는 사람들은 우리 예수 믿는 사람들이 자기들보다 월등하게 도덕적이고 희생적일 줄로 생각을 합니다. 보통 믿는 사람들은 다 천사들이고 목사나 전도사들은 아예 천사장쯤 되는 줄 생각합니다. 그러나 우리의 가장 큰 고민은 우리는 너무나도 하나님을 조금밖에 닮지 못했다는 사실입니다. 우리가 때때로 다른 사람들에게 자기가 믿는 것을 당당하게 드러내지 못하는 이유도 사실 너무 하나님을 많이 닮지 못해서 하나님께 욕을 돌려드릴까 두려운 것도 있습니다. 아마 우리는 죽는 순간까지도 완전히 하나님을 닮는 것은 불가능할 것입니다. 그러나 우리가 다른 사람들에게 '우리가 결코 하나님을 많이 닮은 것은 아니라'고 할 때 '우리는 실제로 하나님의 천분의 일, 만분의 일도 닮지 못했다'고 이야기를 할 때 세상 사람들은 깊은 인상을 받게 됩니다.

그리고 자기들이 생각했던 것과 실제로 예수 믿는 사람들이 상당히 다르다는 것을 알게 됩니다. 처음 받은 인상은 교만하고 이기적이고 남을 무시하는 줄 알았는데 알고 보니 솔직하고 애정이 있고 겸손할 때 깊이 사랑하게 되는 것입니다. 그리고 무엇이라고 말을 합니까? '예수 믿는 사람들은 다르다'고 말할 것입니다. 그런데 모압 족속들은 '유다 족속은 다른 이방 민족과 일반이다'라고 말을 합니다. 이것은 다른 점이 하나도 없이 똑같다는 뜻입니다.

특히 하나님의 백성들이 세상 사람들과 똑같은 이유는 욕심 때문입니다.

하나님은 우리에게 영적인 복을 주십니다. 우리 속사람을 새롭게 하시고 하나님의 놀라운 성품을 부어주십니다. 무엇보다 이런 내면적인 복은 진짜 가치 있는 복이고 어마어마한 복인 것입니다. 그러나 이런 복은 눈에 보이는 것이 아닌 것이 문제입니다. 하나님의 백성이라고 해서 돈 없이 영적인 복만 가지고 살 수 있는 것은 아닙니다. 그래서 하나님은 돈도 주시고 세상적인 것도 많이 주십니다. 이때 우리가 생각해야 할 것은 이것은 진짜 복이 아니고, 진짜 복에 따라오는 부스러기 복인 것을 항상 인식해야 합니다. 마치 백화점에서 물건을 사고 나면 사은품을 주는 것처럼 뒤따라오는 것입니다. 하나님의 백성들이 영적인 복과 세상적인 복을 모두 다 챙기려고 할 때 굉장히 인색하게 되고 나쁜 이미지를 주게 됩니다. 우리가 영적인 복을 받았을 때 물질적인 복을 조금 나누는 것입니다. 가지고 있는 돈이나 물건 중에서 일부를 다른 사람을 위해서 주는 것입니다. 물론 그렇게 해 봐야 하나님이 주신 복에 비하면 천분의 일 만분의 일도 되지 않을 것입니다. 그러나 이것이 하나님을 믿지 않는 사람들에게는 엄청나게 신선한 충격을 주게 됩니다.

　예수님께서 두로 지방에 가셨을 때 수로보니게 여인 하나가 자기 딸이 귀신들린 것을 고쳐 달라고 예수님께 부탁을 했습니다. 그때 예수님께서는 자녀의 떡을 개에게 줄 수 없다고 말씀하셨습니다. 여기서 떡은 하나님의 은혜를 말하는 것입니다. 그때 이 여자가 대답하기를 '개도 부스러기를 먹을 수 있습니다' 라고 대답을 했습니다. 즉 이 여자는 귀신을 고치는 것이 떡이 아니고 부스러기라는 것을 알았습니다. 그때 예수님께서는 기꺼이 이 여자에게 복을 주셨습니다. 우리는 이 세상에서 하나님의 말씀의 복을 빼앗기거나 하나님의 말씀을 다른 것과 바꾸어서는 안 됩니다. 우리는 신앙의 본질이 아닌 문제에 있어서는 얼마든지 양보하고 타협도 할 때 사람들은 우리를 새롭게 보고 존중하게 되는 것입니다. 그러나 유대인들은 이것을 정반대로 했습니다. 즉 가장 중요한 하나님의 말씀을 포기하고 우상을 받아들였습니다. 그리고 돈에 있어서는 전혀 양보를 하려고 하지 않았습니다. 그랬더니 다른 믿지 않는 자들과 다를 바가 전혀 없게 된 것입니다. 그러므로 우리가 하나님의 백성의 순수함을 지키려면 가장 중요한 것은 절대적으로 지키고 다른 것들은 얼마든지 양보를 할 수 있어야 하는 것입니다.

예수님의 비유 중에 불의한 청지기 비유가 있습니다. 이 청지기는 주인의 재산을 맡아서 많이 횡령을 했습니다. 그래서 주인이 어느 날 눈치를 채고는 결산을 하겠다는 통보를 했습니다. 그 때 이 청지기는 가만히 생각을 해 보았습니다. 자기가 주인의 재산을 횡령하면서 그동안 남을 위해서 쓴 돈이라고는 한 푼도 없었습니다. 모두 자기 쾌락을 위해서 자기 즐거움을 위해서 주인의 재산을 낭비했던 것입니다. 그래서 이 청지기가 지금 무엇을 해야 할 것인지 생각을 해 보았습니다. 주인의 돈을 회복시키는 것은 지금으로서는 불가능하고 아직 권한이 자기에게 있을 때에 주인에게 더 손해를 끼쳐서 주인에게 빚을 진 사람의 빚을 많이 줄여 주었습니다. 기왕 주인의 재산에 손해를 끼친 김에 조금도 손해를 끼쳐서 남을 도와준 것이었습니다. 결국 주인이 이 청지기와 결산을 해 보니까 많이 손해를 보기는 했습니다. 그런데 주인에 대한 주민들의 평판은 많이 좋아져 있었습니다. 왜냐하면 빚을 많이 줄여주었기 때문입니다. 그래서 주인은 이 종이 밉기는 미운데 미워할 수는 없었습니다. 재산은 손해를 보게 했지만 주인의 이미지는 아주 좋게 만들었기 때문입니다. 그래서 주인은 이 청지기를 고발하지 못했습니다.

마찬가지로 우리는 지금 하나님의 재산은 낭비하고 있는 사람들과 같습니다. 우리는 하나님께서 우리들에게 주신 은혜를 도저히 갚을 길이 없습니다. 이때 우리가 기왕 하나님의 은혜를 낭비하고 있다면 더 낭비를 해서 하나님의 이미지를 바꾸어 놓는 것입니다. 기왕 돈을 쓰는 김에 더 쓰는 것입니다. 그래서 다른 사람들이 '와, 하나님은 굉장히 자비로우시구나. 하나님은 너무나도 사랑이 많으신 분이시구나' 하는 이미지를 심어준다면 우리는 망하지 않는 것입니다.

사실 우리에게 주신 일반 은총이라고 하는 것은 남에게 베풀라고 있는 것입니다. 하나님께서는 악한 자들에게도 햇빛을 주시고 못된 사람들에게도 비를 주십니다. 우리 같으면 악한 자들에게는 비닐을 쳐서 비가 가지 못하게 하고 또 못된 놈들에게는 까만 커튼을 쳐서 빛이 못 가게 할 텐데 하나님은 악한 자나 선한 자 모두에게 빛을 주셨습니다.

결국 멸망하는 이웃들

여기에 보면 에돔 족속과 블레셋 족속의 이야기가 나옵니다.

"나 주 여호와가 말하노라. 에돔이 유다 족속을 쳐서 원수를 갚았고 원수를 갚음으로 심히 범죄하였도다"(12절).

물론 한때 에돔은 이스라엘 자손들의 철천지원수였습니다. 다윗은 에돔 사람들을 많이 죽이기도 했습니다. 그러나 한때 철천지원수였다고 해서 끝까지 원수가 되어야 하느냐 하는 것은 아닙니다.

우리는 원수 갚는 방법이 두 가지가 있다는 것을 알아야 합니다. 하나는 내 원수가 그야말로 쫄딱 망하는 것입니다. 나를 미워하고 못살게 구는 자가 병들고 재산 다 날리고 결국 비참하게 죽는 것입니다. 우리가 그것을 바라는 이유는 나의 상처받은 자존심을 보상받기 위해서 그렇게 하는 것입니다. 그러나 더 좋은 원수 갚는 방법이 있습니다. 그것은 나를 한때 미워하고 업신여기고 자존심에 상처를 준 사람이 진정으로 은혜를 받아서 진짜 하나님의 복을 받고 훌륭하게 잘 되는 것입니다. 그러면 얼마나 좋습니까? 이 세상에 비참하게 망하는 사람이 한 명 더 생기는 것보다는 나의 원수가 변하여 진정으로 복을 받는다면 이것보다 더 멋진 복수는 없을 것입니다.

한때 유다와 에돔은 원수 관계에 있었습니다. 그러나 그런 원수 관계를 팽팽하게 유지했다는 것은 유다가 진 것이었습니다. 언젠가는 그 팽팽한 긴장을 깨트려야 합니다. 그때가 언제입니까? 하나님께서 나에게 물 붓듯이 복을 부어주셨을 때 나도 에돔에 대하여 물질적으로 많이 베푸는 것입니다. 그러면 오히려 에돔 사람들이 미안해하게 됩니다. 이렇게 하는 것이 정말 멋진 것입니다. 십년, 이십년 전의 일을 가슴 속에 담아 놓고 씩씩거리면서 미워 해 봐야 자기 자신만 진정으로 옹졸한 사람이 되고 마는 것입니다. 그리고 하나님의 복도 옹졸하게 받을 수밖에 없습니다.

우리는 다른 사람의 구원에 대하여는 책임질 수가 없습니다. 왜냐하면 누구든지 하나님의 구원의 은혜를 받으려면 각자 자신이 하나님의 말씀을 믿어야 하기 때문입니다. 그러나 우리는 적어도 다른 사람에 대하여 내가 그들을 미워하지 아니하며 좋은 감정을 가지고 있다는 것은 보여줄 수 있어야 합니다.

사실 많은 사람들이 믿는 사람들 자체가 너무 무서워서 예수 믿는 것을 포기할 때가 많이 있습니다. 즉 그들의 눈에 우리 믿는 사람들이 천사보다 더 거룩하고 수준이 너무 높으며 일체 실수나 잘못은 용서하지 않고 돈도 일체 베풀지 않는 빈틈없는 사람들로 보일 때 숨이 막혀서 믿지 못하는 것입니다. 그러나 우리도 실수도 많고 부족한 점도 많은데 또 솔직하기도 하고 돈도 내어줄 줄 알면 '아, 예수 믿는 사람이라고 해서 까마득하게 높은 줄 알았더니 말도 통하고 얼마든지 가까워질 수 있네'라고 생각하는 것입니다. 이것이 바로 우리가 사는 길인 것입니다.

하나님께서는 악한 자들이 조금씩 변화되거나 변화될 가능성이 있을 때 이 세상을 지켜주십니다. 그러나 믿는 자들이 너무 완고하고 악한 자들은 더욱 악할 때 이 세상을 유지하실 필요가 없으신 것입니다.

제자들이 예수님께 '언제 종말이 옵니까?' 라고 물었을 때 예수님은 '주검이 있는 곳에 독수리가 덮치느니라' 고 말씀하셨습니다. 주검은 시체를 말합니다. 움직이지도 않고 반응도 없고 눈물도 흘리지 않는 자들에게 독수리가 덮치는 것입니다. 예를 들어서 어떤 사람이 사막에서 쓰러져 있습니다. 그러면 하늘에 독수리가 날아다니기 시작합니다. 그러나 아직 그 사람이 살아서 움직이고 있으면 독수리도 내려오지는 않습니다. 그러나 쓰러져 죽으면 그때는 독수리가 새카맣게 내려와서 시체를 뜯어 먹기 시작하는 것입니다.

마찬가지로 바른 하나님의 말씀이 선포되고 사람들이 조금씩이라도 변화되고 있을 때에는 전쟁의 독수리나 재앙의 독수리가 대기 상태에 있지 덤벼들지 못합니다. 그러나 건방지게도 믿는 자들이 완전히 자기 만족에 빠져서 전혀 변하지도 않고 남들도 변하지 않을 때 심판의 독수리는 덮치게 되는 것입니다.

결국 우리는 이 세상이 완전히 구원받지는 못하게 하더라도 자꾸 은혜가 흘러나게 해서 심판을 연기시켜주어야 합니다.

"나 주 여호와가 말하노라. 블레셋 사람이 옛날부터 미워하여 멸시하는 마음으로 원수를 갚아 진멸코자 하였도다"(15절).

원래 블레셋 사람들은 이스라엘 백성들을 멸시하였습니다. 왜냐하면 그들보다 나은 것이 별로 없었기 때문입니다. 즉 이스라엘 백성들이 출애굽 할 때에는 청동기 문화였습니다. 그러나 이스라엘 백성들이 광야를 돌아다니는 동안 가나안 땅은 철기 문명으로 다 변해버렸습니다. 더욱이 이스라엘 백성들은 가나안 땅에 정착하고 난 후에도 청동기 혹은 석기 문명이었습니다. 그래서 쟁기나 낫 같은 것이 없었습니다. 그러기에 블레셋은 유다를 업신여겼습니다.

하나님께서는 유다의 이웃 나라들이 유다가 망할 때 기뻐하였고 그들을 인정하지 않았고 너무 오랫동안 원수가 되었다고 멸망을 시키시는데 이것은 어떤 의미에서는 유다의 책임인 것입니다. 하지만 우리 하나님은 본문을 통해 아직 이들이 망하기 전에 스크루지 같이 미래의 모습을 보여주시면서 그들이 너무나도 자기 문제에 빠져 있었고 너무나도 남의 처지를 생각하지 못하는 것을 깨닫게 해주고 있습니다.

오늘 우리는 너무 자기만 생각하지 말아야 할 것입니다. 우리 주위에는 나와 똑같이 귀한 생명을 가지고 살아가고 있는 많은 사람들이 있습니다. 그러므로 우리는 주변 이웃의 아픔에 눈을 돌려 그들을 도와야 할 것입니다. 그들 모두를 나와 똑같이 사랑할 수 있을 때 우리의 평판은 달라지게 될 것이며 우리 모두 하나님의 구원을 체험하게 될 것입니다.

24

| 겔 26:1-21 |

두로의 운명

우리가 하나님의 연단을 받느라고 병들어 있거나 경제적으로 어려울 때에는 이 세상의 그 많은 사람들 중에서 오직 나만 불행한 것 같고 오직 나만 버림을 받은 것 같은 생각이 들게 됩니다. 예를 들어서 병원에서 암이라는 진단이 나왔을 때 그리고 기업이 부도가 났을 때 거리에 걸어가는 사람들은 모두 다 문제가 없이 행복한 것 같은데 오직 나만 이 세상에서 혼자 버림받은 것 같은 비참한 생각이 드는 것입니다. 물론 어려움을 다 겪고 난 후에 보면 하나님께서 고통보다는 복을 훨씬 더 많이 주신 것을 깨닫게 되지만 처음에는 그렇지가 않습니다. 그때 우리가 이 세상에서 성공해서 잘 사는 사람의 집이나 회사에 초청을 받아 간다면 우리는 기가 완전히 죽을 것입니다. 처음에 가장 헷갈리는 것은 들어가는 입구가 너무 으리으리하게 되어 있어서 신발을 벗고 들어가야 하는지 신고 들어가야 하는지 구별이 되지 않을 것입니다. 그리고 그 방에 있는 가구나 장식품 같은 것들이 모두 신기하게 보일 것입니다. 우리는 그런 으리으리한 방에 있는 성공적인 사람에 비하면 현재의 처지나 입고 있는 옷이나 모든 것들이 비교가 되어 자신감을 잃게 될 것입니다.

저도 예전에 그런 시절이 있었습니다. 직장도 없이 청년들과 성경 공부나 하고 돌아다니니까 양복이 없었습니다. 언제나 군대 때 입던 점퍼와 청바지 차림으로 수년을 살았습니다. 그러다가 마침 친척분의 초상이 있어서 가기는 가야 하겠는데 양복은 없으니까 아버지께서 살아계실 때 입으시던 흰 색 양복을 입고 문상을 갔던 적이 있었습니다. 그때 아마 저의 형제들은 저의 그런 모습이 창피하게 보였을 것입니다. 그러나 그때 저는 창피하지 않았습니다. 왜냐하면 제 마음 속에는 제가 하나님의 말씀을 붙잡고 간다는 강한 확신이 있었기 때문입니다.

지금도 같은 젊은이라 하더라도 알아주는 대기업체에 다니는 사람과 중소기업체에 다니거나 아니면 아직 직장을 얻지 못한 사람들 사이에는 자존감에 있어서 엄청난 차이가 있는 것을 보게 됩니다. 대기업체에 다니는 사람들은 어깨에도 힘이 들어가고 해외 출장이니 연수니 하면서 정신없이 바쁘게 돌아다닙니다. 그러나 중소기업체에 근무하거나 직장이 없는 청년들은 힘을 잃고 살아갑니다. 특히 열심히 연단 받고 있는 하나님의 백성들에게는 그런 것들이 모두 그림의 떡처럼 보일 것입니다.

그러나 오늘 하나님의 말씀은 정반대되는 말씀을 하고 있습니다. 즉 이 세상에서 가장 부러운 사람들은 하나님의 말씀으로 연단 받고 있는 자들이라는 것입니다. 왜냐하면 이 사람들은 하나님의 불시험을 통과

한 후에 모두 다시 하나님의 축복을 받게 될 것이기 때문입니다. 거기에 비하여 하나님의 연단을 모르고 세상적으로 성공한 사람들은 나중에 하나님의 심판을 당할 때 흔적도 남지 않고 다 망하게 될 것이라고 말씀하고 있습니다.

오늘 본문 말씀은 유다 북쪽에 있는 두로라는 작은 항구 도시에 대한 심판의 말씀입니다. 그동안 유다 백성들은 너무나도 자기 문제에 빠져 있어서 주위에 다른 나라 사람들이 있다는 사실을 생각하지 못하고 있었습니다. 그런데 하나님께서는 이스라엘 백성들 외에도 주위에 에돔이나 모압 같은 나라 사람들이 있다는 사실을 깨닫게 해주셨습니다. 그런데 이번에는 조금 다른 나라 두로에 대한 말씀입니다. 두로가 조금 다른 나라였던 이유는 지금까지 이야기한 에돔이나 모압 같은 나라들은 모두 다 그만그만한 나라들이었습니다. 즉 처지가 유다와 비슷한 처지였던 것입니다. 그러나 두로는 그 당시 유다나 주위 나라들에 비해서 월등하게 잘 사는 나라였습니다. 우리는 자기와 비슷비슷한 사람들에 대하여 말하면 시큰둥하다가도 자기보다 월등하게 잘 사는 부자나 기업에 대하여 말을 하면 정신이 번쩍 들게 될 것입니다. 왜냐하면 도대체 그렇게 잘사는 나라 사람들이 나중에 어떻게 되는지 모두가 다 알고 싶어 하기 때문입니다.

바다의 지배자 두로

두로는 오늘로 치면 가장 실속 있고 알부자인 기업이나 나라로 비유할 수 있습니다. 즉 돈도 가장 많고 장사도 가장 잘 하고 어느 모로 보나 성공해서 경제가 아주 탄탄한 사람들이었던 것입니다.

옛날에는 가장 유능한 사람들이 바다로 나가는 사람들이었습니다. 대개 농사를 짓는 사람들은 자급자족하는 수준이었고 잘 살아봐야 하인이나 노예를 두는 정도였습니다. 그러나 바다로 나간 사람들은 장사를 해서 돈을 버는데 그야말로 어마어마하게 돈을 긁어모았던 것입니다. 특히 두로 사람들은 일찍 바다로 나가서 세계의 돈이라는 돈을 다 긁어모은 사람들이었습니다.

두로는 그리스가 지중해를 제패하기 전에 흑해와 지중해 세계를 제패했던 나라였습니다. 그 나라는 결코 크지 않았지만 전 세계에 다니면서 무역을 하여 엄청나게 돈을 번 부자였던 것입니다. 우리가 두로라고 하면 잘 모르지만 페니키아라고 하면 잘 알 것입니다. 페니키아는 세계에서 가장 먼저 문자를 발명했고 숫자를 사용했으며 바다로 나가서 식민지를 개척했던 사람들이었습니다. 나중에 로마와 싸워서 패배해서 망했지만 용장 한니발이 나왔던 카르타고가 바로 두로가 개척한 식민지였습니다. 바로 이 페니키아가 두로인 것입니다.

호머의 유명한 일리아드라는 서사시는 아시아에 있는 트로이와 그리스 연합군의 10년 전쟁을 그리고 있습니다. 이 전쟁이 일어난 원인은 트로이왕의 아들 파리스가 스파르타의 아름다운 왕비 헬렌을 유혹해서 데리고 온데서 시작이 됩니다. 그런데 더 중요한 이유는 바다에 대한 아시아 계통과 그리스계통의 주도권 싸움이었고 또 토로이가 가지고 있는 어마어마한 부에 대한 욕심 때문이었습니다. 이 전쟁은 십년 동안 계속 되면서 엄청나게 많은 사람들이 죽습니다. 결국은 그리스 연합군이 10년을 공격해도 안 되니까 목마를 하나 남겨놓고 철수를 하는데 트로이 사람들은 이것이 기념품인 줄 알고 성 안으로 끌어놓고 술을 마시고 춤을 추고 자다가 목마에서 내려온 그리스 군대에 의해서 트로이는 불타고 마는 것입니다. 결국 트로이 전쟁에서 아시아가 패배함으로 인해 에게해의 지배권은 그리스가 차지하게 되었던 것입니다. 그 후에 아시아에 트로이를 대신해서 아주 중요한 강국으로 등장한 나라가 두로였습니다.

두로는 해변에 세워진 성인데 난공불락의 성이었고 이 안에 장사해서 얻은 어마어마한 금은 보물 들이 쌓여 있었습니다. 그리고 바다에는 두로가 개척해 놓은 많은 식민지나 거래처들이 있었습니다. 거기에 비해서 유다는 이미 일부는 망해서 포로로 붙잡혀 가 있고 나머지도 망하기 일보 직전 위태위태한 가운데 있었습니다. 이때 유다 백성들의 상황에서 보면 두로가 얼마나 멋있어 보였고 안정되게 보였으며 행복하게 보였는지 모릅니다. 그러나 미리 연단을 받은 유다 민족은 하나님의 은혜로 기적같이 다시 소생하고 한번 소생하고 난 후에는 다시 망하지 않지만, 연단을 받지 않은 두로는 하나님의 심판 때에 흔적도 없이 완전히 없어져 버릴 것이라고 말씀을 하십니다. 그래서 다음 장인 에스겔 27장에는 아예 두로라는 배가 침몰하는 장면을 보여주는데 완전히 타이타닉호의 침몰과 같습니다.

타이타닉 호는 영국에서 만든 세계에서 가장 큰 배였습니다. 그 안에는 초호화판 시설을 갖추고 모든 훌륭한 손님들을 태우고 대서양을 건너가고 있다가 빙산과 충돌하는 바람에 배가 침몰해서 천명 이상이 빠져 죽은 비극의 배였습니다. 하나님께서는 두로가 그렇게 될 것이라고 말씀하고 있습니다.

그런데 이때 유다 백성들은 어떤 형편에 있습니까?

"제 십 일년 어느 달 초 일일에 여호와의 말씀이 내게 임하여 가라사대"(1절).

여기서 '제 십 일년'이라고 하는 것은 유다 백성들이 바벨론에 포로된 지 십 일년을 말하는 것입니다. 유다 백성들은 포로 생활을 하면서 대개 십년을 상한선으로 생각을 했던 것 같습니다. 즉 십년이면 강산도 변한다는데 십년 안에 무슨 좋은 소식이 있겠지 라고 기대를 하고 있었던 것입니다. 그러나 십년이 지나고 십 일년이 지나가는데도 좋은 소식은 전혀 없었습니다. 이제부터는 소망 없이 기다릴 수밖에 없는 것입니다. 이들의 눈에 두로 사람들이야말로 얼마나 부럽고 멋있어 보였겠습니까? 우리 믿는 자들은 어려움을 당할 때 나름대로 오년이나 십년이 지나면 무슨 좋은 소식이 있겠지 라고 기대를 합니다. 그러나 그런 기대가 아주 소용없이 지나가버리면 그때부터는 또 초조하게 되고 기다리는 것이 힘들어지게 됩니다. 그동안에 세상적으로 나간 사람들은 더 잘되고 더 성공해 있는 것을 보기 때문입니다.

그러나 하나님은 다른 말씀을 하십니다. 즉 세상적으로 당장 성공하고 세상적으로 당장 안정되는 것이 중요한 것이 아니라 하나님의 축복을 받아서 사는 것이 중요하다고 말씀하십니다. 하나님의 축복을 받지 못한 성공은 모두 언젠가 타이타닉호의 침몰같이 바다에 빠지고 말 것입니다. 우리가 하나님의 복을 받으려면 우리 안에 있는 세상적인 찌꺼기는 다 태워버려야 하고 오직 하나님의 말씀만 붙잡아야 합니다. 그래야 비로소 영적인 부흥을 경험하게 될 것입니다.

두로가 본 예루살렘

"제 십 일년 어느 달 초 일일에 여호와의 말씀이 내게 임하여 가라사대 인자야 두로가 예루살렘을 쳐서 이르기를 아하 좋다 만민의 문이 깨어져서 내게로 돌아왔도다. 그가 황무하였으니 내가 충만함을 얻으리라 하였도다"(1-2절).

사실 두로는 예루살렘에 대하여 많은 말을 하지 않았습니다. 26장 전체에서 두로가 예루살렘에 대하여 말한 것은 2절 한 절밖에 없습니다. 그 이유는 두로는 자기 장사하느라 바빠서 예루살렘에 대하여 길게 생각할 여유가 없었던 것입니다. 그런데 두로가 예루살렘에 대하여 말한 이 한 마디를 보면 두로는 역시 예루살렘을 자기 식으로 보고 있었다는 것을 잘 알 수 있습니다.

두로는 예루살렘을 '만민의 문' 이라고 말하고 있습니다. 즉 '만민의 문이 깨어져서 내게로 돌아왔다' 라고 말을 하고 있습니다. 여기서 '만민의 문' 이라는 말이 무슨 뜻이겠습니까? 한때 예루살렘에는 엄청난 사람들이 몰려오고 찾아왔다는 뜻입니다. 그래서 예루살렘이 가졌던 별명이 바로 '만민의 문' 이었습니다. 그러면 무엇 때문에 그 많은 사람들이 예루살렘으로 몰려들었겠습니까? 물론 무역을 하러 온 사람들도 있었을 것이고 관광을 하러 온 사람들도 있었을 것입니다. 그러나 그 많은 사람들이 예루살렘을 찾았던 가장 중요한 이유는 하나님의 말씀을 듣고 자기 인생의 문제를 풀기 위해서 찾아왔던 것입니다. 그 대표적인 인물 중에 한 사람이 솔로몬 때 예루살렘을 찾았던 시바의 여왕이었습니다. 이 당시 시바의 여왕은 아주 큰 나라를 다스리던 사람이었습니다.

그런 사람이 낙타에 금을 잔뜩 싣고 예루살렘을 찾아왔다면 그것은 단순히 관광 차원에서 온 것은 아니었던 것입니다. 무엇인가 자기 자신이나 자신의 나라에 찾아온 심각한 어려운 문제에 대한 답을 찾기 위해서 그 먼 곳에서 찾아왔던 것입니다.

예루살렘이 한참 부흥될 때에는 마치 끊임없이 솟아오르는 성령의 샘물과 같았습니다. 이 세상에 사는 모든 사람들 중 누구든지 예루살렘에 와서 말씀을 들으면 그 영혼이 치료가 되었고 바르게 살아갈 수 있는 길을 발견할 수 있었던 것입니다. 그런데 두로 사람들은 이것을 시기하였습니다. 왜냐하면 자기들 식으로 보았기 때문입니다. 즉 두로 사람들은 예루살렘이 자기들처럼 장사가 잘 된다고 생각했던 것입니다. 사람들은 음식점이나 백화점에 사람들이 와글와글하면 장사가 잘 된다고 생각을 합니다. 그러나 교회에 사람들이 와글와글 많이 모이는 것은 결코 장사가 잘 된다는 의미가 아닌 것입니다. 이것은 그만큼 현실에서 어려움을 당한 사람들이 많다는 뜻이고 하나님의 도우심을 필요로 하는 사람들이 그만큼 많다는 뜻인 것입니다. 중요한 것은 단순히 사람이 많은 것보다는 그 사람들의 필요를 다 채워줄 수 있는 성령의 능력이 임해야 하는 것입니다.

그런데 어느 날부터 예루살렘에 손님들이 끊어지게 되었습니다. 그 이유가 어디에 있을까요? 외부인들이 먼 곳에서 예루살렘을 찾아왔는데 겉으로는 화려한데 자기들이 찾는 바로 그 능력, 바로 그 은혜가 없어져버렸기 때문이었습니다. 하나님께서는 히스기야가 병이 낫고 난 후에 바벨론에서 온 사신들에게 자신들의 보물 창고를 다 보여준 것을 두고 아주 심하게 책망을 하셨습니다. 그 이유는 예루살렘이 세상 사람들에게 자랑할 것은 보물 창고에 들어 있는 금과 은과 보석이 아니었던 것입니다. 예루살렘이 자랑해야 하는 것은 오직 기도의 능력과 하나님의 기적이었습니다. 즉 히스기야가 하나님의 말씀을 붙잡고 기도했을 때 앗수르 군대 18만 5천명이 죽었던 그 현장을 보여주어야 하는 것입니다. 그리고 히스기야가 죽을병에 걸렸을 때 울면서 기도하자 그때 일어났던 이적, 곧 뒤로 물러갔던 일영표 해시계를 보여주어야 했던 것입니다.

그래서 신약시대에 오순절 성령이 임했을 때 베드로와 요한은 성전 문에 앉아서 구걸하던 장애인에게 '은과 금은 내게 없거니와 내게 있는 것으로 네게 주노니 나사렛 예수의 이름으로 일어나라'고 했던 것입니다.

오늘도 하나님의 백성들은 세상 사람들을 만족시키기 위해서 세상에서 모은 금과 은을 자랑하려고 합니다. 마치 우리가 그런 것들을 자랑하면 더 많은 세상 사람들이 성전에 관심을 가질 줄로 생각합니다. 이것이 바로 히스기야가 잘못 생각했던 것입니다. 세상 사람들이 성전에 오는 것은 세상에 없는 것을 보기 위해서입니다. 그것은 바로 말씀의 능력과 기도의 능력과 믿음의 능력인 것입니다.

물론 하나님께서 히스기야를 사랑하셔서 많은 보물을 주셨습니다. 그것은 감사할 이야기이지 결코 자랑할 성질의 것은 못되는 것입니다. 우리는 세상의 것을 많이 가지고 있다고 해서 그것을 자랑해서는 안됩니다. 우리가 자랑할 수 있는 것은 오직 말씀의 능력과 기도의 능력인 것입니다. 예루살렘은 오직 바른 말씀만 가지고 있으면 사람들은 찾아오게 되어 있는 것입니다. 바른 말씀의 샘이 있으면 아무리 먼 곳에서라도 찾아오게 되어 있었습니다. 그러나 유다 백성들이 예루살렘에 장사할 생각으로 샘을 없애고 유원지로 개발을 했을 때 결국 저수지가 마르면서 손님도 끊어지고 예루살렘도 망하고 말았습니다.

두로 사람들은 모든 것을 장사하듯이 생각을 했습니다. 즉 예루살렘의 손님들이 끊어졌으니까 그 손님들이 모두 자기들에게로 올 것이라고 생각을 한 것입니다. 사실 예루살렘에 오는 손님들과 두로에 오는 손님들은 완전히 정반대되는 사람들이었습니다. 예루살렘에 오는 손님들은 영적으로 갈급하여 하나님의 말씀을 들으러 오는 사람들이지만 두로에 오는 사람들은 세상의 상품에 눈이 어두워서 물건을 사기 위해서 쇼핑하는 사람들이었습니다. 이와 같이 두로는 사람들에게는 영적인 갈급함이 있다는 사실 자체를 알지 못할 정도로 장사꾼들이었습니다. 이 세상 사람들이 생각하지 못하는 것이 있는데 그것은 영적인 은혜가 풍성해야 세상에도 국물이 흘러간다는 사실입니다. 하나님의 은혜 없이 세상적으로 흥청망청 잘 사는 것은 결국 멸망의 때가 다 된 것입니다.

두로에 대한 하나님의 계획

"그러므로 나 주 여호와가 말하노라. 두로야 내가 너를 대적하여 바다가 그 파도로 흉용케 함 같이 열국으로 와서 너를 치게 하리니 그들이 두로의 성벽을 훼파하며 그 망대를 헐 것이요, 나도 티끌을 그 위에서 쓸어 버려서 말간 반석이 되게 하며"(3-4절).

일단 우리는 두로 사람들의 용기는 인정을 해 주어야 할 것입니다. 두로 사람들은 자신들이 더 크게 성공하기 위해서는 이렇게 집에서 농사나 하고 주저앉아 있어서는 안 되고 바다로 나가서 파도와 싸워서 장사를 해서 성공해야 한다고 생각을 했습니다. 그리고 이 사람들은 모두 바다에 나가서 무서운 파도와 싸워서 이김으로 거대한 부를 움켜쥔 사람들이었습니다. 특히 바다에 있는 수많은 해적들과도 싸워서 이긴 자들이었습니다. 어쩌면 자기들이 해적짓을 했을 수도 있습니다.

보통 때 바다는 잔잔하고 아름답지만 일단 바람이 불고 풍랑이 심하게 일어나면 작은 나무배들은 큰 파도에 크게 부딪치면 배는 산산조각 나서 사람들은 모두 다 물에 빠져 죽게 됩니다.

그래서 옛날 사람들은 모두 바다에는 거대한 용이나 바다 괴물이 산다고 생각을 해서 감히 바다로 나갈 생각을 하지 못했습니다. 그러기에 농사를 짓는 사람들은 용기가 없는 사람들이었습니다. 그냥 현실에 안주하는 사람들이었습니다. 그럼에도 불구하고 바다로 진출하는 사람들은 아주 용기가 있는 사람들이었고 야망이 있는 사람들이었습니다. 따라서 옛날에는 뱃사람들이라고 하면 아주 거친 사람들이었습니다. 왜냐하면 거친 파도와 싸워야 하기 때문에 성격이 거칠어 질 수밖에 없었던 것입니다. 특히 지중해나 그 위쪽에 있는 에게 해는 바다가 갑자기 거칠어지고 풍랑이 칠 때가 많았습니다. 두로 사람들은 바로 그런 파도를 정복하고 엄청나게 돈을 번 사람들이었습니다.

그런데 하나님께서는 '내가 너를 대적하여 바다가 그 파도로 흉용케 함 같이 열국으로 와서 너를 치게 하리니' 라고 말씀하셨습니다. 즉 두로는 자연의 파도는 이겼을지 몰라도 하나님의 파도는 이기지 못하는 것입니다.

우리 인간들에게는 모두 마음속에 세상에 나가서 한번 크게 성공하고 싶은 야망들이 있습니다. 특별히 그 야망이 역경을 이기고 또 시대적인 요구와 잘 일치가 되면 크게 성공을 하게 됩니다. 지금 우리나라에서 크게 성공한 사람들 중에 야망이 없는 사람은 아무도 없고 역경을 이기지 못한 사람들은 아무도 없을 것입니다.

그러나 세상의 성공은 모래성 쌓기와 같습니다. 무엇인가 많은 것을 모아서 멋있게 쌓기는 쌓았지만 그 안에 견고한 것이 없는 것입니다. 다시 말해서 하나님의 은혜의 철근과 콘크리트가 없는 것입니다. 철근과 콘크리트가 없이 아무리 모래를 높이 쌓아 올려서 큰 성을 쌓아도 하나님의 파도가 한번 쓸고 지나가고 나면 남는 것은 아무것도 없습니다.

하나님께서는 두로에 대하여 '말간 반석'이 될 것이라고 했습니다. 바닷가에 있는 반석에 여러 가지를 만들어 놓아도 한번 큰 태풍이 와서 지나가고 나면 아무 것도 남지 않습니다. 그야말로 말간 반석이 되고 마는 것입니다.

하나님의 백성들은 이 세상에 있는 것들을 모으기 이전에 하나님의 말씀과 하나님의 사랑을 가지고 일을 해야 합니다. 즉 비록 더디 보이고 비록 눈에 보이는 성공이 아니라 할지라도 하나님의 말씀으로 집을 지어야 하는 것입니다. 우리에게 중요한 것은 하나님의 말씀으로 한 사람 한 사람이 세워지는 것입니다. 이것이야말로 영원히 무너지지 않는 성전을 짓는 것입니다.

왜 우리가 세상의 유명한 대학이나 유명한 기업체나 유명한 정치 단체를 부러워해야 합니까? 그것은 모두 모래로 지어진 성입니다. 우리는 모래로 지어진 성을 부러워 할 필요가 없습니다. 우리에게 중요한 것은 하나님으로부터 은혜를 받는 것이고 하나님으로부터 능력을 받는 것입니다. 결국 그것으로 하나씩, 하나씩 집을 지어나가는 것입니다. 이것은 영원히 무너지지 않는 집을 짓는 것입니다. 우리는 가끔 철근과 콘크리트는 있는데 모래가 없어서 집을 짓지 못하면 어떻게 하는가 걱정할 때가 있습니다. 그러나 그런 걱정은 할 필요가 없습니다. 왜냐하면 우리 주위에 지천에 널려 있는 것이 모래이기 때문입니다. 우리는 모래도 하나님이 주실 때까지 기다려야 합니다. 그러면 하나님께서 감당할 수 있을 만큼 우리에게 주실 것입니다.

우리는 하나님의 계획을 모르면 아무리 좋은 것을 가지고 있어도 아무 소용이 없습니다. 영화나 드라마를 보면 가장 중요한 사람은 주인공입니다. 다른 사람은 왕이든지 부자이든지 교수이든지 주인공이 아니면 모두 별로 중요하지 않습니다. 마찬가지로 지금 역사의 주인공은 누구입니까? 바벨론에 포로 되어간 만 명의 사람들이었습니다. 그리고 나머지 사람들은 모두 엑스트라들이었습니다.

두로는 하나님의 드라마에서 단역 배우와 같았습니다. 한번 화려한 옷을 입고 등장하고 난 후에는 망하는 역이었던 것입니다. 우리가 이 주인공 역을 빼앗기지 않으려면 자꾸 하나님의 말씀을 붙들어야 하고 이 말씀 중심으로 모여야 합니다.

하나님께서는 아브라함과 이삭과 야곱에게 가나안 땅을 떠나지 말라고 지시하신 이유가 무엇입니까? 그곳이 하나님의 말씀이 임하는 무대였기 때문입니다. 그래서 기근이 오거나 생활이 불안정하다고 해서 쉽게 그 무대를 내려오지 못하게 하신 것입니다. 에서는 하나님의 말씀의 가치를 무시했습니다. 그래서 그는 거의 짐승 같은 역만 할 따름이었습니다. 또 원래 에서는 몸에 털이 많은데다가 사냥을 좋아했기 때문에 짐승과 가까웠습니다. 야곱은 좀 편하려고 외삼촌 라반의 집으로 도망을 갔다가 거의 별 볼일 없는 사람이 될 뻔했습니다. 그러나 하나님이 야곱을 다시 부르셔서 그는 무대에 다시 복귀를 했습니다. 그가 무대에 복귀하면서 치렀던 유명한 역이 바로 천사와 씨름해서 이기는 것이었습니다.

우리가 생각하기에는 바다로 뛰쳐나가서 파도와 싸워서 이기고 부를 움켜쥔 이 사람들이 영웅들인 것 같은데 하나님 앞에서는 단역 엑스트라들인 것입니다. 그 대신에 바벨론에 포로 되어가서 말씀으로 다시 기초부터 배우고 있는 이들이 주인공들인 것입니다.

우리가 하나님 앞에서 가장 중요한 사람들이 되려고 하면 눈에 보이는 것을 잡아서는 안 됩니다. 우리는 오직 말씀을 가지고 부흥을 일으켜야 하는 것입니다.

두로가 감당치 못한 시험

지중해 북쪽 바다를 에게해라고 하는데 이 에게해는 많은 섬들과 항구로 나누어져 있기 때문에 수많은 작은 도시국가들이 있었습니다. 그 결과 이 도시 국가들의 최고 지도자들은 모두 왕이었습니다. 그렇지만 이 작은 왕들 중에는 절대적으로 강자가 없었습니다. 물론 그리스 사람들이 트로이를 칠 때처럼 많은 왕들이 동맹을 맺어서 공격하면 힘이 있었지만 대개는 나라들의 힘들이 다 비슷비슷했습니다. 그 중에서 두로는 강한 나라였습니다. 두로는 파도를 이겼고 다른 나라들보다는 강한 나라였습니다. 이런 식으로 나가면 두로는 망하려고 해도 망할 수 없는 실속 있는 나라였습니다. 그러나 세상이 변하면서 바벨론이라고 하는 거대한 나라가 등장하게 됩니다. 이 바벨론이라는 나라는 두로가 지금까지 상대했던 그런 작은 나라가 아니라 슈퍼 강대국이었습니다.

"나 주 여호와가 말하노라. 내가 열왕의 왕 곧 바벨론 왕 느부갓네살로 북방에서 말과 병거와 기병과 군대와 백성의 큰 무리를 거느리고 와서 두로를 치게 할 때에 그가 들에 있는 너의 딸들을 칼로 죽이고 너를 치려고 운제를 세우며 토성을 쌓으며 방패를 갖출 것이며 공성퇴를 베풀어 네 성을 치며 도끼로 망대를 찍을 것이며"(7-9절).

바벨론이라는 나라는 하나님께서 특별히 준비하신 몽둥이였습니다. 즉 고대 근동의 각 나라들이 작은 도시 국가로 나누어져 있으니까 왕들과 백성들이 교만하고 매우 악했습니다. 특히 우상숭배가 아주 심했습니다. 이 당시 모든 나라들은 전쟁을 할 때 신탁이라고 해서 신의 명령을 받아서 사람을 죽이는 제사가 많았습니다. 그래서 하나님께서는 바벨론이라는 몽둥이를 사용하셔서 이런 교만한 나라들이나 우상숭배하는 나라들을 치셨습니다. 특히 두로는 바알 종교의 중심지였습니다. 바벨론이라는 나라가 친 나라들은 보면 돈이 많은 나라도 있었지만 우상숭배를 심하게 하는 나라들이 주된 공격 대상들이었습니다. 왜 바벨론 왕이 우상을 숭배하는 나라들을 그렇게 공격을 했는지는 알 수가 없는데 결국 하나님께서 내리신 명령이었습니다.

원래 유다는 원칙적으로 하면 바벨론의 공격을 당해야 할 이유가 없는 나라였습니다. 왜냐하면 이스라엘은 원래 우상을 섬기지 않는 나라였기 때문입니다. 그런데 괜히 살아보겠다고 다른 나라들을 따라서 우상을 섬기다가 바벨론의 공격 대상이 되고 말았던 것입니다. 그러고 보면 이 세상에서 가장 바보 같은 사람이 어중간하게 믿는 사람들입니다. 아예 믿으려고 하면 제대로 믿든지 해야지 어중간하게 믿으면서 세상을 따라가면 결국은 욕은 욕대로 다 먹고 망하기는 제일 먼저 망하게 되는 것입니다. 그러기에 우리는 우리의 중심을 분명히 해야 합니다. 기왕 믿으려면 다른 사람들 욕을 얻어먹더라도 철저하게 제대로 믿어야 하나님의 인정을 받고 끝까지 승리하게 되는 것입니다.

두로의 이런 멸망은 세상적으로 성공한 많은 사람들의 마음에 두려움을 안겨다 줄 것이라고 말씀을 하고 있습니다.

> "주 여호와께서 두로를 대하여 말씀하시되 너의 엎드러지는 소리에 모든 섬이 진동하지 아니하겠느냐? 곧 너희 중에 상한 자가 부르짖으며 살육을 당할 때에라. 그 때에 바다의 모든 왕이 그 보좌에서 내려 조복을 벗으며 수놓은 옷을 버리고 떨림을 입듯 하고 땅에 앉아서 너로 인하여 무시로 떨며 놀랄 것이며"(15-16절).

두로는 세상적으로 성공한 대표적인 나라였습니다. 그리고 모든 사람들이 부러워하던 성공의 대상이었습니다. 그런데 이런 두로가 바벨론의 공격으로 말간 반석이 되어서 아무것도 남지 않게 되자 두로를 모델로 삼아서 성공하려고 하던 모든 작은 도시의 왕들이 두려움으로 옷을 입게 된다고 했습니다. 왜냐하면 비로소 자기들도 망하는 길로 걸어왔다는 것을 깨닫게 되었기 때문입니다.

지중해에서 두 번째 두로 라고 하면 로마와 전쟁을 했던 카르타고를 생각할 수 있습니다. 카르타고는 제3차에 걸쳐서 로마와 포에니 전쟁을 하는데 이 '포에니' 라는 말이 '페니키아 사람' 들이라는 뜻입니다. 카르타고 사람들이 두로 출신들이었던 것입니다. 그런데 결국 이 600년 된 도시이자 지중해를 완전히 지배했던 도시가 망하게 됩니다. 결국 로마는 5만 명을 잡아서 노예로 팔아버리고 도시의 모든 집들이나 성이나 신전을 다 철저히 파괴해서 가래질을 해 버려서 아무 것도 없는 평지로 만들어버립니다. 그리고 그 위에 소금까지 뿌렸습니다. 그때 카르타고를 멸망시킨 로마 장군 스콜피오 아밀리우스는 눈물을 흘렸다고 합니다. 그 옆에 있던 한 사람이 왜 우느냐 물으니까 인간이 세운 나라는 언젠가는 한번 이렇게 망하게 되어있기 때문이라고 대답을 했다는 것입니다. 인간들이 세운 모든 나라는 언젠가는 한번 다 망하게 되어 있습니다. 사람들은 망하지 않는 그 길을 찾아야 하는데 아직도 그 길을 찾지 못하고 있는 것입니다.

"나 주 여호와가 말하노라. 내가 너로 거민이 없는 성과 같이 황무한 성이 되게 하고 깊은 바다로 네 위에 오르게 하며 큰 물로 너를 덮게 할 때에 내가 너로 구덩이에 내려가는 자와 함께 내려가서 옛적 사람에게로 나아가게 하고 너로 그 구덩이에 내려간 자와 함께 땅 깊은 곳 예로부터 황적한 곳에 거하게 할찌라. 네가 다시는 사람이 거하는 곳이 되지 못하리니 산 자의 땅에서 영광을 얻지 못하리라"(19-20절).

결국 사람은 모두 풀과 같고 그 영광은 풀의 꽃과 같습니다. 이 세상에서 영원한 것은 하나님의 말씀 밖에 없습니다. 그리고 하나님의 말씀을 담은 교회밖에 없습니다. 하나님의 백성들은 영원히 없어지지 않습니다. 오늘 우리가 찬송 부르고 말씀 듣고 기도하고 은혜 받은 것은 영원히 헛되지 않습니다. 이 모든 것들이 영원히 살아있습니다.

결국 인간적인 성공의 길을 간 두로 사람들은 모두 산 자의 땅에서는 영광을 얻지 못하게 됩니다. 왜냐하면 그들의 인격 안에 하나님의 보물이 전혀 없었기 때문입니다. 그들에게는 오직 순발력과 야망만 있었지

하나님을 향한 믿음이 없었습니다. 결국 영원히 남는 것은 비록 지금은 욕을 얻어먹고 별 볼일 없는 것 같지만 하나님의 말씀을 붙들고 은혜 받는 우리들입니다. 우리가 확신하는 것은 우리는 멸망하지 않는다는 사실입니다.

우리는 이 세상의 멸망을 보기 전에도 이미 이 세상의 멸망을 볼 수 있는 영적인 눈을 소유하고 있어야 하겠습니다. 우리는 이 세상의 성공을 너무 부러워해서는 안 되겠습니다. 우리는 우리 안에 있는 하나님의 보물을 자랑해야 하겠습니다. 그것은 하나님께서 우리에게 주시는 기도의 능력이며 믿음이며 영적인 축복입니다. 만약 우리가 두로를 사모한다면 언젠가는 우리의 미래도 바다 속에 가라앉고 말 것입니다. 무엇보다 우리는 다른 사람들이 알지 못하는 엄청난 비밀을 알고 있습니다.

우리는 이 믿음을 주신 하나님을 찬양해야 할 것입니다. 그리고 절대로 세상에서 성공하지 못했다고 원망하거나 불평하지 마시기 바랍니다. 우리에 가장 중요한 것은 더 온전한 하나님의 사람으로 만들어지는 것입니다. 그러면 우리는 이 세상에서 가장 성공한 자요. 행복한 자인 것입니다.

25

| 겔 27:1-36 |

두로호의 침몰

하나님의 백성들이 하나님으로부터 많은 고난을 받을 때 세상에서 성공하는 사람들을 보면 그 영광과 찬란함에 감히 그들을 쳐다보지도 못할 것입니다. 하지만 성경은 그렇게 말씀하지 않습니다. 즉 세상 사람들의 그 찬란한 영광은 가장 중요한 것이 빠져 있는 헛된 영광이라는 것입니다. 이 영광은 언젠가 때가 되면 무너지고 말 것입니다. 그러나 하나님의 백성들의 고난은 영원히 무너지지 않는 집을 짓는 고난인 것입니다.

고대에 가장 먼저 문명의 꽃을 피운 사람들은 그리스 사람들이었습니다. 그리스는 지형이 산이나 바위가 많아서 농사를 짓기에는 썩 좋지 못했습니다. 그래서 그리스 사람들은 일찍부터 바다로 진출해서 무역하여 찬란한 문명을 이룩해내었습니다. 옛날부터 농사를 짓는 사람들은 언제나 보수적입니다. 그래서 농사짓는 사람들은 자기가 가지고 있는 생각이나 생활 방식을 잘 바꾸려고 하지 않습니다. 그래야 꾸준하게 농사를 지을 수 있기 때문입니다. 특히 농사는 기근이나 큰 자연 재해가 생기지 않는 이상 심은 대로 거두게 되어 있습니다. 그래서 이 세상에서 가장 안정적인 삶을 살 수 있는 사람들이 농사짓는 사람들이었습니다. 그러나 바다로 나간 사람들은 대단히 모험적이어야만 했습니다. 한번 무역에 성공을 하면 큰 돈을 벌 수 있지만 풍랑에 배가 한번 바다에 빠지면 완전히 쫄딱 망하는 것입니다.

밤하늘을 보면 수많은 별들이 있습니다. 우리는 그 별 자리들의 이름을 잘 알지 못합니다. 우리 문화가 밤하늘의 별을 살피는 문화가 아니기 때문입니다. 그러나 그리스 사람들은 밤하늘의 별들의 이름을 다 지었고 그 하나하나에 대하여 전설들이 다 있습니다. 예를 들면 큰 곰 자리나 작은 곰 자리 혹은 오리온이나 카시오피아, 안드로메다 등 별들이 생기게 된 전설들이 다 있습니다. 그 이유는 그리스 사람들은 언제나 밤에 바다를 항해할 때 별을 보면서 배의 위치를 알았기 때문입니다.

사실 어떤 의미에서 두로는 그리스의 여러 도시들보다 더 빨리 바다로 진출해서 부를 획득한 나라라고 보면 좋겠습니다. 그런데 두로 보다 아테네라든지 스파르타 같은 도시가 더 유명하게 된 것은 두로의 문화가 별로 남지 않아서 그런 것 같습니다. 하지만 유다가 가장 어려울 때 팔레스타인 땅에서 가장 잘 살고 가장 부강했던 나라가 두로였다고 보면 틀림없을 것입니다.

두로는 나라의 성격상 예루살렘과는 정반대되는 나라였습니다. 예루살렘은 일단 위치가 내륙 깊숙한 곳에 들어와 있었고 복이 주로 하나님으로부터 오는 곳이었습니다. 따라서 예루살렘은 세상적으로는 거의 고립되다시피 하고 오직 하나님의 말씀과 하나님의 은혜로 다른 사람들을 복되게 하는 나라였습니다. 거기에 반하여 두로는 그야말로 가장 세상적으로 활발하게 뻗어나가서 세상의 유명한 곳이나 좋은 곳은 다 연결이 되어서 무역을 하고 돈을 버는 가장 세상적인 나라였습니다.

오늘 본문 말씀은 이 두로의 완벽한 아름다움에 대한 말씀입니다. 두로를 배에 비유하면 그 갑판의 나무와 돛에 쓰인 천과 배에 고용된 선원이나 선장 등 배에 싣고 있는 모든 물건들은 세계 최고의 것들만 있었습니다. 그래서 어떤 의미에서 두로는 꿈을 싣고 다니는 배였고 세상의 모든 부와 복을 실어 나르는 배였습니다. 그러나 어느 날 이 두로호가 사람들이 다 보는 앞에서 큰 풍랑을 만나서 바다에 침몰해 버렸습니다. 그 결과 그 배에 타고 있던 모든 사람들과 그 배에 싣고 있던 모든 물건들과 함께 두로호는 영원히 바다에 침몰되고 말았습니다. 그것을 보고 그 배에 물건을 실었던 사람들이나 가족들이 탔던 사람들은 가슴을 치면서 통곡을 하는 것입니다. 그들의 모든 것을 그 배에 다 투자를 했기 때문입니다.

오늘 본문을 보면 몇 년 전에 상영되었던 '타이타닉' 이라는 영화가 생각이 납니다. 타이타닉호는 영국이 만든 사상 최대의 호화 여객선이었습니다. 그 배에는 천오백명이 넘는 사람들이 탈 수가 있었고 수많은 물건들을 실을 수가 있었습니다. 그 배를 만든 후 영국 신문에는 '이 배는 신도 가라앉히지 못한다' 고 평을 하였습니다. 사람들의 문제는 바로 이런데 있습니다. 어떤 배를 크게 잘 만들었으면 '참 잘 만들었다' 라고 하든지 '훌륭하게 만들었다' 라고 하면 되는데 '신도 가라앉히지 못할 것이다' 라는 식으로 말을 해야 직성이 풀리는 것입니다. 결국 타이타닉

호는 처음 대서양을 횡단하다가 빙산에 배 옆이 긁히는 바람에 배에 물이 들어와서 침몰하는 바람에 배에 탔던 사람들의 반 이상이 구조선이 없어서 물에 빠져 죽는 사상 최대의 해난 사고를 당하게 된 것입니다.

오늘 본문은 많은 사람들의 꿈과 야망과 미래를 싣고 지중해를 항해하던 두로호가 침몰되면서 이 배를 믿고 탔던 사람들이나 이 배에 모든 것을 투자했던 사람들이 망하게 되는 것을 보여주고 있습니다.

두로호의 완전한 아름다움

두로는 세상적인 기준에서 볼 때 모든 부분이 완벽하게 아름다웠다고 말씀하고 있습니다.

> "여호와의 말씀이 내게 임하여 가라사대 인자야 너는 두로를 위하여 애가를 지으라. 너는 두로를 향하여 이르기를 바다 어귀에 거하여 여러 섬 백성과 통상하는 자여 주 여호와의 말씀에 두로야 네가 말하기를 나는 온전히 아름답다 하였도다"(1-3절).

두로는 자기 자신에 대하여 말하기를 '나는 온전히 아름답다'고 말을 하였습니다. 여기서 '온전히 아름답다'는 말은 못생긴 곳이 한 군데도 없다는 뜻입니다. 이것은 결코 성경적인 아름다움을 말하는 것이 아니었습니다. 왜냐하면 성경적인 아름다움이라고 하는 것은 하나님의 연단으로 우리 속에 있는 모든 교만과 거짓된 본성은 빠져 나가고 하나님의 은혜로 새 사람이 되는 것을 의미하기 때문입니다. 그래서 성경에서 가장 아름다운 사람은 아가서에 나오는 술라미 여인처럼 연단을 받아서 세상적으로는 보잘것이 없지만 내면적으로는 가장 아름다운 사람을 말하는 것입니다. 그러나 두로의 아름다움이라고 하는 것은 이런 내면적인 아름다움과는 거리가 먼 것이었습니다. 그들의 아름다움은 온 세상에 다니면서 좋다는 것은 다 가지고 와서 치장을 해 놓았기 때문에 아름다운 것이었습니다. 두로에는 세상에서 신기하고 좋은 것은 다 있었습니다. 그런데 두로가 알지 못하고 있는 것이 또 하나 있었습니다. 그것은 바로 이 두로의 부와 아름다움을 하나님께서 선물로 주셨다는 사실입니다.

"네 지경이 바다 가운데 있음이여 너를 지은 자가 네 아름다움을 온전케 하였도다"(4절).

두로는 땅이 자기 지역이 아니었습니다. 두로는 전 세계가 자신들의 활동무대였으며 그들의 지경은 바다였습니다. 다른 사람들은 모두 땅에만 정신을 쏟고 땅에 농사짓는 것만 생각할 때 이들은 전 세계를 대상으로 해서 무역을 하고 장사를 해서 돈을 벌고 있었던 것입니다. 그 결과 거대한 부를 획득하게 되었습니다. 그런데 두로는 엄청난 부를 가지고 있었지만 누가 이 부를 주셨는지 알지 못하고 있었습니다. 즉 세상에서 좋은 것은 전부 다 가지고 있었지만 두로 사람들에게는 가장 중요한 것이 하나 빠져 있었습니다. 그것은 바로 이 엄청난 부를 주시고 물질적인 축복을 주신 하나님에 대한 지식이었습니다.

그래서 솔로몬은 사람들에게 말하기를 '헛되고 헛되고 헛되도다' 라고 하면서 '사람들이 해 아래서 하는 모든 것은 바람을 잡으려고 하는 것과 같다' 고 하였습니다. 여기서 '헛되다' 라는 말은 무엇인가 꼭 있어야 하는 것이 있는데 그것이 없다는 뜻입니다. 예를 들어서 보석 상자가 있는데 보석이 없으면 그 상자는 가치가 없을 것입니다. 그런 것이 솔로몬이 말하는 '헛된 것' 입니다.

예를 들어서 어떤 집에서 결혼 잔치를 하는데 신랑 신부가 없다면 그 결혼식은 헛된 것입니다. 마찬가지로 두로에는 세상에 있는 좋은 것 중에서 없는 것이 없을 정도로 다 있었습니다. '온전하게 다 있었습니다.' 그런데 가장 중요한 것이 빠져 있었습니다. 그것은 바로 자기들에게 이런 부를 주신 하나님에 대한 지식이었습니다. 이 하나님에 대한 지식은 또 어디에 있습니까? 바로 '예루살렘' 에 있었습니다. 그러기에 두로가 제대로 복을 받는 길은 예루살렘으로 가서 하나님의 말씀을 듣는 것 밖에 없었습니다. 그렇게 했더라면 두로의 아름다움은 진짜 아름다움이 될 수 있었을 것입니다. 그리고 두로의 부는 아름다운 하나님의 축복이 될 수 있었을 것입니다. 성경을 보면 그런 사람이 있었습니다. 솔로몬 때 스바 여왕은 아주 큰 나라를 다스리고 있었지만 하나님의 말씀을 듣기 위하여 예루살렘을 찾아와서 솔로몬을 만났습니다. 그리고 솔로몬의 입에서 나오는 신비한 하나님의 말씀을 들었던 것입니다. 그 결과 스바 여왕이 누리고 있던 모든 권세와 아름다움은 하나님의 인정하시는 복이 되었던 것입니다. 오늘 이 세상 사람들이 누리고 있는 복이 진정한 복이 되려고 하면 그것을 하나님의 말씀 앞으로 가지고 와야 합니다. 그러나 거의 모든 사람들은 그렇게 해야 할 필요성조차 인식하지 못합니다. 그 대신에 가지고 있는 부와 명성을 잃지 않으려면 더 부를 모아야 하고 더 많은 사람들의 인기를 끌어야 하기 때문에 더 세상적으로 나가려고 하게 됩니다.

두로를 배로 비유하면 두로는 세상에서 가장 좋은 것만으로 꾸며져 있었습니다.

"스닐의 잣나무로 네 판자를 만들었음이여 너를 위하여 레바논 백향목을 가져 돛대를 만들었도다 바산 상수리나무로 네 노를 만들었었음이여 깃딤섬 황양목에 상아로 꾸며 갑판을 만들었도다"(5-6절).

그야말로 그 하나하나의 재료가 세계 최고의 것이었습니다.
우선 배를 만드는 판자는 스닐의 잣나무였습니다. 잘 깨어지지도 않고 잘 썩지도 않는 나무였습니다. 배를 만드는 나무의 가장 중요한 조건은 단단해서 부서지지 않아야 하고 물에 썩지 않아야 합니다. 아마도 스닐의 잣나무가 최고로 좋았던 것 같습니다. 그리고 돛대는 가장 높이 올라가야 하면서도 부러지지 말아야 합니다. 두로의 돛은 레바논의 백향목이었습니다. 노는 아주 단단해서 잘 부러지지 않는 바산의 상수리 나무였습니다. 그리고 갑판은 얼마나 화려했는지 깃딤섬의 황양목에 상아로 꾸몄다고 했습니다. 돛은 애굽의 수놓은 천이었고 차일은 엘리사섬의 청색 자색 베로 만든 것이었습니다. 두로의 모든 재료들은 세계에서 최고로 좋은 것으로 만들어졌고 그 하나하나가 최고였습니다. 그러니까 두로는 돈이 너무 많았기 때문에 집이란 집은 전부 세계에서 최고로 좋은 재료를 가지고 만들었습니다. 또한 그들이 입고 있는 옷과 가재도구 모두는 세계에서 가장 좋은 것들이었습니다.

저희들이 어렸을 때에는 '미제'가 제일 좋았습니다. 어느 정도로 미제가 좋았는가 하면 국산 새것 보다 미제 중고가 훨씬 더 좋았습니다. 그 후에는 일제가 알아주었습니다. 그래서 옛날에 잘 사는 사람들의 집을 찾아가보면 외제로 가득한 것을 목격할 수 있었습니다. 그러나 지금은 우리나라 국산도 충분히 좋은 물건들이 많이 나오기 때문에 굳이 외제를 알아주거나 하지는 않습니다. 두로 사람들은 얼마나 돈이 많았고 무역을 잘 했던지 집집마다 세계에서 최고로 좋은 것만 사서 집을 꾸미고 생활하고 있었습니다. 그러니까 두로와 주위 다른 나라는 너무나 빈부의 격차가 컸기 때문에 마치 선진국과 미개국의 차이였던 것입니다.

그뿐만 아니라 두로가 고용한 사람들은 세계에서 가장 실력 있는 사람들이었습니다.

"시돈과 아르왓 거민들이 네 사공이 되었음이여 두로야 네 가운데 있는 박사가 네 선장이 되었도다"(8절).

시돈과 아르왓 사람들은 아마 그 당시에 가장 우수한 선원들이었던 것 같습니다. 그런데 두로는 선장을 그냥 보통 사람을 쓴 것이 아니라 '박사'를 선장으로 고용을 했습니다. 여기서 '박사'라는 말은 '하깜'이라고 하는데 지혜가 있는 자라는 뜻입니다. 즉 두로의 배를 모는 선원들은 당시 세계에서 가장 유능하고 경험이 많은 자들이었습니다. 특히 선장은 가장 지혜 있고 가장 우수한 사람이었습니다.

무엇보다 두로가 배에 이렇게 많은 투자를 했던 이유는 당시 작은 배는 먼 바다로 갈 수가 없었기 때문입니다. 스페인이나 북아프리카 같은 나라까지 가서 무역을 하려고 하면 아주 큰 배를 만들어야 했고 그러기 위해서는 많은 투자가 필요했던 것입니다. 그런 까닭에 두로 배는 아주 큰 배들이 많았고 거의 당시 세계 무역을 재패하고 있었다고 보면 될 것입니다.

두로의 무역

두로는 튼튼한 배와 철저한 실력을 바탕으로 해서 전 세계의 좋은 것은 다 사서 엄청난 이윤을 남겨서 다시 팔았습니다.

그래서 오늘 본문을 보면 두로와 무역했던 나라들의 물건이 나옵니다.

"다시스는 각종 보화가 풍부하므로 너와 통상하였음이여 은과 철과 상납과 납을 가지고 네 물품을 무역하였도다. 야완과 두발과 메섹은 네 장사가 되었음이여 사람과 놋그릇을 가지고 네 상품을 무역하였도다"(12-13절).

다시스는 스페인에 있는 도시였는데 보화가 많아서 은과 철과 상납과 납을 무역했습니다. 야완과 두발과 메섹은 놋그릇이 최고였습니다. 그리고 사람 장사도 유명했습니다. 주로 노예장사를 했던 것입니다. 도갈마는 말이었습니다. 드단 사람들은 상아와 오목이었습니다. 아람은 남보석과 자색 베와 수놓은 베와 가는 베와 산호와 홍보석이었습니다. 유다와 이스라엘은 농산물이 많습니다. 밀과 과자와 꿀과 기름과 유향이었습니다. 다메섹은 포도주와 흰 양털이었습니다. 워단과 야완은 백철과 육계와 창포였습니다. 드단은 까는 담요였습니다. 아라비아는 어린양과 수양과 염소였습니다. 스바는 향 재료와 각종 보석과 황금이었습니다. 이외에도 엄청난 물건들이 두로의 배를 통해서 무역이 되고 있었습니다.

"다시스의 배는 떼를 지어 네 물화를 실었음이여 네가 바다 중심에서 풍부하여 영화가 극하였도다"(25절).

다시스의 배라고 하는 것은 지중해를 다니는 큰 배를 말합니다. 큰 배들이 쉴 새 없이 두로를 통해서 물건들을 실어서 날랐던 것입니다.

이것을 보면 두로는 돌아다니는 보물선이었다는 것을 알 수 있습니다. 두로에는 세상의 모든 좋은 물건들이 다 들어있었기에 이것을 가지고 엄청난 부를 긁어모으고 있었습니다. 사람들은 두로의 무역을 믿었고 할 수 있는 대로 두로의 무역에 모든 것을 다 투자를 했습니다. 왜냐하면 이 세상에서 두로 만큼 확실하게 이윤을 많이 남기는 장사는 없었기 때문입니다. 그래서 너도 나도 할 것 없이 가지고 있는 재산들을 다 긁어 모아서 두로의 무역에 투자를 했습니다.

셰익스피어의 베니스의 상인을 보면 주인공의 결혼을 위해서 돈을 꾸어주기로 했던 안토니오라는 사람은 자기가 무역하고 있는 배를 믿고 악질적인 유대인 샤일록으로부터 돈을 빌립니다. 그런데 돈을 빌리는 조건이 매우 까다로왔습니다. 만일 이 빚을 시일 내로 갚지 못하면 그가 원하는 곳의 살 일 파운드를 준다는 것이었습니다. 그런데 이 안토니오의 배가 풍랑을 만나서 모두 다 파선했다는 소문이 들리게 되자 유대인 샤일록은 재판을 해서 안토니오의 가슴 살 한 파운드를 떼겠다고 주장을 합니다. 돈을 몇 배를 주겠다고 해도 샤일록은 그동안 안토니오에게 좋지 않은 감정이 있었기 때문에 반드시 그의 가슴살을 떼어내겠다고 주장을 합니다. 그때 친구와 결혼한 지혜로운 신부가 재판장으로 변장을 해서 샤일록에게 '약정대로 가슴 살 한 파운드를 떼어가라' 고 합니다. 그러면서 '계약서에는 피에 대한 이야기는 전혀 없기 때문에 피는 한 방울도 흘려서는 안 된다' 고 판정을 내립니다. 여기서 악질 유대인 샤일록은 실패를 하게 되고 파선한 줄 알았던 배들은 무사히 짐을 실고 들어왔기 때문에 안토니오는 많은 돈을 벌게 됩니다.

이런 것을 보면 옛날에 무역을 통해 많은 돈을 벌 수 있었지만 반면에 얼마나 많은 위험성을 가지고 있었는지 잘 알 수 있습니다.

그런데 사람들은 두로가 워낙 배를 튼튼하게 잘 만들었고 워낙 유능한 사람들을 사공으로 쓰고 있었기 때문에 철저하게 두로를 믿고 전부 다 두로에 투자를 했던 것입니다. 즉 전 세계 모든 나라들이 모든 좋은 특산물들과 보물들을 전부 두로의 배에 다 실었던 것입니다.

그런데 놀라운 것은 바로 이 두로호가 큰 풍랑을 만나서 모든 사람들이 보는 앞에서 침몰을 해버리고 마는 것입니다.

"네 사공이 너를 인도하여 큰 물에 이름이여 동풍이 바다 중심에서 너를 파하도다. 네 재물과 상품과 무역한 물건과 네 사공과 선장과 네 배의 틈을 막는 자와 네 장사와 네 가운데 있는 모든 용사와 네 가운데 있는 모든 무리가 네 패망하는 날에 다 바다 중심에 빠질 것임이여 네 선장의 부르짖는 소리에 물결이 흔들리리로다"(26-28절).

두로의 무역은 그야말로 엄청난 이익을 남기는 것이지만 항상 불안한 것은 바다의 상황이 어떻게 변할지 예상할 수가 없다는 것이었습니다. 특히 지중해 바다는 도저히 풍랑을 예측한다는 것이 불가능했습니다. 그런데 어느 날 두로호가 지중해 바다를 항해하는데 그만 엄청난 태풍이 불어 닥친 것이었습니다. 두로호는 결국 그 태풍을 이기지 못하고 그 많은 사람과 보물과 물건들을 실은 채로 바다 속으로 침몰하고 말았습니다. 모든 사람들의 꿈과 재산과 생명을 싣고는 바다에 빠져버린 것입니다. 그러니까 이 소식을 들은 모든 사람들은 바다가 보이는 언덕에서 땅을 치면서 통곡을 했습니다. 왜냐하면 그 배에 자기 남편이 타고 있었고 그 배에 자기 아들이 타고 있었고 그 배에 자기 전 재산이 들어 있었기 때문입니다.

"무릇 노를 잡은 자와 사공과 바다의 선장들이 다 배에 내려 언덕에 서서 너를 위하여 크게 소리질러 통곡하고 티끌을 머리에 무릅쓰며 재 가운데 굴며 그들이 다 너를 위하여 머리털을 밀고 굵은 베로 띠를 띠고 마음이 아프게 슬피 통곡하리로다"(29-31절).

"네가 바다 깊은데서 파선한 때에 네 무역품과 네 승객이 다 빠졌음이여 섬의 거민들이 너를 인하여 놀라고 열왕이 심히 두려워하여 얼굴에 근심이 나타나도다"(34-35절).

일단 가장 먼저 민감한 반응을 보인 자들은 두로와 직접적인 무역 관계를 맺고 있는 배나 사람들이었습니다. 이 사람들은 모두 바다가 보이는 언덕에 몰려나와서 가슴을 치면서 땅에 뒹굴면서 통곡을 했습니다. 왜냐하면 자기의 모든 돈이 그 배에 다 실려 있었기 때문입니다. 그리고 배가 도착하면 그 물건을 판 값으로 결혼도 하고 집도 사고 또 논이나 밭도 사려고 빚까지 얻어서 투자를 했는데 엄청난 빚만 남고 모든 것이 다 사라져 버렸기 때문입니다. 특히 남편이나 자식들이 두로호의 선원이고 선장이라고 하면 주위에 있는 사람들은 전부 출세했다고 하면서 부러워했습니다. 또 때마다 세상에서 진기한 물건들을 사가지고 집에 가지고 와서 많은 사람들에게 자랑했는데 그만 멀쩡한 사람들이 물에

다 빠져 죽어버리니까 통곡을 하게 되는 것입니다.

두로에 투자한 사람들의 어리석은 것이 무엇입니까? 그들은 자신들의 모든 것을 눈에 보이는 것에 몽땅 다 투자를 해 버린 것입니다. 그러나 이 세상에 있는 것들 중에는 영원한 것이라고는 아무 것도 없습니다. 결국 이 세상에 있는 것에 모든 것을 다 투자한 사람은 이 세상에 있는 것이 망할 때 같이 망할 수밖에 없습니다. 사람들의 생각으로는 아무리 미래가 괜찮을 것 같다 하더라도 사람의 장래일은 도무지 우리 머리로는 알지 못하는 것입니다. 사람이 생각하기에 가장 안전할 것 같았던 것이 가장 미련한 투자일 수도 있고 사람의 생각으로는 가장 미련한 것 같은 것이 최선의 투자가 될 수도 있는 것입니다. 우리나라에 주식 투자가 한참 붐을 일으킬 때에 사람들은 자기 돈만이 아니라 부모나 형제 돈까지 끌어와서 주식에 투자하기도 했고, 어떤 사람은 회사의 공금까지 끌어와서 투자를 했다가 망하는 바람에 다른 사람들까지 신세를 망치는 경우가 많이 있었습니다. 이 모든 것이 다 쓸데없는 욕심에 눈이 먼 까닭인 것입니다.

두로호의 파선이 보여주는 교훈

"열국의 상고가 다 너를 비웃음이여 네가 경계거리가 되고 네가 영원히 다시 있지 못하리라 하리로다 하셨다 하라"(36절).

워낙 두로가 잘 나갈 때에는 주위 모든 나라들이 아무 소리도 하지 못했습니다. 그러나 막상 두로가 망하고 나니까 사람들이 두로를 비웃기 시작했습니다. 왜냐하면 두로가 너무 과욕을 부린 것이 분명했기 때문입니다. 무역을 할 때 위험을 분산시키는 것이 중요한데 배 하나에 모든 짐을 다 실었다가 파선해버리니까 완전히 망하고 마는 것입니다.

그래서 사업을 하는 사람이나 투자를 하는 사람에게는 위험을 분산시키는 것이 필수적인 것입니다. 그러나 욕심에 눈이 어두워서 배 하나에 왕창 모든 것을 다 실었다가 망하니까 구제할 방법이 없게 되는 것입니다.

우리에게 있어서 위험을 분산시키는 가장 좋은 방법이 무엇일까요? 그것은 바로 하나님을 찾는 것입니다. 한 걸음 더 나아가서 하나님으로 우리의 주인을 삼는 것입니다.

하나님께서 에스겔을 통해서 장차 두로가 망하고 두로의 무역선들이 망할 것을 이렇게 환상으로 보여주시는 이유가 무엇일까요? 그것은 바로 유대인들이 가장 부러워했고 가장 닮고 싶었던 사람들이 두로 사람들이었기 때문입니다. 유다 백성들은 하나님께서 자기들을 너무 예루살렘 성 안에 가두어 놓는다고 생각을 했습니다. 세계는 넓고 할 일은 많은데 허구헌 날 하나님의 말씀만 붙든다고 해서 무슨 뾰족한 수가 생기겠습니까? 이것이 바로 유다 백성들이 가장 반발한 것이었습니다.

물론 두로가 사업에 성공해서 큰 돈을 번 것이 하나님의 축복임에는 틀림이 없습니다. 그러나 두로의 복에는 빠진 것이 있었습니다. 그것은 가장 중요한 것이었는데 바로 자기들에게 복을 주신 하나님에 대한 믿음과 지식이 없는 것이었습니다. 하나님에 대한 지식과 믿음은 오직 하나님의 백성들에게만 있었습니다.

하나님께서는 두로호의 허무한 침몰을 통해서 이 세상의 복이라는 것이 얼마나 허무한 것인지를 보여주셨습니다. 이 세상에 있는 돈이나 명예나 지식은 모두 모래와 같습니다. 모래는 아무리 많이 쌓아도 모래성밖에 되지 않고 한번 큰 파도가 쓸고 지나가면 아무 것도 남지 않게 됩니다.

이 세상에 영원히 없어지지 않는 성을 지으려면 철근과 콘크리트로 집을 지어야 합니다. 바로 그 철근과 콘크리트가 하나님의 말씀이며 지으진 집은 바로 말씀으로 은혜 받은 하나님의 백성들 자체인 것입니다.

지금 우리 성도 한 사람 한 사람은 모두 움직이는 하나님의 성전의 벽돌인 것입니다. 우리는 얼마든지 이 세상에 나가서 장사를 할 수도 있고 공부를 하여 유명해질 수도 있습니다. 그러나 우리는 하나님의 백성이기에 세상에서의 이익이나 인기를 과감하게 포기하고 하나님의 말씀에 더욱 더 집착을 해야 합니다.

왜냐하면 이것만이 우리가 죄를 이길 수 있는 유일한 길일뿐 아니라 하나님의 복을 받는 지름길이기 때문입니다.

두로의 아름다움은 완전한 것이었습니다. 돈이 있기 때문에 돈을 주고 세상에서 좋다는 것은 다 사 모았기 때문입니다. 그러나 두로가 살 수 없었던 것이 딱 하나 있었습니다. 그것은 바로 죄를 이길 수 있는 믿음이었습니다. 죄를 이길 수 있는 믿음은 돈을 주고 살 수 없습니다. 이것은 오히려 돈을 포기하고 처음부터 말씀을 붙잡아야 되는 것입니다. 이 세상에서 가장 어려운 것은 죄를 짓지 않는 것입니다. 죄를 이기지 못하면 결국 두로호같이 최후의 심판을 이기지 못합니다. 하지만 우리가 하나님의 말씀을 붙잡으면 이상하게 죄가 떨어져 나가기 때문에 하나님께서 우리에게 닥칠 시험도 미리 막아주십니다.

결국 사람의 행복은 이 세상의 좋은 것을 얼마나 많이 가졌고 얼마나 세상의 좋은 경험을 많이 했느냐 하는 것이 아니라 하나님을 붙잡는 데 있다는 것입니다. 우리가 하나님을 붙잡으면 하나님이 우리를 잡아주십니다.

하지만 우리가 하나님의 손에 붙잡히려면 세상의 욕심과 야망을 포기해야 합니다. 우리는 주님의 말씀과 교회를 도피성으로 삼아서 철저하게 말씀 중심의 신앙생활을 해야 합니다. 그렇지 않으면 우리의 영혼도 두로의 배처럼 죄로 말미암아 파선되어 멸망할 수 있습니다.

하나님께서는 예루살렘과 두로를 비교해서 우리에게 교훈해 주고 계십니다. 두로는 세상적으로 가장 성공한 기업과도 같았습니다. 그러나 하나님의 말씀이 없었기에 죄를 이기지 못했습니다. 세상적인 욕망과 인간의 지혜로 가득 찬 도시였습니다. 그러나 끝에는 비참하게 모든 사람들을 다 붙잡고 같이 바다 속에 잠기고 말았습니다. 그 대신 예루살렘은 세상으로부터 고립되어 있었고 세상에서 완전히 동떨어져 있었지만 하나님의 보물이 있는 곳이었습니다. 그런데 예루살렘 사람들이 하늘의 보물을 버림으로써 이들도 망했습니다. 그렇지만 그들이 이 보물의 가치를 인식하고 회개하고 돌아오기만 하면 다시 부흥을 경험할 수 있습니다. 오늘 그 말씀의 복이 우리에게 왔습니다. 우리는 이 하늘의 복을 풍성하게 캐어서 소유해야 합니다. 이 복이 있어야 세상적인 복도 우리에게 의미가 있습니다. 우리는 모두 세상적인 성공을 원합니다. 그러나 하나님의 말씀대로 살지 않으면 그 성공은 한낱 헛된 신기루와 같은 것입니다. 우리에게 가장 중요한 것은 하나님의 말씀입니다. 우리가 하나님의 말씀대로만 살면 하나님께서 우리 각자의 믿음의 분량대로 풍성한 복을 가득 채워주실 것입니다.

26

| 겔 28:1-26 |

두로의 헛된 영광

요즘 거의 모든 사람들이 공통적으로 원하는 것이 있다면 할 수 있는 한 불편이 없는 쾌적한 상태에서 아프지 않고 오래 오래 사는 것일 것입니다. 그런 의미에서 오늘 현대인들은 이미 옛날 에덴동산 이상 가는 주거 환경에서 살고 있다고 말할 수 있습니다. 요즘 새로 지은 고급 아파트의 내부 시설은 에덴동산 저리 가라고 말할 정도로 아름답게 만들어져 있습니다. 자동 냉난방은 물론이고 식당 구조나 거실이나 침실이나 베란다 등 모든 부분이 가장 편하게 쾌적하게 살 수 있도록 설계되어 있습니다. 특히 요즘은 가장 전망 좋은 바닷가나 강 옆에 이런 아파트들이 지어져 있고 주차장이나 수영장이나 산책로 등 모든 부분을 가장 살기 좋게 만들어 놓은 것을 볼 수 있습니다. 그래서 어떤 사람은 '천당 바로 밑에 분당' 있다는 말을 하기도 했습니다.

우리는 에덴동산이 가장 사람이 살기 좋았던 곳이라고 생각하고 있지만 실제로는 지금 고급 아파트만큼 편하지 못했을 것입니다. 사실 에덴동산이라고 해 봐야 방이나 거실이 제대로 있는 것도 아닌 노숙의 상태였을 것이고 먹는 것도 거의 과일 밖에 없었을 것입니다. 그러나 요즘 고급 뷔페식당에 가보면 그야말로 없는 음식이 없을 정도로 그 종류도 다양합니다. 더욱이 에덴동산은 옷도 없어서 벌거벗고 살았지만 지금 고급 백화점에 가보면 명품 옷들이 수두룩하게 걸려서 팔리고 있습니다. 또한 고급 보석이나 시계나 가구 등이 수두룩하게 진열되어 있습니다.

심지어 돈을 버는 것도 옛날에는 이마에 엄청나게 많은 땀을 흘려가면서 중노동을 해야 했지만 지금은 흰 와이셔츠만 입고 고급 사무실에서 전화나 노트북으로 손가락을 하나 놀릴 때마다 모든 거래가 끝날뿐 아니라 엄청난 돈이 왔다 갔다 하게 되는 것입니다. 돈을 많이 버는 사람은 일년에 버는 돈이 얼마나 대단한지 한평생 써도 도저히 쓸 수 없는 돈을 책상에 앉아서 벌어들이는 것입니다. 우리가 이런 현대인들의 생활을 볼 때 이미 인간들은 에덴동산을 회복했다고 볼 수 있습니다. 하지만 이상한 것은 인간들은 조금도 만족하지 못하고 더욱 더 자신이 불행하다고 생각하면서 하루하루를 힘들게 살아가고 있는 것입니다. 그 이유가 어디에 있을까요? 하나님이 부재하기 때문입니다. 인류의 낙원 에덴동산은 우리 인간들이 살기에 편리했기 때문에 낙원이 아니었습니다.

오히려 에덴동산은 우리 인간들에게 불편한 것이 많이 있었습니다. 그럼에도 불구하고 우리 인간들에게 가장 중요한 하나님의 사랑이 풍성하게 흘러 넘쳤기 때문에 그곳이 바로 낙원이었던 것입니다.

그런 의미에서 구약 시대에 이미 인간의 낙원을 만든 사람들이 두로 사람들이었습니다. 사람들이 두로에 와서 느끼는 것은 '바로 이곳이 낙원이구나!' 하는 것이었습니다. 두로의 가정 집 안에는 세상의 좋은 것은 모두 다 갖추어놓았습니다. 그 안에는 세계에서 최고로 비싼 욕조가 있었고 최고로 훌륭한 침대나 탁자가 있었고 최고로 좋은 정원과 최고로 훌륭한 분수대가 있는 집에서 생활을 했습니다. 그런 집에서 살면 누구나 자기가 신이 된 듯한 느낌이 들 것입니다. 그래서 두로 사람들은 자기 스스로 자기들이 신이라고 말을 했습니다. 그러나 두로의 사람들의 가슴에는 가장 중요한 사랑이 없었습니다. 두로 사람들은 교만했습니다. 그리고 죄를 많이 지었습니다. 그렇게 잘 사는 사람들이 죄짓는 데는 가난한 사람들과 별로 다를 바가 없었습니다. 그래서 망할 때는 다른 보잘것없는 나라들과 같이 망해버렸습니다.

얼마 전에 우리나라 대재벌이 폭력 죄로 구속이 되었습니다. 즉 자기 아들을 건드린 술집 종업원들을 서울 근교에 있는 산으로 끌고 가서 몽둥이로 두들겨 팬 것입니다. 우리가 놀라는 것은 그 잘사는 사람들이 죄짓는 데는 다른 사람들과 전혀 다를 바가 없다는 것입니다.

그래서 우리가 진정으로 깨닫게 되는 것은 수십억 하는 최고 좋은 아파트에서 사는 것도 중요한 것이 아니고 최고 높은 연봉을 받으면서 일 년에 수억씩 버는 것도 중요한 것이 아니라는 것입니다. 가장 중요한 것은 마음에 하나님을 모시고 서로 사랑하면서 사는 것입니다. 그런 의미에서 우리는 이미 에덴동산을 가지고 있습니다. 우리가 말씀의 은혜를 받았다면 이미 우리는 어디에 살든지 에덴동산을 가졌습니다. 왜냐하면 우리에게는 하나님의 풍성한 은혜가 있기 때문입니다.

두로의 헛된 교만

"여호와의 말씀이 또 내게 임하여 가라사대 인자야 너는 두로 왕에게 이르기를 주 여호와의 말씀에 네 마음이 교만하여 말하기를 나는 신이라, 내가 하나님의 자리 곧 바다 중심에 앉았다 하도다. 네 마음이 하나님의 마음 같은 체 할지라도 너는 사람이요 신이 아니어늘"(1-2절).

예루살렘이 바벨론의 침공을 받아서 가장 힘들고 어려울 때 두로는 그 당시 세계에서 제일 잘 사는 나라였습니다. 두로가 그렇게 잘 살 수 있었던 것은 두로 왕의 지혜가 뛰어났기 때문이었습니다. 두로왕은 요즘으로 치면 대기업체의 최고 경영자와 같았습니다. 다른 나라 왕들은 모두 땅만 쳐다보면서 농산만 짓고 그 농사지은 것에 세금을 매겨서 나라를 유지하려고 했습니다. 그러나 두로왕은 시선을 바다로 돌렸습니다. 두로왕은 바다 건너 각국에 있는 특산물과 그 보물들을 꿰뚫고 있었습니다. 그리고 그것을 가지고 무역을 하고 사고팔면 얼마나 엄청난 돈을 벌 수 있는지 알았습니다. 그래서 두로의 경제는 그야말로 광산에서 보물을 캐내는 것처럼 엄청난 부와 보물들이 두로 안으로 흘러들어오게 되었는데 두로 사람들은 그 돈을 가지고 두로를 거의 에덴동산같이 만들어 놓고 살고 있었습니다. 이때 두로 사람들이 가지고 있었던 생각이 무엇이었는가 하면 '우리의 머리는 세계 최고'라는 것이었습니다. 거기서 이들은 한 걸음 더 나아가서 '우리는 신이다'라고 생각했습니다. 왜냐하면 자기들이 가지고 있는 지혜와 기술과 노력으로 이 세상에 할 수 없는 일이 없다고 생각했기 때문입니다. 그래서 두로왕은 스스로 이렇게 생각을 했습니다.

"네가 다니엘보다 지혜로와서 은밀한 것을 깨닫지 못할 것이 없다 하고 네 지혜와 총명으로 재물을 얻었으며 금, 은을 곳간에 저축하였으며 네 큰 지혜와 장사함으로 재물을 더하고 그 재물로 인하여 네 마음이 교만하였도다"(3-5절).

두로왕은 자기 지혜가 다니엘의 지혜보다 더 뛰어나다고 믿었습니다. 왜냐하면 아무리 다니엘이 기도를 많이 하고 성경을 많이 깨달았다고 해도 그는 여전히 바벨론의 포로였고 고생만 실컷 하는 사람이었기 때문입니다. 거기에 비해서 두로왕은 성경 같은 것은 몰라도 돈을 버는 데는 귀신같은 재주가 있었고 세상의 금이라는 금은 다 긁어모아서 자기 창고에 채워놓는 재주가 있었던 것입니다.

그 결과 두로 왕은 다니엘같이 실컷 하나님을 찾고 성경을 묵상하고 포로생활하는 것보다는 온 세상을 뛰어다니면서 돈을 벌고 세상적으로 성공하는 지혜가 훨씬 더 낫다고 생각했습니다. 그런데 왜 두로왕은 자기가 하나님이라고 말을 합니까? 자기는 하나님의 도움 없이 이만큼 성공했기 때문에 하나님이 필요가 없다는 것입니다.

사실 겉으로만 보면 두로왕은 세계에서 가장 성공한 사람이었습니다. 그는 무역을 통해 많은 돈을 벌었기 때문에 최고로 아름답고 호화로운 멋진 집에서 살고 있었습니다. 그런데 사람들이 두로 왕에게서 느끼는 것이 하나 있었습니다. 그것은 너무 교만하고 잘난 체한다는 것이었습니다. 두로 왕은 남의 이야기를 들을 줄 몰랐습니다. 왜냐하면 모두 자기보다 못살고 자기보다 지혜롭지 못하다고 생각했기 때문입니다. 두로왕은 모든 지혜의 가치를 돈 버는 것으로 판단을 했습니다. 즉 그는 돈을 많이 버는 사람은 가장 똑똑하고 지혜로운 사람이라는 것입니다.

하지만 돈을 제대로 벌지 못하는 사람은 바보 같은 사람이고 멍청한 사람이라고 생각했던 것입니다.

사람들이 두로 왕을 보면서 느끼는 것은 '이 사람이 참으로 돈 버는 데는 귀신같은 머리를 가진 자이지만 결코 이 사람이 덕이 있다거나 가까이 하고 싶지는 않다는 것' 입니다. 그 이유가 무엇입니까? 그는 돈은 실컷 벌었지만 사람에게 꼭 있어야 하는 가장 중요한 사랑을 가지지 못했기 때문입니다.

사람에게 있어서 가장 중요한 것은 중심에 하나님을 모시는 것입니다. 그리고 하나님의 지혜로 살아가는 것입니다. 이것이 없는 삶은 그야말로 가장 중요한 것이 빠진 헛된 삶인 것입니다.

하나님은 두로의 성공에 대하여 아무 가치가 없다고 판단을 하십니다.

"그런즉 내가 외인 곧 열국의 강포한 자를 거느리고 와서 너를 치리니 그들이 칼을 빼어 네 지혜의 아름다운 것을 치며 네 영화를 더럽히며 또 너를 구덩이에 빠뜨려서 너로 바다 가운데서 살륙을 당한 자의 죽음 같이 바다 중심에서 죽게 할찌라"(7-8절).

두로는 세계에서 가장 성공한 나라였습니다. 그러나 하나님은 이 나라를 아무 가치 없는 나라로 보시고 멸망시키겠다고 말씀하십니다. 그 이유가 어디에 있을까요? 두로는 성공하는 과정에서도 많은 죄를 지었고 성공하고 난 후에도 계속 죄를 지었기 때문입니다. 하나님께서 가장 가치 있게 보시는 것은 죄를 이기는 성공입니다. 부패를 이기고 죄를 이기는 성공이 진짜 성공인 것입니다.

이 세상에서 부패하지 않는 유일한 방법은 하나님의 말씀을 가지고 성공하는 것입니다. 하나님의 말씀을 가지고 하지 않는 모든 성공은 반드시 부패하게 되어 있고 나중에는 그 죄 때문에 영화가 오래 가지 않습니다.

하나님은 두로를 구덩이에 집어넣어서 다시는 나오지 못하게 하겠다고 말씀하십니다. 왜냐하면 겉으로는 화려하게 보이지만 실제로는 죄덩어리이고 부패 덩어리이기 때문에 내어놓을 수가 없는 것입니다. 결국 내어놓으면 온 세계를 오염시키고 말 것이기 때문입니다.

> "너를 살육하는 자 앞에서 네가 그래도 말하기를 내가 하나님이라 하겠느냐? 너를 치는 자의 수중에서 사람뿐이요 신이 아니라. 네가 외인의 손에서 죽기를 할례 받지 않은 자의 죽음 같이 하리니 내가 말하였음이니라. 나 주 여호와의 말이니라 하셨다 하라"(9-10절).

두로 왕은 자기를 신이라고 했습니다. 그 이유는 남들이 못해내는 일들을 많이 해 내었기 때문입니다. 그러나 하나님께서는 두로왕을 비웃고 계십니다. 왜냐하면 그는 하나님께서 손으로 누르기만 하면 죽을 수밖에 없는 인생이기 때문입니다.

사람이 머리가 다른 사람들보다 월등하게 뛰어나거나 재능이 월등하게 뛰어날 때 '신'이라는 소리를 듣고 싶어 합니다. 그러나 인간이 신이 되려고 하면 먹지를 말아야 하고 배설을 하지 말아야 하고 병들거나 죽지를 말아야 합니다.

로마 역사에 보면 마커스 아우렐리우스라는 황제가 있었는데 철인이었습니다. 생각을 많이 하는 사람이었고 이상적으로 살려고 했습니다.

그러나 그 자신은 병을 달고 살았습니다. 어떤 때에는 전혀 음식을 먹지도 못했고 겨우 아편을 먹음으로 통증을 견디었던 적도 많이 있었습니다. 결국 이 왕은 병으로 죽었습니다. 어떤 사람은 이 세상에서 돈을 많이 벌어서 그야말로 몇 백 년 돈을 써도 다 쓰지 못할 만큼 돈이 많은데 자기 몸에 병이 있는 것입니다. 그 결과 그는 병 때문에 자신이 모은 재산을 제대로 써보지도 못하고 죽는 것입니다.

그러므로 사람은 이런 허무한 순간이 찾아오기 전에 빨리 목표를 바꾸어야 합니다. 하나님께서는 두로왕이 '할례 받지 아니한 자같이 죽을 것이라고 했습니다. 이것은 하나님 앞에서 전혀 가치 없는 자처럼 취급을 당해 죽임을 당한다는 말입니다.

인간이 만든 에덴동산

두로왕은 두로를 돈으로 에덴동산으로 만들어 놓았습니다. 그래서 누구든지 두로 사람들은 이 세상에서 부족한 것을 알지 못했습니다. 그러나 하나님은 다른 생각을 가지고 계셨습니다.

"인자야 두로 왕을 위하여 애가를 지어 그에게 이르기를 주 여호와의 말씀에 너는 완전한 인이었고 지혜가 충족하며 온전히 아름다웠도다. 네가 옛적에 하나님의 동산 에덴에 있어서 각종 보석 곧 홍보석과 황보석과 금강석과 황옥과 홍마노와 창옥과 청보석과 남보석과 홍옥과 황금으로 단장하였었음이여 네가 지음을 받던 날에 너를 위하여 소고와 비파가 예비되었었도다"(12-13절).

하나님께서는 두로가 '완전한 인' 이었다고 말씀하고 있습니다. 여기서 '인' 이라고 하는 것은 '보증 수표' 와 같은 의미입니다. 전 세계에서 두로의 신용이라고 하면 인정을 해주었습니다. '완전한 인' 이라고 하는 것은 엉터리 가짜 도장이 아니라는 뜻입니다. 좌우간 두로는 인간적으로는 지혜나 기술에 있어서 다른 어느 나라보다 완전했고 탁월했습니다. 두로 왕이나 두로 사람들은 너무나도 머리가 잘 돌아가는 사람들이었고 돈 버는데 특별한 재능이 있는 사람들이었습니다. 그래서 이들은 하나님의 동산 에덴동산에 있던 보석까지 다 사들여서 자기 자신을 단장했습니다. 아마도 옛날 에덴동산에도 보석이 나는 곳이 있었던 것 같습니다. 두로 사람들은 에덴동산의 보석까지 다 사들여서 엄청나게 잘 살았던 것입니다. 이것은 두로가 무역을 해서 번 돈으로 자기 집들을 에덴동산같이 만들어 놓고 살았다는 뜻입니다. 그것도 시시하게 과일이나 있는 에덴동산이 아니라 보석이 깔려 있는 에덴동산으로 만들었던 것입니다. 그리고 두로가 나던 날에 소고와 비파가 예비 되어 있었다고 했습니다. 이것은 두로는 언제나 사람들의 찬양과 칭찬의 대상이었다는 것입니다. 그러니까 두로는 다른 사람들에게 칭찬만 받았습니다. 왜냐하면 그만큼 성공했고 그만큼 똑똑했고 돈을 많이 벌었기 때문입니다.

문제는 14절 말씀입니다.

"너는 기름 부음을 받은 덮는 그룹이여 내가 너를 세우매 네가 하나님의 성산에 있어서 화광석 사이에 왕래하였었도다"(14절).

여기서 기름부음을 받은 그룹은 하나님의 천사를 말합니다. 그 천사는 하나님의 면전에 거한 천사로서 가장 영광스러웠고 지혜로웠던 천

사였습니다. 그 천사는 하나님의 거룩한 산에서 화광석 사이를 돌아다
니면서 일을 했습니다. 그 천사가 바로 사단이었습니다. 우리는 보통 사
단이라고 하면 못생기고 더럽고 악하게 생겼을 것이라고 생각합니다.
그러나 사단은 우리의 생각과는 정반대였습니다. 천사들 중에서 가장
아름답고 똑똑하고 지혜로운 천사였습니다. 그런데 사단은 창조주 하
나님 앞에 겸손하지 못했습니다. 언제나 자기가 최고가 되어야 한다고
생각했기 때문에 결국 하나님 앞에서 반역자가 되고 만 것입니다.

하나님께서는 왜 두로의 영광을 사단의 영광과 비교를 하십니까? 인
간은 가장 풍성하고 좋은 상태에 있다고 해서 복 받은 것이 아니라는 것
입니다. 지금 두로의 모습은 하나님의 눈에 타락할 때의 사단의 모습과
똑같은 것입니다. 사단은 가장 아름답고 가장 지혜롭고 가장 존귀한 천
사였는데 딱 하나 겸손하지 못해서 지옥으로 떨어지고 말았습니다.

세상에서 가장 성공했다고 생각하는 두로는 바로 사단의 성향을 가
장 많이 닮고 있었던 것입니다. 우리는 이 세상에서 최고로 성공하는 것
이 반드시 좋은 것이 아니라는 것을 알아야 합니다. 즉 누구든지 머리가
좋고 재능이 뛰어난 사람들은 얼마든지 크게 성공할 수 있습니다. 그래
서 자기 주위를 돈으로 에덴동산같이 꾸며놓을 수 있지만 하나님 없는
인간의 에덴동산은 무의미한 것입니다.

"네가 지음을 받던 날로부터 네 모든 길에 완전하더니 마침내 불의가 드러났
도다. 네 무역이 풍성하므로 네 가운데 강포가 가득하여 네가 범죄하였도다.
너 덮는 그룹아 그러므로 내가 너를 더럽게 여겨 하나님의 산에서 쫓아 내었
고 화광석 사이에서 멸하였도다. 네가 아름다우므로 마음이 교만하였으며
네가 영화로우므로 네 지혜를 더럽혔음이여 내가 너를 땅에 던져 열왕 앞에

두어 그들의 구경거리가 되게 하였도다"(15-17절).

'네 모든 길이 완전하다'는 것은 철저하게 죄를 감추어서 드러나지 않게 했다는 뜻입니다. 사실 두로는 인신매매로 돈을 벌었고 해적질을 해서 돈을 많이 벌었던 것입니다. 그러나 하나님은 그들의 죄를 전부 다 보고 계시고 기록하고 계셨던 것입니다. 그래서 최고로 성공하게 하고 난 후에 하나님은 그들을 땅에 집어 던져버렸습니다. 그 결과 다른 사람들은 굳이 두로 같이 잘 살 필요가 없다는 것을 비로소 깨닫게 되었습니다. 그저 자기에게 주어진 분수대로 살면 되는 것이지 저렇게 잘 살아도 하나도 행복한 것은 아니다는 것을 깨닫게 되는 것입니다.

하나님의 백성의 회복

두로의 성공과 실패는 하나님의 백성들에게는 큰 교훈 거리였습니다. 예루살렘 사람들이 원했던 것이 바로 두로 같이 바다로 나가서 세계적으로 성공하는 것이었기 때문입니다. 그러나 예루살렘이 세계적으로 성공하는 길은 하나님의 말씀으로 성공하는 길밖에 없습니다. 즉 하나님의 말씀으로 놀라운 부흥이 일어나는 것이 세계적으로 유명해지는 길이지 두로왕처럼 세상적인 머리로 돈을 많이 벌어서 부자가 되는 것은 아닌 것입니다. 물론 하나님께서는 하나님의 백성들에게도 부자가 되게 하시고 세상에서 성공도 하게 하십니다. 그러나 하나님의 백성들이 자랑할 것은 세상적인 성공이 아니고 하나님이 주시는 영적인 부흥인 것입니다.

그래서 하나님께서는 유다 왕 히스기야가 죽을병에 걸렸다가 낫고 난 후에 바벨론의 사신들이 왔을 때 보물 창고를 보여주신 것을 보고 책망했습니다. 하나님은 그 보물들이 바벨론에 다 빼앗길 것이라고 말씀하셨습니다. 왜냐하면 예루살렘이 자랑할 것은 보물이 아니었기 때문입니다. 앗수르 군대 십팔만 오천 명을 죽게 했던 그 기도의 능력을 자랑해야 하고 히스기야의 죽을병을 낫게 했던 그 아하스의 일영표를 자랑했어야 하는 것입니다.

우리가 이 세상에 자랑할 것은 하나님이 우리에게 주신 하나님의 놀라운 말씀과 우리 성도들에게 임하는 기도의 능력입니다. 그리고 하나님께서 우리에게 베풀어주시는 기적의 능력들입니다. 예루살렘 사람들은 자기들에게 있는 위대한 것을 붙잡지 못하고 두로를 따라가려고 하다가 망하고 말았습니다. 이제 하나님께서는 두로를 망하게 하신 후에 이스라엘을 다시 회복시키겠다고 약속을 하십니다.

그 전에 두로 북쪽에 있는 시돈에 대한 말씀이 잠깐 나옵니다.

"인자야 너는 낯을 시돈으로 향하고 그를 쳐서 예언하라"(21절).

시돈은 두로 북쪽 약 40키로 정도 되는 곳에 있는데 두로와 시돈 이렇게 같이 나올 때가 많습니다. 사실 도시가 오래 되기는 시돈이 더 오래 되었는데 두로가 더 발전하는 바람에 상대적으로 좀 죽은 도시가 시돈입니다.

우리나라도 비슷비슷한 도시가 나란히 있었는데 나중에 생긴 도시가 엄청나게 성장하는 바람에 오래 된 도시가 영 죽어버리는 경우들이 많이 있습니다. 시돈이 그런 곳이었지만 정신적으로는 두로나 같았습니다

다. 단지 차이가 있다면 두로는 기회를 잘 잡아서 성공한 도시였고 시돈은 기회를 놓쳐서 별로 빛을 보지 못한 도시였습니다. 그러나 결과는 마찬가지였습니다. 두로는 세계적인 도시가 되어서 돈이란 돈은 다 긁어모아서 누려보고 망하는 케이스이고 시돈은 그 옆에서 씩씩거리기만 하다가 망하는 것입니다.

그런데 하나님께서는 시돈이 망해야 하나님의 영광이 나타난다고 말씀을 하십니다.

"너는 이르기를 주 여호와의 말씀에 시돈아 내가 너를 대적하나니 네 가운데서 내 영광이 나타나리라 하셨다 하라. 내가 그 가운데서 국문을 행하여 내 거룩함을 나타낼 때에 무리가 나를 여호와인줄 알찌라"(22절).

하나님께서는 무조건 두로 같이 잘산다고 해서 나쁘다고 말씀하시지 않고 시돈같이 못산다고 해서 잘했다고 두둔하시지 아니하십니다. 요즘 세상에서는 잘사는 것은 무조건 죄이고 못사는 것이 의로운 것인 것처럼 말하는 사람들도 있습니다. 그러나 하나님은 그렇게 평가하지 않으십니다. 잘살든지 못살든지 악한 것은 악한 것이고 선한 것은 선한 것입니다. 그래서 시돈이라고 해서 봐주시지 않으시는 것입니다.

하나님께서는 두로나 시돈을 결국은 같은 부류로 보셨습니다. 우리 사람의 눈으로는 두로는 엄청나게 복을 받은 도시였고 시돈은 별 볼일 없는 도시지만 하나님의 눈에는 다 똑같이 별 볼일 없는 도시였습니다.

중요한 것은 24절입니다.

"이스라엘 족속에게는 그 사면에서 그들을 멸시하는 자 중에 찌르는 가시와 아프게 하는 가시가 다시는 없으리니 그들이 나를 주 여호와인줄 알리라"
(24절).

하나님은 사랑하는 자들에게 반드시 가시를 주십니다. 그래서 아프게 하시고 마음대로 세상으로 달려가지 못하게 하십니다. 하나님은 우리에게 꼭 필요한 모든 것을 다 주시지 않으십니다. 어떤 사람에게는 건강을 주시지 않으시고 어떤 사람에게는 학벌을 주시지 않으시고 어떤 사람에게는 직장을 주시지 않으십니다. 왜냐하면 하나님께서 우리에게 꼭 필요한 그것을 다 주시면 우리는 두로와 같이 교만한 자가 되어 버리기 때문입니다.

그러나 우리가 하나님 앞에서 충분히 깨닫고 온전한 믿음을 가지게 되면 하나님은 그 가시를 제거하셔서 더 이상 우리가 아프지 않게 하십니다.

그러기에 우리에게 가장 중요한 것은 하나님을 붙잡는 것입니다. 우리가 하나님을 붙잡으면 가난한 가운데서도 천국과 에덴동산을 경험할 수 있습니다. 에덴동산은 살기만 좋다고 해서 되는 것이 아닙니다. 분노가 없어야 하고 욕심이 없어야 합니다. 인간들이 에덴동산에서 욕심을 부렸을 때 그들은 에덴 동쪽으로 쫓겨나야 했습니다. 요즘 사람들은 살고 있는 집은 에덴동산일지 몰라도 마음속은 지옥일 것입니다. 왜냐하면 마음속에는 사단의 욕망이 부글부글 끓고 있고 다른 사람에 대한 분노와 교만이 그대로 살아있기 때문입니다.

"나 주 여호와가 말하노라. 내가 열방에 흩어 있는 이스라엘 족속을 모으고 그들로 인하여 열국의 목전에서 내 거룩함을 나타낼 때에 그들이 고토 곧 내

| 26장 두로의 헛된 영광 | 453

종 야곱에게 준 땅에 거할찌라. 그들이 그 가운데 평안히 거하여 집을 건축하며 포도원을 심고 그들의 사면에서 멸시하던 모든 자를 내가 국문할 때에 그들이 평안히 살며 나를 그 하나님 여호와인줄 알리라"(25-26절).

이스라엘 자손들은 두로 사람들같이 돈을 많이 벌어서 모든 좋은 것을 다 갖추어 놓고 사는 것이 에덴동산인 줄 알았는데 알고 보니까 하나님의 말씀으로 돌아오는 것이 에덴동산으로 돌아오는 것이었습니다. 하나님의 말씀으로 돌아오니까 다시 가나안 땅이 회복이 되고 젖과 꿀이 흐르는 땅이 회복이 되는 것입니다.

우리가 하나님의 말씀으로 돌아오니까 하나님은 우리에게 기쁨과 행복을 주셨고 우리에게 희망을 주셨습니다. 이제 우리가 할 수 있는 것은 오직 하나 밖에 없습니다. 하나님의 말씀을 가지고 기도함으로 모든 응답을 다 받는 것입니다. 우리는 더 이상 두로의 길을 갈 수가 없습니다. 우리가 살 수 있는 길은 하나님의 말씀 붙잡고 기도하여 응답받는 것입니다. 우리가 입 다물고 가만히 있으면 하나님께서도 많은 복을 주실 수 없으실 것입니다. 우리의 기도는 대단히 역동적인 기도가 되어야 합니다. 나라가 위태로울 때에는 나라를 지켜달라고 기도를 해야 합니다. 세상적으로 어려울 때에는 길을 열어 달라고 기도해야 합니다. 두로의 길이 부러울 때에는 정신을 차리게 해 달라고 기도를 해야 합니다. 이미 하나님께서는 두로와는 비교되지 않는 복을 우리에게 주셨습니다. 우리가 이 복을 캐내어야 하고 우리는 기도로 하나님의 응답을 받아야 하겠습니다.

27

|겔 29:1-21|

애굽의 장래

고대 로마는 지금의 미국이상으로 안정되고 강한 나라였습니다. 로마는 전쟁을 하면 반드시 이겼고 로마를 대적했던 나라들 중에서 로마를 이길 수 있었던 나라는 없었습니다. 그런데 놀라운 것은 로마는 그렇게 큰 나라가 아니었습니다. 처음에는 이태리 반도 전체도 차지하지 못하고 그저 로마라는 한 도시만 차지했을 뿐이었습니다. 로마인은 게르만 사람들에 비하여 체격도 크지 못했으며 경제력도 카르타고만큼 강하지 못했습니다. 또한 기술은 에투루리아만큼 뛰어나지도 못했습니다. 그런데 로마는 전 세계를 정복해서 '팍스 로마나'라는 평화의 시대를 이룩하였습니다. 이때 로마 시민권을 가지고 있다는 자체가 사람들을 얼마나 대단하게 보이게 했는지 모릅니다. 이 당시 노예가 아니고 로마 시민권만 가지고 있다고 해도 그 사람은 대단한 사람이었습니다. 그런데 로마 이전에도 그런 강력한 나라가 있었는데 그것이 바로 애굽이었습니다. 애굽은 전 세계에서 가장 안정된 나라였습니다. 애굽은 우상을 섬기는 나라이면서도 세상의 부라는 부는 다 가지고 있고 지식이라는 지식은 다 가지고 있으면서도 가장 안정된 나라였습니다. 아마 이스라엘 백성들이 전 세계에서 가장 부러워했던 나라가 있었다면 바로 애굽이었을 것입니다.

우리는 두로와 애굽을 구별할 수 있어야 하겠습니다. 두로라는 나라는 그야말로 갑자기 한 순간에 돈을 엄청나게 벌어서 유명하게 된 나라였습니다. 요즘으로 치면 갑자기 돈을 벌어서 유명하게 된 재벌과 같습니다. 두로 사람들은 요즘식으로 말하면 경영 마인드가 너무나도 뛰어난 기업의 총수와 같았던 것입니다. 그래서 다른 사람들은 도저히 흉내낼 수 없는 머리로 사업을 해서 한꺼번에 최고 부자가 된 사람들과 같습니다. 이런 사람들은 아주 예외적인 사람들이었고 아무나 흉내 낼 수 있는 것이 아니었습니다.

거기에 비해서 애굽은 그야말로 이 세상에서 복 받은 나라였고 꾸준히 부와 지식을 축적하면서 세계에서 가장 안정되고 강한 나라를 유지해 왔습니다. 이스라엘 백성들이 사실 가장 되고 싶었던 나라는 두로 같은 나라보다는 애굽같은 나라였습니다. 왜냐하면 애굽은 돈과 명성을 다 소유하고 있으면서 긴 세월동안 안정되게 잘 살았기 때문입니다. 그런데 오늘 말씀을 보면 애굽도 결코 오래 가지 못하고 결국 하나님이 세우신 몽둥이, 바벨론에 의해서 망하고 만다는 것입니다. 그 이유는 갑자기 하나님의 축복이 메말라 버렸기 때문입니다. 애굽이 안정되게 잘 살 수 있었던 것은 하나님의 은혜가 늘 그들을 지켜주었기 때문입니다. 그러나 하나님의 은혜가 고갈되어버리니까 아무리 애굽이라도 황무지가 될 수밖에 없었습니다. 이것을 보면 이 세상에 결코 우리가 부러워 할 나라가 없다는 것을 알게 됩니다. 이 세상에 가장 안정된 사람들은 하나님의 말씀으로 은혜를 받고 계속 부흥을 일으키는 하나님의 백성들인 것을 알게 됩니다.

애굽의 자랑

애굽 왕 바로와 애굽 사람들은 자기 자신들의 정치적 경제적 안정에 대하여 대단한 자부심을 가지고 있었습니다. 애굽 사람들은 자신들을 강바닥에 누운 악어라고 말을 했습니다.

> "제 십년 시월 십이일에 여호와의 말씀이 내게 임하여 가라사대 인자야 너는 애굽 왕 바로와 온 애굽으로 낯을 향하고 쳐서 예언하라. 너는 말하여 이르기를 주 여호와의 말씀에 애굽 왕 바로야 내가 너를 대적하노라. 너는 자기의 강들 중에 누운 큰 악어라. 스스로 이르기를 내 이 강은 내 것이라 내가 나를 위하여 만들었다 하는도다"(1-3절).

애굽은 자기 자신에 대하여 '자기 강들 중에 누워 있는 큰 악어' 라고 했습니다. 옛날에는 강 물 속에 엎드려 있는 악어를 잡을 수 있는 방법이 없었습니다. 요즘이야 총이 있으니까 총으로 쏘면 되겠지만 옛날에는 총도 없었으니까 활이나 창으로는 악어를 사냥할 수가 없었습니다. 그래서 자기 강 속에 엎드려 있는 큰 악어는 무적이었습니다. 악어가 물

속에 가만히 엎드려 있을 때에는 사자나 표범이나 사람이나 그 어느 누구도 악어를 잡아낼 수가 없었습니다. 그 대신 누구든지 물 속에 들어오기만 하면 악어가 그 큰 입으로 덮쳐서 물 속에 끌고 가서 죽여서 뜯어먹어버렸습니다.

애굽왕과 애굽 사람들은 자신들을 가리켜 아무도 건드릴 수 없는 '강 속에 엎드린 큰 악어'라고 생각했습니다. 특히 애굽 강에는 날씨가 더워서 악어들이 많이 살고 있었습니다. 강바닥에 엎드려 있는 악어는 이 세상 어느 누구도 잡아낼 수가 없었습니다.

어떻게 보면 이스라엘 백성들에게 가장 부러웠던 것은 바로 애굽의 이 정치적인 안정이었습니다. 이스라엘은 강 속에 엎드려 있는 악어가 아니라 사면이 다 노출된 곳에 있는 사슴과 같았습니다. 어느 누구든지 이스라엘을 사냥할 수가 있었습니다. 그런데 애굽은 너무나도 큰 나라이고 또 흉측하게 생겨서 아무도 사냥할 수가 없었던 것입니다.

애굽 사람들은 자기 스스로를 강바닥에 누운 큰 악어라고 했습니다. 이 말을 들었을 때 우스운 것은 자기들도 스스로 못생긴 것은 인정하는구나 하는 생각이 들었습니다. 그러나 분명한 사실 하나는 애굽은 정치적으로 너무나도 안정되어 있었습니다. 도대체 이 세상에 누가 강 속에 들어가서 악어를 잡아 오겠습니까? 강 물 속에서는 악어가 최고로 강한 자였습니다.

그런데 여기서 악어가 모르고 있는 것이 하나 있었습니다. 그것은 악어가 살 수 있는 강물이 마를 수 있다는 것입니다. 만일 큰 가뭄이 생겨서 강물이 다 말라버리면 그때 악어는 아무 것도 아닌 것이 됩니다. 그때는 악어의 몸은 완전히 노출이 되어서 누구든지 공격도 하고 뜯어 먹을 수도 있게 될 것입니다.

"내가 갈고리로 네 아가미를 꿰고 네 강의 고기로 네 비늘에 붙게 하고 네 비늘에 붙은 강의 모든 고기와 함께 너를 네 강들 중에서 끌어내고 너와 네 강의 모든 고기를 들에 던지리니 네가 지면에 떨어지고 다시는 거두거나 모음을 입지 못할 것은 내가 너를 들짐승과 공중의 새의 식물로 주었음이라"
(4-5절).

하나님께서는 강물 속에 엎드려 있는 이 악어를 갈고리로 아가미를 꿰어서 육지로 끌고 나오겠다고 말씀을 하십니다. 또한 그때 악어의 비늘에 붙은 많은 물고기들도 따라서 딸려 나올 것이라고 말씀하십니다. 큰 물고기가 있으면 그 물고기에 기생해서 붙어사는 수많은 작은 물고기들이나 기생충들이 있을 것입니다. 하나님께서 애굽을 심판하실 때에는 애굽을 통해 먹고 살던 다른 모든 나라들도 다 같이 딸려 나와서 망하게 될 것이라고 말씀하십니다.

하나님께서는 악어를 갈고리로 아가미를 꿰어서 끌고 나오겠다고 말씀하셨습니다. 과연 악어에게 아가미가 있을까요? 설사 악어에게 아가미가 있다고 한들 어떻게 악어의 입에 갈고리를 꿸 수가 있겠습니까? 하지만 하나님에게는 이것이 간단했습니다. 즉 애굽의 상류에 비가 오지 않게 하시면 저절로 애굽의 강물이 말라버리니까 악어는 어쩔 수 없이 육지로 나오게 되는 것입니다. 그리고 일단 악어가 육지로 나오게 되면 그때는 더 이상 맥을 추지 못하게 되는 것입니다.

이것을 통해서 알 수 있는 것은 이 세상 나라도 부흥하고 안정되는 것은 하나님의 은혜가 있기 때문입니다. 물론 이 은혜는 말씀과 성령의 은혜가 아닙니다. 단지 일반 은총의 은혜인 것입니다. 그런데 놀라운 것은 이런 일반 은총을 많이 받은 자들의 특징은 더 이기적이고 감사하지 않으며 자기 밖에 모른다는 것입니다. 그러다가 언젠가는 이 일반 은총은 끝이 나게 되어 있습니다. 이것이 길면 몇 백 년을 갈 수도 있고 짧으면 몇 십년 만에 끝날 수도 있지만 일반 은총의 강물은 언젠가는 반드시 끝나게 된다는 것입니다.

그러나 이스라엘은 그렇지 않습니다. 이스라엘을 지키시는 하나님은 온 하늘과 땅을 창조하신 분이십니다. 그러기에 우리가 바른 말씀만 붙들고 바른 기도로 하나님께 매달리면 영원히 쇠하지 않게 하시고 멸망하지 않게 하십니다. 이것이 바로 이스라엘이 다른 나라와 다른 점입니다.

이스라엘의 무지

이스라엘 백성들의 가장 큰 문제는 자기 자신의 소중함을 잘 모르는 것이었습니다. 이스라엘 백성들은 자기들이 하나님을 의지할 때 가장 강한 존재가 될 수 있다는 것을 인식하지 못하고 자꾸 스스로 강해지려고 했습니다. 하나님의 백성의 가치는 약한데 있습니다. 그러니까 죽자고 하나님께 매달리게 되는 것입니다. 그런데 이스라엘은 하나님을 의지하지 않고 이 세상의 강대국인 애굽을 자꾸 붙들려고 했습니다. 하지만 그 결과는 손만 찔리게 되는 실패였습니다.

"애굽의 모든 거민이 나를 여호와인줄 알리라. 애굽은 본래 이스라엘 족속에게 갈대지팡이라. 그들이 너를 손으로 잡은즉 네가 부러져서 그들의 모든 어깨를 찢었고 그들이 너를 의지한즉 네가 부러져서 그들의 모든 허리로 흔들리게 하였느니라"(6-7절).

애굽은 갈대 지팡이였습니다. 갈대 지팡이라고 하는 것은 겉으로 보기에는 단단하게 생겼는데 실제로 그 안은 비어있고 힘이 하나도 없어서 땅을 짚는데 전혀 도움이 되지 못하는 것을 의미합니다. 이스라엘 백성들은 하나님을 의지하는 것이 너무나도 힘이 들어서 애굽을 믿었습니다. 그러나 애굽은 갈대 지팡이였습니다. 잡고 힘을 쓰니까 금방 가지고 부러져 버리고 오히려 그 뾰죽뾰죽한 부분에 손이 비어서 피가 나왔습니다. 그리고 심한 경우에는 가지가 어깨를 찌르는 바람에 어깨가 찢어지는 경우도 있었습니다. 또 지팡이가 부러지면서 허리가 흔들리는 바람에 허리를 다치기도 했습니다.

우선 애굽의 입장에서 왜 예루살렘을 도울 수 없었는지 한번 생각을 해 봅시다. 애굽의 입장에서 예루살렘은 사실 이해를 할 수 없는 나라였습니다. 왜냐하면 예루살렘은 석유가 많이 나오는 곳도 아니고 곡식이 많이 나오는 곳도 아니고 금이 많이 생산되는 곳도 아니었습니다. 아무리 애굽 사람들의 힘이 남아돈다 하더라도 그들은 다 이해 관계를 따지는 사람들인데 도대체 예루살렘을 도와줄 이유가 없었습니다. 굳이 애굽이 예루살렘을 도와준다고 하면 의리나 인정 때문인데 애굽은 예루살렘에 대하여 눈곱만큼도 인정이나 의리를 가질 이유가 없었습니다.

예루살렘 사람들은 자기들이 어려우면 주위에 있는 나라 사람들이 무조건 도와줄 줄 알지만 사실 주위 나라들이 도와주는 것도 하나님께서 도와주라고 하시니까 도와주는 것입니다. 그래서 우리가 알아야 할 것은 우리에게 오는 모든 것은 하나님이 주신다고 생각하면 됩니다. 그런데 이스라엘 자손들이 하나님을 불신하면서 주위 나라들의 도움을 바랄 때 그들은 전혀 도움이 되지 못했습니다.

결국 예루살렘이 사는 길은 주위 사람들의 도움을 받으려는 생각을 버리고 하나님만 의지해야 합니다. 우리가 사람의 도움을 기대하면 결국 손이나 다치고 어깨나 부러지고 허리나 삐게 되어 있습니다. 우리가 살 수 있는 길은 하나님의 은혜가 우리에게 회복되게 하는 것입니다. 이렇게 하려고 하면 죽었다 각오하고 하나님의 말씀만 붙잡아야 합니다. 그리고 오직 기도로 하나님의 문을 두들겨야 합니다. 오직 영적인 은혜만을 달라고 해야 합니다.

물론 처음부터 하나님의 은혜가 폭포수같이 쏟아지지 않습니다. 처음에는 아무리 몸부림치면서 기도해도 응답이 없다가 나중에는 한 방울의 은혜가 생길 것입니다. 결국 이 한 방울이 나중에는 강이 되어서 흘러 넘치게 됩니다. 예루살렘에 하나님의 은혜가 흘러넘칠 때 애굽의 강에도 물이 흐르게 됩니다. 따라서 우리는 세상 사람들을 도와줄 생각을 해야 합니다. 결코 세상의 도움으로 무엇을 하려고 해서는 안 됩니다.

우리가 하나님을 의지하지 않고 세상을 의지하면 그 의지하던 것에 손이 찔리게 됩니다. 왜냐하면 하나님의 백성들의 문제는 세상의 갈대 지팡이로는 해결되지 않기 때문입니다. 하나님의 백성들의 어려움은 모세의 지팡이와 같은 능력의 지팡이가 있어야 해결되지 인간의 힘으로는 해결되지가 않습니다.

우리는 이 시간 세상 것을 가지고 안정하려고 생각해서는 안 됩니다. 우리는 이 시간 하나님의 지팡이를 잡아야 하는 것입니다.

세상적인 것으로 안정되려고 하는 사람들을 보면 그야말로 강 물 속에 엎드린 악어처럼 생각될 때가 있습니다. 세상 사람들이 안정된 직장이라는 '철밥통'을 가지고 엎드려서 자기 이익을 지키려고 하지만 하나님께서 큰 경제의 물줄기나 정책의 물줄기를 돌려버리면 그야말로 코가 꿰어서 나오는 악어가 될 수밖에 없는 것입니다. 우리가 세상의 방법을 가지고 성공하려고 하면 결코 성공하지 못할 것입니다. 우리는 하나님의 말씀으로 복을 받아야 합니다.

애굽의 사막화

애굽은 원래 사막으로 되어 있는 나라입니다. 그런데 애굽을 부요하게 만드는 것은 나일 강이었습니다. 특히 상류에서부터 나일 강이 범람을 하면서 아주 좋은 흙을 날라다 주는데 그것 때문에 애굽은 가장 양식이 풍족한 곳이 되었습니다. 그러나 하나님의 은혜가 끊어지면서 애굽은 사막이 되어 버렸습니다.

> "그러므로 나 주 여호와가 말하노라. 내가 칼로 네게 임하게 하여 네게서 사람과 짐승을 끊은즉 애굽 땅이 사막과 황무지가 되리니 그들이 나를 여호와인줄 알리라. 네가 스스로 이르기를 이 강은 내 것이라 내가 만들었다 하도다. 그러므로 내가 너와 네 강들을 쳐서 애굽 땅 믹돌에서부터 수에네 곧 구스지경까지 황무한 황무지 곧 사막이 되게 하리니 그 가운데로 사람의 발도 지나가지 아니하며 짐승의 발도 지나가지 아니하고 거접하는 사람이 없이 사십년이 지날찌라"(8-11절).

지금 우리가 알고 있는 북부 아프리카가 옛날 로마 시대만 해도 아주 농사가 잘 되는 곡창 지역이었습니다. 그런데 이 북부 아프리카 지역에 일단 사람이 살지 않으면 모래 바람이 불고 땅이 황폐하게 되어서 사막이 되어버리는 것입니다. 그래서 로마 시대에도 북부 아프리카 지역에는 사람을 정착시키려고 많은 애를 쓴 것을 볼 수 있습니다. 지금도 농촌에 가보면 사람이 살지 않으면 금방 잡초가 우거져서 땅이 황무하게 되어버립니다. 특히 벼농사를 짓는 사람에게 중요한 것은 농수로인데 이 농수로는 몇 년 만 쓰지 않으면 전부 다 황폐하게 되어서 나중에는 농사를 짓고 싶어도 지을 수 없게 되어버리는 것입니다.

우리가 알아야 할 것은 이 세상의 복은 결코 영원하지가 않다는 것입니다. 이 세상은 아무리 문명화되었던 곳이라 하더라도 하나님께서 축복을 거두시는 때가 되면 사람들도 없어지고 나중에는 저절로 황무지가 되어버리는 것입니다. 예를 들어서 석유가 나오던 곳에 석유가 나오지 않으면 황폐해지게 됩니다. 공장이 있던 곳에 공장이 폐쇄되면 썰렁한 곳으로 변하고 마는 것입니다. 결국 우리가 지속적으로 하나님의 복을 받아 누리며 살려면 하나님의 성령의 비가 쏟아져야 하고 부흥이 일어나야 하는 것입니다.

오늘날 얼마나 지구의 사막화가 심각한지 모릅니다. 우리나라는 봄철만 되면 몽고 지역에서 불어오는 황사로 많은 고통을 겪고 있습니다. 이것은 내몽고에 있는 고비 사막이 더 심해지고 있기 때문입니다. 그러나 오늘날 더 심각한 것은 사람들의 마음에 일어나는 사막화입니다. 사람들의 마음에 사랑이 메말라가고 있고 분노의 감정이 지배하고 있습니다. 이런 상태가 지속된다면 하나님의 축복을 받을 수 없습니다. 언젠가는 세상의 복도 없어지고 말 것입니다. 결국 성령이 오셔서 사람들의 마음을 옥토로 만들어주셔야 세상에도 복이 오게 됩니다. 이것을 위해서는 눈에 보이지 않는 성전을 지어야 합니다. 즉 우리 한 사람 한 사람이 살아있는 벽돌이 되어 성전을 지어야 지속적인 하나님의 축복이 이 땅에 임할 수 있습니다.

애굽에 있어서 더 끔찍한 것은 하나님께서 두로를 대신하여 느부갓네살 왕에게 애굽을 준다는 것입니다.

> "인자야 바벨론 왕 느부갓네살이 그 군대로 두로를 치게 할 때에 크게 수고하여 각 머리털이 무지러졌고 각 어깨가 벗어졌으나 그와 군대가 그 수고한 보수를 두로에서 얻지 못하였느니라. 그러므로 나 주 여호와가 말하노라. 내가 애굽 땅을 바벨론 왕 느부갓네살에게 붙이리니 그가 그 무리를 옮겨가며 물건을 노략하며 빼앗아 갈 것이라. 이것이 그 군대의 보수가 되리라. 그들의 수고는 나를 위하여 함인즉 그 보수로 내가 애굽 땅을 그에게 주었느니라. 나 주 여호와의 말이니라"(18-20절).

원래 바벨론 왕 느부갓네살은 두로에 많은 보물이 있다고 생각해서 두로를 공격했습니다. 무려 13년에 걸쳐서 바벨론 왕이 군대를 동원해서 두로를 공격했습니다. 두로가 섬이니까 바벨론 군인들이 아예 돌을 머리로 날라다가 바다를 매워버렸습니다. 그러니까 바벨론 군대가 얼마나 머리로 돌을 많이 날랐던지 머리가 다 빠져버렸습니다. 그뿐만 아니라 어깨로 얼마나 돌을 많이 날랐든지 어깨가 다 벗겨져 버렸습니다. 그런데 막상 두로를 함락시켰을 때에는 생각만큼 보물이 많지 않았습니다. 아마 전쟁을 하면서 다 써버렸는지 아니면 따로 빼돌렸는지 모르겠지만 함락시키고 난 후에 보니까 바벨론의 입장에서는 헛물만 켠 셈이 되었습니다.

그래서 하나님께서 바벨론 왕에게 미안하게 생각을 하셨습니다. 즉 하나님께서 바벨론 왕에게 두로를 멸망시키라고 하셨는데 수고한 보수를 주지 못했다는 것입니다. 그래서 하나님께서 바벨론 왕이 두로에서 수고한 값으로 애굽을 넘겨주셨다고 말씀하시는 것입니다. 실제로 느부갓네살 왕은 두로를 친 후에 애굽을 쳐서 항복을 받았습니다.

왜 하나님께서는 두로를 꼭 멸망시켜야 한다고 생각하셨을까요? 두로가 자기 머리만 믿고 너무 설쳐대었기 때문입니다. 두로가 하는 모든 짓들이 꼭 사단이 하는 것과 같았기 때문에 도저히 그냥 둘 수가 없었기 때문입니다. 두로는 그냥 내버려두면 온 세상을 자기 손에 넣고야 말 것입니다. 그래서 하나님께서는 바벨론 왕에게 두로를 꼭 심판하게 하셨고 그 결과 바벨론은 얻을 수 있는 것이 별로 없었습니다. 이것이 두로의 실체였습니다. 처음에는 대단한 것 같았는데 막상 정복해놓고 보니까 아무 것도 없었습니다.

바벨론 왕은 고생은 두로에서 실컷 해 놓고 보수는 애굽에서 다 챙겼던 것입니다. 그러면 도대체 애굽은 무엇입니까? 그냥 도매금으로 넘어가버리는 것입니다. 여기서 하나님께서는 애굽의 가치가 두로보다 못하다고 말씀하고 있습니다.

그러나 하나님은 애굽을 완전히 멸망시키지는 않겠다고 말씀하셨습니다. 미약한 상태로 사십년을 방치한 후에 다시 애굽 사람들을 모으겠다고 말씀하셨습니다.

"나 주 여호와가 말하노라. 사십년 끝에 내가 만민 중에 흩은 애굽 사람을 다시 모아 내되 애굽의 사로잡힌 자들을 돌이켜 바드로스 땅 곧 그 고토로 돌아가게 할 것이라. 그들이 거기서 미약한 나라가 되되 나라 중에 지극히 미약한 나라가 되어 다시는 열국 위에 스스로 높이지 못하리니 내가 그들을 감하여 다시는 열국을 다스리지 못하게 할 것임이라"(13-15절).

역시 애굽이 강 속에 엎드린 악어가 될 수밖에 없었던 것은 교만 때문이었습니다. 애굽은 교만 때문에 우상숭배가 아주 심했습니다. 애굽을 지배하는 것은 전부 태양신이고 점이고 미신이었습니다. 그래서 애굽은 오랫동안 자기도취에 빠져서 하나님을 찾지 않았습니다. 오히려 이스라엘 백성들을 경멸했습니다. 그러나 그들이 미약한 나라가 되고 난 후에는 하나님을 찾게 됩니다. 그래서 처음 구약 성경이 헬라어로 번역된 것도 애굽의 알렉산드리아 때였습니다. 그리고 초대교회 때 열심히 하나님을 믿었던 곳도 애굽이었습니다. 이것을 통해 배우는 교훈은 아무리 하나님을 모르고 교만한 자라 하더라도 하나님을 믿을 수 있는 가능성은 열려 있다는 사실을 깨닫게 됩니다. 그러나 그렇게 되려면 한번 납작하게 되어야 합니다. 이 세상에서 아무 것도 아닌 것이 되었을 때 비로소 자기를 덮고 있던 자기도취의 수건이 벗겨지면서 하나님의 말씀을 받을 수 있게 되는 것입니다.

"그 날에 내가 이스라엘 족속에게 한 뿔이 솟아나게 하고 내가 또 너로 그들 중에서 입을 열게 하리니 그들이 나를 여호와인줄 알리라"(21절).

하나님께서 이스라엘 족속들 중에 일으킬 뿔이 누구인지는 알 수가 없습니다. 그러나 제발 나쁜 뿔이 아니기를 바랍니다. 하나님의 뿔이 솟아나야 합니다. 그래서 흩어져 있는 사람들의 마음에 말씀의 희망을 불어 넣어주어야 합니다. 하나님의 백성들이 하나님의 말씀을 붙잡고 전심으로 하나님을 의지하면 애굽의 강과는 비교되지 않는 기적의 강이 흐르게 되는 것입니다. 이것이 최고의 복입니다. 바라기는 여러분 모두 하나님을 의지하고 그 말씀대로 살아서 하나님으로부터 놀라운 큰 복을 받는 주인공이 되시길 바랍니다.

28

| 겔 30:1-26 |

애굽의 운명

에스겔서 30장은 애굽의 심판에 대한 말씀입니다. 우리는 지금 이 바쁜 세상에 우리가 왜 옛날 이집트나 에티오피아의 이야기까지 들어야하나 하면서 '짜증' 스럽게 생각하실지 모르겠습니다. 사실 우리는 지금 내 자신의 문제만 해도 태산같이 쌓여 있고 도대체 어떻게 풀어나가야 할지 모르는 형편인데 왜 우리가 아주 옛날의 이집트나 에티오피아 이야기까지 들어야 한단 말입니까?라고 생각할 수 있을 것입니다. 하지만 이 당시 이집트나 에티오피아가 이스라엘 백성들에게는 세상이었기 때문에 우리는 그들의 이야기를 들어야 합니다. 오늘 우리가 하루하루를 살아가는 것이 그렇게 힘이 드는 이유는 나와 믿지 않는 세상과의 관계가 복잡하게 얽혀 있기 때문에 그런 것입니다. 만일 우리가 세상을 완전히 포기하고 신앙만 가지고 산다면 우리의 생활은 결코 복잡하지 않을 것입니다. 하지만 우리는 이 세상에서 살아야 하고 기왕 산다면 성공적으로 잘 살아야겠고 또 하나님의 은혜는 받아야 하니까 세상에서 사는 문제가 아주 복잡해지는 것입니다. 오늘 우리의 마음이 무거운 것은 바로 이 문제를 재대로 해결하지 못했기 때문입니다. 그래서 나름대로 세상에 최선을 다하고 애는 쓰지만 인정은 인정대로 받지 못하고 배신당하는 일이 많은 것입니다.

애굽에 대한 기대

애굽이라는 나라는 고대 팔레스타인 사회에서 가장 농사가 잘 되고 부강한 나라였습니다. 그리고 우선 예루살렘에 없는 것도 애굽에 가면 다 있었습니다.

그래서 이스라엘 백성들에게는 항상 애굽에 의지하려고 하는 마음이 있었습니다. 이스라엘 백성들이 애굽을 의지해도 실제로는 별로 얻는 것도 없었는데도 마음속으로는 애굽을 언제나 의지하려고 했습니다. 이것은 하루 이틀된 것이 아니고 아주 먼 옛날 족장 때부터 있었던 일이었습니다.

믿음의 조상 아브라함은 하나님의 부르심을 받고 갈대아 우르에서 땅이나 인간관계 같은 것을 다 청산하고 오직 하나님의 말씀 하나 붙들고 가나안 땅으로 들어왔습니다. 그런데 가나안 땅에 와 보니까 엄청난 기근이 찾아온 것입니다. 그때 아브라함은 아무 미련도 없이 가나안 땅을 버리고 애굽으로 내려가 버렸습니다. 생존을 위해서 아브라함이 애굽에 내려갔지만 별로 덕을 본 것도 없었습니다. 오직 부인 사라만 왕에게 뺏겨 가지고 도로 찾는데 아주 애를 먹었습니다. 만약 하나님께서 간섭하여 주시지 않으셨더라면 부인을 찾지도 못했을 것입니다. 애굽은 이런 곳이었습니다.

아브라함의 아들 이삭도 흉년이 드니까 애굽으로 내려가다가 하나님께서 내려가지 말라고 하시는 바람에 중간에 블레셋 땅에 주저앉았습니다. 그 결과 이삭은 그랄 땅에서 복을 받았습니다. 하나님께서 그렇게 하신 이유는 가나안 땅은 하나님의 말씀이 임하는 곳이었기 때문입니다. 하나님께서는 믿음의 조상들이 먹고 살기가 어렵다고 해서 말씀이 임하는 곳을 떠나는 것을 허락지 아니하셨습니다. 요셉은 애굽과 관계가 아주 깊은 사람이었습니다. 요셉은 꿈을 꾸는 바람에 형들의 미움을 받아서 애굽에 노예로 팔려가게 되었습니다. 그래서 요셉은 애굽의 밑바닥 인생을 살았기에 애굽이 어떤 나라인지 아주 잘 아는 사람이었습니다. 그는 아주 잘 생긴 노예였습니다. 요셉은 바람기가 있는 여자 주인의 청을 거절했다가 강간미수범으로 몰려서 감옥에 들어가게 되었습니다. 요셉은 감옥에서도 최선을 다 했지만 거기에 들어온 바로의 관원들에게 배신을 당했습니다. 그러나 하나님은 요셉을 총리로 세우셔서 애굽을 칠년 대흉년에서 건지게 하시고 애굽의 영웅이 되게 하셨습니다.

우리가 이 족장들의 삶을 보면 그들이 애굽에서 덕을 보려고 할 때에는 항상 배신을 당하고 어려움을 당했던 것을 알 수 있습니다. 오히려 그들이 아무리 어렵더라도 하나님의 말씀을 붙잡았을 때 더 세상을 잘 도울 수 있었습니다.

오늘 본문 말씀은 애굽의 통곡에서부터 시작됩니다. 그것은 세계에서 가장 안정된 나라이고 가장 부강한 나라였던 애굽이 망한다는 소식입니다.

"여호와의 말씀이 또 내게 임하여 가라사대 인자야 너는 예언하여 이르라. 주 여호와의 말씀에 너희는 통곡하며 이르기를 슬프다 이 날이여 하라. 그 날이 가까웠도다. 여호와의 날이 가까웠도다. 구름의 날일 것이요. 열국의 때이리로다. 애굽에 칼이 임할 것이라. 애굽에서 살육당한 자들이 엎드러질 때에 구스에 심한 근심이 있을 것이며 애굽의 무리가 옮기우며 그 기지가 헐릴 것이요, 구스와 붓과 룻과 모든 섞인 백성과 굽과 및 동맹한 땅의 백성들이 그들과 함께 칼에 엎드러지리라"(1-5절).

우리가 이 말씀을 제대로 이해를 하려면 이 당시 이스라엘 백성들의 형편을 알아야 합니다. 이 당시 이스라엘 백성들은 세 동강이 나 있었습니다. 우선 북쪽 이스라엘은 완전히 망해서 전 세계에 흩어져버렸습니다. 그리고 남쪽 유다의 일부는 바벨론에 포로가 된 지 십일 년째였습니다. 그리고 나머지는 아직 유다와 예루살렘에 남아 있는데 너무나도 미래가 불안정하였습니다. 특히 날로 강하여가고 있는 바벨론의 세력 앞에서 이스라엘 자손들은 스스로의 힘으로는 도저히 나라를 지킬 수가 없었고 살아남을 길이 없었습니다. 그때 유다 백성들은 자기들이 살아남을 수 있는 유일한 길은 애굽의 힘을 끌어들이는 것밖에 없다고 생각했습니다. 애굽이 아주 강하여져서 바벨론을 막아주기만 한다면 이스라엘 자손으로는 그보다 더 바랄 것이 없는 것입니다. 그래서 유다 백성들 모두는 애굽만 쳐다보고 있었습니다.

요즘도 우리나라나 다른 나라 사람들이 국가적인 큰 어려움을 당하게 되면 세계 최강대국인 미국을 바라보는 것을 알게 됩니다. 어떤 사람들은 민족주의를 부르짖으면서도 결국 마음속으로는 은근히 미국이 우리를 도와주지 않겠나 하는 생각을 품고 있는 것을 볼 수 있습니다. 그러나 이제는 미국의 사정도 옛날과 같은 처지가 아니라는 것을 사람들은 알아야 할 것입니다.

에스겔 당시에 유대인들이 생각하기에 유다가 살 수 있는 길은 애굽을 잡는 길 밖에 없었습니다. 그래서 그들은 할 수 있는 한 애굽의 힘을 끌어와서 바벨론 세력을 견제하고, 한 걸음 더 나아가서는 바벨론을 눌러서 포로된 자들을 돌아오게 하면 최고라고 생각한 것입니다.

이 점에 있어서 하나님의 생각과 이스라엘 백성들의 생각은 너무 달랐습니다. 이미 하나님은 애굽은 그럴 힘이 없다는 것을 아셨습니다. 애굽은 겉으로 보기에는 화려하고 강한 것 같지만 내부적으로는 이미 쇠퇴하여서 도저히 바벨론을 이기거나 유다를 도울 수 있는 형편이 되지 못했습니다.

하나님께서 유다 백성들에게 원하셨던 것은 더 이상 의지할 것이 없는 애굽을 기대려고 하지 말고 하나님을 결사적으로 의지해보라는 것입니다. 왜냐하면 하나님은 애굽보다 강하시고 바벨론보다 강하신 분이시기 때문입니다.

따라서 바벨론에 포로 되어간 자들이나 예루살렘에 남아 있는 자들 중에 누구라도 결사적으로 하나님의 말씀을 붙들고 기도로 매달리면 부흥을 일으킬 수 있는 것입니다. 자신들이 세상에 의지하고 싶은 것들은 다 내려놓고 오로지 하나님 앞에서 말씀과 기도로 결판을 내는 것입니다. 그러면 반드시 살 길이 생기게 되어 있습니다.

우리가 때때로 이 세상을 살아가다보면 여러 가지 위기나 어려움을 당할 때가 옵니다. 그때 우리의 머리 속에는 당장 누구를 잡아서 이 위기를 넘길 것인가 하는 계산부터 떠오를 것입니다. 하지만 이때 우리는 사람을 의지해서는 안 됩니다. 오직 살아계신 하나님만을 의지해야 살 수 있습니다. 이상한 것은 사람을 붙들고 도움을 받으면 이것이 밑 빠진 독에 물을 붓는 것처럼 계속 문제가 터지게 됩니다. 그러나 아예 인간적인 도움 받는 것을 포기해버리고 하나님 앞에서 기도로 결판을 내면 이상하게 나중에 살 길이 열리게 됩니다.

하나님께서 에스겔에게 애굽의 멸망에 대하여 통곡하라고 말씀하시는 이유가 무엇입니까? 이미 하나님 앞에서 애굽은 전혀 힘이 없는 끝장이 난 나라이기 때문입니다. 애굽이 멋있어 보이는 것은 껍데기뿐이고 실제로 애굽은 자기 자신도 추스를 힘이 없는 것입니다. 그런데 무엇 때문에 이스라엘 자손이 이미 끝장이 난 나라와 동맹하여 힘을 빌려고 할 필요가 있겠습니까?

하나님께서는 애굽을 기다리고 있는 것은 구름의 날일 것이라고 말씀하고 있습니다. 우중충한 날씨인 것입니다. 그리고 이때는 '열국의 때' 라고 했습니다. 즉 하나님께서 전에는 이스라엘 백성들을 치셨는데 이제는 다른 모든 나라들을 심판하는 때라는 뜻입니다. 그것도 모르고 많은 나라들이 애굽과 동맹을 맺고 있었습니다. 구스와 붓과 룻과 굽 같은 나라들은 주위에 있는 애굽과 동맹한 나라들이었습니다. 유다도 이런 나라들을 부러워했고 자기들도 이 나라들처럼 애굽과 동맹하기를 바랐던 것입니다. 그러나 그 결과는 전혀 도움이 되지 못하는 것이었습니다.

일단 하나님의 백성들이 이 세상에 대해서 생각해야 할 것은 바로 이것입니다. 일단 우리는 이 세상을 완전히 무시하거나 떠날 수는 없다는 것을 인정을 해야 합니다. 우리는 이 세상에서 살아야 하고 직장을 구하고 집을 사고 공부도 해야 합니다. 그러나 우리의 도움은 오직 하나님으로부터 온다는 것을 알아야 합니다. 그래서 우리는 어려움이 왔을 때 세상으로 뛰쳐나가거나 혹은 세상적인 방식으로 해결하려고 해서는 안 됩니다. 우리는 오직 하나님 앞에 말씀과 기도로 매달려서 하나님의 축복을 받아야 합니다.

우리는 언제나 이 세상을 도와야 할 사람들이지 세상의 도움을 받아서 나의 어려움을 해결 받으려고 하면 언제나 배신을 당하게 됩니다. 특히 우리가 세상을 도울 수 있는 것은 하나님의 말씀입니다.

하나님이 애굽에 일으키실 불

"나 여호와가 말하노라. 애굽을 붙들어 주는 자도 엎드러질 것이요, 애굽의 교만한 권세도 낮아질 것이라. 믹돌에서부터 수에네까지 무리가 그 가운데서 칼에 엎드러지리라. 나 주 여호와의 말이니라. 황무한 열방 같이 그들도 황무할 것이며 사막이 된 성읍들 같이 그 성읍들도 사막이 될 것이라. 내가 애굽에 불을 일으키며 그 모든 돕는 자를 멸할 때에 그들이 나를 여호와인줄 알리라"(6-8절).

이스라엘 백성들이 애굽에 대하여 이해가 되지 않았던 것은 왜 애굽 사람들은 하나님을 믿지 않고 지독하게 우상숭배를 하는데 그렇게 잘 살 수 있고 강한 나라가 될 수 있느냐 하는 것이었습니다. 그래서 늘 이스라엘 백성들 마음속에 드는 유혹은 우리가 하나님을 믿지 않는다고 해도 적어도 세상 사람들 수준에서는 잘살 것이 아니냐 하는 것이었습니다.

본문에서 '애굽을 붙들어 주는 자가 엎드러질 것이라' 고 했는데 애굽을 붙들어주는 자가 누구이겠습니까? 애굽의 막강한 제사장 집단이었던 것입니다. 이 많은 제사장들은 애굽에서 귀족의 역할을 하면서 애굽의 복을 지켜주는 역할을 했습니다. 그러니까 이스라엘 백성들은 애굽을 볼 때마다 그들의 마음은 헷갈렸던 것입니다. 즉 왜 죽으라고 하나님을 믿는 우리는 강하지 못하고 하나님을 믿지도 않고 교만하고 우상만 죽으라고 섬기는 애굽은 언제나 잘 사느냐 하는 것입니다.

이것은 결국 이스라엘 백성들이 진정한 복을 보지 못했기 때문입니다. 진정한 복은 우리 마음에 임하는 복입니다. 하나님께서는 우리로 하여금 진정한 하늘의 복을 받기 위해서 오히려 세상의 것들을 다 빼앗아 가시기도 하십니다. 그래야 우리가 말씀의 능력을 알고 기도의 능력을 알게 되기 때문입니다. 그러나 애굽의 복은 하나님의 복은 없고 세상의 복만 다 가진 것이었습니다. 우리가 하나님의 복 없이 세상의 복만 다 가졌을 때 나타나는 현상이 무엇이겠습니까? 그것은 엄청난 삶의 권태요 회의입니다. 이 세상의 좋은 것은 다 가졌는데도 마음은 기쁘지 않고 마음은 결코 행복하지 않습니다. 그 이유는 인간의 진정한 복은 소유에 있는 것이 아니라 마음속에 임하는 하나님의 은혜이기 때문입니다.

하나님께서는 우리에게 마음의 복을 주시고 세상 사람들에게는 세상의 복을 주셨을 때 우리가 과연 이것을 불공평하다고 할 수 있을까요? 우리가 하늘의 복과 세상의 복을 다 차지해버리면 세상 사람들은 도대체 이 세상을 무슨 재미로 살겠습니까?

특히 세상 사람들의 복은 아무리 많이 가져도 만족을 모릅니다. 그러나 하나님의 백성들은 최소한의 것만 가져도 충분합니다. 하나님이 너무 많이 주시면 부담스러울 때도 많습니다. 우리는 우리에게 꼭 필요한 것만 있으면 만족해야 합니다.

그래서 하나님은 처음에 우리를 훈련시키시느라고 가난하게 하고 어렵게 하실 때가 많습니다. 이럴 때에는 '오직 사람이 떡으로만 살 것이 아니요 하나님의 말씀으로 살 것이니라'를 체험을 해 보아야 합니다. 우리가 경제적인 문제를 하나님께 맡길 수 있어야 다른 것도 하나님께 맡길 수가 있게 됩니다. 우리가 어려울 때 만나로도 살아보고 까마귀가 날라다 주는 고기로도 살아봐야 합니다. 그때 우리의 겉 사람은 초라하고 가난해도 우리의 속사람은 엄청나게 부요하게 됩니다. 그런데 그 후에 하나님은 우리를 정상적인 사회생활하게 하시고 어떤 때에는 우리에게 필요한 것보다 더 많은 것을 주시기도 합니다. 그때 우리는 하나님의 것을 맡은 청지기로서 잘 가지고 살면 되는 것입니다. 그런 것 때문에 하나님과의 관계가 멀어지면 손해를 보게 됩니다. 하나님께서 아무리 많은 돈을 주시고 아무리 유명하게 하셔도 그런 것은 다 없는 것으로 치고 여전히 하나님 앞에서 가난한 마음으로 살아가면 되는 것입니다.

그런데 애굽 사람들은 다른 사람들에 비해서는 잘 살았고 여유 있게 살았지만 결코 행복한 것은 아니었습니다. 그 이유가 무엇입니까? 이 세상의 행복으로는 마음속에 있는 불을 끌 수가 없기 때문입니다. 마음속에 일어나는 죄의 불과 분노의 불과 정욕의 불은 세상의 행복으로는 끌 수가 없습니다. 오히려 이 세상의 복은 그런 불을 더 붙여주는 기름 역할밖에 하지 못합니다. 우리 인간의 진정한 복은 우리 마음속에 하나님의 은혜가 임해서 내 속에 있는 모든 죄 사함을 받고 내 자신의 진정한 가치를 되찾는 것입니다.

제가 학생 때 보면 주위에 있는 친구들이 마음속에 있는 죄의 불 때문에 엄청나게 고민을 하고 방황도 하고 술을 퍼마시는 것을 많이 보았습니다. 그리고 제 자신도 영적으로 방황을 많이 했습니다. 그런데 예수님의 십자가 앞에 나아왔을 때 이런 죄의 불이 싹 없어져버렸습니다. 그리고 진정으로 내 자신이 가치가 있구나 하는 것을 깨닫게 되었습니다.

이 세상의 행복으로는 하나님의 심판의 불을 끌 수가 없습니다. 그래서 세상 사람들의 행복은 언제나 불안한 행복이 될 수밖에 없는 것입니다.

예수님께서는 말씀하시기를 '내가 주는 물을 마시는 자는 영원히 목마르지 아니하리니 내가 주는 물은 그 속에서 영생하도록 솟아나는 샘물이 되리라' 고 말씀하셨습니다. 모든 사람들의 마음속에서는 죄의 불이 있습니다. 정욕의 불이 있습니다. 이것을 꺼보기 위해서 아무리 돈을 벌고 세상 적으로 성공하고 술을 마셔도 마음속의 불은 꺼지지 않습니다. 그러니까 하나님의 심판의 때가 되면 모든 행복이 다 날라 가버리는 것입니다. 그때에는 애굽의 우상이 전혀 도움이 되지 못할 것입니다. 이 세상의 미신이 도움이 되지 못할 것입니다. 오직 하나님의 말씀으로 변화 받은 인격만이 심판의 불을 막을 수 있습니다.

하나님의 백성들에게 가장 강력한 것은 말씀을 붙들고 기도할 때 마음속에 성령이 부어지는 것입니다. 이것이 우리가 하나님으로부터 받을 수 있는 최고의 복입니다. 성령의 강 같은 역사가 임하면 모든 세상이 달라지게 됩니다. 사막이 초원이나 옥토로 변할 것입니다. 전에 내가 감당할 수 없었던 일들이 이상하게 가능하게 될 것입니다.

"내가 그 모든 강을 말리우고 그 땅을 악인의 손에 팔겠으며 타국 사람의 손으로 그 땅과 그 가운데 있는 모든 것을 황무케 하리라. 나 여호와의 말이니라. 나 주 여호와가 말하노라. 내가 그 우상들을 멸하며 신상들을 놉 가운데서 끊으며 애굽 땅에서 왕이 다시 나지 못하게 하고 그 땅에 두려움이 있게 하리라"(12-13절).

애굽의 가장 큰 보물은 강물이었습니다. 즉 나일강이 있기 때문에 농사가 잘 될 수 있었고 부강할 수 있었습니다. 그러나 강물이 없는 애굽은 더 이상 부강한 나라가 될 수 없었고 다른 나라들이 공격하는 것을 막을 수 없었습니다. 사람들은 하나님이 주시는 한 가지 복을 가지고 마치 자기가 신인 것처럼 교만하게 행세를 하지만 그 하나의 복이 없어지면 아무것도 아니게 됩니다. 남자들 같은 경우에 직장만 잃어버려도 영맥을 추지 못하고 빌빌거리는 것을 보게 됩니다.

하나님이 이 세상에 복을 주시는 것은 일시적인 것입니다. 왜냐하면 이 세상의 샘물은 어느 것이든지 영원한 샘물이 아니기 때문입니다. 이 세상의 샘물은 샘물이 아니고 사실은 웅덩이의 물밖에 되지 않습니다. 웅덩이의 물이 맑아 보이는 것은 부유물이 가라앉아 있어서 그런 것뿐입니다. 심한 가뭄이 오면 이 세상의 복은 그 어떤 것이든지 마르게 됩니다. 결국 영원히 마르지 않는 샘물이 하나님의 은혜의 샘물입니다. 이 은혜의 샘물은 하나님의 백성들이 말씀 중심으로 모일 때 터지게 되는데 영원히 이 샘물은 마르지 않습니다.

여기에 보면 애굽의 여러 도시들의 이름들이 나옵니다. 대개 이런 이름들이 나오는 것은 애굽이 철저하게 멸망하는 것을 보여주기 위해서입니다. 옛날에는 전쟁을 할 때 수도로 곧장 쳐들어가서 항복을 받고 조공을 받는 경우가 많았지만 바벨론의 전쟁은 철저하게 파괴적이었습니다.

"내가 바드로스를 황무케 하며 소안에 불을 일으키며 노를 국문하며 내 분노를 애굽의 견고한 성 신에 쏟고 또 노의 무리를 끊을 것이라. 내가 애굽에 불을 일으키리니 신이 심히 근심할 것이며 노는 찢어 나뉠 것이며 놉은 날로 대적이 있을 것이며 아웬과 비베셋의 소년들은 칼에 엎드러질 것이며 그 성읍 거민들은 포로 될 것이라. 내가 애굽멍에를 꺾으며 그 교만한 권세를 그 가운데서 그치게 할 때에 드합느헤스에서는 날이 어둡겠고 그 성읍에는 구름이 덮일 것이며 그 딸들은 포로 될 것이라"(14-18절).

애굽은 지중해 좁은 지역을 입구로 해서 나일강을 따라 내지로 깊이 들어가는 나라였습니다. 그리고 많은 운하들로 연결이 되어 있어서 배가 없으면 쉽게 내지까지 들어오기가 어려웠습니다. 애굽 사람들은 아무리 바벨론이 쳐들어온다 하더라도 이렇게 깊은 내지까지 쳐들어오겠는가 하는 생각을 했지만 하나님은 애굽을 철저하게 파괴를 시키셨습니다. 바벨론의 공격이 아니라 하더라도 하나님은 다른 불을 내리셔서 망하게 하셨습니다. 그 이유는 이제 하나님의 '모래시계'가 다 되었기 때문입니다. 지금까지 하나님께서는 애굽에 대하여 마음껏 살도록 내버려 두셨지만 때가 다 되었기 때문에 끝을 내시는 것입니다.

어렸을 때 동네에 서커스단이 들어오면 아주 높은 텐트를 칩니다. 그런 화려한 텐트를 치는 이유는 서커스를 공연하기 위해서입니다. 마찬가지로 예루살렘이 서커스였다면 애굽은 그 화려한 무대에 해당되었습니다. 예루살렘의 연극이 시시하게 끝나버리니까 이제 하나님께서는 애굽이라는 텐트도 걷어야 하겠다고 생각을 하신 것입니다. 이제 하나님의 말씀의 무대는 바벨론으로 옮겨지게 됩니다. 그 이유는 바벨론에 포로 되어간 자들 중에 하나님의 말씀이 있었기 때문입니다. 이제는 에스겔이나 다니엘이나 사드락, 매삭, 아벳느고 같은 사람들이 연극의 주인공이 되는 시대가 오는 것입니다. 그러나 주의해야 할 것은 바벨론도 하나의 새로운 텐트에 불과하다는 사실입니다. 가장 중요한 것은 그 안에 있는 하나님의 백성들의 말씀의 역사입니다. 하나님의 말씀이 없어지면 이 온 세상은 어두워지고 캄캄해지고 재미가 없어지는 것입니다. 그래서 우리는 세상과 역사를 바로 볼 수 있는 믿음의 안목이 필요합니다. 이 세상의 삶이 아무리 어려워도 말씀을 가지고 거룩하게 사는 사람은 역사의 주역으로 쓰임을 받을 수 있습니다.

예루살렘의 역할

"나 주 여호와가 말하노라. 내가 또 바벨론 왕 느부갓네살의 손으로 애굽 무리들을 끊으리니 그가 열국 중에 강포한 자기 군대를 거느리고 와서 그 땅을 멸할 때에 칼을 빼어 애굽을 쳐서 살육 당한 자로 땅에 가득하게 하리라" (10-11절).

고대에는 문명의 중심지가 바벨론과 애굽이었습니다. 그러니까 바벨론에서 애굽으로 이어지는 반달 모양으로 생긴 땅이 중심지였고 그 중심에 예루살렘에 있었습니다. 어떻게 보면 예루살렘이 바벨론과 애굽의 중앙에 있었기 때문에 양쪽으로부터 좋은 점을 다 받아들일 수 있는 이점이 있었습니다. 사실 예루살렘 사람들이 처음에 노린 것이 바로 이것이었습니다. 자기들은 바벨론과 애굽으로부터 좋은 것을 다 받아들일 수 있다는 것이었습니다. 그런데 실제로는 이스라엘 백성들이 원하는 대로 되지 않았습니다. 즉 바벨론과 애굽이 서로 전쟁을 하게 되면 예루살렘은 어느 쪽에서 쳐들어오더라도 피해를 입을 수밖에 없었습니다. 그러나 다행스럽게도 예루살렘은 완전히 그 길목에 있는 것은 아니고 산 안쪽으로 쑥 들어가 있는 곳에 있었습니다.

그럼에도 불구하고 예루살렘은 결국 바벨론과 애굽의 샌드위치가 되어서 양쪽으로부터 배신을 당하고 양쪽으로부터 공격을 받았던 것입니다. 결국 바벨론은 애굽을 치러가기 전에 먼저 예루살렘을 멸망시킨 후에 애굽까지 치게 됩니다. 이것을 통해서 하나님의 백성들이 주의해야 할 영적 교훈이 있습니다. 그것은 하나님의 백성들이 세상의 이쪽저쪽 좋은 것을 다 받아들여서 성공을 하려고 하면 양쪽 모두로부터 버림을 당하고 배신을 당하게 되는 것입니다.

하나님의 백성들이 해야 할 것은 애굽도 아니고 바벨론도 아닙니다. 예루살렘은 예루살렘에 해야 할 일이 있습니다. 그것은 자신들이 하나님의 말씀으로 은혜를 받아서 부흥의 불길을 일으키는 것입니다. 부흥의 불길이 일어나면 사람의 눈에는 보이지 않는 하나님의 불이 지키시기 때문에 감히 예루살렘을 공격할 수가 없습니다. 히스기야 때 앗수르 군대가 쳐들어 왔다가 십팔만 오천 명이 하루 밤 사이에 죽었던 것처럼 멸망하게 되는 것입니다.

그러니까 애굽과 바벨론이 싸우려고 하면 자기들끼리 싸우게 하면 되는 것입니다. 굳이 예루살렘이 그 사이에 끼어서 전쟁에 말려들 필요가 없습니다. 그럼에도 불구하고 전쟁에 말려들어서 애굽보다 먼저 망하는 이유가 무엇일까요? 그것은 이스라엘 백성들이 하나님과 맺은 언약을 깨뜨리고 우상을 숭배하고 언약법을 무시했기 때문입니다. 이제 예루살렘에 부흥의 불길은 사라져 버렸습니다.

특히 하나님께서는 바벨론 왕에게 특명을 주셨습니다. 이것은 이번에는 우상숭배하는 나라는 모두 다 쳐부수라는 것이었습니다. 원래 예루살렘은 하나님을 믿기 때문에 우상을 섬기지 않는 나라였습니다. 그러나 세상나라들에게 잘 보이려고 우상을 받아들이고 섬기다가 결국 자기들이 먼저 망하고 말았습니다.

사람들이 보기에는 애굽이나 바벨론이나 모두 세상나라이고 인간적으로 보면 애굽이 더 점잖은 나라였습니다. 더욱이 바벨론은 폭력적이었고 파괴적이었습니다. 그런데 하나님은 애굽을 돕지 않으시고 바벨론을 도우십니다.

> "인자야 내가 애굽 왕 바로의 팔을 꺾었더니 칼을 잡을 힘이 있도록 그것을 그저 싸매지도 못하였고 약을 붙여 싸매지도 못하였느니라. 그러므로 나 주 여호와가 말하노라. 내가 애굽왕 바로를 대적하여 그 두 팔 곧 성한 팔과 이미 꺾인 팔을 꺾어서 칼이 그 손에서 떨어지게 하고 애굽 사람을 열국 가운데로 흩으며 열방 가운데로 헤칠찌라"(21-23절).

사실 애굽이라고 해서 완전히 힘이 없는 나라는 아니었습니다. 그런데 하나님은 애굽의 팔을 꺾어버리셨습니다. 여기서 팔을 꺾으셨다는 것은 애굽에 힘을 쓸만한 자들이 다 없어지는 것입니다. 거기에다가 하나님이 한 번 더 팔을 꺾으신다고 하셨습니다. 이것은 쓸만한 자들도 없는데 내분까지 일어나서 애굽이 맥을 추지 못하는 것입니다. 이 모든 것이 다 무능한 지도력 때문에 생기는 것입니다. 오랫동안 편안하게 잘 살기는 하는데 정신적인 도전이 없으니까 결국 정신적으로 무능해져서 위기를 극복을 하지 못하게 되는 것입니다.

　여기서 우리가 세상을 가장 잘 도울 수 있는 방법이 있다면 그것은 세상을 사랑하지 않는 것입니다. 그 대신 우리가 하나님의 백성으로서 기꺼이 고난을 받고 더 하나님의 말씀을 사랑해서 더 큰 부흥의 불길을 일으키는 것입니다. 그러면 일단 세상이 하나님의 백성들을 공격하지 못합니다. 물론 처음에는 세상 사람들로부터 무시도 당하고 업신여김도 당하겠지만 하나님께서 우리를 축복하시기에 능히 세상도 살릴 수 있게 될 것입니다.

　우리는 세상 사람들이 세상에서 성공하고 잘 되는 것을 절대로 부러워하거나 따라가서는 안 됩니다. 왜냐하면 이것은 불을 이길 수 없기 때문입니다. 마음의 불도 이길 수 없고 하나님의 심판의 불도 이길 수가 없기 때문입니다. 우리는 철저하게 말씀으로 응답받으며 하나님의 은혜로 살아야 합니다. 그러면 우리는 영원히 없어지지 않는 산성을 얻게 될 것입니다. 그리고 이 산성이 애굽과 바벨론의 전쟁도 막고 애굽도 살릴 수 있을 것입니다.

29

| 겔 31:1-18 |

앗수르 나무

제가 어렸을 때 산에는 나무가 거의 없는 민둥산이 많았습니다. 그 이유는 일단 연탄을 아끼려고 나무를 잘라서 때어버리는 경우가 많았고 또 전쟁으로 산이 폭격을 맞아서 나무들이 다 타버렸기 때문입니다. 그래서 어렸을 때 식목일만 되면 불렀던 노래가 '산에 메아리가 살도록 나무를 심자'는 노래였습니다. 그러나 이제는 우리나라 산들 마다 높은 나무들이 빽빽하게 심겨져 있는 것을 볼 수 있습니다. 울창한 숲들도 많이 있고 아주 키가 큰 오래 된 나무들도 볼 수 있습니다.

우리는 나무로부터 배울 수 있는 것이 많이 있습니다. 우리는 나무는 경쟁을 하지 않는 것 같지만 나무들끼리도 경쟁을 하면서 서로를 몰아내는 것을 많이 볼 수 있습니다. 아카시아 꽃향기는 너무나도 향기 나고 낭만적이지만 거의 무자비한 나무입니다. 그래서 주위에 다른 나무가 자라는 것을 용납을 하지 못합니다. 또 우리나라는 봄 마다 산불의 피해가 아주 심한데 그것도 너무 소나무를 많이 심고 활엽수를 많이 심지 않아서 나무가 불에 잘 탄다는 말을 하기도 합니다.

나무는 무조건 많이 심는다고 해서 다 좋은 것도 아니고 적당하게 간벌을 해 주어야 하며 주위 다른 나무들과의 관계도 잘 고려해서 관리를 해 주어야 한다고 합니다.

오늘 말씀은 나무에 대한 말씀입니다. 하나님께서는 두 개의 나무를 비교를 하고 계신데 하나는 앗수르라는 나무이고 다른 하나는 이집트라는 나무였습니다. 물론 이것은 하나님께서 이 두 나라를 나무에 비유해서 하시는 말씀입니다. 앗수르와 이집트를 나무에 비유할 때 이 두 나무는 굉장한 차이가 있었습니다. 즉 이집트라는 나무는 아주 오래된 큰 나무였습니다. 요즘 식으로 말하면 천년이 넘은 아주 오래된 고목이면서 큰 나무였습니다. 천년이 넘은 나무이니까 얼마나 크겠으며 얼마나 오래 되었겠습니까? 거기에 비하여 앗수르라는 나무는 아주 짧은 시간에 엄청난 속도로 높이 자란 나무였습니다. 앗수르는 몇 십 년 만에 얼마나 나무가 높게 자랐는가 하면 구름을 뚫고 올라가버렸습니다. 그리고 높이만 높은 것이 아니라 크기도 무지무지하게 컸습니다. 에스겔 당시에는 두 나무가 가장 성공적으로 자란 케이스였습니다.

그러나 하나님 앞에서는 이 두 나무가 결코 성공한 나무가 아니었습니다. 그 이유는 이 두 나무가 다 크기는 큰데 무슨 좋은 열매가 맺히는 것도 아니고 꽃이 아름다운 것도 아니었기 때문입니다. 그저 나무가 크기만 하지 아주 실제적인 유익이 없는 나무였기 때문입니다. 땅만 황폐하게 하고 물만 다 빨아들였습니다.

오늘 많은 사람들은 이 세상에서 두 가지 스타일의 성공을 원하는 것 같습니다. 하나는 고도로 급성장해서 다른 어느 누구도 따라올 수 없는 성공한 실력자가 되는 것입니다. 무서운 저력을 가지고 밀어 붙이면 못할 일이 없기 때문입니다. 이런 식으로 성공한 사람들은 앗수르형의 나무에 속하는 것입니다. 거기에 비해서 어떤 사람은 고시에 합격하거나 혹은 직위가 보장되는 관료 집단 속에 들어가서 오래된 권위를 차고앉아서 성공하는 사람들도 있습니다. 이런 사람들은 이집트형의 나무에 속하는 것입니다. 하나님께서는 이 두 경우 모두 세상적으로는 성공했는지 몰라도 하나님 앞에서는 결코 성공한 것이 아니라고 말씀하고 있습니다.

앗수르의 나무

"제 십일 년 삼월 초일일에 여호와의 말씀이 내게 임하여 가라사대 인자야 너는 애굽 왕 바로와 그 무리에게 이르기를 네 큰 위엄을 뉘게 비하랴? 볼찌어다 앗수르 사람은 가지가 아름답고 그늘은 삼림의 그늘 같으며 키가 높고 꼭대기가 구름에 닿은 레바논 백향목이었느니라. 물들이 그것을 기르며 깊은 물이 그것을 자라게 하며 강들이 그 심긴 곳을 둘러 흐르며 보의 물이 들의 모든 나무에까지 미치매"(1-4절).

'제 십일 년 삼월 초일일'이라고 하는 것은 에스겔과 유다 백성들이 바벨론에 포로된 지 십일 년 삼월 초일일을 말합니다.

보통 사람들이 미래의 계획을 세울 때 '십년'을 한계선을 잡을 때가 많습니다. 즉 '십년이면 강산도 변한다는데 뭐가 되어도 되겠지' 라는 심정으로 기다리는 것입니다. 그러나 십년이 지나도 아무 성과가 없을 때 사람들의 마음속에 있는 인내심은 동이 나면서 불안해하거나 자포자기를 할 때가 많습니다. 마찬가지로 유다 백성들은 바벨론에 포로가 되어간 지 십일 년이 되었습니다. 보통 때 삼월 같으면 농사를 짓느라고 한창 분주할 때이겠지만 포로생활 십일 년은 봄이 되어도 할 수 있는 것이 아무 것도 없었습니다. 유다 백성들의 처지는 나무로 치면 가지를 하나 잘라서 땅에 심어놓았는데 뿌리도 나지 않고 싹도 나지 않은 채로 그냥 십일 년이 지나간 것입니다. 지금 유다 백성들이 가장 원하는 것은 이 나뭇가지를 예루살렘에 도로 가지고 가서 심어주는 것이었습니다. 그러나 십일 년이 되도록 엉뚱한 바벨론 땅에 심어 놓으니 죽지도 않고 뿌리도 내리지 않고 그냥 그 상태로 시간만 자꾸 허비하는 셈이었습니다.

이때 하나님께서는 에스겔을 통해서 애굽 왕 바로에게 말씀을 전하라고 하셨습니다. 그 하나는 이집트의 위엄이 정말 대단하다는 것입니다. 하나님께서는 지금 이집트의 큰 위엄을 인정해주고 계십니다. 그러면서 두 번째로는 앗수르의 영광과 실패에 대하여 생각을 해 보라고 말씀을 하십니다.

앗수르는 이집트와는 달리 한 순간에 급성장하는 나무였습니다. 그때 들판에 많은 나무가 있었지만 대표되는 두 개의 나무가 있었습니다. 하나는 아주 오래 전부터 있었던 오래 된 큰 나무이고, 다른 하나는 갑자기 심기어져서 급성장하는 큰 나무였습니다. 이럴 경우에 사람들의 관심은 어느 쪽으로 쏠리게 되겠습니까? 당연히 갑자기 커지기 시작한 이상한 나무일 것입니다. 바로 그 나무가 앗수르 나무였습니다.

앗수르 나무는 가지가 아름답고 그 그늘이 삼림의 숲 같았고 키가 얼마나 큰지 구름에 닿았습니다. 아니 구름을 뚫고 구름 위로 올라가버렸습니다.

우리는 가끔 높은 산 중턱에 구름이 걸려 있을 때 등산을 할 때가 있습니다. 우리는 산에 올라가다가 구름 속으로 들어가는 것을 잘 모릅니다. 하지만 우리가 구름 위로 올라가버리면 그때는 온 세상이 눈 아래로 보이게 됩니다. 즉 더 이상 경쟁 대상이 없는 것입니다. 앗수르라는 나라는 얼마나 대단한 나라였는가 하면 단숨에 아주 급성장했는데 어느 순간부터는 더 이상 경쟁을 할 나라가 없었습니다. 아주 '유아독존적인 나라'가 되었습니다.

사람들은 이렇게 되는 것을 너무나도 원합니다. 즉 능력이 아주 특출하여서 한 순간에 정상 위에 우뚝 서고 그 다음에는 다시는 경쟁자가 없는 절대적인 강자가 되는 것입니다.

사람들은 앗수르의 영화가 영원할 줄로 생각을 했습니다. 왜냐하면 앗수르는 세상의 모든 나라들을 다 이겼고 아주 강한 군사력을 가지고 있었기 때문입니다.

"물들이 그것을 기르며 깊은 물이 그것을 자라게 하며 강들이 그 심긴 곳을 둘러 흐르며 보의 물이 들의 모든 나무에까지 미치매 그 나무가 물이 많으므로 키가 들의 모든 나무보다 높으며 굵은 가지가 번성하며 가는 가지가 길게 빼어났고 공중의 모든 새가 그 큰 가지에 깃들이며 들의 모든 짐승이 그 가는 가지 밑에 새끼를 낳으며 모든 큰 나라가 그 그늘 아래 거하였었느니라"
(4-6절).

앗수르는 폭력이라는 수단을 사용해서 주위에 있는 모든 나라들을 다 정복을 해버렸습니다. 그래서 적어도 힘으로는 앗수르를 이길 수 있는 나라가 없었습니다. 그러니까 앗수르는 전 세계의 사람이라는 사람은 다 잡아오고 돈이라는 돈은 다 빼앗아 오니까 최고의 부자가 될 수밖에 없었습니다. 그러니까 이집트의 부와 앗수르의 부는 그 성격이 완전히 다른 것이었습니다. 이집트는 하나님만 인정하지 않을 뿐이지 다른 나라 사람들을 포로로 다 잡아오거나 재물을 다 빼앗아 와서 부자가 된 것은 아니었습니다. 이집트는 워낙 나일강이 비옥해서 농사가 잘 되고 지정학적으로 안전했기 때문에 부자가 된 나라였습니다. 거기에 비해서 앗수르는 오직 힘으로 다른 나라들을 정복해서 빼앗아서 부자가 된 나라였습니다. 옛날에는 전쟁을 해서 다른 나라의 것을 약탈하는 것을 죄라고 생각하지 않고 영웅적이라고 생각을 했습니다. 그런데 앗수르가 보기에는 주위에 정복할 나라들이 얼마든지 많이 있었기 때문에 적어도 이론적으로는 무한정으로 부를 긁어모을 수가 있었습니다. 옛날에는 이웃 나라를 공격해서 주로 빼앗는 것이 금은 패물과 비싼 의복과 여자들이었습니다.

모든 사람들에게 자기 자신을 무한정으로 발전시키고자 하는 욕망이 있습니다. 그런데 그 욕망이 통제되지 않고 무한정으로 내버려 두면 이 세상에서 가장 악한 폭력적인 양상으로 나타나게 되는 것입니다. 즉 자기가 가진 힘으로 다른 사람들의 행복을 다 빼앗아서 자기만 최고가 되는 것입니다. 이런 앗수르적인 야망은 남의 행복을 빼앗아서 자기 것으로 만드는 것입니다. 이런 야망은 그 후에 알렉산더라든지 나폴레옹이라든지 히틀러 같은 사람들을 통해서 이 세상에 많이 나타났습니다. 이 사람들의 공통적인 특징은 머리가 아주 비상하고 다른 사람들에 대하여 인정사정이 없으며 굉장히 폭력적이고 강하다는 것입니다. 이런 사람들은 자기 머리나 열정으로 얼마든지 전 세계를 내 것으로 만들겠다고 생각하고 덤벼드는데 이상하게 아무도 성공하지 못했습니다. 그 이유가 어디에 있을까요? 그들도 모두 인간이기 때문입니다. 일단 인간인 이상 아무리 머리가 좋다고 해도 하나님의 지혜를 따를 수가 없습니다. 그리고 일단 이런 야망을 가진 자들은 중단이 되지 않습니다. 예를 들어서 자동차는 액셀러레이터도 잘 들어야 하지만 브레이크가 잘 들어야 합니다. 앞으로 달리기는 잘 달리는데 브레이크가 말을 듣지 않으면 결국 대형 사고를 내게 되는 것입니다.

결국 앗수르 형의 성공은 대형 사고를 낼 수밖에 없는 저돌형입니다. 도무지 중단이 되지 않기 때문에 결국 가속이 붙어서 커브길이나 낭떠러지가 있는 곳에서 사고가 나고 마는 것입니다.

사람은 반드시 하는 일을 멈추고 하나님을 바라보아야 제대로 모든 것을 통제할 수가 있습니다. 그런데 일만 계속 하는 사람은 결국 일 벌레가 되고 공부벌레가 되고 돈 벌레가 되어서 일이나 공부나 돈에 예속이 되어버리는 것입니다. 벌레가 되면 그때부터는 통제력을 잃어버리게 되는 것입니다. 그래서 가다가 저절로 부딪쳐서 서든지 아니면 대형 사고를 내든지 하게 되는 것입니다.

우리의 욕망은 하나님의 말씀으로 통제를 받아야 합니다. 우리가 하나님의 말씀을 듣는다는 것은 엄청난 스트레스가 아닐 수 없습니다. 왜냐하면 벌써 우리 속에 두 가지 의지가 생기기 때문입니다. 일단 우리가 하고 싶은 것이 있는데 거기에 하나님의 의지가 들어와서 이 둘이 혼동을 일으키기도 하고 갈등을 일으키기도 하는 것입니다. 사도 바울은 우리 안에 성령의 소욕과 육체의 소욕이 서로 싸워서 성령의 소욕은 육체의 소욕이 이루어지지 못하게 하고, 육체의 소욕은 성령의 소욕이 이루어지지 못하게 한다고 했습니다.

이것이 바로 우리 안에 브레이크가 작동을 하고 있는 것입니다. 우리는 지금 앞으로 나가지 못하면서 브레이크만 잘 들으면 무슨 소용이 있는가 생각하게 될 것입니다. 그러나 앞으로 못나가더라도 브레이크는 잘 들어야 큰 사고를 막을 수가 있습니다.

결국 앗수르형의 성공이 하나님이 기뻐하시는 성공은 아니라는 것을 우리는 알아야 합니다. 앗수르형의 성공이 브레이크가 없는 최고급 엔진이라면 우리는 브레이크가 너무 잘 듣는 엔진입니다.

에덴동산의 나무

"하나님의 동산의 백향목이 능히 그를 가리우지 못하며 잣나무가 그 굵은 가지만 못하며 단풍나무가 그 가는 가지만 못하며 하나님의 동산의 아무 나무도 그 아름다운 모양과 같지 못하였도다. 내가 그 가지로 많게 하여 모양이 아름답게 하였더니 하나님의 동산에덴에 있는 모든 나무가 다 투기하였느니라"(8-9절).

여기서 우선 성경은 앗수르 나무가 얼마나 울창하고 아름답든지 하나님의 동산의 나무들은 그 어느 하나도 이 나무를 가리우지 못했다고 말씀하고 있습니다. 즉 우선 이 앗수르 나무는 힘이 있었습니다. 그 힘에 있어서 하나님의 동산의 나무들은 따라갈 재간이 없었던 것입니다. 그리고 그 나타나는 화려함에 있어서도 하나님의 동산의 나무들은 따라갈 수가 없었습니다. 그래서 모두 이 나무에 가리우게 되었고 심지어는 뽑히거나 잘리우는 비극까지 생기게 된 것입니다. 실제로 북쪽 이스라엘에 있는 나무들은 모두 앗수르에 의해서 잘리워지고 말았습니다.

그런데 여기에 보면 하나님의 동산의 나무들에 대하여 재미있는 표현이 등장하는 것을 발견하게 됩니다. 그 첫째는 일단 하나님의 동산 나무들은 종류가 다양하다는 것입니다. 앗수르의 나무나 이집트의 나무는 일단 나무가 크고 아름답다고 하면서도 무슨 나무인지 그 나무의 이름이 없습니다. 그냥 나무는 나무인데 무지무지하게 크고 잎이 무성한 나무인 것입니다. 그러나 하나님의 동산의 나무는 모두 이름이 있습니다. 여기에 보면 백향목이 있고 잣나무가 있고 단풍나무가 있습니다. 그러니까 하나님의 동산의 나무의 중요한 특징은 무조건 나무가 크기만 한 것이 아니라 그 하나하나가 특징이 있고 사명이 있는 것입니다. 그리고 또 하나는 하나님의 동산 에덴에 있는 나무들이 모두 이 앗수르의 나무를 투기하였다고 말씀을 하고 있습니다. 여기서 '투기하였다' 고 하는 것은 앗수르 나무를 부러워했고 그렇게 되려고 세상의 사상들을 많이 받아들였다는 뜻입니다. 하나님의 나무들은 하나님의 진액으로 자라야 하는데 세상의 진액, 앗수르의 진액을 받아먹으면 어떻게 될까요? 결국 잣나무나 백향목이나 단풍나무의 특징이 없어지고 전부 앗수르의 나무가 되어버리는 것입니다. 이상한 것은 하나님의 백성들이 앗수르처럼 되면 성공할 수 있을 줄 알았는데 앗수르 나무가 되면서 앗수르에 의해서 망하고 만 것입니다.

하나님의 나무에 대한 가장 중요한 말씀은 사사기 9장에 나옵니다. 여기에 보면 기드온의 서자 아비멜렉이라는 아들이 기드온의 아들 칠십 명을 죽이고 이스라엘의 왕이 되었습니다. 이때 죽임을 당하는 상황에서 가까스로 목숨을 건진 요담이라는 기드온의 아들이 있었습니다. 이 아들이 산 위에서 아비멜렉과 세겜 사람들을 꾸짖은 말이 바로 이 나무의 비유입니다.

옛날에 나무의 나라가 있었는데 나무들이 왕을 뽑기로 했습니다. 그래서 맨 처음 감람나무를 찾아가서 나무들의 왕이 되어달라고 하니까 감람나무는 거절하면서 '내가 열매를 맺어서 기름으로 불을 밝히고 사람들을 치료를 해야 하는데 무엇 때문에 쓸데없이 왕을 하겠느냐?' 고 했습니다. 그래서 무화과나무를 찾아가서 '나무들의 왕이 되어 달라' 고 하니까 '내가 열매를 맺어서 배고픈 사람들을 먹이고 아이들의 간식거리가 되어야 하는데 무엇 때문에 미쳤다고 왕이 되겠느냐?' 고 하면서 거절을 했습니다. 그래서 할 수 없이 포도나무에게 왕이 되어 달라고 하니까 '내가 포도를 만들어서 포도주로 결혼식도 해야 하고 많은 잔치에서 사람들을 기쁘게 해야 하는데 무엇 때문에 쓸데없이 왕이 되겠느냐?' 고 하면서 거절을 했습니다.

여기서 하나님의 백성들의 성공은 높아지거나 유명해지는데 있지 않고 열매를 맺는데 있다는 것을 알 수 있습니다. 모든 하나님의 백성들은 다 용도가 있습니다. 하나님 앞에서 쓸데없는 사람들은 단 한 사람도 없습니다. 우리는 각자 하나님의 말씀으로 열매를 맺어서 하나님과 사람을 기쁘게 하고 행복하게 하는 사람이 되어야 합니다. 우리는 쓸데없이 감투를 쓰거나 권력을 휘두르는 것에 관심을 두어서는 안 됩니다. 그때 나무들은 가시나무를 찾아가서 왕이 되어달라고 했습니다. 사실 가시나무도 중요한 사명이 있습니다. 일단 가시나무도 열매가 있습니다. 탱자 열매를 맺을 수 있고 또 가시로 울타리가 되어 도둑을 막을 수도 있고 가시로 아이들이 '고동' (다슬기)을 파먹을 때도 사용될 수 있습니다.

그러나 가시는 자기 사명으로 만족을 하지 못하고 나무들의 왕이 되어서 결국 나무들을 몽땅 다 태우게 되는 것입니다.

그런데 안타까운 것이 있다면 왜 하나님의 나무들이 다 타야하고 왜 하나님의 나무들이 잘리워져야 합니까? 그것은 물을 잘못 먹어서 그런 것입니다. 만약 하나님의 나무들이 순수한 하나님의 말씀만 먹었다면 불에 탈 이유도 없고 잘리워질 이유도 없었습니다. 그러나 앗수르 나무나 세상의 나무들을 부러워해서 세상의 물을 받아먹으니까 하나님의 나무의 특성이 없어져서 결국 잘리워지게 되는 것입니다. 우리는 일체 다른 세상의 물은 먹어서는 안 되고 오직 하나님의 말씀의 물을 먹어야 살아남을 수 있는 것입니다.

히스기야 같은 사람은 하나님의 말씀의 물을 마시니까 앗수르 군대 십팔만 오천 명이 쳐들어왔지만 다 죽어버리고 결국 앗수르가 망하는 결과를 초래했습니다. 그만큼 우리가 먹는 물이 중요한 것입니다.

오늘 성경을 보면 하나님의 동산 에덴에 있는 모든 나무가 다 앗수르의 나무를 투기하였다고 했습니다. 앗수르의 힘을 부러워하고 따라가려고 애를 썼다는 말입니다. 그 결과 뿌리가 다 뽑혀버린 것입니다.

예수님은 제자들에게 '들의 백합화를 보라'고 말씀하셨습니다. 들의 백합화는 나무도 아니고 그야말로 풀입니다. 예수님도 '오늘 있다가 내일 아궁이에 던지우는 들풀'이라고 말씀하셨습니다. 그러니까 들에 핀 백합화는 일종의 야생화인 것입니다. 야생화는 도대체 누가 본다고 피어 있을까요? 그러나 하나님은 그 아름다움을 보시고 솔로몬이 입었던 모든 옷보다 더 아름답다고 말씀하셨습니다. 왜냐하면 솔로몬의 영화 속에는 죄가 있었기 때문입니다.

하나님의 심판과 이집트의 나무

앗수르 나무의 문제는 열매는 없으면서 나무만 무성한 것이었습니다.

> "그러므로 나 주 여호와가 말하노라. 그의 키가 높고 꼭대기가 구름에 닿아서 높이 빼어났으므로 마음이 교만하였은즉 내가 열국의 능한 자의 손에 붙일찌라. 그가 임의로 대접할 것은 내가 그의 악을 인하여 쫓아내었음이라" (10-11절).

일단 나무가 있으면 사람들은 무엇인가를 기대를 하게 되어 있습니다. 가장 원하는 것이 열매입니다. 열매가 없다면 꽃이라도 아름다워야 할 것입니다. 우리나라에 벚나무를 그렇게 많이 심는 이유가 어디에 있습니까? 봄에 벚꽃이 핀 모습이 너무나도 아름답기 때문에 심는 것입니다. 그런데 만일 벚꽃이 꽃을 피우지 않는다면 그런 나무는 심을 이유가 없을 것입니다.

앗수르 나무는 크기는 엄청나게 큰데 열매도 없고 꽃도 없고 자꾸 자꾸 크기만 했습니다. 사실 앗수르 나무의 열매는 모두 죄의 열매였고 살인의 열매였습니다.

사실 앗수르형의 방식으로 성공하려면 마음을 악하게 먹고 죽을 둥 살 둥 사력을 다해야 합니다. 그런데 일단 성공을 거두고 난 후에는 옛날같이 악착같이 살기가 싫어지게 됩니다. 왜냐하면 옛날에는 오직 돈벌이와 성공을 위해서 모든 궂은일을 다 하면서 욕이란 욕은 다 얻어먹어가면서 성공을 했는데 이제는 그렇게 하고 싶지가 않은 것입니다. 그러면 결국 어떻게 됩니까? 죄의 탐닉에 빠질 수밖에 없는 것입니다. 그런데 이상하게도 앗수르형의 성공 모델을 보고 악착같이 따라오는 사람들이 있습니다. 하지만 앗수르는 자기가 성공한 방식에 의해서 그대로 망하게 되는 것입니다.

로마 사회에 보면 금욕주의적인 스토아학파 사람들과 쾌락을 추구하는 에피쿠로스학파가 있다는 것을 알게 됩니다. 그러나 스토아학파 사람이나 에피쿠로스 사람들이 완전히 다른 사람들이 아니고 같은 사람들인 것을 알아야 합니다. 즉 악착같이 이를 악물고 성공하려고 할 때에는 스토아학파이다가 성공한 뒤에는 엄청나게 화려한 별장을 짓고 식사 한 끼만 해도 몇 천만 원씩 하는 식사를 하는 것입니다. 그것은 결국 성공한 후에는 더 이상 목표가 없고 이를 악물고 악착같이 애를 써야 할 이유가 없기에 술에 취한 생활을 하고 방탕한 생활을 하는 것입니다. 결국 정적의 칼에 맞아 죽고 맙니다.

성공한 사람들의 가장 큰 문제는 성공한 후에 할 일이 없는 것입니다. 특히 그들은 이미 평범하고 소박한 생활을 하기에는 너무나도 머리나 생각이 발달해 있기 때문에 결국 죄에 빠지는 수밖에 없습니다. 이것이 성공한 앗수르 형의 가장 비참한 말로 입니다.

그런데 하나님의 백성들은 성공을 해도 자기가 잘 해서 성공한 것이 아니기 때문에 계속 하나님만을 의지할 수밖에 없습니다. 결국은 하나님을 의지하기 때문에 사는 것입니다.

사도 바울 같은 사람은 '내가 연약할 때 강하다'고 했습니다. 우리는 자기가 능력 있다고 느끼는 것과 실제로 능력이 나타나는 것이 다르다는 것을 알아야 합니다. 나는 능력이 없는데 능력이 나타납니다. 이것은 하나님의 능력인 것입니다.

하나님께서 앗수르를 빨리 성공하게 하시고 빨리 망하게 하신 것은 모든 인간의 욕망과 그 결과를 보여주시기 위해서였습니다.

> "이는 물가에 있는 모든 나무로 키가 높다고 교만치 못하게 하며 그 꼭대기로 구름에 닿지 못하게 하며 또 물대임을 받는 능한 자로 스스로 높아 서지 못하게 함이니 그들을 다 죽는데 붙여서 인생 중 구덩이로 내려가는 자와 함께 지하로 내려가게 하였음이니라"(14절).

하나님께서는 사람들에게 너무 높아지지 말라고 경고하시는 것입니다. 아무리 높아져도 구름을 뚫고 그 위로 올라가면 안 되는 것입니다.

하나님께서는 모세가 끝까지 교만하지 못하도록 므리바의 실수를 통해서 가나안 땅에 들어가지 못하게 하셨습니다. 하나님은 모세로 하여금 멀리 가나안 땅을 바라보기만 하고 거기서 죽게 하심으로 그가 하나님 앞에서 부족한 죄인인 것을 늘 깨닫게 하셨습니다. 예수님께서는 사도 바울의 몸에 사단의 가시를 남겨 두셨습니다. 그 사단의 가시의 정체가 무엇인지는 몰라도 너무나도 끔찍한 병임에는 틀림이 없습니다. 그러나 주님은 사도 바울이 교만하지 못하도록 그 병을 고쳐주시지 아니하셨습니다. 사도 바울이 이 병이 떠나도록 세 번이나 간절히 기도를 드렸지만 들어주시지 아니하시고 더 이상 기도 하지 말라고 하셨습니다.

스펄전 목사 같은 분은 19세에 런던에서 목회에 성공해서 그 당시 교인이 만 명이나 되는 큰 교회를 목회했습니다. 그러나 그는 대학을 졸업하지 못했기에 런던의 많은 목회자들의 견제와 비난을 받아야만 했으며 통풍으로 엄청난 고통을 받아야만 했습니다. 그래야 그가 교만하지 않고 타락하지 않고 지옥에 가지 않고 끝까지 충성할 수 있었던 것입니다.

　하나님은 사랑하는 자에게 결코 모든 것을 주시지 아니하십니다. 무엇인가 너무나도 고통스러운 사단의 가시를 주셔서 울게 하시고 기도하게 하시고 매달리게 하시는 것입니다.

　그러나 앗수르나 애굽 나무의 특징은 자신이 남에게 엄청난 고통을 안겨다 주는 가시인지 잘 알지 못했습니다. 가시는 자기가 가시인 줄 모르기에 가시로 고통받는 자들의 아픔을 모릅니다. 그래서 이 세상에서 가지고 싶은 것을 다 가지고 누리고 싶은 것을 다 누려 보지만 결국 큰 소리를 내면서 지옥에 떨어지는 비참한 운명인 것입니다.

> "나 주 여호와가 말하노라. 그가 음부에 내려가던 날에 내가 그를 위하여 애곡하게 하며 깊은 바다를 덮으며 모든 강을 쉬게 하며 큰물을 그치게 하고 레바논으로 그를 위하여 애곡하게 하며 들의 모든 나무로 그로 인하여 쇠잔하게 하였느니라"(15절).

　지금까지 온 세상은 앗수르를 위해서 살았습니다. 그러나 앗수르가 찍히는 날 온 세상은 잠시 정지하게 됩니다. 왜냐하면 너무나도 큰 나무가 없어지기 때문입니다. 그 큰 나무가 어디로 가게 됩니까? 지옥에서 영원히 타기 위하여 떨어지게 되는 것입니다.

　그래서 이 세상에서 끝을 모르고 성공하는 사람은 절대로 행복한 사람이 아닙니다. 왜냐하면 그는 결국 하나님 앞에 겸손할 기회가 없었기 때문에 영원한 지옥에 떨어질 수밖에 없기 때문입니다.

　하나님은 애굽도 그렇게 될 것이라고 말씀하십니다. 그 이유는 애굽이 앗수르와 같은 속성은 아니지만 결국 이 세상에서 누릴 것은 다 누렸기 때문입니다. 하나님의 백성은 그저 자신에게 주어진 작은 부분에서 열매를 맺고 꽃을 피우면 되는 것입니다.

18절에 아주 불길한 말씀을 하십니다.

> "너의 영화와 광대함이 에덴 모든 나무 중에 어떤 것과 같은고? 그러나 네가 에덴 나무와 함께 지하에 내려갈 것이요. 거기서 할례 받지 못하고 칼에 살육 당한 자 중에 누우리라. 이들은 바로와 그 모든 군대니라. 나 주 여호와의 말이니라 하라"(18절).

하나님께서 가장 중요하게 생각하시는 것은 앗수르의 큰 나무도 아니고 이집트의 오래된 나무도 아닙니다. 오직 에덴동산의 나무를 찾으시는 것입니다. 이 세상 나무도 하나님의 진액을 먹으면 에덴 나무가 됩니다. 사도 바울이 말한 것처럼 돌 감람나무가 참감람나무 열매를 맺게 되는 것입니다. 그런데 여기에 이집트의 나무와 같이 지하에 내려가는 에덴의 나무가 있습니다. 이 에덴의 나무는 세상의 진액을 너무 많이 먹은 나무인 것 같습니다. 결국 열매 맺지 못한 나무는 앗수르 나무나 이집트의 나무와 같이 지옥 땔감으로 내려가게 됩니다. 사실 이 나무들이 가장 억울한 나무들입니다. 이 나무들은 신앙생활을 하지 않은 것도 아니고 열심을 내지 않은 것도 아닙니다. 하지만 그들은 세상 진액을 너무 많이 먹은 것입니다. 그것으로 인해 그들은 멸망하게 되는 것입니다. 바라기는 여러분 모두는 하나님의 진액을 실컷 먹고 참 감람나무 열매를 맺어서 온 세상을 밝히는 기름이 되시기를 바랍니다.

30

| 겔 32:1-32 |

악어 사냥

우리가 살고 있는 이 세상은 어떤 의미에서 강자의 세계이고 권력을 가진 자들의 세계라고 할 수 있습니다. 그래서 모 택동은 살았을 때 '권력은 총구에서 나온다' 는 말을 한 적이 있었습니다. 즉 이 세상은 뭐니 뭐니 해도 권력이 제일 중요하기에 결국 이 권력은 옳은 사람보다는 강한 자가 차지하게 된다는 것입니다.

열대 지방의 들판을 보면 거기에 많은 짐승들이 살고 있지만 결국 사자나 표범 같은 강한 짐승들이 들판을 호령하면서 군림하는 것을 볼 수 있습니다.

또한 하늘에도 독수리나 매 같은 사나운 새들이 비둘기라든지 참새라든지 아니면 다른 새 새끼 같은 것들을 잡아먹으면서 살아가고 있는 것을 보게 됩니다.

그러면 우리의 생각으로는 이 세상은 사자나 표범이나 독수리 같은 사나운 새나 짐승들만 살아있어야 할 것 같은데 또 그렇지도 않습니다. 이 세상은 여전히 약한 짐승들도 많이 살고 있습니다. 또 이 약한 짐승들이 많이 살아있어야 강한 짐승들도 살 수가 있는 것입니다.

전에 시베리아 호랑이를 다큐멘터리로 찍은 교육용 방송을 한번 보니까 어미 호랑이가 어렵게 호랑이 새끼 두 마리를 낳아서 길렀는데 약한 짐승들이 없으니까 결국 호랑이 새끼들끼리 서로 잡아먹는 불행한 결과를 초래하는 것을 목격했습니다. 또한 생존한 나머지 한 마리도 사람이 쳐 놓은 덫에 걸려서 죽는 바람에 새끼들이 모두 다 죽고 마는 것입니다. 호랑이 새끼가 살았을 때에는 당당하고 무서웠는데 죽고 난 후에는 아주 비참했습니다.

에스겔선지자는 애굽의 최후에 대하여 말씀하고 있습니다. 우리는 사실 이 당시 애굽이 어떠했는지도 잘 알지 못합니다. 특히 오늘 본문 말씀을 보면 선지자가 무엇을 말하려고 하는지 도무지 이해하기가 쉽지 않습니다.

여기서 우리는 두 가지를 생각하면 이해가 쉬울 것입니다. 그 하나는 이 당시 애굽은 오늘날로 치면 우리가 살고 있는 이 세상에서 매우 강한 자라는 것입니다. 특히 하나님은 이 세상의 강한 자들에 대하여 어떤 시각으로 보고 계시는지를 우리가 보아야 하는 것입니다. 그리고 또 하나는 구약 성경에서 히브리인들의 글을 이해하는데 중요한 것이 있는데 그것은 그들이 유사한 어휘를 반복적으로 사용한다는 것입니다. 예를 들어서 에스겔서 32장에서는 하나님이 악어를 사냥하시는데 그 이유 중 하나가 악어가 물을 더럽혔기 때문이라는 말씀이 나옵니다.

2절 끝에 보면 '발로 물을 요동하여 그 강을 더럽혔도다' 는 말이 나옵니다. 그리고 뒤에 13절 끝에 가면 '사람의 발이나 짐승의 굽이 다시는 그 물을 흐리지 못하게 할 것임이여' 라고 말씀하고 있습니다. 이것을 보면 하나님이 애굽을 멸하시는 중요한 이유가 '강물을 흐려 놓았기 때문' 이라는 것을 알 수 있습니다.

  그리고 또 하나는 똑같은 말이 반복되는 것은 아니지만 악어가 죽어서 그 시체가 산을 채우고 들을 채우고 개천을 채우고 나중에는 하늘의 별과 달과 해까지 어둡게 하는 것을 보게 됩니다. 이것도 비슷한 사상이 반복되고 있습니다.

  또 17절 이하에 보면 애굽이 결국 죽어서 음부 구덩이에 내려가게 되는데 거기에는 먼저 멸망당한 많은 자들을 만나게 됩니다. 그 사람들 중에는 엘람도 있고 메섹과 두발도 있고 에돔도 있습니다. 그런데 그들에 대하여 모두 다 '할례 받지 못하고 죽었다' 라고 말씀을 하고 있는 것입니다. 이것을 보면 음부에 간 자들의 중요한 특징은 모두 다 할례를 받지 못하고 죽은 것을 알 수 있습니다. 우리가 이런 식으로 말씀의 핵심을 찾지 않으면 본문에서 에스겔선지자가 도무지 무슨 말씀을 하시는지 우리는 알 수 없게 됩니다.

  그래서 우리가 에스겔서 32장을 보면 내용은 아주 복잡하고 어렵지만 핵심은 세 가지로 요약될 수 있는 것을 알 수 있습니다. 하나는 악어가 물을 더럽게 만들었다는 것입니다. 그리고 두 번째는 악어의 죽은 시체가 땅을 채우고 물을 채우고 하늘까지 어둡게 만들었다는 것입니다. 그리고 세 번째는 애굽이나 다른 강대국들이 모두 멸망을 당한 중요한 이유는 권력이 없거나 힘이 없어서가 아니라 할례를 받지 않았기 때문이라는 것을 알 수 있습니다.

하나님의 악어 사냥

"제 십 이년 십이월 초일일에 여호와의 말씀이 내게 임하여 가라사대 인자야 너는 애굽 왕 바로에 대하여 애가를 불러 그에게 이르라. 너를 열국에서 젊은 사자에 비하였더니 실상은 바다 가운데 큰 악어라 강에서 뛰어 일어나 발로 물을 요동하여 그 강을 더럽혔도다"(1-2절).

'제 십이 년 십이월' 이라는 것은 유다 백성들이 포로된 지 십이 년 십이월을 말합니다. 그러니까 이제 한달만 더 있으면 십삼 년째로 넘어가는 순간이었습니다. 유다 백성들은 바벨론에 포로된 후 십년이 지나면 무슨 좋은 소식이 있지 않을까 기대를 했었는데 십년이 다 지나고 이제는 십삼 년으로 넘어가려고 하고 있습니다. 이때 하나님께서는 유다 백성들이 어떻게 된다는 말씀은 하지 아니하시고 유다 백성들과는 상관이 없는 애굽 백성들이 망할 것이라고 말씀을 하고 있습니다. 어떻게 보면 유다 백성들에게는 상당히 실망스러운 말씀이라고 볼 수 있습니다. 예를 들어서 우리 교인들 중에서 자신의 신상에 대하여 무엇인가 간절히 하나님의 뜻을 기다리고 있는 분들에게 자신의 문제와 아무 상관이 없는 다른 나라 다른 회사의 이야기만 잔뜩 하면 마음속으로 아주 실망을 할 것입니다.

오늘날 우리의 현실을 고찰해 보아도 우리나라가 위기에 처해 있을 때와 그렇지 않을 때 사람들은 신문을 대하는 태도가 다른 것 같습니다. 우리나라가 위기에 처해 있고 하루하루가 중요할 때 사람들은 저녁 뉴스를 듣는 것이나 아침의 조간신문을 보는 것을 굉장히 중요한 일로 생각했습니다. 그래서 어떤 분은 아침에 파자마 차림으로 있다가 신문이 오자 말자 맨 발로 밖에 뛰어 나가서 신문을 펼쳐 들고 읽는 분이 있는가 하면 집에 들어오자 말자 저녁뉴스시간 텔레비전을 트는 사람들도 있었습니다. 왜냐하면 이런 것들을 통해서 새로운 소식을 들을 수 있기 때문입니다.

    에스겔 선지자가 사역한 시대에는 포로로 잡혀 온 유다 백성들이나 예루살렘에 있는 사람들 모두 새로운 소식이 아주 중요할 때였습니다. 그런데 실망스럽게도 하나님의 말씀은 아주 한가하게 악어를 사냥하는 이야기뿐이었습니다. 물론 다른 때 같으면 한가하니까 악어를 사냥하는 것도 구경거리가 될 수 있겠지만, 오직 포로가 된 자들에게 필요한 소식은 언제 예루살렘으로 돌아갈 수 있느냐 하는 것이지 악어 사냥은 아니었습니다. 그러나 이 악어는 유다 백성들이 그렇게 고대하던 애굽이었고 이 애굽은 하나님의 사냥에 의해서 죽게 됩니다. 유다 백성은 애굽이 힘을 내어서 바벨론을 대적해 주고 한걸음 더 나아가서 바벨론을 공격해서 자기들을 건져주기를 바랬던 것입니다. 그러나 하나님께서는 이제 애굽이 망함으로 포로된 자들이 예루살렘으로 돌아갈 수 있는 마지막 가능성까지 다 없애고 말았습니다.

    하나님께서는 애굽에 대하여 두 가지로 비유를 하셨습니다. 하나는 열국 가운데 젊은 사자라는 것과 다른 하나는 바다 가운데 큰 악어라는 것이었습니다. 젊은 사자가 가지는 이미지나 악어가 가지는 이미지는 모두 다 강한 이미지입니다. 즉 사자나 악어 모두 힘이 강한 육식동물이기 때문에 다른 짐승에게 잡아먹히지 않고 오히려 다른 짐승들을 잡아먹으면서 사는 짐승들입니다. 그런데 사자나 악어에게도 천적이 있습니다. 그 천적은 바로 사람입니다. 사람은 사자를 총으로 사냥을 합니다. 그리고 악어는 그물로 던져서 사로잡습니다. 특히 악어를 사로잡야 하는 이유가 있다면 그것은 너무 물을 요동질을 해서 강물 자체를 더 럽히기 때문입니다.

2절 끝에 '강에서 뛰어 일어나 발로 물을 요동하여 그 강을 더럽혔도 다' 라고 했습니다. 즉 악어도 얌전하게 물 속에 엎드려 있으면서 지나가는 물고기나 다른 짐승들을 먹으면 괜찮을 텐데 악어가 커지니까 강 속에서 너무 요동질을 치는 바람에 강물이 혼탁해서 다른 물고기나 생물들이 도저히 살지 못하게 되어 버리는 것입니다. 그러니까 결국 너무 시끄럽고 너무 날뛰니까 하나님께서 악어를 잡아버리시는 것입니다.

"나 주 여호와의 말이여 내가 많은 백성의 무리를 거느리고 내 그물을 네 위에 치고 그 그물로 너를 끌어 오리로다"(3절).

악어가 파충류로서의 자신의 한계를 잘 지키면 되는데 너무 날뛰고 흙탕물을 만들기 때문에 결국 죽게 되는 것입니다.

"내가 또 그 모든 짐승을 큰 물 가에서 멸하리니 사람의 발이나 짐승의 굽이 다시는 그 물을 흐리지 못할 것임이여 그 때에 내가 그 물을 맑게 하여 그 강으로 기름 같이 흐르게 하리로다. 나 주 여호와의 말이로다"(13-14절).

하나님께서는 이 세상에 많은 사람들과 많은 생물들을 살게 하셨습니다. 사람들은 노력만 하면 이 세상에서 얼마든지 열심히 일을 해서 복을 받아서 잘 살수도 있고 높은 지위에 올라갈 수도 있습니다. 그런데 하나님께서 절대로 양보하시지 않으시는 것이 하나 있으십니다. 그것은 바로 구원의 은혜는 오직 하나님께서 세우신 사람들을 통해서 받게 하시는 것이었습니다.

　예를 들어 아담에게는 가인과 아벨이라는 두 아들이 있었습니다. 이 두 아들 중에서 외모로 보나 인간적으로 보나 가인이 여러모로 아벨보다 뛰어나고 훌륭했습니다. 그런데 두 사람이 같이 하나님께 제사를 드렸는데 하나님이 아벨의 제사는 받으시고 가인의 제사는 받지 아니하셨습니다. 그 이유는 아벨의 제사가 피가 있는 제사였기 때문입니다. 가인이나 아벨 모두 하나님께 제사를 드려야 하겠다는 생각은 있었습니다. 이것은 하나님께서 모든 인간에게 주신 본성입니다. 그런데 차이가 있다면 아벨은 하나님의 말씀을 듣고 드린 제사였습니다. 그는 피를 가지고 제사를 드렸습니다. 그러나 가인은 피가 없이 그냥 자기 생각대로 드렸습니다. 그 결과 하나님은 아벨의 제사는 받으시고 가인의 제사는 거절하셨습니다. 하나님은 이 세상의 다른 모든 축복은 모두 다 나누어 가지게 하셨습니다. 그러나 구원받은 은혜는 절대로 나누어가지게 하시지 않으시고 하나님이 정하신 자가 독점하게 하셨습니다. 그래서 아벨의 제사는 받으시고 가인의 제사를 받지 아니하셨습니다. 이것은 하나님께서 아벨을 제사장으로 세우신다는 뜻이고 가인은 아벨을 찾아가서 예배를 드려달라고 하면 되는 것입니다. 그러나 가인은 기분이 나빠서 안색이 변하고 결국 들에서 동생 아벨을 쳐죽여버렸습니다. 이것이 마치 악어가 물을 흐리는 것과 같습니다.

　예를 하나 더 들면 이삭에게는 에서와 야곱이라는 쌍둥이 아들이 있었습니다. 그런데 하나님은 벧엘의 들판에서 야곱에게 나타나셔서 그의 하나님이 되어주시겠다고 약속을 하셨습니다. 그러면 하나님이 야곱을 제사장으로 세우시는 것입니다. 에서는 자기가 아무리 야곱보다 똑똑하고 능력이 있어도 하나님의 은혜는 야곱으로부터 온다는 것을 믿었어야 했습니다. 그러나 에서는 이것을 인정하지 못했습니다. 오히려 언제나 야곱을 잡아먹지 못해서 으르렁거렸습니다. 이것은 야곱에게도 마찬가지였습니다. 야곱은 벧엘에서 하나님을 만난 후 하란 땅에 가서 외삼촌의 목축업을 통해서 엄청난 부자가 되었습니다. 사실 그는 결혼하고 돈 버느라고 이십년의 세월을 허비해버렸습니다. 야곱이 진정으로 벧엘에서 하나님을 만나고 그가 베개 하였던 돌에 기름을 부었다면 그 후에는 먹는 것이나 입는 것이나 전부 하나님께 다 맡기고 오직 기도와 말씀으로 사람들을 축복하고 부흥을 일으키는 일만 했어야 했습니다. 그러나 그가 말씀을 붙잡지 않았기 때문에 야곱의 부인들은 계속 싸웠고 자식들은 성 범죄도 저지르고 나중에는 동생이 하나님의 말씀을 받았다고 해서 애굽에 종으로 팔아먹는 일까지 저질렀던 것입니다.

에스겔 당시 유다는 하나님의 말씀을 붙들고 기도하면서 영적 부흥을 일으켜야 했습니다. 만일 유다가 그 사명을 충실히 감당했다면 상황은 완전히 달랐을 것입니다. 그런데 예루살렘이 제 구실을 하지 못하니까 애굽이 가만히 있지 않았습니다. 즉 자기들이 하나님의 계시를 받았다고 하고 하나님의 제사장이라고 굉장히 떠들었던 것 같습니다. 어느 정도였는지는 잘 모르겠지만 아마 온 세상이 다 들을 정도로 물을 흐려 놓았던 것 같습니다.

결국 이것은 예루살렘 사람들 자신이 잘못한 것입니다. 예루살렘 선지자들이나 제사장이 하나님의 말씀에 충만하고 능력에 충만했더라면 애굽이 이 정도로 날뛰는 것은 불가능했을 것입니다. 아마 예루살렘 사람들이 너무 바벨론의 공격에 불안해하니까 애굽에 점을 치러 간 것 같고 애굽 제사장들에게 기도를 해 달라고 했던 것 같습니다. 사실 이것은 애굽도 자기들이 할 수 있는 한계를 넘어선 것이었습니다. 그 결과 결국 하나님의 악어 사냥이 시작되는 것입니다.

모세는 하나님의 말씀을 독점했습니다. 그랬더니 가장 먼저 반발을 한 사람이 그의 누이 미리암이었습니다. 사실 미리암은 모세가 사는데 결정적인 도움을 준 사람이었습니다. 어머니가 모세를 갈대 상자에 넣어서 강가에 두었을 때 망을 보았던 사람이 누이 미리암이었고 또 바로의 공주가 모세를 물에서 건져내었을 때 유모를 소개해주겠다고 하면서 엄마를 데리고 간 사람도 누이 미리암이었습니다. 무엇보다 미리암도 하나님의 말씀을 가지고 예언을 하는 여선지자였습니다. 그러나 미리암은 모세가 혼자 하나님의 말씀을 독점한다고 하면서 비난했을 때 하나님은 너의 그 예언과 모세의 예언은 급이 다르다고 하시면서 미리암을 치셔서 나병이 생기게 하셨습니다. 고라 같은 사람은 모세에게 왜 당신만 이스라엘을 다스리느냐 돌아가면서 같이 하자고 했다가 하나님께서 땅이 갈라지게 하셔서 고라와 그와 같이 반역했던 자들과 함께 다 땅에 빠져서 죽었습니다.

우리는 이 세상의 모든 복을 다 모아도 하나님의 말씀의 복과 비교할 수 없다는 사실을 분명히 인식해야 합니다. 그러기에 하나님의 백성들은 세상의 복을 부러워하거나 거기에 아첨을 하거나 열등의식을 가져서는 안 됩니다. 그리고 우리는 하나님의 말씀을 아주 두렵게 다루어야 합니다. 오늘날 하나님의 언약궤는 설교하는 강대상이라 할 수 있습니다. 그런 까닭에 우리는 하나님의 말씀을 아주 두렵게 다루어야 합니다. 왜냐하면 여기서 불도 나오고 구원의 생수도 나오기 때문입니다. 우리에게 하나님의 말씀만 온전하다면 아무리 이 세상의 원수들이 다 쳐들어온다고 하여도 절대로 우리를 이기지 못할 것입니다. 그러나 하나님의 백성들이 말씀의 능력을 포기하고 세상에 아첨하고 하나님의 제사장 노릇을 상실할 때에는 하나님의 무서운 심판이 시작되게 된다는 사실을 인식해야 합니다. 만일 하나님의 백성들이 자신의 정체성을 상실하게 되면 둘 다 망하게 됩니다. 곧 예루살렘도 망하고 애굽도 망하게 됩니다.

> "내가 또 그 모든 짐승을 큰 물 가에서 멸하리니 사람의 발이나 짐승의 굽이 다시는 그 물을 흐리지 못할 것임이여 그 때에 내가 그 물을 맑게 하여 그 강으로 기름 같이 흐르게 하리로다. 나 주 여호와의 말이로다"(13-14절).

하나님의 성전은 깨끗한 생수가 흘러나는 샘물입니다. 이 샘물을 마시면 어떤 병이든지 낫게 되고 어떤 시험이든지 다 이길 수가 있습니다. 그런데 예루살렘 사람들은 이 작은 샘물로 만족할 수가 없었습니다. 그래서 그들은 이 샘물을 개발해서 유원지로 만들어버렸습니다. 예를 들어 가라오케도 갖다 놓고 음식점도 차리고 놀이 기구들도 만들어놓았습니다. 그러나 어느 순간 이 성령의 샘물은 없어지고 세상의 구정물이 되고 만 것입니다. 즉 온 세상 사람들이 다 와서 발을 다 담그고 물을 더럽혀 놓았습니다. 하나님께서는 짐승들을 멸하실 것이라고 했습니다. 왜냐하면 오직 하나님의 거룩한 종들만이 하나님의 말씀을 받을 수 있기 때문입니다. 다시는 사람의 발이나 짐승의 굽이 이 물을 더럽히지 못할 것입니다. 그리고 이 강이 기름같이 흐르게 될 것이라고 했습니다. 조금도 불순물이 없이 오직 백퍼센트 하나님의 말씀과 성령의 은혜만이 흐르는 강이 된다는 것입니다. 하지만 다시 깨끗한 물이 흐르게 하는 것은 결코 쉬운 일은 아닙니다. 그렇게 되기 위해서는 하나님의 말씀의 종들이 세상의 좋은 모든 것을 다 포기하고 전적으로 하나님의 말씀에 매달릴 때 이 깨끗한 물이 회복되게 되는 것입니다.

악어에 대한 우리의 관점

우리는 애굽을 세 가지 관점에서 보아야 합니다.

우선 첫째는 하나님이 우리 인간들에게 주신 기회입니다. 우리가 이 세상에 사람으로 사는 것 자체가 엄청난 축복이고 기회입니다. 그러나 우리가 과연 이 세상에서 어떤 식으로 살 것인지는 자신이 선택을 해야 합니다. 세상의 좋은 것을 다 가질 수도 있고 세상 것을 버리고 하나님의 은혜를 잡을 수도 있습니다. 그러나 그것은 자기 자신이 책임을 져야 할 것입니다. 그리고 두 번째로 이 세상은 하나님의 백성들의 훈련장입니다. 하나님께서는 우리를 이 세상의 믿지 않는 자들 가운데 두시고 이 세상의 많은 어려움과 시험 가운데서 우리의 믿음을 연단하신 후 자라게 하십니다. 따라서 이 세상은 우리의 훈련장임과 동시에 우리의 밭이기도 합니다. 우리는 이 세상에 믿음의 씨를 뿌려서 풍성한 축복을 추수해야 하는 것입니다. 하나님께서는 우리가 심은 대로 거둘 것이라고 하셨습니다. 그리고 세 번째로 이 세상은 장차 멸망당하고 말 것입니다. 하나님은 너무나도 이 세상을 잘 만드셨지만 인간이 죄로 이 세상을 더럽혔기 때문에 결국 이 세상을 버리실 것입니다. 그래서 이 세상 것만 붙든 자들은 세상과 함께 멸망할 것입니다. 이것이 바로 악어의 운명인 것입니다.

저는 지난 번 설교에서 결국 이 세상 사람은 악어같이 살아간다고 했습니다. 자기는 똑똑하고 자기는 잘생겼다고 하지만 결국 자기 직장이나 아파트에 엎드려서 자기 철밥통이나 지키는 악어와 다를 바 없기 때문입니다. 아무도 그런 악어를 사냥할 수 없다고 생각하지만 결국 하나님은 악어를 사냥하시는 것입니다.

악어는 결코 보기 좋은 짐승이 아닙니다. 우리는 악어가 되어서는 안 됩니다. 우리는 양이 되어야 합니다.

하나님은 결국 악어를 멸망시키시겠다고 말씀하십니다.

"내가 너를 물에 버리며 들에 던져 공중의 새들로 네 위에 앉게 할 것임이여. 온 땅의 짐승으로 너를 먹여 배부르게 하리로다. 내가 네 고기를 여러 산에 두며 네 시체를 여러 골짜기에 채울 것임이여 네 피로 네 헤엄치는 땅에 물 대듯 하여 산에 미치게 하며 그 모든 개천에 채우리로다"(4-6절).

하나님께서는 악어를 사냥하시기는 사냥하시는데 이 사냥한 악어의 처리 문제가 보통으로 골치 아픈 것이 아니었습니다. 왜냐하면 이 악어가 일단 너무 크고 그동안 너무 많은 것을 먹었기 때문에 도대체 처치하는 것이 쉽지 않았기 때문입니다. 악어의 처리는 삼 단계에 걸쳐서 이루어지게 됩니다. 하나는 이 세상에서 악어의 시체를 처리하는 문제입니다. 그리고 두 번째는 공중에 퍼진 악어의 악취를 제거하는 것입니다. 그리고 세 번째는 지하에 묻힌 악어의 처리문제입니다.

우선 하나님께서는 이 악어를 잡아서 이 세상에 펼쳐 놓으니까 얼마나 많은지 여러 산을 덮고 골짜기를 채우고 심지어는 그 피가 땅에 물대듯이 흘러갈 것이라고 말씀하셨습니다. 이것은 물론 애굽이 망했을 때 그만큼 많은 사람들이 죽는 것을 의미하는 것입니다.

여기서 우리는 한 가지 의문을 제기할 수 있습니다. 그것은 꼭 하나님께서 애굽을 이런 식으로 망하게 하실 필요가 있으셨느냐 하는 것입니다. 악어는 악어대로 사자는 사자대로 살면 되는 것이지 굳이 바벨론이 쳐들어 와서 애굽을 멸하게 하실 필요는 없으신 것이 아닙니까? 그 부분에 사람들이 오해를 많이 합니다.

하나님은 '전쟁의 하나님이시라' 고 하니까 전쟁을 일으키시는 하나님으로 생각을 하는 사람들이 많이 있습니다. 오히려 정반대입니다. 인간들은 매일 전쟁을 하고 복수를 하려고 하고 있습니다. 그러나 하나님은 인간의 분노나 복수심을 막으셔서 전쟁이 일어나지 않도록 하시는 하나님이십니다.

그래서 조나단 에드워드 목사는 '진노하는 하나님의 손에 붙잡힌 죄인' 이라는 설교를 했습니다. 모든 죄인들에게는 지금 발 앞에 지옥 불이 지글지글 끓고 있습니다. 그런데 하나님께서 두 손으로 죄인들을 붙잡고 계셔서 멸망하지 않게 하고 계십니다. 만일 하나님께서 그 손을 놓는 순간 인간들은 당장 멸망할 수밖에 없습니다. 사실 오늘 본문에는 하나님께서 악어를 사냥하신다고 하지만 실제로는 하나님께서 지금까지 악어를 지켜주신 것입니다.

그런데 도저히 하나님께서 참으실 수 없는 수준이 되자 그들을 심판하신 것입니다. 아무리 하나님께서 평화를 지켜주시고 전쟁을 막아주셔도 죄가 어느 수준 이상을 올라가면 하나님은 붙잡았던 손을 놓으시게 됩니다. 그러면 자동적으로 전쟁은 터지고 악어는 죽는 것입니다.

이것을 구약 성경에는 '부르짖음이 하늘에 상달하였더라' 고 말씀하고 있습니다. 사람들이 교만하고 잘난 체를 하더라도 약간씩 하나님을 두려워하면서 해야지 아예 하나님의 존재 자체를 인정하지 않고 지나

칠 정도로 교만하고 자기 멋대로 행동할 때에는 하나님의 은혜가 거두어지게 되는 것입니다.

우리는 이 세상의 모든 죄를 다 없앨 수 없다 하더라도 죄가 어느 수준 이상 올라가는 것은 막아야 합니다. 이것은 마치 하수구에 물이 차서 올라오는 것과 같습니다. 만약 이것이 넘쳐버리면 온 세상은 구정물이나 오물로 뒤집어쓰게 되는 것입니다.

애굽은 그 도가 넘어버렸습니다. 그래서 강에 있는 악어 전체가 다 사냥을 당해버리니까 결국 악어 시체가 온 산을 덮고 골짜기 까지 덮게 되었습니다.

아이들도 고집을 부리다가 어느 정도 하다가 못이기는 체 하고 지는 것이 좋습니다. 끝까지 부모를 이기려고 투쟁을 하다가는 모든 것을 다 잃어버리는 것입니다.

하나님께서는 보통 때 우리가 쓸데없다고 생각하는 많은 동물들을 만들어 놓으셨습니다. 그 중에 독수리나 까마귀가 하이에나같이 썩은 짐승을 뜯어 먹는 시원찮은 짐승들이 있습니다. 그러나 사실 이런 짐승들이 아주 필요합니다. 왜냐하면 죽은 짐승을 그냥 두면 나쁜 병균이 생겨서 전염병에 퍼지게 되는데 일차로 독수리나 까마귀나 하이에나 같은 것들이 뜯어 먹고 그 다음에 구더기 같은 벌레들이 먹어서 세상이 깨끗하게 되는 것입니다.

그런데 애굽의 피해는 하늘에 까지 미쳤습니다.

"내가 너를 불 끄듯 할 때에 하늘을 가리워 별로 어둡게 하며 해를 구름으로 가리우며 달로 빛을 발하지 못하게 할 것임이여 하늘의 모든 밝은 빛을 내가 네 위에서 어둡게 하여 어두움을 네 땅에 베풀리로다. 나 주 여호와의 말이로다"(7-8절).

하나님께서 애굽을 망하게 하실 때 얼마나 세상이 캄캄했는지 하늘의 별이나 달이나 해가 빛을 발하지 못하였다고 말하고 있습니다.

이것은 두 가지로 해석할 수 있습니다. 하나는 하나님께서 애굽을 멸하실 때 일체 은혜를 베풀지 아니하셨다는 뜻입니다. 즉 하나님께서는 애굽을 철저하게 무자비하게 멸망하도록 방치하신 것입니다. 그리고 또 하나는 애굽의 사상이 얼마나 악했는지 정상적인 태양이나 달이나 별이 빛을 내지 못할 정도로 그 악취와 냄새와 연기가 하늘을 뒤덮었던 것입니다.

우리는 일단 애굽의 교만이 얼마나 정상적인 하나님의 빛을 막았는지 알아야 합니다. 이 세상은 적어도 상식은 통해야 합니다. 아무리 어두워도 희미한 별빛은 비출 수 있어야 합니다. 그러나 애굽의 교만과 썩은 악취가 얼마나 심했든지 태양은 고사하고 별빛조차도 볼 수 없었던 것입니다. 그만큼 사람들은 미신과 우상 숭배의 흑암 속에 빠져 있었습니다. 그러다가 애굽의 연기가 다 없어지고 나니까 조금씩 태양빛도 살아나고 별 빛도 살아나고 상식도 통하고 하나님의 말씀도 받아들여지는 여지가 생기는 것입니다.

우상숭배에 깊이 빠진 분들은 아예 하나님의 말씀을 들으려고 시도조차 하지 않습니다. 한걸음 더 나아가서 아예 상식조차도 통하지 않는 것입니다. 사람들이 어떤 좋지 못한 영향을 강하게 받으면 그 후에는 그 후유증이 아주 오래가는 것을 볼 수 있습니다. 그래서 이단에 깊이 빠졌던 분들은 교회생활하면서도 옛날 생각을 자꾸 하기도 하고 또 어떤 분들은 이단의 저주가 두려워서 믿음생활을 제대로 못하는 분들도 있습니다.

중국은 오랫동안 유학과 미신이 중국 사람들의 마음을 강하게 지배를 해 왔습니다. 중국은 마치 큰 물 속에 들어 있는 악어와 같았습니다. 그런데 하나님께서 중국을 공산주의 혁명으로 사냥을 하셨습니다. 중국은 모택동의 공산주의에 삼키워졌습니다. 악어를 악어가 삼킨 셈이었습니다. 그런데 이제 중국 사람들은 유교나 미신에 좀 풀려서 복음을 듣게 되는 것 같습니다. 이제는 중국에도 빛이 비취는 것 같습니다. 앞으로 21세기는 그동안 잠자고 있었던 두 대국, 중국과 인도가 잠을 깨는 것 같습니다.

할례 받지 못한 나라들

사람들은 애굽은 영원히 망하지 않을 줄로 생각을 했던 것 같습니다. 그렇게 크고 강하고 풍성하던 나라가 갑자기 망하게 되니까 주위의 많은 나라들이 큰 충격을 받게 되었습니다.

> "내가 네 패망의 소문으로 열국 곧 너의 알지 못하는 열방에 이르게 할 때에 많은 백성의 마음을 번뇌케 할 것임이여 내가 그 많은 백성으로 너를 인하여 놀라게 할 것이며 내가 내 칼로 그들의 왕 앞에서 춤추게 할 때에 그 왕이 너를 인하여 심히 두려워할 것이며 네가 엎드러지는 날에 그들이 각각 자기 생명을 위하여 무시로 떨리로다"(9-10절).

많은 나라들이 애굽이 망한 소식으로 충격을 받고 크게 떠는 이유는 다른 나라들도 모두 다 같은 길을 가고 있는 세상 나라들이었기 때문입니다.

애굽이라는 나라는 이 세상에서 가장 세상적인 나라였습니다. 이런 세상적인 나라가 망해버리면 망하지 않을 나라가 어디에 있겠습니까? 그러니까 다른 모든 나라들이 다 두려워하고 충격을 받는 것입니다.

그런데 이 세상 나라들이 망하는 이유는 다른데 있지 않고 오직 한 가지 이유만 있었습니다. 그것은 그들에게 할례가 없었다는 것입니다.

"인자야 애굽의 무리를 애곡하고 그와 유명한 나라 여자들을 구덩이에 내려가는 자와 함께 지하에 던지며 이르라. 너의 아름다움이 누구보다 지나가는고. 너는 내려가서 할례 받지 않은 자와 함께 뉘울찌어다"(18-19절).

애굽이 망할 때 애굽의 많은 아름다운 여인들도 함께 죽었던 것 같습니다. 이 세상에서 가장 아름다운 애굽의 미인들이 죽어서 구덩이에 묻혔는데 결국 그 죽음은 할례 받지 못한 죽음이었다고 말씀하고 있습니다.

"용사 중에 강한 자가 그를 돕는 자와 함께 음부 가운데서 그에게 말함이여 할례 받지 않은 자 곧 칼에 살육 당한 자들이 내려와서 가만히 누웠다 하리로다"(21절).

용사들 중에 강한 자들도 죽었는데 모두 할례 받지 아니한 자들과 함께 죽어 있었습니다.

"거기 엘람이 있고 그 모든 무리가 그 무덤 사면에 있음이여. 그들은 다 할례를 받지 못하고 살육을 당하여 칼에 엎드러져 지하에 내려간 자로다"(24절 상반절).

"그들이 할례 받지 못한 자 중에 이미 엎드러진 용사와 함께 누운 것이 마땅치 아니하냐? 이 용사들은 다 병기를 가지고 음부에 내려 자기의 칼을 베개 하였으니 그 백골이 자기 죄악을 졌음이여 생존 세상에서 용사의 두려움이 있던 자로다"(27절).

얼마나 무시무시한 용사였는지 무덤까지 칼을 가지고 내려가서 백골이 아예 칼을 베개하고 누워 있었습니다. 그러나 그도 할례 받지 못한 자 중에 누워 있는 것입니다.

이 세상에서 망한 자의 특징은 모두 할례를 받지 못한 자들이었습니다. 그들 중에 대부분은 인물이 아름다운 미인이든지 전쟁을 잘 하는 용사이든지 머리가 뛰어난 천재들이었습니다. 여기서 할례라고 하는 것이 얼마나 중요한지 알 수 있습니다.

'할례'가 무엇입니까? 원래 할례는 이스라엘 백성들의 성기 표피를 자름으로 하나님의 백성의 표시를 하는 것입니다. 즉 '우리는 모두 하나님 앞에서 악하고 못된 기질과 본성을 가지고 있습니다.' 라는 것을 고백하고 그것을 자르는 것입니다. 그런데 나중에 이 세상을 살면서 보니까 하나님의 은혜에 한번 꺾이어져서 할례를 받은 자와 한번도 자신의 천성이 하나님 앞에서 꺾이어지지 아니하고 자기 기질대로 살아온 사람은 엄청난 차이가 나는 것입니다. 일단 하나님 앞에서 야곱처럼 한번 꺾기어진 사람은 욕심도 있고 죄성도 있지만 그래도 끝까지 자기 정욕대로 가지 못합니다. 왜냐하면 하나님의 은혜가 그 사람의 마음을 자꾸 부드럽게 하기 때문입니다. 화가 났다가도 시간이 조금 지나면 마음을 바꾸어버립니다. 이것이 할례 받은 사람의 특징입니다. 그러니까 하나님 앞에서 매를 맞을 이유가 없는 것입니다. 그러나 애당초, 생각에 할례를 받지 못한 자는 시간이 갈수록 더욱더 자기 생각을 굳혀서 끝까지 자기 생각대로 모든 것을 다 해버립니다. 결국 무덤까지 복수를 하려고 무기를 들고 가서 백골이 무기를 베고 누워 있습니다. 미인은 무덤 속까지 화장품을 다 가지고 갑니다. 그러나 인간의 그런 욕심과 정욕은 죽는 순간 아무 소용이 없는 것입니다. 모두 다 벌레가 가져가고 맙니다. 결국 구더기 밥이 되어버리는 것입니다. 오늘도 하나님께서 여러분의 마음에 할례를 행하게 하셔서 모든 욕심과 고집은 십자가에 못 박게 하시기를 바랍니다. 그리고 모두 주님의 성령으로만 충만해지기를 축원합니다.

31

| 겔 33:1-33 |

파수꾼의 원리

    대도시에는 모두 가까운 곳에 주민들의 식수를 공급하는 식수원이 있습니다. 서울에는 가까운 곳에 팔당댐이 있고 대구에는 운문댐이 있습니다. 아마도 수성구 너머에 사시는 분들은 이 운문댐에서 공급되는 아주 깨끗하고 시원한 물을 공급받으실 것입니다. 어떤 분은 이 댐의 물이 얼마나 좋은지 손에 닿는 촉감 자체가 다르다고 말씀을 하십니다. 그런데 이 댐에서 좋은 물이 공급이 되려고 하면 중간에 파이프에 전혀 구멍이 난 곳이나 막힌 곳이 없어야 합니다. 마찬가지로 우리 믿는 사람들은 모두 하나님으로부터의 완전한 은혜와 축복을 원하고 있습니다. 그러면 도대체 우리가 하나님으로부터 완전하게 은혜와 축복을 받으려면 어떻게 해야 할까요? 또한 그 비결이 무엇일까요? 다시 말해서 하나님이 축복의 댐이시고 우리가 하나님의 축복을 받는 가정집이라면 어떻게 하면 하나님과 우리 사이에 물샐틈없이 완전한 관계가 구축될 수 있겠습니까?

이것은 수천 년 전부터 지금까지 모든 경건한 하나님의 백성들이 고민을 했던 문제였습니다. 그리고 이스라엘 자손들이 그렇게 하나님의 복을 받으려고 몸부림쳤음에도 불구하고 끝내 복을 받지 못하고 멸망할 수밖에 없었던 문제이기도 합니다. 특히 이것은 오늘 우리들이 하나님을 믿는 바른 믿음을 가지고 이 세상의 죄를 이기고 믿음으로 승리하는데 있어서도 아주 중요한 문제인 것입니다.

우선 우리는 과연 하나님과 우리 사이에 '물샐틈없는 완전한 관계'가 가능한지 생각해 보아야 하는 것입니다. 그것은 우리에게 불가능한 일입니다. 왜냐하면 우리는 기계나 로봇이 아니고 인간이기 때문에 완전히 백퍼센트 하나님만 생각할 수가 없습니다. 특히 우리는 이 세상에서 정욕적이고 신앙적이지 않은 즐거움들을 많이 가지고 있습니다. 그리고 우리는 수시로 하나님께서 기뻐하시지 않는 생각들을 하면서 살아가고 있습니다.

어떤 사람들은 우리가 하나님 앞에서 백퍼센트 의로운 관계가 되기 위해서는 세상의 모든 즐거움이나 쾌락을 다 포기하고 거의 수도승 같은 생활을 해야 한다고 생각합니다. 이렇게 생각하는 사람들은 세상의 모든 것을 다 포기하고 실제로 수도원에 들어 수도승으로 한 평생을 살아가는 것입니다.

그러나 하나님께서는 그렇게 한다고 해서 반드시 좋은 믿음 생활을 하는 것은 아니라고 말씀하고 있습니다.

여기서 오늘 성경 말씀은 우리에게 탁월한 방향 제시를 해 주고 있습니다.

　예를 들어서 군인들이 한밤중에도 적의 공격에 대비해서 잠을 자지 않고 부대나 진지를 지키는 것은 아주 중요한 일입니다. 그러나 수천, 수만 명의 부대원들이 전부 다 스물 네 시간 한 숨도 자지 아니하고 모두 눈을 부릅뜨고 지킨다고 해서 반드시 좋은 것은 아닌 것입니다. 왜냐하면 몇 만 명 되는 군인들이 모두 다 깨어서 한 숨도 자지 않고 부대를 지키고 진지를 지킨다면 물론 적은 쥐새끼 한 마리 꼼짝하지 못할 것입니다. 그러나 모든 군인들이 한 숨도 자지 않고 도대체 며칠이나 몇 주일을 견딜 수 있겠습니까? 아마 한 삼사일 지나고 난 후에는 전부 병든 닭들처럼 앉은 자리에서 졸게 될 것이며 결국 전투력은 떨어지고 오히려 더 부대원들에게 큰 위기가 발생하게 될 것입니다. 그래서 부대에서는 어떻게 합니까? 실전 상태가 아닌 이상 보초만 세워놓고 모두 다 잠을 편안하게 자는 것입니다. 이렇게 하는 것이 오히려 훨씬 더 전 부대를 안전하게 지킬 수 있으며 지속적으로 자신들의 행복을 지킬 수 있는 방법인 것입니다.

　예를 들어서 공장에서 물건을 만들어 낼 때 표본조사라는 것을 합니다. 표본조사라고 하는 것은 물건 전체를 검사하지 않고 그 중에 일부를 임의로 꺼내어서 조사를 하는 것입니다. 우리가 생각하기에는 전부 다 조사를 하는 것이 더 정확할 것 같습니다. 그러나 실제로 물건이 수만 개나 수십만 개가 될 때 일일이 전부 다 조사를 하는 것은 불가능합니다. 그뿐만 아니라 이런 식으로 표본조사를 해도 얼마든지 정확성을 기할 수가 있는 것입니다.

　마찬가지로 우리가 하나님의 온전한 축복을 받기 위해서 스물 네 시간 자지 않고 언제나 기도하고 세상적인 모든 취미나 쇼핑을 금지하고 오직 기도하면서만 지낼 수도 있지만 그렇게 한다고 해서 반드시 우리가 바른 신앙을 가지는 것은 아닙니다. 오히려 우리의 영성이 너무 심한 강박 관념에 붙잡혀버릴 수도 있습니다. 우리는 일상적인 생활도 해야 하고 공부도 해야 하고 직장 일도 해야 하며 집안일도 해야 합니다.

파수꾼의 원리

"여호와의 말씀이 내게 임하여 가라사대 인자야 너는 네 민족에게 고하여 이르라. 가령 내가 칼을 한 땅에 임하게 한다 하자 그 땅 백성이 자기 중에 하나를 택하여 파수꾼을 삼은 그 사람이 칼이 그 땅에 임함을 보고 나팔을 불어 백성에게 경고하되"(1-3절).

하나님의 백성들에게 가장 중요한 것은 '나팔'이 있다는 것입니다. 하나님의 백성들에게 있어서 이 '나팔'이라고 하는 것은 하나님의 말씀을 의미합니다. 이 '나팔'이라는 개념은 군대에서 나온 것입니다. 군부대는 부대 전체와 부대원 한 사람 한 사람 사이에 '나팔 소리'를 가지고 이미 약속을 해 놓습니다. 즉 부대는 일일이 한 사람 한 사람을 붙들고 지금 집합하라고 한다든지 혹은 전진하라고 한다든지 아니면 후퇴라고 한다든지 하면서 말하지 않습니다. 만일 전쟁이 터졌는데 상관이 부대원 한 사람 한 사람을 붙들고 앞으로 가라든지 뒤로 가라든지 하면서 소리를 지르면 이것은 완전히 오합지졸이고 전쟁은 이미 패배한 것입니다. 군인들은 언제 어디에 있든지 나팔 소리만 듣고 '아, 지금은 집합하라는 것이구나' 고 하든지 '지금은 전진하라는 소리구나' 하면서 스스로 깨닫고 행동을 하게 되는 것입니다.

　이스라엘 백성들에게 있어서 이 '나팔'의 개념은 하나님께서 이스라엘 백성들이 출애굽한 후에 광야에서 가르쳐주신 것입니다. 즉 이스라엘 백성들이 워낙 많으니까 모세나 제사장이 이스라엘 백성 한 사람 한 사람을 붙들고 '앞으로 가라'든지 '모이라'든지 말할 수도 없었습니다. 또 말을 한다고 해서 잘 전달이 되지도 않았습니다. 그래서 미리 약속하기를 한번 나팔을 길게 불면 백성들이 성막 앞에 모인다든지 아니면 또 짧게 불면 전쟁을 준비한다든지 혹은 또 다르게 불면 진을 이동하라는 뜻으로 미리 약속이 되어 있었던 것입니다.

　우리가 대개 어떤 큰 화재가 생기거나 큰 사고가 터졌을 때 가장 힘든 것은 사람들을 통제할 수가 없는 것입니다. 아무리 앞에서 밀고 나오지 말라고 소리를 질러도 사람들에게는 그 소리가 들리지도 않고 또 겁에 질려 있기 때문에 막무가내로 밀고 나오다가 더 많은 사람이 죽게 되는 것입니다.

　이것이 바로 나팔 소리가 없는 두려움에 빠진 일반 군중들이 하는 것입니다. 하나님의 백성이 아닌 사람들에게는 하나님과 우리 사이에 어떤 약속 같은 것이 없습니다. 그래서 편안할 때는 그렇게 자유롭고 행복할 수가 없는데 어떤 재난이 발생했을 때에는 하나님과 사람들 사이에 의사소통의 길이 없기 때문에 이리 달리고 저리 달리다가 결국 위기를 극복하지 못하고 망하고 마는 것입니다.

　그러나 하나님의 백성들에게는 아주 중요한 '나팔'이 있습니다. 나팔이 있다는 것은 하나님과 그의 백성들과 미리 약속이 되어 있다는 뜻입니다. 그래서 어떤 일이 닥쳤을 때 우왕좌왕할 필요가 없습니다. 하나님께서 나팔 소리로 그 자리에 가만히 있으면서 기다리라고 하면 기다리면 되는 것이고, 앞으로 전진하라고 하면 전진하면 되는 것이고, 적과 전투를 해서 물리치라고 하면 그대로 하면 되는 것입니다.

그래서 사도 바울은 고전 14:8에서 이렇게 말을 했습니다.

"만일 나팔이 분명치 못한 소리를 내면 누가 전쟁을 예비하리요"

그러기에 하나님의 백성들에게 있어서 가장 중요한 것은 '나팔 소리' 입니다. 나팔을 부는 사람이 분명하게 '빵빠라' 하면서 전쟁을 준비하라고 소리를 내어야 하는데 이상하게 '뿌우우' 하는 소리를 내면 이것이 전쟁을 하라는 소리인지 후퇴를 하라는 소리인지 분별이 되지 않기 때문에 결국 전멸을 당하고 마는 것입니다.

여기서 하나님께서는 우리에게 아주 중요한 신앙의 원리를 말씀하고 있습니다. 그것은 우리가 이 세상에서 진정으로 행복한 삶을 계속 누리려면 두 가지를 분명히 하면 된다는 것입니다. 하나는 파수꾼을 세울 것, 그리고 또 하나는 나팔 소리를 분명히 해 놓을 것 등입니다.

우리가 파수꾼을 세운다고 하는 것은 분명히 우리가 알지 못하는 위험을 생각하고 있다는 것입니다. 만약 우리가 전혀 적의 공격이나 나쁜 사람이 없는 곳에 산다면 파수꾼이라는 것이 전혀 필요하지도 않을 것이며 나팔의 신호도 필요치 않을 것입니다. 하지만 하나님의 백성들과 세상 사람들 사이에는 중요한 차이가 있습니다. 즉 세상 사람들은 눈에 보이지 않는 적의 공격이나 위기를 알지 못합니다. 그들은 그저 잠이 오면 자면 되는 것이고 어려움이 닥치면 그때 가서 어떻게 하면 되겠지 라고 생각을 하는 것입니다. 그래서 파수꾼을 따로 세워놓지도 않고 나팔 소리를 듣는 훈련도 하지를 않습니다. 그런 상태에서 대개 위기는 한밤중이나 정신을 차리지 못할 때 닥치는데 그때 전멸을 당하고 마는 것입니다.

옛날 전쟁사를 읽어보면 지휘관의 판단 미스로 지휘관 자신은 물론이고 전 부대원이 전멸을 했던 역사들이 여러 번 있었던 것을 볼 수 있습니다. 무려 몇 십만 명이나 되는 군인들이 상대방의 덫에 걸려서 꼼짝도 못하고 전멸을 해버리는 것입니다.

그러나 하나님의 백성들은 언제 어디서나 위기가 닥칠 수 있다는 것을 알고 있습니다. 그래서 파수꾼을 세우는 것입니다. 여기서 파수꾼을 세우는 것은 자기들이 자는 동안에 자기들의 생명을 누구에겐가 맡기는 것을 말합니다. 그러니까 하나님의 백성들은 이 세상에서 무한정으로 재미를 누리거나 무한정으로 자기 하고 싶은 것을 하지 않습니다. 언제 무엇을 하든지 파수꾼의 나팔 소리가 들리는 범위 안에서 그리고 파수꾼이 뭐라고 하면 당장 달려갈 수 있는 상태에서 쉬든지 잠을 자든지 하는 것입니다.

이런 점에서 파수꾼이라는 것은 참으로 우리를 안심하게 하고 편하게 합니다. 왜냐하면 파수꾼이 없으면 늘 불안해하고 편안하게 잠도 잘 수 없기 때문입니다.

여기서 우리가 알아야 할 것은 하나님께서는 우리가 세상의 죄에 빠지지 않고 시험에 들지 않기 위해서 일주일 내내 기도만 하고 기도원이나 교회에서 살아야 한다고 말씀하시지 않습니다. 우리는 얼마든지 안심하고 자기에게 주어진 삶을 살 수도 있고 장사도 하고 친구도 사귀고 영화도 보고 세상일도 할 수 있습니다. 그러나 중요한 것은 우리 중에 누군가를 파수꾼을 세워놓아야 한다는 것입니다. 우리는 절대로 세상일에 완전히 빠져버려서는 안되는 것입니다.

그러면 파수꾼을 세운다는 것은 무엇을 말할까요? 교회에 목회자를 세우고 잠을 자지 말고 언제나 자기들을 위해서 기도를 해 달라고 하는 것을 말할까요? 그렇지 않습니다. 이 파수꾼은 우리 각자 각자의 파수꾼을 말하는 것입니다. 우리 모두는 자기 생활 가운데 하나님을 만나는 시간이 있어야 하고 하나님의 음성을 듣는 시간이 있어야 합니다. 무엇보다 우리는 시간을 내어서 하나님 앞에 함께 말씀을 들으면서 깨어서 기도하는 시간이 있어야 합니다. 이 시간이 바로 우리들의 파수꾼인 것입니다.

우리는 자신들의 영혼의 책임을 다른 사람에게 미루어서는 안 됩니다. 자기는 기도도 하지 않고 자기는 하나님을 가까이 하지도 않으면서 다른 사람에게 기도를 해 달라고 하고 깨어있어 달라고 해서는 안 됩니다. 우리 모두는 깨어 있어야 하고 우리 모두는 우리의 영혼을 파수하는 시간이 있어야 하는 것입니다. 우리의 기도시간이 살아 있고 우리의 예배 시간이 살아 있으면 우리는 모든 것을 불안해하지 않아도 자신 있게 살아갈 수 있는 것입니다.

각자에게 주어진 임무

위기가 닥쳐왔을 때 하나님의 백성들에게 가장 중요한 것은 나팔 소리를 제대로 듣는 것입니다. 이 나팔 소리라고 하는 것은 각자가 듣고 바로 행동에 옮겨야지 옆에 있는 사람에게 '이 소리가 무슨 소리냐?' 고 물으면 이미 늦은 것입니다. 만일 옆에 있는 사람이 일부러 엉터리로 말해주면 어떻게 되겠습니까?

하나님의 백성들에게 중요한 것은 항상 하나님의 말씀이 선포되는 것입니다. 이것은 하나님께서 우리와 함께 계시며 우리를 책임지고 계신다는 뜻입니다.

그런데 하나님께서는 위기의 순간에 모든 하나님의 백성들에게 주어진 임무와 책임이 있다는 것을 분명히 말씀하셨습니다.

> "인자야 너는 네 민족에게 고하여 이르라. 가령 내가 칼을 한 땅에 임하게 한다 하자. 그 땅 백성이 자기 중에 하나를 택하여 파수꾼을 삼은 그 사람이 칼이 그 땅에 임함을 보고 나팔을 불어 백성에게 경고하되 나팔 소리를 듣고도 경비를 하지 아니하므로 그 임하는 칼에 제함을 당하면 그 피가 자기의 머리로 돌아갈 것이라. 그가 경비를 하였던들 자기 생명을 보전하였을 것이나 나팔 소리를 듣고도 경비를 하지 아니하였으니 그 피가 자기에게로 돌아가리라. 그러나 파수꾼이 칼이 임함을 보고도 나팔을 불지 아니하여 백성에게 경고치 아니하므로 그 중에 한 사람이 그 임하는 칼에 제함을 당하면 그는 자기 죄악 중에서 제한바 되려니와 그 죄를 내가 파수꾼의 손에서 찾으리라" (2-6절).

하나님께서는 일단 하나님의 백성들에게 닥치는 위기는 잘 대비하기만 하면 얼마든지 극복할 수 있는 것이라고 말씀하셨습니다. 이것만 해도 얼마나 감사한 것입니까? 예를 들어서 너무나도 강한 세력이 쳐들어온다면 아무리 파수꾼을 세워놓고 전 국민이 깨어서 지켜도 소용이 없을 것입니다.

더욱이 우리에게 있는 군인들은 만 명 밖에 되지 않는데 적군은 백만 명이 쳐들어온다면 아무리 파수꾼을 세우고 보초를 세워도 전멸을 면치 못할 것입니다. 그러나 하나님의 백성들의 위기는 파수꾼만 제대로 세우고 나팔 소리만 제대로 들으면 얼마든지 이겨낼 수 있는 시험들인 것입니다.

하나님께서는 우리에게 '감당치 못할 시험당하는 것을 허락지 아니하신다'고 말씀하셨습니다. 즉 우리에게 있는 하나님의 말씀은 모든 죄와 모든 사단의 공격과 병을 다 이길 수 있는 능력이 있는 말씀인 것입니다.

그러므로 우리에게 바른 하나님의 말씀만 살아 있으면 사단이 어느 쪽에서 쳐들어와도 우리는 충분히 감당할 수 있고 이겨낼 수 있다고 약속하고 있습니다. 이것만 해도 얼마나 감사한 일입니까? 이것은 결코 우리의 능력이 아니고 하나님의 능력입니다. 하나님께서는 우리가 완전히 세상일에 빠지지 않고 영혼의 파수꾼을 세우고 있으면 모든 시험과 환란을 능히 이길 수 있도록 하겠다고 약속을 하셨습니다. 사실 이기는 것은 그냥 위기를 넘기는 것이 아니고 우리는 이 위기들을 통하여 더 성숙하고 더 아름답게 되고 더 완전하게 되는 것을 말하는 것입니다. 그래서 우리가 알아야 할 것은 우리에게 위기가 오는 것이 반갑지는 않지만 더 좋다는 사실입니다. 그래서 야고보 사도는 우리에게 말하기를 "내 형제들아 너희가 여러 가지 시험을 만나거든 온전히 기쁘게 여기라"(약 1:2)고 말을 했습니다.

그러나 하나님께서는 우리 각자에게 주어진 임무와 책임이 있다고 말씀하셨습니다. 여기서 가장 중요한 것은 말씀을 맡은 파수꾼의 사명입니다.

군대에서 파수꾼은 부대원 전체의 생명을 책임지고 있는 사람입니다. 그런데 만일 임무를 맡은 군인이 자리를 이탈해서 술집에서 술을 퍼마시고 곯아떨어져버리거나 혹은 파수를 보는 자리에서 잠을 자버리면 큰 문제가 생기는 것입니다. 가령 그때 적이 쳐들어 오면 아무 대책이 없게 됩니다. 그리고 그 안에서 잠을 자고 있는 부대원들은 모두 떼죽음을 당하고 말 것입니다.

그러므로 우리는 하나님의 말씀을 맡은 자로서 파수꾼의 사명을 충실히 감당해야 합니다. 하나님께서는 말씀을 맡은 자에게 모든 것을 다 하라고 말씀하시지 않으셨습니다. 즉 돈도 많이 벌어야 하고 사회사업에도 활발하게 뛰어들어야 하고 정치적인 모임에도 얼굴을 내밀어서 인정을 받으라고 말씀하시지 않으셨습니다. 말씀을 맡은 자는 누가 뭐라고 하든지 하나님의 말씀의 나팔만 자꾸 불면되는 것입니다. 우리가 알아야 할 것은 나팔 소리가 하나만 있는 것이 아니라는 것입니다. 어떤 경우에는 취침나팔도 있고 기상나팔도 있고 비상소집하는 나팔도 있고 전투 나팔도 있습니다. 나팔 부는 사람은 나팔을 불 때에 인정사정 볼 것이 없습니다. 이렇게 크게 나팔을 불면 사람들이 싫어하겠지 라고 생각하면 안 되는 것입니다.

요즘 교회들 중에는 성경적인 나팔 소리를 아주 싫어하는 사람들이 있습니다. 그런 나팔 소리를 너무 시끄럽고 사람을 공연히 불안하게 한다고 불평을 하는 사람들이 있습니다. 우리는 그런 사람의 소리를 들을 필요가 없는 것입니다.

그리고 하나님께서는 파수꾼이 아닌 일반 이스라엘 백성들의 사명에 대해서도 말씀을 하고 있습니다. 만약 파수꾼이 비상 나팔을 불고 전투 나팔을 불었음에도 불구하고 사람들이 듣고도 대비하지 않아서 큰 패배를 당하게 되면 그것에 대한 책임은 대비하지 않는 자들의 책임이라고 하나님께서는 말씀하십니다. 그러니까 일반 성도들은 어려움이 닥쳤을 때 우왕좌왕하거나 불안과 공포에 빠져서 절망할 필요가 없는 것입니다. 나팔 소리를 듣고 나팔이 '기도하자' 는 소리를 내면 기도하면 되는 것이고 '사단을 대적하라' 고 하면 대적하면 되는 것입니다. 하나님은 우리 각자에게 모든 책임을 다 지라고 말씀하시지 않으십니다. 우리는 우리에게 들리는 하나님의 말씀대로만 하면 반드시 기도의 응답을 받고 반드시 사단의 시험을 이기며 믿음의 큰 축복을 받을 수가 있습니다. 그런데 중요한 것은 만약 파수꾼이 나팔을 불었는데도 무시하고 대비하지 않으면 어떻게 됩니까? 그때는 그 사람 자신이 망하는 것입니다.

우리는 반드시 하나님의 말씀에 따라서 움직여져야만 합니다. 하나님의 말씀을 들으면 우리 마음에 반드시 감동이 오게 되어 있습니다. 우리는 그 감동대로 하면 되는 것입니다. 하나님은 우리에게 모든 선행을 다 하라고 말씀하시지 않으십니다. 그것은 율법적인 사고방식입니다. 우리는 하나님의 말씀을 듣고 감동이 되는대로 하면 얼마든지 살 수 있습니다.

하나님의 원리

이스라엘 백성들은 늘 하나님 앞에서 큰 걱정거리가 있었습니다. 그것은 그들이 아무리 노력하고 애를 써도 도저히 하나님의 의에 이를 수가 없다는 것입니다. 그래서 이스라엘 백성들의 마음속에는 이미 우리는 부정하고 죄를 많이 지어버렸기 때문에 지금 우리가 아무리 노력하거나 정신을 차린다고 해도 너무 늦었고 소용이 없다는 생각이 지배적이었습니다.

"그런즉 인자야 너는 이스라엘 족속에게 이르기를 너희가 말하여 이르되 우리의 허물과 죄가 이미 우리에게 있어 우리로 그 중에서 쇠패하게 하니 어찌 능히 살리요 하거니와"(10절).

이것은 바로 우리들의 절망이기도 합니다. 우리는 하나님 앞에서 도저히 의로울 수가 없는 사람들입니다. 우리는 무심코 어떤 사물을 보다가도 엉뚱한 죄스러운 생각을 할 때가 있습니다. 그리고 누구와 만나서 이야기를 하다가도 생각지도 않게 남을 비난하거나 깎아내리거나 혹은 자기에 대하여 과장되게 말을 할 때가 있습니다. 그때마다 우리 안에 계신 성령님은 기뻐하지 아니하고 우리의 마음은 불편해 집니다. 그러나 우리에게 다른 한편으로는 '우리가 이런 것까지 완전해지는 것은 도저히 불가능하다' 는 기분이 드는 것입니다. 우리가 인간인데 어떻게 매순간 말도 '잠언' 의 말씀이나 '시편' 의 말씀을 하고 '이사야' 같은 말만 할 수 있겠습니까? 우리는 너무나도 하나님의 의에 도달하기에는 허물이 많고 죄가 많습니다. 그리고 과거를 생각해 보면 과거에 도저히 씻을 수 없는 부끄러운 죄들을 많이 지어버린 것입니다. 그런 주제에 어떻게 하나님의 온전한 축복과 도우심을 기대할 수 있겠습니까?

그러나 하나님이 우리에게 기대하시는 것은 그런 의미의 완전한 것이 아닙니다. 하나님이 우리에게 기대하시는 것은 '정직하고 솔직한 것' 입니다.

그래서 하나님은 이렇게 말씀하십니다.

" 주 여호와의 말씀에 나의 삶을 두고 맹세하노니 나는 악인의 죽는 것을 기뻐하지 아니하고 악인이 그 길에서 돌이켜 떠나서 사는 것을 기뻐하노라. 이스라엘 족속아 돌이키고 돌이키라. 너희 악한 길에서 떠나라. 어찌 죽고자 하느냐 하셨다 하라"(11절).

하나님은 어떤 악인이든지 죄 가운데 멸망하는 것을 기뻐하지 아니하십니다. 하나님께서는 누구든지 회개해서 새로운 삶과 축복을 회복하기를 원하십니다.

그래서 하나님께서는 이런 위대한 말씀을 하셨습니다. 예를 들어 어떤 악인이 있는데 그 사람이 지금까지 하나님의 말씀에 불순종하면서 죄만 지으면서 살아왔습니다. 그런데 하나님의 말씀을 듣고 은혜를 받고 회개를 했습니다. 그러면 그 사람의 지난 모든 죄는 어떻게 됩니까? 하나님 앞에서 죄사함을 받고 그는 새 사람이 되는 것입니다. 그러나 어떤 의인이 있었습니다. 이 사람이 믿음생활을 잘 하다가 어느 순간부터 교만해지기 시작했습니다. 그런데 하나님의 말씀을 듣고도 말씀대로 순종하지 않았습니다. 그랬더니 그 사람은 결국 지금까지 의로웠던 것은 하나도 인정되지 않고 멸망하고 마는 것입니다.

"가령 내가 의인에게 말하기를 너는 살리라 하였다 하자. 그가 그 의를 스스로 믿고 죄악을 행하면 그 모든 의로운 행위가 하나도 기억되지 아니하리니 그가 그 지은 죄악 중 곧 그 중에서 죽으리라"(13절).

우리 기독교처럼 현재의 신앙을 중요하게 생각하는 신앙은 없을 것입니다. 지금까지 아무리 악인으로 살아왔다 하더라도 지금 은혜 받고 지금 하나님의 말씀을 붙잡으면 그 모든 죄는 다 사함 받고 새로운 능력을 받습니다. 그러나 과거에 아무리 잘 믿고 아무리 봉사를 잘했다 하더라도 지금 하나님의 말씀을 거역하고 교만하게 나가면 지금까지 잘 믿었던 것은 다 없어지고 죄 가운데 망하고 맙니다.

우리가 깨달아야 할 중요한 진리는 옛날에 은혜 받고 옛날에 봉사를 많이 한 것이 중요하지 않다는 것입니다. 중요한 것은 지금 내가 하나님 앞에서 어린 아이 같은 마음이 되는 것입니다. 가장 어리석은 사람이 누구입니까? 지금까지 내가 죄를 많이 지었다고 해서 은혜 받는 것을 포기해버리는 사람입니다. 그런 사람은 지금 스스로를 속이고 있는 것입니다. 지금 은혜 받고 지금 말씀을 잡으면 우리는 살게 되어 있습니다.

그래서 이스라엘 백성들은 하나님이 불공평하시다고 항의를 했습니다.

"그래도 네 민족은 말하기를 주의 길이 공평치 않다 하는도다. 그러나 실상은 그들의 길이 공평치 아니하니라"(17절).

이스라엘 백성들이 원한 것은 평균의 원리였습니다. 이스라엘 백성들은 지금까지 죄를 지은 것과 지금까지 잘한 것을 평균을 내어서 하나님께서 보응하셔야 공평하다고 생각을 했습니다. 그러나 하나님께서는 평균을 보시지 않고 지금 당장의 믿음과 당장 은혜 받는 것만 보고 판단하시니까 그들은 하나님의 방식이 불공평하다고 생각했습니다. 그러나 하나님은 너희들이 공평치 않다고 말씀하십니다. 왜냐하면 우리의 의는 모든 것이 하나님의 의이기 때문에 우리의 것이라고 내세울 수 있는 것이 아무 것도 없기 때문입니다. 지금 우리가 하나님과의 은혜가 단절되면 아무리 지금까지 잘 믿었더라도 소용이 없는 것입니다.

그래서 우리에게 가장 중요한 것은 지금 하나님의 말씀이 내 귀에 들리는 것입니다. 지금 하나님의 말씀이 내 귀에 들리는 것은 축복이 오고 있는 것이며 이 말씀을 받아들이고 은혜 받으면 복을 받는 것입니다.

우리가 알아야 할 것은 우리가 우리의 과거를 책임질 수 없다는 사실입니다. 자기 과거를 자기가 책임지려고 한 사람들마다 망하게 됩니다. 우리는 과거는 모르겠고 지금 은혜 받고 지금 깨어 있으면 사는 것입니다.

"우리가 사로잡힌지 십 이년 시월 오일에 예루살렘에서부터 도망하여 온 자가 내게 나아와 말하기를 그 성이 함락되었다 하였는데 그 도망한 자가 내게 나아오기 전날 저녁에 여호와의 손이 내게 임하여 내 입을 여시더니 다음 아침 그 사람이 내게 나아올 임시에 내 입이 열리기로 내가 다시는 잠잠하지 아니하였노라"(21-22절).

바벨론에 포로된 자들은 그렇게 예루살렘으로 돌아갈 것을 고대했습니다. 그렇지만 이미 에스겔은 예루살렘이 함락될 것을 예언을 했습니다. 사람들은 그 말을 믿지 않았습니다. 하지만 드디어 예루살렘이 망하자 살아서 도망친 사람이 바벨론까지 와서 예루살렘의 함락 사실을 전해주었습니다.

이때 모든 유다 백성들은 아무런 할 말이 없었습니다. 이제 그들의 유일한 소망이 사라졌는데 무슨 말을 하겠습니까? 그러나 하나님께서는 에스겔의 입을 여셔서 닫히지 않게 하셨습니다. 하나님의 엄청난 말씀이 쏟아지게 하셨습니다. 그 이유는 예루살렘이 멸망했다고 하나님의 일이 다 끝난 것이 아니었기 때문입니다. 오히려 지금부터 하나님의 새로운 일은 시작되는 것입니다.

"인자야 이 이스라엘 황무한 땅에 거한 자들이 말하여 이르기를 아브라함은 오직 한 사람이라도 이 땅을 기업으로 얻었나니 우리가 중다한즉 더욱 이 땅으로 우리에게 기업으로 주신 것이 되느니라 하는도다"(24절).

이스라엘 백성들은 하나님 앞에서 숫자를 가지고 생각을 많이 했습니다. 즉 아브라함은 한 명이었는데도 가나안 땅을 차지했는데 우리는 이렇게 많은데 하나님이 우리를 버리시겠느냐 하는 것이었습니다. 그러나 하나님은 숫자를 보시지 않으셨습니다. 하나님은 하나님의 말씀에 진정으로 반응하는 한 사람을 더 원하셨습니다. 그래서 예루살렘에 남아 있는 많은 사람들보다는 바벨론에 포로되어 간 자들에게 더 관심이 많았습니다. 하나님은 포로되어 환란당한 자들 중에 말씀의 사람을 일으켜 새로운 축복의 역사를 만드시려고 계획을 세우셨습니다. 우리는 지금 바벨론에 포로 되어 있는 자들과 같습니다. 중요한 것은 우리 한 사람 한 사람의 과거의 자랑이나 허물을 보면 소망이 없다는 것입니다. 오늘 이 시간 은혜 받고 이 시간 말씀 붙들고 새 사람 되어야 우리의 미래가 있습니다. 여러분 모두에게 그러한 은혜가 있기를 바랍니다.

32

| 겔 34:1-31 |

이스라엘의 목자

아마 이 세상에 양이나 애완용 개같이 순한 동물들만 산다면 이 세상은 아마도 참으로 안전할 것입니다. 그러나 높은 산이나 넓은 들판 같은 곳에서는 무서운 맹수들이 많이 살고 있습니다. 우리나라는 나라가 작고 산이 그렇게 험하지 않아서 깊은 산에도 맹수가 거의 없지만 미국이나 캐나다 같은 곳에서는 워낙 산이 깊기 때문에 깊은 산 속에는 회색 곰이나 검은 표범이 있어서 사람을 습격하는 일들이 있습니다. 일단 맹수는 절대로 사람을 좋아하지 않고 사람을 믿지 않습니다. 그리고 맹수는 절대로 길이 들지 않고 오직 자신의 본능이나 욕구에만 따라서 행동을 하는데 잔인하고 무자비한 것이 특징입니다. 그러나 사람들 중에도 맹수가 있습니다. 이 맹수 같은 사람들은 숨어 있다가 다른 사람들을 공격하기도 하고 죽이기도 하고 잡아가두기도 합니다.

　이스라엘 백성들은 양을 많이 쳤기 때문에 성경에는 양을 치는 이야기들이 많이 있습니다. 양은 이빨이 튼튼한 것도 아니고 뿔이 있는 것도 아니고 빨리 달릴 수 있는 것도 아닙니다. 그러나 양은 풀을 뜯어 먹기 위해서는 맹수들이 다니는 들판을 나와야 하고 또 위험한 곳을 지나가야 합니다. 그럼에도 불구하고 양들이 살 수 있는 것은 목자가 있기 때문입니다. 양들은 다른 것은 다 부족해도 목자의 음성을 알아듣는 데는 다른 어떤 짐승들보다 예민합니다. 즉 양은 귀 하나만큼은 어떤 짐승들보다 예리하기 때문에 목자의 음성을 듣고 목자가 시키는 대로 따라가기만 하면 양은 안전하게 살 수가 있습니다. 목자는 사람이기 때문에 맹수를 이깁니다. 그리고 위험한 곳이 어디인지 안전한 곳이 어디인지 또 위험을 피할 수 있는 방법을 알기 때문에 양을 지킬 수 있습니다.

　오늘 우리들은 마치 맹수들이 우글거리는 들판을 지나가는 것처럼 하루하루를 살아가고 있습니다. 우리 주위에는 맹수라고 해서 맹수가 아니라 도저히 우리가 예상할 수 없는 위험한 사람들과 또 위기들이 우리를 기다리고 있습니다. 이때 우리가 살아남을 수 있는 길은 하나님을 나의 목자로 삼는 것입니다. 그리고 철저하게 하나님의 말씀을 듣는 훈련을 받는 것입니다.

　그러나 이스라엘 백성들은 하나님의 말씀을 듣는 것을 소홀히 했습니다. 그 결과 그 틈을 타서 엉터리 목자들이 들어오게 되었고 그 결과는 너무나도 끔찍한 것이었습니다. 이 엉터리 목자는 양들에게 먹이를 주지 않았고 병든 양도 치료해주지 않았으며 나중에는 양들을 모두 포기함으로 양들은 모두 들판에서 살육을 당하고 나머지는 모두 붙들려 가고 말았습니다. 이것이 하나님의 말씀을 생명처럼 사랑하지 않은 결과인 것입니다.

이스라엘의 엉터리 목자

이스라엘 백성들에게 가장 중요한 두 가지가 있었습니다. 그 하나는 성전의 제사였습니다. 이 성전의 제사라고 하는 것은 우리가 하나님 앞에서 죄 용서받는 것인데 살아 있는 제사는 하나님의 진노를 축복으로 바꾸는 능력이 있었습니다. 이스라엘에는 장군보다 더 중요한 사람이 제사장이었습니다. 그러기에 오늘 우리들에게 가장 중요한 것은 눈물이 있고 감격이 있는 예배입니다. 이 뜨거운 예배를 통해서 우리는 모든 죄와 심판을 하나님의 은혜와 축복으로 바꾸는 것입니다. 그리고 또 하나는 하나님의 말씀을 듣는 것입니다. 하나님의 말씀은 우리로 하여금 모든 시험과 위기를 이기고 축복의 미래를 향하여 나아갈 수 있게 합니다.

예배와 말씀 이 두 가지는 영원한 두 보석이며 우리의 생명과 같은 것입니다. 특히 하나님께서는 이 말씀을 전하는 것을 이스라엘 백성들에게 맡기셨습니다. 그러나 이스라엘 백성들 중에는 이 말씀의 가치를 아는 자들이 있는가 하면 그렇지 않은 사람들도 많이 있었습니다.

"여호와의 말씀이 내게 임하여 가라사대 인자야 너는 이스라엘 목자들을 쳐서 예언하라. 그들 곧 목자들에게 예언하여 이르기를 주 여호와의 말씀에 자기만 먹이는 이스라엘 목자들은 화 있을찐저 목자들이 양의 무리를 먹이는 것이 마땅치 아니하냐?"(1-2절).

하나님께서는 하나님의 가장 소중한 보석을 이스라엘 백성들에게 주시고 특히 이스라엘의 지도자들에게 주셨습니다. 하나님께서 우리에게 말씀을 주셨다고 하는 것은 하나님의 모든 재산을 우리에게 다 맡기신 것과 같습니다. 마치 하나님은 우리에게 백지 수표를 주신 것과 같습니다. 그런데 겉으로 백지 수표를 보면 아무 것도 적혀 있지 않기 때문에 마치 휴지 같이 보일 수도 있을 것입니다.

이스라엘의 지도자들은 자신들이 복을 만들어내는 사람들이 아니었습니다. 그들이 백성들을 하나님의 말씀으로 인도하기만 하면 백성들은 하나님의 말씀을 먹고 힘을 얻고 축복을 받게 되어 있는 것입니다.

우리가 하나님의 말씀을 하나씩, 하나씩 바로 해석해서 하나님의 백성들에게 선포하면 그 말씀 하나하나가 우리에게 보석으로 나타나게 됩니다. 우리에게는 하나님의 말씀을 연구하고 선포하는 것이 보석을 캐내는 시간인 것입니다. 그 결과 우리는 하나님의 가장 귀중한 은혜와 능력을 공급받게 되는 것입니다. 하나님의 백성들은 바로 이 말씀이 있어야 살 수가 있습니다.

예수님은 '사람이 떡으로만 살 것이 아니요 하나님의 입에서 나오는 모든 말씀으로 살 것이니라'고 말씀하셨습니다. 이것은 바로 우리 하나님의 백성들이 사는 원리를 말씀하신 것입니다. 우리는 하나님의 말씀으로 능력을 받고 말씀으로 힘을 얻고 말씀으로 성령의 충만함을 받게 됩니다.

그런데 목자들이 이 말씀의 가치를 알지 못할 때 이 말씀을 먹이는 일을 하지 않고 자꾸 엉뚱한 다른 일을 하게 되는 것입니다. 목자가 양들에게 먹여야 하는 것은 하나님의 말씀인데 자기가 좋아하는 세상적인 명예나 출세나 돈을 많이 받는 것이나 인기를 끄는 것만 먹이는 것입니다. 그러면 양들은 어떻게 되는 것입니까? 양들은 하나님의 말씀은 먹지 못하고 오직 세상적인 명예나 돈이나 권력 같은 것만 잔뜩 먹게 되는 것입니다.

하나님의 백성들에게는 놀라운 비밀이 하나 있습니다. 그것은 바로 우리가 원래부터 양이 아니었다는 것입니다. 우리들도 모두 사나운 맹수였고 이리였습니다. 어떤 사람은 독사와 같은 독이 있는 이빨을 가진 자들도 있었을 것입니다. 그런데 우리가 예수님을 만나고 하나님의 양이 된 후에는 우리 입에서 사나운 이빨도 뽑히게 되고 우리 발에서 날카로운 발톱도 뽑히게 되었습니다. 머리도 나빠지게 되고 행동도 둔해지게 되었습니다. 이것이 바로 양으로 변하는 것입니다. 여기서 우리는 두 가지 현상을 경험합니다. 그 하나는 우리가 양이 됨으로 이 세상에서 사는 것이 대단히 불리하게 되거나 위험하게 되었다는 것입니다. 즉 이 세상은 맹수라야 살 수가 있는데 우리는 양이 되어버린 것입니다. 그래서 우리는 늘 불안을 느끼고 우리는 늘 두려움을 느끼게 됩니다. 그러나 이것이 하나님 앞에서는 엄청난 성공인 것입니다. 하나님께서 이 세상에서 진심으로 바라신 것은 머리가 비상하게 돌아가고 순발력이 있고 권모술수에 뛰어난 맹수들이 아니었습니다. 진정 하나님께서 원하시는 것은 하나님만 믿고 자신의 모든 것을 다 맡길 수 있는 멍청한 양이었던 것입니다. 그래서 우리가 양으로 변한다는 것은 하나님의 계획이 성공한 것이며 이것은 이 세상에서 일어날 수 있는 기적 중에서 최고의 기적인 것입니다.

그러나 만일 목자가 하나님의 말씀으로 양을 먹이지 않으면 어떻게 될까요?

너무나도 끔찍한 두 가지 현상이 일어나게 됩니다. 하나는 양이 시름 시름 병이 들게 됩니다. 왜냐하면 하나님의 말씀을 먹어야 능력이 공급이 되고 하나님의 말씀을 먹어야 의욕이 생기는데 하나님의 말씀을 굶으니까 도무지 힘이 나지 않고 의욕이 생기지 않고 결국은 병이 들게 되는 것입니다. 하나님의 백성들의 영적 침체의 가장 중요한 이유는 바로 하나님의 말씀을 제대로 듣지 못하기 때문입니다. 그리고 더 끔찍한 현상이 하나 생기게 됩니다. 그것은 양으로 변해야 할 사람들이 맹수로 그대로 남아있게 되는 것입니다. 그러면 이 사람들이 어떻게 되겠습니까? 말로는 하나님을 믿는다고 하면서 세상 방식 그대로 살게 됩니다. 이것이 얼마나 위험한가 하면 일단 양으로 변한 사람은 아무리 자기가 똑똑하고 사납다고 해도 세상의 사자나 늑대를 이길 수는 없습니다. 즉 이스라엘 안에서는 힘이 세다고 큰 소리를 치고 다른 양들을 들이 받을지 몰라도 들판의 사자나 표범은 절대로 이기지 못하는 것입니다.

그래서 목자가 하나님의 말씀에 헌신을 하지 못했을 때 참 양은 병들어 죽게 되고 변하지 않은 양들은 우리 밖에서 맹수들에게 물려 죽는 일이 일어나게 되는 것입니다. 우리가 이 불안하고 예측할 수 없는 세상에서 살아남는 방법은 두 가지 밖에 없습니다. 하나는 진짜 양이 되는 것입니다. 양인 척하면 안 됩니다. 교회 안에서는 이길지 몰라도 세상에 나가면 절대로 이기지 못합니다. 그리고 두 번째는 하나님의 말씀을 잡아야 합니다. 하나님의 말씀을 잡지 않으면 예상하지 못했던 위기를 막을 수가 없습니다.

하나님께서는 이스라엘 목자들이 하지 않은 것을 열거하면서 책망하셨습니다.

"너희가 살진 양을 잡아 그 기름을 먹으며 그 털을 입되 양의 무리는 먹이지 아니하는도다. 너희가 그 연약한 자를 강하게 아니하며 병든 자를 고치지 아니하며 상한 자를 싸매어 주지 아니하며 쫓긴 자를 돌아오게 아니하며 잃어버린 자를 찾지 아니하고 다만 강포로 그것들을 다스렸도다"(3-4절).

이스라엘은 양이 많았습니다. 그래서 이스라엘 목자들은 양고기를 좋아했습니다. 더욱이 양이 많으니까 추위도 전혀 문제가 없었습니다. 왜냐하면 양만 잡으면 그 털을 입으면 되기 때문입니다. 그러니까 이스라엘 목자는 무엇이든지 양만 잡으면 되는 것입니다. 양만 잡으면 먹을 고기가 나오고 양만 잡으면 털옷이 생겼기 때문입니다. 그러나 진짜 목자는 절대로 양고기를 먹지 않습니다. 왜냐하면 양은 다 자기 가족이었기 때문입니다. 양 한 마리 한 마리가 자기 아들이고 딸이고 누이인데 어떻게 그 고기를 먹을 수 있겠습니까? 양을 치는 목자들은 양고기를 먹지 않습니다. 그리고 양털로 옷을 해 입지 않습니다. 왜냐하면 할 수 있으면 양을 따뜻하게 하려고 하지 목자는 자기가 잘 입으려고 하지 않습니다. 오히려 목자들은 밤에는 얇은 옷을 입고 떨면서 밤에 잠을 자지 않고 양을 지킵니다.

이스라엘의 목자가 해야 할 일이 무엇입니까?

연약한 자는 강하게 하고 병든 자와 상한 자를 싸매어주고 쫓겨난 자나 잃어버린 것이 있으면 찾아야 하는 것입니다.

이스라엘의 참 목자에게 중요한 것은 자기 목숨을 걸고 양을 지킨다는 것입니다. 그래서 어떤 사람이 참 목자인지 엉터리 목자인지 아는 방법은 웃통을 벗어보아야 합니다. 웃통을 벗어보면 참 목자는 양을 지키느라 사자나 곰이나 맹수에게 할퀴고 물린 상처들이 수두룩한 것입니다. 그러나 엉터리 목자들은 절대로 양을 위해서 자기를 희생하지 않기 때문에 다친 흉터가 없습니다. 그리고 참 목자는 양이 만일 힘센 짐승에게 쫓겨나거나 잃어버렸을 때에는 끝까지 가서 찾아옵니다. 심지어는 멀쩡한 것 구십 아홉 마리를 들판에 두고서 잃은 양 한 마리를 찾아갑니다. 왜냐하면 지금 이 잃은 양은 절벽에 떨어져 있을지 모르고 혹은 맹수에게 쫓길지도 모르기 때문에 지금 당장 찾지 않으면 죽게 되기 때문입니다.

목자에게 가장 중요한 것은 양들을 먹이는 것입니다. 그래서 목자는 꼴이 있는 곳과 맑은 물이 있는 곳을 잘 알고 있어야 합니다. 그리고 목자는 양들이 병들었을 때 소리만 들어도 어디가 병이 났는지 잘 알고 치료합니다.

그러나 이스라엘의 목자는 오직 강포로 양들을 다스렸다고 말씀하고 있습니다. 여기서 강포로 다스렸다고 하는 것은 소리를 지르고 때리고 야단만 쳤다는 뜻입니다. 그 이유가 어디에 있을까요? 이들은 양을 인도할 줄 모르기 때문입니다. 양들은 때리거나 소리를 지르거나 할 필요가 없습니다. 목자의 음성만 들으면 양들은 다 따라오게 되어 있습니다. 즉 하나님의 말씀을 가지고 잘 먹이면 양들은 깊이 신뢰를 하고 따라옵니다.

어느 정도로 양이 목자를 신뢰하는가 하면 양털을 깎을 때 아파도 소리를 지르지 않습니다. 심지어는 목자가 자기를 칼로 죽여도 돼지같이 소리를 지르거나 도망을 치지 않습니다. 그러나 양들이 목소리가 다르면 말을 듣지 않고 달아나는 것입니다.

그러면 두 가지 질문을 해 봅시다.

왜 목자들은 양들을 먹이는 일에 최선을 다하지 않았을까요? 가장 중요한 이유가 양들의 가치를 몰랐기 때문입니다. 양들이 하나님의 말씀으로 은혜를 받으면 그 하나하나가 도저히 값으로 따질 수 없는 보석이 됩니다. 우리가 이 세상에서 아무리 돈을 많이 벌고 유명해진다 하더라도 사람 크기만한 보석을 보았습니까? 그것도 죽은 보석이 아니고 살아 있는 보석을 보셨습니까? 그것도 그냥 보석이 아니라 말할 수 없는 사랑을 나타내는 그런 보석을 보셨습니까? 요즘은 인형이 많이 발달해서 말을 하기도 하고 심지어는 웃는 표정까지 짓는 인형이 나왔습니다. 그러나 우리 인간은 살아있는 보석이고 사랑을 만들어내는 보석입니다. 그런데 이 가치를 모르니까 자꾸 세상적으로 양떼들을 지배하려고 하는 것입니다. 그러면 보석은 보석대로 만들어지지 않고 축복은 축복대로 오지 않게 됩니다.

하나님의 백성들이 말씀으로 큰 은혜를 받을 때 그들 위에 하나님의 축복이 쏟아지게 되는데 이것이 바로 진정한 부흥인 것입니다. 부흥은 세상의 썩은 것도 살리고 미친 세상도 정상적으로 만드는 능력이 있습니다. 부흥은 전쟁도 막고 재앙도 막고 사고도 막을 수 있습니다. 이것을 어떻게 세상에서 돈을 많이 버는 것이나 인기를 얻는 것과 그 가치를 비교할 수 있겠습니까?

그리고 또 하나의 질문은 왜 하나님께서는 이런 엉터리 같은 목자를 주셨을까요? 이것이 가장 어려운 문제입니다. 그러나 심각한 것은 이스라엘 백성들이 이런 목자를 좋아했다는 사실입니다. 이스라엘 백성들은 하나님의 말씀의 가치를 잘 몰랐습니다. 진정한 하나님의 말씀의 사역자들은 자꾸 자기를 치고 자기 마음대로 하지 못하게 하니까 제 멋대로 살 수 있는 이 엉터리 삯군 목자를 좋아했던 것입니다.

결국 이것이 목자와 양의 악순환의 반복입니다. 엉터리 양은 엉터리 목자를 좋아합니다. 그리고 엉터리 목자는 엉터리 양을 키우는 것입니다.

우리는 하나님의 말씀에 우리의 목숨을 걸어야 합니다. 대충대충 믿다가는 큰일 납니다. 그러면 어느 순간에 거짓 목자가 들어와서 가장 소중한 영혼과 하나님의 축복을 다 훔쳐 가버리는 것입니다.

"목자가 없으므로 그것들이 흩어지며 흩어져서 모든 들짐승의 밥이 되었도다"(5절).

이스라엘 백성들이 알지 못했던 것이 있습니다. 그것은 이스라엘 안에서 큰 소리 치는 것으로는 세상의 맹수를 이길 수 없다는 것입니다. 즉 아무리 교회 안에서 자기가 똑똑하다고 큰 소리를 쳐도 이 세상에는 뛰는 자 위에 나는 자가 있는 것입니다. 더욱이 우리 인간들의 힘으로는 전혀 예측할 수 없는 위기를 극복할 수가 없게 됩니다. 무엇보다 하나님은 양들의 목자가 되어주시지 사나운 들개나 맹수들의 목자는 되어주시지 않으십니다. 무엇보다 말씀으로 변하지 않은 이스라엘은 강한 것 같았는데 결국은 망했습니다. 이것이 하나님의 백성들이 가지는 영원한 모순이요 패러독스입니다. 즉 하나님의 말씀으로 양이 된 자는 약하지만 끝까지 사는데, 변하지 않은 자는 강하지만 망하는 것입니다. 그 이유는 약한 자가 진정으로 가치 있는 자이기 때문입니다. 하나님도 보석으로 변한 자를 지켜주시지 아무 가치 없는 자를 지켜주시지는 않으시는 것입니다.

하나님이 양들을 찾으심

하나님께서는 이스라엘 백성들이 들판에서 맹수들에 의하여 밥이 되는 것을 보셨습니다. 그러면서도 상당한 시간 가만히 내버려두셨습니다. 그렇게 하신 이유가 어디에 있을까요? 바로 하나님의 말씀의 가치를 깨닫도록 하기 위해서였습니다. 우리가 교회의 역사를 보면 어떤 때에는 수백 년 혹은 천년이 넘도록 부흥이 없이 교회가 침체되고 병들었던 적이 있었습니다. 하나님께서 왜 하나님의 백성들로부터 성령을 거두어가시고 부흥을 거두어 가시는 것일까요? 오직 하나님의 말씀에 생명을 걸지 않았기 때문입니다.

하나님의 백성들은 세상에서 아무리 좋은 것이 많이 있어도 말씀을 빼앗기면 죽은 것입니다. 죄의 노예요 마귀의 포로요 악한 미신의 종이 될 수밖에 없습니다. 여기서 우리가 진정한 하나님의 백성의 축복을 되찾으려면 오직 하나님의 말씀에 목숨을 걸고 적어도 십년 이상 혹은 수십 년을 말씀과 기도에만 매달려야 합니다. 그러면 어느 순간 아주 조용하게 하나님의 부흥이 우리에게 일어나고 있는 것을 느끼게 될 것입니다. 그것이 바로 하나님께서 다시 우리에게 찾아오신 것입니다.

"내 양의 무리가 모든 산과 높은 멧부리에마다 유리되었고 내 양의 무리가 온 지면에 흩어졌으되 찾고 찾는 자가 없었도다"(6절).

하나님의 백성들이 충만한 은혜를 받고 능력을 받으면 기적이 일어나는 것이 정상입니다. 그러나 그들이 엉터리 목자를 따라서 하나님의 말씀보다 세상을 사랑하고 자기를 사랑했기 때문에 비참한 파국을 경험하게 되었습니다.

그럼에도 불구하고 하나님의 백성들에게는 놀라운 비밀이 하나 있습니다. 그것은 아무리 절망적인 상황에 처했을지라도 하나님의 말씀만 잡으면 다시 은혜가 회복이 되는 것입니다. 그것을 되찾으려면 굶어 죽을 각오를 해야 하고 온 세상 사람들로부터 비웃음과 비난과 조롱을 당할 각오를 해야 합니다.

그러면 어느 순간부터 아주 한 방울씩 조금씩 하나님의 은혜가 회복되기 시작합니다. 어느 날 말씀을 듣는데 눈물이 쏟아져 나오고 기도가 뜨거워지고 찬송을 부르는 가운데 하나님의 사랑이 가슴이 터질 정도로 밀려오는 체험을 하게 됩니다. 그런데 보면 다른 사람들도 다 울고 있는 것입니다. 왜냐하면 그동안 그렇게 방황하면서 찾지 못했던 하나님의 사랑을 되찾기 때문입니다.

> "나 주 여호와가 말하노라. 나 곧 내가 내 양을 찾고 찾되 목자가 양 가운데 있는 날에 양이 흩어졌으면 그 떼를 찾는 것 같이 내가 내 양을 찾아서 흐리고 캄캄한 날에 그 흩어진 모든 곳에서 그것들을 건져낼찌라. 내가 그것들을 만민 중에서 끌어내며 열방 중에서 모아 그 본토로 데리고 가서 이스라엘 산 위에와 시냇가에와 그 땅 모든 거주지에서 먹이되 좋은 꼴로 먹이고 그 우리를 이스라엘 높은 산 위에 두리니 그것들이 거기서 좋은 우리에 누워 있으며 이스라엘 산 위에서 살진 꼴을 먹으리라"(11-14절).

우리가 목숨 걸고 하나님의 말씀을 붙들면 이미 하나님의 축복의 때가 다 된 것입니다. 우리는 모르지만 하나님은 우리가 그동안 잃어버렸던 것을 훨씬 능가하는 엄청난 복을 준비해 놓고 계십니다. 그래서 우리 중 어느 누구 한 사람이라도 하나님의 은혜를 구하면 풍성한 복을 받을 수 있는 것입니다. 다른 사람들은 다 세상의 썩어질 것을 가지고 자랑하고 세상의 즐거움에 빠져 있을지라도 나 한 사람이라도 하나님의 복의 가치를 깨닫고 죽으라고 하나님을 붙잡으면 하나님은 그 사람을 중심으로 양을 찾기 시작하실 것입니다. 하나님은 '양을 찾고 또 찾으십니다'. 이것은 끝까지 즉 마지막 한 사람까지 잃은 양을 찾으시는 것을 말합니다.

양을 찾으신 후에는 아무리 흐리고 캄캄한 날씨라도 양들을 다 이끌고 본토로 오게 하실 것입니다. 이 '흐리고 캄캄한 날'은 하나님의 말씀을 사랑하지 않음으로 해서 오게 된 영적인 어두움입니다.

이것은 우리가 하나님의 축복의 가치를 알아야만 되는 것입니다. 우리는 시시한 은혜로 다 되었다고 생각하지 말아야 합니다.

이제는 하나님께서 친히 우리의 목자가 되어주실 것입니다.

"나 주 여호와가 말하노라. 내가 친히 내 양의 목자가 되어 그것들로 누워 있게 할찌라 그 잃어버린 자를 내가 찾으며 쫓긴 자를 내가 돌아오게 하며 상한 자를 내가 싸매어 주며 병든 자를 내가 강하게 하려니와 살찐 자와 강한 자는 내가 멸하고 공의대로 그것들을 먹이리라"(15-16절).

우리가 목자의 음성을 들었을 때에는 다른 것을 할 필요가 없습니다. 우리가 여기 있다는 소리만 내면 되는 것입니다. 내가 여기서 이렇게 쫓겨나서 이렇게 다쳐서 이렇게 피를 흘리면서 이렇게 다리가 부러져서 쓰러져 있다는 소리만 내면 됩니다. 그러면 우리가 아무리 절벽 밑에 떨어져 있고 아무리 많이 다쳤고 아무리 많이 상해 있어도 목자는 다 고쳐

주십니다. 우리는 내가 여기 있다고 소리만 내면 되는 것입니다. 즉 하나님의 말씀을 듣고 반응만 보이면 되는 것입니다.

하나님의 심판

하나님께서는 약하고 병들고 쫓겨난 양들을 다 모으시고 치료하신 후에 목자와 튼튼한 양들을 심판하시겠다고 하셨습니다.

가장 먼저 하시는 것이 목자들을 심판하십니다.

> "주 여호와의 말씀에 내가 목자들을 대적하여 내 양의 무리를 그들의 손에서 찾으리니 목자들이 양을 먹이지 못할 뿐 아니라 그들이 다시는 자기를 먹이지 못할찌라. 내가 내 양을 그들의 입에서 건져내어서 다시는 그 식물이 되지 않게 하리라"(10절).

하나님께서는 가짜 목자들을 대적하셔서 다시는 양들을 치지 못하게 그 자격을 빼앗을 것이라고 말씀하십니다. 참으로 목자의 직분이 얼마나 귀한지 모릅니다. 이 세상 어느 직분도 하나님의 목자의 직분보다 귀한 것은 없습니다. 그러나 이 목자는 세상적으로 유식한 것도 아니고 세상적으로 힘이 있는 것도 아닙니다. 어떤 때에는 누더기 같은 옷을 입고 양들을 돌아보아야 합니다. 그래서 이것으로 만족을 못하는 목자들이 많이 생기게 됩니다. 그들은 결국 말씀이 없으니까 딴 것으로 먹을 수밖에 없습니다. 악한 목자는 말씀이 없으니까 악한 목자가 될 수밖에 없는 것입니다. 아무리 사람이 좋아도 병을 고치지 못하는 의사는 악한 돌팔이 의사가 될 수밖에 없는 것입니다. 어떤 의사는 정말 성질은 나쁜데 수술이나 치료는 또 기가 막히게 하는 의사가 있다고 합시다. 아마도 사람들은 병나면 그 의사를 찾아갈 것입니다. 왜냐하면 성질은 나쁘지만 실력은 있기 때문입니다. 결국 사람은 아무리 좋아도 성경대로 하지 않는 목자는 악한 목자가 되는 것입니다. 반대로 아무리 성질이 좋지 못하다 하더라도 성경대로 하는 목자가 선한 목자인 것입니다. 왜 엉터리 목자는 망하게 됩니까? 결국 자기 자신이 죄를 이기지 못하고 자기 자신이 유혹을 이기지 못하기 때문입니다.

민수기에 나오는 발람은 참으로 유능한 선지자였지만 자기 자신이 죄를 이기지 못하니까 결국 선지자의 직분을 빼앗기고 마는 것입니다.

그러나 하나님은 양떼들도 심판하시겠다고 말씀하셨습니다.

> "나 주 여호와가 말하노라. 나의 양떼 너희여 내가 양과 양의 사이와 수양과 수염소의 사이에 심판하노라. 너희가 좋은 꼴 먹은 것을 작은 일로 여기느냐? 어찌하여 남은 꼴을 발로 밟았느냐? 너희가 맑은 물 마신 것을 작은 일로 여기느냐? 어찌하여 남은 물을 발로 더럽혔느냐? 나의 양은 너희 발로 밟은 것을 먹으며 너희 발로 더럽힌 것을 마시는도다"(17-19절).

하나님의 은혜는 아주 작은 샘물과 같습니다. 거기에는 한 방울도 오염이 되지 않는 순수한 하나님의 말씀만 흘러나와야 하고 순수한 성령의 역사만 나타나야 합니다. 우리의 온 열정과 우리의 모든 정성과 지성과 감정을 다 하나님 앞에서 바칠 때 아주 작은 생명의 샘이 열리게 될 것입니다. 이것은 결코 화려한 것도 아니고 대단한 것도 아닙니다. 오직 순수한 하나님이 주시는 성령의 역사요 은총입니다. 그러나 이 샘물의 가치를 모르는 사람들은 이것으로는 직성이 풀리지 않는 것입니다. 그래서 '이것은 아무 것도 아니다' 고 해서 발로 지근지근 밟아버리고 세상의 화려하고 좋은 것들만 끌어 들이니까 샘물은 아주 화려한 유원지로 만들어버리는 것입니다. 즉 거기에 놀이동산도 갖다놓고 가라오케도 설치하고 식당도 많이 세우게 됩니다. 그러나 그렇게 하면 은혜의 샘물은 없어져버립니다. 결국 사람들은 세상의 더러운 구정물만 잔뜩 마시는 것입니다. 그 물은 아무리 마셔봐야 병이 치료되지 않습니다. 또한 그 물은 아무리 많이 마셔도 하나님의 능력은 나타나지 않습니다. 그래서 하나님께서는 숫염소와 힘이 센 양들에게 하나님의 은혜의 샘을 짓밟은 심판을 하시는 것입니다. 아마 그들에게는 다시는 부흥이 일어나지 않을 것입니다. 그들은 영원히 하나님의 은혜에 주리고 목마르게 될 것입니다.

또 힘센 양과 약한 양 사이를 심판하실 것입니다.

"그러므로 주 여호와께서 그들에게 대하여 말씀하시기를 나 곧 내가 살진 양과 파리한 양 사이에 심판하리라. 너희가 옆구리와 어깨로 밀뜨리고 모든 병든 자를 뿔로 받아 무리로 밖으로 흩어지게 하는도다"(20-21절).

사실 우리가 은혜를 받으면 양으로 변해야 하는데 은혜를 제대로 받지 못하기 때문에 양인 것 같은데 속에는 맹수의 습성을 그대로 가진 채 있게 됩니다. 그러니까 아직 변화되지 못한 사람은 뿔을 가지고 옆에 있는 약한 자들을 마구 들이 받게 됩니다. 그러면 약한 자들은 힘을 쓰지 못하니까 마음에 상처를 입게 되고 때로는 교회에서 밀려 나게 되기도 합니다. 그러나 이들이 알지 못하는 것이 있는데 그런 실력으로 세상의 맹수를 이기지 못하는 것입니다. 그리고 이들은 하나님이 도와주실 줄 알지만 사실은 도움을 받지 못하기 때문에 결정적인 순간에 망할 수가 있는 것입니다.

그래서 하나님 앞에서는 약한 자가 최고입니다. 요즘도 세상에서 때리는 자는 가해자입니다. 맞는 자는 겁낼 것이 없습니다. 때리면 처벌받는 세상입니다. 이것은 하나님 앞에서도 마찬가지입니다. 입이 험하고 남을 많이 때린 자는 회개를 많이 해야 합니다. 그 대신 맞은 자는 하나님 앞에서 기도로 다 일러바치면 하나님께서 다 치료해주시고 위로해주십니다.

하나님께서는 이렇게 말씀으로 돌아온 자들에게 엄청난 약속을 하십니다. 그 첫째는 다윗을 새 목자로 세워주시는 것입니다.

"내가 한 목자를 그들의 위에 세워 먹이게 하리니 그는 내 종 다윗이라. 그가 그들을 먹이고 그들의 목자가 될찌라"(23절).

다윗 때 이스라엘 백성들은 진정한 목자의 모습을 보았고 진정한 부흥을 체험했습니다. 예수님은 우리를 영원히 말씀으로 통치하시고 우리에게 놀라운 부흥을 주실 것입니다.

그리고 화평의 언약을 세워주십니다.

"내가 또 그들과 화평의 언약을 세우고 악한 짐승을 그 땅에서 그치게 하리니"(25절 상).

하나님께서 화평의 언약을 세우시면 다시는 맹수가 우리를 해치지 못할 것입니다. 그리고 기도하는 것마다 응답될 것이며 복된 장맛비를 내리실 것이라고 하셨습니다.

"내가 그들에게 복을 내리며 내 산 사면 모든 곳도 복되게 하여 때를 따라 비를 내리되 복된 장맛비를 내리리라"(26절).

우리는 장맛비를 별로 좋아하지 않습니다. 그러나 은혜의 장맛비, 축복의 장맛비는 얼마나 좋습니까? 그리고 하나님의 산 사면을 복되게 하겠다고 하셨습니다. 대개 보면 밭이나 논도 동편이나 남편이 좋지, 북편은 좋지 않습니다. 그러나 하나님의 산은 어느 쪽이나 옥토가 됩니다.

29절에 보면 '내가 그들을 위하여 유명한 종식할 땅을 일으키리니'라고 했습니다. 유명한 종식할 땅이라는 것은 '이름을 심는다' 는 뜻인데 농산물도 이름을 심는 것입니다. 요즘은 이 말씀 그대로 농산물에도 농사를 지은 사람의 이름을 붙여서 브랜드로 만들어서 팝니다. 그야말로 명품중의 명품이 되는 것입니다. 오늘 우리들의 신앙은 시시한 신앙이 되어서는 안 됩니다. 그야말로 명품중의 명품이 되어서 세계 어느 곳에 내어 놓아도 될 정도로 탁월해야 합니다. 여러분 모두 하나님께 인정받는 신앙이 다 되시기를 바랍니다.

33

| 겔 35:1-36:38 |

하나님의 치료 과정

　사람들마다 누구나 다 자신의 생애에 있어서 전성기라는 것이 있습니다. 여기서 전성기라고 하는 것은 사람의 삶에 있어서 가장 원기가 왕성했고 자기 자신에게 있어서는 가장 성공적인 삶을 거두던 시절을 말하는 것입니다. 제 아버님 같은 경우에는 일본에서 대학을 다니실 때 일본 전체 법대생들의 벌률 토론 대회에서 입상하셨던 때를 많이 말씀하셨습니다. 일단 술만 드시면 그때 이야기는 꼭 하셨습니다. 그 이유는 그때가 아버님의 전성기였던 것입니다. 제 장모님 같은 경우에는 시장에서 포목 장사를 하셨을 때 이야기만 나오면 눈빛이 달라지십니다. 그리고 너무나도 재미있게 그때 옷감을 팔 던 이야기를 몇 십번이라도 하십니다. 그 이유는 그때가 장모님에게는 인생의 전성기였기 때문입니다. 아마 홍 수환 같은 권투 선수의 경우에는 남아프리카 공화국에서 카라스기야라는 흑인 선수를 사전오기로 꺾고 챔피언이 되었을 때를 영원히 잊지 못할 것입니다.

그 이유는 이때가 바로 그 사람의 생애에 있어서 최고의 전성기이고 최고로 영광스러웠던 순간인 것입니다. 사람들은 나중에 늙고 난 후에는 자신의 이 전성기 때 이야기만 자꾸 하면서 과거에 집착하는 것을 많이 볼 수 있습니다. 그런데 사람의 그 전성기라는 것이 이 사람의 생애 전체에 비하면 시간적으로 얼마나 짧은 순간인지 모릅니다. 그래서 사람에게 있어서 가장 최고의 전성기가 그 사람의 생애에 있어서는 하나의 산봉우리라고 말할 수 있을 것입니다.

우리가 산에 올라가보면 자기 나름대로는 가장 높은 봉우리에 올라갔는 것 같은데 막상 올라가보면 자기가 올라간 봉우리 보다 훨씬 더 높은 봉우리가 있는 것을 볼 때가 많이 있습니다. 그러나 그런 봉우리들 중에서는 우리의 힘으로는 절대로 올라갈 수 없는 엄청나게 높은 봉우리도 있습니다.

그런데 하나님의 백성들에게 있어서 최고의 순간은 무슨 상을 받거나 다른 사람들로부터 무슨 인정을 받는 순간이 아닌 것입니다. 하나님의 백성들에게 있어서 최고의 순간은 나의 모든 힘과 열정을 다하여 하나님께 예배드리고 말씀 듣는 가운데 폭포수 같은 성령으로 은혜 받는 순간입니다. 믿는 사람들은 그 순간은 감동과 은혜가 얼마나 생생한지 몇 십 년이 지난 후에도 그때 들은 말씀이나 그때 불렀던 찬송 그리고 그 때 함께 성경 공부했던 사람들의 얼굴까지 생생하게 생각이 나는 것입니다. 그런데 사실은 그 영광이 이 세상 산 중에서는 최고로 높은 산이며 다른 사람들의 영광과도 비교할 수 없는 높고 거룩한 산인 것입니다.

그러나 하나님의 백성들은 이 산의 가치를 알지 못할 때가 많습니다. 왜냐하면 신앙이 어릴 때에는 아직 모든 생각하는 것이 세상적이고 자기중심적이기 때문에 이런 영광이나 은혜는 아무 것도 아니라고 생각을 하게 되는 것입니다. 여전히 세상에서 인정받는 것이 최고이고 세상적인 자리나 감투를 가지고 높아지려고 합니다. 하지만 하나님의 백성들이 세상을 따라가고 세상 사람들과 같은 가치를 가지고 살아가면 이 높은 하나님의 산을 빼앗겨버리게 됩니다. 그때는 정말 이 세상에서 모든 사람들에게 업신여김을 당하고 비웃음을 당하는 처지가 되고 마는 것입니다. 그러나 하나님의 백성들이 다시 순수하게 하나님의 말씀으로 돌아올 때 다시 이 높은 산이 회복되게 되는 것입니다. 그때는 이스라엘 백성들이 자신들의 예배나 말씀에서 은혜를 받는 것이 얼마나 소중한지 깨닫고 다시는 이 귀한 축복을 빼앗기지 않게 되는 것입니다. 우리는 이미 이 귀한 산에 올라와 있습니다. 우리는 죽을 때까지 이 축복을 빼앗겨서는 안 되는 것입니다.

오늘 본문은 에스겔서 35장과 36장 두 장의 내용입니다. 이 두 장은 겉으로 보면 아주 내용이 방대하고 분량이 많습니다. 그러나 이 전체 내용은 하나님께서 어떻게 이스라엘을 바로잡으셔서 다시 하나님을 온전히 섬길 수 있는지 그 치료 과정을 보여주시는 내용입니다.

오늘 본문은 크게 세 부분이나 네 부분으로 나눌 수 있는데 첫 번째가 에돔 산의 몰락입니다. 에돔 산은 이스라엘 산을 가장 시기했던 산이었습니다. 그리고 두 번째는 이방인들의 이스라엘에 대한 비난입니다. 이방인들은 이스라엘 자손들이 망한 후에 보니까 그들의 삶이 너무 형편없었던 것을 알고 비난하고 욕을 하게 됩니다. 그리고 세 번째는 하나님께서 이스라엘 백성들의 마음속에 새 영을 부으셔서 그들의 강퍅한 마음을 녹이시고 완전히 새 사람이 되게 하시는 것입니다.

에돔의 산의 몰락

"여호와의 말씀이 또 내게 임하여 가라사대 인자야 네 얼굴을 세일산으로 향하고 그를 쳐서 예언하여 이르기를 주 여호와의 말씀에 세일산아 내가 너를 대적하여 내 손을 네 위에 펴서 너로 황무지와 놀라움이 되게 할찌라"(35장 1-3절).

하나님께서는 에스겔 선지자에게 세일산을 향하여 쳐서 예언을 하라고 말씀을 하십니다. 여기서 세일산이라고 하는 것은 에돔 나라의 산 중의 하나인 것입니다. 에돔 사람들은 이스라엘의 형제 나라였고 이스라엘 백성들에게는 핏줄로 가장 가까운 사람들이었습니다. 그러나 신앙적으로는 가장 거리가 먼 사람들이었고 이스라엘 사람들로부터 신앙적으로 좋은 영향이라고는 조금도 받지 않았던 사람들이었습니다.

에돔 사람들은 세일산에 정착해서 나름대로 성공을 했습니다. 그곳에서 아주 좋은 성을 만들고 지식적으로도 뛰어난 나라를 만들었습니다. 하지만 에돔 사람들이 아무리 세상적으로 성공을 했고 뛰어난 학문이나 철학을 남겼다 하더라도 예루살렘의 영광과 비교할 때에는 비교가 되지 않는 것입니다. 예루살렘 사람들은 인간적으로는 결코 에돔 사람들보다 뛰어나지 못했습니다. 그래서 에돔 사람들은 이스라엘 자손들을 시기했습니다. 그 결과 에돔 사람들은 언제나 이스라엘 자손들의 가시 노릇을 했습니다. 여기서 가시 노릇이라는 것은 언제나 이스라엘 백성들이 잘되는 것을 시기해서 나쁘게 평가를 했고 항상 이스라엘에 대하여 공격적이었으며 특히 유다나 이스라엘이 약할 때에는 물리적으로도 공격을 해서 언제나 고통스럽게 만들었습니다.

35장 5절에 보면 '네가 옛날부터 한을 품고' 라는 말씀이 나옵니다. 에돔 족속들은 처음부터 이스라엘 자손들에 대해서는 미움의 악한 감정을 품고 있었습니다. 그 이유가 어디에 있을까요? 그것은 도저히 세상적으로는 이해할 수도 없고 흉내 낼 수도 없는 하나님의 백성들의 영광과 축복 때문이었습니다.

인간적으로는 에돔 족속들이 얼마든지 이스라엘 자손들을 이길 수 있을 것 같은데 그들에게는 언제나 이해할 수 없는 하나님의 복이 있었던 것입니다.

그런데 사실 이스라엘 자손들에게 에돔과 같은 가시가 있었다는 것은 좋은 일이라고 볼 수 있습니다. 물론 우리 몸에 가시가 박혀 있으면 언제나 고통스럽기 때문에 삶의 질이 떨어지고 많이 불편한 것은 사실일 것입니다. 하지만 그러한 고통 때문에 겸손하게 되고 하나님의 은혜만을 간구하기 때문에 결국 영혼에 유익이 되는 것입니다.

여러분들 중에서도 지병이 있으신 분들은 그것 때문에 당장 죽는 것은 아니지만 상당히 불편하고 삶이 덜 행복할 때가 많을 것입니다. 요즘 사람들은 그런 것을 두고 '삶의 질이 떨어진다' 라고 표현을 합니다.

그러나 하나님의 백성들은 그런 것이 있기 때문에 모든 것을 자기 의욕대로 하지 못하고 결코 무리를 하지 못하는 것입니다. 결국 이 육체의 가시 때문에 사도 바울의 말대로 '내게 능력 주시는 자 안에서 모든 것을 하게 되는 것' 입니다. 사도 바울에게는 육체의 가시가 있었습니다. 이것이 얼마나 고통스럽고 끔찍한 지병이었든지 사도 바울은 '사단의 사자'라고 불렀습니다. 그리고 이 가시가 없어지도록 주님께 세 번씩이나 간절하게 기도를 드렸지만 주님은 '안 된다'고 답변하셨습니다. 만일 그 가시가 없어지면 사도 바울이 교만해질 것이 분명하기 때문에 그 가시를 가지고 살다가 죽어야 한다고 말씀하셨습니다.

이스라엘 백성들에게 에돔 같은 가시가 있었던 것은 그들이 늘 하나님 앞에 겸손하고 하나님이 주시는 은혜 안에서 살도록 하기 위함이었습니다. 그러나 이스라엘 백성들은 무조건 이 가시만 없애려고 했지, 왜 이런 가시가 있어야 하는지 생각하지 않았습니다.

그러면 왜 에돔 사람들은 할 일없이 이스라엘 백성들만 죽으라고 미워하고 시기했을까요? 그들도 하나님의 축복을 알았던 것입니다. 즉 에돔 백성들이 아무리 이 세상에서 죽으라고 돈을 벌어 인정을 받아도 이스라엘 백성들의 축복과 영광은 따라갈 수가 없었습니다. 자기들은 죽으라고 뛰어 가보면 이스라엘은 이미 날아가고 있는 것입니다.

등산을 할 때 산을 잘 올라가는 사람은 항상 먼저 올라갑니다. 잘 올라가지 못하는 사람이 죽으라고 올라가면 그 사람은 쉬고 있다가 또 먼저 올라갑니다. 그래서 산을 잘 타지 못하는 사람은 잘 타는 사람을 절대로 따라가지 못하게 되는 것입니다.

에돔 사람들의 원망은 왜 하나님께서는 우리는 사랑하시지 않으시는가 하는 것이었습니다. 에돔 사람들의 마음속에도 하나님의 사랑을 받고 싶은 마음은 있었습니다. 그러나 하나님은 언제나 이스라엘만 사랑하셨습니다. 에돔 사람들에게는 언제나 그 원망과 섭섭함이 마음속에 쌓여 있었던 것입니다.

존 스타인벡이 쓴 '에덴의 동쪽'을 보면 아버지 아담은 언제나 철저한 신앙적인 사람이었습니다. 그런데 늘 큰 아들 아론만 좋아하고 둘째 아들 칼은 삐딱하다고 해서 늘 아버지의 미움을 받았습니다. 칼이 아버지에게 인정을 받으려고 잘 하면 잘 할수록 아버지는 늘 칼의 결점을 지적하시고 야단을 치셨습니다. 그런데 이 집에는 비밀이 하나 있었습니다. 그것은 이 두 아들의 어머니가 죽은 것으로 되어 있는데 실제로는 다른 도시에서 술집을 경영하고 있는 포주였습니다. 둘째 아들은 아버지에게 복수하기 위해서 형에게 이 사실을 알려주고 포주인 어머니를 만나게 합니다. 그때 형은 너무 충격을 받아서 1차 대전이 벌어지고 있었는데도 불구하고 죽으러 군에 입대를 해버립니다. 그 결과 아버지는 큰 아들의 입대에 충격을 받아서 뇌졸중으로 쓰러지게 됩니다. 그런데 칼은 아버지에게 이런 이야기를 합니다. 자기도 아버지의 사랑을 받고 싶고 인정을 받고 싶었다는 것입니다. 그래서 나중에 아버지와 화해를 합니다.

우리 주위에 보면 언제나 큰 아들과 둘째 아들 사이에 갈등이 있습니다. 그 이유는 부모님은 언제나 큰 아들만 인정해주시고 칭찬해주시지, 둘째 아들은 좀처럼 인정을 해 주지 않는 것입니다. 물론 집안에 따라서 이것이 반대일 수도 있습니다. 저희 집에서는 둘째 형이 큰 형을 절대로 '형'이라고 부르지 않았습니다. 왜냐하면 둘째 아들의 콤플렉스가 있었기 때문입니다.

하나님은 에서가 형인데도 동생인 야곱을 축복하셨습니다. 이것이 에돔 족속들에게는 끝까지 한이 되었고 미움이 되었던 것입니다. 그러나 에돔 족속들도 얼마든지 하나님의 사랑과 은혜를 받을 수 있었습니다. 그것은 자존심을 낮추고 야곱을 영적인 하나님의 종으로 생각하고 그 말씀을 듣고 복종하면 되는 것입니다. 하지만 에돔 사람들에게는 그것은 자존심이 허락지 않았던 것입니다. 그러니까 끝까지 미워하고 시기하면서 하나님의 축복 안으로는 들어오지 못했습니다. 오늘날 우리 주위에도 바로 이런 자존심 때문에 하나님의 산에 오르지 못하고 주위에서 빙빙 도는 사람들을 많이 보게 됩니다.

이것은 하나님이 만드신 함정이라고 할 수 있습니다. 하나님의 산에 올라오는데 가장 첫 번째 있는 함정이 있다면 그것은 바로 이 세상의 똑똑한 것이나 출신이나 신분의 자부심일 것입니다. 하지만 이것을 버리지 않으면 하나님의 산에 오를 수 없는 것입니다.

그런데 드디어 에돔 족속들의 소원이 이루어지게 되었습니다. 그것이 무엇입니까? 이스라엘이 망하는 것입니다. 바벨론에 의해서 예루살렘이 망해버렸습니다. 그러면 이제 에돔의 산이 최고로 높은 산이 되지 않겠습니까? 그러나 사실은 그것이 아니었습니다. 왜냐하면 에돔은 언제까지나 이스라엘의 가시였기 때문에 몸통이 죽으면 가시도 죽어야 하는 것입니다.

세상 사람들이 알지 못한 것은 하나님의 백성들 때문에 자기들이 보호받고 있었고 축복받고 있었다는 것을 알지 못하는 것입니다. 그러나 하나님의 백성들이 망하면 자기들도 망하는 것입니다.

예를 들어서 영화에서 조연들은 주연을 시기하고 질투할 수 있습니다. 그러나 주연의 역할이 끝나면 조연들도 더 이상 할 일이 없어지게 됩니다. 그러니까 주위에 있는 사람들도 이스라엘 백성들이 믿음 생활을 잘 할 수 있도록 도와주어야 자기들도 살 수가 있는 것입니다.

지금 우리나라 어떤 노조는 투쟁 목적이 회사를 망하게 하는 것이 목적입니다. 그러면 회사가 망하면 노동자들은 어디서 일을 하게 됩니까? 결국 그들도 망하게 되는 것입니다.

"네가 말하기를 이 두 민족과 이 두 땅은 다 내게로 돌아와서 내 기업이 되리라 하였도다. 그러나 나 여호와가 거기 있었느니라. 그러므로 나 주 여호와가 말하노라. 내가 나의 삶을 두고 맹세하노니 네가 그들을 미워하여 노하며 질투한대로 내가 네게 행하여 너를 국문할 때에 그들로 나를 알게 하리라" (35장 10-11절).

에돔은 이스라엘과 유다가 망하면 그 나라가 자기 나라가 될 것이라고 생각을 한 것입니다. 즉 이스라엘과 유다가 망하면 누군가가 그 땅을 차지하게 될 텐데 그것이 바로 자기들이라고 생각한 것입니다. 그러나 하나님은 결코 그 땅이 에돔의 것이 되지 못하고 오히려 에돔도 같이 망할 것이라고 하셨습니다. 왜냐하면 에돔은 그 땅을 차지할 이유가 없기 때문입니다. 오히려 '황무지와 놀라움'이 될 것이라고 하셨고 시체가 온 골짜기를 가득 채울 것이라고 하셨습니다. 결국 에돔의 역할은 이스라엘을 망하게 하는 것이지 치료하는 역할은 하지 못합니다.

그러니까 이스라엘 자손들이 에돔 같은 가시에 찔려서 죽지 않으려면 무리한 욕심을 부리지 말아야 합니다. 그러면 에돔도 그렇게 미워하지 않을 것입니다.

모든 세상 사람들의 비난

유다와 예루살렘이 망했을 때 하나님의 백성들은 온 세상 사람들로부터 나쁜 평판을 받게 되었습니다.

"주 여호와의 말씀에 대적이 네게 대하여 말하기를 하하 옛적 높은 곳이 우리의 기업이 되었도다 하였느니라. 그러므로 너는 예언하여 이르기를 주 여호와의 말씀에 그들이 너희를 황무케 하고 너희 사방을 삼켜서 너희로 남은 이방인의 기업이 되게 하여 사람의 말거리와 백성의 비방거리가 되게 하였도다"(36장 2-3절).

36장에서 말하는 대적은 에돔 사람들과는 좀 다른 사람들입니다. 사실 에돔 사람들이 이스라엘을 미워했던 것은 하나님의 은혜와 축복을 그들이 주로 독점을 했기 때문이었습니다. 그들은 왜 하나님이 우리 에돔 사람들만 독점적으로 축복하시지 않고 이스라엘만 축복하시는가 하는 것이 불만이었습니다. 즉 자기들은 하나님의 말씀대로 살지 않으면서 하나님의 말씀대로 복 받는 자들은 시기하는 식이었습니다. 그러나 세상 사람들은 이런 것은 알지 못했습니다. 단지 이스라엘 백성들을 욕하는 이유는 잘 나가다가 한 순간에 망하고 몰락을 했기 때문입니다. 세상 사람들은 예배 가운데 임하시는 하나님의 능력과 축복 같은 것은 알지 못합니다. 단지 아는 것이 있다면 하나님의 백성들이 하나님의 축복으로 잘 사는 것이었습니다. 그들은 이스라엘이 하나님으로부터 받는 정신적인 은혜와 축복은 모르고 물질적인 복으로 나타난 것만 보고 칭찬하고 부러워했던 것입니다.

사실 하나님의 백성들에게 있어서 물질적인 복이라고 하는 것은 빙산일각에 불과합니다. 우리에게 먼저 정신적인 복이 쏟아져야 합니다. 그러면 자동적으로 물질적인 복은 따라오게 되는 것입니다. 하나님의 백성들이 물질적으로도 잘 살게 되었고 세상적으로도 자리를 잡게 되었다면 이미 그 이전에 어마어마한 영적인 복이 부어진 뒤의 일인 것입니다.

    그런데 역으로 하나님의 백성들이 망하게 될 때에는 물질적으로 먼저 망하는 것이 아닙니다. 하나님의 백성들은 영적으로 먼저 망하게 되어 있습니다. 즉 어느 순간부터 말씀의 은혜가 없어지고 찬양의 기쁨이 없어지고 남몰래 죄를 조금씩, 조금씩 짓기 시작하다가 한참 지난 나중에 큰 것으로 한방을 맞고 쓰러지는 것입니다. 그래서 하나님의 백성들이 세상적으로 욕을 먹을 때에는 이미 내부적으로 부패할 대로 부패하고 타락할 대로 타락한 후의 일인 것입니다.

    왜 하나님의 백성들이 이렇게 망해서 세상의 욕을 얻어먹게 됩니까? 그것은 바로 하나님의 산의 영광의 참 맛을 몰랐기 때문입니다. 하나님께서 그 백성들에게 주시는 최고의 복은 세상적인 복이 아닙니다. 세상적인 복은 이 영적인 복의 결과일 뿐입니다. 우리의 최고의 복은 하나님 앞에서 말씀들으며 기도하고 찬송하면서 은혜 받고 성령을 받는 것입니다. 이것이 이 세상에 있는 영광 중에서는 최고의 영광이고 산 중에서는 최고로 높은 산인 것입니다. 그러나 하나님의 백성들이 세상 욕심을 가지고 있으면 이 복의 가치를 모릅니다. 그래서 돈을 사랑하고 인기를 사랑하고 명예를 사랑하게 되는데 그때 이 산은 조금씩 무너지기 시작하는 것입니다. 그러다가 도저히 하나님이 보시기에 안 되겠다고 판단되실 때 이 성전을 이방인들에게 넘겨버리십니다. 그러면 이스라엘 산이 세상에서 가장 비참한 산이 되게 되는 것입니다. 그 이유는 하나님의 백성들이 은혜를 잃게 되면 세상적인 기본적인 것까지 다 잃게 되기 때문입니다.

    이것을 하나님께서 너무 적나라하게 말씀을 하십니다.

"여호와의 말씀이 또 내게 임하여 가라사대 인자야 이스라엘 족속이 그 고토에 거할 때에 그 행위로 그 땅을 더럽혔나니 나 보기에 그 소위가 월경 중에 있는 여인의 부정함과 같았느니라. 그들이 땅 위에 피를 쏟았으며 그 우상들로 더럽혔으므로 내가 분노를 그들의 위에 쏟아 그들을 그 행위대로 심판하여 각국에 흩으며 열방에 헤쳤더니 그들의 이른바 그 열국에서 내 거룩한 이름이 그들로 인하여 더러워졌나니 곧 사람들이 그들을 가리켜 이르기를 이들은 여호와의 백성이라도 여호와의 땅에서 떠난 자라 하였음이니라"(36장 16-20절).

여기서 우리를 가장 민망하게 하는 표현이 나오고 있습니다. 이것은 여성의 생리적인 현상에 대한 비유입니다. 사실 이런 표현들 때문에 어떤 분들은 성경이 남성 우위적인 사상을 가지고 기록이 되었다고 지레 판단하시는 분도 있을 것입니다. 물론 오늘 이 말씀은 공적인 자리에서 입에 담기에는 상당히 민망한 표현인 것은 사실입니다. 제가 청소년 시기에 어떤 선생님이 우연하게 이런 표현을 한 적이 있었는데 그때 저는 그 분을 모르면서도 그 분에 대한 인격적인 혐오감이 오랫동안 없어지지 않고 있었던 기억이 있습니다.

그러나 저는 오늘 한번 생각해 보았습니다. 왜 하나님께서는 이스라엘의 멸망에 대하여 이런 혐오하는 표현을 사용하셔야만 했는가 하는 것이었습니다.

그것이 오늘에야 비로소 이해가 되기 시작했습니다. 여성들은 조금 용서하시고 들으시기 바랍니다. 여성들의 이런 생리 현상은 사실은 몸 안에 있는 좋지 못한 피이고 이 좋지 못한 피는 몸 밖으로 배출이 되어야 합니다. 이것이 여성에게는 건강한 것입니다. 만일 여성의 몸 안에 건강하지 못한 피가 있는데 이것이 몸 밖으로 배출되지 않고 몸 안에 고여 있으면 이것이야말로 큰 병이 되는 것입니다. 얼마 전에 저희 교회 어느 자매님이 아주 의료 시설이 낙후된 지역에 선교사로 가서 결혼을 했는데 아기를 유산을 했습니다. 그런데 그 후에 나쁜 피가 몸 밖에 배출이 되지 않고 고여 있었기 때문에 이것이 생명을 위태롭기까지 했습니다. 그래서 얼른 한국에 돌아와 병원에 가서 이 죽은 피를 제거했습니다. 그 결과 완전히 치료를 받고 생명을 건졌습니다.

하나님께서 이스라엘 자손들에 대하여 아주 거북한 표현을 사용하신 것은 그들의 죄가 너무나 가증스럽기 때문입니다.

그것이 무엇입니까? 우상 숭배였습니다. 여기서 '우상'이라고 하는 것은 이스라엘 백성들이 생각하는 것과 같은 외국 문화를 받아들이는 것이 아니었습니다. 이것은 바로 하나님의 은혜를 배신하는 것이었습니다. 그리고 그것은 이스라엘의 피를 썩게 하는 것이었습니다. 여러분 만일 여러분의 배 속에 썩은 피가 고이고 있다면 이것은 아주 심각한 문제일 것입니다. 만일 그 썩은 피가 핏줄 속에 들어가서 돌고 있다면 아마 급히 치료를 하지 않으면 죽을 것입니다.

이스라엘의 병은 하나님의 은혜로 만족하지 못한 것입니다. 그들은 하나님이 그들에게 주신 말씀의 복이 얼마나 엄청나며 예배 가운데 임하는 성령의 은혜가 얼마나 대단한 것인지 알지 못했습니다. 그래서 세상의 복을 예배에 끌어들였습니다. 세상적인 방법이나 세상적인 성공의 개념들을 마구 끌어들였습니다. 그랬더니 일시적으로는 성공하는 것 같았는데 결국 세상의 음란과 죄로 인하여 망하게 되고 말았습니다. 그것이 바로 예루살렘이 망하고 유다 백성들이 이방에 포로로 잡혀 가는 것이었습니다. 왜냐하면 바벨론에는 적어도 바알 우상은 없었기 때문입니다. 그러나 포로로 잡혀 간 곳에서도 얼마나 더러운 피가 계속 나오는지 이방인들도 코를 막을 지경이었습니다.

어떤 사람이 배에 피를 가득 넣어서 병원에 가면 의사가 치료하면서도 욕을 할 것입니다. '도대체 사람이 얼마나 미련했으면 이 지경이 될 때까지 참고 있었느냐?'고 할 것입니다.

이스라엘 자손들은 가나안 땅에서도 썩은 피를 많이 흘렸고 포로되어간 곳에서도 썩은 피를 많이 흘렸습니다. 그들의 뱃속에서 이 썩은 피를 빼내는데 만 칠십년이라는 시간이 걸렸던 것입니다.

저는 요즘 우리 믿는 자들에게도 죄의 오염이 심각하다는 말씀을 드리고 싶습니다. 즉 우리의 피 속에는 소돔의 음란한 피가 이미 흐르고 있는 것입니다. 그리고 우리의 뇌는 이미 고모라의 니코틴으로 검게 색이 변해 있습니다. 어떤 분은 '하나님, 제발 저의 뇌를 꺼내어서 씻어서 다시 넣었으면 좋겠습니다.' 라고 기도를 드릴 때도 있습니다. 이제 우리 한국 교회 안에도 피가 너무 더러워져버렸습니다. 너무 성공이나 야망으로 피가 썩어서 지금 썩은 피가 엄청나게 고이고 있습니다. 교회 안에 무슨 성공이나 야망이 필요합니까? 그러나 지도자들의 생각이 너무나도 성공이나 야망에 미쳐 있기 때문에 피가 급속도로 더러워지고 있는 것입니다.

"열국 가운데서 더럽힘을 받은 이름 곧 너희가 그들 중에서 더럽힌 나의 큰 이름을 내가 거룩하게 할찌라. 내가 그들의 목전에서 너희로 인하여 나의 거룩함을 나타내리니 열국 사람이 나를 여호와인줄 알리라. 나 주 여호와의 말이니라"(36장 23절).

유다 백성이 바벨론에 망한 것은 다른데 이유가 있는 것이 아니라 그들의 사상과 신앙이 세상의 것으로 오염된 데 있었습니다. 이것을 하나님은 피가 더러워진 것으로 비유하신 것입니다. 그러나 그 더러운 피가 몸 밖으로 배출이 되지 않고 고여 있으니까 하나님이 배를 째서 피를 밖으로 쏟아내신 것입니다.

하나님의 치료

이스라엘의 산이 무너졌을 때 하나님의 산은 영원히 없어진 것일까요? 그렇지 않습니다. 하나님은 다시 우리 인간들에게 이 최고의 복을 주시기로 작정하셨고 이 거룩한 여호와의 산에 오를 수 있도록 축복하셨습니다.

> "그러나 너희 이스라엘 산들아 너희는 가지를 내고 내 백성 이스라엘을 위하여 과실을 맺으리니 그들의 올 때가 가까이 이르렀음이니라. 내가 돌이켜 너희와 함께하리니 사람이 너희를 갈고 심을 것이며 내가 또 사람을 너희 위에 많게 하리니 이들은 이스라엘 온 족속이라. 그들로 성읍들에 거하게 하며 빈 땅에 건축하게 하리라"(36장 8-10절).

하나님께서는 다시 이스라엘 백성들을 모으셔서 하나님의 거룩한 산에서 열매를 맺고 집을 짓고 다시 풍성한 삶을 살게 할 것이라고 말씀하셨습니다. 이것은 다시 이 땅에 하나님의 은혜와 축복이 임하고 그 가치를 알며 그것을 누리는 자들이 오게 되는 것입니다. 여기에 보면 '그들의 올 때가 가까움이라'고 말씀하셨습니다. 여기에 그들은 썩은 피를 가진 이스라엘 백성들이 아닙니다. 온 마음과 육체가 하나님의 성령으로 깨끗하게 된 사람들인 것입니다.

여기서 하나님의 아주 자세한 치료의 과정이 소개되고 있습니다.

> "맑은 물로 너희에게 뿌려서 너희로 정결케 하되 곧 너희 모든 더러운 것에서와 모든 우상을 섬김에서 너희를 정결케 할 것이며 또 새 영을 너희 속에 두고 새마음을 너희에게 주되 너희 육신에서 굳은 마음을 제하고 부드러운 마음을 줄 것이며 또 내 신을 너희 속에 두어 너희로 내 율례를 행하게 하리니 너희가 내 규례를 지켜 행할찌라"(36장 25-27절).

하나님께서는 먼저 온갖 세상의 죄악으로 더럽혀진 그들의 마음을 맑은 물로 씻어서 정결케 하십니다. 그리고 세상에서 버림을 당하고 망하고 인생 밑바닥까지 내려간 그들에게 따뜻한 위로의 말씀을 주시는 것입니다. 특히 모든 우상을 섬겼던 더러운 것에서 정결케 하실 것입니다.

우리는 세상적인 사고방식으로는 이 거룩한 산에서 은혜 받을 수가 없습니다. 세상에서 내가 잘났다고 큰 소리를 치고 남을 제치고 자기가 최고라고 생각하는 방식으로는 이 하나님의 은혜를 받을 수가 없습니다. 그런 사람은 한번 하나님의 손에서 떨어지는 체험을 해야 합니다. 완전히 이 세상에서 납작해져야 속에 있는 우월감과 고개를 쳐드는 교만이 깨어지는 것입니다. 그리고 아주 부드러운 말씀으로 씻어져야 합니다. 속이 너무 거칠어져 있기 때문에 도저히 그런 상태로는 하나님의 지성소에 들어갈 수가 없습니다.

그러므로 우리 안에 있는 모든 피를 예수님의 피로 바꾸어야 합니다.

즉 우리의 모든 속사람을 다 바꿔치기를 해야 합니다. 우리의 뇌와 우리의 심장과 우리의 콩팥과 우리의 피와 우리의 창자와 모든 것을 예수님의 것으로 바꾸는 대수술이 있어야 합니다. 이러한 대 역사는 바로 우리에게 부어지는 성령에 의하여 이루어지는 것입니다. 결국 우리 속이 변화하려면 하나님의 성령이 임하셔야 합니다. 하나님께서 우리의 거칠고 딱딱한 마음을 다 제거하시고 부드러운 마음을 주셔서 무조건 하나님을 믿게 하고 무조건 하나님의 말씀만으로 살게 하셔야 합니다.

그러면 우리는 죄를 진정으로 싫어하게 될 것입니다.

"그 때에 너희가 너희 악한 길과 너희 불선한 행위를 기억하고 너희 모든 죄악과 가증한 일을 인하여 스스로 밉게 보리라"(31절).

우리가 죄를 참기만 한다면 언젠가는 이것이 터지면서 다시 죄를 지을 수밖에 없습니다. 그러나 성령이 우리 마음에 오시면 우리는 죄를 역겨워하게 되고 혐오하게 되어서 스스로 죄를 멀리할 수밖에 없게 됩니다.

이때 우리는 모세가 시내산에 불 가운데 올라갔던 것보다 더 엄청난 영광 가운데서 하나님을 만나며 영광가운데서 영광으로 나아가게 되는 것입니다.

그러면 다시 우리에게는 세상적인 복도 넘치게 됩니다.

"내가 너희를 모든 더러운데서 구원하고 곡식으로 풍성하게 하여 기근이 너희에게 임하지 아니하게 할 것이며 또 나무의 실과와 밭의 소산을 풍성케 하여 너희로 다시는 기근의 욕을 열국에게 받지 않게 하리니"(36장 29-30절).

이제 다시는 '기근의 욕'이라는 것이 없어지게 됩니다. 다시는 가난하고 궁핍해서 사람들에게 쫓겨 다니는 일은 없게 되는 것입니다.

오직 하나님이 주시는 복으로만 가득 차게 됩니다. 더욱이 우리의 우상과 탐욕으로 인하여 더러워진 피가 예수님의 보혈로 깨끗함을 받고 성령으로 새 사람이 되면 온 세상은 다시 하나님의 복으로 넘치게 되는 것입니다.

우리는 더 이상 하나님 앞에서 마음이 딱딱하면 안 됩니다. 우리는 하나님 앞에서는 부드러운 마음이 되어야 합니다. 우리의 마음이 좋은 밭이 되어서 삼십 배 육십 배 백배의 결실을 해야지 이 세상에서 복을 받을 수 있습니다.

저는 어느 청년이 이런 말을 한 것을 기억을 합니다.

그들은 어느 날 자기 교회에 오셔서 말씀을 전해주신 목사님이 너무 좋아서 가지 못하도록 신발을 감추었다고 했습니다. 저는 그 말을 듣고 오늘날 이런 사람들도 다 있는가 하는 생각이 들었습니다.

우리는 이 세상에서 가장 높은 산에 올라와 있습니다. 이곳에서 우리가 오래 살면서 지속적으로 하나님의 은혜를 누리며 살려면 다시는 세상을 사랑하지 말아야 합니다. 그리고 세상을 끌어들이지도 말아야 합니다.

그러나 무엇보다 가장 중요한 말씀이 남아 있습니다.

"나 주 여호와가 말하노라. 그래도 이스라엘 족속이 이와 같이 자기들에게 이루어 주기를 내게 구하여야 할지라"(36장 37절).

아무리 엄청난 약속이 있어도 기도하지 않으면 우리의 것이 되지 않습니다. 왜냐하면 그냥 주시면 우리가 또 그 가치를 잊어버리고 세상 것과 바꾸어버리기 때문입니다. 그래서 하나님은 우리에게 큰 부흥의 은혜를 주실 때에는 오래 오래 기도하게 하시고 하나님의 말씀에 목숨을 걸게 하신 후에 주시는 것입니다.

34

| 겔 37:1-28 |

마른 뼈가 살아나리라

우리는 가족 중의 누군가가 교통사고를 당하든지 아니면 중병으로 쓰려져서 의식을 잃고 병실에 누워 있으면 담당하는 의사에게 간절하게 '우리 집 아버지나 어머니나 아들이 다시 살 수 있겠습니까? 라고 질문하게 될 것입니다. 이것은 다른 말로 표현하면 '희망이 있겠습니까? 라는 말입니다. 만일 담당하고 있는 의사가 '예, 분명히 희망이 있습니다. 환자분은 반드시 다시 살아나실 것입니다' 라고 대답하면 가족들이 얼마나 기쁘고 소망이 생기겠습니까? 그러나 만일 의사 선생님이 '이 환자분은 이제는 더 이상 가능성이 없습니다' 라고 말할 때에는 우리는 죽음을 생각하고 절망하게 되는 것입니다.

우리는 여기서 한 걸음 더 나아가서 어떤 사람이 인생의 길을 잘못

들어서 깡패가 되어서 죄를 많이 짓고 못된 짓만 많이 하고 사람까지 죽여서 교도소에서 들어가 있을 때 혹은 어떤 여성은 술집을 돌아다니다가 매춘부가 되어서 인생 밑바닥에 떨어져 있을 때 누군가가 이런 사람들도 변하여 새 사람이 될 수 있겠느냐고 묻는다면 아마 고개를 흔들면서 모두 불가능하다고 대답할 것입니다.

더욱이 사회 전체가 부정과 부패와 도덕적 타락에 빠져서 나라의 주권도 잃어버리고 다른 나라의 식민지가 되어서 젊은이들은 모두 술주정뱅이나 노름꾼이 되고 어른들도 마약 중독이 되어 있을 때 이런 나라도 새로운 나라가 되어서 부흥될 수 있느냐고 묻는다면 모두 불가능하다고 할 것입니다. 그렇지만 이런 상황에서도 하나님은 회복이 가능하다고 말씀하십니다.

오늘 말씀은 에스겔서 전체의 클라이막스라고 말할 수 있는 부분입니다. 즉 골짜기에 흩어져 있는 마른 뼈와 같이 침체되고 절망에 빠져 있는 이스라엘 민족이 하나님의 말씀으로 다시 한번 살아나는 기적을 보여주는 것입니다.

에스겔은 하나님의 말씀에 따라서 살아있는 사람이라고는 한 사람도 없는 모든 사람들이 죽어 있는 죽음의 골짜기를 방문하게 됩니다. 그 죽음의 골짜기는 너무나도 무시무시한 곳이었고 거기에 있는 것은 전부 시체들 밖에 없었습니다. 그러나 이제는 세월이 많이 흘러서 시체들도 모두 다 썩어버려서 뼈들만 앙상하게 남아 있는 그런 끔찍한 골짜기였습니다. 아마 옛날에 수천 명이나 수만 명이 한꺼번에 몰살을 당했던 비참한 골짜기였던 것 같습니다. 그런데 하나님께서는 에스겔에게 이 골짜기의 마른 뼈들이 살아날 수 있겠느냐고 물어보셨습니다. 보통 때 같으면 이 질문은 말도 되지도 않는 질문이고 이미 죽은지 오래된 뼈들이 다시 살아난다는 것은 불가능한 일일 것입니다. 그러나 이때 에스겔은 하나님의 신에게 강력하게 붙들려 있었기 때문에 '안 된다' 는 말이 나오지가 않았습니다. 무엇인가 하나님을 향한 강한 소망이 일어났고 하나님은 하실 수 있을 것 같은 믿음이 들었습니다. 그래서 에스겔은 '주께서 아시나이다' 라고 대답을 했습니다. 그때 하나님께서는 이 골짜기의 마른 뼈들이 살아날 것이라고 하면서 뼈들에 대하여 하나님의 말씀을 대언하라고 했습니다.

하나님의 말씀이 있는 곳에는 희망이 있습니다. 하나님의 말씀이 대언되는 곳에는 아무리 절망적인 상태에 있는 사람들이라 하더라도 다시 살아날 수 있는 희망이 있습니다. 이것이 바로 에스겔서의 절정이고 클라이막스인 것입니다.

하나님이 보여주신 죽음의 골짜기

"여호와께서 권능으로 내게 임하시고 그 신으로 나를 데리고 가서 골짜기 가운데 두셨는데 거기 뼈가 가득하더라"(1절).

하나님께서는 에스겔에게 큰 체험을 주시기 전에 먼저 그의 마음을 준비시켜 주셨습니다. 여기에 보면 에스겔이 '여호와께서 큰 권능으로 내게 임하셨다' 고 말씀하고 있습니다. 이것은 하나님의 말씀과 강권적인 은혜가 에스겔에게 임해서 에스겔의 마음을 하나님의 은혜로 충만하게 채운 것을 의미합니다. 우리에게 하나님의 은혜가 강하게 임하면 우리는 모든 인간적인 생각을 버리고 전적으로 하나님만 의지하며 하나님만 바라보게 됩니다.

　평소의 우리 마음은 마치 녹이 잔뜩 끼어있는 관과 같다고 말할 수 있을 것입니다. 우리에게 하나님은 멀게만 느껴지고 세상에 돌아가는 모든 일들이 우리 마음을 무겁게 하고 사람들이 한두 마디씩 던지는 말들이 우리 마음을 가득 채우게 됩니다. 이때 우리는 인간적인 생각에 꽉 차서 믿음을 가지려고 해도 믿음이 생기지가 않습니다.

　우리가 알아야 할 것은 안테나가 여러 개가 있으면 하나님을 바라보게 되지가 않는 것입니다. 그런데 하나님이 권능으로 우리에게 임하시면 우리 안에 있는 인간적인 생각들이나 개인적인 판단들은 다 없어져 버리고 우리의 마음이 전적으로 하나님과 바로 연결이 되어서 하나님의 소리만 귀에 들리게 되는 것입니다.

　우리는 우리의 기도가 응답이 되고 또 하나님의 능력이 이 세상에 나타나기를 기대하기 이전에 먼저 우리 자신이 하나님의 권능에 붙들리는 것이 중요합니다. 왜냐하면 이렇게 되지 않으면 우리 마음에 '하나님은 모든 것을 하실 수 있다' 는 고백이 나올 수 없기 때문입니다. 이것은 마치 아무리 장맛비가 쏟아진다 하더라도 장독 뚜껑을 닫아 놓고 있으면 물이 한 방울도 들어갈 수 없는 것처럼 우리 마음이 준비되어 있지 않으면 하나님께서 아무리 많은 것을 보여주시고 아무리 많은 기적을 베풀어주셔도 우리는 멍하게 보기만 하게 됩니다. 즉 아무 생각이 없는 사람이 되어버리는 것입니다.

　하나님께서는 가장 중요한 순간에 하나님과 우리가 함께 행동하기를 원하십니다. 그렇게 되려면 제일 먼저 우리들의 마음에 하나님이 권능으로 임하셔야 합니다. 그래서 우리 속에 남아 있는 마지막 인간적인 생각의 찌꺼기들까지 다 없어져야 합니다.

하나님께서는 에스겔의 마음을 단단하게 준비시켜 놓으신 후에 무시무시한 사망의 골짜기로 데리고 가셨습니다.

"나를 그 뼈 사방으로 지나게 하시기로 본즉 그 골짜기 지면에 뼈가 심히 많고 아주 말랐더라"(2절).

아마 우리가 어느 곳을 갔는데 아무도 지나가는 사람이 없고 사람들의 해골만 여기저기에 많이 널려져 있다면 너무나도 무시무시할 것입니다. 에스겔이 지나 간 곳은 그런 골짜기였습니다. 아마 오래 전에 그곳에 무시무시한 살육이 있었던 것 같습니다. 골짜기 전체에 얼마나 많은 사람들의 뼈가 널려 있는지 도저히 헤아릴 수도 없는 지경이었습니다. 전쟁이 끝난 후에 아무도 이 시체를 묻어주는 사람들도 없어서 이 시체들은 죽은 상태 그대로 버려져서 세월이 흐르는 바람에 이제는 백골이 되어서 나뒹굴고 있는 처참한 모습이었습니다.

이때 하나님의 놀라운 질문이 나왔습니다.

"그가 내게 이르시되 인자야 이 뼈들이 능히 살겠느냐 하시기로 내가 대답하되 주 여호와여 주께서 아시나이다"(3절).

하나님께서는 에스겔에게 골짜기에 가득 버려져 있는 뼈들이 능히 살겠느냐고 물으셨습니다. 우리 인간적인 생각으로는 도저히 불가능한 말씀을 하나님께서는 하시는 것입니다. 어떻게 죽은 사람도 살아날 수 없는데 이미 죽은지 오래 되어서 마른 뼈가 되었고 또 그것도 한 두 사람도 아니고 수를 헤아릴 수 없는 수없이 많은 사람들이 어떻게 살아날 수 있겠습니까? 이것은 도저히 말도 되지도 않는 소리인 것입니다. 그러나 놀라운 것은 에스겔이 하나님께 '하나님, 이것은 말도 되지도 않는 소리입니다' 라고 말을 하지 않는 것입니다. 그 이유가 무엇일까요? 바로 에스겔이 하나님의 능력에 붙들려있어서 전적으로 하나님을 의지하는 믿음이 있었기 때문입니다.

에스겔이 하나님의 질문에 '주 여호와여 주께서 아시니이다' 라고 대답을 했습니다. 이것은 '우리 인간들은 할 수 없지만 오직 하나님은 하실 수 있습니다' 라는 뜻입니다. '믿음' 이라는 것이 무엇입니까? 우리 인간은 할 수 없지만 하나님은 하실 수 있다는 것입니다.

에스겔이 통과했던 골짜기는 그야말로 절망의 골짜기였습니다. 거기에 있는 사람들 중에서 살아있는 사람이라고는 한 사람도 없었습니다. 모두 다 비참한 살육을 당한 현장이었고 그 비참한 죽음마저도 흙으로 덮어주는 사람이 아무도 없었습니다. 오직 거기에는 비참한 기억만 있었고 절망만 있을 뿐이었습니다. 거기에는 희망이라고는 그야말로 한 방울만큼도 없었습니다.

그런데 놀라운 것은 그런 마른 뼈들에 대하여 하나님께서 관심을 가지고 계셨고 에스겔도 '안 됩니다. 이 뼈들은 절대로 살 수 없습니다.' 라는 말이 나오지 않는 것입니다.

결국 이 뼈들이 누구입니까?

"또 내게 이르시되 인자야 이 뼈들은 이스라엘 온 족속이라. 그들이 이르기를 우리의 뼈들이 말랐고 우리의 소망이 없어졌으니 우리는 다 멸절되었다 하느니라"(11절).

하나님께서 보여주신 뼈들은 지금 이스라엘 자손들이었습니다. 그들은 이미 전 세계에 노예로 붙들려갔고 거기서 민족적인 자존심이라든지 미래에 대한 희망 같은 것은 이미 없어진지 오래 되었습니다. 그들은 모두 마른 뼈가 되어서 희망 없이 소망 없이 절망 가운데서 살아가고 있었습니다.

모든 이스라엘 백성들이 하는 말이 무엇입니까? '우리의 소망이 없어졌으니 우리는 다 멸절되었다 하느니라'

이 골짜기의 마른 뼈들은 하나님으로부터 사랑받지 못하고 인생의 최악의 구렁텅이에서 소망 없이 살아가고 있는 모든 이스라엘 백성들인 것입니다.

지금 이스라엘 백성들에게는 희망이 없습니다. 북쪽 이스라엘은 이미 오래 전에 망해서 거의 다 죽거나 흩어져 버렸고 남쪽 유다도 망해서 많이 죽고 일부만 바벨론에 끌려와 있는 형편이었습니다. 예루살렘이 무너지면서 이스라엘 자손들의 희망은 없어지고 말았습니다. 그런데 하나님은 이들을 잊지 않고 계셨으며 이들의 미래에 대하여 에스겔 선지에게 물어보고 계신 것입니다. 우리의 기도에 있어서 놀라운 것은 하나님께서는 사람들의 가장 중요한 운명에 대하여 우리의 의사를 물어보시는 것입니다.

즉 '너는 과연 이스라엘이 가능성이 있다고 생각하느냐?' '너는 이 사람들에 대하여 내가 기다릴 가치가 있다고 보느냐?' 라고 물어보시는 것입니다.

하나님께서는 우리의 민족의 장래에 대해서도 우리의 생각을 묻고 계십니다. '너는 과연 이 민족을 내가 지켜주고 보호해줄 가치가 있다고 생각하느냐?' 하나님의 이 질문에 우리는 답할 수 있어야 합니다.

하나님께서는 우리 주위의 사람들에 대해서도 물어보십니다. '너는 네 가족이나 네 친구나 네 주위의 사람들에 대해서 내가 지켜줄 가치가 있다고 생각하느냐? 그들에 대한 너의 솔직한 생각을 말해봐라' 고 물어보십니다.

이때 누군가가 하나님의 권능에 붙들려 있어서 하나님의 이 질문을 들을 수 있어야 합니다. 우리가 세상의 돈 버는 문제에 정신이 다 팔려 있고 세상 소리에 정신이 다 빼앗겨 있다면 이 민족과 주위 사람들에 대하여 하나님께서 물으시는 질문을 듣지 못할 것입니다. 우리는 '하나님은 하실 수 있습니다. 하나님에게는 희망이 있습니다.' 라고 대답을 할 수 있어야 합니다.

우리가 하나님의 은혜로 채워지면 채워질수록 기도가 절망을 말하는 기도가 아니라 희망을 말하는 기도가 되게 됩니다. 어떤 경우에는 희망의 가능성이 제로일 때도 있습니다. 그러나 하나님께서는 언제나 희망이 있습니다. 우리가 희망을 가지고 기도할 때 하나님께서는 '네 믿음대로 될지어다.' 하면서 다시 한번 기회를 주시고 응답을 주시는 것입니다.

지금 우리는 우리나라 실정을 볼 때 골짜기의 뼈가 생각이 날 것입니다. 우리나라는 이미 육십년 전에 동족상잔의 전쟁이 있어서 골짜기마다 죽은 사람의 뼈가 가득했던 때가 있었습니다. 육십년이 지난 지금도 군대에서는 옛날의 전사자들의 뼈를 찾는다고 발굴을 하고 있습니다. 그러면 아주 오래 전에 죽은 사람들의 뼈와 수통과 철모가 나오는데 거기에 이름이 적혀 있는 경우가 있습니다.

이것보다 더 심각한 것은 북한은 옛날에 교회가 가장 부흥되었던 곳이었습니다. 평양 대부흥도 북한에서 일어났습니다. 그러나 전쟁이 나고 북한에 공산정권이 들어섬으로 이제 북한 교회는 마른 뼈조차 남지 않는 상태가 되고 말았습니다. 그렇지만 우리 남한은 기독교가 그동안 엄청나게 부흥을 했습니다. 하지만 이제는 우리의 교회가 부패하여 살들이 썩어문드러지고 있습니다. 여기저기에서 살이 썩어 냄새가 진동을 하고 있습니다.

하나님께서 우리에게 질문하시는 것은 이 뼈들이 다시 살 수 있으며 이 썩어가는 사람들이 다시 살 수 있겠느냐는 것입니다. 우리는 할 수 없지만 하나님은 하실 수 있으십니다. 우리는 우리 주위에 희망이 없는 사람들을 하나님의 눈으로 볼 수 있어야 합니다. 그리고 그들을 향해서 물으시는 하나님의 소리를 들을 수 있어야 합니다. '인자야, 능히 이 뼈들이 살겠느냐?' 그 질문에 대해서 우리는 '하나님은 하실 수 있습니다.' 라고 대답을 할 수 있어야 합니다.

하나님의 말씀의 능력

사실 죽은 지 오래 되어 뼈가 되어서 뒹굴고 있는 사람들을 다시 살린다고 하는 것은 불가능한 것입니다. 이들을 위해서 할 수 있는 최선의 것은 이들의 뼈들을 잘 모아서 땅에 묻어주는 것입니다. 그러나 하나님은 놀라운 말씀을 하셨습니다. 그것은 이 뼈들이 다시 산다는 것입니다.

"또 내게 이르시되 너는 이 모든 뼈에게 대언하여 이르기를 너희 마른 뼈들아 여호와의 말씀을 들을찌어다 주 여호와께서 이 뼈들에게 말씀하시기를 내가 생기로 너희에게 들어가게 하리니 너희가 살리라"(4-5절).

하나님께서는 에스겔에게 먼저 뼈들에게 하나님의 말씀을 전하라고 했습니다. 그 말씀은 이 뼈들이 다시 살아날 수 있다는 것입니다. 그것도 한 두 사람이 아니라 전부 다 살아나서 놀라운 부흥을 이루게 된다고 예언을 하라고 하셨습니다.

하나님께서는 에스겔에게 이 뼈들에게 하나님의 말씀을 전하게 하셨습니다.

"이에 내가 명을 좇아 대언하니 대언할 때에 소리가 나고 움직이더니 이 뼈, 저 뼈가 들어 맞아서 뼈들이 서로 연락하더라"(7절).

하나님께서 에스겔에게 하신 것은 우선 뼈들을 다 모아서 분류를 하거나 유전자 검사를 하라고 하시지 않으셨습니다. 하나님께서 에스겔에게 하라고하신 것은 하나님의 말씀을 대언하게 하신 것입니다. 여기서 '대언한다'는 말은 '하나님의 말씀을 예언한다'는 뜻입니다. 즉 마른 뼈들이 마치 살아있는 사람들인 것처럼 하나님의 말씀을 가지고 설교를 한다는 뜻입니다.

우리가 잘 아는 것처럼 죽은 사람들에게는 아무리 좋은 설교를 한다고 하더라도 다시 살아나지도 않고 알아듣지도 못합니다. 그러나 하나님께서는 에스겔에게 이미 죽은지 오래 되어서 마른 뼈가 된 사람들에게 하나님의 말씀을 전하라고 하셨습니다.

여기서 우리 말 번역에는 '대언하다'는 말을 아주 강조해서 사용하고 있습니다. 그러나 사실 모든 예언이나 설교는 하나님의 말씀을 대언하는 것입니다. 즉 설교자가 자기가 하고 싶은 말을 하는 것이 아니라 하나님이 하고 싶은 말씀을 대신 전하는 것입니다.

사실 죽은 뼈들에게 하나님의 말씀을 전하는 것보다 더 무의미한 일은 없을 것입니다. 아무리 에스겔선지자가 하나님의 말씀을 외친다 하더라도 죽은 해골들이 고개를 끄덕일 리도 없는 것이고 눈이 빠진 구멍에서 눈물을 흘릴 리도 없고 혀가 없는 입에서 아멘 소리가 나올 리도 없을 것입니다. 이런 상황에서 죽은 뼈들에게 설교를 한다고 하는 것은 그야말로 시간 낭비하는 것밖에 되지 않습니다. 차라리 그 시간에 뼈들을 주워 모아서 DNA 검사나 하는 것이 훨씬 더 효과적일 것입니다.

마찬가지로 우리는 주위에서 전혀 하나님의 말씀에 대하여 흥미도 없고 알아듣지도 못하는 사람에게 하나님의 말씀을 전하는 것이 아무 소용이 없다고 생각하기 쉽습니다. 어떤 때에는 중환자실에 누워 있는 분에게 아무리 하나님의 말씀을 전해도 소용이 없고 예수라고 하기만 하면 고래를 쩔레쩔레 흔드는 부모님이나 자식에게 하나님의 말씀을 전해도 아무 소용이 없다고 생각할 것입니다.

그러나 하나님은 에스겔에게 다른 것은 일체 하지 못하게 하시고 오직 절망에 빠진 자들에게 하나님의 말씀만 전하게 하셨습니다. 그런데 하나님의 말씀을 전했을 때 불가능한 일이 일어나기 시작했습니다. 즉 그것은 죽은 사람들이 금방 살아난 것은 아니지만 적어도 죽어서 썩어 없어질 때의 일이 역순으로 일어나기 시작한 것입니다. 우선 뼈들에게 소리가 나기 시작했는데 그것은 자기 뼈를 찾아가는 소리였습니다. 뼈들이 달그락거리면서 자기 몸의 뼈를 찾아서 붙어 있었습니다. 그리고 그 뼈 위에 힘줄이 생겼습니다. 그리고 그 위에 근육이 붙고 살이 생겼습니다. 그리고 그 위에 가죽이 덮였습니다. 이것은 이 죽었던 사람들이 썩어서 해체되는 역순이었습니다. 아마 이들이 죽었을 때 맨 먼저 피부부터 벗겨졌을 것입니다. 그리고 살이 썩어 들어갔을 것이며 힘줄이 썩어 없어지고 그 다음에 뼈들이 비바람에 흩어지기 시작했을 것입니다. 그런데 하나님의 말씀이 선포가 되니까 마치 시계를 거꾸로 돌리는 것처럼 이 부패되던 과정들이 역순으로 다시 살아나기 시작했습니다.

우리에게 있어서 중요한 것이 바로 이것입니다. 우리가 어려운 일을 당했을 때 하나님의 말씀을 붙잡으면 적어도 계속 나빠지던 것이 갑자기 멈추어지는 일이 생기게 되는 것입니다. 이상하게 더 이상 나빠지지는 않는 것입니다. 왜냐하면 하나님의 능력이 우리의 삶에 개입을 하기 시작했기 때문입니다.

그래서 저는 어려움을 당한 성도들에게 지금 당장 모든 어려움이 다 없어지지는 않았다 할지라도 그 어려움의 정도가 어떠시냐고 물어볼 때가 있습니다. 그러면 대개 '지금 더 악화되지는 않고 있습니다' 라는 대답을 많이 듣습니다. 그러면 '그것은 대단히 좋은 것입니다. 지금 하나님의 능력이 개입되고 있는 것이니까 더 열심히 기도를 하십시다.' 라고 말씀을 합니다.

우리는 하나님의 말씀이 얼마나 능력이 있는지 모르기 때문에 자꾸 인간적인 생각을 가지고 하나님의 일을 하려고 합니다. 즉 이런 마른 뼈들이 있을 때에 말씀을 외치는 것보다는 뼈들을 모아서 우선 남녀를 구별하고 성분별로 분석을 하고 유전자 검사를 하는 것이 훨씬 효과적일 것이라고 생각을 합니다. 거기에 비해서 마른 뼈들을 데리고 하나님의 말씀을 전하는 것은 미친 짓이고 정신 나간 짓이라고 생각할 때가 많습니다. 그러나 하나님은 우리에게 마른 뼈들을 향해 말씀을 전하는 것은 결코 헛된 일이 아니라고 말씀하십니다. 사실 이스라엘이 마른 뼈가 되게 된 원인이 있다면 그것은 바로 이 하나님의 말씀의 능력을 믿지 못했기 때문입니다. 하나님의 백성들은 오직 하나님의 말씀으로 살아야 하는데 세상적인 원리나 세상적인 야망으로 사니까 결국 숨통이 끊어져서 전혀 생명이 없는 마른 뼈가 되고 만 것입니다.

그런데 놀라운 것은 전혀 가능성이 없는 사람들에게도 하나님의 말씀을 전하니까 생각지 못한 일들이 일어나게 되었습니다. 즉 그것은 이 사람들이 완전히 살아난 것은 아니지만 적어도 썩어서 부패하던 일은 중단이 되었고 오히려 역순으로 회복되는 일까지 나타나게 된 것입니다.

그렇지만 아직 이 사람들이 다 살아난 것은 아니었습니다.

에스겔의 말씀은 죽었던 사람들을 역순으로 거꾸로 돌려놓기는 했는데 역시 살리지는 못했습니다. 그때 하나님께서는 가장 위대한 말씀을 하셨습니다.

"또 내게 이르시되 인자야 너는 생기를 향하여 대언하라. 생기에게 대언하여 이르기를 주 여호와의 말씀에 생기야 사방에서부터 와서 이 사망을 당한 자에게 불어서 살게 하라 하셨다 하라"(9절).

우리는 하나님의 말씀을 통해 죽은 사람의 뼈가 도로 붙고 썩었던 살이 살아나는 것으로 다 되었다고 생각해서는 안 됩니다. 우리가 하나님의 말씀을 외치는 가장 중요한 목적은 생기를 불어오게 하는 것입니다. 이 생기라고 하는 것은 결국 성령의 바람을 말합니다. 하나님께서는 죽었던 자의 영을 불러오라고 말씀하시지 않으셨습니다. 죽은 자의 영이 불려 와서 다시 산 사람이 되었다고 해 봐야 역시 그 사람은 옛날처럼 다시 죄짓고 죽임 당하고 사망의 골짜기에 버려질 수밖에 없습니다.

그래서 하나님께서는 우리 인간이 진정으로 살기 위해서는 완전히 새로운 생기가 불어와야 한다고 하셨습니다. 그 결과 하나님의 말씀이 대언될 때에 이 생기가 사면에서 불어오기 시작하면서 모든 죽은 사람들이 다시 다 살아나게 된 것입니다.

여기서 하나님께서는 생기로 하여금 '사면에서 불어오게 하라'고 하셨습니다. 이것은 성령의 역사가 시간이나 장소에 구애받지 않고 무제한적으로 임하시는 것을 의미하는 것입니다.

그러나 우리 인간에게 가장 중요한 것은 이 새로운 생기를 받는 것인데 이것이 결코 간단한 것이 아닙니다. 아니 이것이야말로 인류 역사상 가장 어려운 일이었고 인간들이 살 수 있느냐 영원히 죽어야 하느냐 하는 것을 결정하는 가장 중요한 분수령이었던 것입니다.

그러나 이것을 예수님이 해결하셨습니다. 하나님의 아들이신 예수님께서 인간의 죄를 대신하여 십자가 위에서 죽으심으로 하나님이 원하시는 의의 조건을 완전히 만족시키셨습니다. 그 결과 우리 믿는 자들에게 무제한적인 성령의 역사가 임하게 되었습니다. 여기서 에스겔이 생기게 대하여 대언을 한다는 것은 하나님의 말씀을 붙잡고 부르짖으면서 기도하는 것을 말합니다. 우리 인간들이 사느냐 죽느냐를 결판 짓는 것은 바로 이 생기가 임하느냐 임하지 않느냐 하는 것입니다. 다른 것으로는 생기가 올 수 없습니다. 오직 하나님의 말씀가지고 부르짖으면서 기도를 해야 합니다. 그러면 생기가 불어오게 됩니다.

"이에 내가 그 명대로 대언하였더니 생기가 그들에게 들어가매 그들이 곧 살아 일어나서 서는데 극히 큰 군대더라"(10절).

하나님의 성령이 비참하게 죽은 모든 사람들을 다 살리셨습니다. 하나님의 생기가 불어오고 그것이 사람들 속에 들어갔을 때 그 죽었던 사람들이 모두 다 살아났습니다. 더욱이 이들은 모두 옛날 사람들로 살아난 것이 아니라 완전히 새로운 사람들로, 즉 하나님의 군대로 살아나게 되었습니다.

죽었던 많은 사람들이 다시 살아나는 것이 부흥의 역사입니다. 하나님의 성령이 한꺼번에 부어졌을 때 알코올 중독자나 노름꾼이나 사기꾼이나 할 것 없이 모두 일어나서 새 사람이 되게 됩니다. 에베소 같은 곳에서 성령이 강하게 역사하니까 마술을 하던 점쟁이들이 모두 마술책을 다 불태우고 예수를 믿는 사람들이 되었습니다. 그때 불태운 마술책값만 해도 은 오만이라고 했습니다.

우리 하나님의 백성들에게는 놀라운 비밀이 하나 있습니다. 그것은 아무리 절망적인 상황이라도 하나님의 말씀을 붙잡고 기도하면 더 이상 악화되지 않고 다시 살아날 수 있다는 것입니다. 그리고 아무리 무식하고 기독교에 대해서 반대하고 부정적인 사람들이라 할지라도 하나님의 말씀을 가지고 설교를 하면 살아나게 됩니다. 결국 성령의 대대적인 바람이 불게 되면 죽었던 사회도 살아나고 국가도 살아나고 모든 것이 다 살아나게 되는 것입니다.

하나님은 에스겔에게 이렇게 말씀하게 하셨습니다.

"그러므로 너는 대언하여 그들에게 이르기를 주 여호와의 말씀에 내 백성들아 내가 너희 무덤을 열고 너희로 거기서 나오게하고 이스라엘 땅으로 들어가게 하리라. 내 백성들아 내가 너희 무덤을 열고 너희로 거기서 나오게 한즉 너희가 나를 여호와인줄 알리라. 내가 또 내 신을 너희 속에 두어 너희로 살게 하고 내가 또 너희를 너희 고토에 거하게 하리니 나 여호와가 이 일을 말하고 이룬 줄을 너희가 알리라. 나 여호와의 말이니라 하셨다 하라"(12-

14절).

지금 이스라엘 백성들이 일어나려고 해도 그들을 내리 누르는 무덤이 있었습니다. 그들에게는 압제의 무덤이 있었고 가난의 무덤이 있었고 죄의 무덤이 있었습니다. 사람이 무덤 속에 매장되어 있을 때 자기 힘으로는 도저히 그 무덤 속에서 나올 수가 없습니다.

그런데 하나님께서는 우리가 무덤 속에서 신음하고 있는 것을 아셨고 그 소리를 들으셨습니다. 그래서 무덤을 덮고 있는 흙을 다 파내어서 우리를 거기서 끄집어내신 것입니다. 그러나 그냥 그 상태로는 우리가 다시 무덤 속으로 내려가지 않을 수 없습니다. 왜냐하면 우리 안에는 옛날의 죄와 습관과 가치관이 그대로 있기 때문입니다. 그러기에 하나님의 새로운 성령이 임하셔야 합니다.

우리는 여기서 왜 하나님께서 권능으로 에스겔에게 임하셨는지 알아야 합니다. 왜냐하면 하나님의 말씀이 이렇게 할 수 있다는 것을 에스겔도 믿기가 어려웠기 때문입니다. 지금 나라가 망해서 사람이 죽고 포로로 다 붙들려갔는데 죽은 뼈에게 하나님의 말씀을 선포한다고 무슨 일이 일어나겠습니까? 그러나 일어났습니다. 뼈들이 움직였고 새살이 돋아났고 생기의 바람이 불어와서 죽었던 사람들이 다 살아났습니다. 이것을 믿어야 합니다.

하나님의 보호

"인자야 너는 막대기 하나를 취하여 그 위에 유다와 그 짝 이스라엘 자손이라 쓰고 또 다른 막대기 하나를 취하여 그 위에 에브라임의 막대기 곧 요셉과 그 짝 이스라엘 온 족속이라 쓰고 그 막대기들을 서로 연합하여 하나가 되게 하라. 네 손에서 둘이 하나가 되리라"(15-17절).

양은 언제나 목자가 있어야 합니다. 다윗도 그의 시에서 '주의 지팡이와 막대기가 나를 안위하시나이다' 라고 고백을 하고 있습니다. 하나님의 백성들은 양이기 때문에 언제나 목자의 지팡이가 필요합니다. 이 목자의 지팡이는 늑대나 맹수가 나타났을 때 싸워서 쫓는 지팡이입니다. 또한 양들을 보호하고 인도하는 막대기입니다. 목자가 문에 지팡이를 걸쳐 놓으면 양들이 한 마리씩 그 막대기를 뛰어 넘습니다. 그러면 목자가 양들의 숫자를 확인해서 데리고 가는 것입니다. 그리고 양들이 목자의 손이 미치지 않는 위험한 곳에 가 있으면 막대기로 다리를 걸어서 당기면 양이 오게 되어 있습니다.

그런데 이스라엘 백성들은 하나님의 막대기를 두 동강이를 내어버렸습니다. 그들이 이런 케케묵은 막대기는 필요가 없다고 생각했기 때문입니다. 그래서 이스라엘이 먼저 하나님의 막대기를 부러트려버리고 세상으로 달려갔습니다. 그러니까 너무나도 자유로웠습니다. 이스라엘 사람들은 정말 자유롭게 살았습니다. 그들은 마음껏 세상을 받아들이고 마음껏 능력을 발휘하였습니다. 예배도 말씀이 없으니까 얼마든지 열정적으로 감동적으로 드릴 수가 있었습니다. 그러나 말씀이 없는 축복과 말씀이 없는 예배는 죄와 교만을 이길 수가 없었습니다. 결국 이스라엘이 먼저 썩어서 마른 뼈가 되어버렸습니다. 그리고 유다도 그 길을 따라가지 못해서 미칠 듯이 들썩거렸습니다. 그러다가 결국 자기들도 하나님의 지팡이를 부러트려버리고 세상으로 달려갔습니다. 그 결과 세상적인 성공과 명성은 거두었지만 그들의 영혼은 죄로 썩어 들어갔습니다. 그래서 또 바벨론에 버려진 마른 뼈가 된 것입니다.

그러나 이제 그들은 다시 하나님의 막대기 아래서 하나가 될 것입니다. 즉 겸손하게 하나님의 말씀을 받아들이고 성령 안에서 하나가 될 것입니다. 특히 인간을 나누고 있던 모든 벽이 다 허물어지면서 진정으로 하나의 하나님의 백성이 탄생하게 될 것입니다.

죄가 들어오면서 인류는 수많은 인종과 혈통과 계급과 신분으로 나누어져서 서로 미워하고 공격하며 대립하게 되었습니다. 결국 사람들이 자기 집단을 만들고 자기 담을 높이고 대문을 세우는 이유는 다른 사람들의 공격으로부터 자기를 지키기 위한 것입니다. 죄는 인간들을 공격적으로 만들었습니다. 모두 다 맹수가 되게 했습니다. 결국 이스라엘 백성들도 말씀으로 변화되지 못하니까 서로가 서로를 잡아먹는 관계가 되었고 하나님의 지팡이는 아무 소용이 없게 되고 말았습니다.

그러나 이스라엘이 한번 죽고 살아난 이후에는 자기 자신을 알게 되었습니다. 그것은 자기 자신이야말로 가장 믿을 수 없는 존재라는 것입니다.

지금 인간들에게 있어서 가장 믿을 수 없는 위험한 존재는 바로 인간입니다. 그것도 먼 곳에 있는 인간이 아니요 가장 가까운 인간들이 가장 위험한 적들이 되었습니다.

우리는 이런 상태에서는 절대로 안심하고 살 수가 없습니다. 그런데 우리가 진정으로 하나님을 믿을 때 하나님께서는 우리를 양으로 변화시켜 주십니다. 그리고 하나님의 막대기와 지팡이로 우리를 지켜주시는 것입니다.

하나님께서는 두 가지를 약속하셨습니다.

그것은 첫째 다시는 우상이나 죄에 빠지지 않는다는 것입니다.

"그들이 그 우상들과 가증한 물건과 그 모든 죄악으로 스스로 더럽히지 아니하리라. 내가 그들을 그 범죄한 모든 처소에서 구원하여 정결케 한즉 그들은 내 백성이 되고 나는 그들의 하나님이 되리라"(23절).

하나님은 우리를 모든 우상과 죄에서 완전히 깨끗하게 하십니다. 이것은 성령의 불로 우리 속을 태워서 완전히 죄의 뿌리를 뽑아버리시는 것을 말합니다. 사실 죄라고 하는 것은 정상적인 상식으로는 도저히 저지를 수 없는 것입니다. 그러나 사람이 미치면 눈에 보이는 것이 없어지게 됩니다. 그래서 말도 되지도 않는 짓을 하면서 살아가게 되는 것입니다. 그러나 성령은 우리의 이 미친 정신과 미친 감정과 미친 의지를 치료해 주십니다. 그 결과 더 이상 역겨워서 죄를 지을 수가 없게 되는 것입니다.

그리고 또 하나는 다윗이 이스라엘을 영원히 다스리게 됩니다.

"내 종 다윗이 그들의 왕이 되리니 그들에게 다 한 목자가 있을 것이라. 그들이 내 규례를 준행하고 내 율례를 지켜 행하며"(24절).

다윗은 구약 시대 말씀의 통치를 가져온 왕이었습니다. 따라서 이스라엘 백성들이 각자 하나님의 말씀을 깨닫고 믿음으로 살면 하나님의 뜻이 이 땅에 이루어지는 것입니다. 오늘날 우리도 하나님의 말씀대로 살면 이 땅에 하나님의 나라를 세울 수 있습니다. 바라기는 여러분 모두 이 땅에 공의와 정의와 자유와 평화가 넘치는 하나님의 나라를 온전히 세우는 일에 헌신하시길 바랍니다. 그러면 우리는 결코 망하지 않고 영원한 하나님의 나라를 상속하게 될 것입니다.

35

| 겔 38:1-23 |

최후의 전쟁

　사람들은 누구나 다 이 세상에서 행복하게 살기를 원합니다. 그렇지만 우리의 행복을 빼앗는 위험들은 우리 주위에 수없이 많이 있습니다. 예를 들어서 우리가 모르는 사이에 우리 몸에 생기는 암도 우리 생명의 적이고 우리 행복의 원수입니다. 또 나도 모르게 일어나는 교통사고나 직장의 사고도 나의 행복을 빼앗아가는 원수인 것입니다. 그러나 이 세상에서 인간들이 하는 짓 중에서 가장 멍청하면서도 끔찍한 일은 전쟁을 하는 것입니다. 전쟁은 한꺼번에 수십만 명 혹은 수백만 명의 생명을 빼앗아가고 또 수많은 도시들과 문화재와 집들을 파괴시키고 수많은 가정들의 행복을 빼앗아 갑니다. 그런데 이런 전쟁에는 전쟁을 끝내는 최고의 분수령이 있습니다. 예를 들어서 일본이 일으킨 대동아 전쟁의 최후의 분기점은 히로시마에 원자 폭탄이 떨어진 것이었습니다. 히로시마에 원자 폭탄이 떨어지자 말자 일본 천황은 항복을 선언했습니다. 그 결과 전쟁은 끝이 났습니다.

그러나 히로시마에 원자 폭탄이 투하된 것에 대하여 일본과 미국의 입장은 서로 달랐습니다. 일본 사람들은 미군이 히로시마에 원자 폭탄을 터트린 것은 반인륜적인 행위로 간주했습니다. 이것 때문에 수많은 일본인들이 억울하게 죽었기 때문입니다. 반면에 미군 입장에서는 이미 일본은 전쟁으로 많은 주위 나라 사람들을 죽게 하였기에 만일 미군이 히로시마에 원자 폭탄을 터트리지 않았더라면 미군의 일본 본토 상륙으로 훨씬 더 많은 일본인들과 미군들이 죽게 되었을 것이라고 주장을 합니다. 결국 미군이 원자 폭탄을 터트림으로 인명 피해를 훨씬 줄일 수 있었다는 것입니다.

얼마 전에 우리나라 전쟁 영화 중에 '태극기 휘날리며'라는 영화가 있었습니다. 이 영화는 최근에 와서 우리나라 사람들의 생각이 많이 달라진 것을 보여주는 영화라고 볼 수 있습니다. 옛날의 우리나라 전쟁 영화라고 하면 언제나 국군은 옳고 공산군은 나쁜 쪽이었습니다. 그래서 대부분 전쟁 영화는 국군이나 미군이 공산군을 죽이고 몰아내는 영화였습니다. 그러나 요즘의 전쟁 영화는 이 쪽이나 저 쪽 다 싫고 오직 내 가족이 중요하고 내 민족이 중요하다는 식인 것을 볼 수 있습니다. 이것은 우리나라 사람들의 마음속에 있는 희망 사항을 나타내는 것이지 실제로 이럴 수 있다는 것은 결코 아닌 것입니다. 그래서 영화와 현실을 잘 분별을 하지 못하는 사람은 이것도 아니고 저것도 아닌 어중간한 상태에 빠질 수밖에 없습니다. 현실이라고 하는 것은 절대로 어느 쪽이든지 '태극기만 휘날리는' 식으로 되지 않는 것입니다.

우리가 에스겔서를 보면 유다가 바벨론에게 고분고분하게 복종하지 않는 바람에 예루살렘이 바벨론 군대에 포위되어 예루살렘에서 그래도 똑똑하다고 하는 만 명이 바벨론에 포로로 잡혀오게 됩니다. 바벨론에 포로로 붙들려온 사람들이 고대하는 것은 오직 조국에 다시 돌아가는 것이었습니다. 그러나 에스겔선지자는 예루살렘은 다시 바벨론에 의해서 포위되고 멸망할 것이니까 예루살렘을 기대하는 것은 소용이 없고 이 바벨론 땅에서 신앙을 도로 찾아야 한다고 예언을 합니다. 그리고 난 후에 실제로 예루살렘은 포위되어 멸망당해버리고 포로된 자들에게는 모든 희망이 없어져버립니다. 그런데 하나님께서는 에스겔을 뼈만 가득 있는 골짜기로 데리고 가서 하나님의 말씀을 대언하게 하심으로 그 뼈들이 다시 다 살아나게 하십니다. 이것은 망해서 전 세계에 흩어져 있는 하나님의 백성들이 다시 하나님의 말씀을 들으면 살아날 수 있다는 것을 약속하시는 것입니다. 그리고 에스겔서 40장부터는 다시 새로운 성전을 짓기 위해서 성전을 자로 측량하는 말씀이 나옵니다. 그리고 그 사이 38장과 39장에 마곡의 곡이라는 왕이 주위의 모든 나라들을 다 이끌고 이스라엘 자손들을 공격하는 내용이 나옵니다.

물론 우리는 이스라엘이 진정으로 해방되기 위해서는 누군가가 바벨론과 싸워서 바벨론을 망하게 해야 한다는 것은 압니다. 즉 전쟁 없이는 결코 이스라엘 백성들이 자유를 얻을 수 없다는 것입니다. 그런데 에스겔서에 나오는 것은 바벨론과의 전쟁이 아닙니다. 지금까지 거의 한번도 나온 적이 없는 마곡의 곡이라는 사람이 일으키는 전쟁인 것입니다.

그런데 곡이 일으키는 이 전쟁은 요한계시록 20장에도 나옵니다. 결국 이 세상에서 최후의 전쟁을 일으키는 자들이 바로 이 마곡의 곡인 것입니다.

여기서 에스겔서의 난해성이 다시 한번 드러나게 됩니다. 우리는 유다 백성들이 다시 예루살렘으로 돌아가서 성전을 짓기 위해서는 전쟁이 일어나서 누군가가 바벨론 왕을 이겨주어야 한다는 것은 이해를 할 수 있습니다. 그러나 여기서는 그 전쟁 대상이 바벨론 왕이 아니고 마곡의 곡인 것입니다.

우리는 본문을 통해 하나님께서 단순히 유다 나라의 독립이나 재건 이상의 어떤 사실을 우리에게 보여주시려고 한다는 것을 이해할 필요가 있습니다. 결국 이 곡의 전쟁은 눈에 보이지 않는 영적인 전쟁인 것입니다.

마곡과 곡의 정체

"여호와의 말씀이 내게 임하여 가라사대 인자야 너는 마곡 땅에 있는 곡 곧 로스와 메섹과 두발 왕에게로 얼굴을 향하고 그를 쳐서 예언하여 이르기를 주 여호와의 말씀에 로스와 메섹과 두발 왕 곡아 내가 너를 대적하여"(1-3절).

여기서 우리가 알아야 할 것은 '마곡'이라는 것은 지명을 의미하고 '곡'은 그 나라 왕을 의미합니다. 그런데 이 '곡'이라는 왕이 얼마나 대단한가 하면 로스와 메섹과 두발을 지배하는 왕인 것입니다.

여기에 나오는 지명을 이해하려면 흑해를 이해할 필요가 있습니다. 옛날 그리스인들은 바다라고 하면 두 개의 바다만 알고 있었습니다. 하나가 지중해이고 다른 하나가 보스포르스 해협을 통과한 흑해였습니다

다. 그런데 여기에 나오는 마곡이라든지 로스라든지 메섹이나 두발은 모두 흑해 북쪽에 있는 러시아 땅에 있는 민족들이었습니다. 이들은 그 당시에는 미개했고 또 좀처럼 문명 세계에 나타나지도 않았습니다. 그러나 자기들이 먹을 것이 없으면 남쪽으로 밀려오기 시작하는데 그 숫자가 일이천 명이 아니라 이십만 명, 삼십만 명씩 되었던 것입니다. 결국 그리스나 아시아의 문명국들도 이런 야만족들이 엄청난 숫자로 몰려오면 아무리 군대를 동원해도 막을 수가 없었고 결국은 나라가 망하는 지경까지 갔던 것입니다. 앗수르 같은 나라도 대표적인 예였습니다. 앗수르가 얼마나 강한 군사력을 가진 나라였습니까? 그러나 우라루트라고 해서 흑해너머에 있는 야만족들이 쳐들어 왔을 때 나라가 약해지게 되는데 이 틈을 노려서 바벨론이 앗수르를 이겨버리는 것입니다.

그러니까 어떤 의미에서 마곡이나 그 주위에 있는 나라들은 평소에는 전혀 드러나지 않고 있다가 예상치 못한 어느 순간에 덤벼드는 '다크호스' 라고 생각할 수 있습니다. 그러니까 이 세상에 아무리 군사력이 강한 나라라고 하더라도 전혀 예상치 못한 세력이 덤벼들면 아무리 평소에 준비를 철저히 해 놓았다 하더라도 별 수 없이 망하고 마는 것입니다.

그래서 결국 이 마곡과 곡의 세력이라는 것은 인간의 힘으로는 도저히 예상할 수도 없고 대비할 수도 없는 어떤 불가항력적인 요인을 말하는 것입니다. 인간이 하나님을 이기지 못하는 것은 바로 이 예상치 못하는 변수들 때문입니다. 평소에는 인간의 생각으로 모든 것을 완전하게 다 준비해 놓고 대비해 놓을 수 있습니다. 그런데 전혀 생각지 못하게 사고가 터진다든지 화재가 발생한다든지 혹은 전쟁이 터진다든지 하면 인간들의 운명이 송두리째 뒤집어지고 마는 것입니다.

그런데 더 놀라운 것은 바로 인간이 통제하지 못하는 이런 의외의 변수들까지 하나님이 통제를 하신다는 사실입니다.

> "너를 돌이켜 갈고리로 네 아가리를 꿰고 너와 말과 기병 곧 네 온 군대를 끌어내되 완전한 갑옷을 입고 큰 방패와 작은 방패를 가지며 칼을 잡은 큰 무리와 그들과 함께 한바 방패와 투구를 갖춘 바사와 구스와 붓과 고멜과 그 모든 떼와 극한 북방의 도갈마 족속과 그 모든 떼 곧 많은 백성의 무리를 너와 함께 끌어 내리라"(4-6절).

여기서 하나님께서는 마치 전혀 싸울 생각이 없는 마곡의 왕 곡을 갈고리로 아가리를 꿰어 내어서 전쟁을 하게 만드는데 큰 방패와 작은 방패를 가진 헬라나 아프리카에 있는 나라들 까지 다 끌어내어서 세계적인 대전을 일으키겠다고 말씀하시는 것입니다.

결국 인간들은 이 세상에서 자기 양식을 먹고 자기 가정을 가지고 행복하게 살고 싶어 하는데 하나님께서는 사람들이 전혀 생각지도 못하는 마곡의 곡을 끌어내어서 온 세상을 전쟁터로 만드시는 것입니다. 왜 이렇게 하나님께서는 우리 인간들을 행복하게 살지 못하도록 하시는 것일까요?

우리가 살고 있는 이 세상은 일단 평화가 있기에 사람들이 주어진 범위 안에서 얼마든지 행복하게 살 수 있습니다. 그러나 이 세상에 만들어진 원리가 인간의 교만이나 죄가 어느 수준 이상으로 차게 되면 저절로 전쟁이나 재앙이 일어날 수밖에 없는 구조로 되어 있는 것입니다. 예를 들어 집이나 빌딩에서 정화조나 하수구 같은 것을 보면 평소에는 범위를 넘지 않으니까 얼마든지 구정물이나 오물들이 고일 수 있습니다. 그러나 정화조나 지하의 물 저장 탱크가 꽉 찼는데도 그것을 비우지 않으면 그때는 오물이나 하수구가 범람을 해버리게 되는 것입니다.

그런데 인간들은 좀 더 잘 살게 되고 행복하게 되면 이런 욕망들이 통제가 되지 않게 됩니다. 그래서 돈이 있는 사람들은 여러 명의 부인들을 두거나 혹은 권력이 있는 사람들은 약한 사람들을 내어 쫓고 그들의 재산이나 집을 차지해버리는 것입니다. 그러면 어느 정도 평화가 지속되는 것처럼 보이다가 어느 순간 전혀 예상치 못했던 나라가 침략을 하면서 전쟁이 터지는데 그때는 그동안 가지고 있는 모든 것을 다 날리게 되는 것입니다.

그래서 이런 마곡의 곡과 같은 악한 세력이 등장하지 않도록 하려면 평소에 죄의 수치를 낮추어야 합니다. 즉 사람들이 자유니 평화니 해서 지나치게 자유를 남용하게 되면 악의 수치가 급격하게 올라가게 됩니다. 그러면 자신들은 전혀 예상하지 못했던 재난이 터진다든지 혹은 그 중에서도 가장 무서운 전쟁이 터지게 되는 것입니다.

그래서 세계 역사를 보면 전쟁이나 재난이 거의 주기적으로 터지는 것을 볼 수 있습니다. 그 이유는 사람들이 평안해지면 죄를 짓게 되기 때문입니다. 그래서 한번씩 구정물을 비우듯이 엄청난 재난이 터지게 되는 것입니다.

영적인 전쟁

그러나 마곡과 곡의 전쟁의 진정한 의미는 다른데 있습니다. 그것은 이들이 하나님의 백성들을 대항하여 대대적인 전쟁을 일으키는데 있습니다.

> "너는 스스로 예비하되 너와 네게 모인 무리들이 다 스스로 예비하고 너는 그들의 대장이 될찌어다. 여러날 후 곧 말년에 네가 명령을 받고 그 땅 곧 오래 황무하였던 이스라엘 산에 이르리니 그 땅 백성은 칼을 벗어나서 열국에서부터 모여 들어 오며 이방에서부터 나와서 다 평안히 거하는 중이라. 네가 올라오되 너와 네 모든 떼와 너와 함께한 많은 백성이 광풍 같이 이르고 구름 같이 땅을 덮으리라"(7-9절).

사실 일반인들은 모두 자기 눈앞에 있는 자기 자신의 삶을 사느라고 하늘에서 되어지는 일들은 알지 못합니다. 즉 하나님과 이 세상은 어떤 상태에 있으며 하나님께서 장차 이 세상에 대하여 어떤 계획을 가지고 있는지 알지 못합니다. 그런데 이 세상에는 공중의 권세 잡은 마귀가 있습니다. 그래서 마귀는 사람들을 충동질해서 두 가지를 하게 합니다. 하나는 하나님의 진리를 받아들이지 못하게 하는 것입니다. 즉 눈에 보이는 것이 전부이기 때문에 우리 인간들은 하나님의 간섭을 받을 필요가 없으며 우리 인생은 우리 마음대로 결정할 수 있다는 생각을 가지게 만듭니다.

그래서 인간들이 하나님에 대하여 가지는 가장 큰 반역은 하나님의 진리를 받아들이지 않고 거부하는 것입니다. 그리고 또 하나는 이 땅은 인간의 세상이고 마귀의 세상이기 때문에 진정한 하나님의 백성들은 이 세상에 발을 붙이지 못하도록 내어 쫓는 것입니다. 그래서 이상하게 하나님의 백성들을 보면 미움이 생기고 질투심이 생겨서 그들을 못살게 굴고 싶고 그들을 쫓아내고 싶은 생각이 드는 것입니다.

사실 이 세상은 하나님과 적대적인 관계에 있습니다. 하나님께서는 온 세상의 통치자이시기 때문에 미가엘 같은 천사를 보내어서 이 세상을 전부 멸망시킬 수 있습니다. 그러나 하나님께서는 그분의 형상대로 피조된 우리를 긍휼히 여기사 그렇게 하시지 않고 오랫동안 인내하십니다.

마귀가 노리는 것은 이 세상에 대대적인 전쟁을 일으켜 모든 인간들이 서로 싸워서 죽게 하는 것입니다. 그리고 또 하나는 모든 믿는 자들을 잡아서 죽이거나 혹은 추방을 시켜서 이 세상을 완전한 사단의 나라로 만드는 것입니다. 인간이 최고로 교만해지게 되면 누구나 다 자기가 신이 되려고 합니다. 그러기에 그들 앞에서 유일하신 하나님을 믿는 사람들은 마귀에게는 눈에 가시와 같은 것입니다.

우리 인간들은 하나님 편에 서 있는 것이 아니라 마귀 편에 서 있습니다. 그리고 철저하게 마귀의 말이 옳다고 믿고 죄를 지으며 멸망의 길을 걸어가고 있습니다. 그러나 하나님은 우리 인간들을 사랑하셔서 머리털 하나 다치지 않고 구원하시기를 원하시는 것입니다.

하나님께서는 이러한 상황에서 기가 막힌 방법을 사용하셨습니다. 그것은 이 세상에 하나님의 아들을 침투시키신 것입니다. 그리고 이 아들로 하여금 인질들과 같이 살게 하시고 그들에게 하나님의 진리를 가르쳐주시고 믿음을 가지게 하신 것입니다. 그리고 하나님의 아들이 최종적으로 하신 것은 아들이 모든 인간의 죄를 대신 감당하고 몸값을 지불해버리신 것입니다.

하나님의 아들의 몸값이 얼마나 되겠습니까? 그것은 우리 모든 인간의 몸값과 천사들의 몸값과 우주의 몸값과 마귀의 몸값을 다 합친 것보다 더 크고 값비싼 것이었습니다. 그래서 하나님께서는 최후의 전쟁을 십자가 위에서 끝장을 내셨습니다. 마치 히로시마에 원자 폭탄이 떨어짐으로 일본 천황이 두 손을 들고 항복을 했듯이 하나님의 아들이 갈보리 산 위에서 십자가 위에서 우리 몸값을 지불하셨을 때 모든 전쟁은 끝이 나버렸습니다.

우리 모든 인간들의 죗값은 다 지불이 되어버렸습니다. 이제 마귀는 인간의 죄를 가지고 왈가왈부할 수 없게 되었습니다. 인간의 큰 죄는 다 해결되어버렸습니다. 그러면 이제 남은 것은 무엇이겠습니까? 오직 예수님의 십자가를 믿기만 하면 되는 것입니다. 그래서 마귀는 인간의 죄는 더 이상 다룰 수가 없기 때문에 오직 예수를 믿지 못하게 방해하는 것입니다.

여기서 우리가 알아야 할 것은 실제로 이 세상에는 엄청난 하늘의 전쟁이 있을 수밖에 없다는 것입니다. 그것은 모든 천군 천사들이 다 동원되고 지상에서는 마귀와 모든 악령들과 악한 독재자들과 그리고 모든 인간들이 다 동원되는 하늘과 땅의 전쟁입니다. 이 전쟁이 터지면 모든 인간들은 다 죽고 망하는 것입니다. 그런데 하나님께서는 이 마곡의 전쟁을 미리 막으셨습니다. 그래서 믿지 않는 자들이 아무리 하나님의 백성들을 대항해서 큰일을 벌인다 하더라도 그것은 이미 진 전쟁에 억지를 부리는 것 밖에 되지 않는 것입니다. 우리가 요한계시록을 보면 사단이 이 엄청난 영적인 전쟁에서 지고 난 후에 이 지상에서 하나님의 백성들을 탄압하며 또 대대적인 전쟁을 벌이려고 준비하고 있는 것을 볼 수 있습니다. 즉 마귀는 이 세상에서 끝까지 그리스도의 통치를 거부하며 자기 세력을 빼앗기지 않으려고 언제나 하나님의 백성들을 공격하려고 하고 있습니다. 그러기에 우리는 이 마귀와의 영적 전쟁에서 승리하기 위해서 기도와 말씀과 거룩한 삶으로 항상 무장해야 합니다.

왜 우리는 때때로 마귀와의 영적 전쟁에서 지게 됩니까? 그 이유는 우리가 안일에 빠져서 예수님이 주시는 능력을 제대로 공급받지 못해서 그런 것입니다.

우리 교회가 해야 할 가장 중요한 것은 말씀과 성령으로 부흥의 불길을 언제나 뜨겁게 일으키는 것입니다. 그러나 우리가 세상을 사랑하고 하나님의 말씀을 멀리하면 마귀가 기회를 포착을 하여 이 마곡의 전쟁을 다시 일으키는 것입니다. 그 결과 교회에는 능력이 없어지게 하고 바른 말씀의 선포가 없어지게 하고 교회 안에서 위선과 거짓이 가득하게 하는 것입니다. 그러면 교회나 믿는 자들은 다시 사단의 포로가 됩니다. 이때 우리에게는 너무나도 많은 시험거리들이 생기게 되고 여기저기에서 환란과 핍박이 터지게 되는 것입니다. 이렇게 되면 우리는 다시 마곡의 전쟁에서 지고 있는 것입니다.

예수님이 이기신 전쟁을 우리가 다시 지고 있는 것입니다. 이것을 뒤집어엎으려고 하면 우리는 다시 목숨 걸고 말씀을 붙잡아야 하고 온 힘을 다해서 부르짖고 기도해야 하는 것입니다. 그때 사단의 세력은 목회자를 해치기도 하고 교인들 중의 일부를 잡아가서 죽이기도 할 것입니다. 그리고 무지무지한 욕을 얻어먹고 경제적인 어려움도 당하게 될 것입니다. 하지만 우리는 다시 믿음으로 이것을 이겨야 하는 것입니다.

세상의 거짓된 평화

"나 주 여호와가 말하노라. 그 날에 네 마음에서 여러 가지 생각이 나서 악한 꾀를 내어 말하기를 내가 평원의 고을들로 올라가리라. 성벽도 없고 문이나 빗장이 없어도 염려 없이 다 평안히 거하는 백성에게 나아가서 물건을 겁탈하며 노략하리라 하고 네 손을 들어서 황무하였다가 지금 사람이 거처하는 땅과 열국 중에서 모여서 짐승과 재물을 얻고 세상 중앙에 거하는 백성을 치고자 할 때에"(10-12절).

이 세상에서 인간들이 착각하고 있는 것은 이 세상에서도 완전한 평화가 존재할 것이라는 생각입니다.

아마 바벨론 때나 페르시아 때 사람들은 평화가 오래 계속 되니까 성벽도 없고 문이나 빗장도 없이 살았던 것 같습니다. 그러나 느닷없이 북방에서 야만족들이 쳐들어와버리니까 꼼짝 못하고 사람은 죽고 재물은 빼앗기고 집은 다 불에 타버렸던 것입니다.

이것이 가장 실감날 때가 로마시대였습니다. 줄리어스 시저는 갈리아를 정복한 후 이제 더 이상 로마는 성이 필요 없다고 하면서 성을 부수어버렸습니다. 그리고 아우구스티누스는 '팍스 로마나' 즉 평화의 시대를 선포했습니다.

그러나 로마가 끝까지 두려워했던 존재들은 북쪽에 사는 야만족들이었습니다. 이 야만족들은 도저히 예측할 수 없는 때에 집단으로 쳐들어와서 재물을 약탈하고 사람들을 잡아갔습니다. 결국은 로마가 이 야만족에 의해서 나라가 망하게 됩니다.

오늘 인간들은 건강을 위해서 엄청난 의학 기술을 발달시켰습니다. 그래서 병원마다 최첨단 의료 시설을 갖추어서 환자들을 치료하고 있고 또 나라들마다 어마어마한 국방비를 들여서 전쟁이나 내란을 억제하고 있습니다. 그럼에도 불구하고 사람들은 병에 걸리고 많은 재난과 전쟁으로 인해 목숨을 잃고 있습니다. 그 이유는 결정적으로 인간의 마음속에 있는 죄가 치료가 되지 않아서 그런 것입니다. 마음속에 죄가 쌓여 있는 상태에서는 아무리 군대가 강하고 의료 시설이 잘 만들어져 있어도 인간에게 닥치는 불행은 막을 수가 없습니다. 이것을 해결할 수 있는 방법은 오직 하나 밖에 없습니다. 그것은 하나님의 말씀 속에 사는 것입니다. 물론 우리가 인간인 이상 완전히 말씀대로 살지 못합니다. 우리는 늘 죄를 짓고 잘못을 행합니다. 그러나 우리의 삶 가운데 하나님의 말씀을 두면 말씀이 죄를 억제하고 더러운 것을 깨끗케 하며 우리가 감당치 못하는 시험을 다 막아주시는 것입니다.

세상 사람들은 위기가 닥쳤을 때 돈으로 해결을 하려고 합니다.

"스바와 드단과 다시스의 상고와 그 부자들이 네게 이르기를 네가 탈취하러 왔느냐? 네가 네 무리를 모아 노략하고자 하느냐? 은과 금을 빼앗으며 짐승과 재물을 취하며 물건을 크게 약탈하여 가고자 하느냐? 하리라 하셨다 하라. 인자야 너는 또 예언하여 곡에게 이르기를 주 여호와의 말씀에 내 백성 이스라엘이 평안히 거하는 날에 네가 어찌 그것을 알지 못하겠느냐?"(13-14절).

세상 사람들은 위기가 닥쳤을 때 돈으로 해결을 하려고 합니다. 네가 탈취하려고 왔느냐, 네가 은이나 금을 빼앗으려고 하느냐 하면서 묻습니다. 이것은 돈으로 해결을 하자는 것입니다. 물론 이 세상에는 돈으로 해결되는 것들도 많이 있습니다. 그러나 가장 중요한 것들은 돈으로 해결되지 않습니다. 인간의 분노나 죄책감이나 부패한 감정들은 돈으로 절대로 해결이 되지 않습니다. 이것은 오직 하나님의 긍휼만이 해결할 수 있는 것입니다.

"구름이 땅에 덮임 같이 내 백성 이스라엘을 치러 오리라. 곡아 끝날에 내가 너를 이끌어다가 내 땅을 치게 하리니 이는 내가 너로 말미암아 이방 사람의 목전에서 내 거룩함을 나타내어 그들로 다 나를 알게 하려 함이니라"(16절).

우리는 왜 곡이 이스라엘을 치러 오는지 생각을 해야 합니다. 이때만 해도 구약 시대입니다. 구약 시대 마귀가 잘 이해되지 않는 것이 있습니다. 그것은 이스라엘 백성이라고 해서 거룩한 사람들도 아니고 다 죄성이 있는 악한 자들인데 왜 하나님은 이들을 특별대우를 하시느냐 하는 것입니다. 그것은 그들 가운데 있는 한 분을 보지 못했기 때문입니다. 즉 하나님의 아들입니다. 하나님의 아들은 죽기까지 이스라엘을 사랑하셨습니다. 이 사랑이 이스라엘을 살린 것입니다. 결국 이스라엘을 완전히 멸망시키려 하다가 곡은 망하고 마는 것입니다.

하나님께서는 결코 이 세상의 악의 세력을 그냥 두시지 아니하십니다. 그리고 악과도 타협을 하시지 않으십니다. 하나님께서는 일시적으로 악의 세력을 그냥 내버려 두시기도 하지만 언젠가 하나님의 때에 반드시 전쟁과 자연재해로 심판하십니다. 그때 너무나도 어렵고 다급하게 되면 사람들은 울부짖으면서 하나님께 도와달라고 소리를 지르게 됩니다. 그러면 하나님이 그들을 긍휼히 여겨 은혜를 베풀어 주시고 회복시켜 주시는 것입니다.

"나 주 여호와가 말하노라. 네가 옛적에 내 종 이스라엘 선지자들을 빙자하여 말한 사람이 네가 아니냐? 그들이 그 때에 여러 해 동안 예언하기를 내가 너를 이끌어다가 그들을 치게 하리라 하였느니라 하셨다 하라. 나 주 여호와가 말하노라. 그 날에 곡이 이스라엘 땅을 치러 오면 내 노가 내 얼굴에 나타나리라"(17-18절).

하나님께서는 여러 선지자들을 통해서 곡의 전쟁이 있다고 예언을 하셨습니다. 그러나 그 곡이 누군지는 알지 못했습니다. 왜냐하면 마귀가 충동질하는 사람은 누구나 될 수 있었기 때문입니다. 중요한 것은 이 세상의 죄도 문제이지만 하나님의 백성들이 부흥을 잃어버리는 것이 가장 큰 죄입니다. 하나님의 백성들이 부흥을 잃어버렸을 때 생각지도 못했던 암초가 나타나서 배를 파선시켜버리는 것입니다.

오늘 우리도 치열한 영적인 전쟁을 하고 있습니다. 우리가 이 영적인 전쟁에서 지기 때문에 다시 마귀가 온 세상을 주물럭거려서 이 세상을 사단의 나라로 만들려고 하는 것입니다. 그런 까닭에 우리는 결코 방심할 수가 없습니다. 그렇다고 해서 우리는 늘 벌벌 떨면서 두려워 할 필요도 없습니다.

우리가 알아야 할 것은 이 세상의 큰 재난과 우리 믿는 자들의 부흥은 서로 연결되어 있다는 것입니다. 즉 하나님 백성들의 부흥의 불이 꺼질 때 사단은 곡과 마곡 사람들을 불러 모아서 세계적인 전쟁을 일으키게 하는 것입니다. 하나님의 백성들은 다시 사단의 종이 되어서 구원의 자유와 축복을 잃어버리고 살아가게 됩니다.

결국 이 세상 사람들의 행복을 지킬 수 있는 것은 우리 믿는 사람들의 신앙의 불입니다. 이 불이 살아있는 한 마귀는 곡을 다시 부르지 못할 것입니다. 그러나 하나님의 백성들이 자신들의 사명을 놓쳐버리고 세상일에 빠지게 되면 다시 곡은 전쟁을 준비하게 됩니다.

세상 사람들도 이 세상 모든 일들이 자기 뜻대로 되는 것만은 아니라는 것을 알아야 합니다. 우리 인간의 행복은 하나님이 주시는 가장 귀한 선물이며 이 복은 자신의 욕망을 억제할 수 있는 사람들이 누릴 수 있는 것입니다.

그래서 하나님을 모르는 사람들도 잘 살 때 모든 것을 자기 마음대로 하려고 해서는 안 됩니다. 돈이 있고 권력이 있다고 해서 모든 것을 자기 마음대로 하면 조금씩 구정물 통에 오물이 차 올라오다가 그만 넘쳐 버리게 되는 것입니다. 그러면 그동안 쌓아 올린 명성과 재물과 행복은 다 싹 날라 가고 맙니다. 그 잘 살던 사람이 노예가 되어서 팔려가는 것입니다. 옛날에 노예들 중에서 다른 나라의 왕족이나 공주 출신들도 많이 있었습니다. 한때는 무한정으로 자유를 누렸는데 구정물통이 넘치면서 목숨만 남고 싹 다 없어진 것입니다.

마귀는 이 세상의 모든 하나님의 백성들을 다 멸망시키려고 했는데 예수님의 보혈로 망했습니다. 마귀는 모든 인간을 지배하는 능력을 상실해버렸습니다. 그럼에도 불구하고 마귀는 우리 믿는 사람들을 속여서 부흥의 불길을 꺼뜨리게 하고 있습니다. 세상을 사랑하며 마치 자기 자신이 대단한 것처럼 생각하도록 교만한 마음을 불어 넣습니다. 우리는 절대로 마귀의 이런 짓에 속아서는 안 됩니다. 모든 마귀의 계략을 이길 수 있는 비결은 말씀과 기도와 성령의 능력을 의지하는 것밖에 없습니다. 지금 우리에게는 놀라운 부흥이 일어나고 있습니다. 우리는 이 부흥의 불길을 지키는 것을 사명으로 생각해야 합니다. 우리는 잠시라도 방심해서는 안 되겠습니다. 우리는 하나님께서 복을 주실수록 더 말씀에 헌신해서 거룩하게 살아야 합니다. 그러면 성령의 강한 역사가 나타나 마귀의 세력을 내어 쫓아 주시고 더 큰 부흥의 불이 일어나도록 하실 것입니다.

36

| 겔 39:1-29 |

마지막 악의 심판

우리는 우리 주위에 여러 가지 이유로 불행하게 사는 분들을 많이 볼 수 있습니다. 때로는 가난 때문에 비참한 사람도 있고 질병이나 사고 때문에 비참한 사람들도 있습니다. 그러나 놀랍게도 사람을 가장 비참하게 만드는 것은 사람인 것을 볼 수 있습니다.

예를 들어 어떤 사람은 매우 가난하지만 아버지나 어머니가 사랑이 넘치고 신앙이 있으시고 유머 감각이 넘치면 자녀들은 자기 집이 가난해도 전혀 비참하게 느껴지지 않을 것입니다. 그러나 어떤 사람은 매우 부자로 살아가지만 아버지나 형이 매일 술에 만취되어서 집에 들어오고 집에 들어와서는 고래고래 소리를 지르고 욕을 퍼붓고 부인이나 동생을 때린다면 그 집 식구들은 술 마시는 아버지나 형 때문에 너무나도 불행하고 비참하게 살아갈 수밖에 없습니다. 사람은 악한 사람 때문에 가장 고통을 받고 비참하게 됩니다. 왜냐하면 매일 고통을 주는 그 사람이 죽거나 어디 가거나 변하지 않는 이상 그 고통은 계속 될 수밖에 없기 때문입니다.

이것은 나라에 있어서도 마찬가지입니다. 어떤 나라든 상관 없이 국민 전체의 삶이 그 나라를 다스리는 왕이나 통치자 한 사람의 야망이나 욕심으로 얼마든지 비참해질 수 있고 불행해질 수 있습니다. 예를 들어 왕이나 대통령이 정치적인 욕심을 가지고 정의로운 사람들을 모두 내어 쫓거나 죽이든지 감옥에 가두어버리고 나라 전체를 자기 마음대로 쥐고 흔들 때 온 국민이 매우 불행해질 수밖에 없습니다. 그 중에서도 몇 백 년에 한 명 나올까 말까하는 지독한 악한 사람이 있습니다. 이 사람은 자기가 다스리는 나라로 만족하지 못하고 주위의 모든 나라를 다 정복하기 위해서 세계적인 전쟁을 일으키는 사람입니다. 이런 왕이 하나 나타나면 전 세계 사람들이 모두 다 이 한 사람의 야망이나 욕심 때문에 엄청난 고통을 받게 되고 결국 이 악한 왕과 싸워서 이기고 평화를 되찾기 위해서 수십만 명 혹은 수백만 명이 죽게 되는 것입니다. 우리나라 어른들은 이미 이런 전쟁을 두 번이나 겪었습니다. 하나는 일본 천황이 아시아와 미국을 대상으로 일으킨 대동아 전쟁이고 다른 하나는 공산주의 이데올로기 때문에 북한이 일으킨 한국 전쟁입니다.

이 두 전쟁 때문에 몇 백만 명씩이 죽어야만 했습니다. 특히 독일의 히틀러 같은 사람은 유대인들만 육백만 명을 가스실에서 죽게 했고 또 수백만의 연합군 군인들과 독일 사람들을 죽게 했던 것입니다.

우리는 이런 무시무시한 전쟁 끝에 피어난 새 싹과 같은 평화의 시대에 살고 있는 것이 얼마나 감사한 일인지 모릅니다.

하나님께서는 에스겔선지자를 통해서 마곡이라는 나라의 '곡'이라는 왕에 대하여 예언을 하게 하십니다. 여기서 마곡이라는 곳은 대개 흑해 위쪽에 있는 어느 지역으로 생각을 합니다. 이 '곡'이라는 사람은 전혀 역사에 알려진 사람이 아니었습니다. 그러나 갑자기 나타나서 전 세계를 상대로 해서 엄청난 사람들을 죽이는 전쟁을 일으킵니다. 특히 하나님의 백성을 대적하는 일을 하는 것입니다. 우리는 여기서 '곡'이라는 사람의 정체가 대단히 모호하다는 생각을 하게 됩니다. 그럴 수밖에 없는 것이 '곡'이 하나가 아니기 때문입니다.

'곡'이라고 하는 것은 사단에 의해서 사용되는 어마어마하게 큰 악의 세력입니다. 그런데 자기 혼자 전쟁을 일으키거나 이스라엘 백성들을 죽이는 것은 아니고 뒤에서 사단이 다 충동질을 하기 때문에 그렇게 하는 것입니다.

어떤 사람들은 '곡'이 인류 역사 마지막에 나타날 세계적인 대 전쟁을 의미한다고 생각합니다. 그러나 '곡'은 하나가 아닙니다. 즉 어느 시대에나 '곡'은 나타날 수 있는 것입니다. 히틀러가 '곡'이 될 수 있는 것이고 일본 천황이 '곡'이 될 수 있는 것입니다. 그런데 이 '곡'의 특징은 전 세계를 전쟁터로 만들어서 수십만 명 내지는 수백만 명이 죽게 한다는 것입니다. 또한 곡의 목적은 하나님의 백성들을 죽이고 핍박하는 것입니다.

그런데 우리가 기억해야 할 것은 이미 예수님께서 십자가 위에 죽으심으로 '곡'의 세력을 완전히 꺾어 놓았다는 사실입니다. 사단은 그 자리에서 내어 쫓긴 것입니다. 그러나 하나님의 백성들이 하나님의 말씀을 소홀히 하고 세상을 따라갈 때에는 곡이 다시 살아서 세력을 모으게 되는 것입니다. 그러다가 정권을 잡게 되거나 세력을 잡게 되면 많은 사람들을 불행에 빠트리고 또한 죽이는 것입니다.

 오늘 말씀은 하나님께서 악의 세력을 꺾으시고 심판하시는 말씀입니다. 지금 우리들에게는 이 말씀이 별로 실감이 나지 않겠지만 일제 치하에 있던 우리 민족이나 성도들 혹은 나치 치하에 있던 많은 사람들 혹은 지금도 북한 같은 공산주의 치하에서 제대로 숨도 쉬지 못하고 살아가는 많은 사람들에게는 엄청나게 기쁜 소식일 것입니다.

곡의 몰락

 여름에 날씨가 한창 덥고 우리가 정말 숨을 제대로 쉴 수 없을 정도로 무더운 날씨가 되면 절대로 이 더위가 없어지지 않을 것 같습니다. 그러나 이상하게도 어느 시점을 딱 지나게 되면 더위가 한 풀 꺾이면서 금방 날씨가 선선해지기 시작합니다. 그러고는 금방 가을이 오고 추석이 오는 것입니다. 그런데 이것은 악의 세력도 유사합니다.

 우리가 알아야 할 것은 '곡'이라는 것은 기존 세력은 아니라는 것입니다. 지금까지는 겉으로 드러나지 않은 숨은 세력이었는데 이상하게 그 사람의 야망이나 능력과 기회가 맞아 떨어지면서 한 순간의 큰 세력으로 나타나게 되는 것입니다. 그리고 난 후에는 모든 것을 다 집어 삼켜버리는 것입니다.

 그럴 수밖에 없는 것이 '곡'이라는 사람은 대단히 머리가 좋고 집요하기 때문입니다. 그리고 마음속에는 누군가에게 복수를 하고자 하는 강한 분노심을 가지고 있습니다. 이 미움과 분노의 감정이 권력을 장악하는 힘이 되는 것입니다. 그리고 일단 권력을 손에 쥐기까지는 자기 정체를 드러내지 않고 얼마든지 거짓말을 할 수가 있는 것입니다. 무엇보다 일단 기회를 잡으면 절대로 놓치는 법이 없고 자기 적이 되는 사람은 반드시 짓밟고 올라섭니다. 그러니까 금방 두각을 나타내고 금방 다른 사람들에게도 무엇인가 새롭다는 인상을 주게 됩니다. 특히 이 곡이라는 사람은 자기 속에 있는 야망과 분노 거기에다가 사단의 충동질과 기회가 맞아 떨어짐으로 해서 생기는 세력이라고 할 수 있습니다.

그런 까닭에 이런 악의 세력은 마치 횃불이 타오르듯이 한 순간에 강한 세력으로 등장하게 되고 일단 권력을 잡은 후에는 인정사정없이 자기가 미워하고 증오하던 세력이나 반대 입장에 있는 사람들을 제거합니다. 그리고 그 권력을 이용해서 자기가 하고 싶었던 모든 것들을 다 하게 됩니다. 그런 과정에서 엄청난 악도 저지르고 많은 사람들을 감옥에 집어넣거나 전쟁을 일으키기도 합니다. 그런데 이상한 것은 이런 악의 세력은 실컷 자기가 하고 싶은 대로 분을 다 퍼붓고 난 후에는 세력이 조금 시들해지기 시작한다는 것입니다. 그러더니 한 순간에 몰락을 해버리는 것입니다.

하나님께서는 에스겔 선지자에게 이것에 대하여 말씀을 하십니다.

"그러므로 인자야 너는 곡을 쳐서 예언하여 이르기를 주 여호와의 말씀에 로스와 메섹과 두발 왕 곡아 내가 너를 대적하여 너를 돌이켜서 이끌고 먼 북방에서부터 나와서 이스라엘 산 위에 이르러 네 활을 쳐서 네 왼손에서 떨어뜨리고 네 살을 네 오른손에서 떨어뜨리니 너와 네 모든 떼와 너와 함께한 백성이 다 이스라엘 산 위에 엎드러지리라. 내가 너를 각종 움키는 새와 들짐승에게 붙여먹게 하리니 네가 빈들에 엎드러지리라. 이는 내가 말하였음이니라. 나 주 여호와의 말이니라"(1-5절).

이런 악한 사람들의 특징은 남들이 자기와 다를 수 있다는 것을 인정을 하지 않습니다. 이런 사람들은 너무나도 자기 야망이 중요하고 자기 꿈이 엄청나기 때문에 자기 생각이나 목적달성을 위해서는 다른 모든 사람들의 행복은 얼마든지 깨어져도 된다고 생각을 합니다. 그러기에 이런 사람이 권력을 잡으면 얼마나 많은 사람들의 생명이나 가정이나 행복이 희생되겠습니까? 우리 인간은 누구나 각자 나름대로 행복할 자격과 권리가 있습니다. 잘 생긴 사람이든지 못생긴 사람이든지 건강한 사람이든지 장애를 입은 분이든지 공부를 잘 하는 사람이든지 못하는 사람이든지 모든 사람은 자기 나름대로 행복하게 살 권리가 있는 것입니다. 그런데 악한 사람은 모든 사람들이 자기 것이 되어야 한다고 생각합니다. 그리고 자신의 생각이나 감정을 위해서라면 다른 사람의 행복이나 자유는 어떻게 되든지 전혀 생각을 하지 않습니다. 생각을 하지 않을 뿐 아니라 전혀 생각할 능력이 없는 것입니다.

이런 악한 자들은 만족을 모르기 때문에 끝없이 자기 야망을 추구합니다. 그리고 자기의 야망을 위해서 엄청난 규모의 전쟁을 벌입니다. 그래서 수십만 명 혹은 수백만 명이 죽는 것에 눈 하나 깜짝하지 않습니다.

그런데 이 악한 자는 온 세계만 자기 손에 넣어서 주물럭거릴 뿐 아니라 결국은 하나님의 백성들을 모두 다 죽이려고 합니다. 왜냐하면 하나님의 백성들은 다른 것은 몰라도 아첨은 죽어도 하지 못하기 때문입니다. 하나님의 백성이 지켜야 할 가장 중요한 제1계명은 '하나님 외에 다른 신을 두지' 않는 것입니다. 결국 아무리 절대적인 권력을 가진 자라 하더라도 그 사람은 인간이지 신은 아닌 것입니다.

누구든지 하나님이 되려면 먹지를 말아야 하고 배설을 하지 말아야 합니다.

그래서 악인은 하나님의 백성들이 자기를 인정해주지 않기 때문에 하나님의 백성들을 제거하고자 최종 목표를 삼는 것입니다.

원래 곡은 세상 변두리에 처박혀 있었습니다. 그런데 어느 날 세상 한 가운데로 나와서 온 세상을 손에 다 쥐고 주물럭거리고 나서는 결국 이스라엘 산까지 오게 되는 것입니다. 왜냐하면 결국 악한 자는 자기가 하나님을 이겨야 영원히 최고가 될 수 있다고 생각하기 때문입니다.

그런데 거기서 '곡'은 갑자기 망하게 됩니다. 지금까지 계속 기승을 부리면서 엄청난 힘을 나타내다가 이상하게 어느 한 시점부터는 힘이 한 풀 꺾여버리는 것입니다. 그 후에는 굉장히 빠른 시간 안에 몰락을 해버립니다.

여기서 하나님께서는 그들의 왼손을 쳐서 활을 떨어트리고 오른 손에서 살을 떨어트리겠다고 말씀하셨습니다. 요즘 화살이라고 하면 아무 것도 아니지만 옛날에는 가장 가공할 무기가 화살이었습니다. 화살이라고 하는 것은 직접 붙어서 싸우는 것도 아닌데 어디서 날아와서 몸에 박히는 것입니다. 그런데 이 화살촉은 작살처럼 되어 있어서 한번 꽂히면 빠지지 않습니다. 그리고 그 끝에 독을 발라놓거나 불을 붙여 놓으면 결국 독이나 불 때문에 사람은 죽게 됩니다.

악한 자들의 공격 중에서 가장 무서운 것은 말(언어)의 공격입니다. 여기서 활과 살은 악한 자의 온갖 거짓말과 저주와 악담을 말하는 것입니다. 여기에 한번 맞으면 어떤 장사도 결국 죽을 수밖에 없습니다.

선거철이 되면 상대방에 대하여 엄청난 거짓 비방이 나옵니다. 그런데 이것이 매스컴을 타면서 엄청나게 증폭이 되어버리는데 결국 많은 경우 상대방은 정치적으로 죽어버립니다.

그동안 우리나라 사람들이 사용하는 언어는 너무 원색적이고 너무나도 분노에 찬 것들이었습니다. 이것은 모두 독화살이나 불화살과 같은 것입니다.

그런데 이상한 것은 어느 순간이 지나면서 그 절대적인 힘을 가졌던 사람이 조금 시들해지기 시작하는 것입니다. 그 이유가 어디에 있을까요? 자기는 모르지만 하나님의 모래시계가 다 된 것입니다.

하나님께서는 그 악한 자에게 '그동안 너는 네가 하고 싶은 대로 실컷 다 해먹었으니까 이제는 죽어야한다' 고 말씀하시는 것입니다.

결국 이들은 이스라엘 산 위에서 엎드려져 죽게 됩니다. 그러면 공중의 새와 들짐승들이 와서 이들의 시체를 뜯어 먹게 되는 것입니다.

마침내 모든 사람들은 이들이 한 것이 악한 것이며 결코 아름다운 것이 아니었다는 것을 다 알게 됩니다.

17절 이하에 보면 하나님께서 공중의 새와 들짐승을 초청해서 큰 파티를 하십니다. 이것은 악한 자들이 죽은 시체로 파티를 하는 것입니다.

"너 인자야 나 주 여호와가 말하노라. 너는 각종 새와 들의 각종 짐승에게 이르기를 너희는 모여 오라. 내가 너희를 위한 잔치 곧 이스라엘 산 위에 예비한 큰 잔치로 너희는 사방에서 모여서 고기를 먹으며 피를 마실찌어다. 너희가 용사의 고기를 먹으며 세상 왕들의 피를 마시기를 바산의 살찐 짐승 곧 수양이나 어린 양이나 염소나 수송아지를 먹듯 할찌라. 내가 너희를 위하여 예비한 잔치의 기름을 너희가 배불리 먹으며 그 피를 취토록 마시되 내 상에서 말과 기병과 용사와 모든 군사를 배불리 먹을지니라 하라. 나 주 여호와의 말이니라"(17-20절).

여기서 우리가 주의를 해야 할 것은 악한 자가 몰락을 하지만 절대로 그냥 공짜로 되어지는 것은 아니라는 것입니다. 악한 자를 몰아내기 위해서 엄청난 전쟁이 있어야 하고 엄청난 희생이 있어야 합니다. 왜냐하면 악한 자는 권력을 잡을 때에는 온갖 감언이설로 사람들을 속여서 잡지만 일단 한번 잡은 후에는 절대로 내어놓으려고 하지 않기 때문입니다. 그래서 자기 권력을 빼앗기지 않으려고 엄청난 몸부림과 발광을 합니다. 이것을 이기려면 악한 자의 몇 배 되는 힘이 모여져야 하는 것입니다.

이것은 집이나 동네에서도 악한 자 하나를 바로 잡으려면 악한 자의 못된 짓보다 몇 배나 강한 사랑과 관심과 인내와 설득이 동원이 되어야 하는 것과 같습니다. 그런데 우리가 평소에는 이기심 때문에 절대로 이렇게 하지 못하는 것입니다. 그러다가 멍청하게 악한 자에게 속은 후에는 정신을 차리고 사람들이 자기 것을 내어놓기 시작하는 것입니다. 그래서 모여진 사랑과 정의가 비싼 대가를 지불하고 결국 악을 꺾고 평화의 시대가 오게 되는 것입니다.

이것을 볼 때 우리가 평소에 정의를 사랑하고 다른 사람들에게 관심을 가지고 애정을 기울이는 것이 얼마나 중요한지 모릅니다. 왜냐하면 그렇게 하지 않으면 이런 악이 고개를 들 수 있는 기회를 미리 막을 수 없기 때문입니다.

대개 공산주의와 같은 독재정권이나 무지무지한 악당이 등장하는 것은 바로 이런 사랑의 결핍이나 정의의 상실로 인해 발생하게 되는 것입니다. 즉 인간들의 이기심이 악인의 출현을 제공하는 것입니다. 결국 썩은 물이 모인 곳에서 모기나 독충들이 생기는 것과 같은 이치입니다.

사람들은 미련하게도 이런 악한 자에게 실컷 당하기 전에는 진리와 사랑과 자기희생의 중요성 같을 것을 심각하게 생각하지 않습니다. 단지 모든 것이 좋다는 식으로 대충대충 넘어가려고 하는데 결국 목숨 걸고 진리를 사랑하지 않고 남을 위해서 자기희생을 하지 않는 자들에게 이런 비극적인 현상이 나타나게 되는 것입니다.

이스라엘의 각성

악이 제거되는 데 있어서는 일반인들의 건전한 상식이 되살아나는 것이 아주 중요합니다. 왜냐하면 악한 자는 워낙 그럴듯하게 속이기 때문에 그 사람의 말만 들어보면 그 말이 다 옳은 것 같이 생각이 되기 때문입니다. 그러나 나타나는 결과는 악마적이고 그야말로 악질적인 것입니다.

그런데 이런 악을 통해서 가장 먼저 깨달아야 할 사람들은 역시 하나님의 백성들입니다. 왜냐하면 그들이 하나님의 진리를 맡은 자들이기 때문입니다.

"내가 내 거룩한 이름을 내 백성 이스라엘 가운데 알게 하여 다시는 내 거룩한 이름을 더럽히지 않게 하리니 열국이 나를 여호와 곧 이스라엘의 거룩한 자인줄 알리라 하셨다 하라"(7절).

여기에 보면 가장 중요한 것은 이스라엘이 거룩하신 하나님을 제대로 알아야 한다는 것입니다. 특히 하나님의 거룩이라고 하는 것은 우리가 생각하는 상대적인 거룩이 아니라 절대적인 거룩을 말하는 것입니다.

병원에 가보면 무균실이라는 곳이 있습니다. 그곳은 환자의 보호를 위해 일체 병균이 들어오지 못하도록 막는 곳입니다. 우리는 보통 손을 보면 깨끗한 것 같지만 실제로는 병균들이 우글우글합니다. 그러나 우리는 육안으로 보고 더럽지 않으면 깨끗하다고 생각해서 생활을 합니다. 그러나 환자를 수술하거나 수술한 환자를 치료하는 곳은 그런 식으로 청결해서는 안 됩니다. 절대적으로 청결해야 하는 것입니다.

마찬가지로 우리는 도덕적으로 큰 흠이 없으면 깨끗하다고 말을 합니다. 그러나 하나님의 거룩은 절대적인 거룩인 것입니다. 거기에는 조금이라도 악하고 더러운 생각은 있을 수도 없고 추악하고 음란한 것은 있을 수가 없는 것입니다. 절대적으로 거룩하신 하나님 앞에 누가 감히 설 수 있습니까? 아주 작은 죄라도 거룩하신 하나님 앞에서는 결코 용납이 되지 않습니다. 만일 거룩하신 하나님께서 우리의 가장 작은 죄까지 찾아서 심판하신다면 우리는 그 자리에서 즉사를 할 수밖에 없습니다.

아론에게는 나답과 아비후라는 두 아들이 있었습니다. 그런데 그들이 하나님이 허용하지 않은 다른 불로 붙였다가 그 자리에서 즉사를 해버렸습니다. 우리가 생각하기에 나답과 아비후가 행한 것은 말씀을 어기기는 했지만 큰 죄는 아닌 것 같습니다. 그러나 성전에서 불이 나와서 그들을 즉사 시켜버렸습니다. 다윗이 하나님의 궤를 예루살렘으로 옮길 때 율법의 말씀대로 고핫 자손 제사장들이 어깨에 메어야 하는데 소가 끄는 수레에 실었습니다. 그런데 그만 소가 뛰는 바람에 웃사가 궤를 잡았다가 즉사를 해버렸습니다.

그동안 하나님께서 이스라엘 백성들에 대하여 오래 참으시니까 이스라엘 백성들은 하나님의 거룩을 상대적인 것으로 바꾸어버렸습니다. 그 결과 악한 '곡'이 모든 세력을 다 모아서 하나님의 백성들을 꼼짝 못하게 몰아붙였을 뿐 아니라 죽기 일보 직전까지 몰고 간 것입니다. 특히 그동안 하나님의 백성들이 가졌던 모든 축복이나 자유나 재산을 모두 다 빼앗아갔습니다. 이제는 겨우 목숨 하나 딱 남았는데 그 목숨마저도 거의 빼앗아 가고자 하는 것입니다.

이때 하나님의 백성들은 워낙 다급하니까 기도하고 또 기도합니다. 그리고 그동안에 교만했던 모든 것을 전부 다 회개하고 목숨 걸고 하나님의 말씀을 붙잡겠다고 결심을 하게 됩니다. 사실은 이렇게 하는 것이 정상적인 것인데 평소에 그렇게 하지 않았던 것입니다.

우리 인간들은 아무리 수양을 쌓고 도를 닦아도 절대로 하나님 앞에서 거룩해질 수 없습니다. 그러나 오직 이스라엘은 거룩하신 하나님을 모실 수 있습니다. 그 이유는 하나님의 말씀이 있기 때문입니다. 우리는 절대로 다른 것으로는 하나님께 나아갈 수 없지만 하나님의 말씀을 붙잡으면 하나님의 거룩하심에 나아갈 수 있습니다.

우리가 이 세상에 사는 것은 하루 종일 쓰레기장에서 재활용할 것을 찾는 것과 같습니다. 결국 이 세상에 있는 모든 것은 재활용품인 것입니다. 그래서 솔로몬은 말하기를 '해 아래 새 것이 없도다' 라는 말을 했습니다.

우리가 이 세상에서 장사를 하고 공부를 하고 사업을 하는 것 자체가 먼지 구덩이에서 결국 무엇을 찾는 것입니다. 그렇게 하다 보니까 우리의 입이나 손이나 심지어는 목구멍까지도 더러운 먼지가 가득 끼어 있습니다. 그러나 하나님은 먼지 하나 없는 절대적으로 거룩하신 분이십니다. 우리는 스스로 아무리 깨끗하게 한다고 해도 완전히 깨끗할 수 없습니다.

우리가 하나님 앞에서 깨끗해질 수 있는 길은 오직 하나님의 말씀만 잡고 나아가는 것입니다. 그러면 하나님의 말씀이 우리를 깨끗케 하실 것입니다. 그리고 불같은 하나님의 은혜와 능력이 나타나서 모든 사단의 세력을 이기게 하실 것입니다.

여기서 이스라엘이 다시 하나님을 안다는 것은 은혜를 회복하는 것을 말합니다. 하나님은 우리가 생각하는 하나님이 아니시며 절대적으로 거룩한 분이시기 때문에 오직 믿음으로 나아갈 수밖에 없다는 사실을 깨닫는 것입니다. 이것이 바로 우리가 은혜를 받을 때 일어나는 현상입니다.

우리가 하나님의 이름을 더럽히지 않는다는 것은 우리의 양심이 다시 살아나는 것을 말합니다. 그동안은 다른 사람과 자신을 비교하면서 그래도 나는 나은 편이라고 생각했는데 이제는 정말 내 자신 안에 온갖 죄가 다 있고 이제는 내 양심이 깨끗함을 받아야 하겠다는 것을 깨닫는 것입니다.

우리의 양심이 깨끗해질 때 부흥이 일어납니다. 그러면 그때 세상도 변하여 정의가 악을 이기게 됩니다.

하나님께서 이스라엘을 축복하실 때 두 가지 현상이 일어나게 됩니다.

그 첫째는 모든 무기를 다 불태워버리는 것입니다.

"이스라엘 성읍들에 거한 자가 나가서 그 병기를 불 피워 사르되 큰 방패와 작은 방패와 활과 살과 몽둥이와 창을 취하여 칠년 동안 불 피우리라"(9절).

먼저 하나님의 백성들이 은혜를 받으니까 무기가 없어지게 됩니다. 그 이유는 얼마 전까지만 해도 악한 자로부터 자기를 지키고 악한 자를 이기기 위해서 많은 무기가 필요했습니다. 예를 들어 큰 방패나 작은 방패도 있어야 했고 활과 살과 몽둥이나 창도 있어야 했습니다. 그러나 하나님의 은혜를 받으니까 악한 자에 대한 미움이 없어져버리는 것입니다. 악한 자가 그렇게 못되게 했는데도 이상하게 악한 자가 밉지가 않고 오히려 불쌍해지게 됩니다. 사실 이 마음이 가장 큰 무기인 것입니다. 하나님의 백성들의 가장 큰 무기는 칼이나 창이 아니라 남을 이해하고 불쌍히 여기는 마음입니다. 저는 감히 사랑한다는 말까지는 하지 않습니다. 단지 악한 자가 이해가 되고 불쌍한 마음이 생기기 시작하면 이미 이긴 것입니다.

그런데 이런 무기로 불을 피우는데 칠년 동안 불을 피우게 됩니다. 이것은 그동안 우리 마음속에도 얼마나 많은 무기가 있었는지 보여주는 것입니다.

우리 자신도 모르는 가운데 우리 마음속에 악한 자에 대한 너무나도 많은 미움과 너무나도 많은 생각과 무기들이 있었던 것입니다. 이것을 다 없애는데 무려 칠년이라는 시간이 걸렸습니다.

그리고 나니까 더 이상 산에 나무를 벨 필요가 없었습니다. 왜냐하면 더 이상 무기가 필요치 않기 때문입니다.

"이와 같이 그 병기로 불을 피울 것이므로 그들이 들에서 나무를 취하지 아니하며 삼림에서 벌목하지 아니하겠고 전에 자기에게서 약탈하던 자의 것을 약탈하며 전에 자기에게서 늑탈하던 자의 것을 늑탈하리라. 나 주 여호와의 말이니라"(10절).

더 이상 산에 가서 나무를 베어 와서 무기를 만들 필요가 없습니다.

왜냐하면 칠년 동안 무기를 불태우니까 정말 무기를 만들 필요가 없어졌기 때문입니다. 그러나 이 칠년 동안에는 무기를 버렸다가 다시 만들었다가 태웠다가 다시 만드는 과정을 반복했을 것입니다. 하지만 이제는 마음에 완전한 평화가 왔습니다. 그 대신 나를 약탈하던 자의 것을 약탈하게 됩니다. 이것은 물건을 약탈하는 것이 아니라 마음을 약탈하는 것입니다. 즉 사랑과 진리로 공격을 하게 되는 것입니다. 이것이 악이 무너지는 지름길입니다.

그리고 두 번째로는 완전히 '곡'이 죽어서 장사를 지내게 되는데 뼈 하나하나 까지 찾아서 철저하게 묻어버리게 됩니다.

"그 날에 내가 곡을 위하여 이스라엘 땅 곧 바다 동편 사람의 통행하는 골짜기를 매장지로 주리니 통행하던 것이 막힐 것이라. 사람이 거기서 곡과 그 모든 무리를 장사하고 이름을 하몬곡의 골짜기라 일컬으리라"(11절).

여기서 바다 동편은 사해 바다 동편을 말합니다. 거기에는 유명한 킹 스로드라고 해서 대상들이 다니는 길이 있었습니다. 역사적으로 많은 왕들이 그 길을 다니면서 전쟁을 했습니다. 그러나 이제는 그 길이 '곡'의 무덤이 되기 때문에 그 길이 영구적으로 폐쇄되어 버립니다. 그 대신에 하몬곡 골짜기라고 부르게 되는데 하몬곡은 '곡들의 무리'라는 뜻입니다. 즉 이 세상에서 자기 야망만 믿고 많은 사람들을 괴롭게 하던 자들은 다 이곳에 묻혔다는 뜻입니다. 결국 이 길이 폐쇄되면 사람들은 예루살렘을 통해서 이동하게 될 것입니다.

역사적으로 이스라엘의 위치가 중요했던 이유는 그곳이 온 세상으로 통하는 길목이었기 때문입니다. 그런데 이스라엘이 말씀의 영향을 미치지 않고 장사를 하려고 했을 때 그 길은 악하게 사용되었습니다. 전쟁의 통로가 되었던 것입니다. 그러나 이제 다시 악은 막히고 진리의 통로가 됩니다.

모든 악한 자들은 하나님의 진리가 선포되는 곳에서 묻힐 것입니다. 거기가 바로 하몬곡입니다.

이제 후로는 이스라엘 사람들이 철저하게 변한 모습으로 나타납니다.

"그들이 사람을 택하여 그 땅에 늘 순행하며 장사할 사람으로 더불어 지면에 남아 있는 시체를 장사하여 그 땅을 정결케 할 것이라. 일곱 달 후에 그들이 살펴보되 순행하는 자가 그 땅으로 통행하다가 사람의 뼈를 보면 그 곁에 표를 세워 장사하는 자로 와서 하몬곡 골짜기에 장사하게 할 것이요"(14-15절).

악한 자가 한번 설치고 난 세상은 구석구석에 악의 뼈들이 늘려져 있게 마련입니다. 그래서 이스라엘 백성들이 한번 악을 철저하게 겪고 난 후에는 진리가 아닌 곡의 뼈는 발견되는 즉시 표시를 세워서 철저하게 뼈를 장사하게 하는 것입니다. 그리고 다시는 부정한 뼈가 단 한 조각도 이스라엘 땅에는 없도록 합니다. 즉 이제는 철저하게 거룩하고 철저하게 말씀대로 믿으려고 하게 되는 것입니다.

하나님의 놀라운 회복

하나님께서는 하나님의 백성들이 진리로 돌아오기만 하면 다시 그들을 철저하게 축복하셔서 놀랍게 회복되게 하십니다.

"그러므로 나 주 여호와가 말하노라. 내가 이제 내 거룩한 이름을 위하여 열심을 내어 야곱의 사로잡힌 자를 돌아오게 하며 이스라엘 온 족속에게 긍휼을 베풀지라. 그들이 그 땅에 평안히 거하고 두렵게 할 자가 없게 될 때에 부끄러움을 품고 내게 범한 죄를 뉘우치리니 곧 내가 그들을 만민 중에서 돌아오게 하고 적국 중에서 모아내어 열국 목전에서 그들로 인하여 나의 거룩함을 나타낼 때에라"(25-27절).

우리가 하나님의 말씀에 결단을 내릴 때 하나님은 우리를 위하여 열심을 내게 됩니다. 하나님이 어떤 열심을 낼까요? 우리를 치료하시며 우리를 회복시키시며 축복하시는데 열심을 내시게 되는 것입니다.

아마 딸이 시집을 가게 되면 엄마는 여러 가지 필요한 것을 사는데 열심을 내게 될 것입니다. 일단 딸이 필요로 하는 것들의 리스트를 작성한 후에 가장 좋은 물건들을 사려고 할 것입니다. 그때는 아무리 돌아다녀도 피곤치가 않을 것입니다. 왜냐하면 사랑하는 딸을 행복하게 해 주고 싶으니까요.

이것이 우리를 향한 하나님의 열심입니다. 하나님은 정말 우리에게 가장 좋은 것을 주시기를 원하시며 아주 섬세하게 우리의 필요를 채워 주십니다.

우선 하나님은 우리가 포로된 곳에서 끄집어내어 주십니다. 포로가 되었다는 것은 전쟁 노예를 말하는데 그야말로 인생 중에 가장 비참한 인생입니다. 가진 것이 하나도 없는 빈털터리 일뿐 아니라 몸도 자기 몸이 아닙니다. 자기 마음대로 죽을 수도 없는 몸입니다. 그런데 하나님께서는 그런 가운데서 우리를 끄집어내십니다. 우리를 놀랍게 치료하여 주시고 회복시켜주시는데 물질적으로도 엄청나게 복을 주십니다. 우리는 말만으로는 하나님의 사랑을 잘 느끼지 못합니다. 결국 돈이 오고 물건이 생기고 하나님의 사랑이 피부에 와 닿을 때 믿게 되는 것입니다.

여기에 보면 '평안히 거하고 아무도 우리를 두렵게 할 자가 없다'고 했습니다. 그 이유는 하나님의 사랑이 매일 피부에 와 닿기 때문입니다. 너무나도 구체적으로 사랑을 표현하여 주시기 때문입니다.

그때 우리는 한편으로는 감사하면서도 한편으로는 부끄러워합니다. 왜냐하면 아무리 하나님이 우리를 축복하셔도 우리는 온전히 그분을 믿으며 살지 못하기 때문입니다. 그래서 이 두 가지 감정은 언제나 함께 있는 것 같습니다. 하나는 감사합니다. 그러나 다른 한편으로는 미안하고 부끄럽습니다. 왜냐하면 하나님의 사랑에 보답을 못하기 때문입니다. 그러나 하나님은 괜찮다고 하십니다. 왜냐하면 미안해하는 것이 거짓말하는 것보다는 낫기 때문입니다. 그러나 가장 중요한 것이 남아 있습니다. 그래서 성경은 언제나 끝까지 읽어보아야 하는 것입니다.

"내가 다시는 내 얼굴을 그들에게 가리우지 아니하리니 이는 내가 내 신을 이스라엘 족속에게 쏟았음이니라. 나 주 여호와의 말이니라"(29절).

하나님이 다시는 얼굴을 가리지 않으신다는 것은 언제나 우리에게 은혜를 베푸시고 우리의 기도를 외면치 아니하시고 응답하시는 것입니다. 기도 응답만 있으면 우리는 두려워할 것이 아무 것도 없습니다.

하지만 가장 중요한 것은 역시 성령의 역사입니다. 내 신을 이스라엘에게 쏟았다고 했습니다. 하나님의 신을 퍼부으시니까 우리가 은혜 받지 않을 수가 없고 우리가 변하지 않을 수가 없는 것입니다. 하나님이 우리에게 주시는 최고의 복은 성령을 쏟아주시는 것입니다. 결국 충만한 성령의 역사가 '곡'을 이기고 전쟁을 이기고 불행을 이길 수가 있습니다. 여러분 모두에게 하나님의 놀라운 기도 응답과 성령의 부으심이 있기를 바랍니다.

37

| 겔 40:1-49 |

성전 측량

얼마 전 유네스코에서는 세계의 7대 불가사의라고 해서 역사적인 위대한 건축물들을 발표한 적이 있었습니다. 그 중에 인도의 타지마할 궁전이 있고 중국의 만리장성이 있었습니다. 그러나 이런 건축물들은 과거 우리 인간들이 엄청난 건축물들을 만들 수 있는 권력과 기술이 있었다는 것을 자랑하는 기념물이지 현재 우리가 이 건물들의 혜택을 볼 수 있는 것은 아닌 것입니다.

그렇다면 우리 인류가 만든 건축물 중에서 가장 위대한 것은 무엇일까요? 그것은 바로 이스라엘 백성들이 지은 성전이었습니다.

구약의 인물들 중에서 성전을 지음으로 복이란 복은 다 받은 사람이 있었는데 그 사람은 바로 솔로몬이었습니다. 솔로몬은 성전을 처음 지은 사람도 아니었습니다. 솔로몬이 지은 성전은 옛날 모세가 지은 성전을 리모델링한 것이었습니다. 그런데 솔로몬은 성전을 지음으로 세상의 왕들 중에서 가장 뛰어난 지혜를 가졌고 그가 하나님으로부터 받은 부귀와 영화는 말로 표현할 수가 없었습니다.

모세는 시내산 광야에서 텐트로 지은 성전을 지음으로 이스라엘이 하나님을 만나게 되는 축복을 누리게 했습니다. 즉 그 전에는 하나님과 이 세상의 인간들 사이에 직접적인 접촉점이 없었는데 성전이 세워짐으로 하나님은 이스라엘 백성들 안에 사시게 되었습니다.

이 세상에 하나님의 성전이 있다는 것은 이루 말로 표현할 수 없는 복입니다. 이스라엘 백성들은 성전이 없어지기 전까지는 성전의 복을 잘 알지 못했습니다.

사실 성전이 세워짐으로 이스라엘은 하나님의 신선한 생명 있는 복을 공급받게 되었습니다. 누구든지 성전에서 제사를 드림으로 죄 용서를 받게 되었고 깨끗한 새 양심을 얻을 수 있게 되었습니다. 깨끗한 새 양심은 돈으로 헤아릴 수 없는 값비싼 것입니다. 그리고 성전의 제사를 통해서 인간들은 하나님의 진노의 심판을 면제 받고 오히려 하나님의 가장 위대한 지식과 성품의 능력을 받을 수 있었습니다. 그러나 이런 성전의 복들은 눈에 보이는 것이 아니었고 세상에서 알아주는 것이 아니었기 때문에 이스라엘 백성들은 세상의 가치를 성전의 가치보다 더 높게 평가를 했습니다. 특히 이스라엘 백성들은 하나님이 주시는 복보다는 세상에서 성공하고 세상에서 잘 살고 세상에서 인정받는 것을 더 좋아하면서 치명적인 우상을 받아들이고 세상의 가치관을 따라가게 되었습니다.

구약 선지자들이 일관되게 말하고 있는 것은 이스라엘이나 유다가 망한 것은 국력의 문제가 아니라 우상숭배 때문이었다는 것입니다. 만약 선지자들의 이런 증거가 없었더라면 모든 사람들은 여호와가 능력이 없어서 자기 백성들을 지켜주지 못해서 망했을 것이라고 생각했을 것입니다. 즉 선지자들은 이스라엘 백성들이 망한 것은 여호와의 팔이 짧거나 팔의 힘이 없어서 그렇게 된 것이 아니라 이스라엘 백성들이 하나님의 말씀에 불순종하고 우상을 섬기고 음란한 생활을 해서 망했다는 것입니다. 좌우간 예루살렘은 망하고 성전은 불타서 없어지고 말았습니다.

 그런데 에스겔이 바벨론에 포로 되어간 지 이십오 년 되는 해에 하나님께서 에스겔에게 강한 성령의 감동을 주셨는데 에스겔이 그 감동 가운데 예루살렘으로 날아가 보니까 거기에는 성전이 있었습니다. 이때는 이미 유다가 바벨론에 망해서 성전이 불에 타서 파괴된 때였습니다. 그러나 그 성전은 사람들이 활발하게 예배를 드리고 있는 성전이 아니고 비어 있는 아무도 없는 성전이었습니다. 에스겔이 본 성전은 담이나 문이나 빈 방만 있었고 제사장도 없고 제물도 없고 백성들도 아무도 없는 빈 성전이었습니다. 하나님께서는 여기서 에스겔이 놋 빛이 나는 한 사람과 함께 성전 안을 다니면서 담의 높이나 넓이나 문의 크기 등을 자로 재는 것을 하게 하셨습니다.

 이스라엘 백성들은 부주의해서 하나님의 성전을 불태워버렸습니다. 그러나 하나님 앞에서는 한 성전이 준비되어 있었습니다. 그렇지만 이 성전은 아직 비어있는 빈 성전이었습니다. 이 성전은 장차 하나님의 은혜로 채워져야 하는 성전이었습니다.

불타지 않은 성전

에스겔이 성전을 측량하는 내용은 에스겔서 후반부를 거의 다 차지하고 있습니다. 결국 에스겔서는 하나님께서 에스겔에게 포로된 자들에게 장차 예루살렘이 망한다는 예언을 하게 하시는 것에서부터 시작해서 사람의 손으로 짓지 않은 한 성전이 준비되어 있는 것을 보여주시는 것으로 끝나게 됩니다.

하나님께서 에스겔에게 이 성전을 보여주신 때는 유다 백성들의 포로 생활이 삼분의 일 쯤이 지나갈 때였습니다.

"우리가 사로잡힌지 이십 오년이요 성이 함락된 후 십 사년 정월 십일 곧 그 날에 여호와의 권능이 내게 임하여 나를 데리고 이스라엘 땅으로 가시되"(1절).

본문은 에스겔이 이 환상을 본 시기가 '우리가 사로잡힌 지 이십오년'이라고 했습니다. 유다 백성들은 칠십년을 포로 생활을 했으니까 '포로된 지 이십오 년'이라고 하면 포로생활의 삼분의 일 정도 지난 시점이었습니다. 그리고 성전이 함락된지 십사 년이라고 했으니 이들이 포로 된지 11년에 예루살렘성이 함락된 것입니다.

보통 포로로 붙들려 간 사람들은 십년이 되면 자기들이 풀려서 예루살렘으로 돌아갈 수 있지 않을까 기대를 잔뜩 하고 있었지만 에스겔은 예루살렘을 너무 기대하지 말라고 했습니다. 왜냐하면 예루살렘은 하나님의 계획에 의하면 망하게 되어 있기 때문입니다. 결국 그 말 그대로 이들이 포로 되고 십일 년 만에 예루살렘은 망하고 성전은 불에 타버렸습니다. 그리고 이제 전 세계에서 이스라엘 백성의 나라는 없어지고 말았습니다. 그들은 모두 나라가 없는 민족이 되고 만 것입니다. 바벨론에 붙들려온 유대인들이 바벨론을 무찌르고 예루살렘으로 다시 돌아가서 나라를 세운다는 것은 불가능한 일이었습니다. 이제 그들은 포로 생활을 한지 이십오 년이 되었고 이때는 포로된 자들에게 가장 힘든 시기였습니다. 이때 하나님께서는 에스겔을 통하여 불타지 않은 성전을 환상으로 보여주셨습니다.

무슨 일을 하든지 가장 힘들 때가 삼분의 일 지점이 될 때까지일 것입니다. 오히려 절반이 지난 후부터는 이제는 내리막길이기 때문에 오히려 견디기가 생각보다 쉬운 법인데 삼분의 일 지점은 이제 오르막을 향하여 온갖 힘을 다 내어서 올라가야 하는 시점인 것입니다. 이때 하나님께서는 포로된 유다 민족에게 성전의 환상을 보여주셨습니다.

하나님께서는 이상 중에 에스겔을 예루살렘으로 데리고 가셨습니다. 그런데 그 성전은 불타지 않고 굳건하게 서 있었습니다.

"하나님의 이상 중에 나를 데리고 그 땅에 이르러 나를 극히 높은 산 위에 내려 놓으시는데 거기서 남으로 향하여 성읍 형상 같은 것이 있더라"(2절).

하나님께서 절망 중에 있는 성도들을 위로하는 방식은 강한 능력으로 감동을 시키셔서 하나님의 뜻을 보게 하시는 것입니다.

사람이 노예가 되면 내일이라는 것을 생각할 정신적인 여유가 없습니다. 오직 오늘 매를 덜 맞고 오직 오늘 배를 불리고 좀 더 편하게 지나면 충분한 것입니다. 러시아의 작가 솔제니친이 쓴 '이반 데비소니치의 하루' 라는 책을 보면 이 사람들에게 중요한 것은 오직 그 날 하루 밖에 없습니다. 그날 하루 남보다 죽을 한 그릇 더 받아서 먹고 오직 그 날 하루 일을 좀 덜하고 그 날 밤에 잠을 편하게 자면 충분한 것입니다. 그런데 이 수용소 생활에 추위와 배고픔이라는 것이 살아있는 사람을 얼마나 고통스럽게 하는지 모릅니다. 거의 대부분의 사람들은 오직 눈앞에 있는 이익이나 다른 사람들과의 관계만 생각하면서 살아가고 있습니다. 이런 사람을 변화시키는 것은 하나님의 강한 감동 외에는 대안이 없습니다. 오직 눈앞에 있는 이익만 생각하고 다른 사람들과의 이해관계만 생각하는 우리에게 갑자기 성령의 강한 능력이 임하는 것입니다. 그리고 하나님의 놀라운 계획을 보게 하시는 것입니다. 이것은 비유를 들면 돼지가 천사로 변하는 것과 같습니다. 우리는 지금 매일 매일 눈앞에 있는 이익이나 다른 사람들과의 이해관계만 생각하면서 살아가고 있습니다. 이것이 바로 돼지들이 하는 것입니다. 그런데 우리 힘으로는 이런 것에서 벗어날 수가 없습니다. 그런데 아주 강한 하나님의 능력이 임하면서 우리의 눈이 하나님을 향하게 되는 것입니다. 이때가 바로 우리를 칭칭 옭아매고 있는 모든 사슬들을 다 끊어버리고 우리의 영혼이 독수리같이 하나님을 향하여 날아가는 것입니다. 우리에게 이런 순간이 없으면 우리는 돼지나 다를 바가 없습니다.

하나님께서 에스겔을 데리고 가신 곳은 극히 높은 산 정상이었습니다. 에스겔은 지금까지 인생 밑바닥에 있다가 가장 높은 곳으로 올림을 받았던 것입니다. 에스겔이 가장 높은 곳에 올라갔을 때 거기에 하나님의 성전이 있었습니다. 여기에는 '성읍 형상 같은 것' 이라고 했습니다. 어떻게 보면 도시 같은데 지금까지는 본 적이 없는 성이었던 것입니다.

우선 에스겔이 본 성전부터 한번 생각을 해 봅시다.

지금 분명히 예루살렘에 있는 성전은 불에 타서 파괴되어버렸습니다. 그렇게 된지도 이미 십일 년이 지났습니다. 그런데 에스겔의 환상 중에는 성전이 분명히 남아 있었습니다. 그렇다면 과연 에스겔이 환상 중에 본 성전은 어떤 성전일까요?

이 성전은 예루살렘에서 불에 타서 없어진 성전은 아닙니다. 왜냐하면 예루살렘에 있는 성전은 유다 백성들의 우상숭배로 너무나도 더럽혀져 있었습니다. 이미 성전이 불타기 전에 에스겔이 한번 갔을 때 성전 벽에는 온갖 우상들이 다 그려져 있었고 또 비밀 장소 같은데서 우상숭배를 하고 있었습니다. 그런데 에스겔이 본 성전에는 그런 것이 하나도 없이 깨끗한 성전이었습니다. 여기에는 이상한 우상의 낙서나 우상숭배의 흔적이 하나도 없이 깨끗한 성전이었습니다.

그런데 또 하나의 특징은 성전은 있는데 이 성전은 지금 사용되고 있는 것이 아니라 비어 있는 성전이었습니다. 보통 때 같으면 성전 안에는 제사장들이 분향을 하거나 짐승을 잡거나 혹은 제사장들이 제사를 드림으로 사람들이 많이 있고 또 분주했을 것입니다. 그러나 에스겔이 환상 중에 본 이 성전은 사람이 아무도 없었습니다. 또 제물도 없었습니다. 제단도 비어있고 분향을 하는 사람도 아무도 없었습니다. 오직 담만 있고 방들만 있고 뜰만 있는 비어있는 성전이었습니다. 마치 우리가 어느 집에 이사를 하기로 하고 이사하기 전에 그 집을 가보면 집이 완전이 텅 비어 있는 것과 같습니다. 이 방 저 방이 다 비어 있고 부엌도 비어 있고 화장실도 비어 있습니다. 우리는 이제 그 집 안에 이삿짐을 가지고 와서 집을 가득 채울 것입니다. 장마다 옷장과 침대와 커튼과 탁자와 의자를 갖다 놓을 것입니다.

에스겔이 보고 있는 것은 마치 이사하기 전에 비어 있는 집과 같은 빈 성전이었습니다. 성전에는 하나님의 영광도 없었고 제사장도 없었고 제사도 없었고 오직 빈 건물만 덩그러니 서 있을 뿐이었습니다.

도대체 이 빈 성전이 의미하는 것이 무엇이겠습니까? 바로 이것은 이스라엘 백성 자신들인 것입니다. 옛날에 이스라엘 백성들이 오해했던 것은 예루살렘 성전이 자기 자신이라는 것을 알지 못했던 것입니다. 자기 자신들을 더럽힐 때 성전은 더러워지고 있었던 것입니다. 하나님께서 이스라엘 백성들을 망하게 하신 것은 바로 이 성전을 치우기 위해서였습니다. 이스라엘 백성들의 생각과 감정과 생활 습관가운데서 우상을 지우는데 완전한 성전 파괴와 칠십년의 포로 생활이 필요했습니다. 하나님께서 에스겔에게 이 빈 성전을 보여주시는 것은 이제 포로생활 이십오 년을 하면서 성전이 많이 깨끗케 되어가고 있다는 것을 깨닫게 하시는 것입니다. 이제 그들이 해야 할 것은 이 빈 성전을 하나님의 말씀과 은혜로 가득 채우는 것입니다. 이것을 예루살렘에 돌아간 후에 하겠다고 하면 잘못 생각하는 것입니다. 그들은 이 포로생활을 하면서 그들의 빈 마음에 하나님의 말씀과 은혜로 가득 채워야 합니다. 그러면 다른 복들은 저절로 따라오게 되어 있습니다.

그래서 우리가 고난 중에 있을 때 필수적으로 해야 하는 것은 두 가지입니다. 하나는 우리의 속을 가득 채우고 있는 세상적인 생각과 습관과 정욕을 비우는 것입니다. 이렇게 하는데 우리는 매우 긴 시간이 필요합니다. 우리가 하나님의 은혜로 우리 중심을 채우기 전에 먼저 해야 하는 것은 우리 자신을 비우는 것입니다. 우리가 자신을 비우지 않고 하나님의 은혜를 아무리 달라고 해 봐야 아무 소용이 없습니다. 왜냐하면 우리는 우리 생각에 빠져 있어서 하나님의 은혜가 도무지 들어올 수가 없기 때문입니다. 그리고 우리 속을 비우고 난 후에는 우리는 다른 것으로 채우면 안 되고 하나님의 말씀과 성령의 능력으로 우리 속사람을 채워야 하는 것입니다.

그래서 지금 높은 산에 비어있는 성전은 바벨론에 포로생활하고 있는 유다 백성들 자신이었습니다. 그들은 지금 비우고 있는 과정에 있는 것입니다.

우리에게 참으로 이상한 것은 우리 안에 있는 욕심 하나하나가 마치 거머리와 같다는 사실입니다. 우리 안에 욕심이 있을 때 이 욕심이 너무나도 아름답고 좋아 보여서 절대로 버릴 수가 없습니다. 사실은 이것이 우리의 영광을 갉아 먹고 있고 우리의 축복을 갉아먹고 있는데도 우리는 욕심을 포기하는 것이 절대로 되지 않습니다. 이중생활을 해서라도 이 욕심을 가지고 살아가고 싶고 속이고 거짓말하고 싶은 생각까지도 듭니다. 그런데 강한 하나님의 능력이 임하면 마음속에 들어 있던 이 거머리들이 정리가 되기 시작합니다. 그렇게 포기하기 싫고 집착하고 좋아하던 것들이 보따리로 싸는 것처럼 정리가 되어버립니다. 이것이 될 때 우리 마음이 얼마나 시원해지는지 모릅니다. 사실 보따리로 싸놓고 보면 우상은 아무것도 아닙니다. 그러나 보따리를 싸기 전까지는 얼마나 그것이 아깝고 미련이 생기고 집착이 되는지 모릅니다. 하나님의 백성들에게 가장 위대한 것은 우상을 보따리로 싸서 버릴 수 있다는 것입니다. 그러면 우리 안에 있는 성전의 영광이 서서히 드러나기 시작합니다.

이스라엘 백성들에게 우상이 얼마나 강했는가 하면 나라가 망하는데도 우상이 포기가 되지 않았던 것입니다. 그래서 북쪽 이스라엘은 완전히 망해버렸습니다. 그런데도 우상이 포기가 되지 않았습니다. 이 우상이라고 하는 것은 세상적인 모든 재미와 인정과 성공을 위한 욕심을 말합니다. 유다도 망하기까지 우상이 떨어져 나가지 않았습니다. 그런데 바벨론에 포로 생활한지 이십오 년이 되는 이 시점은 우상들이 막 떨어져 나가기 시작한 시점이었던 것입니다. 이제는 우상도 필요 없고 세상 성공도 필요 없고 재미있게 사는 것도 필요가 없고 자신들의 인생을 하나님의 눈으로 다시 볼 수 있는 기회를 가지게 되었던 것입니다.

> "그 사람이 내게 이르되 인자야 내가 네게 보이는 그것을 눈으로 보고 귀로 들으며 네 마음으로 생각할찌어다. 내가 이것을 네게 보이려고 이리로 데리고 왔나니 너는 본 것을 다 이스라엘 족속에게 고할지어다 하더라"(4절).

에스겔은 빈 성전에서 안내하는 한 천사만 만나게 되는데 그 사람이 에스겔에게 하는 말이 '너는 네게 보이는 그것을 눈으로 보고 귀로 듣고 마음으로 생각하라' 고 했습니다. 즉 우리가 가지고 있는 모든 감각 기관을 다 동원해서 하나님의 뜻을 생각하라는 것입니다. 즉 눈으로 보기만 해서는 안 되고 귀로 듣기만 해서도 안 되고 이 모든 것을 마음으로 가지고 와서 깊이 생각을 하라는 것입니다.

하나님의 말씀은 우리에게 두 가지로 전달이 되게 됩니다. 하나는 귀로 전달되어 머리로 들어가는 것이 있고 다른 하나는 영으로 듣고 바로 마음으로 들어가는 것이 있습니다. 우리가 말로 전달되는 메시지에는 오류가 있을 수도 있고 표현이 부족할 수 있습니다. 그러나 영으로 전달되는 메시지는 오류가 없습니다. 그리고 그 강도라고 하는 것은 말로 표현할 수 없을 정도로 강한 것입니다. 곧 이 세상에 찌들어 있고 이 세상에 빠져 있으며 낙심과 절망 가운데 있는 우리들을 바로 붙잡아서 하나님 앞으로 데리고 가는 것입니다.

그러면 우리가 있는 그곳이 바로 예수님이 변하셨던 변화산이 되어 버립니다. 세상의 모든 고통은 눈 녹듯이 다 사라져버리고 우리를 잡아매고 있는 모든 쇠사슬과 착고는 풀어져버리고 우리 안에 성령이 엄청나게 부어지게 됩니다. 여기서 우리는 하나님과 하나가 되는 것입니다.

성전을 측량하다

에스겔이 환상 중에 성전에 갔을 때 거기에는 한 이상한 사람이 측량하는 줄과 장대를 가지고 있었습니다.

> "나를 데리시고 거기 이르시니 모양이 놋 같이 빛난 사람 하나가 손에 삼줄과 척량하는 장대를 가지고 문에 서서 있더니"(3절).

에스겔에 성전에 갔을 때 만난 것은 대제사장이 아니었습니다. 이 사람은 놋 같은 빛을 내는 사람이었습니다.

우선 이 놋과 같은 빛을 내는 천사가 무엇을 의미하는가 하는 것입니다. 원래 성전 내면은 모두가 금으로 되어 있습니다. 그래서 의당 성전에서 만난 천사라고 하면 금빛을 내는 사람이어야 할 텐데 그렇지 않고 놋으로 된 빛을 내는 사람이었습니다. 이 놋이라고 하는 것은 금이나 은에 비하여 찬란하지 않습니다. 그러나 용광로의 불에는 아주 강한 장점을 가지고 있습니다. 그래서 이스라엘 백성들은 뜰에 있는 제단이나 제단의 기구들은 놋으로 만들었습니다. 왜냐하면 불에 쉽게 녹지 않기 때문입니다. 이 놋 빛을 내는 천사는 유다 백성들이 바벨론 포로생활을 하는 동안 함께 하는 천사를 가리킨다고 할 수 있습니다. 즉 아무리 바벨론의 포로생활이 극렬한 풀무와 같아도 유다 백성들은 결코 녹아서 없어지지 않고 오직 더욱 더 하나님 앞에서 깨끗한 제단으로 준비가 되는 것입니다. 하나님의 백성들이 고난을 이겨낼 때 하나님께서는 다른 사람들이 죄까지도 불쌍히 여겨주십니다.

이것은 오늘 우리들에게도 마찬가지입니다. 오늘 우리 예수 믿는 사람들이 이미 다 승리한 것처럼 금이나 은빛으로 자신들을 자랑할 때 하나님은 기뻐하시지 않으십니다. 우리가 고난 중에 기도할 때 우리의 색깔은 놋 빛입니다. 하나님께서는 이것을 거룩한 산 제사로 받으시는 것입니다. 우리가 세상의 쾌락이나 즐거움을 참고 하나님 앞에 나와서 말씀을 듣고 기도할 때 우리의 색깔은 놋 빛입니다. 왜냐하면 세상 즐거움을 포기하고 참는 바람에 얼굴이 노랗게 되어버린 것입니다. 그러나 하나님은 이 기도를 기뻐 받으십니다.

그리고 하나님은 지금 바벨론 포로생활에 실컷 고생하고 있는 유다 백성들의 비전으로 다른 것을 보여주시지 않고 성전을 보여주셨습니다.

즉 예루살렘 성전은 불에 타 없어졌지만 그래도 성전의 기회는 남아 있다는 것입니다. 이 세상에서 인간들에게 주어지는 복 중에서 최고의 복은 성전의 복입니다. 왜냐하면 이 성전을 통해서 천국이 복의 쏟아지기 때문입니다. 그리고 이 성전을 통해서 주어지는 복이 진짜 복입니다.

그러나 이 성전은 어느 누가 혼자 지을 수 있는 것이 아닙니다. 왜냐하면 성전의 벽돌 하나하나가 하나님의 백성들이기 때문입니다. 눈에 보이는 건물은 오히려 짓기가 쉬울 것입니다. 왜냐하면 돈만 있으면 지을 수 있기 때문입니다. 그러나 하나님의 성전은 한 사람 한 사람이 하나님의 말씀으로 다듬어져야 하고 변화가 되어야 합니다. 그리고 그 전체가 딱 맞아 떨어져서 빈틈이 없어야 하고 그 한 가운데 오직 하나님의 말씀만 있어야 합니다.

이렇게 하기 위해서 모세는 이스라엘 백성들을 광야에 붙들어 놓고 무려 사십년 동안 하나님의 말씀을 퍼붓다 시피 했습니다. 처음에는 이스라엘 백성들이 왜 하나님께서 우리에게 가나안의 복을 주시지 않고 이렇게 광야에 붙잡아 놓고 뺑뺑이를 돌리시는가 의아해 했지만 실제로는 광야 사십년이 눈에 보이지 않는 성전을 짓는 기간이었습니다.

이것은 오늘도 마찬가지입니다. 처음에 우리가 예수를 믿을 때에 모두 믿기는 하지만 뾰쪽한 돌이고 집으로 짓기에 대단히 적합하지가 않습니다. 그리고 우리가 모인다고 하지만 그 안에는 세상의 자랑이나 야망이나 욕심이 가득할 때가 많이 있습니다. 그러나 우리 한 사람 한 사람이 하나님의 말씀으로 다듬어지고 서로 간에 인격적인 신뢰와 사랑으로 연결되고 우리 안에 오직 하나님의 말씀만이 충만할 때 우리에게는 사실 복이란 복은 다 부어지는 것입니다. 거기가 바로 시내산이고 거기가 바로 솔로몬의 일천 번제가 응답받은 곳이며 거기가 바로 성령이 부어지는 마가의 다락방인 것입니다.

그리고 세 번째로는 이 놋 빛을 가진 천사가 성전을 측량하는 줄과 장대를 가지고 척량을 하기 시작했습니다.

우리가 보통 측량이라고 하면 건축이나 토목에 사용하는 잣대를 말합니다.

우리가 새로 도로를 만들거나 주택지나 공장지대를 만들 때 보면 가장 먼저 측량하는 기사들이 와서 삼각대 위에 망원경 같은 것으로 보면서 논이나 밭이나 산에 붉은 깃발을 많이 꽂아놓습니다. 이것이 나중에 도로가 되고 주택부지가 될 곳인 것입니다.

대개 측량을 할 때에는 두 가지 의미가 있습니다. 하나는 아무 것도 없는 논이나 밭에 장차 세워질 시설들이나 도로를 측량을 해서 표시를 해 놓는 것입니다. 그러면 지금은 아무 것도 없지만 앞으로 틀림없이 그곳은 건물이나 도로가 만들어질 것입니다. 그리고 다른 하나는 이미 세워진 집이나 도로가 원래 설계도대로 만들어졌는지 확인을 하는 것입니다. 만약 집이나 시설물들이 만들어지기는 만들어졌는데 설계도와 아무 상관없이 자기 멋대로 만들어졌다면 이것은 부수어서 다시 만들어야 하는 것입니다.

아모스에서 보면 하나님께서 아모스 선지자에게 보이신 환상 중에 다림줄의 환상이 있습니다. 이것은 이스라엘이라는 건물이 너무 비뚤하게 지어진 부실 건물이기 때문에 결국 부수어야 하는 것을 보여줍니다. 부실 건물은 분명히 하자가 있기 때문에 크게 보수를 하든지 부수어서 새로 지을 수밖에 없습니다. 요한계시록에도 성전을 측량하는 것이 나오는데 이것은 성전과 세상의 구별이 모호하기 때문에 이것을 분명히 구별하기 위해서 하는 것입니다. 그래서 하나님께서는 측량되지 않는 세상은 심판하시겠다고 말씀을 하십니다. 즉 종교적인 열심을 가지고 무조건 열심히 믿는다고 해서 다 좋은 것이 아니라 하나님의 말씀에 일치를 해야 오래가고 복이 임하는 것입니다.

그런데 에스겔서에 나오는 측량은 빈 들판에서 새로 성전을 세우기 위해서 측량하는 것도 아니고 그렇다고 해서 잘못 지어진 건물을 설계도와 확인해서 부수기 위해서 측량하는 것도 아니었습니다. 이 측량은 빈 성전을 측량을 하는 것입니다. 이것은 하나님께서 이 빈 성전을 인정하시고 앞으로 이 하나 하나에 대하여 하나님의 놀라운 은혜와 축복으로 채우시기 위해서 측량을 하시는 것입니다.

예를 들어 어떤 부인이 새로 아파트를 사서 이사를 갔는데 창에 커튼이 없습니다. 그래서 커튼 하는 사람을 불렀더니 자를 가지고 와서 재어 갔습니다. 그것은 그 집 창문에 딱 맞는 멋진 커튼을 만들어 오기 위해서 재어간 것입니다. 이것은 창문을 부수려고 잰 것이 아닙니다.

그래서 우리는 하나님의 말씀의 자가 여러 가지 기능을 한다는 것을 알아야 합니다. 하나는 세상과 구별하기 위한 측량입니다. 우리가 가지고 있는 많은 복들은 하나님의 복과 세상 복이 섞여있는 상태입니다. 이때 우리가 해야 할 것은 정확하게 말씀으로 재어서 세상적인 복과 하나님의 복을 구별해야 합니다. 이것이 계시록에 나오는 측량인 것입니다. 아브라함이 그돌라오멜의 연합군을 부수고 승리해서 돌아왔을 때 소돔 왕은 아브라함에게 소돔의 재물을 다 줄 테니까 자기와 동맹을 맺자고 했습니다. 그때 아브라함은 거절을 하면서 소돔에서는 실 한 올도 받지 않겠다고 하면서 자기는 소돔 왕이 자기를 부자가 되게 했다는 소리를 듣지 않겠다고 했습니다. 이것은 오직 하나님의 복으로만 복을 받겠다는 것입니다. 야곱만큼 하나님의 복과 세상적인 복이 뒤섞인 사람도 없었습니다. 그러나 그가 얍복강 가에서 천사와 씨름해서 환도 뼈가 꺾이고 난 후에는 진짜 하나님의 복을 받는 이스라엘이 되었습니다.

우리가 하나님의 말씀으로 하나님의 것이 아닌 것을 부수어야 합니다. 우리가 미리 말씀을 깨닫고 부수는 것이 하나님의 손에 의해서 부수어지는 것보다 훨씬 낫습니다. 그 이유는 하나님이 치시는 매는 너무나도 아프기 때문입니다. 이것이 아모스서에 나오는 다림줄의 환상입니다.

그러나 에스겔이 환상에서 본 것처럼 이미 하나님의 징계를 받아서 다 비어진 성전은 이제 말씀으로 자를 재기만 하면 하나님께서 채워주시게 됩니다. 이제는 성전 마당과 빈 방들과 성전 제단과 지성소와 모든 것들을 하나님께서 온전한 복으로 채워주실 것입니다. 그러기에 우리는 자꾸 하나님의 말씀의 자로 재어야 합니다. 하나님께서는 아브라함에게 가나안 땅을 종과 횡으로 다니라고 하시면서 네가 발로 밟는 곳은 다 네게 주겠다고 약속하셨습니다. 하나님께서는 여호수아에게 가나안 땅의 지도를 그려가지고 오게 하셔서 이스라엘 백성들이 제비를 뽑아서 땅을 차지하게 하셨습니다.

이제 우리는 하나님 앞에서 아름다운 자를 가져야 할 것입니다. 성도 여러분 모두는 아주 아름다운 줄자와 삼각자와 긴 자를 가지시기를 바랍니다. 그래서 말씀을 들을 때마다 자로 재어서 우리의 빈 공간을 아름다운 하나님의 복으로 가득 채우시기를 바랍니다.

천사가 측량한 것들

놋 빛을 가진 천사는 성전을 바깥에서부터 측량하기 시작했습니다. 예루살렘 성전에서 가장 중요한 것은 내부입니다. 즉 지성소와 성소와 번제단이 있는 부분입니다. 그러나 놋을 가진 천사는 외부 담벼락부터 측량을 했습니다.

> "내가 본즉 집 바깥 사면으로 담이 있더라 그 사람의 손에 척량하는 장대를 잡았는데 그 장이 팔꿈치에서 손가락에 이르고 한 손바닥 넓이가 더한 자로 육척이라 그 담을 척량하니 두께가 한 장대요 고도 한 장대며"(5절).

여기서 이스라엘 사람들이 사용하는 길이의 정의가 나옵니다. 이스라엘 백성들이 길이를 잴 때에는 '큐빗'이라는 단위를 많이 쓰는데 이 큐빗은 어른 팔꿈치에 손바닥을 하나 더한 길이입니다. 대개 45센티미터 정도 됩니다.

그래서 이 천사의 장대는 육척이기 때문에 3미터였습니다. 즉 성전 담의 높이는 3미터였고 놀라운 것은 두께도 3미터였습니다. 그러니까 성전 담은 높이와 두께가 같았습니다. 이것은 차라리 담이라기보다는 방호벽이라고 보는 것이 좋을 것입니다.

우리가 전방에서 내려오다 보면 길옆에 전차를 막기 위한 방호벽들이 설치되어 있는 것을 볼 수 있습니다. 그런데 그 두께도 3미터는 되지 않을 것입니다. 새로 세워질 성전은 벽 두께가 완전히 지하 벙커와 같은 수준이었고 폭탄이 떨어져도 부서지지 않을 정도였습니다.

결국 예루살렘 성전이 무너진 것은 담이 시원찮았기 때문이었습니다. 그런데 그 담은 이런 물리적인 담이 아니라 도덕적인 담이었고 영적인 담이었습니다. 사실 하나님의 백성들은 이 세상에서 사는 사람들이기 때문에 이 세상에 살던 생각과 감정과 모든 삶의 열매를 가지고 하나님 앞에 나아오게 됩니다. 그런데 세상에서 살면서 죄를 막지 못하면 성전 벽을 아무리 3미터가 아니라 10미터로 만들어도 하나님의 심판을 막지는 못할 것입니다.

결국 우리가 믿음으로 완전히 승리를 하려면 마음속에 3미터짜리 방호벽이 설치되어 있어야 합니다. 과연 그것이 가능하겠습니까? 우리는 모두 죄를 좋아하게 만들어져 있습니다. 아무리 콘크리트 벽을 만들어 놓아도 죄는 구멍을 뚫고 그 벽이 무너지게 할 것입니다. 그러기에 우리에게 성령이 오셔야 합니다. 무엇보다 우리는 우리 자신을 믿어서는 안 됩니다. 하나님의 말씀에 내 자신을 맡겨 드려야 합니다. 그러면 우리 안에 아주 튼튼한 방호벽이 생기게 되고 죄를 이길 수 있습니다.

그리고 두 번째는 문과 성전의 여러 방들을 측량한 것입니다.

"그가 동향한 문에 이르러 층계에 올라 그 문통을 척량하니 장이 한 장대요 그 문 안통의 장도 한 장대며 그 문간에 문지기 방들이 있는데 각기 장이 한 장대요 광이 한 장대요 매방 사이 벽이 오척이며 안 문통의 장이 한 장대요 그 앞에 현관이 있고 그 앞에 안 문이 있으며"(6-7절).

에스겔이 지난번에 성전을 방문했을 때에는 유감스럽게 성전에 비밀 통로가 많이 있었습니다. 벽이 있어서 구멍 속으로 보니까 그 안에 비밀 통로가 있고 비밀 방이 있어서 사람들이 거기서 우상에게 절을 하고 있었습니다. 그리고 성전의 많은 작은 방들은 성전 예물을 보관하는 곳인데 거기에서 많은 비리와 비밀 협상과 우상의 물건들을 감추어두곤 했습니다. 결국 모든 것을 하나님의 말씀대로 하지 않으니까 사단의 세력들이 성전 안에 여기 저기 다 파고 들어와서 사단의 나라로 만들어 놓은 것입니다.

집에는 문이 튼튼해야 도적이나 강도를 막을 수 있습니다. 문으로 다니는 것이 귀찮다고 해서 개구멍을 만들어 놓으면 어느새 도둑이 그리로 다니기 시작을 합니다. 그리고 이 모든 작은 방들은 모두 없애든지 투명하게 해야 합니다. 솔로몬의 성전은 너무 작은 방들이 많았습니다. 물론 이 작은 방들이 하나님의 말씀을 공부하는 작은 방들이면 상관이 없는데 모여서 밀담이나 하고 남의 험담이나 하는 작은 방들일 때는 이것을 없애고 모두 정문으로 출입하게 해야 하는 것입니다.

그리고 세 번째는 성전 바깥뜰과 안뜰의 척량이었습니다.

성전에는 두개의 뜰이 있는데 바깥뜰은 이방인들이 오는 곳이었습니다. 이 방인들은 안뜰에는 들어올 수가 없었습니다. 안뜰은 오직 이스라엘 백성만 들어올 수 있고 하나님께 제사를 드리는 곳이었습니다. 그런 까닭에 가장 중요한 일은 뜰에 있는 제단에서 드려지는 제사였습니다. 여기서 이스라엘의 모든 죄가 다 결판나는 것이었습니다.

성전 바깥뜰에는 이제 바닥에 박석을 깔았습니다.

"그가 나를 데리고 바깥뜰에 들어가니 뜰 삼면에 박석 깔린 땅이 있고 그 박석 깔린 땅 위에 여러 방이 있는데 모두 삼십이며"(17절).

바깥마당에 박석을 깐 것은 먼지가 나지 않도록 하기 위한 것이었습니다. 비록 바깥뜰이긴 하지만 사람들이 많이 다니면 먼지가 나게 되어 있습니다. 그래서 먼지가 나지 않도록 얇은 돌판을 깔았습니다. 그리고 안뜰에는 종려나무를 새겨놓았습니다.

"현관이 바깥뜰로 향하였고 그 문 벽 위에도 종려나무를 새겼으며 그 문간으로 올라가는 여덟 층계가 있더라"(31절).

종려나무는 승리를 했을 때 흔드는 나무 가지였습니다. 이것은 믿음의 승리를 말하는 것입니다. 이스라엘 백성들은 왜 제사가 믿음의 승리인지 이해를 하지 못하였습니다. 그러나 우리의 진정한 승리는 우리가 하나님 앞에서 죽는 것입니다. 우리의 고집이나 의지나 모든 것들이 하나님 앞에 완전히 굴복되어졌을 때 우리는 믿음으로 승리한 것입니다.

이제 하나님께서 마음껏 우리를 축복하실 수 있기 때문입니다. 예수님의 종려나무는 십자가였습니다. 그는 십자가 위에서 죽으심으로 완전히 승리하셨습니다. 오늘도 하나님께서 여러분 모두에게 삶 속에서 승리하는 은혜를 주시길 바랍니다.

38

|겔 47:1-12|

성전의 생수

　우리나라는 비교적 일년 내내 비가 많이 와서 사막 지역이 별로 없습니다. 그러나 북 아프리카나 팔레스타인 땅은 땅은 비옥한데 비가 오지 않아서 사막이 많습니다. 그래서 땅의 거의 대부분이 사막이라고 보아야 할 것입니다. 비록 나무가 심겨져 있고 식물들이 자라고 있는 곳도 있지만 물이 많지 않기에 우리와는 비교되지 않는 척박한 땅인 것입니다.
　특히 예루살렘을 방문하는 여행객들은 어떻게 이런 건조한 땅이 젖과 꿀이 흐르는 땅이라고 말할 수 있는지 의아해 할 것입니다. 이스라엘은 오랜 기간 비가 잘 오지 않아서 사막으로 변해 있습니다.
　더욱이 예루살렘에서 동쪽으로 내려가면 사해바다가 나오는데 이곳은 세상에서 강이 흘러들어가기는 하는데 물이 전부 다 증발해버리고 밖으로 빠져 나오지 않기 때문에 물이 너무 짜서 물고기들이 전혀 살지 않습니다. 그래서 죽음의 바다라고 해서 사해라고 부릅니다. 또 이곳은 물이 너무 짜서 사람들이 물 속에 들어가도 빠지지 않고 둥둥 뜹니다. 그래서 수영을 못하는 할머니들도 사해바다에서는 얼마든지 수영을 하실 수가 있습니다. 그렇다고 해서 사해바다를 좋은 바다라고 생각해서는 안 됩니다. 왜냐하면 거기에는 생명체라고는 전혀 살 수 없는 죽음의 바다이기 때문입니다.

그러면 사람의 마음은 어떤가요? 사람들의 마음은 오래 전부터 하나님의 은혜의 비가 오지 않아서 사막화가 계속 진행이 되어 왔습니다. 현대에 와서는 이제 모든 사람들의 마음은 매우 척박한 황무지가 되어 가고 있습니다. 세상은 죽음의 바다가 되어서 그야말로 독종이 아니면 살 수 없는 상황이 되고 말았습니다.

오늘 사람들은 살아있기는 하지만 죽은 거나 마찬가지입니다. 사람들은 모두 세상의 죄악과 탐욕으로 너무나도 기형이 되어서 지금 이상하게 살아있는 것입니다. 마치 오염된 강에서 사는 물고기들이 등이 휘어 있거나 혹이 달려 있거나 이상하게 변형된 상태로 살다가 물이 더 오염이 되면 모두 다 죽어서 허옇게 물에 떠오르는 것처럼 그런 상태에서 살아있는 것입니다. 우리는 진정한 사랑도 모르고 진정으로 가치 있는 것도 모르고 있습니다. 그저 죽지 않으려고 몸부림치며 생존해 있는 상태입니다. 거기에다가 이 세상은 완전히 죄라는 죄는 다 모여들어서 시커먼 하수구처럼 되어 있습니다. 우리는 하루에서 수십 리터의 썩은 물을 들이 마시고 있습니다. 그러니까 우리의 오장육부가 다 썩어 들어가지 않을 수가 없습니다.

그런데 하나님께서 너무나도 놀라운 일을 행하셨습니다. 그것은 예수 그리스도를 통해서 이 세상에 생수의 강이 흘러 들어가게 하신 것입니다. 이 물을 마시는 자마다 죄로 인하여 기형이 된 정신과 몸이 다 치료가 되어서 진정한 축복의 삶을 살게 됩니다. 그리고 더 놀라운 것은 이 생수가 결국은 세상까지 흘러가서 썩어 있는 세상까지 다 살리게 되는 것입니다.

오늘 본문은 에스겔서의 마지막 클라이막스입니다. 하나님께서는 에스겔에게 회복되는 성전의 비전을 보여주셨습니다. 이 성전은 단순히 구약 시대 때 불타서 없어진 성전을 재건하는 것을 말씀하지 않습니다. 하나님께서 에스겔에게 보여주신 성전은 신약 시대에 세워질 믿음의 공동체를 말하는 것입니다. 에스겔이 본 이 성전 환상의 절정은 새로운 성전에서 생수가 조금씩 흘러나오는 것입니다. 그런데 이 생수는 자를 가지고 측량을 할수록 더 물이 많아지고 물이 깊어졌습니다. 처음에는 발목 정도밖에 오지 않는 물이었는데 조금 지나니까 무릎까지 오고 조금 지나니까 허리까지 오고 그 후에는 도저히 걸어서 건널 수 없는 엄청난 강이 되어서 흘러가고 있습니다. 그런데 이상하게도 이 강 전체는 조금도 오염되지 않은 순수한 생명의 강이었습니다. 그러니까 이 강물을 먹는 사람들마다 병을 고침 받고 강가에 있는 땅도 치료함을 받아서 나무가 자라고 특히 과일 나무에 과일들이 주렁주렁 열리게 되는 것입니다.

그리고 드디어 이 강이 죽음의 바다 사해로 흘러 들어가게 되는데 이 죽음의 바다가 살아나서 온갖 물고기들이 다 뛰놀고 어부들이 생겨서 전문적으로 고기 잡는 것을 업으로 삼게 되는 것입니다. 이 모든 것이 성전 문지방에서 흘러나온 작은 생수에서 이루어진 것입니다.

성전 문지방에서 흘러나오는 생수

"그가 나를 데리고 전 문에 이르시니 전의 전면이 동을 향하였는데 그 문지방 밑에서 물이 나와서 동으로 흐르다가 전 우편 제단 남편으로 흘러내리더라"(1절).

하나님께서 이스라엘 백성들에게 성전을 지키라고 말씀하신 이유는 바로 이 성전에서 흘러내리는 생수가 있기 때문이었습니다. 하나님의 성전의 가장 위대한 점은 그 문지방에서 흘러내리는 생수 때문이었습니다.

원래 성전 문은 죄인들을 초청하는 초청의 의미가 있습니다. 그래서 하나님께서는 모세에게 성전의 문 휘장은 가장 아름다운 색실로 수를 놓게 하셨습니다. 이것은 이 세상에서 버림을 당하고 죄를 짓고 비참하게 된 모든 사람들을 하나님께서 초청하시는 것입니다. 하나님께서는 무엇 때문에 이 세상에 죄지은 모든 사람들을 하나님 앞으로 초청을 하시는 것일까요? 바로 이 성령의 생수를 주시려고 하기 때문입니다.

사람들은 결코 물을 마시지 않으면 살 수가 없습니다. 아주 더운 날 물을 마시지 못해서 정신이 흐려지고 지쳐서 쓰러지려고 하는데 누군가가 아주 시원한 물 한 바가지를 주면 정신이 번쩍 들고 새 힘이 생길 것입니다.

그러나 사람들은 너무나도 오랫동안 정신적인 생수를 마시지 못했습니다. 하나님께서는 왜 인간들에게 성령의 생수를 주시지 않으셨을까요? 주시고 싶어도 주실 수가 없었기 때문입니다.

성령은 하나님과 똑같기 때문에 죄인들은 도저히 마실 수가 없습니다. 이것이 바로 하나님 앞에서 죄인들의 비참한 것입니다. 즉 하나님의 성령의 생수를 마실 자격이 없는 것입니다.

어떤 분이 오랫동안 중병으로 시달려서 거의 다 죽어가시게 되었을 때 찾아가보면 완전히 바짝 말라서 도저히 원래 그 분이신지 알아볼 수 없는 경우가 있습니다. 원래는 풍채도 좋으시고 얼굴에 살도 있고 했는데 완전히 뼈에 가죽만 입힌 것처럼 해골처럼 되어 있는 것을 보면 눈물이 나옵니다.

그러나 지금 모든 인간들이 다 이런 상태인 것입니다. 우리 중에는 잘 사는 사람도 있고 못사는 사람도 있고 출세한 사람도 있고 출세하지 못한 사람도 있지만 얼굴이나 몸은 모두 다 가죽과 뼈만 남아 있는 산송장인 것입니다. 그 이유는 성령의 생수를 마시지 못해서 그런 것입니다.

그런데 하나님께서는 드디어 우리 인간들에게 이 생수를 주셨습니다. 하지만 이것은 그냥 되어진 것이 아니고 가장 비싼 값을 치르고 주신 것입니다. 그것은 하나님의 딱 하나 밖에 없는 아들의 생명과 바꾼 것입니다. 그 결과 성령이 우리에게 임하신 것입니다.

유다 백성들은 지금까지 모든 것을 너무나도 정치적으로 생각을 해 왔습니다. 그것은 예루살렘을 잘 지키고 이 안에서 행복하게 살면 모든 것이 다 된 것처럼 생각한 것입니다. 그러나 지금 예루살렘은 완전한 것이 아닙니다. 비유를 하면 수도 공사는 해놓았지만 실제로 수도는 공급이 되지 않는 상태나 마찬가지였습니다. 이 수도는 언제 연결이 되어서 콸콸 쏟아지게 됩니까? 바로 예수님께서 십자가 위에서 죽으시고 다시 부활하셨을 때입니다. 그래서 예루살렘 성전은 장차 하나님께서 인간들의 죄를 사하시고 성령을 내리 붓는 것을 약속하시는 위대한 상징이었던 것입니다.

오늘 우리는 어떻게 이 생수를 마실 수 있습니까? 우리도 성전을 만들어야 합니다. 이 성전은 하나님을 믿는 사람들로 이루어진 성전입니다. 곧 에스겔이 보았던 성전은 실제로는 움직이는 사람들로 이루어진 성전입니다. 우리 예수 믿는 사람들이 한 사람 한 사람 믿음으로 결속이 되어서 하나의 진실한 공동체를 이루고 우리 안에 오직 예수님의 십자가와 하나님의 말씀을 둘 때 우리 안에서 성령의 생수가 터지게 됩니다.

이 점에 있어서 오늘 우리나라 교회는 조금 오해를 하고 있는 것 같습니다. 그것은 여전히 눈에 보이는 예배당에 엄청나게 집착을 하는 것입니다. 그러나 진정한 성전은 살아있는 사람으로 만들어지는 성전입니다. 우리 믿는 사람들은 모여야 합니다. 그러나 그냥 모이면 안 되고 신실하게 하나님의 말씀으로 모일 때 인류 역사상 인간들에게 그렇게 필요했던 생수가 우리 안에서 터지게 되는 것입니다.

성경에 보면 성전을 만들어서 복을 받은 사람이 모세와 솔로몬입니다. 그러나 진정한 성전은 예수님이 만드셨습니다. 예수님께서는 예루살렘 성전에서 장사를 하는 유대인들을 향하여 '너희가 이 성전을 헐라. 내가 사흘 동안에 일으키리라' 고 말씀하셨습니다. 이것은 예수님 자신의 성전이신 것을 나타냅니다. 예수님은 자기 육신 안에 하나님의 모든 능력과 신성을 다 싸가지고 오셨습니다. 예수님은 걸어 다니는 천국이었습니다. 마치 대통령이 외국을 방문할 때 나라의 중요한 사람들을 다 데리고 움직이는 것과 같습니다. 대통령은 움직이는 정부인 것입니다. 특히 비상사태가 생기면 있는 거기에서 모든 지시를 다 내릴 수가 있습니다. 마찬가지로 예수님은 천국을 자기 육체 안에 싸가지고 오셨습니다. 예수님은 움직이는 천국이셨고 예수님에게는 성령이 물 붓듯이 임하셨습니다. 특히 예수님께서 십자가 위에서 못에 찔리시고 창에 찔리셨을 때 성전 휘장이 찢어지면서 천국의 모든 축복과 능력이 모두 이 땅에 다 쏟아지게 되었습니다.

그런데 그 귀한 생수가 예수님이 죽으신 후 어디에 쏟아지게 되었을까요? 그것은 바로 예수 믿는 사람들의 모임이었습니다. 오순절 마가의 다락방에 모여서 기도하던 사람들 위에 성령이 부어졌습니다. 고넬료의 집에서 베드로의 설교를 듣던 사람들 위에 성령이 쏟아 부어졌습니다.

사람들은 이 세상에서 가장 중요한 것은 미국의 백악관이나 미의사당이라고 생각할 것입니다. 사실 거기에서 결정되는 것이 전 세계의 방향을 결정하게 됩니다. 또는 옥스퍼드 대학이나 하버드 대학과 같은 유명한 대학의 공부를 중요하게 생각할 것입니다. 그러나 최고로 귀중한 성령은 그런 곳에 임하지 않습니다. 오직 하나님의 말씀을 붙잡고 하나로 모인 성도들에게 임하시는 것입니다. 그때야 비로소 뼈와 살만 남은 것 같은 마치 미이라 같은 인간들에게 역사함으로 피가 통하고 살이 있는 인간으로 살아나게 되는 것입니다.

아이들이 소풍 같은데 가면 손을 잡고 돌다가 선생님이 '몇 명!' 하면 빨리 아이들이 몇 명 숫자를 맞추어서 모이는 놀이를 합니다. 성전은 하나님의 백성들의 모임이고 살아있는 건물입니다. 그런데 거기에서 생수가 터지는 것입니다. 이것이야말로 대박이 터지는 것입니다. 이것이야말로 우리의 생애 전체를 고침받는 것입니다.

예수님은 이렇게 말씀하셨습니다.

"명절 끝날 곧 큰 날에 예수께서 서서 외쳐 가라사대 누구든지 목마르거든 내게로 와서 마시라. 나를 믿는 자는 성경에 이름과 같이 그 배에서 생수의 강이 흘러나리라 하시니 이는 그를 믿는 자의 받을 성령을 가리켜 말씀하신 것이라"(요 7:37-39).

인간들은 모두 죄로 인하여 심한 화상을 입어서 변형이 되어 있습니다. 그리고 인간들은 지속적으로 성령의 물을 마시지 못해서 완전히 말라서 뼈와 가죽만 붙어 있는 형편입니다. 지금 생수를 마시는 것보다 더 긴급하고 더 필요한 것이 어디에 있습니까? 언제까지나 마른 명태로 살겠습니까? 언제까지 말려놓은 꽁치같이 살아가겠습니까? 언제까지 미이라 같이 시체 같은 모습으로 살아가겠습니까? 그런 모습에 아무리 좋은 옷을 걸치면 무슨 소용이 있고 그런 모습에 아무리 좋은 학벌을 걸치면 무슨 소용이 있고 그런 모습을 가지고 높은 자리에 앉아 있으면 무슨 소용이 있습니까? 우리 인간들은 모두 다 죽어있습니다. 식물인간과 같이 바짝 마른 상태에서 몸에 호스를 주렁주렁 달고 억지로 하루하루를 살아가고 있는 것입니다. 그런데 성전에서 흘러내린 생수가 우리 모두를 살립니다. 그냥 살리는 것이 아니라 완전히 아름답게 완전히 건강하게 흠도 티도 없이 싱싱하게 살리는 것입니다.

점점 깊어지는 생수

에스겔에 성전 문지방에 가보니까 처음에는 실망스럽게도 이 생수가 콸콸 많이 흘러내리는 것이 아니라 아주 조금씩 밖에 흘러나오지 않고 있었습니다.

1절에 '그가 나를 데리고 전 문에 이르시니 전의 전면이 동을 향하였는데 그 문지방 밑에서 물이 나와서'라고 말씀하는데 문지방 밑에서 스며 나오는 생수는 결코 많은 양의 물이 아니었습니다. 그런데 손에 측량하는 줄을 가진 천사가 강물을 측량하라고 했습니다. 그래서 그의 말대로 측량을 하는데 측량할수록 물은 더 많아지고 깊어졌습니다.

"그 사람이 손에 줄을 잡고 동으로 나아가며 일천척을 척량한 후에 나로 그 물을 건너게 하시니 물이 발목에 오르더니 다시 일천척을 척량하고 나로 물을 건너게 하시니 물이 무릎에 오르고 다시 일천척을 척량하고 나로 물을 건너게 하시니 물이 허리에 오르고 다시 일천척을 척량하시니 물이 내가 건너지 못할 강이 된지라. 그 물이 창일하여 헤엄할 물이요 사람이 능히 건너지 못할 강이더라"(3-5절).

여기서 왜 하나님의 생수가 처음부터 큰 강이 되어서 쾅쾅 흘러넘치지 않고 왜 처음에는 아주 작게 흐르다가 점점 척량할수록 물이 더 많아지고 더 깊어져서 나중에는 완전히 사람이 건널 수 없는 강이 되었을까 하는 것입니다.

우리가 사도행전을 보면 오순절에 임하신 성전은 결코 작게 흘러내리는 물이 아니었습니다. 오순절의 성령은 마치 큰 댐에서 댐 문이 열렸을 때 엄청난 물이 쏟아지는 것과 같은 강한 성령의 역사였지 결코 성전 문지방에서 졸졸 흐르는 생수는 아니었습니다.

이것을 우리는 세 가지 입장에서 해석할 수 있습니다.

우선 하나는 구약 시대의 성전과 신약 시대의 성전에 임한 성령의 역사와 비교해 볼 수 있습니다. 우리는 구약 시대 성전에서 성령의 역사가 없었다고는 말할 수 없습니다. 분명히 구약 시대에도 성전에는 죄를 깨끊게 하고 우리의 영혼을 살리는 성령의 역사가 있었습니다. 그러나 그 성령의 역사의 강도는 발목이나 무릎에 오는 수준밖에 되지 못했던 것입니다. 성령이 엄청나게 부어져서 이스라엘이 완전히 성령에 잠겨서 성령으로 충만해지는 이런 상태는 아주 드물었던 것입니다. 성령에 대해서 보혜사 성령이라고 말하는 것은 오직 신약 시대에만 말하는 것입니다. 신약 시대에 와서야 성령이 우리 안에 오셔서 우리 안에 죄로 인하여 변형되고 일그러진 모든 부분들을 싹 다 고쳐서 우리를 완전히 새 사람으로 만드신 것입니다. 지금 신약 시대의 성령의 역사는 허리 이상입니다. 성령의 역사가 임하면 우리는 바로 성령으로 충만해져버리는 것입니다. 우리의 속사람이 완전히 성령으로 꽉 차버리는 것입니다.

그리고 또 하나의 해석은 예수님께서 이 세상에 오셨을 때 죽으시기 전의 사역과 죽고 부활하신 후의 사역을 비교해 볼 수 있습니다. 즉 예수님께서 이 세상에 계실 때 엄청난 성령의 능력이 나타났습니다. 그래서 병든 자들이 치료되고 죽은 자들이 살아나며 하나님의 진리가 물 붓듯이 예수님의 입에서 쏟아져 나왔습니다. 그럼에도 불구하고 그 성령의 역사는 예수님이 원하시는 성령의 역사에 비하면 발목이나 무릎에 불과했던 것입니다. 그래서 예수님은 여러 차례에 걸쳐서 제자들에게 성령의 역사에 대하여 약속하시고 성령의 능력을 사모하게 하셨습니다. 그런데 예수님께서 약속하신대로 예수님께서 죽으시고 부활하신 후 오순절이 되었을 때에야 비로소 하늘에서 성령이 불같이 임하고 바람같이 임했던 것입니다. 불이 붙고 강한 바람이 불면 이것은 완전히 대형 산불이 되어버립니다. 그러기에 오순절의 성령의 역사는 결코 성전 문지방에서 흘러내리는 작은 물이 아니고 이미 허리 이상 헤엄을 쳐야 하는 강한 강물이었고 온 세상을 태우는 성령의 불 바람이었던 것입니다.

　그러므로 신약 교회는 구약 교회와 달리 성전 문지방에서 졸졸 흐르는 생수는 아니었습니다. 아주 강하고 깊이 있는 성령의 역사였습니다.

　그러나 세 번째로는 목회적으로 제가 해석을 하고 싶은 부분이 있습니다.

　신약 시대에는 예배 때마다 기도할 때마다 성령의 역사가 적어도 허리 이상으로 왔습니다. 그러나 교회의 역사를 보면 허리는 고사하고 발목에도 오지 않는 성령의 역사가 많았고 심지어는 완전히 성령의 역사가 끊어져서 다시 영혼의 사막이 되는 일들도 많이 있었습니다. 예수님이 완성시켜놓으신 성령의 수도가 막혀버린 것입니다. 그래서 교인들의 신앙은 식어지고 강단에서는 죽은 말씀이 선포되고 기도의 응답이나 성령의 능력이 전혀 나타나지 않는 이런 때가 너무나도 많이 있었습니다. 그 이유가 어디에 있을까요? 교회가 교만하여져서 교회 안에 세상적인 사상과 문화를 끌고 와서 말씀을 막아버렸기 때문입니다. 오직 성령의 역사가 일어나게 하는 것은 말씀과 기도밖에 없습니다. 그러나 세상의 많은 사업들과 인간의 자랑들이 하나님의 말씀을 막으면 성령의 역사는 중단되어버립니다. 그때부터 영혼들은 다시 병들기 시작하는 것입니다.

　물론 세상적인 돈이나 명예는 그대로 다 가지고 있지만 영혼은 다시 미이라로 변하기 시작하는 것입니다. 그러나 사람들은 이것을 느끼지 못합니다. 왜냐하면 겉으로는 지극히 정상적인 상태에 있기 때문입니다.

　이런 상태에서 오랜 시간이 지나면 교회에는 젊은 사람들이 아무도 없습니다. 젊은 사람들이 이 세상에 할일이 얼마나 많은 사람들인데 그

케케묵은 쓸데없는 이야기를 듣기 위하여 시간을 허비하며 교회에 오겠습니까? 이제 교인들은 영적으로 육적으로 병들고 기독교는 아무 힘이 없습니다. 그러나 진정으로 부흥을 갈망하는 사람들이 세상적인 모든 자랑이나 교회의 전통이나 사업 같은 것들 다 집어치우고 오직 하나님의 말씀과 기도에 목숨을 걸고 헌신할 때에 어느 순간 하나님의 은혜가 한 방울씩 나타나기 시작합니다. 물론 처음부터 절대로 콸콸 쏟아지지 않습니다. 서서히 변화가 일어나는 것입니다. 교인들 중 말씀에 은혜 받는 사람들이 한두 명씩 생기기 시작하면 기도하면서 울기 시작하고 찬송이 뜨거워지기 시작하는 것입니다. 그러면 아주 작게 기도 응답이 나타나기 시작합니다. 그러나 미련하고 교만한 사람들은 이런 성령의 역사가 별 것 아니다고 하면서 발로 밟아 버립니다. 그러면 또 몇 십 년 어둡고 캄캄한 가운데서 방황을 해야만 하는 것입니다. 우리에게 있어서 말씀과 기도 하는 가운데 한 방울의 은혜가 얼마나 중요한지 모릅니다. 이 은혜를 소멸하지 아니하고 계속 말씀 붙들고 기도하고 말씀 붙들고 기도하면 점점 부흥의 역사가 커지기 시작합니다. 그리고 우리 한 사람 한 사람도 더 깊은 하나님의 은혜에 빠지기 시작합니다. 처음 발목까지 은혜가 오면 어떻게 됩니까? 시원하기는 시원한데 아직 내 마음대로 돌아다닐 수가 있습니다. 왜냐하면 아직 은혜가 발목까지 밖에 오지 않았기 때문입니다. 그래서 자기가 가고 싶은 대로 마음대로 돌아다닙니다. 그러면 그때는 그런 사람을 잡아서 쓸 수가 없습니다. 너무 너무 세상일에 바쁘기 때문입니다. 그러나 좀 더 은혜를 많이 받으면 그때는 무릎까지 오기 때문에 움직이는 것이 그렇게 쉽지 않습니다. 발을 움직이는데도 어려움이 많습니다. 특히 이때부터는 모든 일이 내가 마음먹은 대로 되지 않습니다. 사도 바울은 성령의 소욕은 육신의 소욕을 거스르고 육신의 소욕은 성령의 소욕을 거스른다고 했습니다. 이것도 되지 않고 저것도 되지 않는 것입니다. 물에서 밖으로 나가는 것도 쉽지 않고 그렇다고 해서 더 깊은 물로 들어가는 것도 쉽지 않습니다. 그러나 좀 더 은혜를 받으면 이제는 물이 허리까지 오게 됩니다. 이제는 물이 가슴까지 차서 숨쉬는 것조차 쉽지가 않습니다. 허리부터는 이미 성령이 충만한 상태라고 보아야 합니다. 물론 아직 머리나 입은 물에 젖지 않고 있지만 그래도 이제는 내 마음대로 할 수 있는 것이 아무 것도 없습니다. 이미 물이 허리와 가슴에 차면 이제는 점점 물에 떠밀려가게 됩니다. 그러나 나름대로 떠밀리지 않으려고 안간힘을 쓰지만 이미 몸의 거의 대부분은 물에 빠져 있는 것입니다.

우리는 어떤 사람이 물에 빠졌다고 말을 합니까? 물이 허리에 오고 가슴에 오면 이미 물에 빠진 것입니다. 물이 가슴에 오는 것이 중요합니다. 왜냐하면 그래야 울 수 있고 가슴이 뜨거워질 수 있기 때문입니다. 이제부터는 나의 의지보다는 하나님의 의지가 나를 이기기 시작합니다.

그리고 그 다음에는 물에 떠밀려서 헤엄을 치는 단계입니다. 이때는 물이 얼굴과 머리까지 다 적셔버립니다. 이제는 내 발로 땅을 집고 서 있을 수가 없습니다. 완전히 물 속에 빠져서 이제는 죽든지 살든지 물을 헤엄을 칠 수 밖에 없습니다. 그런데 깊은 물에서는 헤엄을 쳐야 살 수가 있습니다. 이때는 나의 입까지도 물에 빠졌기 때문에 내 마음대로 말도 할 수 없고 머리도 다 물에 빠졌기 때문에 생각도 내 마음대로 할 수가 없습니다. 이제 나의 의지는 1퍼센트도 없기에 오직 성령께서 나를 마음대로 끌고 가시는 것입니다. 이때 우리는 성령의 충만함과 성령이 이끄시는 엄청난 기적들을 체험하게 됩니다.

이제 우리는 성령 안에서 헤엄을 쳐야 합니다. 하나님의 깊은 은혜의 바다 속에 들어가서 그 깊은 속을 헤엄쳐 가야 하는 것입니다.

과거에 인도네시아에서 쓰나미가 덮쳤을 때 바다 속에서 스쿠버 하던 사람들은 무사했다고 합니다. 왜냐하면 바닷속 깊은 곳에는 쓰나미가 영향을 주지 못했기 때문입니다. 이제 우리는 발목의 은혜에서 벗어나야 합니다. 발목의 은혜는 한번 은혜 받고 난 후에는 온 세상을 다 돌아다니는 신앙입니다. 그래서 또 목마르면 와서 마십니다. 그러니까 생전 깊은 은혜의 바다 속에는 들어갈 수가 없는 것입니다. 어떻게 보면 은혜 받은 것 같기도 하고 어떻게 보면 아직 세상에 있는 것 같기도 합니다. 우리는 지금 허리 이상입니다.

이제 우리는 갈 데도 없습니다. 우리가 가면 어디로 가겠습니까? 베드로는 '영생하는 말씀이 주께 있는데 우리가 어디로 가겠습니까?' 라고 대답을 했습니다. 오직 우리는 하나님의 은혜의 바다에 깊이 잠기는 길 외에는 다른 대안이 없습니다.

세상으로 흘러가는 성령의 역사

오늘 본문 말씀을 보면 성전 문지방에서 시작된 생수가 묘하게 방향을 트는 것을 보여주고 있습니다.

> "그가 나를 데리고 전 문에 이르시니 전의 전면이 동을 향하였는데 그 문지방 밑에서 물이 나와서 동으로 흐르다가 전 우편 제단 남편으로 흘러 내리더라. 그가 또 나를 데리고 북문으로 나가서 바깥 길로 말미암아 꺾여 동향한 바깥 문에 이르시기로 본즉 물이 그 우편에서 스미어 나오더라"(1-2절).

성전은 방향이 동쪽으로 향해 있었습니다. 그래서 처음에 생수가 나오기는 동쪽 문지방에서 새어나오기 시작했는데 이것이 남쪽으로 꺾여서 흘러가기 시작합니다. 그래서 이 생수의 강이 성전에서 밖으로 나오면 남쪽으로 흘러가게 되는 것입니다.

여기서 우리는 성령의 역사가 성전 안에서 나타나는 것과 성전 밖에서 나타나는 것이 다른 것을 알아야 합니다. 성전 안에서는 동쪽인데 성전 바깥에서는 남쪽인 것입니다. 즉 성전의 생수가 계속 동쪽으로만 흘러가는 것이 아니라 어느 정도 동쪽으로 흘러가다가 그 다음에는 방향을 틀어서 남쪽으로 흘러가게 됩니다. 결국 이 남쪽에 세상이 있는 것입니다.

동쪽은 하나님의 방향입니다. 성령의 능력은 우리로 하여금 하나님을 알게 하고 하나님을 찾게 합니다. 하나님의 말씀 속에 있는 모든 보화를 캐내어서 믿음이 부요하게 됩니다. 물론 우리는 이 동쪽 방향으로도 계속 나가야 합니다. 그러나 이 생수는 방향을 틀어서 남쪽으로 흘러갑니다. 이 남쪽은 세상이 있는 방향인 것입니다.

성령은 우리 믿는 사람들에게는 죄를 제거하고 내면을 바꾸는 내면적인 것으로 나타나게 됩니다. 곧 하나님의 은혜가 우리 마음에 부어져서 우리의 속사람을 새롭게 하고 우리의 성품까지 변화시키는 것입니다. 그러나 이것은 다시 세상으로 흘러가게 되어 있습니다. 그 결과 세상으로 흘러가면 세상 사람들의 마음속에 도덕심이 생기게 되고 윤리 의식이나 질서 의식이 생기고 남을 위해서 희생을 하거나 교육이나 의료등으로 남에게 봉사를 하게 되는 것입니다.

"그가 내게 이르시되 인자야 네가 이것을 보았느냐 하시고 나를 인도하여 강

가로 돌아가게 하시기로 내가 돌아간즉 강 좌우편에 나무가 심히 많더라"(6-7절).

에스겔은 강물이 너무 깊어서 건널 수가 없었습니다. 그래서 하나님께서는 돌아서 건너편으로 가라고 하셨습니다. 명령한 순종한 에스겔은 온 만큼 도로 돌아가서 강을 건너서 강 건너편으로 가보았습니다. 그랬더니 거기에는 이미 나무가 많이 자라고 있었습니다. 아무 나무도 없던 곳에서 어느 순간에 나무들이 많이 생기게 된 것입니다. 이 나무들은 모두 하나님이 주시는 축복의 나무들인 것입니다. 성령의 역사가 지속적으로 나타나게 되면 결국 모든 복이 다 임하게 되어 있습니다. 이것이 중요한 것입니다.

교회나 교인들의 신앙을 보면 기복이 심한 것을 볼 수 있습니다. 어느 때에는 열심을 내다가 어느 때에는 침체되어 있습니다. 그런데 이런 상태가 계속 반복이 되면 복은 임하지 않습니다. 지속으로 교회가 부흥되고 개인적으로도 침체되지 않고 계속 신앙이 부흥될 때 엄청난 축복의 나무들이 생기게 됩니다.

12절에 그 설명이 나옵니다. "강 좌우 가에는 각종 먹을 실과나무가 자라서 그 잎이 시들지 아니하며 실과가 끊치지 아니하고 달마다 새 실과를 맺으리니 그 물이 성소로 말미암아 나옴이라. 그 실과는 먹을 만하고 그 잎사귀는 약 재료가 되리라"

부흥의 역사가 계속이 되면 사단의 역사는 거의 없어지고 거의 하나님의 축복만 나타나게 됩니다. 이때 하나님께서는 모든 종류의 복을 다 주십니다. 건강의 복도 주시고 물질의 복도 주시고 세상의 지혜도 주십니다. 마치 하나님께서 솔로몬에게 주시고 다윗에게 주셨던 복과 같은 복을 주십니다. 그런데 하나님이 주시는 복은 잎이 시들지 않습니다. 나무가 가을이 되고 겨울이 되면 잎이 시들어서 떨어지게 되는데 이 성령의 강가에 있는 나무는 시들지 않습니다. 왜냐하면 항상 봄과 여름과 가을만 있기 때문입니다. 겨울이 없습니다. 그리고 과일들이 매달 새로 열립니다. 다른 곳에는 일년에 한번 열릴까 말까 한 열매들이 매달 새로 열립니다. 그리고 이 실과와 나무 잎사귀는 모두 약재가 되어 병을 치료하는데 쓰이게 됩니다. 배만 불리는 열매나 잎사귀가 아니라 사람의 마음을 치료하고 인생을 치료하는데 쓰이게 되는 것입니다. 이것이 하나님의 백성들에게 주시는 복입니다. 그러므로 우리가 진짜 복을 받으려면 혼자 세상에서 잘 되어가지고 안됩니다. 그러면 영적인 가뭄 때문에 자기도 결국 말라 죽게 됩니다. 이 성령의 강이 흐르게 되면 조금 늦을지 몰라도 모두 복을 받게 되고 또 지속적으로 복을 받게 되는 것입니다.

더욱이 이 강은 죽음의 바다 사해로 흘러들어가게 됩니다.

> "그가 내게 이르시되 이 물이 동방으로 향하여 흘러 아라바로 내려가서 바다에 이르리니 이 흘러내리는 물로 그 바다의 물이 소성함을 얻을찌라. 이 강 물이 이르는 곳마다 번성하는 모든 생물이 살고 또 고기가 심히 많으리니 이 물이 흘러들어 가므로 바닷물이 소성함을 얻겠고 이 강이 이르는 각처에 모든 것이 살 것이며 또 이 강 가에 어부가 설 것이니 엔게디에서부터 에네글라임까지 그물 치는 곳이 될 것이라. 그 고기가 각기 종류를 따라 큰 바다의 고기 같이 심히 많으려니와"(8-10절).

성전에서 시작된 은혜의 강물은 세상으로 흘러가게 됩니다. 세상의 특징이 무엇입니까? 물이 빠져 나가는 곳이 없고 오로지 증발만 하니까 염도가 너무 높아서 모든 물고기들이 다 죽는 것입니다. 그야말로 생명이 없는 사해바다입니다. 그런데 하나님의 은혜가 세상에 흘러들어가면서 놀라운 일이 일어나게 되는데 이 썩은 물이 살게 되는 것입니다. 그래서 사해바다에서 물고기들이 뛰놀게 되는데 엄청나게 많은 물고기들이 살게 되고 결국은 어부들까지 생기게 된다고 했습니다. 엔게디는 사해 서쪽 해안인데 거기에서부터 북쪽에 있는 에네글라임까지 그물을 쳐서 물고기들을 잡는 어장이 생기게 되는 것입니다.

세상은 언제나 썩는 것이 특징입니다. 왜냐하면 인간의 마음속에 있는 모든 더러운 찌꺼기들은 다 세상으로 흘러들어가게 되어 있기 때문입니다. 그래서 세상은 모든 인간의 더러운 욕망들이 모인 썩은 바다입니다. 그런데 교회 안에서 부흥이 일어나면 세상이 반응을 일으키게 됩니다. 그것은 놀랍게도 세상이 살아나게 되는 것입니다. 세상 안에서도 정화작용이 일어나게 되고 인간들이 스스로 깨닫기 시작하면서 바르게 살려고 하는 움직임이 일어나게 됩니다. 그리고 물질적인 부흥과 교육의 부흥이 일어나게 되는 것입니다. 더욱 더 중요한 것은 많은 사람들이 하나님께로 돌아오게 되는 것입니다. 성령께서 많은 사람들을 부르셔서 영적인 추수를 거두게 하시는 것입니다. 그래서 어부들이 생기게 되고 어장이 생기게 됩니다.

여기서 바닷물이 소성함을 받는다고 할 때 '소성함을 받는다' 는 것은 원어로 '치료를 받는다' 는 뜻입니다. 이 세상은 하나님의 은혜로 치료를 받아야 썩은 냄새도 없어지고 사람이 살 수 있는 곳이 되는 것입니다. 그래서 먼저 성전이 은혜로 충만해지고 깨끗해져야 합니다.

그러나 여기에 보면 그 중에서도 소성함을 받지 못하는 곳이 있습니다.

"그 진펄과 개펄은 소성되지 못하고 소금 땅이 될 것이며"(11절).

진펄과 개펄은 못과 웅덩이를 말합니다. 즉 생수가 들어가지 못하는 곳은 그대로 짠 물로 남아 있어서 살지 못하는 것입니다. 결국 모든 곳에 하나님의 말씀이 들어가기만 하면 살게 되는데 말씀이 막히면 그대로 소금 땅으로 남게 되는 것입니다.

에스겔이 본 성전은 바로 오늘 우리 교회입니다. 오늘 우리에게도 허리 이상의 성령의 생수가 터질 것입니다. 우리는 거기에 얼굴과 머리와 모든 몸을 담구어야 하겠습니다. 그리고 지속적으로 부흥이 일어나도록 우리를 더 동쪽으로 가야 하겠습니다. 그러면 결국 이 세상은 살아날 것입니다. 혹시 내가 다른 사람들보다 복 받는 것이 늦어도 다 같이 사는 길을 선택합시다. 우리의 심령의 강이 살아나야 합니다. 우리는 모두 에스겔의 심정으로 나도 살고 다른 모든 사람들도 살리는 복된 성도들이 되어야 할 것입니다.

39

| 겔 48:1-48:35 |

여호와 삼마의 땅

전에 어떤 부인이 아기의 아토피성 피부병이 너무 심해서 아예 시골로 이사를 했다는 이야기를 들었습니다. 무엇보다 공기도 오염되지 않았고 물도 깨끗한 곳에서 아이가 가공되지 않은 음식을 먹었을 때 아토피성 피부병이 낫게 되었다는 것입니다.

사실 우리가 살고 있는 이곳은 우리가 느끼지 못하지만 모든 것이 너무나도 오염되어 있습니다. 공기도 오염이 되어 있고 물도 오염이 되어 있고 과자도 오염되어 있고 특히 사람들이 많이 모이는 곳에는 모든 것에 균들이 득실득실합니다. 그러나 더 무서운 것은 사람들의 말이 오염되어 있고 사상이 오염이 되어 있는 것입니다. 결국 이 오염된 물과 공기와 음식이 암을 유발시키고 또 오염된 말과 사상이 우리를 정신적으로 병들게 하는 것입니다. 그러면 도대체 우리가 어디로 가야 오염되지 않은 공기와 물을 마시며 오염되지 않은 사상을 받아들일 수 있겠습니까? 그것은 이 세상에서는 존재하지 않습니다. 왜냐하면 일단 텔레비전을 켜면 죄가 쏟아져 나오기 시작하기 때문입니다. 컴퓨터를 켜면 거기서 또 죄가 쏟아져 나오기 시작합니다. 결국 이 세상에는 죄로부터 안전한 곳은 존재하지 않는 것입니다. 그러나 우리는 그런 곳을 찾아내었습니다. 그곳은 바로 하나님의 말씀의 생수가 솟아나는 성전인 것입니다. 에스겔은 예루살렘의 파괴된 폐허 가운데서 이 성전 문지방 밑에서 이 생수를 찾아내었습니다. 이 생수가 결국 강이 되어서 흐르면서 오염된 온 세상을 살리고 죽음의 바다를 살리고 온 세상을 옥토로 만드는 환상을 보게 될 것입니다. 우리는 그 환상의 주인공들입니다. 우리는 에스겔이 환상 중에 보았던 그 성전을 가진 자들이며 그 생수를 마신 자들입니다. 그리고 에스겔이 환상 중에 보았던 뼈가 살아났는데 그 살아난 뼈가 바로 우리들인 것입니다. 우리는 지금 새로운 가나안을 찾아내었습니다. 우리는 영원히 비참해지지 않을 것입니다. 이 세상의 그 무엇도 우리의 행복이나 축복을 빼앗아가지 못할 것입니다.

하나님이 주신 비전

에스겔은 참으로 불행한 시대에 태어나서 산 사람이었습니다. 에스겔은 남자로서는 이제 본격적으로 활동을 막 시작할 나이인 이십 오세에 바벨론에 포로로 끌려가서 강제 노동을 해야만 했습니다. 에스겔은 원래 제사장 집안인데 포로로 끌려갔기 때문에 나이가 되었지만 제사장이 될 수 없었습니다.

특히 에스겔과 함께 바벨론에 포로로 붙들려 간 사람들은 모두 패배의식에 가득 차 있었고 하나님에 대하여 굉장히 반항적이었습니다. 그런데 포로된 곳에서 하나님께서는 에스겔을 하나님의 말씀의 종 선지자로 부르셨습니다. 에스겔의 사명은 포로된 사람들의 마음속에 부흥을 일으키는 것이었습니다. 그렇지만 유다 백성들을 기다리고 있는 것은 축복의 밝은 날이 아니요 아주 캄캄한 절망의 날들이었습니다. 하지만 하나님께서는 그런 캄캄한 구름 가운데서 밝은 쇠막대기를 보여주셨습니다. 이것은 이런 캄캄한 가운데 하나님의 백성들을 인도하는 막대기였던 것입니다. 우리가 밤에 교통경찰들이 신호하는 것을 보면 막대기 같은 신호등을 사용합니다. 하나님께서는 에스겔에게 그 막대기를 보여주셨던 것입니다. 그 후 바로 그 막대기는 하나님의 언약궤로 변하게 됩니다. 원래 이스라엘의 언약궤는 하나님이 이스라엘을 다스리는 보좌를 상징합니다. 옛날의 언약궤는 성전의 지성소 안에 갇혀 있었습니다. 그러나 에스겔이 본 언약궤는 고정되어 있는 것이 아니라 바퀴를 달고 자유자재로 움직이기도 하고 날기도 하는 것이었습니다. 앞으로 하나님의 성전은 장소에 붙들려 있는 것이 아니라 어느 곳에서든지 하나님의 바른 말씀이 있는 곳이면 나타나게 되는 것입니다.

많은 성경학자들이 성경 중에서 가장 난해하고 어려운 성경이 에스겔서라고 말을 했습니다. 그것은 사실인 것 같습니다. 어떤 부분은 만화 같기도 하고 어떤 부분은 너무나도 외설스러운 정도로 적나라하기도 하고 어떤 부분은 이미 없어진 성전을 자꾸 측량하는 모습을 보여주어서 도대체 에스겔서가 어떤 성경인지 알 수 없게 만듭니다. 그러나 에스겔서에는 몇 번의 중요한 메시지가 나옵니다. 그 중의 하나가 예루살렘 성전의 멸망을 예고하는 것입니다. 성전의 모형도를 갖다 놓고 에스겔이 거기에 장난감 같은 공격용 무기나 토성을 쌓습니다. 마치 소인국에서 거인이 아이들을 상대하는 것 같습니다. 그리고 에스겔은 좌편으로 삼백구십일을 모로 눕습니다. 그리고 그 후에는 우편으로 모로 누워서 사십일을 눕습니다. 그리고 머리털과 수염을 잘라서 모형 예루살렘 주위에 뿌립니다. 그러나 나중에 포로들은 실제로 예루살렘이 그렇게 망했다는 소식을 듣게 됩니다.

포로들에게 가장 간절한 소망은 예루살렘이 힘을 내어서 협상을 잘 해서 인질인 자기들을 풀어주는 것입니다. 그러나 예루살렘이 망해버리니까 포로들에게는 모든 소망이 다 끊어졌습니다. 무엇보다 하나님의 뜻은 예루살렘이 강해지는 것이 아니라 포로들이 부흥을 일으키는 것이었습니다. 저는 우리가 여기서 부흥을 일으키는 것이 하나님의 뜻이라고 믿습니다.

그리고 하나님께서는 에스겔로 하여금 환상 중에 예루살렘 성전으로 가게 하십니다. 거기에 가보고 에스겔은 놀랐습니다. 왜냐하면 겉으로는 전부 하나님을 믿는 것 같은데 벽을 깨고 그 안에 들어가 보니까 전부 우상을 갖다 놓고 절하고 있었습니다. 제사장들이나 지도자들이나 여인들이나 다 마찬가지였습니다. 겉으로는 하나님을 믿는데 속에는 전부 세상적인 것으로 다 오염되어 있었습니다. 이것이 예루살렘 멸망의 본질적인 원인이었습니다. 곧 하나님의 백성들이 자신의 본질을 지키지 못한 것입니다.

그리고 하나님께서는 길에 버려진 여자 아이 비유를 말씀하십니다. 어떤 미혼모가 부정한 짓을 하고는 태어난 여자 아기를 그냥 들판에 버렸습니다. 하나님께서 지나가다가 보니까 아직 아기가 살아 있는데 울면서 발짓을 하고 있었습니다. 이때 하나님께서 하신 유명한 말씀이 있습니다. '너는 피투성이라고 살라' 고 하신 것입니다. 하나님이 살라고 하시면 사는 것입니다. 하나님은 이 불쌍한 죄의 씨를 데려다가 씻기고 키웠습니다. 그런데 이 여자 아이가 크면서 굉장히 예쁜 처녀가 된 것입니다. 얼마나 감사한 일입니까? 그런데 문제는 이 아이가 부모의 행실을 버리지 못한 것입니다. 그래서 아무 남자나 만나러 다니고 창녀가 되는 바람에 모든 남자들에게 두들겨 맞고 버림을 당하는 것입니다. 이것이 바로 유다의 본질이었습니다.

우리는 우리 자신의 분수를 잘 알아야 합니다. 우리는 지금 아무리 훌륭한 사회적인 직책과 교회의 직분을 맡고 있다고 해도 우리는 버려진 부정한 자식이었습니다. 그러기에 우리는 하나님 믿고 난 후에는 욕심을 모두 버려야 합니다. 모든 것을 너무 잘 하려고 하거나 너무 이상적으로 하려고 해서는 안 됩니다. 우리는 부족하면 부족한대로 하나님이 인도하시는 대로 살아야 다시 창녀로 돌아가지 않을 수 있습니다. 그래서 저는 제 자신이나 교인들에게 도피성의 원리를 적용하라고 합니다. 도피성은 본의 아니게 살인한 자가 도망쳐서 살 수 있는 곳이었습니다. 그러나 그는 거기에서 나올 수가 없습니다. 자신의 영역을 무한대로 넓힐 수가 없습니다. 그저 죽었다고 생각하고 그 성 안에서만 자기에게 주어진 것만 하면서 살면 얼마든지 아름다운 삶을 살 수 있습니다. 그러나 거기서 만족하지 못하고 뛰쳐나오면 죽는 것입니다. 그래서 사도 바울은 '내가 그리스도와 함께 못 박혔나니' 라고 말을 했습니다. 못 박혀 죽은 주제에 무엇을 할 수 있겠습니까? 그래야 우리는 다시 더러운 창녀 생활로 돌아가지 않습니다. 그러나 이 안에서 만족이 안 되니까 하나님의 말씀을 무시하고 뛰쳐나갔다가 결국 그 속에 들어 있는 더러운 피로 인해 망하는 것입니다.

우리 안에 흐르고 있는 피는 전부 썩은 소돔의 피이고 고모라의 피입니다. 무엇을 좀 더 잘하느냐 못하느냐가 중요한 것이 아니라 옛날 창녀의 자식으로 돌아가지 않는 것이 사는 길인 것입니다. 그렇게 하려면 하나님의 말씀으로 죽어야 하는데 죽지 않으니까 결국 죄로 돌아가고 마는 것입니다.

결국 이 소망 없는 이스라엘과 유다에 대하여 하나님께서는 성령의 바람이 불게 하십니다. 에스겔이 보니까 골짜기 뼈들만 잔뜩 쌓여 있는데 하나님께서는 에스겔에게 이 뼈들이 살겠느냐고 물으십니다. 그때 에스겔은 '하나님, 안 됩니다' 라고 대답하지 않고 '하나님은 아십니다' 라고 대답을 했습니다. 이것은 하나님은 하실 수 있다는 뜻입니다. 하나님은 에스겔에게 하나님의 말씀을 대언하게 하시고 생기의 바람을 불게 하시니까 골짜기의 뼈들이 모두 살아나서 하나님의 군대가 되었습니다. 결국 죽은 이스라엘을 다시 살리는 것은 하나님의 말씀입니다. 하나님의 말씀이 강력하게 선포되는 곳에는 생명의 역사가 나타나게 됩니다. 아무리 죽은지 오래 되고 망한지 오래되어서 도저히 소생할 가망이 없는 자라도 살게 되어 있습니다.

처음에 하나님께서는 '너는 피투성이라도 살라' 고 말씀하셨으나 이제는 '너는 마른 뼈다귀라도 살라' 고 말씀하시는 것입니다. 이제 다시는 마른 뼈로 돌아가서는 안 됩니다. 이것은 이 아름다운 모습을 가지고 끝까지 아름답게 살아야 하는 것입니다.

또한 하나님께서는 에스겔을 다시 환상 가운데 예루살렘으로 데리고 갑니다. 그런데 거기에 성전이 있었습니다. 이 성전은 앞으로 세워질 새로운 성전이었습니다. 에스겔이 보니까 성전 문지방에서부터 생수가 조금씩 흘러나오는데 자를 가지고 측량할수록 이 생수는 더 많아지고 깊어져서 처음에는 발목까지 오더니 그 다음에는 무릎까지 오고 그 다음에는 허리에 오고 그 다음에는 헤엄을 쳐야 할만큼 큰 물이 되어서 온 세상을 다 살리고 죽음의 바다 아라바도 살리고 사막과 같은 주위 땅이 모두 옥토로 변하는 것이었습니다.

이것이 하나님께서 에스겔에게 주신 비전이었습니다. 죽은 사람들이 다 살아나고 죽었던 사회와 죽었던 땅까지 다 살아나는 비전을 주셨던 것입니다.

하나님께서 에스겔에게 주셨던 그 비전은 오늘 우리 교회를 통하여 이루어지게 하셨습니다. 하나님의 엄청난 말씀의 능력과 성령의 능력으로 마른 뼈와 같은 우리들이 다시 살아나게 되었습니다. 그야말로 뼈들도 다 흩어져서 자기 뼈도 어디 있는지 모르고 원래 자신의 형체도 알 수 없었는데 우리는 다시 살아나게 되었습니다. 그리고 성전 문지방에서 새어나온 생수가 우리 마음을 적시고 우리 가정을 적시고 이제는 직장과 세상속으로 흘러 들어가고 있는 것을 보고 있습니다. 우리에게는 전혀 오염되지 않은 땅이 있습니다. 오늘 말씀은 죄도 맥을 추지 못하고 사단도 맥을 추지 못하는 바로 그 축복의 땅에 대하여 말씀을 하고 있는 내용입니다.

중요한 것은 성전 문지방에서 흘러내린 생수입니다. 이 생수가 흘러가면서 점점 더 많아지고 깊어지면서 주위에 있는 오염되고 죽은 땅을 살리게 됩니다. 그래서 강가에는 과실나무들이 우거지게 되고 죽음의 바다 사해는 물고기들이 우글거리는 생명이 있는 바다로 변하게 됩니다. 그때 이 강 옆에 펼쳐져 있던 그 엄청난 황무지가 옥토로 변하게 되는 것입니다. 하나님께서는 에스겔로 하여금 새로 생긴 이 땅을 옆으로 정확하게 나란히 나누어서 이스라엘 열두 지파에게 나누어주게 하시는 것입니다. 하나님께서는 이 땅을 '여호와 삼마' 라고 부르셨습니다. 그것은 '하나님이 거기 계신다' 는 뜻입니다. 이스라엘 백성들이 여호수아를 통해서 받았던 가나안 땅은 우상과 죄로 오염이 되어서 망해버리고 성전 문지방에서부터 나온 생수 때문에 새로운 땅이 생기게 되는데 이 땅이 바로 새로운 가나안 땅이고 새로운 축복의 땅인 것입니다.

성전의 생수와 새로운 땅

우리는 에스겔서의 끝이 마치 가나안 땅에 들어가기 전의 이스라엘 백성들처럼 새로운 가나안 땅을 측량하고 분할하는 것을 보고 충격을 받게 됩니다.

"모든 지파의 이름대로 이 같을지니라. 극북에서부터 헤들론 길로 말미암아 하맛 어귀를 지나서 다메섹 지계에 있는 하살에논까지 곧 북으로 하맛 지계에 미치는 땅 동편에서 서편까지는 단의 분깃이요"(1절).

이스라엘 백성들은 땅을 모두 잃어버렸습니다. 왜냐하면 이 땅은 하나님의 언약의 보증이었기 때문입니다. 하나님께서는 이스라엘 백성들에게 하나님의 말씀을 주시면서 그들이 하나님의 말씀을 지키면 가나안 땅을 차지하게 되고 하나님의 말씀을 버리면 가나안 땅을 빼앗기게 될 것이라고 말씀하셨습니다. 사실 주위에 있는 모든 나라들 중에서 가나안 땅을 탐내지 않은 나라는 없었습니다. 그러나 이스라엘 백성들이 가나안 땅을 차지했습니다.

　하지만 이스라엘 백성들은 불안했습니다. 왜냐하면 자기들은 약한데 주위에 있는 나라들이 전부 자기들보다 강하기 때문입니다. 예를 들어 어떤 사람이 아주 좋은 자리를 차지하고 있는데 주위에 있는 사람들이 전부 자기보다 강하고 똑똑한 자들이라면 그 사람은 언젠가는 그 자리를 빼앗기게 될 것이라는 불안을 가지고 살아가게 될 것입니다. 그리고 이것은 세상에서는 사실입니다. 이 세상 사람들은 자기보다 약하고 힘이 없는 사람이 좋은 것을 차지하고 있는 것을 결코 봐주지 않습니다. 어떻게 해서든지 그것을 빼앗아서 자기의 것으로 만들어버릴 것입니다. 이스라엘은 약한데 어떻게 하면 가나안의 복을 빼앗기지 않고 지킬 수 있겠습니까? 하나님께서는 죽으나 사나 하나님의 말씀을 붙들으라고 말씀하셨습니다. 그러나 이스라엘 백성들은 자기들이 하나님의 말씀만 붙들면 배타적이 되어서 더 주위 나라들의 미움을 사게 된다는 것을 너무나도 잘 알고 있었습니다. 그래서 결국은 양다리를 걸친 것입니다. 즉 하나님도 믿으면서 우상도 받아들인 것입니다. 우상은 아무 것도 아니었습니다. 그것은 단순히 돌이고 쇳조각이었습니다. 그러나 놀라운 것은 아무 것도 아닌 이 우상들이 이스라엘의 양심을 모두 다 파먹어버렸고 하나님의 영광과 능력을 다 쫓아내었던 것입니다.

　이스라엘 백성들이 가나안 땅을 잡으려고 한 것이 멸망한 원인이었습니다. 그들이 가나안 땅을 지키려고 하지 않고 하나님의 말씀을 지키려고 했더라면 분명히 가나안 땅을 지킬 수 있었을 것입니다. 오히려 큰 부흥이 일어나면서 주위에 있는 모든 나라들을 다 힘으로 복종시킬 수 있었을 것입니다.

　그러기에 우리는 절대로 복을 잡으려고 해서는 안 됩니다. 복을 잡으려고 하면 이상하게 복도 놓치고 은혜도 놓칩니다. 우리가 하나님의 말씀만 잡으면 결코 복을 놓치지 않습니다.

결국 이스라엘 백성들은 우상을 받아들임으로 가나안의 복을 놓치고 전 세계에 난민이 되고 노예가 되고 포로가 되어서 흩어졌습니다. 그러나 이스라엘이 망한 것은 나라가 망했을 때가 아닙니다. 그들이 하나님의 말씀에 굳게 서지 못했을 때 이미 그들은 망하고 있었던 것입니다.

그런데 이제 갑자기 다시 가나안 땅이 나타납니다. 하나님께서는 에스겔을 통해서 이스라엘 열두 지파에게 분배를 해 주고 있습니다. 도대체 이 땅은 어디서 나오게 된 것일까요? 이것은 바로 성전 문지방에서 나온 생수가 흘러나가서 황무지를 다시 살린 것입니다.

우리가 알아야 할 것은 황무지는 소유의 개념이라는 것이 아무 소용이 없습니다. 아무 것도 없는 허허 벌판을 많이 가지고 있으면 무슨 소용이 있습니까? 그것은 아무 소용도 없습니다. 그런데 성전 문지방에서 생수가 흘러나와서 강이 되어 흐르니까 이 메말랐던 허허벌판에 물이 공급이 되게 된 것입니다. 그런데 그 물이 얼마나 넓은 지역까지 공급이 되게 되었는가 하면 옛날 가나안 땅 전체를 다시 다 옥토로 만들 정도로 넓은 지역에 물이 공급이 되었습니다.

지금 이스라엘 정부가 집단 농장을 통해서 하는 것도 바로 이런 일입니다. 즉 강이나 저수지에서 파이프로 물을 끌어와서 모든 땅에 호스로 다 연결시키는 것입니다. 그러면 그동안 황무지로 버려졌던 땅이 물이 있으니까 옥토로 변하는 것입니다. 요즘 시골에 사과밭에 가보면 물을 전부 호스로 연결시켜서 자동적으로 온 나무에 다 뿌려 주는 것입니다. 그러면 비가 오든지 오지 않든지 나무는 수분을 많이 흡수해서 과일을 잘 맺게 되는 것입니다.

하지만 버려진 가나안 땅을 살리는 것은 그냥의 물로는 되지 않습니다. 오직 성전에서 흘러나오는 생수여야 하는 것입니다. 왜냐하면 세상 물로는 아무리 물을 많이 공급해봐야 썩은 물이기 때문에 도로 이 땅을 죽게 만들기 때문입니다. 그런 까닭에 가장 중요한 것은 성전 문지방에서 일단 생수가 나와야 합니다. 한 방울이든지 두 방울이든지 생수가 나와야 가나안 땅은 다시 살아날 수 있습니다. 그리고 다시 흘러나오기 시작한 생수는 자꾸 흐르게 해야 합니다. 만일 이것이 감질나게 나온다고 해서 막아버리면 생수는 더 이상 나오지 않게 됩니다. 이것이 계속 흐르게 되면 양도 많아지고 깊이도 깊어지면서 놀라운 생명의 역사가 나타나게 되는 것입니다.

그러면 여기서 가나안 땅이 회복된다는 것은 무엇을 의미할까요? 일단은 두 가지로 생각할 수 있습니다. 하나는 하나님의 백성들이 많이 생기는 것입니다. 왜냐하면 이스라엘에서 가장 중요한 것은 사람이 많아지는 것입니다.

교회에서 하나님의 말씀이 계속 흘러나오면 그 말씀에 은혜를 받고 진심으로 믿는 사람들이 점점 더 많아지게 됩니다. 이것이 결국 이스라엘이 회복이 되는 것입니다. 여기에 나오는 단 지파나 아셀 지파 같은 것은 전부 다 망해서 없어진 지파들입니다. 그런데 다시 단 지파나 아셀 지파가 생기려면 일단 사람들이 생겨야 하는 것입니다.

두 번째로 이 가나안 땅은 우리가 이 세상에서 할 수 있는 일입니다. 우리가 직업을 가지고 가정을 가지고 집을 가지고 살 수 있는 근거가 가나안 땅인 것입니다. 놀라운 것은 우리가 하나님의 말씀으로 은혜를 받으면 하나님께서는 우리가 더 이상 떠돌이 생활을 하지 않고 정착하도록 복을 주십니다. 도저히 아파트를 살 돈이 없는데 이상하게 어떻게 해서 아파트를 사게 되기도 하고 또 생각지도 않았는데 참 좋은 신랑을 만나거나 좋은 처녀를 만나서 가정을 이루게 됩니다. 그리고 하나님께서 직장을 주셔서 또 돈도 벌 수 있게 하십니다.

하나님께서 이스라엘 백성들에게 약속하시기를 너희가 가나안 땅에 들어가면 너희가 짓지 아니한 집에 살 것이며 너희가 심지 아니한 과실나무를 가질 것이며 너희가 세우지 않은 성을 차지하게 될 것이며 너희가 파지 아니한 우물을 가지게 될 것이라고 말씀하셨습니다. 이스라엘은 아무것도 하지 않고 남들이 만들어놓은 좋은 것들을 다 차지하고 사용하게 되는 것입니다. 그런데 어떻게 할 때 이렇게 됩니까? 하나님의 말씀에 전적으로 순종할 때 그러한 일이 일어나는 것입니다. 우리가 복을 잡으려고 해서는 안 됩니다. 복을 잡으려는 사람들은 다시 망하게 될 것입니다. 우리는 하나님을 잡아야 하고 하나님의 말씀을 잡아야 합니다. 하나님 안에서 부족하면 부족한대로 연약하면 연약한대로 사는 것입니다. 그러면 놀랍게도 하나님께서 일하시는 것을 보게 될 것입니다. 그리고 우리의 축복은 영원히 아무도 빼앗아갈 수가 없습니다.

그러므로 우리는 오직 성전의 생수가 마르지 않게 해야 할 것입니다. 말씀이 마르지 않게 해야 하고 기도가 마르지 않게 해야 합니다. 그러면 이 모든 것을 더하여 주신다고 말씀하셨습니다. 우리는 주위에서 아무리 이리들이 돌아다니고 사자들이 우는 사자처럼 이빨을 드러내어놓고 울부짖어도 두렵지 않은 것은 눈에 보이지 않는 하나님의 사자가 우리를 지키시기 때문입니다. 하나님은 이리들의 이빨을 꺾으실 것이며 사자의 뺨을 때려서 쫓아버리실 것입니다.

새로운 땅의 구조

처음에 하나님께서 여호수아로 하여금 이스라엘 백성들에게 가나안 땅을 분배하게 했을 때에는 그 선이 아주 비뚤비뚤하고 들쑥날쑥했습니다. 왜냐하면 땅들이 편편하지 않았기 때문입니다. 그러나 하나님께서 에스겔에게 보여주신 땅은 그야말로 일직선이었습니다. 모든 이스라엘 열두 지파가 동쪽에서 서쪽으로 마치 두부를 자르듯이 일직선으로 똑같이 잘라서 나누어주었습니다.

> "단 지계 다음으로 동편에서 서편까지는 아셀의 분깃이요. 아셀 지계 다음으로 동편에서 서편까지는 납달리의 분깃이요. 납달리 지계 다음으로 동편에서 서편까지는 므낫세의 분깃이요. 므낫세 지계 다음으로 동편에서 서편까지는 에브라임의 분깃이요. 에브라임 지계 다음으로 동편에서 서편까지는 르우벤의 분깃이요. 르우벤 지계 다음으로 동편에서 서편까지는 유다의 분깃이요."(2-7절).

새로운 가나안 땅의 구조는 먼저 일곱 개의 지파가 나란히 두부를 자르듯이 가나안 땅을 잘라서 위에서부터 차지를 합니다. 그리고 중간에 아주 특별한 부분이 나오는데 그 부분은 아주 거룩한 곳입니다. 즉 성전이 있고 레위인들의 땅이 있고 왕의 땅이 있습니다. 그리고 또 밑으로 나란히, 나란히 다섯 개로 땅을 나누어서 나머지 다섯 지파가 땅을 차지하게 되어 있습니다. 그리고 이번에는 옛날 같이 갓 지파나 르우벤 지파나 므낫세 반 지파같이 요단 동편에 땅을 차지하는 지파는 없습니다. 전부 요단 서편에서만 땅을 차지하고 전부 다 똑같이 옆으로 잘라서 다 공평하게 한 조각씩을 차지하게 됩니다. 이것은 결코 앞으로 이스라엘 백성들이 이런 식으로 땅을 차지하게 된다는 것을 보여주는 것은 아닙니다. 또 아무도 그렇게 생각하지 않을 것입니다. 결국이 이 새로운 가나안 땅 분할은 실제적인 분할이 아니고 영적인 분할인 것입니다.

결국 이것은 크게 두 가지 원리로 생각할 수 있습니다. 즉 모든 이스라엘 지파는 동쪽에서 서쪽으로 똑같이 잘라져 있습니다. 이것은 모두 결국 하나님의 하나의 파이를 자른 것과 같습니다. 그러기에 이스라엘은 본질적으로 나누어질 수 없습니다.

이것이 원래 성전 안에 있던 진설병이라는 떡의 모습과 같습니다. 이스라엘 백성들은 일주일에 한번씩 하나님 앞에서 떡을 만들어서 진열해 놓았습니다. 그때 모두 같은 재료로 떡을 만들어서 쌓아 놓은 것입니다. 사실 모든 이스라엘 지파는 다 하나님 앞에서 똑같은 하나의 떡덩이였습니다.

이것은 오늘 우리 모두가 다 똑같이 예수 그리스도의 몸에서 만들어진 것을 의미합니다. 모든 그리스도인들은 전부 다 똑같은 하나의 떡 즉 예수 그리스도의 몸에서 떼어진 자들입니다. 우리 모두는 다 같이 예수 그리스도의 죽음으로 새로운 생명을 얻은 자들입니다. 그래서 예수님께서는 성찬을 행하실 때 떡을 떼시면서 '이것을 내 몸이라'고 말씀하셨습니다.

새로운 이스라엘은 다른 재료로 만들어진 것이 아니라 모두 다 똑같이 예수님의 십자가 죽으심에서 새 생명을 얻은 것입니다. 그러기에 우리의 출발은 다 똑같습니다. 우리는 모두 십자가에서 다 새 출발을 한 사람들이며 모두 다 똑같은 길을 가고 있는 사람들입니다. 저희들 중에서

질적으로 완전히 다른 사람은 없습니다. 왜냐하면 우리는 모두 예수 그리스도 안에 있는 같은 떡덩이이기 때문입니다. 우리는 모두 같은 밀가루로 만들어진 떡이며 우리는 모두 같은 오븐에서 구워낸 떡들입니다.

그리고 또 다른 하나는 모든 그리스도인들은 질적으로 동일합니다. 저희들 중에서 어떤 분은 공부를 하시는 분도 계시고 사업을 하시는 분도 계시고 장사를 하시는 분도 계실 것이며 아이를 키우는 분들도 계실 것입니다. 그러나 우리는 어느 직업을 가지고 있든 우리는 모두 다 똑같은 가치를 가지고 있습니다. 그래서 교회 안에서는 사장님이니 의원님이니 교수님이니 부르지 않고 집사님이라든지 장로님이라고 부르는 이유가 여기에 있습니다. 우리는 이 세상에서 어떤 직업을 가지고 살든지 우리의 가치는 다 똑같습니다. 우리는 모두 하나님의 부르심을 받은 대로 자기에게 주어진 곳에서 충성을 하면 되는 것입니다. 단 지파가 아셀 지파에 뛰어와서 이래라든지 저래라든지 해서는 안 되는 것입니다.

그런데 여기서 딱 하나의 예외가 있습니다. 그것은 역시 여기서도 요셉 지파는 두 분깃을 차지하는 것입니다. 그래서 5절과 6절에 요셉지파라고 하지 않고 에브라임 지파와 므낫세 지파로 두 개의 땅을 차지하게 됩니다.

이것은 47장의 성전에서 생수가 흘러나온 뒤에도 나옵니다.

"나 주 여호와가 말하노라. 너희는 이 지계대로 이스라엘 십이 지파에게 이 땅을 나누어 기업이 되게 하되 요셉에게는 두 분깃이니라"(47장 13절).

왜 하나님께서는 새로운 가나안 땅을 분배하는데 있어서까지도 요셉 지파에 대해서는 이렇게 불공평하실까 하는 생각이 듭니다.

요셉이 하나님의 말씀 때문에 환란을 당하고 연단을 받아서 애굽의 총리가 되고 흉년에서 형제들을 다 살렸을 때 하나님은 요셉에게 갑절의 축복을 주셨습니다. 그래서 그 아들 에브라임과 므낫세가 야곱의 손자가 아니라 아들이 되어서 두 몫을 차지하게 되는 것입니다.

여기서 우리는 두 가지를 생각하게 되는데 하나는 하나님의 말씀 때문에 연단 받는 자는 몫이 갑절이라는 것입니다. 다른 사람들은 다 편하게 사는데 말씀 때문에 죽을 고비를 겪고 많은 사람들을 의로운 데로 돌아오게 하는 자는 두 배의 복을 받는다는 것입니다. 특히 에브라임과 므낫세는 거의 애굽 청년이나 마찬가지였습니다. 그들의 어머니는 애굽 제사장의 딸이었고 이들은 애굽어를 사용하고 애굽식으로 자란 애굽 청년들이었습니다. 그러나 그들이 하나님을 믿었을 때 하나님은 이 선교의 열매를 또 갑절로 축복하시는 것입니다. 그런 까닭에 우리는 자기도 잘 믿는 것도 중요하지만 말씀으로 다른 사람을 잘 가르치면 배의 복을 받게 되는 것입니다.

예수님께서 말씀하시기를 "선지자의 이름으로 선지자를 영접하는 자는 선지자의 상을 받을 것이요. 의인의 이름으로 의인을 영접하는 자는 의인의 상을 받을 것이라"(마 10:41)고 하셨습니다. 선지자의 상이 있고 의인의 상이 있습니다. 그러나 선지자가 말씀으로 다른 사람을 잘 가르치면 그 사람도 선지자가 됩니다. 그러면 말씀을 가르친 자는 두 명의 선지자의 상을 받게 되는 것입니다. 또 의인의 상이 있습니다. 그러나 의인이 의인을 잘 가르치면 다른 사람도 의인으로 살게 되는데 그러면 남을 의인으로 만든 사람은 두 배의 의인 상을 받는 것입니다. 그래서 새로운 가나안 땅은 말씀의 씨를 뿌리는 대로 풍성하게 거두게 되어 있습니다. 모두 밭은 다 똑같지만 거기에서 거두는 열매는 엄청난 차이가 있게 됩니다. 예수님께서도 좋은 밭에 뿌려진 씨는 삼십 배 육십 배 백배의 결실을 거두느니라고 말씀하셨습니다. 우리는 다른 사람을 보고 콩 내나라 팥 내놔라 할 여유가 있습니다. 우리는 뿌리기만 하면 거두는 것입니다.

여호와 삼마의 땅

이 새로운 가나안 땅은 독특한 구조가 있습니다. 그것은 모든 이스라엘 열두 지파가 가로로 똑같이 균등하게 나누어져 있는데 맨 가운데는 성전과 레위 지파의 땅과 왕의 땅이 있는 것입니다.

> "유다 지계 다음으로 동편에서 서편까지는 너희가 예물로 드릴 땅이라. 광이 이만 오천척이요 장은 다른 분깃의 동편에서 서편까지와 같고 성소는 그 중앙에 있을찌니 곧 너희가 여호와께 드려 예물로 삼을 땅의 장이 이만 오천척이요 광이 일만척이라. 이 드리는 거룩한 땅은 제사장에게 돌릴찌니 북편으로 장이 이만 오천척이요 서편으로 광이 일만척이요 동편으로 광이 일만척이요 남편으로 장이 이만 오천척이라. 그 중앙에 여호와의 성소가 게 하고" (8-10절).

하나님께서는 가나안 땅을 옆으로 똑같이 자르시는데 일곱 지파를 자르고 난 후에 가운데는 거룩한 땅으로 남겨 놓으셨습니다. 이때 옆으로 길이는 다른 지파와 같은데 넓이만 이만 오천 척이었습니다. 그리고 이 가운데 땅 가운데를 정사각형으로 잘라서 양쪽 가장자리는 왕의 땅이 되게 하셨습니다. 그러면 양쪽에 머리나 꼬리가 왕의 땅이 되면 가운데 배가 남게 되는데 그것을 다시 삼등분을 했습니다. 즉 이만 오천척이니까 만척, 만척. 오천 척으로 해서 위에 있는 만 척은 레위인의 땅이 되고 중앙에 있는 만 척은 성전과 제사장의 기업이 되고 밑에 남는 오천 척은 성을 만들었습니다. 바로 이 성이 난공불락의 성 새 예루살렘인 것입니다.

결국 이 가운데 있는 땅은 우리 예수 믿는 사람들의 교회 생활을 의미합니다.

"이 땅으로 사독의 자손 중 거룩히 구별한 제사장에게 돌릴찌어다. 그들은 직분을 지키고 이스라엘 족속이 그릇할 때에 레위 사람의 그릇한 것처럼 그릇하지 아니하였느니라. 이 온 땅 중에서 예물로 드리는 땅 곧 레위 지계와 연접한 땅을 그들이 지극히 거룩한 것으로 여길찌니라"(11-12절).

하나님의 백성들에게는 다른 사람들이 모르는 세계가 있습니다. 그것은 바로 교회와 예배라는 세계가 있는 것입니다. 우리는 떡으로 사는 사람들이 아니고 하나님의 말씀으로 사는 사람들입니다. 사실 이 말은 어떤 의미에서는 어폐가 있는 말씀입니다. 왜냐하면 우리는 분명히 밥을 먹어야 살 수 있는 사람들이거든요. 그러나 우리에게는 육체적인 삶에 외에 영적인 삶이 또 따로 있습니다. 우리가 사는 것은 하나님의 말씀으로 삽니다. 그래서 우리는 성전이 우리 생활의 중심이고 우리의 가장 중요한 일은 하나님의 말씀을 먹고 부흥을 일으키는 것입니다. 결국 이것이 온 세상을 살리는 가장 중요한 일이 되는 것입니다. 그러나 우리는 또 이 세상에 하나님의 창조 사역을 본받아서 세상에 나아가서 일을 하고 밥을 먹습니다. 이것은 하나님이 주신 창조 사역의 연장입니다. 이 때 먹는 밥맛이 얼마나 꿀맛 같은지 모를 것입니다. 그러나 우리의 중심은 예배에 있고 하나님의 말씀을 먹는데 있습니다. 만약 이것이 뒤바뀌게 되면 다시 이 세상은 사막으로 변하게 될 것입니다.

그런데 성소 밑에 있는 성에는 열두 개의 문이 있는데 동서남북으로 이스라엘 지파에 따라서 문이 세 개씩 있습니다.

"그 성읍의 출입구는 이러하니라. 북편의 장이 사천오백척이라. 그 성읍의 문들은 이스라엘 지파들의 이름을 따를 것인데 북으로 문이 셋이라. 하나는 르우벤 문이요 하나는 유다 문이요 하나는 레위 문이며 동편의 광이 사천 오백척이니 또한 문이 셋이라. 하나는 요셉 문이요 하나는 베냐민 문이요 하나는 단 문이며"(30절).

재미있는 것은 똑같은 성이 요한계시록에도 나오는 것입니다.

"성령으로 나를 데리고 크고 높은 산으로 올라가 하나님께로부터 하늘에서 내려오는 거룩한 성 예루살렘을 보이니 하나님의 영광이 있으매 그 성의 빛이 지극히 귀한 보석 같고 벽옥과 수정 같이 맑더라. 크고 높은 성곽이 있고 열 두 문이 있는데 문에 열 두 천사가 있고 그 문들 위에 이름을 썼으니 이스라엘 자손 열 두 지파의 이름들이라. 동편에 세 문, 북편에 세 문, 남편에 세 문, 서편에 세 문이니 그 성에 성곽은 열 두 기초석이 있고 그 위에 어린 양의 십 이 사도의 열 두 이름이 있더라"(계 21:10-14).

하늘에서 내려오는 새 예루살렘이 바로 교회입니다. 이 성의 기초석은 모두 보석으로 되어 있고 그리고 문은 모두 진주로 되어 있고 길은 맑은 유리 같은 정금이었습니다. 이 성에는 해나 달의 비췸이 쓸데없고 속된 것이나 가증한 것은 일체 들어오지 못한다고 되어 있습니다.

그 때 하나님께서 우리 눈에서 모든 눈물을 씻기시고 다시는 사망이나 애통하는 것이나 곡하는 것이나 아픈 것이 없을 것이라고 했습니다.

예수님께서 또 말씀하시기를 '나는 알파와 오메가요 처음과 나중이라. 내가 생명수 샘물로 목마른 자에게 값없이 주리니 이기는 자는 이것들을 유업으로 얻으리라'(계 21:6-7)고 말씀하셨습니다.

이 세상은 결코 안전하지 않습니다. 이 세상은 어떤 지위나 어떤 직책에 있어도 이미 죄에 오염된 것입니다. 우리가 이 세상에 진정으로 살아남기 위해서는 이 성을 지어야 합니다. 그것은 오직 예수님의 십자가 보혈과 말씀으로 지어지는 새로운 성전인 것입니다.

이곳은 어린양과 사자가 함께 뛰놀고 어린아이가 독사 굴에 손을 집어넣어도 물리지 않는 곳입니다. 다시는 상처받지 않을 것이며 다시는 우울증이나 정신분열증이나 알코올 중독이나 피해망상증으로 고통 받지 않을 것입니다. 다시는 가정의 행복을 빼앗기지 않을 것이며 자녀로 인하여 비통해하지 않을 것입니다.

"그 사면의 도합이 일만 팔천척이라. 그 날 후로는 그 성읍의 이름을 여호와 삼마라 하리라"(35절).

여기서 '여호와 삼마'라는 말은 '여호와께서 거기 계시다'라는 뜻입니다.

결국 하나님이 원하시는 것은 하나님이 우리와 함께 하시는 것입니다. 더 심하게 말하면 우리 속에 오시는 것입니다. 왜냐하면 우리는 하나님이 오셔야 정상적이 될 수 있기 때문입니다. 인간의 문제는 인간의 능력으로 해결되지 않습니다. 인간들끼리 아무리 회의를 하고 연구를 해도 인간의 문제는 해결되지 않습니다. 왜냐하면 우리가 정상적이 되려면 하나님의 온전한 능력이 들어와야 하기 때문입니다. 예를 들어 만 킬로와트가 있어야 가동이 되는 기계에 백 볼트짜리 전류를 아무리 넣고 조작을 해도 기계는 정상적으로 가동이 되지 않습니다. 지금 모든 인간들의 문제는 신앙의 문제로 직결이 됩니다. 즉 우리 속에 하나님의 이십만 볼트짜리 성령이 들어와야 우리는 정상적으로 사랑하고 정상적으로 죄를 이기고 정상적으로 아름답게 살 수 있는 것입니다. 여호와 삼마의 하나님은 우리에게 이십만 볼트 전류와 같습니다. 지금 인간들은 모두 미쳐 있습니다. 왜 미쳐 있습니까? 하나님의 은혜가 풍성히 공급되지 않기 때문입니다. 그 은혜는 바로 여호와 삼마의 능력입니다. 하나님이 우리 안에 계신 것입니다. 이제 주님의 은혜를 간절히 구하는 우리 안에 성령의 충만한 능력이 공급될 것입니다. 그동안 우리의 부족했던 모든 부끄러운 삶은 끝나게 될 것입니다. 여러분 모두 이제 능력 받으시고 치료받으시고 이제부터 후회 없는 가장 아름답고 멋진 삶을 사시기를 바랍니다.